U0901354

浙江经济普查年鉴

Zhejiang Economic Census Yearbook 2013

第二产业卷（上册）

浙江省人民政府第三次经济普查领导小组办公室　编

中国统计出版社
China Statistics Press

© 中国统计出版社 2016
版权所有。未经许可，本书的任何部分不得以任何方式在世界任何地区以任何文字翻印、拷贝、仿制或转载。

© 2016 China Statistics Press
All rights reserved. No part of the publication may be reproduced or transmitted in any form or by any means, electronic or mechanical, including photocopying, recording, or any information storage and retrieval system, without written permission from the publisher.

图书在版编目（CIP）数据

浙江经济普查年鉴. 2013 / 浙江省人民政府第三次经济普查领导小组办公室编著. -- 北京 ：中国统计出版社, 2016.5
ISBN 978-7-5037-7770-7

Ⅰ. ①浙… Ⅱ. ①浙… Ⅲ. ①经济－普查－浙江省－2013－年鉴 Ⅳ. ①F127.55-54

中国版本图书馆 CIP 数据核字（2016）第 084697 号

浙江经济普查年鉴—2013/第二产业卷(上册)

作　　者/浙江省人民政府第三次经济普查领导小组办公室
责任编辑/王振宇　许立舫　冯燕玲
封面设计/黄俊杰　李雪燕
出版发行/中国统计出版社
通信地址/北京市丰台区西三环南路甲 6 号　邮政编码/100073
电　　话/邮购（010）63376909　书店（010）68783171
网　　址/http://www.zgtjcbs.com/
印　　刷/河北天普润印刷厂
经　　销/新华书店
开　　本/880mm×1230mm　1/16
字　　数/1324 千字
印　　张/42.25
版　　别/2016 年 5 月第 1 版
版　　次/2016 年 5 月第 1 次印刷
定　　价/1980.00 元（全七册附光盘）

本书附同版本 CD-ROM 一张，光盘内容以书面文字为准。
如有印装差错，由本社发行部调换。

指导委员会

主　　任：李学忠

副 主 任：王　杰　严勤芳　沈　强　黄　中　郑蔚菱　张兴华
王美福　陈　红　郁志君

编辑委员会

主　　任：王　杰

副 主 任：姚剑平　陈晓明　王启金　王继章　朱天福　何　荆
汪文贞　邵建伟　林　云　明升利　周东春　郎初华
郭慧敏　黄　平　黄则钏　蔡　特　潘强敏

编　　委：（按姓氏笔画排序）
丁建国　王兆雄　尹向阳　冯少华　边红霞　吕国堂
李吾增　何　滔　何伟平　汪维薇　沈　曦　张　卫
张炳峰　范菁雁　周维松　胡　东　黄洪琳　褚英国
蔡思中

编辑人员：（按姓氏笔画排序）
王含丹　王　婧　卢旭昶　田欣芳　冯晓伟　毕　宁
朱彩红　阮圣健　吴云山　何春燕　张　鹏　张旭峰
陈志林　陈建悦　林　楠　胡继军　钟彦琰　凌　艳
琚一舟　蒋晓雁　曾　见　楼　航　慎　峰

编者说明

根据国务院统一部署，浙江省开展了第三次经济普查。为便于社会各界共同分享普查成果，我们将经济普查资料编辑整理，汇编成《浙江经济普查年鉴-2013》一书。全书共三卷七册，即综合卷（上、中、下册）、第二产业卷（上、中、下册）和第三产业卷。《综合卷》分四篇：第一篇为“综合”，第二篇为“企业”，第三篇为“事业、机关、社团、其他及民办非企业”，第四篇为“个体经营户”。《第二产业卷》分二篇：第一篇为“工业”，第二篇为“建筑业”。《第三产业卷》分四篇，第一篇为“批发和零售业”，第二篇为“住宿和餐饮业”，第三篇为“房地产开发经营业”，第四篇为“其他服务业”。为使读者能够更好地使用本资料，现对有关问题做如下说明：

一、本次普查的标准时点是2013年12月31日，时期资料为2013年年度。

二、本次普查采用的国民经济行业分类标准为GB/T 4754-2011。

三、本资料不包括有关部门负责的铁路运输业、中国人民解放军和中国人民武装警察部队向社会提供服务的有关单位的数据；不包括保密单位的数据；不包括金融系统所辖的企业法人单位，以及典当、非金融机构支付服务和金融信息服务业的法人单位数据。

四、规模以上工业、联网直报建筑业、限额以上批发和零售业、限额以上住宿和餐饮业、联网直报房地产开发业、国家标准的规模以上其他服务业等相关表式按纳入国家企业“一套表”联网直报范围的单位统计。

五、本资料所指的其他服务业是指除农、林、牧、渔服务业，开采辅助活动，金属制品、机械和设备修理业，批发和零售业，住宿和餐饮业，以及房地产开发经营业以外的第三产业。其他服务业各表所指的企业包括了企业以及执行企业会计制度的非企业法人单位。

六、本资料中企业规模的划分按《统计上大中小微型企业划分办法》执行。

七、本资料表中的“空项”表示无数据或数据不详或因单位个体数据不宜公布，“…”表示表中数据不足最小计量单位。

八、本资料附《第三次全国经济普查方案》，使用时请仔细阅读。使用本资料数据与以往普查数据比较时，请注意各次普查方案的异同，以及分类标准的变化（如三次产业划分、国民经济行业分类、规模以上工业划分）。

浙江省第三次经济普查资料是全省普查工作者共同辛勤工作的成果，也是广大普查对象积极支持配合的结果。在此，真诚向全省所有普查工作者，普查对象和所有参与和支持普查工作的人员致以崇高的敬意和衷心的感谢！

编　者

二〇一五年十二月

第二产业卷　目录

（上册）

第一篇　工业

A. 全部工业

B. 规模以上工业

（中册）

（下册）

第二篇　建筑业

A. 全部建筑业企业

B. 联网直报总承包和专业承包建筑业企业

第1篇

工　业

A.全部工业

1-A-1 按轻重工业、规模、登记注册类型和

项　目	单位数(个)	从业人员期末人数(人)	#女 性
总　计	**371000**	**12159893**	**5303989**
一、按轻重工业分			
轻工业	180898	6343416	3285509
重工业	190102	5816477	2018480
二、按规模分			
大型企业	606	1351819	536959
中型企业	4684	2412475	1103656
小型企业	101475	6312937	2821435
微型企业	264235	2082662	841939
三、按登记注册类型分			
内资	356516	10103316	4335526
国有	410	106824	22245
集体	2427	39615	12492
股份合作企业	9312	167401	63876
联营企业	87	1078	408
国有联营	7	168	60
集体联营	52	458	132
国有与集体联营	7	55	9
其他联营	21	397	207
有限责任公司	10742	1265158	488396
国有独资公司	274	63329	16291
其他有限责任公司	10468	1201829	472105
股份有限公司	1181	452554	166347
私营企业	329358	8038191	3567105
私营独资	102450	1178423	541640

控股情况分组的全部工业法人单位主要经济指标

营业收入（万元）	#主营业务收入	营业税金及附加（万元）	#主营业务税金及附加	资产总计（万元）	实收资本
763368933	**747505897**	**9095493**	**9006954**	**786014807**	**226288561**
315863119	308061707	4684427	4646448	320160028	118160369
447505814	439444190	4411066	4360506	465854779	108128193
170149920	165568986	2729164	2718304	159086536	24548253
189381870	184178313	1148733	1124808	186285313	33631044
330148903	326033801	2560943	2519388	333449674	76951662
73688240	71724796	2656553	2644453	107193285	91157602
598865233	587058846	7961592	7892403	603805374	173673280
33081952	32061836	957931	952393	25728676	1637997
1186124	1172314	18067	17833	1512284	360214
5130348	5098104	80458	79914	7543475	1137590
24903	24526	595	582	39053	10674
2900	2599	98	89	8752	1821
12281	12248	309	306	22131	3399
768	768	29	29	1001	3398
8954	8911	159	159	7169	2057
125168747	119495889	2179464	2169314	147182980	29865829
8826975	7214774	1605960	1604706	14127088	3060574
116341772	112281115	573504	564608	133055892	26805255
58148248	56685863	1384264	1380064	64059663	12098796
375490078	371888272	3332785	3284309	357322401	128396367
33904733	33773135	528128	524276	24150005	5257977

1-A-1 续表

项 目	单位数(个)	从业人员期末人数(人)	#女 性
私营合伙	15447	200181	84246
私营有限责任公司	210287	6532457	2887318
私营股份有限公司	1174	127130	53901
其他企业	2999	32495	14657
港澳台商投资	7162	1014790	482020
与港澳台商合资经营	3664	549994	263174
与港澳台商合作经营	100	13997	7309
港澳台商独资	3316	420507	199622
港澳台商投资股份有限公司	71	29663	11654
其他港澳台投资	11	629	261
外商投资	7322	1041787	486443
中外合资经营	3873	556432	259056
中外合作经营	96	8528	3916
外资企业	3273	458932	214773
外商投资股份有限公司	46	15951	7886
其他外商投资	34	1944	812
四、按控股情况分			
国有控股	1363	374120	98147
集体控股	5644	230239	88532
私人控股	351446	9939985	4370480
港澳台商控股	4975	713138	335635
外商控股	4903	706813	328912
其他	2478	192216	81082
非企业免填	191	3382	1201

营业收入(万元)	#主营业务收入	营业税金及附加(万元)	#主营业务税金及附加	资产总计(万元)	实收资本
6070273	6045551	92438	91578	4369745	1002669
322799520	319760166	2655990	2612565	314416798	119719384
12715552	12309421	56229	55889	14385853	2416337
634833	632041	8029	7994	416841	165812
81183077	79325803	691763	686699	91643297	25337030
48216067	47065218	513101	510204	53178507	12491455
2240944	2232539	7588	7565	1265859	434209
27529892	26933476	150900	148777	32073295	11360999
3177172	3075641	20112	20092	5061596	1012983
19002	18929	61	61	64041	37383
83320623	81121248	442138	427852	90566136	27278251
44860326	43726670	233736	222883	50825403	12215600
739614	732333	3986	3912	709640	235400
35465788	34540772	196086	193702	36494194	14325441
1689074	1577850	5438	4475	1888022	401767
565821	543623	2891	2880	648878	100043
94754281	91141379	4322192	4309059	98999119	20000540
15022498	14518567	97183	96085	16648656	3204759
524369899	516916326	4036335	3977808	518735300	158328854
53607997	52461302	259029	255779	63708503	19493183
55990811	54469206	310901	298717	61432931	19771599
19575702	17951667	69570	69222	26445712	5468484
47746	47449	284	284	44586	21142

1-A-2 按行业小类分组的全部

行业	单位数(个)	从业人员期末人数(人)	#女性
总 计	**371000**	**12159893**	**5303989**
采矿业	**1278**	**34712**	**5238**
煤炭开采和洗选业	20	211	52
烟煤和无烟煤开采洗选	9	159	38
烟煤和无烟煤开采洗选	9	159	38
褐煤开采洗选	5	29	10
褐煤开采洗选	5	29	10
其他煤炭采选	6	23	4
其他煤炭采选	6	23	4
黑色金属矿采选业	25	2754	440
铁矿采选	24	2753	440
铁矿采选	24	2753	440
其他黑色金属矿采选	1	1	
其他黑色金属矿采选	1	1	
有色金属矿采选业	72	4257	860
常用有色金属矿采选	45	3107	666
铜矿采选	11	1379	276
铅锌矿采选	23	1502	314
锑矿采选	1	35	7
其他常用有色金属矿采选	10	191	69
贵金属矿采选	5	186	34
金矿采选	3	93	14
银矿采选	2	93	20
稀有稀土金属矿采选	22	964	160
钨钼矿采选	19	770	96
放射性金属矿采选	1	79	38
其他稀有金属矿采选	2	115	26
非金属矿采选业	1125	27131	3824
土砂石开采	1012	22775	3107
石灰石、石膏开采	148	3448	503

工业法人单位主要经济指标

营业收入(万元)	#主营业务收入	营业税金及附加(万元)	#主营业务税金及附加	资产总计(万元)	实收资本(万元)
763368933	**747505897**	**9095493**	**9006954**	**786014807**	**226288561**
2506658	**2496935**	**60228**	**58999**	**2856949**	**1049845**
14719	14719	59	59	22913	72381
5143	5143	25	25	18217	70313
5143	5143	25	25	18217	70313
7536	7536	29	29	3284	1300
7536	7536	29	29	3284	1300
2041	2041	5	5	1412	768
2041	2041	5	5	1412	768
240921	236350	2626	2626	219472	42175
240921	236350	2626	2626	219472	42175
240921	236350	2626	2626	219472	42175
				…	…
				…	…
338821	338214	4945	4557	355905	116045
237092	236635	2312	1933	255612	88465
37209	37169	653	653	105993	36210
195077	194660	1489	1110	125092	29092
1219	1219	85	85	457	300
3587	3587	85	85	24071	22863
4370	4220	159	150	13952	2253
1695	1545	52	43	10326	1353
2675	2675	108	108	3626	900
97359	97359	2474	2474	86341	25326
93209	93209	2367	2367	81432	23518
2700	2700	81	81	2652	1020
1450	1450	26	26	2257	788
1903633	1899089	52357	51515	2235544	805407
1793304	1789465	49171	48329	2061844	763269
201656	200363	10885	10503	317200	95733

1-A-2 续表 1

行业	单位数(个)	从业人员期末人数(人)	#女性
建筑装饰用石开采	315	8585	856
耐火土石开采	117	2823	608
粘土及其他土砂石开采	432	7919	1140
化学矿开采	6	78	20
化学矿开采	6	78	20
采盐	19	1334	152
采盐	19	1334	152
石棉及其他非金属矿采选	88	2944	545
石棉、云母矿采选	2	16	2
石墨、滑石采选	5	36	4
宝石、玉石采选	5	32	6
其他未列明非金属矿采选	76	2860	533
开采辅助活动	8	42	8
石油和天然气开采辅助活动	3	8	1
石油和天然气开采辅助活动	3	8	1
其他开采辅助活动	5	34	7
其他开采辅助活动	5	34	7
其他采矿业	28	317	54
其他采矿业	28	317	54
其他采矿业	28	317	54
制造业	**365393**	**11952277**	**5257318**
农副食品加工业	5576	159994	77933
谷物磨制	295	4387	1273
谷物磨制	295	4387	1273
饲料加工	442	18124	5832
饲料加工	442	18124	5832
植物油加工	279	5221	1902
食用植物油加工	258	4881	1817
非食用植物油加工	21	340	85

营业收入（万元）	#主营业务收入	营业税金及附加（万元）	#主营业务税金及附加	资产总计（万元）	实收资本（万元）
758983	757991	18378	18246	652905	198996
149446	149342	2159	2151	165445	53190
683219	681768	17749	17430	926293	415350
11540	11540	238	238	13692	5557
11540	11540	238	238	13692	5557
5266	5241	36	36	5757	4869
5266	5241	36	36	5757	4869
93523	92843	2913	2913	154252	31712
1470	1470	75	75	520	95
1956	1956	70	70	4151	305
3186	3186	38	38	5120	3221
86911	86230	2730	2730	144460	28091
646	646	10	10	2019	1653
86	86	3	3	1150	1150
86	86	3	3	1150	1150
560	560	7	7	869	503
560	560	7	7	869	503
7917	7917	232	232	21097	12184
7917	7917	232	232	21097	12184
7917	7917	232	232	21097	12184
712453747	**697066348**	**8772750**	**8694812**	**714228033**	**211430579**
12806365	12537276	51118	50152	15534151	2409689
837520	825140	2433	2356	477490	131416
837520	825140	2433	2356	477490	131416
2493141	2479153	6151	5889	1512484	265770
2493141	2479153	6151	5889	1512484	265770
1624603	1479379	2555	2532	1012914	181994
1600786	1455907	2379	2356	995671	177532
23816	23472	176	176	17242	4462

1-A-2 续表 2

行 业	单位数(个)	从业人员期末人数(人)	#女 性
制糖业	38	470	152
制糖业	38	470	152
屠宰及肉类加工	680	21715	9326
牲畜屠宰	159	7071	1729
禽类屠宰	26	511	303
肉制品及副产品加工	495	14133	7294
水产品加工	1604	59185	31034
水产品冷冻加工	1149	47575	25502
鱼糜制品及水产品干腌制加工	239	7672	4360
水产饲料制造	122	1897	404
鱼油提取及制品制造	5	143	36
其他水产品加工	89	1898	732
蔬菜、水果和坚果加工	1585	36172	21415
蔬菜加工	662	19303	11498
水果和坚果加工	923	16869	9917
其他农副食品加工	653	14720	6999
淀粉及淀粉制品制造	101	1662	872
豆制品制造	264	8759	3905
蛋品加工	94	1195	696
其他未列明农副食品加工	194	3104	1526
食品制造业	2481	115198	66259
焙烤食品制造	705	21527	12991
糕点、面包制造	557	15863	10000
饼干及其他焙烤食品制造	148	5664	2991
糖果、巧克力及蜜饯制造	189	7273	3822
糖果、巧克力制造	86	4163	2077
蜜饯制作	103	3110	1745
方便食品制造	377	17008	10170
米、面制品制造	197	3070	1688
速冻食品制造	112	5554	3375
方便面及其他方便食品制造	68	8384	5107

营业收入（万元）	#主营业务收入	营业税金及附加（万元）	#主营业务税金及附加	资产总计（万元）	实收资本（万元）
13459	13449	253	252	11309	4122
13459	13449	253	252	11309	4122
1624558	1614740	7568	7313	1142675	319100
792887	788429	1259	1249	303275	60285
30438	30434	92	92	24791	6420
801234	795878	6217	5973	814610	252395
3784108	3706275	13798	13530	8960825	991662
3094068	3036497	10542	10424	2793957	530006
352294	332434	1937	1929	5920914	389981
247216	246941	795	652	178046	43961
18864	18753	42	42	14334	3655
71666	71649	482	482	53573	24059
1731610	1726911	13986	13934	1792739	366635
867931	865076	5564	5548	969044	207114
863679	861835	8422	8385	823695	159522
697366	692229	4373	4347	623715	148989
148320	145567	672	672	107129	24800
271446	270221	2120	2101	324175	58907
71134	70874	276	270	42382	13167
206467	205567	1306	1306	150029	52115
6280765	6194554	37534	36949	6480251	2005043
623663	615963	6264	6207	582797	220897
424875	418681	4449	4409	376481	125100
198787	197282	1815	1798	206317	95797
445238	437951	2040	1929	494963	113005
328416	321181	1213	1116	364251	86435
116823	116770	826	813	130711	26570
949578	919505	4985	4725	1133464	248182
90617	90339	933	927	62430	24112
200011	199302	1544	1529	240188	54382
658950	629864	2508	2269	830846	169688

1-A-2 续表 3

行业	单位数(个)	从业人员期末人数(人)	#女性
乳制品制造	49	5943	2424
乳制品制造	49	5943	2424
罐头食品制造	245	32418	24553
肉、禽类罐头制造	21	1071	611
水产品罐头制造	18	987	533
蔬菜、水果罐头制造	180	29522	22911
其他罐头食品制造	26	838	498
调味品、发酵制品制造	224	6262	2706
味精制造	47	1701	651
酱油、食醋及类似制品制造	85	2381	1026
其他调味品、发酵制品制造	92	2180	1029
其他食品制造	692	24767	9593
营养食品制造	89	3038	1186
保健食品制造	133	4769	2317
冷冻饮品及食用冰制造	117	2909	940
盐加工	14	580	241
食品及饲料添加剂制造	223	11634	4016
其他未列明食品制造	116	1837	893
酒、饮料和精制茶制造业	2750	80886	32619
酒的制造	546	29237	10898
酒精制造	12	92	32
白酒制造	143	1831	665
啤酒制造	38	11164	3881
黄酒制造	278	15201	5926
葡萄酒制造	10	95	36
其他酒制造	65	854	358
饮料制造	685	27050	10412
碳酸饮料制造	21	2794	665
瓶(罐)装饮用水制造	463	6029	2366
果菜汁及果菜汁饮料制造	68	4783	2029

营业收入（万元）	#主营业务收 入	营业税金及附加（万元）	#主营业务税金及附加	资产总计（万元）	实收资本（万元）
524612	513580	1336	1336	348494	76021
524612	513580	1336	1336	348494	76021
600189	596834	4304	4301	668273	133721
53187	52624	352	352	36312	3981
62950	62949	372	372	39628	13001
468839	466053	3455	3453	558193	105613
15213	15208	124	124	34139	11126
356554	353057	3497	3495	398008	104964
72392	70703	663	663	62594	18541
179165	178072	1876	1876	221006	35050
104997	104282	958	956	114408	51373
2780931	2757664	15110	14955	2854253	1108252
277349	276059	1711	1710	368387	545999
449596	447589	3148	3143	375213	138335
163326	160708	1590	1587	168919	69579
39692	37632	229	225	37769	8160
1779063	1765401	7700	7559	1829702	317442
71905	70275	731	731	74262	28737
5763869	5582209	127304	126174	6623178	1554365
1445178	1393382	102174	101662	2788711	625543
6909	6909	58	58	3537	535
61815	61012	2548	2474	83047	38533
726953	678444	77207	77172	969058	391256
627103	624679	21066	20662	1651800	176508
1488	1488	46	46	4022	2332
20910	20850	1249	1249	77247	16378
3018511	2894131	16786	16436	2661336	649531
381709	371022	2130	2130	207725	30663
465125	437634	3345	3343	394836	104416
596309	567954	3364	3335	694479	177249

1-A-2 续表 4

行 业	单位数(个)	从业人员期末人数(人)	#女 性
含乳饮料和植物蛋白饮料制造	33	2884	1306
固体饮料制造	34	722	337
茶饮料及其他饮料制造	66	9838	3709
精制茶加工	1519	24599	11309
精制茶加工	1519	24599	11309
烟草制品业	6	3966	1323
卷烟制造	3	3655	1244
卷烟制造	3	3655	1244
其他烟草制品制造	3	311	79
其他烟草制品制造	3	311	79
纺织业	30275	1138675	639406
棉纺织及印染精加工	9375	535119	287567
棉纺纱加工	3670	138293	86577
棉织造加工	4421	181192	113868
棉印染精加工	1284	215634	87122
毛纺织及染整精加工	1159	47016	25082
毛条和毛纱线加工	567	20392	11878
毛织造加工	424	16759	9434
毛染整精加工	168	9865	3770
麻纺织及染整精加工	95	13291	8246
麻纤维纺前加工和纺纱	39	6426	3952
麻织造加工	50	6055	3878
麻染整精加工	6	810	416
丝绢纺织及印染精加工	1483	59460	38344
缫丝加工	175	10267	7049
绢纺和丝织加工	1167	39135	26549
丝印染精加工	141	10058	4746
化纤织造及印染精加工	3615	78635	43899
化纤织造加工	3231	63785	37843
化纤织物染整精加工	384	14850	6056

营业收入(万元)	#主营业务收入	营业税金及附加(万元)	#主营业务税金及附加	资产总计(万元)	实收资本(万元)
484064	464500	3065	3006	395305	104321
34968	34901	293	293	46682	15450
1056336	1018121	4589	4329	922310	217434
1300180	1294696	8344	8076	1173131	279291
1300180	1294696	8344	8076	1173131	279291
6027585	3773011	2367983	2367790	3469878	103435
6001959	3748438	2367598	2367506	3449591	97600
6001959	3748438	2367598	2367506	3449591	97600
25626	24573	385	284	20288	5835
25626	24573	385	284	20288	5835
70211580	69565288	432069	425650	66808756	13439161
35870092	35472005	192177	189830	33982181	6350523
8523563	8419937	47515	46767	9018642	1801833
15393092	15174439	74429	73685	13945348	2475788
11953437	11877629	70232	69377	11018190	2072902
2387858	2338355	15757	16091	2557273	595181
1348316	1317256	8424	7895	1203080	290350
732190	716167	5017	4936	958746	202077
307353	304931	3316	3259	395447	102754
514857	512348	3624	3624	871139	135431
323439	321835	2025	2025	521559	55475
142582	141677	1351	1351	320200	77077
48836	48836	248	248	29380	2879
3447143	3411038	21992	21744	3288539	654103
679952	672441	3947	3897	518561	82041
2305803	2281085	15175	14978	2054506	465871
461388	457512	2869	2869	715472	106192
4683086	4663215	37737	36903	5070503	986805
4132149	4114169	32627	31936	4431936	846045
550937	549046	5110	4968	638566	140760

1-A-2 续表 5

行业	单位数(个)	从业人员期末人数(人)	#女性
针织或钩针编织物及其制品制造	6460	196397	117805
针织或钩针编织物织造	5203	145806	88888
针织或钩针编织物印染精加工	388	13697	6316
针织或钩针编织品制造	869	36894	22601
家用纺织制成品制造	4624	115583	71312
床上用品制造	1618	48599	30692
毛巾类制品制造	250	6869	4805
窗帘、布艺类产品制造	1478	35420	21006
其他家用纺织制成品制造	1278	24695	14809
非家用纺织制成品制造	3464	93174	47151
非织造布制造	982	28486	11901
绳、索、缆制造	298	6172	3663
纺织带和帘子布制造	909	22524	12229
篷、帆布制造	380	17469	9188
其他非家用纺织制成品制造	895	18523	10170
纺织服装、服饰业	26383	1125428	747669
机织服装制造	14222	683627	452971
机织服装制造	14222	683627	452971
针织或钩针编织服装制造	6349	290554	198935
针织或钩针编织服装制造	6349	290554	198935
服饰制造	5812	151247	95763
服饰制造	5812	151247	95763
皮革、毛皮、羽毛及其制品和制鞋业	15619	726380	364378
皮革鞣制加工	569	26592	9365
皮革鞣制加工	569	26592	9365
皮革制品制造	4263	155051	89126
皮革服装制造	1155	29382	18626
皮箱、包(袋)制造	2302	91943	52127
皮手套及皮装饰制品制造	411	16025	9667
其他皮革制品制造	395	17701	8706

营业收入（万元）	#主营业务收入	营业税金及附加（万元）	#主营业务税金及附加	资产总计（万元）	实收资本（万元）
12844505	12778152	83211	81854	11385865	2276159
10700684	10639868	65520	64461	9266287	1930753
437015	435449	3910	3809	509530	80264
1706806	1702835	13682	13584	1610048	265143
5728573	5689250	42326	41880	5336360	1318967
2434491	2419688	17436	17240	2526799	626496
377270	368056	3282	3235	372760	71705
1795814	1784365	12966	12853	1429043	338277
1120998	1117141	8642	8552	1007758	282489
4735465	4700925	34246	33723	4316896	1121991
2088039	2070325	12242	11955	1811296	435376
256500	255555	2848	2826	166274	47917
1049891	1041280	8641	8482	943849	231976
658297	655280	4051	4016	661221	142230
682738	678485	6463	6443	734256	264493
33326369	32959272	291003	285762	31976567	7443123
19590024	19311192	162681	158874	19499998	4731152
19590024	19311192	162681	158874	19499998	4731152
9373167	9319443	75703	74672	8332230	1676280
9373167	9319443	75703	74672	8332230	1676280
4363177	4328637	52619	52216	4144339	1035691
4363177	4328637	52619	52216	4144339	1035691
21496511	21412210	185095	182865	15177349	3464575
1994984	1969885	12307	11522	1824241	409412
1994984	1969885	12307	11522	1824241	409412
4826977	4802555	43254	42731	3495977	885534
985902	977771	7361	7151	1026549	287412
2440414	2434455	23929	23772	1589491	351602
462016	459993	7098	6997	265555	102851
938645	930337	4866	4810	614382	143669

1-A-2 续表 6

行业	单位数(个)	从业人员期末人数(人)	#女性
毛皮鞣制及制品加工	1105	16596	8836
毛皮鞣制加工	54	2028	965
毛皮服装加工	384	7798	4405
其他毛皮制品加工	667	6770	3466
羽毛(绒)加工及制品制造	329	19196	12097
羽毛(绒)加工	138	3307	1719
羽毛(绒)制品加工	191	15889	10378
制鞋业	9353	508945	244954
纺织面料鞋制造	1179	35216	21083
皮鞋制造	6067	390675	183644
塑料鞋制造	931	26297	11237
橡胶鞋制造	664	44686	23229
其他制鞋业	512	12071	5761
木材加工和木、竹、藤、棕、草制品业	6254	148361	61466
木材加工	1203	17554	6249
锯材加工	499	6087	1897
木片加工	284	3918	1559
单板加工	225	5576	2137
其他木材加工	195	1973	656
人造板制造	774	28444	11518
胶合板制造	478	18277	7831
纤维板制造	57	2733	733
刨花板制造	35	544	135
其他人造板制造	204	6890	2819
木制品制造	2681	64368	24136
建筑用木料及木材组件加工	347	5785	2224
木门窗、楼梯制造	752	22971	8616
地板制造	309	14540	5192
木制容器制造	564	6852	2035
软木制品及其他木制品制造	709	14220	6069

营业收入(万元)	#主营业务收 入	营业税金及附加(万元)	#主营业务税金及附加	资产总计(万元)	实收资本(万元)
751775	750464	4979	4912	709509	153275
126356	126239	641	636	96320	13173
295249	294218	1943	1920	342882	86597
330170	330007	2395	2356	270307	53506
1486752	1484120	6463	6419	1608350	257582
432763	432350	1664	1661	354060	53887
1053989	1051770	4799	4758	1254290	203695
12436023	12405186	118092	117280	7539271	1758772
739780	738017	7923	7875	478248	112284
9826628	9802263	88244	87571	5873263	1373190
572709	572040	8255	8244	253942	78935
1042262	1039136	10018	9965	771485	155442
254644	253730	3653	3625	162333	38921
6821587	6787818	82468	81568	5145635	1433494
721260	712698	9502	9443	549320	191257
249370	248205	4560	4547	140311	54160
172221	166671	2218	2182	186942	81566
228609	227739	1836	1834	166891	37874
71061	70084	888	880	55176	17657
1662746	1652608	11646	11440	1347069	381335
1076244	1069173	7121	6918	818474	229427
161125	160398	889	889	181679	57755
26768	25768	431	428	32771	9565
398609	397269	3205	3204	314145	84588
3265418	3254004	44864	44556	2325994	613789
215160	214778	3322	3248	167083	51065
758051	753191	9669	9626	608728	199902
1582496	1579226	22952	22846	1044165	177864
335433	334221	3638	3606	210412	59895
374278	372588	5283	5229	295607	125064

1-A-2 续表 7

行业	单位数(个)	从业人员期末人数(人)	#女性
竹、藤、棕、草等制品制造	1596	37995	19563
竹制品制造	1289	32411	16722
藤制品制造	54	1314	535
棕制品制造	7	130	62
草及其他制品制造	246	4140	2244
家具制造业	5486	263556	95478
木质家具制造	3247	117407	37357
木质家具制造	3247	117407	37357
竹、藤家具制造	165	7483	3001
竹、藤家具制造	165	7483	3001
金属家具制造	1148	88364	35393
金属家具制造	1148	88364	35393
塑料家具制造	184	8801	4119
塑料家具制造	184	8801	4119
其他家具制造	742	41501	15608
其他家具制造	742	41501	15608
造纸和纸制品业	9779	228961	84384
纸浆制造	24	315	90
木竹浆制造	10	132	44
非木竹浆制造	14	183	46
造纸	1879	94455	29468
机制纸及纸板制造	1429	86887	26641
手工纸制造	52	1832	829
加工纸制造	398	5736	1998
纸制品制造	7876	134191	54826
纸和纸板容器制造	5865	95631	38467
其他纸制品制造	2011	38560	16359
印刷和记录媒介复制业	10090	192989	80885
印刷	9354	183659	77077
书、报刊印刷	811	16900	6965
本册印制	541	12988	7169
包装装潢及其他印刷	8002	153771	62943

营业收入(万元)	#主营业务收入	营业税金及附加(万元)	#主营业务税金及附加	资产总计(万元)	实收资本(万元)
1172163	1168507	16456	16130	923251	247113
996597	993566	14577	14251	772847	217039
30802	30744	423	423	29248	7641
2223	2220	65	65	1324	522
142541	141978	1392	1392	119832	21911
9399484	9327968	74614	73641	10065919	2704458
3604185	3585183	33826	33331	4183596	1313942
3604185	3585183	33826	33331	4183596	1313942
439471	415855	2458	2454	531150	106706
439471	415855	2458	2454	531150	106706
3163309	3150751	22487	22234	3400241	792670
3163309	3150751	22487	22234	3400241	792670
395587	394439	2594	2585	298562	62721
395587	394439	2594	2585	298562	62721
1796932	1781741	13249	13037	1652370	428419
1796932	1781741	13249	13037	1652370	428419
14544680	14245598	107866	105853	18232230	4251396
12660	12660	166	166	16453	6193
7203	7203	118	118	6633	1036
5458	5458	48	48	9820	5157
8048663	7831227	43445	42246	11464767	2240606
7620275	7404316	39596	38443	11014708	2120390
183831	183719	808	808	200081	48539
244557	243192	3041	2994	249977	71677
6483357	6401710	64255	63442	6751010	2004597
4636490	4574479	47244	46626	4796928	1412436
1846867	1827231	17012	16816	1954082	592161
7082115	7019114	81393	79994	8324032	2348348
6843935	6782908	77600	76265	8036250	2235976
618095	603280	7231	6896	909361	239641
530271	524922	4808	4780	409403	105138
5695568	5654705	65561	64589	6717487	1891197

1-A-2 续表 8

行 业	单位数(个)	从业人员期末人数(人)	#女 性
装订及印刷相关服务	719	9007	3708
装订及印刷相关服务	719	9007	3708
记录媒介复制	17	323	100
记录媒介复制	17	323	100
文教、工美、体育和娱乐用品制造业	18673	477367	257720
文教办公用品制造	3163	91776	51970
文具制造	1519	46807	26066
笔的制造	1156	36589	22014
教学用模型及教具制造	251	4561	2174
墨水、墨汁制造	22	257	114
其他文教办公用品制造	215	3562	1602
乐器制造	187	10192	5255
中乐器制造	18	439	225
西乐器制造	63	6235	3432
电子乐器制造	25	610	314
其他乐器及零件制造	81	2908	1284
工艺美术品制造	11342	248180	137179
雕塑工艺品制造	1974	39803	18710
金属工艺品制造	1897	39326	18809
漆器工艺品制造	469	11108	6057
花画工艺品制造	212	5188	3008
天然植物纤维编织工艺品制造	395	9899	5796
抽纱刺绣工艺品制造	2581	54677	35972
地毯、挂毯制造	196	8778	4718
珠宝首饰及有关物品制造	499	14865	8480
其他工艺美术品制造	3119	64536	35629
体育用品制造	1513	48066	23526
球类制造	103	4848	3356

营业收入(万元)	#主营业务收 入	营业税金及 附 加(万元)	#主营业务税金及附加	资产总计(万元)	实收资本(万元)
229162	227265	3576	3512	250104	103761
229162	227265	3576	3512	250104	103761
9019	8941	217	217	37678	8612
9019	8941	217	217	37678	8612
18160812	18043060	182524	180765	16814045	53955597
3285923	3269954	32364	32497	2916913	50689757
1661290	1650593	16738	16553	1658695	354639
1084245	1080358	12478	12315	855654	50196122
418426	417721	1966	1947	272803	93057
12012	12010	175	175	14967	5127
109950	109271	1508	1506	114793	40812
366369	362883	3273	3250	1046569	297577
7753	7753	291	291	16676	4677
231602	228644	1925	1913	914988	257598
22072	21912	274	269	25508	16812
104942	104575	783	778	89397	18491
9720400	9654450	104589	103658	9029201	1835056
969214	967384	18311	18246	890732	239787
1025952	1021326	17557	17417	1054165	274347
279280	274857	3357	3342	199846	45013
140651	140306	2128	2117	165655	44269
336646	335078	4142	4001	259907	57022
2225441	2217295	21654	21290	1811803	416024
424267	420906	2686	2683	454636	95887
2441896	2404547	9975	9958	1866383	230258
1877051	1872750	24779	24603	2326072	432447
1673742	1665348	16277	16154	1710532	508921
149552	149027	1644	1634	83580	23320

1-A-2 续表 9

行　业	单位数(个)	从业人员期末人数(人)	#女性
体育器材及配件制造	426	12516	5777
训练健身器材制造	520	16461	6356
运动防护用具制造	85	2902	1739
其他体育用品制造	379	11339	6298
玩具制造	1998	62239	32976
玩具制造	1998	62239	32976
游艺器材及娱乐用品制造	470	16914	6814
露天游乐场所游乐设备制造	201	5979	2033
游艺用品及室内游艺器材制造	162	8279	3583
其他娱乐用品制造	107	2656	1198
石油加工、炼焦和核燃料加工业	343	14113	3276
精炼石油产品制造	338	14044	3259
原油加工及石油制品制造	294	13539	3126
人造原油制造	44	505	133
炼焦	3	48	13
炼焦	3	48	13
核燃料加工	2	21	4
核燃料加工	2	21	4
化学原料和化学制品制造业	8880	341416	106395
基础化学原料制造	1289	70370	18130
无机酸制造	102	3726	952
无机碱制造	42	3376	732
无机盐制造	252	7772	1798
有机化学原料制造	484	44983	12112
其他基础化学原料制造	409	10513	2536
肥料制造	258	5543	1309
氮肥制造	22	2073	400
磷肥制造	17	271	57
钾肥制造	6	167	95
复混肥料制造	45	830	169
有机肥料及微生物肥料制造	147	1859	508
其他肥料制造	21	343	80

营业收入（万元）	#主营业务收入	营业税金及附加（万元）	#主营业务税金及附加	资产总计（万元）	实收资本（万元）
488091	484648	4308	4294	511947	141325
678927	676339	6166	6090	732735	208240
68930	68070	882	878	80179	36742
288241	287263	3277	3258	302091	99294
1888724	1867531	20215	19952	1463172	421185
1888724	1867531	20215	19952	1463172	421185
1225654	1222894	5306	5254	647658	203101
260055	258191	1818	1770	271283	95672
873334	872550	2652	2648	285679	61504
92265	92153	836	836	90695	45924
16905392	16890815	1544862	1544701	6711197	2820512
16902295	16887718	1544848	1544687	6709335	2819912
16861417	16847054	1544512	1544352	6540717	2690056
40878	40664	336	336	168618	129856
1954	1954	7	7	1362	300
1954	1954	7	7	1362	300
1144	1144	6	6	500	300
1144	1144	6	6	500	300
62115960	60363015	263622	259886	55351371	12176731
14349666	13878653	70524	70201	13083302	2882685
407139	402020	1864	1855	665707	127582
433031	418310	2191	2190	677874	89182
587371	558726	5149	5064	743496	182012
11714533	11306656	54580	54443	8976915	1804894
1207592	1192942	6741	6648	2019309	679014
368901	366149	2091	2058	435539	108317
185241	182656	853	824	224153	36031
15088	15068	144	144	13034	10184
4428	4428	156	156	3383	1200
72947	72922	300	299	63611	17870
71304	71223	451	447	93165	31920
19892	19852	187	187	38192	11111

1-A-2 续表 10

行 业	单位数(个)	从业人员期末人数(人)	#女 性
农药制造	111	16349	4631
化学农药制造	87	12896	3323
生物化学农药及微生物农药制造	24	3453	1308
涂料、油墨、颜料及类似产品制造	2243	63140	17426
涂料制造	1493	26958	7225
油墨及类似产品制造	207	4762	1462
颜料制造	144	6228	1571
染料制造	234	22194	6012
密封用填料及类似品制造	165	2998	1156
合成材料制造	1078	74782	22371
初级形态塑料及合成树脂制造	619	32036	8097
合成橡胶制造	111	3955	1281
合成纤维单(聚合)体制造	101	31936	10710
其他合成材料制造	247	6855	2283
专用化学产品制造	2804	68741	20660
化学试剂和助剂制造	1342	30457	8173
专项化学用品制造	396	11241	3242
林产化学产品制造	129	2877	1212
信息化学品制造	164	11674	4197
环境污染处理专用药剂材料制造	132	2401	754
动物胶制造	30	1189	328
其他专用化学产品制造	611	8902	2754
炸药、火工及焰火产品制造	31	2515	841
炸药及火工产品制造	16	2284	732
焰火、鞭炮产品制造	15	231	109
日用化学产品制造	1066	39976	21027
肥皂及合成洗涤剂制造	295	13037	6425
化妆品制造	386	15258	9493

营业收入(万元)	#主营业务收入	营业税金及附加(万元)	#主营业务税金及附加	资产总计(万元)	实收资本(万元)
1805624	1755851	4566	3952	2273527	436220
1611345	1563777	3814	3200	1845031	338890
194279	192074	752	752	428497	97331
6499601	6447719	41353	39657	6691751	1300266
2169320	2154957	18511	17445	2186543	473998
400638	397420	3014	2441	390975	117640
555992	549784	3474	3466	611370	132223
3228168	3202785	14928	14907	3366826	516881
145483	142772	1426	1398	136037	59524
26079707	25167374	65174	64773	20246890	4476708
8196124	7885419	20600	20371	7801877	1970753
626332	619857	1381	1366	663930	231999
16707514	16119103	39980	39855	11006382	1993767
549738	542995	3213	3180	774701	280189
7941573	7764535	49614	49049	8801658	2379278
3911811	3854621	20245	20104	3500107	825256
1539089	1447006	15271	15104	1466101	302803
170741	170567	2056	2000	133361	34248
1435330	1413472	4215	4156	2415632	785483
177244	174215	1498	1435	186362	75888
93394	93378	580	580	121426	61741
613965	611275	5749	5671	978670	293860
143730	143255	1139	1138	138277	23522
139646	139170	1068	1067	135423	17211
4084	4084	71	71	2854	6311
4927158	4839479	29161	29058	3680427	569735
2315579	2240133	9185	9160	1651054	107514
1482373	1479934	11479	11430	1019447	223695

1-A-2 续表 11

行 业	单位数(个)	从业人员期末人数(人)	#女 性
口腔清洁用品制造	18	663	342
香料、香精制造	89	3651	1068
其他日用化学产品制造	278	7367	3699
医药制造业	1293	145592	63474
化学药品原料药制造	326	62054	19423
化学药品原料药制造	326	62054	19423
化学药品制剂制造	134	27475	13858
化学药品制剂制造	134	27475	13858
中药饮片加工	112	4850	2678
中药饮片加工	112	4850	2678
中成药生产	97	13618	6539
中成药生产	97	13618	6539
兽用药品制造	66	2597	1033
兽用药品制造	66	2597	1033
生物药品制造	204	17012	8993
生物药品制造	204	17012	8993
卫生材料及医药用品制造	354	17986	10950
卫生材料及医药用品制造	354	17986	10950
化学纤维制造业	1522	137552	56776
纤维素纤维原料及纤维制造	133	5819	2590
化纤浆粕制造	35	701	274
人造纤维(纤维素纤维)制造	98	5118	2316
合成纤维制造	1389	131733	54186
锦纶纤维制造	130	10970	4500
涤纶纤维制造	616	94280	38216
腈纶纤维制造	31	1976	754
维纶纤维制造	4	218	132
丙纶纤维制造	70	1890	904
氨纶纤维制造	98	7773	2409
其他合成纤维制造	440	14626	7271

营业收入(万元)	#主营业务收入	营业税金及附加(万元)	#主营业务税金及附加	资产总计(万元)	实收资本(万元)
18474	18467	130	130	22079	12417
387986	381607	2977	2973	595505	111559
722745	719338	5389	5365	392342	114549
10675514	10352219	79597	77860	15292291	2979943
4838375	4683080	27226	26999	8135779	1166170
4838375	4683080	27226	26999	8135779	1166170
2623743	2480794	24042	22721	3017997	694389
2623743	2480794	24042	22721	3017997	694389
306935	301233	1241	1241	347594	105035
306935	301233	1241	1241	347594	105035
1138802	1136416	13158	13031	1601238	344018
1138802	1136416	13158	13031	1601238	344018
163675	162690	1051	1044	183652	51879
163675	162690	1051	1044	183652	51879
924614	915870	7582	7524	1243969	412304
924614	915870	7582	7524	1243969	412304
679370	672137	5398	5299	762062	206149
679370	672137	5398	5299	762062	206149
25470776	24645368	63330	61766	22012165	3829053
767011	596549	2683	2683	1078817	155496
27101	27071	356	356	33567	8390
739910	569478	2328	2327	1045250	147106
24703765	24048819	60646	59083	20933348	3673557
1624685	1597733	5080	5023	2350957	436114
19335934	18724967	42659	41296	15188080	2337632
247578	247456	553	553	330751	153569
4449	4448	29	29	20330	5470
140078	139792	715	715	148803	20323
1161426	1154315	4660	4538	1675358	455651
2189615	2180107	6951	6929	1219069	264798

1-A-2 续表 12

行业	单位数(个)	从业人员期末人数(人)	#女性
橡胶和塑料制品业	29368	667075	291513
橡胶制品业	3568	109910	40475
轮胎制造	187	33531	8402
橡胶板、管、带制造	864	25047	9389
橡胶零件制造	1400	27928	13059
再生橡胶制造	90	2523	686
日用及医用橡胶制品制造	176	4794	2502
其他橡胶制品制造	851	16087	6437
塑料制品业	25800	557165	251038
塑料薄膜制造	1760	42265	13655
塑料板、管、型材制造	2658	63703	24456
塑料丝、绳及编织品制造	2020	47066	25308
泡沫塑料制造	971	21568	8557
塑料人造革、合成革制造	390	47041	14721
塑料包装箱及容器制造	2165	47450	23244
日用塑料制品制造	4984	114748	58829
塑料零件制造	5325	84681	41879
其他塑料制品制造	5527	88643	40389
非金属矿物制品业	13032	374585	108419
水泥、石灰和石膏制造	703	41776	9447
水泥制造	395	37261	8381
石灰和石膏制造	308	4515	1066
石膏、水泥制品及类似制品制造	2906	87137	15806
水泥制品制造	2004	72747	12996
砼结构构件制造	315	7877	1186
石棉水泥制品制造	23	269	97
轻质建筑材料制造	438	4529	1088
其他水泥类似制品制造	126	1715	439
砖瓦、石材等建筑材料制造	3871	85279	24576
粘土砖瓦及建筑砌块制造	1339	46212	14049

营业收入（万元）	#主营业务收　入	营业税金及附加（万元）	#主营业务税金及附加	资产总计（万元）	实收资本（万元）
37323600	36796593	291094	285012	35084038	7737823
7369045	7273906	51993	51762	7116907	1410347
4269239	4213021	23500	23465	3602282	519987
1247490	1237911	9458	9410	1301496	331117
836167	822453	10191	10125	889140	177357
142537	141175	1211	1211	190370	27512
168850	159735	1251	1251	147392	34128
704762	699612	6383	6301	986226	320245
29954554	29522687	239100	233250	27967132	6327476
5736931	5577036	25156	25020	5391452	1022813
4171305	4070635	32068	31655	4570089	1215308
1711063	1700420	18544	18467	1320260	373543
1088624	1075974	9554	9369	992566	224023
3700731	3684497	19628	16286	3024201	486106
2221226	2188925	20224	19777	2660381	588728
4502479	4477014	43039	42734	3825810	862757
2866525	2836529	32792	32067	2869756	642645
3955671	3911656	38096	37876	3312617	911553
23618615	23343845	206472	203713	29774659	7023997
5153020	5097264	31963	31861	6061444	1387302
4786092	4730402	28320	28236	5777029	1319566
366929	366862	3643	3625	284415	67736
7740460	7688205	52009	51741	8728069	1772064
6742680	6694347	42393	42188	7422842	1329832
636141	635099	6046	6017	879933	256198
8871	8871	95	95	8138	3182
264695	263745	2281	2273	274958	116688
88073	86143	1194	1168	142198	66164
3268365	3234401	43983	42244	3861749	981280
883818	880940	16607	16396	957726	307058

1-A-2 续表 13

行　　业	单位数(个)	从业人员期末人数(人)	#女 性
建筑陶瓷制品制造	107	9535	3449
建筑用石加工	1507	14435	2830
防水建筑材料制造	176	5101	1288
隔热和隔音材料制造	279	4168	1288
其他建筑材料制造	463	5828	1672
玻璃制造	363	14793	4241
平板玻璃制造	92	4184	1178
其他玻璃制造	271	10609	3063
玻璃制品制造	2284	70952	27483
技术玻璃制品制造	174	12285	3844
光学玻璃制造	58	2655	1151
玻璃仪器制造	40	621	324
日用玻璃制品制造	1459	35489	13806
玻璃包装容器制造	58	3444	1551
玻璃保温容器制造	103	3463	1599
制镜及类似品加工	118	4338	1857
其他玻璃制品制造	274	8657	3351
玻璃纤维和玻璃纤维增强塑料制品制造	471	20050	7418
玻璃纤维及制品制造	249	14509	5627
玻璃纤维增强塑料制品制造	222	5541	1791
陶瓷制品制造	803	19698	7949
卫生陶瓷制品制造	455	8504	3065
特种陶瓷制品制造	104	6220	2552
日用陶瓷制品制造	75	1521	574
园林、陈设艺术及其他陶瓷制品制造	169	3453	1758
耐火材料制品制造	760	19161	5889
石棉制品制造	87	1459	534
云母制品制造	31	831	439
耐火陶瓷制品及其他耐火材料制造	642	16871	4916

营业收入(万元)	#主营业务收入	营业税金及附加(万元)	#主营业务税金及附加	资产总计(万元)	实收资本(万元)
836696	818541	4440	4440	1140977	95768
520475	515794	12108	11976	587477	223346
524927	524408	4095	3180	481219	80977
191718	189225	2663	2317	306738	118890
310731	305493	4070	3935	387611	155241
758207	748022	7423	7351	2044441	412736
316239	314276	4093	4036	1362926	250750
441968	433746	3330	3316	681516	161986
2948762	2928212	31344	31073	3374245	862633
825826	819476	3376	3353	1240183	260939
101642	100055	543	543	191221	66965
16382	16227	246	223	15156	6475
1215160	1210216	19223	19109	1027570	260021
152006	150391	1491	1491	147641	45212
91635	90978	1598	1596	79366	15031
256189	254739	1954	1928	343999	86645
289923	286130	2914	2830	329109	121345
1186567	1124284	9211	9153	2637280	758109
931369	870745	7216	7186	2331862	661770
255198	253539	1994	1967	305418	96339
676248	666672	8269	8239	836102	242966
306163	305740	4078	4066	265569	90563
257309	248447	1658	1643	432031	91154
32242	31977	693	691	49758	19160
80533	80508	1840	1839	88743	42089
1176809	1153945	13410	13283	1228399	297064
47443	47014	777	777	48460	13888
30645	30439	270	266	41755	6330
1098721	1076492	12364	12241	1138184	276846

1-A-2 续表 14

行　业	单位数(个)	从业人员期末人数(人)	#女 性
石墨及其他非金属矿物制品制造	871	15739	5610
石墨及碳素制品制造	124	4850	1828
其他非金属矿物制品制造	747	10889	3782
黑色金属冶炼和压延加工业	4210	207884	41421
炼铁	39	786	172
炼铁	39	786	172
炼钢	62	14372	2519
炼钢	62	14372	2519
黑色金属铸造	1602	64354	14322
黑色金属铸造	1602	64354	14322
钢压延加工	2451	126692	24013
钢压延加工	2451	126692	24013
铁合金冶炼	56	1680	395
铁合金冶炼	56	1680	395
有色金属冶炼和压延加工业	3505	128544	37969
常用有色金属冶炼	329	12221	2556
铜冶炼	93	4023	662
铅锌冶炼	43	886	206
镍钴冶炼	27	2523	520
锡冶炼	14	162	44
铝冶炼	104	3789	839
镁冶炼	4	177	56
其他常用有色金属冶炼	44	661	229
贵金属冶炼	26	1419	306
金冶炼	9	1003	197
银冶炼	11	227	63
其他贵金属冶炼	6	189	46
稀有稀土金属冶炼	21	592	205
钨钼冶炼	4	196	47
稀土金属冶炼	11	327	147
其他稀有金属冶炼	6	69	11

营业收入(万元)	#主营业务收　入	营业税金及附加(万元)	#主营业务税金及附加	资产总计(万元)	实收资本(万元)
710177	702840	8860	8768	1002928	309842
247001	245110	2116	2114	485516	172160
463176	457730	6744	6654	517412	137682
28777668	28095486	104021	103323	22614244	4511237
23168	23168	309	309	39427	12241
23168	23168	309	309	39427	12241
3214482	3131126	9652	9628	3597900	312754
3214482	3131126	9652	9628	3597900	312754
2844725	2819156	25766	25500	2652339	559431
2844725	2819156	25766	25500	2652339	559431
22403669	21832059	66940	66552	16140329	3594849
22403669	21832059	66940	66552	16140329	3594849
291623	289977	1355	1334	184250	31962
291623	289977	1355	1334	184250	31962
25430871	24248857	65195	63987	16328780	3198324
3810515	3761002	5624	5560	2490144	578179
2552741	2541588	2010	2009	1135283	168916
93119	88125	602	596	87215	24047
744590	715816	1158	1128	933085	287527
17299	17293	125	125	6913	1818
371356	370504	1481	1454	290806	78577
11520	11271	51	51	5928	430
19891	16405	197	196	30915	16865
807516	806669	1268	1268	296042	32158
720168	719460	1099	1099	225889	19439
73503	73364	117	117	37227	7489
13845	13845	53	53	32927	5230
76338	68237	227	226	95193	41498
11547	11506	30	30	16162	7483
63891	55832	170	170	69412	26892
900	900	26	26	9619	7123

1-A-2 续表 15

行　业	单位数(个)	从业人员期末人数(人)	#女 性
有色金属合金制造	312	16487	5587
有色金属合金制造	312	16487	5587
有色金属铸造	411	8654	2839
有色金属铸造	411	8654	2839
有色金属压延加工	2406	89171	26476
铜压延加工	1069	42201	11671
铝压延加工	903	35370	11004
贵金属压延加工	45	913	345
稀有稀土金属压延加工	59	2449	935
其他有色金属压延加工	330	8238	2521
金属制品业	30869	760498	281902
结构性金属制品制造	4931	143562	41996
金属结构制造	2199	56718	15075
金属门窗制造	2732	86844	26921
金属工具制造	5086	111679	46963
切削工具制造	991	23087	8635
手工具制造	1886	43978	18403
农用及园林用金属工具制造	512	14247	6260
刀剪及类似日用金属工具制造	419	10662	5244
其他金属工具制造	1278	19705	8421
集装箱及金属包装容器制造	699	34002	11634
集装箱制造	22	3991	277
金属压力容器制造	192	10290	2561
金属包装容器制造	485	19721	8796
金属丝绳及其制品制造	913	22855	6876
金属丝绳及其制品制造	913	22855	6876
建筑、安全用金属制品制造	8712	177183	72144
建筑、家具用金属配件制造	5498	101068	42478
建筑装饰及水暖管道零件制造	2503	57363	23138
安全、消防用金属制品制造	466	13658	4665
其他建筑、安全用金属制品制造	245	5094	1863

营业收入(万元)	#主营业务收入	营业税金及附加(万元)	#主营业务税金及附加	资产总计(万元)	实收资本(万元)
1997927	1958528	5824	5755	1703069	304634
1997927	1958528	5824	5755	1703069	304634
263749	261994	3482	3401	308552	79480
263749	261994	3482	3401	308552	79480
18474825	17392426	48770	47777	11435779	2162376
13461239	12439590	27459	26885	7299544	1310957
3796598	3741126	15843	15618	3012830	607911
208729	208714	459	459	145627	33467
195503	193944	1159	1001	231078	49134
812756	809052	3850	3814	746700	160906
34124637	33800529	313461	309323	33794845	8157300
8427381	8351796	72958	71833	8888873	1855135
4111399	4054348	35189	34723	4645643	913845
4315981	4297448	37769	37110	4243230	941291
3660714	3638248	42659	42335	3560714	945379
738543	734187	7749	7554	807365	195235
1464796	1454499	17022	16972	1282775	324977
527791	525048	5228	5219	536029	142333
303425	300763	3758	3749	311547	68465
626159	623751	8903	8841	622998	214368
1945462	1915681	10981	10892	2193375	512332
473878	470949	668	668	384852	74397
539147	534432	3920	3917	688126	138412
932437	910299	6393	6307	1120397	299523
2027079	1980678	9570	9493	1644039	467066
2027079	1980678	9570	9493	1644039	467066
7012202	6976113	73917	72855	6360412	1775273
3022783	3007442	37193	36768	2665686	771365
3258535	3245154	29384	29146	2959997	759244
508653	505213	4917	4722	531148	161190
222230	218304	2424	2219	203581	83474

1-A-2 续表 16

行业	单位数(个)	从业人员期末人数(人)	#女性
金属表面处理及热处理加工	2745	79856	28886
金属表面处理及热处理加工	2745	79856	28886
搪瓷制品制造	329	8365	3153
生产专用搪瓷制品制造	21	418	146
建筑装饰搪瓷制品制造	16	1191	281
搪瓷卫生洁具制造	224	3703	1341
搪瓷日用品及其他搪瓷制品制造	68	3053	1385
金属制日用品制造	3876	112663	46381
金属制厨房用器具制造	630	19746	7492
金属制餐具和器皿制造	1045	54258	22619
金属制卫生器具制造	254	9287	3573
其他金属制日用品制造	1947	29372	12697
其他金属制品制造	3578	70333	23869
锻件及粉末冶金制品制造	1546	34569	10672
交通及公共管理用金属标牌制造	259	4385	1393
其他未列明金属制品制造	1773	31379	11804
通用设备制造业	46216	1193439	390252
锅炉及原动设备制造	729	33189	7855
锅炉及辅助设备制造	277	10856	2314
内燃机及配件制造	260	11443	3496
汽轮机及辅机制造	40	5774	1025
水轮机及辅机制造	72	4126	800
风能原动设备制造	22	349	60
其他原动设备制造	58	641	160
金属加工机械制造	4594	95413	24721
金属切削机床制造	813	25207	5325
金属成形机床制造	613	14474	2789
铸造机械制造	606	11318	2910
金属切割及焊接设备制造	538	15109	5529
机床附件制造	527	10517	3062
其他金属加工机械制造	1497	18788	5106

营业收入(万元)	#主营业务收入	营业税金及附加(万元)	#主营业务税金及附加	资产总计(万元)	实收资本(万元)
2796597	2779371	27835	27277	2374254	559875
2796597	2779371	27835	27277	2374254	559875
328544	320300	3567	3502	311216	78826
9762	9762	44	44	6124	1918
81653	75889	956	956	104838	24608
147753	146024	1483	1431	116811	33761
89377	88624	1085	1072	83444	18540
4562977	4532754	41883	41242	5025577	1085571
727184	723732	6260	6047	1038744	257671
2332303	2313793	19553	19368	2501489	458741
345096	342477	2809	2807	299256	66828
1158394	1152752	13262	13020	1186089	302331
3363681	3305588	30090	29893	3436385	877843
1410590	1375730	14104	14001	1657862	347789
209941	204323	3305	3280	236048	77553
1743150	1725536	12682	12612	1542475	452501
57748866	57035554	512534	506046	65042781	15403666
2561677	2508383	15554	15322	4039966	879868
952175	919400	5652	5530	1308646	282828
730758	723305	3939	3911	1076827	206928
620701	616460	4272	4241	960266	153096
204552	196224	1371	1351	577423	196437
31651	31513	84	84	77946	18005
21841	21481	236	204	38859	22575
4030067	3991667	40351	40088	4920283	1392472
1491431	1477120	11844	11835	2013852	497895
620817	614014	5965	5910	755459	228360
374970	371039	5167	5128	387916	128360
658087	651360	4731	4642	770563	196346
308352	305439	3926	3912	365179	95085
576409	572695	8717	8662	627314	246427

1-A-2 续表 17

行　　业	单位数(个)	从业人员期末人数(人)	#女 性
物料搬运设备制造	1618	83951	20552
轻小型起重设备制造	383	14273	4326
起重机制造	193	8420	1500
生产专用车辆制造	113	8869	1868
连续搬运设备制造	242	8098	1808
电梯、自动扶梯及升降机制造	609	40224	10100
其他物料搬运设备制造	78	4067	950
泵、阀门、压缩机及类似机械制造	10470	318007	103049
泵及真空设备制造	2085	79305	26918
气体压缩机械制造	493	31643	8356
阀门和旋塞制造	5969	159898	52964
液压和气压动力机械及元件制造	1923	47161	14811
轴承、齿轮和传动部件制造	5442	198295	70595
轴承制造	3650	128700	50276
齿轮及齿轮减、变速箱制造	1287	45102	11796
其他传动部件制造	505	24493	8523
烘炉、风机、衡器、包装等设备制造	4874	163444	58040
烘炉、熔炉及电炉制造	323	4922	1165
风机、风扇制造	676	15294	4989
气体、液体分离及纯净设备制造	501	22903	7308
制冷、空调设备制造	1067	46178	15969
风动和电动工具制造	1280	47803	19728
喷枪及类似器具制造	279	9118	4081
衡器制造	174	3766	1714
包装专用设备制造	574	13460	3086
文化、办公用机械制造	443	18827	8293
电影机械制造	12	231	122
幻灯及投影设备制造	24	412	195

营业收入(万元)	#主营业务收 入	营业税金及 附 加(万元)	#主营业务税金及附加	资产总计(万元)	实收资本(万元)
7447576	7336589	39732	38952	6977290	1581198
581776	576583	3771	3736	626096	174000
644864	613485	3806	3601	911778	252119
1233553	1217781	4307	4293	750287	164005
448256	435822	2786	2733	513777	127743
4250299	4210471	23152	22680	3839637	790861
288828	282447	1910	1910	335716	72469
14796105	14658330	143696	142177	14825527	3822563
3870202	3842959	26975	26713	3982466	929362
2234991	2169313	11544	11460	2554621	370817
7029219	6995681	87184	86141	6277517	1992177
1661693	1650376	17994	17862	2010924	530207
7589160	7464287	68248	67769	10350082	2255020
4683240	4598307	43969	43717	6519140	1445021
1815860	1793225	16803	16661	2651199	549274
1090061	1072755	7476	7391	1179743	260724
8978895	8861692	76191	74565	10171562	2222056
174060	172001	3269	3219	420166	94744
833437	814423	9104	8961	922079	263402
1685543	1661657	12645	12054	2501106	419963
3234360	3186050	21852	21251	3221696	672598
2161965	2147045	18259	18099	2183070	529978
318104	315947	2595	2569	267957	54148
97103	95858	1480	1461	117180	35103
474324	468711	6987	6951	538308	152120
732833	712964	6536	6501	819223	267403
8525	8464	54	54	18519	13048
10540	10533	186	186	10496	7688

1-A-2 续表 18

行　　业	单位数(个)	从业人员期末人数(人)	#女　性
照相机及器材制造	113	6271	3203
复印和胶印设备制造	59	2905	930
计算器及货币专用设备制造	115	5795	2193
其他文化、办公用机械制造	120	3213	1650
通用零部件制造	16986	265874	92586
金属密封件制造	805	14711	5557
紧固件制造	5132	96756	34601
弹簧制造	958	15536	5649
机械零部件加工	7745	93442	29414
其他通用零部件制造	2346	45429	17365
其他通用设备制造业	1060	16439	4561
其他通用设备制造业	1060	16439	4561
专用设备制造业	19178	471847	140198
采矿、冶金、建筑专用设备制造	1181	32226	6654
矿山机械制造	401	9931	2203
石油钻采专用设备制造	54	3812	997
建筑工程用机械制造	381	9388	1729
海洋工程专用设备制造	17	842	145
建筑材料生产专用机械制造	229	5166	957
冶金专用设备制造	99	3087	623
化工、木材、非金属加工专用设备制造	7732	169633	42492
炼油、化工生产专用设备制造	232	8609	1875
橡胶加工专用设备制造	87	2422	407
塑料加工专用设备制造	1163	37735	7077
木材加工机械制造	105	1833	466
模具制造	6036	117328	32220
其他非金属加工专用设备制造	109	1706	447
食品、饮料、烟草及饲料生产专用设备制造	621	11643	2239
食品、酒、饮料及茶生产专用设备制造	432	8189	1559
农副食品加工专用设备制造	139	2345	459
烟草生产专用设备制造	31	636	122
饲料生产专用设备制造	19	473	99

营业收入(万元)	#主营业务收入	营业税金及附加(万元)	#主营业务税金及附加	资产总计(万元)	实收资本(万元)
205109	187298	1525	1523	218591	52667
139385	139031	1179	1157	174358	32742
267366	265967	2713	2703	273303	117914
101909	101672	879	879	123957	43344
11065243	10968212	111531	110102	11093707	2619207
447555	444337	5563	5508	547188	152763
4721453	4654174	36131	35346	4521766	1151714
554730	552821	7056	7009	666354	157526
2748279	2732636	39697	39282	2779461	823181
2593226	2584245	23084	22956	2578938	334023
547310	533428	10695	10570	1845141	363880
547310	533428	10695	10570	1845141	363880
21754543	21382088	191340	187725	27446667	6971743
1821978	1803102	15737	15659	2613034	736508
463021	457900	5087	5063	651526	149347
274334	270529	1841	1841	214968	59014
546435	540594	4700	4691	695836	191022
177181	177175	387	387	504498	205285
215880	214231	2124	2082	336844	96841
145128	142672	1598	1595	209362	34998
7249227	7168032	65144	63465	9460952	2261841
587212	585054	5066	5011	662136	182690
91407	90436	821	820	79528	22421
2224347	2195928	16354	15818	3173873	777860
69742	69333	1353	1232	79673	34960
4217593	4168907	40908	39979	5400012	1201992
58926	58374	642	605	65730	41918
485542	481702	6564	6465	627135	161917
364969	361990	5037	4986	468456	109384
68865	68187	1080	1069	103879	40633
25905	25725	304	266	32022	6458
25802	25799	144	144	22779	5442

1-A-2 续表 19

行　业	单位数(个)	从业人员期末人数(人)	#女性
印刷、制药、日化及日用品生产专用设备制造	1283	28455	6844
制浆和造纸专用设备制造	119	2699	485
印刷专用设备制造	583	12449	2334
日用化工专用设备制造	69	796	238
制药专用设备制造	191	6183	1174
照明器具生产专用设备制造	117	2410	1264
玻璃、陶瓷和搪瓷制品生产专用设备制造	47	932	323
其他日用品生产专用设备制造	157	2986	1026
纺织、服装和皮革加工专用设备制造	3531	92094	31326
纺织专用设备制造	1778	38189	11350
皮革、毛皮及其制品加工专用设备制造	134	2408	489
缝制机械制造	1587	50982	19302
洗涤机械制造	32	515	185
电子和电工机械专用设备制造	819	16045	5901
电工机械专用设备制造	413	8416	2871
电子工业专用设备制造	406	7629	3030
农、林、牧、渔专用机械制造	906	31543	10850
拖拉机制造	34	3785	1112
机械化农业及园艺机具制造	400	19012	6964
营林及木竹采伐机械制造	13	318	119
畜牧机械制造	39	511	179
渔业机械制造	37	883	399
农林牧渔机械配件制造	272	5323	1689
棉花加工机械制造	9	123	24
其他农、林、牧、渔业机械制造	102	1588	364
医疗仪器设备及器械制造	1000	34482	17464
医疗诊断、监护及治疗设备制造	175	6846	3560
口腔科用设备及器具制造	66	1808	844

营业收入(万元)	#主营业务收　　入	营业税金及 附 加(万元)	#主营业务税金及附加	资产总计(万元)	实收资本(万元)
1055408	1046325	13397	13212	1075796	389139
105695	104011	1131	1128	109806	38833
432771	431286	5953	5909	433856	186017
31424	31300	719	669	37006	9698
289752	284995	3209	3180	277618	78691
75032	74588	760	759	85323	23260
24339	24327	463	463	29470	15038
96395	95819	1162	1104	102717	37601
4063981	4044191	39308	38819	4747160	1104282
1878549	1864500	17900	17529	2210360	547223
85384	85181	1145	1135	117966	34965
2084570	2079053	20024	19917	2406877	518884
15479	15456	239	238	11957	3210
579597	577111	6465	6406	795144	318300
344794	344086	3543	3523	396856	124525
234802	233025	2922	2883	398289	193775
1475673	1464278	8381	8235	1663186	435141
296957	293422	505	496	353393	91814
903547	896606	4680	4653	1052653	262731
10005	10005	120	114	14982	3728
23121	23090	184	184	17975	4967
15832	15812	142	141	23623	7007
176699	175986	2151	2119	145271	37861
3695	3635	39	39	3731	409
45817	45721	561	490	51558	26625
1125891	1119178	10950	10767	1505737	492978
264855	262104	2115	2094	331838	109385
46911	46616	577	577	52629	16243

1-A-2 续表 20

行　业	单位数(个)	从业人员期末人数(人)	#女 性
医疗实验室及医用消毒设备和器具制造	53	881	363
医疗、外科及兽医用器械制造	262	14340	8738
机械治疗及病房护理设备制造	63	2129	968
假肢、人工器官及植(介)入器械制造	62	1726	615
其他医疗设备及器械制造	319	6752	2376
环保、社会公共服务及其他专用设备制造	2105	55726	16428
环境保护专用设备制造	1091	25830	6449
地质勘查专用设备制造	12	496	77
邮政专用机械及器材制造	23	620	213
商业、饮食、服务专用设备制造	33	654	231
社会公共安全设备及器材制造	389	16731	6160
交通安全、管制及类似专用设备制造	67	1579	688
水资源专用机械制造	78	1861	562
其他专用设备制造	412	7955	2048
汽车制造业	13943	537744	193479
汽车整车制造	95	35115	7256
汽车整车制造	95	35115	7256
改装汽车制造	25	1764	285
改装汽车制造	25	1764	285
低速载货汽车制造	2	145	27
低速载货汽车制造	2	145	27
电车制造	12	203	70
电车制造	12	203	70
汽车车身、挂车制造	36	1197	344
汽车车身、挂车制造	36	1197	344
汽车零部件及配件制造	13773	499320	185497
汽车零部件及配件制造	13773	499320	185497
铁路、船舶、航空航天和其他运输设备制造业	4463	189128	59325
铁路运输设备制造	107	3364	901
铁路机车车辆及动车组制造	2	107	23

营业收入（万元）	#主营业务收 入	营业税金及 附 加（万元）	#主营业务税金及附加	资产总计（万元）	实收资本（万元）
19614	19354	227	223	37034	18123
444249	443394	4341	4251	540834	162023
77136	76364	958	940	173768	55414
40079	39831	403	394	124023	40513
233048	231515	2328	2287	245611	91277
3897247	3678171	25394	24696	4958522	1071635
2474197	2262039	14170	13945	2578284	660254
22427	22376	303	276	107276	8299
16645	16410	171	171	12823	4022
22834	22796	147	147	10725	3696
911940	908851	5700	5691	1049393	199386
78874	78858	795	794	52960	21303
74437	74176	693	693	108059	36545
295892	292665	3414	2978	1039002	138131
29220872	28470519	255438	253618	37015683	8446818
5435291	5269920	77723	77378	7358321	1859409
5435291	5269920	77723	77378	7358321	1859409
175555	171651	885	880	172953	72344
175555	171651	885	880	172953	72344
68929	67388	4	4	34121	8000
68929	67388	4	4	34121	8000
4533	4434	77	77	15964	9428
4533	4434	77	77	15964	9428
78728	77953	531	343	80975	30866
78728	77953	531	343	80975	30866
23457837	22879172	176217	174936	29353349	6466770
23457837	22879172	176217	174936	29353349	6466770
11333946	10950607	76229	75078	18699143	3432806
179369	178450	1809	1751	382927	120130
6311	6266			44009	32000

1-A-2 续表 21

行　业	单位数(个)	从业人员期末人数(人)	#女性
窄轨机车车辆制造	1	36	8
铁路机车车辆配件制造	40	1913	529
铁路专用设备及器材、配件制造	58	1259	334
其他铁路运输设备制造	6	49	7
城市轨道交通设备制造	8	168	50
城市轨道交通设备制造	8	168	50
船舶及相关装置制造	1120	55319	9102
金属船舶制造	559	42551	6131
非金属船舶制造	27	278	70
娱乐船和运动船制造	42	1640	550
船用配套设备制造	438	9565	2105
船舶改装与拆除	45	1051	193
航标器材及其他相关装置制造	9	234	53
航空、航天器及设备制造	34	1345	467
飞机制造	9	506	160
航天器制造	5	29	8
航空、航天相关设备制造	9	464	128
其他航空航天器制造	11	346	171
摩托车制造	1535	72834	26315
摩托车整车制造	63	16551	4754
摩托车零部件及配件制造	1472	56283	21561
自行车制造	1409	50014	20087
脚踏自行车及残疾人座车制造	678	26427	11203
助动自行车制造	731	23587	8884
非公路休闲车及零配件制造	167	3738	1433
非公路休闲车及零配件制造	167	3738	1433
潜水救捞及其他未列明运输设备制造	83	2346	970
潜水及水下救捞装备制造	14	532	293
其他未列明运输设备制造	69	1814	677

营业收入(万元)	#主营业务收 入	营业税金及附加(万元)	#主营业务税金及附加	资产总计(万元)	实收资本(万元)
971	971	7	7	423	50
101015	100867	1048	1048	227900	39331
70795	70069	752	694	107842	46144
277	277	2	2	2752	2605
3184	3184	85	85	2160	31421
3184	3184	85	85	2160	31421
5532883	5318815	19395	19253	12563042	2125861
4752256	4583222	14140	14038	11450511	1829198
8060	8060	180	180	11715	6760
67226	65973	484	482	67920	23155
459914	420002	3621	3595	784298	219414
240999	237138	929	916	246703	46746
4429	4421	41	41	1897	588
62974	62415	318	318	126195	54410
25039	25010	102	102	58587	31415
591	591	2	2	10735	507
22363	21833	112	112	46089	18328
14981	14981	102	102	10783	4160
2908763	2865772	35862	35095	3007650	526265
915412	897448	16628	16399	937301	132540
1993350	1968324	19234	18696	2070349	393725
2465259	2341418	16352	16196	2364263	500825
1034879	1028168	8361	8297	1186691	256113
1430380	1313250	7991	7898	1177572	244711
117402	116802	1845	1817	190908	56243
117402	116802	1845	1817	190908	56243
64113	63750	563	563	61998	17653
10141	10116	97	97	13021	2920
53972	53634	467	467	48977	14733

1-A-2 续表 22

行　业	单位数(个)	从业人员期末人数(人)	#女性
电气机械和器材制造业	32545	1183449	546235
电机制造	3473	183565	77456
发电机及发电机组制造	461	17446	5415
电动机制造	1727	74109	26187
微电机及其他电机制造	1285	92010	45854
输配电及控制设备制造	11780	353755	158334
变压器、整流器和电感器制造	1172	43547	18324
电容器及其配套设备制造	328	6831	2941
配电开关控制设备制造	6624	180739	81076
电力电子元器件制造	2699	77765	38078
光伏设备及元器件制造	337	25894	11082
其他输配电及控制设备制造	620	18979	6833
电线、电缆、光缆及电工器材制造	3149	108392	47955
电线、电缆制造	2447	90173	40280
光纤、光缆制造	112	6793	2906
绝缘制品制造	231	5207	2192
其他电工器材制造	359	6219	2577
电池制造	505	45263	21135
锂离子电池制造	125	9051	4088
镍氢电池制造	34	3009	1582
其他电池制造	346	33203	15465
家用电力器具制造	5923	255500	117680
家用制冷电器具制造	300	18621	7383
家用空气调节器制造	185	18203	6600
家用通风电器具制造	561	19498	7706
家用厨房电器具制造	1108	57329	26962
家用清洁卫生电器具制造	437	30869	13095
家用美容、保健电器具制造	366	20849	11012
家用电力器具专用配件制造	1351	38934	17940
其他家用电力器具制造	1615	51197	26982

营业收入（万元）	#主营业务收入	营业税金及附加（万元）	#主营业务税金及附加	资产总计（万元）	实收资本（万元）
69350698	67146888	447124	431779	72462427	16838841
9897187	9741825	63649	60848	10589478	2099921
1132041	1113607	7940	7869	1528318	459552
4491583	4419646	28987	28462	4723900	807700
4273563	4208572	26722	24516	4337261	832669
19864222	19601831	152985	151732	25512597	6526120
2514341	2472885	18444	18269	3576621	917863
299550	297021	2972	2970	314481	115761
9953195	9864884	85856	85246	12414032	2662649
3260534	3227394	29637	29313	3008605	951060
2759812	2698944	7338	7248	4744840	1466773
1076790	1040703	8737	8685	1454019	412013
12189704	11968118	57208	49437	9829554	2172458
10342994	10242047	47020	39342	7791461	1755332
1303030	1186606	4504	4488	1478231	269227
231486	227818	2736	2660	283990	80414
312195	311647	2948	2947	275873	67485
6086005	4854325	17831	17715	4361282	1266233
589975	559620	2394	2334	850316	375988
127970	127151	727	698	172792	56721
5368061	4167554	14710	14684	3338174	833524
13157664	12888071	78046	75784	12626589	2279272
1339510	1282239	6048	4651	1435613	225415
1666749	1621775	4379	4328	1488984	224075
1024028	1008365	8298	8187	1136236	186984
2882799	2863164	19605	19366	2753104	585297
2211419	2125941	11994	11804	1930064	292035
636246	633871	5096	5076	537271	100890
1823891	1791274	11230	11084	1535966	334912
1573022	1561442	11396	11288	1809350	329664

1-A-2 续表 23

行　业	单位数(个)	从业人员期末人数(人)	#女性
非电力家用器具制造	1011	23151	9469
燃气、太阳能及类似能源家用器具制造	868	15920	6412
其他非电力家用器具制造	143	7231	3057
照明器具制造	5823	199088	108086
电光源制造	1288	66743	36451
照明灯具制造	3232	103871	56534
灯用电器附件及其他照明器具制造	1303	28474	15101
其他电气机械及器材制造	881	14735	6120
电气信号设备装置制造	235	5556	2859
其他未列明电气机械及器材制造	646	9179	3261
计算机、通信和其他电子设备制造业	9430	515551	245760
计算机制造	323	22040	9481
计算机整机制造	22	2458	1094
计算机零部件制造	118	9075	3995
计算机外围设备制造	81	6694	2806
其他计算机制造	102	3813	1586
通信设备制造	765	77111	26605
通信系统设备制造	551	48452	15243
通信终端设备制造	214	28659	11362
广播电视设备制造	490	25924	13512
广播电视节目制作及发射设备制造	23	1147	506
广播电视接收设备及器材制造	388	19040	10874
应用电视设备及其他广播电视设备制造	79	5737	2132
雷达及配套设备制造	11	289	126
雷达及配套设备制造	11	289	126
视听设备制造	697	34023	18650
电视机制造	46	7246	3266
音响设备制造	571	23713	13841
影视录放设备制造	80	3064	1543
电子器件制造	1247	118363	54959
电子真空器件制造	97	2777	1385

营业收入（万元）	#主营业务收　入	营业税金及附加（万元）	#主营业务税金及附加	资产总计（万元）	实收资本（万元）
940721	934902	8015	7877	1116747	411551
662073	657501	5563	5443	872262	337014
278648	277401	2452	2434	244485	74538
6801969	6746630	62395	61475	7920680	1853344
2116330	2098621	19705	19220	2139369	446974
3895837	3861095	31158	30843	5084516	1228065
789801	786914	11532	11412	696794	178305
413226	411187	6994	6911	505500	229941
151854	151001	2182	2181	154673	60008
261372	260186	4813	4730	350827	169934
28523400	28119865	177028	175412	30522139	7972722
1756506	1733496	4225	4188	1155568	492218
768749	768715	92	90	194555	45461
430515	425320	849	843	335641	170620
307176	294213	2005	1975	324715	152716
250066	245248	1279	1279	300656	123421
6568181	6422506	51605	51044	7564688	1952730
4354419	4294793	44628	44122	5437679	1223403
2213762	2127714	6976	6922	2127009	729327
1508565	1495518	10951	10809	1376923	246358
122633	122086	447	447	119090	11804
784717	780273	5484	5418	683579	157420
601214	593159	5020	4945	574254	77134
123401	123381	105	105	235132	53702
123401	123381	105	105	235132	53702
2130297	2092276	12708	12468	2401733	332525
1017994	992021	3893	3824	1303681	119797
825513	814972	6935	6763	629804	149137
286789	285282	1881	1881	468248	63591
6947858	6901522	20025	19906	6678991	2162276
60523	59352	977	975	84571	37683

1-A-2 续表 24

行业	单位数(个)	从业人员期末人数(人)	#女性
半导体分立器件制造	226	10945	5084
集成电路制造	123	13482	6270
光电子器件及其他电子器件制造	801	91159	42220
电子元件制造	5229	216027	111503
电子元件及组件制造	4877	198368	103989
印制电路板制造	352	17659	7514
其他电子设备制造	668	21774	10924
其他电子设备制造	668	21774	10924
仪器仪表制造业	5831	225476	100416
通用仪器仪表制造	2719	110229	45783
工业自动控制系统装置制造	796	34002	10451
电工仪器仪表制造	870	29899	12865
绘图、计算及测量仪器制造	227	9985	5176
实验分析仪器制造	194	5445	2774
试验机制造	48	1462	448
供应用仪表及其他通用仪器制造	584	29436	14069
专用仪器仪表制造	754	32857	13695
环境监测专用仪器仪表制造	63	2090	839
运输设备及生产用计数仪表制造	153	16880	7622
导航、气象及海洋专用仪器制造	38	1215	497
农林牧渔专用仪器仪表制造	15	261	99
地质勘探和地震专用仪器制造	15	446	108
教学专用仪器制造	137	5313	1970
核子及核辐射测量仪器制造	5	94	14
电子测量仪器制造	146	3156	1114
其他专用仪器制造	182	3402	1432
钟表与计时仪器制造	157	7293	4492
钟表与计时仪器制造	157	7293	4492
光学仪器及眼镜制造	1876	69494	33417
光学仪器制造	212	13619	7035
眼镜制造	1664	55875	26382

营业收入（万元）	#主营业务收入	营业税金及附加（万元）	#主营业务税金及附加	资产总计（万元）	实收资本（万元）
496122	488951	3376	3356	714183	300335
758434	748605	3122	3097	1153146	387180
5632778	5604614	12549	12478	4727091	1437077
8584412	8465350	70688	70270	9905546	2356019
7940859	7824429	66063	65657	9184749	2156829
643553	640921	4625	4613	720798	199189
904180	885815	6721	6623	1203559	376894
904180	885815	6721	6623	1203559	376894
8635219	8511159	81033	80160	10443840	2682678
5254243	5170565	42183	41619	6514398	1647071
1842598	1817682	14311	14067	2574091	670281
1596618	1557857	13270	13149	1895365	482175
311104	309968	2826	2801	341006	83541
153525	151572	1752	1752	136799	36726
47625	47407	335	311	46924	17623
1302771	1286079	9690	9540	1520213	356725
1535466	1511161	12026	11952	1820217	486015
86941	86782	885	884	161903	56857
910351	890311	3918	3918	968508	199674
62969	62741	1171	1130	78076	31772
8003	8003	135	135	12338	5564
18024	17439	204	204	41424	9756
214278	212996	2940	2914	226777	85541
1745	1745	17	17	7041	2250
130961	130060	1345	1343	172043	50179
102193	101082	1410	1407	152109	44421
185151	181441	2138	2113	245392	37801
185151	181441	2138	2113	245392	37801
1520309	1509085	22795	22602	1730382	463329
427588	420974	3412	3267	698269	198234
1092720	1088110	19383	19335	1032113	265095

1-A-2 续表 25

行业	单位数(个)	从业人员期末人数(人)	#女性
其他仪器仪表制造业	325	5603	3029
其他仪器仪表制造业	325	5603	3029
其他制造业	5131	127927	65855
日用杂品制造	4143	113178	60559
鬃毛加工、制刷及清扫工具制造	309	10848	6199
其他日用杂品制造	3834	102330	54360
煤制品制造	55	547	137
煤制品制造	55	547	137
核辐射加工	5	83	13
核辐射加工	5	83	13
其他未列明制造业	928	14119	5146
其他未列明制造业	928	14119	5146
废弃资源综合利用业	921	27758	8622
金属废料和碎屑加工处理	421	21368	6688
金属废料和碎屑加工处理	421	21368	6688
非金属废料和碎屑加工处理	500	6390	1934
非金属废料和碎屑加工处理	500	6390	1934
金属制品、机械和设备修理业	1341	40938	6511
金属制品修理	37	307	98
金属制品修理	37	307	98
通用设备修理	171	1677	310
通用设备修理	171	1677	310
专用设备修理	152	1129	195
专用设备修理	152	1129	195
铁路、船舶、航空航天等运输设备修理	788	34689	5264
铁路运输设备修理	1	191	3
船舶修理	775	34270	5200
航空航天器修理	1	125	32
其他运输设备修理	11	103	29

营业收入(万元)	#主营业务收 入	营业税金及 附 加(万元)	#主营业务税金及附加	资产总计(万元)	实收资本(万元)
140050	138909	1891	1873	133450	48462
140050	138909	1891	1873	133450	48462
4884999	4850113	48007	47235	7411170	1266148
4092916	4060057	42190	41444	6029849	853495
355598	353338	3957	3679	326937	76926
3737317	3706719	38232	37765	5702912	776569
314493	314483	480	480	878850	214617
314493	314483	480	480	878850	214617
2041	2031	44	44	6714	3508
2041	2031	44	44	6714	3508
475550	473542	5294	5267	495757	194528
475550	473542	5294	5267	495757	194528
3752051	3741967	16186	16071	2124650	419110
3323181	3315267	12263	12189	1687421	299794
3323181	3315267	12263	12189	1687421	299794
428871	426700	3923	3881	437229	119316
428871	426700	3923	3881	437229	119316
884397	873481	15106	14957	1443950	448447
8413	8366	131	129	10548	5092
8413	8366	131	129	10548	5092
35625	35424	531	529	39827	14507
35625	35424	531	529	39827	14507
21671	21628	351	349	24742	9291
21671	21628	351	349	24742	9291
747887	737660	12588	12453	1304519	395772
3154	3154	175	175	271	100
740110	730144	12328	12204	1283249	386267
3151	2890	41	30	4986	1560
1471	1471	44	44	16014	7845

1-A-2 续表 26

行　业	单位数(个)	从业人员期末人数(人)	#女 性
电气设备修理	78	1709	350
电气设备修理	78	1709	350
仪器仪表修理	11	73	19
仪器仪表修理	11	73	19
其他机械和设备修理业	104	1354	275
其他机械和设备修理业	104	1354	275
电力、热力、燃气及水生产和供应业	**4329**	**172904**	**41433**
电力、热力生产和供应业	2839	121303	26034
电力生产	2647	50826	11770
火力发电	145	23281	4896
水力发电	2385	22668	5589
核力发电	5	1642	673
风力发电	40	427	87
太阳能发电	18	93	21
其他电力生产	54	2715	504
电力供应	113	65626	13245
电力供应	113	65626	13245
热力生产和供应	79	4851	1019
热力生产和供应	79	4851	1019
燃气生产和供应业	310	10462	2830
燃气生产和供应业	310	10462	2830
燃气生产和供应业	310	10462	2830
水的生产和供应业	1180	41139	12569
自来水生产和供应	626	30665	9712
自来水生产和供应	626	30665	9712
污水处理及其再生利用	326	7962	2296
污水处理及其再生利用	326	7962	2296
其他水的处理、利用与分配	228	2512	561
其他水的处理、利用与分配	228	2512	561

营业收入（万元）	#主营业务收　入	营业税金及附加（万元）	#主营业务税金及附加	资产总计（万元）	实收资本（万元）
37198	36879	920	916	43562	15485
37198	36879	920	916	43562	15485
2845	2845	25	25	1167	389
2845	2845	25	25	1167	389
30759	30680	560	556	19586	7911
30759	30680	560	556	19586	7911
48408529	**47942615**	**262515**	**253143**	**68929825**	**13808137**
43109756	42791174	234371	227722	51780391	9913617
13159582	13030961	121071	119570	30323708	8801857
10721364	10614483	70149	68931	15606807	5070165
1071678	1066216	30389	30221	4011353	1449019
1199824	1193881	18855	18748	9296697	1818882
54039	53432	565	565	385302	164324
938	938	27	27	91610	13687
111738	102013	1086	1077	931939	285779
29181369	29002439	110376	105263	20093395	822448
29181369	29002439	110376	105263	20093395	822448
768805	757774	2924	2889	1363288	289312
768805	757774	2924	2889	1363288	289312
3321734	3269720	11104	10521	3747006	1126379
3321734	3269720	11104	10521	3747006	1126379
3321734	3269720	11104	10521	3747006	1126379
1977039	1881720	17040	14900	13402428	2768141
1399063	1315610	14137	12171	9678574	1830479
1399063	1315610	14137	12171	9678574	1830479
519377	513171	2054	1883	3126019	693118
519377	513171	2054	1883	3126019	693118
58599	52939	848	846	597835	244545
58599	52939	848	846	597835	244545

1-A-3 按地区分组的全部工业法人单位主要经济指标

地　　区	单位数(个)	从业人员期末人数(人)	#女性	营业收入(万元)	#主营业务收入	营业税金及附加(万元)	#主营业务税金及附加	资产总计(万元)	实收资本(万元)
全　省	**371000**	**12159893**	**5303989**	**763368933**	**747505897**	**9095493**	**9006954**	**786014807**	**226288561**
杭州市	**49663**	**1826210**	**768977**	**143570699**	**138975010**	**2428482**	**2415013**	**153347562**	**34507064**
上城区	188	14931	5762	4827352	3343335	1545938	1545516	3907517	535323
下城区	448	17515	6785	1013215	994336	7327	6882	1193627	247368
江干区	1688	167364	62781	17694248	17293208	74782	73113	16021990	4055026
拱墅区	936	50162	14171	4234891	4096811	38252	37714	6382675	1144105
西湖区	1957	54004	23652	2917449	2886323	18468	18298	3440705	989733
滨江区	1050	97739	34831	9956916	9765493	75633	74826	12791414	2940849
萧山区	16082	580714	256741	48265018	47002657	299827	296254	54496174	11606327
余杭区	10277	341102	150683	17769985	17349251	99467	98100	20021360	4531437
桐庐县	3596	85713	40494	5397003	5367453	47041	46026	4852542	1348028
淳安县	1059	30628	15550	2633649	2583400	19272	19060	1526585	440823
建德市	2587	69149	28878	5126620	5061304	35188	34372	4301480	916218
富阳市	5197	176441	70553	15181956	14760127	89165	87604	16161673	3613780
临安市	4598	140748	58096	8552397	8471311	78122	77247	8249818	2138047
宁波市	**73162**	**2490241**	**1151525**	**153151328**	**149083183**	**3067674**	**3050334**	**158237305**	**34944260**
海曙区	519	15280	7711	799153	783667	4595	4395	1281511	288696
江东区	497	25703	10866	3205338	2390190	835637	835539	3145883	549174
江北区	3390	99317	41960	5896945	5358157	25341	25012	6114378	1474051
北仑区	5291	316255	126689	32901704	32096210	393735	393092	37827483	10507628
镇海区	4768	167206	69172	25209905	24820216	1240856	1233106	17103053	5002572
鄞州区	18079	574089	281744	28155577	27678621	164798	161950	26663900	5202273
象山县	4315	122590	63741	5687597	5607066	32060	31874	7715556	1603847
宁海县	4950	164632	80717	7036688	6941017	55881	55330	8255312	1544421
余姚市	11427	356961	170850	16651026	16526578	117808	116111	16992693	3015291
慈溪市	14965	482619	219498	22614474	21957169	149476	146895	27520839	4557546
奉化市	4961	165589	78577	4992922	4924291	47485	47030	5616697	1198763

1-A-3 续表 1

地 区	单位数(个)	从业人员期末人数(人)	#女 性	营业收入(万元)	#主营业务收 入	营业税金及附加(万元)	#主营业务税金及附加	资产总计(万元)	实收资本(万元)
温州市	**64436**	**1694967**	**687015**	**65531306**	**65101782**	**780194**	**768304**	**62365240**	**18652388**
鹿城区	4132	196619	76722	5423280	5398442	44565	44018	4796002	1662153
龙湾区	8055	228431	88088	9997025	9918084	120160	115007	10420378	3287843
瓯海区	5712	203794	86134	5765234	5722722	69773	68853	5299222	1229621
洞头县	469	7483	3370	578560	577425	30217	30195	397582	101799
永嘉县	5892	150919	57493	5476891	5438815	82191	80623	5908779	1986666
平阳县	3684	104371	44384	4160311	4135233	66320	65557	3123378	1107023
苍南县	6884	112799	47143	4565007	4545890	45277	44809	4597101	1773485
文成县	417	10400	5848	324464	323522	3685	3652	300903	85647
泰顺县	672	11563	5083	367813	365673	5717	5648	351252	114034
瑞安市	12715	316973	123150	12119447	12068448	118928	117490	9621915	2224233
乐清市	15804	351615	149600	16753275	16607528	193362	192452	17548729	5079883
嘉兴市	**35945**	**1266672**	**592967**	**78440902**	**76990940**	**398455**	**387790**	**86632895**	**23190759**
南湖区	3929	133136	58996	8569266	8360143	38790	37262	8858408	2786154
秀洲区	3151	158639	75598	8435263	8309942	48081	47189	9728127	2724163
嘉善县	6116	186089	80405	9892119	9790961	48179	46584	9750783	3229584
海盐县	3843	118046	55219	8103588	8038759	53501	52672	12815093	2909220
海宁市	7738	245056	113583	15612209	15299356	74711	71732	16718629	4352018
平湖市	5464	236031	120460	13871463	13497332	81671	79996	15422488	4031821
桐乡市	5704	189675	88706	13956995	13694446	53522	52355	13339368	3157798
湖州市	**15800**	**591582**	**249535**	**44779092**	**43225519**	**348834**	**343130**	**38242178**	**9787117**
吴兴区	3778	136810	60556	8777996	8634755	51104	50658	10762932	2449642
南浔区	3266	96874	40826	7993335	7956139	63285	63034	5930900	1262146
德清县	3025	137268	57745	10338855	10266036	90779	88372	7273119	2104686
长兴县	3388	113534	48143	12414754	11133748	82154	80832	9796862	2835681
安吉县	2343	107096	42265	5254152	5234841	61512	60234	4478365	1134961

1-A-3 续表 2

地　区	单位数(个)	从业人员期末人数(人)	#女 性	营业收入(万元)	#主营业务收　入	营业税金及附加(万元)	#主营业务税金及附加	资产总计(万元)	实收资本(万元)
绍兴市	**38179**	**1281345**	**603715**	**105149953**	**103895191**	**635454**	**628362**	**100144315**	**18820029**
越城区	3803	166646	82254	11486586	11132044	56851	55593	13426123	2879414
绍兴县	9009	375320	179331	38653713	38462938	221783	219309	32076507	5492019
新昌县	2800	98002	41505	6264339	6202951	53161	52875	7277960	893231
诸暨市	10101	277432	128128	26360877	25977506	140580	139122	23623585	4323889
上虞市	6360	222744	104276	16463296	16280254	109032	108131	17359772	3751557
嵊州市	6106	141201	68221	5921141	5839498	54046	53232	6380367	1479919
金华市	**36555**	**1119722**	**506040**	**53912818**	**53486555**	**589353**	**581065**	**59535902**	**62781825**
婺城区	2748	103475	42130	5917419	5756794	40718	40243	7760866	1579712
金东区	2396	59849	26779	2209372	2191684	21059	20827	2801357	859157
武义县	3170	126209	49442	5183424	5144582	55579	54906	5454368	1034636
浦江县	2621	93482	45678	4376635	4368599	51672	51016	3843427	775792
磐安县	1507	37015	19467	1132258	1124397	16293	16088	1298237	314448
兰溪市	2946	90968	46834	7963209	7902182	49078	48394	7354370	1876843
义乌市	7093	242690	123474	10181597	10126753	136299	134184	12337821	2586896
东阳市	4417	142354	65279	6070439	6035934	82210	81802	6984079	51432166
永康市	9657	223680	86957	10878465	10835629	136445	133605	11701378	2322176
衢州市	**6326**	**246945**	**98091**	**18646602**	**17809255**	**123044**	**121256**	**19958359**	**3664247**
柯城区	836	55180	17314	6609331	5902227	26362	26280	6100847	897144
衢江区	1208	42769	15878	2545665	2485667	20235	19828	4779243	769611
常山县	1150	31667	14635	1338238	1332240	8919	8883	1596711	412477
开化县	724	16853	7901	1209211	1203643	9597	9570	1519500	270673
龙游县	1040	48140	19141	3020075	2988981	17085	16134	2807171	659074
江山市	1368	52336	23222	3924082	3896497	40846	40560	3154886	655268

1-A-3 续表 3

地 区	单位数(个)	从业人员期末人数(人)	#女 性	营业收入(万元)	#主营业务收 入	营业税金及 附 加(万元)	#主营业务税金及附加	资产总计(万元)	实收资本(万元)
舟山市	**3651**	**154407**	**50070**	**12594564**	**12308931**	**65761**	**64683**	**20594102**	**3636566**
定海区	1916	66578	24434	6413288	6262998	41581	41354	8761121	1528353
普陀区	907	53461	15290	3623150	3502446	13990	13783	5609115	1029178
岱山县	692	31870	9472	2443588	2429726	8311	8120	6047000	1049851
嵊泗县	136	2498	874	114538	113762	1878	1427	176866	29184
台州市	**40134**	**1183630**	**479000**	**50789225**	**50147243**	**452248**	**447633**	**55230534**	**12069489**
椒江区	3396	125599	49156	6174233	6050540	50336	48745	7977843	1626501
黄岩区	4972	127772	54925	5433323	5374234	40520	40294	5771289	1257858
路桥区	4607	128045	48842	7202529	7105168	65383	64820	5907037	1183826
玉环县	7227	227522	91263	9288303	9194550	94459	93265	8497899	2274574
三门县	1804	48720	20070	1958169	1951263	11231	11209	6583925	1481334
天台县	1789	45993	20533	2209403	2195018	25016	24846	2834371	695415
仙居县	1731	58179	26021	1739685	1719406	20054	19963	1849751	466898
温岭市	10099	261742	102139	10095147	10038723	84046	83675	7465534	1554046
临海市	4509	160058	66051	6688433	6518342	61202	60817	8342886	1529037
丽水市	**7148**	**278109**	**111668**	**19719540**	**19527398**	**142703**	**138653**	**16782182**	**3646366**
莲都区	1160	54899	20838	4760090	4671340	24987	23289	5238453	859898
青田县	1216	54822	20112	4041653	4001014	31781	31295	3330552	751024
缙云县	1561	55874	21928	4093148	4081444	24104	23865	2847748	542289
遂昌县	548	19427	7080	1416990	1397202	7244	7237	1506009	475272
松阳县	497	19892	7301	1691253	1680554	8717	8189	1016992	262720
云和县	616	18507	8477	910233	901191	15847	15676	507319	187264
庆元县	470	19131	10348	738449	737546	8387	8219	568476	148471
景宁县	307	7072	2797	302052	298836	6450	6144	464982	145613
龙泉市	773	28485	12787	1765673	1758269	15186	14740	1301651	273815

1-A-4 按轻重工业、规模和登记注册类型分组的

项 目	单位数(个)	从业人员期末人数(人)	#女 性
总 计	**1377**	**374394**	**98214**
一、按轻重工业分			
轻工业	464	113153	39952
重工业	913	261241	58262
二、按规模分			
大型企业	49	169667	45360
中型企业	185	115208	30036
小型企业	660	70260	18681
微型企业	483	19259	4137
三、按登记注册类型分			
内资	1274	331128	81731
国有	410	106824	22245
股份合作企业	6	371	110
联营企业	10	176	62
国有联营	7	168	60
国有与集体联营	2	7	2
其他联营	1	1	
有限责任公司	773	182539	49598
国有独资公司	272	62907	16042
其他有限责任公司	501	119632	33556
股份有限公司	46	37360	8511
私营企业	28	3856	1203
私营有限责任公司	28	3856	1203
其他企业	1	2	2
港澳台商投资	36	11111	3393
与港澳台商合资经营	31	10556	3317
与港澳台商合作经营	4	527	68
港澳台商独资	1	28	8
外商投资	67	32155	13090
中外合资经营	60	31586	12930
中外合作经营	3	267	139
外资企业	3	293	18
其他外商投资	1	9	3

全部国有及国有控股工业法人单位主要经济指标

营业收入（万元）	#主营业务收入	营业税金及附加（万元）	#主营业务税金及附加	资产总计（万元）	实收资本（万元）
94758159	**91145067**	**4322263**	**4309131**	**99014321**	**20005404**
12020839	9416618	2430390	2426815	18866136	3016525
82737320	81728449	1891873	1882316	80148185	16988880
50154947	48609563	2221212	2216872	44364175	6783499
22477125	22121984	413707	409613	17648967	3742936
13637234	13410561	117899	113327	23030573	5613926
8488853	7002959	1569445	1569318	13970607	3865044
83339198	79911151	3948903	3936734	89548839	16790184
33081952	32061836	957931	952393	25728676	1637997
41478	41478	353	353	39232	4148
3020	2719	100	91	8802	4871
2900	2599	98	89	8752	1821
120	120	2	2	50	3050
33640455	31334197	1782113	1777060	54019446	12126009
8802540	7190347	1605816	1604562	14089456	3059574
24837915	24143850	176297	172498	39929989	9066434
16282267	16183541	1201478	1201169	9266588	2865361
290027	287380	6929	5668	486095	151798
290027	287380	6929	5668	486095	151798
4786614	4758961	337580	337423	2654179	904434
3668114	3643881	334006	333851	2257492	684706
1114969	1111549	3532	3531	382418	213288
3530	3530	42	42	14269	6440
6632347	6474955	35780	34973	6811304	2310786
6255644	6098371	34200	33393	6556763	2191043
180696	180679	1443	1443	154591	85672
195945	195843	131	131	99937	34061
62	62	6	6	13	10

1-A-5 按行业小类分组的全部国有及

行业	单位数(个)	从业人员期末人数(人)	#女性
总　计	**1377**	**374394**	**98214**
采矿业	**26**	**5357**	**931**
黑色金属矿采选业	4	1831	257
铁矿采选	4	1831	257
铁矿采选	4	1831	257
有色金属矿采选业	4	616	141
常用有色金属矿采选	3	586	136
铜矿采选	2	585	136
其他常用有色金属矿采选	1		
贵金属矿采选	1		
金矿采选	1		
非金属矿采选业	16	2886	525
土砂石开采	14	1273	206
石灰石、石膏开采	7	744	105
建筑装饰用石开采	3	135	25
耐火土石开采	1	150	45
粘土及其他土砂石开采	3	244	31
石棉及其他非金属矿采选	2	1613	319
其他未列明非金属矿采选	2	1613	319
其他采矿业	2	24	8
其他采矿业	2	24	8
其他采矿业	2	24	8
制造业	**738**	**248419**	**68455**
农副食品加工业	60	10008	3511
谷物磨制	6	214	69
谷物磨制	6	214	69
饲料加工	4	168	38
饲料加工	4	168	38
植物油加工	1		
食用植物油加工	1		

国有控股工业法人单位主要经济指标

营业收入(万元)	#主营业务收入	营业税金及附加(万元)	#主营业务税金及附加	资产总计(万元)	实收资本(万元)
94758159	**91145067**	**4322263**	**4309131**	**99014321**	**20005404**
283054	**276504**	**8338**	**7969**	**613689**	**287570**
153960	149388	2030	2030	177114	32283
153960	149388	2030	2030	177114	32283
153960	149388	2030	2030	177114	32283
10147	10108	256	256	24185	6860
9762	9723	256	256	20185	6860
9762	9723	256	256	20185	6860
118510	116572	6048	5679	412239	248407
102463	101147	5908	5539	353931	241757
53151	51922	4222	3861	75147	15297
32772	32772	1473	1473	66441	25250
3316	3270	136	129	4370	310
13223	13183	76	76	207973	200900
16048	15425	141	141	58308	6650
16048	15425	141	141	58308	6650
436	436	4	4	150	20
436	436	4	4	150	20
436	436	4	4	150	20
50187678	**46963744**	**4091117**	**4087371**	**42044598**	**9098432**
433522	422887	1635	1579	377080	72424
35870	34794	16	16	51502	9192
35870	34794	16	16	51502	9192
27345	27335	44	44	8572	387
27345	27335	44	44	8572	387
				158	70
				158	70

1-A-5 续表 1

行　业	单位数(个)	从业人员期末人数(人)	#女性
屠宰及肉类加工	34	1832	342
牲畜屠宰	28	1638	296
禽类屠宰	1		
肉制品及副产品加工	5	193	46
水产品加工	10	6636	2680
水产品冷冻加工	7	6360	2552
鱼糜制品及水产品干腌制加工	2	198	114
鱼油提取及制品制造	1		
蔬菜、水果和坚果加工	1		
蔬菜加工	1		
其他农副食品加工	4	1125	379
豆制品制造	2	883	325
其他未列明农副食品加工	2	242	54
食品制造业	20	6280	4307
焙烤食品制造	2	534	261
糕点、面包制造	1		
饼干及其他焙烤食品制造	1		
方便食品制造	3	165	95
米、面制品制造	2	10	3
速冻食品制造	1		
乳制品制造	2	66	23
乳制品制造	2	66	23
罐头食品制造	2	3841	3249
蔬菜、水果罐头制造	1		
其他罐头食品制造	1		
调味品、发酵制品制造	2	657	221
味精制造	1		
酱油、食醋及类似制品制造	1		
其他食品制造	9	1017	458
保健食品制造	2	106	49

营业收入(万元)	#主营业务收　入	营业税金及 附 加(万元)	#主营业务税金及附加	资产总计(万元)	实收资本(万元)
90489	88900	567	558	82743	18568
80490	79162	488	479	68129	11583
9999	9738	79	79	14615	6986
261827	254007	676	628	221827	42133
241507	234571	654	606	209341	38026
14586	13812	22	22	5828	1607
				991	524
				991	524
17991	17851	333	333	11286	1551
16120	15981	40	40	10256	1359
1870	1870	293	293	1030	192
170465	166439	992	988	151800	32337
12653	12653	133	133	11799	4760
18389	18373	138	138	9123	860
763	763	37	37	1950	160
24818	24784	91	91	13529	2814
24818	24784	91	91	13529	2814
34046	33905	112	112	38296	6800
18787	18653	188	188	18175	3000
61771	58071	330	326	60878	14103
1818	1818	23	23	2267	2500

1-A-5 续表 2

行　业	单位数(个)	从业人员期末人数(人)	#女 性
冷冻饮品及食用冰制造	1		
盐加工	4	410	179
食品及饲料添加剂制造	1		
其他未列明食品制造	1		
酒、饮料和精制茶制造业	34	6266	2470
酒的制造	14	5657	2239
啤酒制造	6	2163	882
黄酒制造	7	3493	1356
其他酒制造	1		
饮料制造	8	163	56
瓶(罐)装饮用水制造	7	108	39
含乳饮料和植物蛋白饮料制造	1		
精制茶加工	12	446	175
精制茶加工	12	446	175
烟草制品业	3	3655	1244
卷烟制造	3	3655	1244
卷烟制造	3	3655	1244
纺织业	26	5643	3600
棉纺织及印染精加工	5	1827	1349
棉纺纱加工	5	1827	1349
毛纺织及染整精加工	3	618	377
毛条和毛纱线加工	1		
毛织造加工	2	130	44
丝绢纺织及印染精加工	8	2360	1413
缫丝加工	1		
绢纺和丝织加工	5	11	3
丝印染精加工	2	2289	1372
针织或钩针编织物及其制品制造	5	409	329
针织或钩针编织物织造	2	122	91
针织或钩针编织物印染精加工	1		
针织或钩针编织品制造	2	128	110

营业收入（万元）	#主营业务收入	营业税金及附加（万元）	#主营业务税金及附加	资产总计（万元）	实收资本（万元）
34716	32656	151	147	31573	6543
244283	240252	15509	15412	948771	86483
230018	226813	15389	15352	861482	81461
72138	69169	10578	10543	91331	62048
157880	157644	4811	4809	770151	19413
3682	2983	77	18	7423	1541
2438	2321	16	16	2505	605
10582	10456	42	42	79866	3482
10582	10456	42	42	79866	3482
6001959	3748438	2367598	2367506	3449591	97600
6001959	3748438	2367598	2367506	3449591	97600
6001959	3748438	2367598	2367506	3449591	97600
408394	394917	1349	1316	557776	58227
86689	84550	244	244	111900	17707
86689	84550	244	244	111900	17707
66776	58052	242	209	49442	12482
15353	15035	125	92	12120	3482
202200	199794	696	696	341887	10186
				4633	2878
197599	195343	671	671	331871	5308
10375	10375	48	48	13462	4000
4283	4283	10	10	9887	3000
3142	3142	16	16	1765	200

1-A-5 续表 3

行业	单位数(个)	从业人员期末人数(人)	#女性
家用纺织制成品制造	2	85	60
床上用品制造	1		
其他家用纺织制成品制造	1		
非家用纺织制成品制造	3	344	72
非织造布制造	2	172	36
纺织带和帘子布制造	1		
纺织服装、服饰业	26	17306	3690
机织服装制造	18	8092	3141
机织服装制造	18	8092	3141
针织或钩针编织服装制造	5	50	3
针织或钩针编织服装制造	5	50	3
服饰制造	3	9164	546
服饰制造	3	9164	546
皮革、毛皮、羽毛及其制品和制鞋业	4	249	140
皮革制品制造	2	18	
皮箱、包(袋)制造	2	18	
制鞋业	2	231	140
皮鞋制造	2	231	140
木材加工和木、竹、藤、棕、草制品业	6	123	33
木材加工	5	36	10
锯材加工	3	5	3
其他木材加工	2	31	7
木制品制造	1		
木门窗、楼梯制造	1		
家具制造业	1		
其他家具制造	1		
其他家具制造	1		
造纸和纸制品业	4	2841	455
造纸	4	2841	455
机制纸及纸板制造	4	2841	455

营业收入（万元）	#主营业务收入	营业税金及附加（万元）	#主营业务税金及附加	资产总计（万元）	实收资本（万元）
764	764	19	19	14542	6108
41591	41383	100	100	26543	7744
21492	21283	58	58	12557	5476
214034	207166	3127	3090	453137	44187
145430	140107	2050	2034	242217	35902
145430	140107	2050	2034	242217	35902
23288	23288	430	430	121044	4378
23288	23288	430	430	121044	4378
45316	43772	646	626	89875	3907
45316	43772	646	626	89875	3907
8082	8074	165	165	4639	650
3030	3021	54	54	1479	270
3030	3021	54	54	1479	270
5052	5052	111	111	3160	380
5052	5052	111	111	3160	380
1896	1896	68	68	2386	1198
610	610	9	9	1143	198
63	63	1	1	568	52
547	547	8	8	575	146
218715	191047	917	841	307461	78481
218715	191047	917	841	307461	78481
218715	191047	917	841	307461	78481

1-A-5 续表 4

行业	单位数(个)	从业人员期末人数(人)	#女性
印刷和记录媒介复制业	42	4005	1203
印刷	40	3922	1177
书、报刊印刷	24	3267	986
本册印制	4	76	32
包装装潢及其他印刷	12	579	159
装订及印刷相关服务	1		
装订及印刷相关服务	1		
记录媒介复制	1		
记录媒介复制	1		
文教、工美、体育和娱乐用品制造业	10	357	142
文教办公用品制造	2	16	4
文具制造	1		
其他文教办公用品制造	1		
工艺美术品制造	7	340	138
雕塑工艺品制造	2	201	57
金属工艺品制造	1		1
珠宝首饰及有关物品制造	2	45	18
其他工艺美术品制造	2	92	62
体育用品制造	1		
体育器材及配件制造	1		
石油加工、炼焦和核燃料加工业	6	8392	1806
精炼石油产品制造	6	8392	1806
原油加工及石油制品制造	5	8387	1805
人造原油制造	1		
化学原料和化学制品制造业	65	29063	7785
基础化学原料制造	15	20035	5696
无机碱制造	2	1123	194
有机化学原料制造	9	17966	5398
其他基础化学原料制造	4	946	104

营业收入（万元）	#主营业务收 入	营业税金及附加（万元）	#主营业务税金及附加	资产总计（万元）	实收资本（万元）
245195	230147	859	661	324596	84283
241026	226056	840	643	315856	82773
181521	171975	592	395	265706	70943
5594	4303	62	62	10277	1343
53912	49778	187	186	39874	10486
78022	77845	627	580	48260	7693
200	200	2	2	5217	5043
77822	77645	625	578	43043	2650
53422	53422	443	443	27498	118
22183	22183	135	135	6603	2396
2217	2040	47		8942	136
15605639	15605580	1519050	1519050	4734464	2313510
15605639	15605580	1519050	1519050	4734464	2313510
15605639	15605580	1519050	1519050	4634464	2213510
6957104	6726921	38339	38224	5189463	844395
5064904	4879162	27862	27848	3133764	491395
209933	206568	1057	1057	267198	71000
4813647	4631320	26440	26439	2789085	382167
41324	41274	365	353	77481	38228

1-A-5 续表 5

行　业	单位数(个)	从业人员期末人数(人)	#女 性
肥料制造	3	581	120
氮肥制造	2	579	120
复混肥料制造	1		
农药制造	6	1398	399
化学农药制造	5	745	181
生物化学农药及微生物农药制造	1		
涂料、油墨、颜料及类似产品制造	4	683	17
涂料制造	2	629	
油墨及类似产品制造	2	54	17
合成材料制造	10	2440	555
初级形态塑料及合成树脂制造	7	711	193
合成纤维单(聚合)体制造	2	1543	324
其他合成材料制造	1		
专用化学产品制造	19	2564	542
化学试剂和助剂制造	6	1792	340
专项化学用品制造	2	193	43
信息化学品制造	5	405	106
环境污染处理专用药剂材料制造	2	111	24
其他专用化学产品制造	4	63	29
炸药、火工及焰火产品制造	5	1281	431
炸药及火工产品制造	5	1281	431
日用化学产品制造	3	81	25
肥皂及合成洗涤剂制造	1		
香料、香精制造	1		
其他日用化学产品制造	1		
医药制造业	20	18177	7450
化学药品原料药制造	6	10936	4045
化学药品原料药制造	6	10936	4045
化学药品制剂制造	7	6273	2993
化学药品制剂制造	7	6273	2993

营业收入(万元)	#主营业务收入	营业税金及附加(万元)	#主营业务税金及附加	资产总计(万元)	实收资本(万元)
22297	22112	53	23	58092	13050
22297	22112	53	23	58092	13050
117788	114479	152	144	166688	54644
74761	72911	43	34	62714	24504
85650	81484	272	272	46557	15350
84410	80319	257	257	43973	15000
1240	1165	15	15	2585	350
1312905	1296321	8211	8211	1269751	163939
106050	89466	313	313	100026	25339
1206855	1206855	7898	7898	1121125	108600
				48600	30000
291036	271159	1192	1130	448015	97741
119105	118811	324	324	289946	33043
118899	99703	201	201	37563	9876
41090	40764	525	525	106770	50933
7552	7500	70	8	9203	3163
4390	4381	72	72	4533	725
60223	59918	578	577	64144	7060
60223	59918	578	577	64144	7060
2302	2287	19	19	2451	1216
1278437	1152519	10973	10145	2854523	363150
800983	746262	4931	4890	2292907	128786
800983	746262	4931	4890	2292907	128786
419325	348128	5532	4746	502508	220980
419325	348128	5532	4746	502508	220980

1-A-5 续表 6

行　　业	单位数(个)	从业人员期末人数(人)	#女 性
中药饮片加工	2	247	80
中药饮片加工	2	247	80
中成药生产	3	285	122
中成药生产	3	285	122
生物药品制造	1		
生物药品制造	1		
卫生材料及医药用品制造	1		
卫生材料及医药用品制造	1		
化学纤维制造业	7	1657	475
纤维素纤维原料及纤维制造	2	312	46
化纤浆粕制造	1		
人造纤维(纤维素纤维)制造	1		
合成纤维制造	5	1345	429
锦纶纤维制造	2	650	199
腈纶纤维制造	1		
丙纶纤维制造	1		
其他合成纤维制造	1		
橡胶和塑料制品业	15	17075	4631
橡胶制品业	6	16375	4371
轮胎制造	5	16357	4370
其他橡胶制品制造	1		
塑料制品业	9	700	260
塑料板、管、型材制造	3	366	59
塑料包装箱及容器制造	2	125	89
塑料零件制造	2	201	110
其他塑料制品制造	2	8	2
非金属矿物制品业	115	25960	5482
水泥、石灰和石膏制造	51	14571	3030
水泥制造	49	14505	3020
石灰和石膏制造	2	66	10

营业收入(万元)	#主营业务收入	营业税金及附加(万元)	#主营业务税金及附加	资产总计(万元)	实收资本(万元)
21693	21693	25	25	17510	3000
21693	21693	25	25	17510	3000
10464	10464	92	92	14158	4934
10464	10464	92	92	14158	4934
126066	125698	856	856	176960	98133
79556	79541	808	808	92578	31450
46510	46157	48	48	84381	66683
35135	34980	36	36	65704	33593
2828008	2787197	14869	14846	2164701	155553
2768447	2728391	14610	14587	2106631	130412
2768354	2728298	14610	14587	2106349	130394
59561	58806	259	259	58070	25141
47858	47309	156	156	40920	14150
4568	4568	64	64	2238	370
7134	6928	39	39	4819	600
				10093	10021
3319614	3227380	18872	17860	4841928	1315708
2311897	2280464	10904	10904	2397823	613692
2296567	2265134	10704	10704	2389207	612392
15330	15330	200	200	8617	1300

1-A-5 续表 7

行业	单位数(个)	从业人员期末人数(人)	
			#女性
石膏、水泥制品及类似制品制造	42	4393	624
水泥制品制造	37	3962	545
砼结构构件制造	4	394	73
轻质建筑材料制造	1		
砖瓦、石材等建筑材料制造	14	605	115
粘土砖瓦及建筑砌块制造	7	213	51
建筑用石加工	3	57	12
防水建筑材料制造	1		
隔热和隔音材料制造	1		
其他建筑材料制造	2	55	17
玻璃制品制造	1		
其他玻璃制品制造	1		
玻璃纤维和玻璃纤维增强塑料制品制造	2	4827	1265
玻璃纤维及制品制造	2	4827	1265
陶瓷制品制造	1		
园林、陈设艺术及其他陶瓷制品制造	1		
耐火材料制品制造	3	71	9
石棉制品制造	1		
耐火陶瓷制品及其他耐火材料制造	2	31	4
石墨及其他非金属矿物制品制造	1		
石墨及碳素制品制造	1		
黑色金属冶炼和压延加工业	18	23129	3313
炼钢	3	10156	1857
炼钢	3	10156	1857
黑色金属铸造	3	666	82
黑色金属铸造	3	666	82
钢压延加工	11	12257	1361
钢压延加工	11	12257	1361
铁合金冶炼	1		
铁合金冶炼	1		

营业收入（万元）	#主营业务收入	营业税金及附加（万元）	#主营业务税金及附加	资产总计（万元）	实收资本（万元）
531460	530898	3245	3215	669088	176764
461815	461284	1938	1908	459420	64012
66957	66926	1258	1258	206868	112452
43681	38186	1338	355	115891	16513
5991	5402	186	103	8724	2829
2315	2315	38	38	6963	4660
17549	12651	104	104	24003	4024
379506	327100	3221	3221	1467355	431481
379506	327100	3221	3221	1467355	431481
2811	2811	42	42	10978	7803
				4000	4000
2811	2811	42	42	6978	3803
4051068	3877476	12140	12140	4781994	1034656
1272620	1252700	6026	6026	2318007	120820
1272620	1252700	6026	6026	2318007	120820
59633	58754	207	207	60303	9200
59633	58754	207	207	60303	9200
2695675	2543692	5900	5900	2394035	903836
2695675	2543692	5900	5900	2394035	903836

1-A-5 续表 8

行业	单位数(个)	从业人员期末人数(人)	#女性
有色金属冶炼和压延加工业	8	1510	294
贵金属冶炼	1		
金冶炼	1		
有色金属合金制造	2	145	25
有色金属合金制造	2	145	25
有色金属压延加工	5	795	163
铜压延加工	2	593	120
贵金属压延加工	1		
其他有色金属压延加工	2	137	27
金属制品业	24	2920	580
结构性金属制品制造	4	564	79
金属结构制造	3	510	66
金属门窗制造	1		
金属工具制造	4	948	159
手工具制造	3	947	159
其他金属工具制造	1		
集装箱及金属包装容器制造	5	595	136
金属压力容器制造	3	459	64
金属包装容器制造	2	136	72
建筑、安全用金属制品制造	4	284	88
建筑装饰及水暖管道零件制造	2	227	49
其他建筑、安全用金属制品制造	2	57	39
金属表面处理及热处理加工	1		
金属表面处理及热处理加工	1		
金属制日用品制造	1		
其他金属制日用品制造	1		
其他金属制品制造	5	454	100
锻件及粉末冶金制品制造	2	196	36
交通及公共管理用金属标牌制造	1		
其他未列明金属制品制造	2	254	61

营业收入（万元）	#主营业务收入	营业税金及附加（万元）	#主营业务税金及附加	资产总计（万元）	实收资本（万元）
1169799	1169099	1800	1800	409656	26083
6944	6944	16	16	7926	1080
6944	6944	16	16	7926	1080
1151823	1151300	1747	1747	375653	19800
1132629	1132156	1587	1587	344978	16300
7639	7597	32	32	8155	3000
617011	585012	2190	2074	397498	78787
177145	161801	984	877	153251	29945
170207	154863	971	864	148114	29000
11445	11074	218	218	18201	4740
11445	11074	218	218	18201	4740
45001	43930	324	324	61541	4050
36939	35965	233	233	48866	3050
8062	7964	91	91	12675	1000
103189	100390	297	295	77173	29770
66441	65904	233	231	66813	26570
36748	34486	64	64	10360	3200
84096	71786	230	224	54452	5567
19810	17449	105	99	20906	3410
					1
64222	54272	117	117	33533	2156

1-A-5 续表 9

行　　业	单位数(个)	从业人员期末人数(人)	#女 性
通用设备制造业	52	17247	3227
锅炉及原动设备制造	10	4434	747
锅炉及辅助设备制造	1		
汽轮机及辅机制造	4	3080	469
水轮机及辅机制造	4	814	179
其他原动设备制造	1		
金属加工机械制造	3	391	66
金属切削机床制造	1		
其他金属加工机械制造	2	10	3
物料搬运设备制造	3	1177	207
轻小型起重设备制造	2	808	184
电梯、自动扶梯及升降机制造	1		
泵、阀门、压缩机及类似机械制造	10	4513	890
泵及真空设备制造	3	557	157
气体压缩机械制造	3	3417	642
阀门和旋塞制造	2	158	25
液压和气压动力机械及元件制造	2	381	66
轴承、齿轮和传动部件制造	10	3372	592
轴承制造	2	134	22
齿轮及齿轮减、变速箱制造	6	3161	560
其他传动部件制造	2	77	10
烘炉、风机、衡器、包装等设备制造	9	2851	551
风机、风扇制造	1		
气体、液体分离及纯净设备制造	5	2071	442
制冷、空调设备制造	2	400	54
包装专用设备制造	1		
文化、办公用机械制造	1		
其他文化、办公用机械制造	1		
通用零部件制造	4	424	156
紧固件制造	2	418	155
机械零部件加工	2	6	1

营业收入（万元）	#主营业务收入	营业税金及附加（万元）	#主营业务税金及附加	资产总计（万元）	实收资本（万元）
1813005	1780774	8338	8301	2612781	405930
559665	556013	3626	3597	825891	118601
455531	452227	3339	3310	694199	95651
27077	26879	197	197	29372	7180
				107	87
14535	14160	8	8	38351	1921
62	62	6	6	247	244
89688	89089	641	638	42001	6900
11947	11348	392	388	21578	5600
475311	459341	1483	1480	451573	102296
11342	10964	153	150	25250	5456
422528	407216	1080	1080	372698	87040
13818	13789	75	75	33586	5000
27623	27372	174	174	20039	4800
181036	174153	730	730	359355	55940
4142	3826	25	25	3516	2500
170584	164033	684	684	351407	50433
6310	6294	22	22	4432	3007
463302	458851	1809	1809	854237	105062
407226	403241	1468	1468	769455	89705
19614	19368	114	114	13941	1441
16924	16924	1	1	27371	11380
16901	16901	1	1	27138	11245
23	23			234	135

1-A-5 续表 10

行业	单位数(个)	从业人员期末人数(人)	#女性
其他通用设备制造业	2	82	16
其他通用设备制造业	2	82	16
专用设备制造业	36	4892	1256
采矿、冶金、建筑专用设备制造	4	454	105
石油钻采专用设备制造	2	226	70
建筑工程用机械制造	1		
海洋工程专用设备制造	1		
化工、木材、非金属加工专用设备制造	7	422	90
炼油、化工生产专用设备制造	3	354	70
塑料加工专用设备制造	2	49	12
模具制造	2	19	8
印刷、制药、日化及日用品生产专用设备制造	1		
印刷专用设备制造	1		
电子和电工机械专用设备制造	3	64	23
电工机械专用设备制造	1		
电子工业专用设备制造	2	56	19
农、林、牧、渔专用机械制造	7	2413	706
拖拉机制造	2	1687	638
机械化农业及园艺机具制造	3	722	66
农林牧渔机械配件制造	1		
其他农、林、牧、渔业机械制造	1		
环保、社会公共服务及其他专用设备制造	14	1418	297
环境保护专用设备制造	11	1341	277
水资源专用机械制造	1		
其他专用设备制造	2	11	2
汽车制造业	12	8823	1510
汽车整车制造	5	7607	1349
汽车整车制造	5	7607	1349

营业收入（万元）	#主营业务收入	营业税金及附加（万元）	#主营业务税金及附加	资产总计（万元）	实收资本（万元）
12530	12228	39	38	13965	3800
12530	12228	39	38	13965	3800
365838	361761	2438	2415	689543	111730
26320	26085	121	121	66366	19000
14197	14036	88	88	20366	3500
68414	68338	422	422	96556	8084
65566	65563	363	363	56083	6050
692	620	7	7	38625	1004
2155	2155	51	51	1848	1030
4376	4376	685	685	28483	7970
4256	4256	685	685	27946	7739
85311	82167	9	9	144927	21821
45905	44783	8	8	50568	11000
39402	37381			94350	9311
178652	178057	1202	1179	349908	51855
174199	173604	1188	1165	334504	43395
92	92	9	9	1540	3460
1036286	1009676	46472	46265	1838646	672617
956945	934481	46155	45954	1696104	624146
956945	934481	46155	45954	1696104	624146

1-A-5 续表 11

行业	单位数(个)	从业人员期末人数(人)	#女性
改装汽车制造	1		
改装汽车制造	1		
汽车零部件及配件制造	6	975	123
汽车零部件及配件制造	6	975	123
铁路、船舶、航空航天和其他运输设备制造业	18	13958	3006
铁路运输设备制造	2	147	26
铁路机车车辆及动车组制造	1		
铁路机车车辆配件制造	1		
船舶及相关装置制造	11	4975	752
金属船舶制造	8	4702	686
船用配套设备制造	2	236	48
船舶改装与拆除	1		
摩托车制造	5	8836	2228
摩托车整车制造	3	8191	1983
摩托车零部件及配件制造	2	645	245
电气机械和器材制造业	34	5916	2296
电机制造	5	925	175
发电机及发电机组制造	5	925	175
输配电及控制设备制造	13	3022	1402
变压器、整流器和电感器制造	1		
电容器及其配套设备制造	2	158	44
配电开关控制设备制造	6	1880	1009
电力电子元器件制造	2	500	283
其他输配电及控制设备制造	2	484	66
电线、电缆、光缆及电工器材制造	4	261	70
电线、电缆制造	4	261	70
电池制造	1		
其他电池制造	1		
家用电力器具制造	4	1016	326
家用空气调节器制造	1		
家用通风电器具制造	1		
家用清洁卫生电器具制造	1		
其他家用电力器具制造	1		

营业收入(万元)	#主营业务收入	营业税金及附加(万元)	#主营业务税金及附加	资产总计(万元)	实收资本(万元)
64873	61262	213	213	124825	40715
64873	61262	213	213	124825	40715
1125724	1092010	12700	12700	1400670	249304
8439	8394	2	2	43329	30929
641100	631241	1152	1152	860243	151585
628456	618681	1009	1009	833107	147085
10743	10659	144	144	22583	4000
476185	452375	11546	11546	497099	66790
385925	370382	10734	10734	375987	40851
90260	81993	813	813	121111	25939
698024	620439	2198	2038	860125	131442
87490	85918	168	168	161505	48355
87490	85918	168	168	161505	48355
338573	297099	1425	1425	459925	48841
11451	11424	76	76	16610	3813
118886	109663	929	929	145797	14288
37651	37098	325	325	23917	7574
170585	138914	96	96	273601	23167
45659	45550	96	96	14584	3100
45659	45550	96	96	14584	3100
189065	155443	375	216	177931	20027

1-A-5 续表 12

行　业	单位数(个)	从业人员期末人数(人)	#女 性
照明器具制造	6	606	289
电光源制造	1		
照明灯具制造	2	543	267
灯用电器附件及其他照明器具制造	3	62	22
其他电气机械及器材制造	1		
电气信号设备装置制造	1		
计算机、通信和其他电子设备制造业	32	9729	3661
计算机制造	4	404	183
计算机外围设备制造	1		
其他计算机制造	3	274	113
通信设备制造	6	5353	1705
通信系统设备制造	4	875	151
通信终端设备制造	2	4478	1554
广播电视设备制造	1		
广播电视节目制作及发射设备制造	1		
视听设备制造	2	565	242
电视机制造	1		
音响设备制造	1		
电子器件制造	10	2195	933
电子真空器件制造	1		
半导体分立器件制造	2	742	267
集成电路制造	3	1078	496
光电子器件及其他电子器件制造	4	203	98
电子元件制造	7	1115	561
电子元件及组件制造	6	1048	530
印制电路板制造	1		
其他电子设备制造	2	15	4
其他电子设备制造	2	15	4

营业收入(万元)	#主营业务收入	营业税金及附加(万元)	#主营业务税金及附加	资产总计(万元)	实收资本(万元)
33883	33825	118	118	31646	5294
22456	22415	47	47	15917	2656
11427	11410	71	71	15729	2638
743952	726564	4851	4284	1365732	436339
32464	32461	173	173	19893	7500
22813	22813	112	112	14057	5500
358923	349093	1342	880	608781	236893
75212	70992	806	357	255194	101293
283711	278101	536	523	353587	135600
142271	137954	2310	2242	402213	29966
80317	79103	493	456	137846	97163
31783	31616	239	239	39665	18801
31782	30852	167	167	68267	65471
12276	12160	49	12	22988	9692
126357	124500	494	494	138100	28151
123369	121512	493	493	136340	27551
987	987	2	2	49972	33137
987	987	2	2	49972	33137

1-A-5 续表 13

行　业	单位数(个)	从业人员期末人数(人)	#女 性
仪器仪表制造业	14	1053	450
通用仪器仪表制造	5	206	59
工业自动控制系统装置制造	2	121	28
电工仪器仪表制造	2	63	24
试验机制造	1		
专用仪器仪表制造	4	600	281
运输设备及生产用计数仪表制造	1		
导航、气象及海洋专用仪器制造	1		
教学专用仪器制造	1		
电子测量仪器制造	1		
钟表与计时仪器制造	1		
钟表与计时仪器制造	1		
光学仪器及眼镜制造	4	246	110
光学仪器制造	4	246	110
其他制造业	8	283	62
日用杂品制造	3	112	30
其他日用杂品制造	3	112	30
煤制品制造	2	140	22
煤制品制造	2	140	22
其他未列明制造业	3	31	10
其他未列明制造业	3	31	10
废弃资源综合利用业	7	449	61
金属废料和碎屑加工处理	3	117	39
金属废料和碎屑加工处理	3	117	39
非金属废料和碎屑加工处理	4	332	22
非金属废料和碎屑加工处理	4	332	22
金属制品、机械和设备修理业	11	1452	315
通用设备修理	3	93	10
通用设备修理	3	93	10

营业收入(万元)	#主营业务收入	营业税金及附加(万元)	#主营业务税金及附加	资产总计(万元)	实收资本(万元)
65570	64996	1050	1035	79291	28887
13980	13617	68	68	23651	7834
6162	5853	29	29	8622	2238
7681	7645	36	36	13911	5536
47138	47138	882	882	44779	18492
4406	4195	99	84	10669	2488
4406	4195	99	84	10669	2488
276701	276661	371	370	869413	209970
6664	6634	119	118	12566	2153
6664	6634	119	118	12566	2153
269561	269551	240	240	856343	207523
269561	269551	240	240	856343	207523
475	475	12	12	504	294
475	475	12	12	504	294
28845	28839	429	429	29085	6763
2724	2718	55	54	2592	920
2724	2718	55	54	2592	920
26121	26121	374	374	26493	5843
26121	26121	374	374	26493	5843
56420	56033	335	335	115069	51113
5286	5285	51	51	5586	669
5286	5285	51	51	5586	669

1-A-5 续表 14

行业	单位数(个)	从业人员期末人数(人)	#女性
专用设备修理	4	303	2
专用设备修理	4	303	2
铁路、船舶、航空航天等运输设备修理	3	1006	293
船舶修理	3	1006	293
电气设备修理	1		
电气设备修理	1		
电力、热力、燃气及水生产和供应业	**613**	**120618**	**28828**
电力、热力生产和供应业	339	87108	18214
电力生产	247	21161	4925
火力发电	48	11124	2133
水力发电	174	7705	1997
核力发电	4	1637	673
风力发电	14	146	24
太阳能发电	1		
其他电力生产	6	541	96
电力供应	74	64667	12990
电力供应	74	64667	12990
热力生产和供应	18	1280	299
热力生产和供应	18	1280	299
燃气生产和供应业	38	4609	1260
燃气生产和供应业	38	4609	1260
燃气生产和供应业	38	4609	1260
水的生产和供应业	236	28901	9354
自来水生产和供应	166	24370	7942
自来水生产和供应	166	24370	7942
污水处理及其再生利用	66	4007	1258
污水处理及其再生利用	66	4007	1258
其他水的处理、利用与分配	4	524	154
其他水的处理、利用与分配	4	524	154

1-A-6 续表 1

地 区	单位数(个)	从业人员期末人数(人)	#女 性	营业收入(万元)	#主营业务收 入	营业税金及附加(万元)	#主营业务税金及附加	资产总计(万元)	实收资本(万元)
温州市	**160**	**17121**	**4503**	**2964124**	**2937918**	**44494**	**43708**	**3901042**	**1267232**
鹿城区	28	3975	1196	203850	198398	3471	3187	1194928	688797
龙湾区	11	414	65	55162	55041	577	569	105953	55552
瓯海区	5	202	66	2732	2137	128	32	10396	3145
洞头县	8	672	210	324547	324291	26953	26950	112009	12735
永嘉县	19	1836	548	159961	159428	1199	1183	142750	29938
平阳县	12	1067	252	158364	155757	747	682	136853	16395
苍南县	10	1914	357	312140	310769	1217	1132	260890	39921
文成县	19	789	208	34205	33770	616	611	59899	12907
泰顺县	13	869	241	43787	42996	443	386	75369	20925
瑞安市	11	1386	299	397417	395765	1178	1099	342406	30154
乐清市	24	3997	1061	1271958	1259565	7965	7877	1459587	356764
嘉兴市	**120**	**25797**	**5517**	**5705481**	**5560480**	**41848**	**40229**	**12830176**	**2680591**
南湖区	29	8608	1651	1023842	980586	2828	2729	1384207	263943
秀洲区	5	569	120	105131	102788	519	517	127267	43024
嘉善县	11	1430	350	357850	357148	1001	984	339122	30223
海盐县	20	2170	525	1447218	1439471	19735	19628	6311612	1204908
海宁市	15	2099	466	527938	514914	1752	1540	563514	110421
平湖市	20	3571	659	1392407	1368852	10958	9832	1966681	492990
桐乡市	20	7350	1746	851094	796721	5055	4999	2137773	535084
湖州市	**85**	**27456**	**6032**	**2416931**	**2365724**	**16872**	**15401**	**2925657**	**776465**
吴兴区	23	2471	805	174107	170532	2346	2323	356478	75636
南浔区	6	211	81	15581	14813	84	84	14596	5250
德清县	21	6897	3042	510201	505432	3615	2580	461658	54230
长兴县	25	7576	1452	1378986	1339916	8386	7997	1688337	539672
安吉县	10	10301	652	338056	335032	2441	2417	404588	101677

1-A-6 续表 2

地　区	单位数(个)	从业人员期末人数(人)	#女 性	营业收入(万元)	#主营业务收入	营业税金及附加(万元)	#主营业务税金及附加	资产总计(万元)	实收资本(万元)
绍兴市	**136**	**25659**	**8368**	**3033579**	**2980460**	**18828**	**18431**	**4983658**	**650924**
越城区	31	9980	3514	621793	602719	7119	6962	1536429	265880
绍兴县	14	2910	748	456289	450965	2962	2951	738929	138934
新昌县	14	4594	1620	425169	423010	2638	2618	894316	32681
诸暨市	19	4545	1877	811752	806620	3421	3352	901909	35708
上虞市	15	2591	417	560521	543551	1736	1683	740410	138285
嵊州市	43	1039	192	158056	153595	953	865	171665	39436
金华市	**97**	**15355**	**4514**	**2670122**	**2650603**	**12675**	**12346**	**2240075**	**641653**
婺城区	30	5284	1848	392924	389500	1735	1735	442153	178259
金东区	5	202	64	33857	33857	1102	1102	122208	103328
武义县	13	965	199	136616	136318	891	865	115412	16851
浦江县	9	718	143	153697	152594	547	507	84368	27580
磐安县	3	350	78	25524	24771	250	225	32039	2144
兰溪市	9	2585	580	869867	865636	4625	4572	830108	222904
义乌市	6	1389	305	523853	518662	1766	1603	296726	46152
东阳市	9	1114	354	231324	228762	784	784	139193	12543
永康市	13	2748	943	302458	300503	975	954	177869	31893
衢州市	**57**	**27207**	**7839**	**3122503**	**2929841**	**14482**	**14385**	**3207008**	**369617**
柯城区	12	16994	5113	2273873	2095158	9078	9057	2010231	174293
衢江区	8	3147	741	55976	54234	703	699	100385	14613
常山县	4	1244	263	145952	145108	1455	1452	229200	62182
开化县	6	631	171	43339	41860	254	252	53693	12276
龙游县	9	1349	323	139157	137468	823	774	161000	9833
江山市	18	3842	1228	464206	456013	2168	2150	652499	96419

1-A-6 续表 3

地 区	单位数(个)	从业人员期末人数(人)	#女 性	营业收入(万元)	#主营业务收 入	营业税金及 附 加(万元)	#主营业务税金及附加	资产总计(万元)	实收资本(万元)
舟山市	**52**	**15771**	**4616**	**2912117**	**2885312**	**17871**	**17755**	**3115271**	**695136**
定海区	25	5713	1416	1921494	1909985	16099	16050	1219990	212174
普陀区	13	8342	2785	906428	892614	1290	1243	1716907	459634
岱山县	10	1279	291	53730	52934	354	335	124651	19045
嵊泗县	4	437	124	30466	29778	127	127	53723	4283
台州市	**113**	**27661**	**7872**	**4083886**	**4019741**	**34741**	**34432**	**8428735**	**2222489**
椒江区	22	7497	2476	1029711	1002773	8282	8226	1436196	261199
黄岩区	10	1768	527	240508	237579	1039	974	288356	28337
路桥区	9	983	288	208490	207628	834	815	260927	42402
玉环县	10	983	241	1233789	1230295	8477	8465	1601777	910414
三门县	4	2179	774	63317	62741	347	337	3429279	702226
天台县	13	919	233	110741	109852	1241	1225	353171	132623
仙居县	12	975	283	81034	80641	650	626	77986	23748
温岭市	14	9648	2505	811770	787205	12393	12330	723036	87373
临海市	19	2709	545	304526	301027	1477	1435	258008	34169
丽水市	**84**	**9907**	**2772**	**792349**	**785905**	**18458**	**17390**	**1418667**	**362077**
莲都区	11	1287	393	84452	83151	2554	1585	152853	48810
青田县	9	1348	310	246282	245747	1719	1707	731431	190505
缙云县	6	1591	557	140096	138301	4751	4713	101018	33947
遂昌县	14	1752	478	96804	96418	710	705	119715	30971
松阳县	11	602	171	39925	39731	526	512	78400	15147
云和县	8	1222	291	76148	75209	6268	6263	93690	7911
庆元县	7	584	189	27405	27274	518	518	25921	7583
景宁县	6	560	122	32797	32433	690	678	23036	9906
龙泉市	12	961	261	48440	47642	723	709	92604	17297

1-A-7 按轻重工业、规模、登记注册类型和控股情况分组的

项目	单位数(个)	从业人员期末人数(人)	#女性
总计	**14484**	**2056577**	**968463**
一、按轻重工业分			
轻工业	7798	1152976	633722
重工业	6686	903601	334741
二、按规模分			
大型企业	218	485096	207957
中型企业	1368	731180	363277
小型企业	7801	788967	376864
微型企业	5097	51334	20365
三、按登记注册类型分			
港澳台商投资	7162	1014790	482020
与港澳台商合资经营	3664	549994	263174
与港澳台商合作经营	100	13997	7309
港澳台商独资	3316	420507	199622
港澳台商投资股份有限公司	71	29653	11654
其他港澳台投资	11	629	261
外商投资	7322	1041787	486443
中外合资经营	3873	556432	259056
中外合作经营	96	8528	3916
外资企业	3273	458932	214773
外商投资股份有限公司	46	15951	7886
其他外商投资	34	1944	812
四、按控股情况分			
国有控股	103	43266	16483
集体控股	192	36385	15738
私人控股	4053	503668	244234
港澳台商控股	4941	710122	334483
外商控股	4858	698974	325068
其他	337	64162	32457

全部外商投资和港澳台投资工业法人单位主要经济指标

营业收入（万元）	#主营业务收入	营业税金及附加（万元）	#主营业务税金及附加	资产总计（万元）	实收资本（万元）
164503700	**160447051**	**1133901**	**1114551**	**182209434**	**52615281**
71909108	70004902	401859	394445	82955765	22701695
92594593	90442150	732042	720106	99253669	29913587
47164341	45855445	247769	246707	44601824	9309893
56974141	55603781	540307	529684	57344224	12840021
56532465	55225801	309608	303249	64114700	21825739
3832753	3762025	36216	34911	16148685	8639628
81183077	79325803	691763	686699	91643297	25337030
48216067	47065218	513101	510204	53178507	12491455
2240944	2232539	7588	7565	1265859	434209
27529892	26933476	150900	148777	32073295	11360999
3177172	3075641	20112	20092	5061596	1012983
19002	18929	61	61	64041	37383
83320623	81121248	442138	427852	90566136	27278251
44860326	43726670	233736	222883	50825403	12215600
739614	732333	3986	3912	709640	235400
35465788	34540772	196086	193702	36494194	14325441
1689074	1577850	5438	4475	1888022	401767
565821	543623	2891	2880	648878	100043
11418961	11233916	373360	372397	9465483	3215220
3011528	2931568	14340	14198	3138759	658706
36101958	35111455	164844	162079	38099827	7948448
53293772	52154480	256658	253408	63425444	19366727
55603767	54088864	308788	296718	60989234	19637275
5073714	4926768	15911	15751	7090687	1788905

1-A-8 按行业小类分组的全部外商投资和

行业	单位数(个)	从业人员期末人数(人)	#女性
总计	**14484**	**2056577**	**968463**
采矿业	**13**	**751**	**87**
黑色金属矿采选业	2	101	20
铁矿采选	2	101	20
铁矿采选	2	101	20
非金属矿采选业	11	650	67
土砂石开采	11	650	67
石灰石、石膏开采	2	190	16
建筑装饰用石开采	4	192	17
粘土及其他土砂石开采	5	268	34
制造业	**14320**	**2044506**	**965679**
农副食品加工业	152	16763	8629
谷物磨制	5	580	198
谷物磨制	5	580	198
饲料加工	12	925	213
饲料加工	12	925	213
植物油加工	8	703	227
食用植物油加工	8	703	227
屠宰及肉类加工	23	2571	1464
牲畜屠宰	1		
肉制品及副产品加工	22	1811	1194
水产品加工	54	8860	4835
水产品冷冻加工	37	7550	4188
鱼糜制品及水产品干腌制加工	15	1222	583
其他水产品加工	2	88	64
蔬菜、水果和坚果加工	35	2058	1240
蔬菜加工	28	1938	1198
水果和坚果加工	7	120	42
其他农副食品加工	15	1066	452
淀粉及淀粉制品制造	4	387	184
豆制品制造	2	182	32
其他未列明农副食品加工	9	497	236

港澳台投资工业法人单位主要经济指标

营业收入（万元）	#主营业务收入	营业税金及附加（万元）	#主营业务税金及附加	资产总计（万元）	实收资本（万元）
164503700	**160447051**	**1133901**	**1114551**	**182209434**	**52615281**
81778	**81778**	**2710**	**2710**	**106796**	**62936**
5889	5889	73	73	2400	1400
5889	5889	73	73	2400	1400
5889	5889	73	73	2400	1400
75889	75889	2637	2637	104396	61536
75889	75889	2637	2637	104396	61536
11458	11458	580	580	29550	25148
33129	33129	1325	1325	39996	18492
31302	31302	732	732	34850	17896
161123371	**157105658**	**1110961**	**1091731**	**176071106**	**49913410**
2017471	1837639	3205	3201	7095125	723967
189433	186798	96	96	120629	42799
189433	186798	96	96	120629	42799
149037	148893	28	25	80806	35402
149037	148893	28	25	80806	35402
534191	402939	85	85	262100	90486
534191	402939	85	85	262100	90486
217741	214071	483	483	204250	93891
97931	94990	468	468	133802	82891
641170	599887	1653	1652	6165753	399160
597164	556803	1330	1329	541889	74828
37183	36261	272	272	5622356	320613
6823	6823	51	51	1508	3719
104025	103302	319	319	126381	32593
101591	100907	303	303	116212	23883
2434	2396	16	16	10169	8710
181874	181749	541	541	135205	29635
92604	92545	313	313	67705	12627
24412	24389	134	134	17861	5185
64858	64815	95	95	49639	11824

1-A-8 续表 1

行　业	单位数(个)	从业人员期末人数(人)	#女 性
食品制造业	175	32418	19974
焙烤食品制造	33	7157	5139
糕点、面包制造	20	5434	4024
饼干及其他焙烤食品制造	13	1723	1115
糖果、巧克力及蜜饯制造	16	2508	1318
糖果、巧克力制造	14	2382	1222
蜜饯制作	2	126	96
方便食品制造	20	5622	3502
米、面制品制造	3	74	44
速冻食品制造	9	2780	1896
方便面及其他方便食品制造	8	2768	1562
乳制品制造	3	173	104
乳制品制造	3	173	104
罐头食品制造	26	8349	6329
肉、禽类罐头制造	2	479	140
水产品罐头制造	2	643	397
蔬菜、水果罐头制造	18	6964	5615
其他罐头食品制造	4	263	177
调味品、发酵制品制造	13	1000	521
味精制造	1	32	15
酱油、食醋及类似制品制造	4	362	166
其他调味品、发酵制品制造	8	606	340
其他食品制造	64	7609	3061
营养食品制造	15	1417	443
保健食品制造	11	1591	748
冷冻饮品及食用冰制造	5	1287	435
食品及饲料添加剂制造	26	2872	1247
其他未列明食品制造	7	442	188

营业收入(万元)	#主营业务收　入	营业税金及附加(万元)	#主营业务税金及附加	资产总计(万元)	实收资本(万元)
2563048	2514311	11804	11566	2881571	1211255
208306	204986	1429	1429	201685	108858
151288	148883	846	846	118788	47243
57018	56104	583	583	82897	61615
288868	281834	657	657	354639	62866
285185	278151	630	630	317533	62591
3683	3683	27	27	37106	275
563665	535780	1094	856	753999	168747
4813	4813	26	26	3645	3241
126129	125972	720	720	147586	30093
432723	404996	348	111	602768	135412
8234	8057	15	15	21601	12707
8234	8057	15	15	21601	12707
194809	194514	896	896	171572	40690
36290	36150	153	153	24292	1179
42149	42149	311	311	23659	6988
110630	110480	416	416	111907	26723
5740	5735	17	17	11715	5800
101508	100951	1020	1020	125255	44344
841	841	6	6	481	272
57405	57399	820	820	73359	12571
43262	42710	194	194	51415	31501
1197657	1188189	6693	6693	1252821	773043
134550	133562	799	799	235111	512509
229251	228305	1325	1325	138544	69334
92265	90782	793	793	101049	42850
726313	721863	3508	3508	758647	139840
15278	13677	267	267	19470	8509

1-A-8 续表 2

行 业	单位数(个)	从业人员期末人数(人)	#女 性
酒、饮料和精制茶制造业	88	23127	7330
酒的制造	32	9109	3080
酒精制造	1		
白酒制造	2	194	104
啤酒制造	17	8220	2696
黄酒制造	5	556	205
葡萄酒制造	4	42	19
其他酒制造	3	94	56
饮料制造	43	13551	3968
碳酸饮料制造	4	2487	513
瓶(罐)装饮用水制造	7	364	130
果菜汁及果菜汁饮料制造	10	1884	533
含乳饮料和植物蛋白饮料制造	6	1678	675
固体饮料制造	6	244	96
茶饮料及其他饮料制造	10	6894	2021
精制茶加工	13	467	282
精制茶加工	13	467	282
烟草制品业	1		
其他烟草制品制造	1		
其他烟草制品制造	1		
纺织业	1391	214897	116630
棉纺织及印染精加工	487	115876	56495
棉纺纱加工	138	24061	15098
棉织造加工	161	28785	17084
棉印染精加工	188	63030	24313
毛纺织及染整精加工	79	7281	3873
毛条和毛纱线加工	36	2866	1485
毛织造加工	27	2836	1625
毛染整精加工	16	1579	763

营业收入（万元）	#主营业务收入	营业税金及附加（万元）	#主营业务税金及附加	资产总计（万元）	实收资本（万元）
2692842	2570193	75536	75520	2646523	734883
663773	617918	65815	65799	864261	323247
11499	11494	176	176	15121	9945
636012	590638	64809	64809	818401	299711
14331	13854	765	749	24127	11679
400	400	29	29	2157	760
1531	1531	36	36	4455	1152
1990578	1913872	9582	9582	1734041	391338
373671	363009	2041	2041	194035	26572
39496	37581	162	162	31398	5337
311218	301920	1745	1745	425837	130107
360127	341145	2377	2377	323605	79870
14313	14292	54	54	21830	11541
891753	855924	3203	3203	737336	137910
38491	38404	139	139	48221	20298
38491	38404	139	139	48221	20298
13320800	13131181	61245	60294	16646233	4719638
7362237	7254180	33519	33202	8434093	2402768
1750270	1699905	8335	8229	2563656	609617
2339896	2312305	8652	8599	2528061	774950
3272071	3241970	16531	16374	3342376	1018201
710902	680600	2400	2314	865539	284983
430963	415006	1305	1236	424685	138828
203725	190016	760	760	331224	99184
76215	75578	335	318	109630	46971

1-A-8 续表 3

行业	单位数(个)	从业人员期末人数(人)	
			#女性
麻纺织及染整精加工	16	1849	1060
麻纤维纺前加工和纺纱	8	850	546
麻织造加工	6	249	116
麻染整精加工	2	750	398
丝绢纺织及印染精加工	91	8066	5301
缫丝加工	3	131	85
绢纺和丝织加工	68	6239	4516
丝印染精加工	20	1696	700
化纤织造及印染精加工	107	10211	5785
化纤织造加工	85	7554	4705
化纤织物染整精加工	22	2657	1080
针织或钩针编织物及其制品制造	270	36520	23448
针织或钩针编织物织造	225	27853	17844
针织或钩针编织物印染精加工	16	2367	1091
针织或钩针编织品制造	29	6300	4513
家用纺织制成品制造	213	20001	13117
床上用品制造	97	7967	5554
毛巾类制品制造	10	2031	1409
窗帘、布艺类产品制造	58	6442	3974
其他家用纺织制成品制造	48	3561	2180
非家用纺织制成品制造	128	15093	7551
非织造布制造	40	3980	1736
绳、索、缆制造	9	497	321
纺织带和帘子布制造	30	4534	2544
篷、帆布制造	28	3133	1575
其他非家用纺织制成品制造	21	2949	1375
纺织服装、服饰业	1904	310626	216241
机织服装制造	1140	192171	134809
机织服装制造	1140	192171	134809
针织或钩针编织服装制造	475	93638	63315
针织或钩针编织服装制造	475	93638	63315

营业收入(万元)	#主营业务收入	营业税金及附加(万元)	#主营业务税金及附加	资产总计(万元)	实收资本(万元)
85589	85293	521	521	107353	35810
28823	28655	185	185	56497	18844
8995	8867	106	106	23833	14672
47771	47771	230	230	27022	2294
464095	459994	2281	2257	698965	247583
9237	9205	16	16	6538	450
380657	377052	1503	1478	537052	194199
74201	73736	763	763	155375	52934
572200	564039	2704	2441	1762567	242249
448346	440363	2162	1899	1600577	202596
123855	123676	542	542	161990	39653
2120517	2107170	9678	9550	2311304	687228
1807452	1794823	7904	7778	2009663	629954
51916	51472	404	404	57613	8948
261149	260876	1371	1369	244027	48327
1194994	1180838	6115	6013	1444580	393384
326823	325354	1801	1747	527044	155232
159223	150662	962	915	234050	39676
502357	499207	2554	2553	469910	132373
206591	205616	799	798	213576	66103
810265	799067	4028	3997	1021832	425633
266264	259082	1234	1234	294925	131375
14491	14310	132	132	19466	13176
220339	219918	973	973	220588	70962
151500	151125	814	783	219576	61798
157670	154632	874	874	267277	148322
9390221	9271301	65058	64302	10406031	3013351
5141632	5056320	35826	35303	6355814	2027203
5141632	5056320	35826	35303	6355814	2027203
3297830	3275970	23456	23293	2813665	671621
3297830	3275970	23466	23293	2813665	671621

1-A-8 续表 4

行业	单位数(个)	从业人员期末人数(人)	#女性
服饰制造	289	24817	18117
服饰制造	289	24817	18117
皮革、毛皮、羽毛及其制品和制鞋业	517	82233	46916
皮革鞣制加工	48	7688	2967
皮革鞣制加工	48	7688	2967
皮革制品制造	217	27672	16932
皮革服装制造	51	5380	3606
皮箱、包(袋)制造	105	16043	9649
皮手套及皮装饰制品制造	28	3099	1986
其他皮革制品制造	33	3150	1691
毛皮鞣制及制品加工	29	2833	1408
毛皮鞣制加工	2	323	137
毛皮服装加工	15	1999	1049
其他毛皮制品加工	12	511	222
羽毛(绒)加工及制品制造	39	8132	5833
羽毛(绒)加工	5	418	250
羽毛(绒)制品加工	34	7714	5583
制鞋业	184	35908	19776
纺织面料鞋制造	28	2433	1225
皮鞋制造	133	30804	17431
塑料鞋制造	8	284	150
橡胶鞋制造	12	2201	873
其他制鞋业	3	186	97
木材加工和木、竹、藤、棕、草制品业	188	15644	6737
木材加工	16	490	207
锯材加工	2	126	52
木片加工	7	81	29
单板加工	5	212	95
其他木材加工	2	71	31

营业收入(万元)	#主营业务收入	营业税金及附加(万元)	#主营业务税金及附加	资产总计(万元)	实收资本(万元)
950759	939012	5766	5706	1236552	314528
950759	939012	5766	5706	1236552	314528
3171253	3144067	16667	15582	3148149	830589
742433	732679	3294	2540	806960	192260
742433	732679	3294	2540	806960	192260
896438	886003	4956	4785	818715	252990
198850	194536	1179	1091	244088	78915
462303	460404	2328	2323	360057	107790
125799	125503	798	749	100685	37560
109486	105560	652	622	113884	28725
111792	111715	432	425	122123	55200
6458	6455	31	31	5893	2185
78397	78323	300	292	96178	44284
26937	26937	101	101	20052	8730
549723	547942	2235	2227	617042	111096
36765	36706	124	124	43141	9693
512958	511236	2112	2103	573901	101403
870866	865727	5749	5605	783309	219043
67639	67407	388	367	75639	30043
737834	732969	4891	4780	635888	172122
7294	7294	189	189	10971	8094
53695	53692	262	251	57150	7169
4404	4366	19	19	3660	1615
1186196	1180716	10596	10420	881663	326475
26173	25776	106	105	38964	27583
13123	13123	25	25	11350	8481
2072	2072	37	37	12320	11364
9453	9081	36	35	13909	7384
1525	1500	8	8	1385	354

1-A-8 续表 5

行业	单位数(个)	从业人员期末人数(人)	#女性
人造板制造	50	5073	2124
胶合板制造	41	3886	1733
纤维板制造	5	653	193
其他人造板制造	4	534	198
木制品制造	57	6372	2419
建筑用木料及木材组件加工	4	173	75
木门窗、楼梯制造	11	965	359
地板制造	20	3590	1231
木制容器制造	2	74	18
软木制品及其他木制品制造	20	1570	736
竹、藤、棕、草等制品制造	65	3709	1987
竹制品制造	51	2921	1489
藤制品制造	2	57	37
草及其他制品制造	12	731	461
家具制造业	314	70854	26424
木质家具制造	126	22096	7800
木质家具制造	126	22096	7800
竹、藤家具制造	12	3484	1256
竹、藤家具制造	12	3484	1256
金属家具制造	101	26855	10339
金属家具制造	101	26855	10339
塑料家具制造	10	2945	1731
塑料家具制造	10	2945	1731
其他家具制造	65	15474	5298
其他家具制造	65	15474	5298
造纸和纸制品业	187	28028	9667
纸浆制造	1		
非木竹浆制造	1		
造纸	78	14930	4546
机制纸及纸板制造	70	14073	4191
手工纸制造	5	713	312
加工纸制造	3	144	43

营业收入(万元)	#主营业务收入	营业税金及附加(万元)	#主营业务税金及附加	资产总计(万元)	实收资本(万元)
441879	438005	1555	1393	296921	120342
322381	318749	1191	1029	216749	90103
59708	59682	244	244	36830	16769
59789	59575	120	120	43341	13470
562461	561744	7034	7034	390860	143609
5597	5565	38	38	3127	1079
36889	36775	337	337	62889	27655
375887	375599	6096	6096	258268	68578
114495	114495	155	155	38821	15590
29593	29311	407	407	27755	30708
155684	155191	1902	1888	154918	34941
118159	118148	1565	1550	118285	28261
867	810	9	9	4904	2836
36658	36233	328	328	31729	3844
3098890	3053667	16981	16671	3604169	1085869
726507	716977	4391	4262	1277156	417655
726507	716977	4391	4262	1277156	417655
343820	320525	1518	1518	443071	80427
343820	320525	1518	1518	443071	80427
1036953	1030100	5074	4937	1049666	365071
1036953	1030100	5074	4937	1049666	365071
164052	163268	495	495	64496	12944
164052	163268	495	495	64496	12944
827559	822797	5503	5459	769780	209772
827559	822797	5503	5459	769780	209772
2980895	2836201	12274	11972	5426812	1701227
1745073	1645295	5880	5686	3631149	906422
1666717	1567034	5670	5476	3499683	864662
72442	72410	182	182	122793	35582
5915	5850	27	27	8673	6178

1-A-8 续表 6

行 业	单位数(个)	从业人员期末人数(人)	#女 性
纸制品制造	108	13095	5121
纸和纸板容器制造	65	8542	2998
其他纸制品制造	43	4553	2123
印刷和记录媒介复制业	76	10626	4836
印刷	72	9465	4354
书、报刊印刷	3	236	96
本册印制	9	2266	1540
包装装潢及其他印刷	60	6963	2718
装订及印刷相关服务	4	1161	482
装订及印刷相关服务	4	1161	482
文教、工美、体育和娱乐用品制造业	741	76161	42687
文教办公用品制造	145	12604	8028
文具制造	96	8500	5389
笔的制造	36	3487	2305
教学用模型及教具制造	3	82	51
墨水、墨汁制造	1		
其他文教办公用品制造	9	523	278
乐器制造	31	5536	3115
中乐器制造	4	291	159
西乐器制造	15	4774	2759
电子乐器制造	3	33	17
其他乐器及零件制造	9	438	180
工艺美术品制造	356	28568	17066
雕塑工艺品制造	68	4407	2260
金属工艺品制造	44	2531	1186
漆器工艺品制造	12	477	251
花画工艺品制造	5	133	106
天然植物纤维编织工艺品制造	27	1810	1108
抽纱刺绣工艺品制造	63	5381	3751

营业收入(万元)	#主营业务收入	营业税金及附加(万元)	#主营业务税金及附加	资产总计(万元)	实收资本(万元)
1235823	1190906	6394	6287	1792002	791144
930280	892116	4707	4704	1403501	613477
305543	298790	1687	1582	388501	177667
696309	683681	3416	3403	907645	300896
678473	665972	3256	3243	872567	284606
10847	9387	44	44	30311	13705
113392	112490	398	398	42840	5852
554234	544096	2815	2801	799416	265048
17836	17709	160	160	35079	16291
17836	17709	160	160	35079	16291
4106985	4077401	20763	20549	3942777	1231516
425311	416752	2622	2589	471099	168130
236650	228956	1401	1385	301976	116350
163567	163034	1057	1057	139949	36176
1141	1067	35	18	11647	9349
23537	23279	126	126	16440	6205
211999	209204	1452	1452	874283	263807
4636	4636	22	22	7090	4059
179955	177161	1277	1277	847977	245058
458	458	3	3	2805	10931
26950	26949	151	151	16411	3759
1792324	1785600	9401	9280	1430548	379659
86239	86229	1474	1474	79245	32410
62836	61970	880	771	103397	42455
16850	16527	271	263	18840	8637
4671	4671	42	42	13381	1664
61625	61595	431	431	59536	11441
223917	222309	1313	1312	338011	101514

1-A-8 续表 7

行业	单位数(个)	从业人员期末人数(人)	#女性
地毯、挂毯制造	14	1798	1088
珠宝首饰及有关物品制造	28	3933	2428
其他工艺美术品制造	95	8098	4888
体育用品制造	100	10723	5288
球类制造	9	1118	628
体育器材及配件制造	32	2630	1354
训练健身器材制造	28	3955	1518
运动防护用具制造	7	436	282
其他体育用品制造	24	2584	1506
玩具制造	92	13522	7109
玩具制造	92	13522	7109
游艺器材及娱乐用品制造	17	5208	2081
露天游乐场所游乐设备制造	3	405	169
游艺用品及室内游艺器材制造	12	4491	1801
其他娱乐用品制造	2	312	111
石油加工、炼焦和核燃料加工业	19	1626	343
精炼石油产品制造	19	1626	343
原油加工及石油制品制造	18	1618	340
人造原油制造	1		
化学原料和化学制品制造业	640	60684	17377
基础化学原料制造	122	10007	2257
无机酸制造	12	228	44
无机碱制造	1		
无机盐制造	13	887	190
有机化学原料制造	66	6446	1553
其他基础化学原料制造	30	2014	391
肥料制造	8	236	59
氮肥制造	1		
磷肥制造	1		
复混肥料制造	3	189	40
有机肥料及微生物肥料制造	2	3	1
其他肥料制造	1		

营业收入(万元)	#主营业务收 入	营业税金及 附 加(万元)	#主营业务税金及附加	资产总计(万元)	实收资本(万元)
94827	91944	318	318	152612	37567
963462	962620	2692	2692	429543	62701
277897	277735	1978	1977	235983	81269
356375	354456	2460	2451	487066	217992
44268	44174	365	362	24725	7200
78529	77884	851	849	131154	72651
156413	155523	645	645	223880	82739
11416	11152	136	132	18555	9299
65750	65722	463	463	88750	46103
540495	531430	3185	3133	458886	150661
540495	531430	3185	3133	458886	150661
780482	779960	1643	1643	220895	51267
21964	21964	96	96	27345	9728
751067	750552	1498	1498	188084	38563
7450	7443	49	49	5466	2977
2852600	2842171	311436	311430	810258	167488
2852600	2842171	311436	311430	810258	167488
2852500	2842091	311431	311426	809908	167168
18750872	18496824	48895	46826	17056319	5094391
4310371	4258551	12325	12288	4105195	1323200
20764	19949	726	726	43954	26103
145887	133601	941	941	157194	79213
3387640	3358012	8051	8026	2425571	726232
628229	619140	1772	1761	1366536	475653
28464	28444	26	26	33648	13266
22384	22384	24	24	21304	2544
10	10	…	…	5113	112

1-A-8 续表 8

行 业	单位数(个)	从业人员期末人数(人)	#女 性
农药制造	14	2977	810
化学农药制造	10	2904	788
生物化学农药及微生物农药制造	4	73	22
涂料、油墨、颜料及类似产品制造	141	12857	3253
涂料制造	55	3256	721
油墨及类似产品制造	14	1354	257
颜料制造	21	2314	638
染料制造	48	5287	1450
密封用填料及类似品制造	3	646	187
合成材料制造	116	15814	4006
初级形态塑料及合成树脂制造	68	7390	1496
合成橡胶制造	10	758	263
合成纤维单(聚合)体制造	21	6473	1851
其他合成材料制造	17	1193	396
专用化学产品制造	163	13601	3956
化学试剂和助剂制造	80	3737	950
专项化学用品制造	35	2644	662
林产化学产品制造	1		
信息化学品制造	18	5051	1712
环境污染处理专用药剂材料制造	6	645	212
动物胶制造	5	793	196
其他专用化学产品制造	18	725	222
炸药、火工及焰火产品制造	1		
焰火、鞭炮产品制造	1		
日用化学产品制造	75	5191	3036
肥皂及合成洗涤剂制造	12	849	492
化妆品制造	37	3254	2142
口腔清洁用品制造	2	180	93
香料、香精制造	14	581	120
其他日用化学产品制造	10	327	189

营业收入(万元)	#主营业务收入	营业税金及附加(万元)	#主营业务税金及附加	资产总计(万元)	实收资本(万元)
503916	499437	1188	605	429461	63126
501140	496662	1154	571	424502	55780
2776	2776	34	34	4959	7346
1522948	1498267	9094	7922	1605345	415908
327349	326341	2167	1560	380495	101434
193461	191372	1022	478	213367	58404
260780	259997	1488	1487	291835	64145
689244	670057	4038	4019	665085	155962
52114	50500	378	378	54564	35963
8760392	8662475	9353	9188	7196209	2125470
4450498	4439603	6938	6897	4001837	1310445
76658	76579	128	128	109706	40520
4114218	4027625	1672	1549	2865408	703645
119018	118669	616	615	219257	70860
2463913	2393306	13090	12994	2933360	963983
856416	840998	2486	2477	842931	286754
483412	433071	8318	8293	594366	165536
923106	918881	1496	1496	1235947	389797
54751	54156	315	253	73890	28747
73368	73354	186	186	109088	58551
72796	72782	286	286	76864	34458
					50
					50
1160867	1156345	3819	3802	753102	189389
139303	139212	291	290	79139	18504
852866	851744	2083	2083	463726	78593
1673	1673	20	20	12738	9318
150463	150113	1334	1334	172987	74888
16561	13603	92	75	24512	8086

1-A-8 续表 9

行业	单位数(个)	从业人员期末人数(人)	#女性
医药制造业	166	32821	16115
化学药品原料药制造	45	7338	1787
化学药品原料药制造	45	7338	1787
化学药品制剂制造	23	7967	3892
化学药品制剂制造	23	7967	3892
中药饮片加工	11	417	205
中药饮片加工	11	417	205
中成药生产	19	3940	1863
中成药生产	19	3940	1863
兽用药品制造	4	206	77
兽用药品制造	4	206	77
生物药品制造	33	8950	5771
生物药品制造	33	8950	5771
卫生材料及医药用品制造	31	4003	2520
卫生材料及医药用品制造	31	4003	2520
化学纤维制造业	146	34332	12467
纤维素纤维原料及纤维制造	12	3206	1341
化纤浆粕制造	1		
人造纤维(纤维素纤维)制造	11	3046	1243
合成纤维制造	134	31126	11126
锦纶纤维制造	17	2067	737
涤纶纤维制造	71	21931	7878
腈纶纤维制造	2	239	44
维纶纤维制造	1		
丙纶纤维制造	2	132	78
氨纶纤维制造	16	4199	1210
其他合成纤维制造	25	2555	1179

营业收入（万元）	#主营业务收入	营业税金及附加（万元）	#主营业务税金及附加	资产总计（万元）	实收资本（万元）
3271893	3118976	24654	23843	3500506	928837
675422	663229	2751	2677	729688	220420
675422	663229	2751	2677	729688	220420
1588741	1458243	13997	13260	1547256	352689
1588741	1458243	13997	13260	1547256	352689
25986	21826	142	142	53745	38784
25986	21826	142	142	53745	38784
263888	262975	3080	3080	396480	89957
263888	262975	3080	3080	396480	89957
17950	17910	87	87	11384	5887
17950	17910	87	87	11384	5887
474029	471887	3656	3655	549120	163297
474029	471887	3656	3655	549120	163297
225876	222906	940	940	212833	57803
225876	222906	940	940	212833	57803
9003369	8507958	17335	16647	7858059	1760071
644475	474617	1252	1251	939656	116496
641513	471655	1103	1103	938026	116396
8358894	8033341	16083	15396	6918403	1643575
379885	375342	283	283	412861	93925
6398102	6082218	12188	11624	4909892	1017438
73625	73519	304	304	68435	101581
2612	2604	22	22	17245	4535
693023	688535	2058	1935	1075600	315222
811647	811123	1228	1228	434370	110874

1-A-8 续表 10

行业	单位数(个)	从业人员期末人数(人)	#女性
橡胶和塑料制品业	722	84827	35153
橡胶制品业	90	22475	6504
轮胎制造	11	17057	4243
橡胶板、管、带制造	29	1091	422
橡胶零件制造	15	1796	917
日用及医用橡胶制品制造	10	581	317
其他橡胶制品制造	25	1950	605
塑料制品业	632	62352	28649
塑料薄膜制造	69	7301	2274
塑料板、管、型材制造	90	6285	2546
塑料丝、绳及编织品制造	29	1249	707
泡沫塑料制造	21	2206	816
塑料人造革、合成革制造	28	4749	1217
塑料包装箱及容器制造	68	6443	2876
日用塑料制品制造	130	18736	10736
塑料零件制造	89	7423	3645
其他塑料制品制造	108	7960	3832
非金属矿物制品业	302	36030	11600
水泥、石灰和石膏制造	9	1354	299
水泥制造	6	1318	284
石灰和石膏制造	3	36	15
石膏、水泥制品及类似制品制造	56	6502	943
水泥制品制造	38	4007	708
砼结构构件制造	6	1612	68
轻质建筑材料制造	10	684	115
其他水泥类似制品制造	2	199	52
砖瓦、石材等建筑材料制造	43	8649	3113
粘土砖瓦及建筑砌块制造	5	604	136
建筑陶瓷制品制造	7	6497	2432
建筑用石加工	8	286	90
防水建筑材料制造	6	306	93
隔热和隔音材料制造	8	562	289
其他建筑材料制造	9	394	73

营业收入（万元）	#主营业务收入	营业税金及附加（万元）	#主营业务税金及附加	资产总计（万元）	实收资本（万元）
8296665	8112955	43767	43437	9132859	2108859
3599076	3545970	21320	21316	3439265	563371
3273465	3227552	19864	19864	2860441	334667
54041	53071	335	335	69110	43303
83541	78009	487	487	68808	17453
17430	17430	92	92	23381	6542
170599	169909	543	538	417525	161405
4697589	4566985	22446	22121	5693594	1545488
1310082	1259297	5490	5490	1796891	388009
418217	395446	2319	2178	722798	244737
49290	46444	298	298	62469	21193
182566	179838	600	597	152926	55418
335795	334316	1268	1268	358605	93067
522398	511232	3436	3435	770602	194387
957372	951957	4241	4179	900643	205468
325304	313246	1937	1849	364500	112486
596566	575210	2857	2826	564161	230724
2932493	2889540	18692	18646	4781124	1192839
169267	168673	647	647	217687	106188
158203	157610	636	636	209080	100625
11064	11064	11	11	8607	5563
740702	738638	5539	5539	827135	205012
453297	452100	2911	2911	538709	103916
196264	196264	2378	2378	162124	35222
74233	74214	126	126	101752	44844
16907	16061	124	124	24549	21030
877003	859121	4132	4132	1200001	142540
30373	30251	93	93	61363	26199
745365	727666	3310	3310	975839	47599
7963	7963	103	103	22989	13338
19196	19140	92	92	23565	9706
51003	50996	228	228	80854	25744
23103	23103	307	307	35391	19955

1-A-8 续表 11

行业	单位数(个)	从业人员期末人数(人)	#女性
玻璃制造	12	1393	475
平板玻璃制造	3	327	140
其他玻璃制造	9	1066	335
玻璃制品制造	82	9058	3629
技术玻璃制品制造	17	2317	826
光学玻璃制造	4	118	41
玻璃仪器制造	2	43	36
日用玻璃制品制造	29	2423	913
玻璃包装容器制造	4	445	211
玻璃保温容器制造	1		
制镜及类似品加工	10	1535	846
其他玻璃制品制造	15	2176	756
玻璃纤维和玻璃纤维增强塑料制品制造	33	4053	1647
玻璃纤维及制品制造	22	3360	1435
玻璃纤维增强塑料制品制造	11	693	212
陶瓷制品制造	34	2656	877
卫生陶瓷制品制造	15	617	212
特种陶瓷制品制造	10	1888	588
日用陶瓷制品制造	3	61	28
园林、陈设艺术及其他陶瓷制品制造	6	90	49
耐火材料制品制造	16	1301	319
石棉制品制造	2	24	8
耐火陶瓷制品及其他耐火材料制造	14	1277	311
石墨及其他非金属矿物制品制造	17	1064	298
石墨及碳素制品制造	4	506	91
其他非金属矿物制品制造	13	558	207
黑色金属冶炼和压延加工业	143	19217	3757
炼铁	1		
炼铁	1		

营业收入(万元)	#主营业务收　入	营业税金及附加(万元)	#主营业务税金及附加	资产总计(万元)	实收资本(万元)
134392	132559	3167	3167	738538	92985
89020	89020	2800	2800	613845	48728
45372	43539	366	366	124692	44257
494569	490024	2421	2417	685812	228487
167110	165899	522	522	323942	88400
1284	1284	12	12	4380	6734
897	897	2	2	808	722
140877	140476	800	799	121224	33804
18214	18157	108	108	36929	14449
83042	82426	731	728	78363	31702
83145	80885	247	247	120165	52667
247270	240468	1253	1233	528520	215272
223032	216347	1163	1143	476469	195781
24238	24121	90	90	52051	19491
132441	128177	448	448	213307	60972
48630	48619	198	198	57538	28420
79453	75200	207	207	146138	27963
1294	1294	21	21	6845	3321
3065	3065	23	23	2786	1268
81733	77207	603	603	130945	47801
493	492	7	7	2114	251
81240	76715	597	597	128831	47550
55114	54672	481	460	239180	93582
10551	10291	42	42	154341	63563
44564	44381	440	418	84839	30019
4483440	4373061	10553	10526	3585255	1092404

1-A-8 续表 12

行　业	单位数(个)	从业人员期末人数(人)	#女 性
炼钢	3	686	102
炼钢	3	686	102
黑色金属铸造	35	3700	791
黑色金属铸造	35	3700	791
钢压延加工	102	14743	2853
钢压延加工	102	14743	2853
铁合金冶炼	2	26	6
铁合金冶炼	2	26	6
有色金属冶炼和压延加工业	134	15620	4737
常用有色金属冶炼	16	1429	315
铜冶炼	3	101	22
镍钴冶炼	6	1048	200
锡冶炼	1		
铝冶炼	2	17	4
镁冶炼	2	143	49
其他常用有色金属冶炼	2	118	39
贵金属冶炼	1		
银冶炼	1		
稀有稀土金属冶炼	3	163	78
稀土金属冶炼	3	163	78
有色金属合金制造	21	3450	1105
有色金属合金制造	21	3450	1105
有色金属铸造	9	1371	316
有色金属铸造	9	1371	316
有色金属压延加工	84	9114	2905
铜压延加工	35	4812	1648
铝压延加工	30	2858	782
贵金属压延加工	2	66	16
稀有稀土金属压延加工	3	460	197
其他有色金属压延加工	14	918	262

营业收入（万元）	#主营业务收入	营业税金及附加（万元）	#主营业务税金及附加	资产总计（万元）	实收资本（万元）
104184	104184	152	152	88526	9317
104184	104184	152	152	88526	9317
173856	172804	1124	1123	244996	89667
173856	172804	1124	1123	244996	89667
4182244	4072917	9117	9090	3220909	979206
4182244	4072917	9117	9090	3220909	979206
18915	18915	137	137	13767	4215
18915	18915	137	137	13767	4215
3974050	3617598	5547	5047	2984784	694816
532480	516601	531	523	411439	110816
90306	90306	21	21	37866	16483
426018	413618	463	454	350182	81257
65	65	3	3	6060	6074
9879	9879	44	44	5222	380
6199	2720	…	…	11841	6427
8513	8513	6	6	33416	7192
8513	8513	6	6	33416	7192
628735	614688	452	416	431231	77671
628735	614688	452	416	431231	77671
41283	40815	400	399	55942	22099
41283	40815	400	399	55942	22099
2711516	2385457	4206	3651	2029769	473038
2125484	1812017	2487	2107	1377071	261157
434890	422531	896	879	435424	143329
11555	11547	127	127	31991	9941
33913	33736	422	264	92386	16009
105674	105627	275	275	92898	42601

1-A-8 续表 13

行业	单位数(个)	从业人员期末人数(人)	#女性
金属制品业	804	78024	30547
结构性金属制品制造	90	7322	2183
金属结构制造	56	4685	1361
金属门窗制造	34	2637	822
金属工具制造	148	13011	6134
切削工具制造	34	1620	665
手工具制造	54	4935	2015
农用及园林用金属工具制造	16	1947	937
刀剪及类似日用金属工具制造	11	2603	1605
其他金属工具制造	33	1906	912
集装箱及金属包装容器制造	38	8379	2486
集装箱制造	4	2991	205
金属压力容器制造	8	996	235
金属包装容器制造	26	4392	2046
金属丝绳及其制品制造	26	3040	622
金属丝绳及其制品制造	26	3040	622
建筑、安全用金属制品制造	239	18950	8594
建筑、家具用金属配件制造	131	9226	4524
建筑装饰及水暖管道零件制造	75	7341	3232
安全、消防用金属制品制造	25	1926	679
其他建筑、安全用金属制品制造	8	457	159
金属表面处理及热处理加工	62	5356	1912
金属表面处理及热处理加工	62	5356	1912
搪瓷制品制造	11	884	408
生产专用搪瓷制品制造	1		
搪瓷卫生洁具制造	6	471	163
搪瓷日用品及其他搪瓷制品制造	4	400	243
金属制日用品制造	116	14790	6072
金属制厨房用器具制造	26	2259	806

营业收入(万元)	#主营业务收入	营业税金及附加(万元)	#主营业务税金及附加	资产总计(万元)	实收资本(万元)
4382617	4326479	22763	22275	4665839	1680284
428845	419482	3530	3352	544276	187249
289713	281029	2290	2177	375758	134927
139131	138453	1240	1175	168519	52322
492912	485263	3091	3000	585664	209897
79110	79086	554	472	125141	37663
179840	174766	1185	1185	196037	82464
79066	77844	279	279	98328	46534
73891	73127	420	413	63486	14266
81004	80440	653	650	102672	28971
794649	781053	2243	2243	816723	246339
339608	336880	534	534	270221	59442
102709	102445	268	268	155389	28829
352331	341729	1440	1440	391113	158068
260794	260412	1110	1109	295215	112068
260794	260412	1110	1109	295215	112068
847153	840515	5461	5369	905348	372521
325236	322851	2568	2508	375821	156837
389725	387039	2195	2190	378088	135039
115087	114182	580	553	119933	60738
17105	16443	119	119	31506	19908
177650	174684	1105	992	212545	118835
177650	174684	1105	992	212545	118835
41628	41525	191	191	51399	15041
28564	28564	105	105	37167	11011
13034	12932	84	84	14224	4000
783305	770577	3829	3817	854383	267913
87134	85058	367	367	174958	78014

1-A-8 续表 14

行 业	单位数(个)	从业人员期末人数(人)	#女 性
金属制餐具和器皿制造	30	7406	2889
金属制卫生器具制造	18	1227	645
其他金属制日用品制造	42	3898	1732
其他金属制品制造	74	6292	2136
锻件及粉末冶金制品制造	26	2746	856
交通及公共管理用金属标牌制造	5	865	320
其他未列明金属制品制造	43	2681	960
通用设备制造业	1436	157645	53139
锅炉及原动设备制造	41	5073	1168
锅炉及辅助设备制造	18	2703	611
内燃机及配件制造	10	1604	417
汽轮机及辅机制造	5	538	105
水轮机及辅机制造	1		
风能原动设备制造	3	191	26
其他原动设备制造	4	36	9
金属加工机械制造	150	13160	3239
金属切削机床制造	53	6268	1308
金属成形机床制造	23	2202	440
铸造机械制造	18	1016	196
金属切割及焊接设备制造	21	2010	843
机床附件制造	15	1206	310
其他金属加工机械制造	20	458	142
物料搬运设备制造	110	21471	4945
轻小型起重设备制造	16	2350	769
起重机制造	16	1357	276
生产专用车辆制造	10	1153	246
连续搬运设备制造	11	491	136
电梯、自动扶梯及升降机制造	47	15048	3304
其他物料搬运设备制造	10	1072	214

营业收入(万元)	#主营业务收入	营业税金及附加(万元)	#主营业务税金及附加	资产总计(万元)	实收资本(万元)
297401	288937	1927	1915	401197	103913
56827	56700	231	230	63215	16819
341942	339881	1304	1304	215013	69166
555682	552967	2202	2202	400286	150421
173469	171323	1041	1041	188419	54071
31394	31247	291	291	53937	17161
350819	350397	870	870	157930	79189
10882042	10665094	59037	58326	13651458	3929782
708692	695544	3112	3102	1212294	219794
427750	415675	2074	2064	739843	109599
195110	194404	705	705	381015	90127
61815	61574	286	286	73479	8723
23088	22961	41	41	16332	8665
930	930	6	6	1555	2610
980402	966974	5429	5412	1383881	453874
506450	499719	2618	2617	711978	211301
198422	194463	1216	1203	257830	92341
52758	51301	379	379	85383	33974
136111	135507	425	424	195134	67353
49287	48910	532	532	94752	27874
37374	37075	259	258	38803	21032
2628502	2607388	13464	13296	2405751	558704
117605	116632	626	626	139106	47732
117822	116289	627	508	149381	51492
90778	88300	510	508	118568	38214
29157	29066	190	182	56338	40419
2173447	2158148	10652	10614	1798438	346986
99693	98954	859	859	143920	33860

1-A-8 续表 15

行　　业	单位数（个）	从业人员期末人数（人）	#女 性
泵、阀门、压缩机及类似机械制造	313	35746	12868
泵及真空设备制造	67	9154	3447
气体压缩机械制造	33	4560	1330
阀门和旋塞制造	147	15755	6456
液压和气压动力机械及元件制造	66	6277	1635
轴承、齿轮和传动部件制造	242	26622	10261
轴承制造	165	18741	7781
齿轮及齿轮减、变速箱制造	41	3372	997
其他传动部件制造	36	4509	1483
烘炉、风机、衡器、包装等设备制造	208	25075	8926
烘炉、熔炉及电炉制造	7	253	97
风机、风扇制造	25	2896	834
气体、液体分离及纯净设备制造	15	2102	783
制冷、空调设备制造	65	9736	3078
风动和电动工具制造	63	7946	3284
喷枪及类似器具制造	9	1176	553
衡器制造	5	272	116
包装专用设备制造	19	694	181
文化、办公用机械制造	27	4042	1976
电影机械制造	2	19	8
幻灯及投影设备制造	1		
照相机及器材制造	10	2745	1419
复印和胶印设备制造	5	575	216
计算器及货币专用设备制造	5	479	213
其他文化、办公用机械制造	4	222	119
通用零部件制造	314	25470	9510
金属密封件制造	23	2171	844
紧固件制造	124	14398	5635
弹簧制造	19	2255	811
机械零部件加工	102	3301	1041
其他通用零部件制造	46	3345	1179

营业收入(万元)	#主营业务收入	营业税金及附加(万元)	#主营业务税金及附加	资产总计(万元)	实收资本(万元)
1981835	1946524	10315	9988	2289519	609185
560412	551038	3018	2849	604678	171977
222307	211395	1208	1205	315448	65113
909570	899516	4303	4171	943903	247882
289546	284575	1786	1762	425490	124212
1063023	1036411	7743	7712	1688693	633319
695932	680036	5562	5547	1078593	398511
161191	157313	823	823	336328	136325
205899	199062	1358	1342	273771	98484
1723434	1679994	10211	10115	2355223	600937
8378	8357	249	249	17024	8578
229500	227211	2485	2446	282099	78205
245016	234368	2293	2293	559714	62843
633434	608136	2747	2736	856721	238064
501365	498520	1826	1787	533354	177091
56583	56418	250	250	43178	7413
9835	9597	58	58	12286	6245
39324	37386	302	297	50845	22498
191046	173283	1123	1122	253262	85492
936	936	24	24	9018	9558
112109	94536	475	475	118945	28353
26857	26815	321	320	31580	5088
41104	40957	221	221	61619	30298
9627	9626	80	80	31926	12036
1554951	1509108	7387	7325	1981512	731813
96216	94654	478	478	118646	47303
1074334	1032938	4215	4197	1291732	471382
118396	118232	744	744	150948	47354
114494	112298	1064	1019	236870	106956
151512	150985	887	887	183316	58818

1-A-8 续表 16

行业	单位数(个)	从业人员期末人数(人)	#女性
其他通用设备制造业	31	986	246
其他通用设备制造业	31	986	246
专用设备制造业	823	79025	25291
采矿、冶金、建筑专用设备制造	47	4404	663
矿山机械制造	8	255	41
石油钻采专用设备制造	5	458	118
建筑工程用机械制造	22	2616	343
海洋工程专用设备制造	2	283	54
建筑材料生产专用机械制造	8	627	88
冶金专用设备制造	2	165	19
化工、木材、非金属加工专用设备制造	292	31202	7569
炼油、化工生产专用设备制造	10	630	102
橡胶加工专用设备制造	6	1098	98
塑料加工专用设备制造	64	10900	1839
木材加工机械制造	9	554	174
模具制造	200	17891	5328
其他非金属加工专用设备制造	3	129	28
食品、饮料、烟草及饲料生产专用设备制造	29	1512	213
食品、酒、饮料及茶生产专用设备制造	21	1219	165
农副食品加工专用设备制造	6	255	41
烟草生产专用设备制造	1		
饲料生产专用设备制造	1		
印刷、制药、日化及日用品生产专用设备制造	48	2899	817
制浆和造纸专用设备制造	3	67	18
印刷专用设备制造	21	1581	401
日用化工专用设备制造	2	14	4
制药专用设备制造	8	714	127
照明器具生产专用设备制造	6	397	217
玻璃、陶瓷和搪瓷制品生产专用设备制造	2	55	9
其他日用品生产专用设备制造	6	71	41

营业收入(万元)	#主营业务收入	营业税金及附加(万元)	#主营业务税金及附加	资产总计(万元)	实收资本(万元)
50156	49869	254	254	81324	36664
50156	49869	254	254	81324	36664
5183816	5115498	27237	26712	6806839	2249865
631687	625307	2437	2401	717933	211589
8931	8590	83	83	13557	5154
123170	123077	198	198	30350	14406
322435	317514	2048	2047	385710	81628
135433	135433	4	4	183093	69100
33977	32996	85	49	63621	34494
7741	7698	20	20	41602	6807
2115582	2080756	12354	12190	3048186	989670
57094	56657	320	318	64077	25277
35613	35223	289	289	27433	8995
1151929	1139169	5751	5671	1588781	453561
28581	28391	363	325	23296	17712
837210	816502	5594	5551	1340421	482642
5155	4814	36	36	4178	1483
101433	100418	808	754	184372	42194
90347	89741	736	691	154810	27762
9050	8741	62	54	26639	13585
196816	191779	879	879	241614	87377
19704	19130	20	20	30178	4835
85967	85716	577	576	117355	56771
432	432	2	2	1116	632
78937	74725	228	228	63691	12944
5855	5855	31	31	16871	6768
1376	1376	8	8	2577	1228
4544	4544	14	14	9825	4199

1-A-8 续表 17

行 业	单位数(个)	从业人员期末人数(人)	#女 性
纺织、服装和皮革加工专用设备制造	135	12521	4325
纺织专用设备制造	75	3531	955
皮革、毛皮及其制品加工专用设备制造	7	407	56
缝制机械制造	52	8548	3287
洗涤机械制造	1		
电子和电工机械专用设备制造	37	1854	688
电工机械专用设备制造	16	479	211
电子工业专用设备制造	21	1375	477
农、林、牧、渔专用机械制造	46	6250	2615
拖拉机制造	4	740	118
机械化农业及园艺机具制造	31	5164	2384
营林及木竹采伐机械制造	3	97	44
畜牧机械制造	1		
农林牧渔机械配件制造	4	123	12
其他农、林、牧、渔业机械制造	3	123	55
医疗仪器设备及器械制造	84	9515	5331
医疗诊断、监护及治疗设备制造	26	2248	1312
口腔科用设备及器具制造	5	364	196
医疗实验室及医用消毒设备和器具制造	3	236	129
医疗、外科及兽医用器械制造	23	4104	2821
机械治疗及病房护理设备制造	8	602	285
假肢、人工器官及植(介)入器械制造	5	714	196
其他医疗设备及器械制造	14	1247	392
环保、社会公共服务及其他专用设备制造	105	8868	3070
环境保护专用设备制造	45	3322	895
地质勘查专用设备制造	1		
社会公共安全设备及器材制造	32	3983	1523
交通安全、管制及类似专用设备制造	2	72	18
水资源专用机械制造	5	338	204
其他专用设备制造	20	1124	425

营业收入(万元)	#主营业务收入	营业税金及附加(万元)	#主营业务税金及附加	资产总计(万元)	实收资本(万元)
679965	676719	4034	3962	851356	265837
180492	178443	1071	1010	286074	108674
24460	24293	146	135	41298	12196
473913	472884	2805	2805	523034	144888
68034	67208	474	462	167089	117533
18452	18452	141	141	28827	18843
49582	48756	333	321	138262	98689
404443	399643	712	702	386832	121680
116223	114116	16	7	106206	25696
268073	265411	646	645	267591	86041
1177	1177	37	37	1622	755
16058	16031	10	10	6748	4910
2605	2600	2	2	3855	4079
371111	368232	2417	2391	474235	202167
126043	123900	693	692	124483	48118
9070	9028	68	68	9256	4604
4319	4091	63	60	11594	5491
146037	145933	1028	1023	177426	71687
20952	20794	209	191	52850	24200
23729	23526	126	126	37834	18274
40959	40959	230	230	60792	29794
614745	605436	3121	2970	735222	211817
377651	371107	1813	1740	473806	115949
167557	165460	686	686	181252	57790
1780	1772	11	11	9370	3962
13438	13350	102	102	15179	7058
53618	53099	479	428	52890	24321

1-A-8 续表 18

行 业	单位数(个)	从业人员期末人数(人)	#女 性
汽车制造业	643	101012	35031
汽车整车制造	22	11334	1893
汽车整车制造	22	11334	1893
改装汽车制造	4	483	80
改装汽车制造	4	483	80
电车制造	1		
电车制造	1		
汽车车身、挂车制造	7	433	143
汽车车身、挂车制造	7	433	143
汽车零部件及配件制造	609	88757	32913
汽车零部件及配件制造	609	88757	32913
铁路、船舶、航空航天和其他运输设备制造业	138	21055	6178
铁路运输设备制造	4	36	9
铁路机车车辆配件制造	1		
铁路专用设备及器材、配件制造	3	30	6
船舶及相关装置制造	30	8504	1177
金属船舶制造	11	7591	922
非金属船舶制造	1		
娱乐船和运动船制造	6	337	110
船用配套设备制造	10	551	138
船舶改装与拆除	1		
航标器材及其他相关装置制造	1		
航空、航天器及设备制造	2	8	3
飞机制造	1		
航空、航天相关设备制造	1		
摩托车制造	22	2075	740
摩托车零部件及配件制造	22	2075	740
自行车制造	66	9738	3931
脚踏自行车及残疾人座车制造	41	6859	2974
助动自行车制造	25	2879	957

营业收入（万元）	#主营业务收入	营业税金及附加（万元）	#主营业务税金及附加	资产总计（万元）	实收资本（万元）
8114917	7742220	83180	82965	10416111	3293353
2233966	2135727	55801	55708	3139762	909260
2233966	2135727	55801	55708	3139762	909260
31072	29938	305	300	52306	21550
31072	29938	305	300	52306	21550
9850	9630	199	181	32139	20865
9850	9630	199	181	32139	20865
5838734	5565630	26820	26721	7184175	2336878
5838734	5565630	26820	26721	7184175	2336878
1599557	1515993	6428	6419	2300561	442998
1883	1883	7	7	6867	11328
1883	1883	7	7	6092	6672
902922	883011	3668	3668	1528921	192191
849157	829272	3221	3221	1441000	151472
				4261	3519
18183	18183	189	189	19628	6276
33963	33937	238	238	63419	30816
371	371	3	3	450	358
115865	115602	429	425	105952	32291
115865	115602	429	425	105952	32291
562130	498805	2205	2200	606440	201073
266228	264913	1130	1130	394408	141780
295902	233893	1075	1070	212032	59293

1-A-8 续表 19

行业	单位数(个)	从业人员期末人数(人)	#女性
非公路休闲车及零配件制造	9	211	73
非公路休闲车及零配件制造	9	211	73
潜水救捞及其他未列明运输设备制造	5	483	245
潜水及水下救捞装备制造	1		
其他未列明运输设备制造	4	282	120
电气机械和器材制造业	1349	196344	96431
电机制造	153	38106	17661
发电机及发电机组制造	17	2326	508
电动机制造	67	10893	3469
微电机及其他电机制造	69	24887	13684
输配电及控制设备制造	339	46147	23059
变压器、整流器和电感器制造	44	5268	2857
电容器及其配套设备制造	12	449	152
配电开关控制设备制造	120	16704	9024
电力电子元器件制造	107	14754	7466
光伏设备及元器件制造	38	7867	3419
其他输配电及控制设备制造	18	1105	141
电线、电缆、光缆及电工器材制造	160	26409	14301
电线、电缆制造	140	22554	12468
光纤、光缆制造	6	2598	1191
绝缘制品制造	11	1150	597
其他电工器材制造	3	107	45
电池制造	65	17470	7882
锂离子电池制造	20	3965	1626
镍氢电池制造	3	1005	610
其他电池制造	42	12500	5646
家用电力器具制造	251	34832	15412
家用制冷电器具制造	15	1552	633
家用空气调节器制造	11	1466	505
家用通风电器具制造	22	1988	542

营业收入(万元)	#主营业务收入	营业税金及附加(万元)	#主营业务税金及附加	资产总计(万元)	实收资本(万元)
8287	8247	44	44	36955	4864
8287	8247	44	44	36955	4864
8100	8074	71	71	14977	895
5125	5125	22	22	8446	594
14554485	14154257	65596	57737	14143822	4340109
2302963	2236110	11151	11124	2034642	602010
163129	161076	1201	1201	301660	132293
774249	738014	2955	2955	566917	154534
1365586	1337020	6994	6967	1166065	315183
3488936	3413136	13503	13282	4357098	1383477
301784	281491	1215	1144	505164	160055
19739	19733	191	191	29716	15877
1009750	1004433	6135	6085	1019243	262567
873805	866027	3274	3175	782417	257288
1203765	1163776	2047	2047	1831606	639961
80093	77676	640	640	188953	47730
2009722	1909158	13486	6224	1928676	518299
1564645	1527742	12424	5162	1409661	394620
384278	322273	681	681	413348	94308
56618	54964	338	338	99284	27126
4180	4180	43	43	6383	2246
2484886	2456094	7046	7039	1781332	610040
319675	309058	995	989	456342	225830
33966	33605	114	114	51541	34951
2131245	2113431	5937	5937	1273449	349258
2803413	2690678	11980	11917	2117045	502414
89135	88071	494	484	117713	29193
239726	207222	661	661	119861	32606
154484	153697	498	498	168956	43906

1-A-8 续表 20

行　业	单位数(个)	从业人员期末人数(人)	#女 性
家用厨房电器具制造	56	9504	4598
家用清洁卫生电器具制造	33	9902	3896
家用美容、保健电器具制造	21	2782	1294
家用电力器具专用配件制造	33	1996	1123
其他家用电力器具制造	60	5642	2821
非电力家用器具制造	35	2488	1242
燃气、太阳能及类似能源家用器具制造	27	977	411
其他非电力家用器具制造	8	1511	831
照明器具制造	312	29277	16124
电光源制造	61	8185	3777
照明灯具制造	220	19206	11200
灯用电器附件及其他照明器具制造	31	1886	1147
其他电气机械及器材制造	34	1615	750
电气信号设备装置制造	13	841	504
其他未列明电气机械及器材制造	21	774	246
计算机、通信和其他电子设备制造业	669	181403	84012
计算机制造	48	15108	6594
计算机整机制造	5	2286	1013
计算机零部件制造	14	7081	3116
计算机外围设备制造	18	4362	1888
其他计算机制造	11	1379	577
通信设备制造	75	36137	12336
通信系统设备制造	39	20929	6335
通信终端设备制造	36	15208	6001
广播电视设备制造	36	4656	2783
广播电视节目制作及发射设备制造	1		
广播电视接收设备及器材制造	31	3762	2397
应用电视设备及其他广播电视设备制造	4	892	385
雷达及配套设备制造	2	151	72
雷达及配套设备制造	2	151	72

营业收入(万元)	#主营业务收入	营业税金及附加(万元)	#主营业务税金及附加	资产总计(万元)	实收资本(万元)
602262	592852	3412	3371	518967	122445
1054093	990660	4530	4529	653576	135214
123995	123159	557	557	102668	18490
340796	340152	495	492	204653	60453
198921	194865	1333	1325	230652	60108
91085	88714	1078	1015	127253	71970
38010	36160	600	537	91806	55999
53074	52554	478	478	35447	15971
1332792	1320302	6848	6666	1719405	608707
346546	340772	2112	1972	436923	135849
928106	921766	4310	4268	1201495	443614
58140	57765	427	427	80987	29245
40688	40063	505	469	78370	43192
24550	24507	203	203	26994	8539
16138	15556	303	266	51377	34652
13938807	13696085	51474	51120	12314409	3759472
1426009	1410863	1161	1140	781076	375659
749203	749203	45	45	183005	39973
341474	337684	163	163	243870	140169
185720	178528	611	590	203422	119592
149611	145448	342	342	150779	75926
4174239	4064287	29450	29394	4243133	1010094
2749264	2708653	27045	27030	3120400	640743
1424975	1355634	2404	2364	1122733	369350
186941	179305	1079	997	177890	77346
111802	111037	772	765	104389	41799
75139	68268	307	232	73502	35547
119797	119797	54	54	232912	52447
119797	119797	54	54	232912	52447

1-A-8 续表 21

行业	单位数(个)	从业人员期末人数(人)	#女性
视听设备制造	66	8908	5175
电视机制造	7	1739	848
音响设备制造	53	6883	4139
影视录放设备制造	6	286	188
电子器件制造	136	66550	29773
电子真空器件制造	4	57	37
半导体分立器件制造	28	4587	2250
集成电路制造	14	4150	2188
光电子器件及其他电子器件制造	90	57756	25298
电子元件制造	256	44971	24706
电子元件及组件制造	237	41078	23310
印制电路板制造	19	3893	1396
其他电子设备制造	50	4922	2573
其他电子设备制造	50	4922	2573
仪器仪表制造业	260	38798	17061
通用仪器仪表制造	119	19902	7741
工业自动控制系统装置制造	41	7042	2113
电工仪器仪表制造	16	1094	453
绘图、计算及测量仪器制造	23	4653	2447
实验分析仪器制造	11	726	319
试验机制造	1		
供应用仪表及其他通用仪器制造	27	6199	2361
专用仪器仪表制造	37	7320	3035
环境监测专用仪器仪表制造	5	329	97
运输设备及生产用计数仪表制造	4	6222	2635
导航、气象及海洋专用仪器制造	1		
农林牧渔专用仪器仪表制造	2	14	2
教学专用仪器制造	3	31	16
电子测量仪器制造	12	401	176
其他专用仪器制造	10	320	107

营业收入(万元)	#主营业务收入	营业税金及附加(万元)	#主营业务税金及附加	资产总计(万元)	实收资本(万元)
658496	649819	1619	1616	560248	114363
327492	325220	170	170	265897	20896
318698	312293	1432	1430	249973	83656
12305	12305	17	17	44378	9811
4855006	4831437	6814	6766	3769022	1242948
854	848	37	37	10991	9334
242880	240808	1359	1356	373858	175910
220347	218932	373	373	240457	89410
4390924	4370849	5046	5000	3143716	968294
2245634	2182341	9878	9817	2168112	711574
2068995	2007244	9419	9358	1963624	621989
176639	175098	459	459	204489	89585
272686	258236	1420	1336	382015	175042
272686	258236	1420	1336	382015	175042
1890509	1858871	10578	10503	2669874	750442
1078240	1066009	6845	6787	1752789	475972
552170	545611	3663	3649	1027192	286477
43739	42071	383	383	44100	10576
146721	146022	827	803	183284	48217
18310	17272	219	219	30575	6486
315254	312992	1733	1733	463825	120799
470666	455911	1221	1221	397188	118441
20078	19971	169	169	37773	14599
416098	401755	789	789	296119	80732
873	873	1	1	1115	1218
954	954	16	16	478	582
23060	23028	89	89	17425	7947
9603	9330	158	158	44278	8404

1-A-8 续表 22

行业	单位数(个)	从业人员期末人数(人)	#女性
钟表与计时仪器制造	8	1112	750
钟表与计时仪器制造	8	1112	750
光学仪器及眼镜制造	91	10175	5323
光学仪器制造	25	5572	2889
眼镜制造	66	4603	2434
其他仪器仪表制造业	5	289	212
其他仪器仪表制造业	5	289	212
其他制造业	124	16038	8006
日用杂品制造	103	14195	7790
鬃毛加工、制刷及清扫工具制造	23	2490	1464
其他日用杂品制造	80	11705	6326
煤制品制造	1		
煤制品制造	1		
其他未列明制造业	20	1837	213
其他未列明制造业	20	1837	213
废弃资源综合利用业	47	6511	2064
金属废料和碎屑加工处理	40	6299	2001
金属废料和碎屑加工处理	40	6299	2001
非金属废料和碎屑加工处理	7	212	63
非金属废料和碎屑加工处理	7	212	63
金属制品、机械和设备修理业	21	1890	259
金属制品修理	1		
金属制品修理	1		
通用设备修理	3	52	5
通用设备修理	3	52	5
专用设备修理	2	96	19
专用设备修理	2	96	19
铁路、船舶、航空航天等运输设备修理	10	1701	226
船舶修理	9	1700	226
其他运输设备修理	1		

营业收入(万元)	#主营业务收入	营业税金及附加(万元)	#主营业务税金及附加	资产总计(万元)	实收资本(万元)
25910	25813	239	239	40491	10956
25910	25813	239	239	40491	10956
307860	303329	2224	2207	471222	138562
175131	171494	729	716	271600	78829
132729	131835	1494	1491	199622	59733
7831	7809	50	50	8185	6511
7831	7809	50	50	8185	6511
688505	685649	4069	3809	796941	235281
633481	630940	3673	3413	723252	196598
116730	115054	1343	1094	116139	36403
516751	515886	2330	2319	607113	160196
54852	54537	388	388	73681	38675
54852	54537	388	388	73681	38675
963010	959740	1060	1060	537780	126274
949526	947871	971	971	520724	116761
949526	947871	971	971	520724	116761
13484	11869	89	89	17056	9513
13484	11869	89	89	17056	9513
111360	103815	683	683	452798	180579
1076	1076	14	14	2224	1984
1076	1076	14	14	2224	1984
4342	4306	33	33	5324	2864
4342	4306	33	33	5324	2864
103875	96365	601	601	440679	173611
103875	96365	601	601	440679	172411
					1200

1-A-8 续表 23

行　业	单位数(个)	从业人员期末人数(人)	#女 性
电气设备修理	2	2	
电气设备修理	2	2	
仪器仪表修理	1		
仪器仪表修理	1		
其他机械和设备修理业	2	6	1
其他机械和设备修理业	2	6	1
电力、热力、燃气及水生产和供应业	**151**	**11320**	**2697**
电力、热力生产和供应业	73	6874	1338
电力生产	65	5866	1152
火力发电	43	5172	979
水力发电	13	313	85
风力发电	4	97	21
太阳能发电	1		
其他电力生产	4	277	64
电力供应	1		
电力供应	1		
热力生产和供应	7	941	167
热力生产和供应	7	941	167
燃气生产和供应业	43	3528	1088
燃气生产和供应业	43	3528	1088
燃气生产和供应业	43	3528	1088
水的生产和供应业	35	918	271
自来水生产和供应	7	268	104
自来水生产和供应	7	268	104
污水处理及其再生利用	27	640	162
污水处理及其再生利用	27	640	162
其他水的处理、利用与分配	1		
其他水的处理、利用与分配	1		

营业收入（万元）	#主营业务收入	营业税金及附加（万元）	#主营业务税金及附加	资产总计（万元）	实收资本（万元）
				50	50
				50	50
236	236	12	12	189	143
236	236	12	12	189	143
3298551	**3259615**	**20230**	**20110**	**6031531**	**2638935**
2638492	2618419	17033	16924	4762971	2202900
2521198	2502631	16494	16385	4534969	2132155
2465368	2447749	15797	15688	4098006	1945947
33131	32771	364	364	281749	118111
12860	12860	228	228	78877	32532
9584	8996	94	94	75568	35300
117294	115787	539	539	207004	58745
117294	115787	539	539	207004	58745
595879	577181	2832	2832	857345	296060
595879	577181	2832	2832	857345	296060
595879	577181	2832	2832	857345	296060
64180	64016	364	354	411215	139976
14712	14611	122	122	62241	31330
14712	14611	122	122	62241	31330
49268	49205	238	228	348624	108636
49268	49205	238	228	348624	108636

1-A-9 按地区分组的全部外商投资和港澳台投资工业法人单位主要经济指标

地 区	单位数(个)	从业人员期末人数(人)	#女 性	营业收入(万元)	#主营业务收 入	营业税金及附加(万元)	#主营业务税金及附加	资产总计(万元)	实收资本(万元)
全 省	**14484**	**2056577**	**968463**	**164503700**	**160447051**	**1133901**	**1114551**	**182209434**	**52615281**
杭州市	**2476**	**420751**	**181518**	**40634538**	**39411238**	**257381**	**254115**	**42631617**	**11756423**
上城区	23	1523	622	160433	156055	1074	1061	180381	67634
下城区	26	1878	951	70029	69685	473	469	48505	19543
江干区	320	110933	42989	13901242	13584181	55311	54094	10975997	2788777
拱墅区	71	8057	3090	1102421	1024115	7113	7041	1209315	233737
西湖区	76	11487	5699	827338	821240	4972	4972	1028527	272710
滨江区	127	43251	15412	5270169	5156446	42903	42857	5913680	1396885
萧山区	830	132710	59845	11782039	11396077	99022	98471	14139679	4347605
余杭区	458	57296	28633	3217193	3127659	22322	22201	4302692	1213330
桐庐县	157	15354	6953	1123902	1117852	4830	4578	1095807	268285
淳安县	21	1952	775	184955	184749	5341	5191	123721	64255
建德市	39	2262	907	266442	264347	1371	1371	238574	85574
富阳市	205	24928	11864	2180393	1963029	8996	8229	2781279	741188
临安市	123	9120	3778	547983	545803	3655	3580	593460	256901
宁波市	**4375**	**662023**	**320505**	**52100410**	**50863781**	**486363**	**477197**	**58444228**	**15170442**
海曙区	31	3831	2352	138752	134555	1167	1108	115265	26837
江东区	52	8664	4091	409326	397221	1765	1762	381971	130139
江北区	259	24182	11814	1188677	1142001	7885	7335	1578117	410828
北仑区	764	192859	78900	23162417	22639392	340545	340342	26951370	7497103
镇海区	444	47093	20936	5906036	5809091	27325	20027	5152051	1435074
鄞州区	989	143753	82127	8646147	8407519	46074	45071	9052323	2171154
象山县	179	25892	14489	1119127	1076295	5522	5522	1461441	370859
宁海县	228	24747	13317	833717	815501	4928	4883	1125851	306225
余姚市	639	88427	46526	4350184	4304933	17647	17438	4665606	1059948
慈溪市	594	72847	31204	4914729	4743089	20042	19770	6308204	1445120
奉化市	196	29728	14749	1431298	1394184	13463	13440	1652029	317154

1-A-9 续表 1

地 区	单位数(个)	从业人员期末人数(人)	#女 性	营业收入(万元)	#主营业务收入	营业税金及附加(万元)	#主营业务税金及附加	资产总计(万元)	实收资本(万元)
温州市	**746**	**80663**	**36147**	**3852299**	**3813420**	**31031**	**30648**	**4623633**	**1645756**
鹿城区	93	9664	4418	227997	227315	1185	1175	296091	100441
龙湾区	250	23275	9786	1045498	1020313	9197	8957	1386428	502205
瓯海区	84	9001	3894	318403	312789	5542	5505	389106	126766
洞头县	12	519	228	25179	25159	229	229	40392	9375
永嘉县	63	3842	1597	129439	129033	1234	1228	246973	110376
平阳县	55	8404	4148	457719	457268	2254	2211	426134	144048
苍南县	36	2664	1219	116027	116009	664	664	333187	263444
文成县	6	95	27	3526	3526	78	78	13756	9632
泰顺县	1								
瑞安市	67	10627	4360	607600	603631	2727	2727	591895	131063
乐清市	79	12571	6470	920910	918379	7920	7875	899114	247850
嘉兴市	**2455**	**349045**	**170221**	**23523049**	**23008324**	**122345**	**119409**	**26831184**	**10090698**
南湖区	239	29039	13290	2104096	2074348	7769	7644	2263739	1190770
秀洲区	376	62407	27763	3875214	3799804	21993	21672	4752988	1648599
嘉善县	484	69402	31595	3897689	3825711	11695	10977	4657279	1955166
海盐县	143	16725	8509	1047935	1038592	8626	8416	1272803	570260
海宁市	395	48937	23107	3861286	3744208	16767	15798	4770708	1568123
平湖市	389	85912	47644	5817479	5690508	43876	43754	6169457	1987372
桐乡市	429	36623	18313	2919350	2835154	11619	11149	2944211	1170408
湖州市	**969**	**119234**	**54322**	**10417507**	**10272023**	**58069**	**57063**	**9573998**	**3431937**
吴兴区	186	15801	7360	1232465	1193108	6939	6700	1775531	793805
南浔区	150	18087	7898	1543862	1532422	13498	13486	1459387	430188
德清县	340	43671	20177	3228459	3208249	18169	17633	2371535	823308
长兴县	160	24013	11022	3539817	3467071	12465	12453	3119159	1076833
安吉县	133	17662	7865	872904	871174	6998	6791	848386	307804

1-A-9 续表 2

地区	单位数(个)	从业人员期末人数(人)	#女性	营业收入(万元)	#主营业务收入	营业税金及附加(万元)	#主营业务税金及附加	资产总计(万元)	实收资本(万元)
绍兴市	**1935**	**239020**	**121865**	**21594544**	**21124037**	**87907**	**86629**	**24113231**	**5670915**
越城区	380	54685	27897	4146898	3921097	15224	14887	4983038	1387825
绍兴县	419	69508	32454	8120154	8083497	33124	32912	8749549	1617428
新昌县	74	7753	3908	318327	314497	2681	2659	378381	120126
诸暨市	338	37544	19925	4304101	4190103	14587	14125	4711517	973344
上虞市	398	38067	18657	3187295	3135274	15804	15694	3318071	1057315
嵊州市	326	31463	19024	1517768	1479569	6486	6352	1972674	514877
金华市	**669**	**69561**	**34343**	**3995087**	**3920103**	**27283**	**26824**	**5776970**	**1701130**
婺城区	143	21538	9176	1372041	1304088	6235	6146	1762412	520621
金东区	36	1916	869	52559	52178	660	631	173296	91578
武义县	36	2572	1236	153908	151834	6751	6726	179204	66424
浦江县	73	7107	4195	361704	361609	2172	2172	433766	112413
磐安县	27	3506	1895	106753	106716	782	777	151837	29786
兰溪市	71	5995	2890	516996	515858	1856	1808	674634	303791
义乌市	142	17510	9846	987469	985430	4888	4637	1510933	337408
东阳市	84	4993	2330	197855	197626	1972	1972	267677	99364
永康市	57	4424	1906	245801	244764	1968	1955	623211	139745
衢州市	**125**	**14093**	**6494**	**1343861**	**1088276**	**9400**	**8727**	**1411525**	**401416**
柯城区	17	1488	618	432898	202319	1685	1685	418464	89315
衢江区	35	4772	2483	486479	467339	2984	2984	463919	141197
常山县	11	1001	515	33778	33688	193	193	33221	17064
开化县	7	304	134	23970	21840	167	157	34888	5206
龙游县	20	2948	1074	189227	186673	1410	827	265429	89669
江山市	35	3580	1670	177509	176417	2961	2880	195605	58964

1-A-9 续表 3

地　区	单位数（个）	从业人员期末人数（人）	#女 性	营业收入（万元）	#主营业务收　入	营业税金及附加（万元）	#主营业务税金及附加	资产总计（万元）	实收资本（万元）
舟山市	**63**	**9719**	**3545**	**988926**	**974270**	**4307**	**4305**	**1628076**	**400624**
定海区	33	2152	970	255422	247774	1814	1814	465143	149218
普陀区	14	4393	1866	250643	244984	1294	1292	419701	109418
岱山县	14	3154	699	480686	479337	1188	1188	742063	141633
嵊泗县	2	20	10	2174	2174	11	11	1169	355
台州市	**574**	**83814**	**35485**	**5539835**	**5462598**	**47354**	**47176**	**6531181**	**2054763**
椒江区	69	10735	4608	465249	461674	2052	2052	725393	182643
黄岩区	52	3371	1411	136382	135434	1118	1118	287171	108068
路桥区	62	11554	3737	1358627	1336096	11214	11214	1066982	203260
玉环县	89	18151	7659	1802349	1792386	14319	14229	2310651	1114686
三门县	24	1888	789	118909	118733	429	429	191706	43751
天台县	24	3985	2139	225056	222674	9652	9652	336789	60803
仙居县	60	6875	3368	191287	188579	1817	1817	181391	48253
温岭市	95	18551	8354	728331	720844	3613	3573	739283	146292
临海市	99	8704	3420	513645	486178	3139	3091	691814	147006
丽水市	**97**	**8654**	**4018**	**513644**	**508982**	**2461**	**2459**	**643792**	**291177**
莲都区	29	1101	472	82941	80774	188	188	113821	59593
青田县	26	4039	2023	220697	220003	1229	1227	175297	88469
缙云县	8	1380	549	90781	89735	298	298	49656	24102
遂昌县	15	909	343	55358	54736	264	264	105457	59664
松阳县	2	104	50	1900	1900	6	6	970	599
云和县	4	185	47	10627	10494	128	128	37009	26138
庆元县	3	148	102	14122	14122	2	2	8472	2300
景宁县	4	145	49	8914	8914	164	164	121299	22506
龙泉市	6	643	383	28305	28305	182	182	31812	7806

1-A-10 按轻重工业、规模、登记注册类型和控股情况

项目	单位数(个)	从业人员期末人数(人)	#女性
总计	**329358**	**8038191**	**3567105**
一、按轻重工业分			
轻工业	161665	4338549	2258283
重工业	167693	3699642	1308822
二、按规模分			
大型企业	150	301310	131686
中型企业	2218	1086174	510610
小型企业	84482	4763930	2152967
微型企业	242508	1886777	771842
三、按登记注册类型分			
内资	329358	8038191	3567105
私营企业	329358	8038191	3567105
私营独资	102450	1178423	541640
私营合伙	15447	200181	84246
私营有限责任公司	210287	6532457	2887318
私营股份有限公司	1174	127130	53901
四、按控股情况分			
国有控股	28	3856	1203
集体控股	10	1012	145
私人控股	329246	8027854	3563777
港澳台商控股	17	1619	545
外商控股	10	437	181
其他	45	3405	1253
非企业免填	2	8	1

分组的全部私营工业法人单位主要经济指标

营业收入（万元）	#主营业务收　入	营业税金及附加（万元）	#主营业务税金及附加	资产总计（万元）	实收资本（万元）
375490078	**371888272**	**3332785**	**3284309**	**357322401**	**128396367**
182205154	180812956	1597776	1576359	164541486	83662287
193284924	191075317	1735010	1707950	192780915	44734080
29404501	29024491	136525	134198	24772665	2093112
69153335	68156513	310457	302261	65006565	9627202
218605257	216751914	1890537	1862633	195770999	39984619
58326985	57955354	995266	985217	71772172	76691433
375490078	371888272	3332785	3284309	357322401	128396367
375490078	371888272	3332785	3284309	357322401	128396367
33904733	33773135	528128	524276	24150005	5257977
6070273	6045551	92438	91578	4369745	1002669
322799520	319760166	2655990	2612565	314416798	119719384
12715552	12309421	56229	55889	14385853	2416337
290027	287380	6929	5668	486095	151798
160546	159428	407	407	184189	92323
374498943	370911587	3321748	3274612	356158876	128019130
240379	233433	1749	1749	160302	65070
25792	24195	213	151	51047	13869
274362	272221	1740	1722	281845	54147
30	30			48	30

1-A-11 按行业小类分组的全部私营

行业	单位数(个)	从业人员期末人数(人)	#女性
总计	**329358**	**8038191**	**3567105**
采矿业	**1106**	**22312**	**3510**
煤炭开采和洗选业	17	204	50
烟煤和无烟煤开采洗选	8	154	36
烟煤和无烟煤开采洗选	8	154	36
褐煤开采洗选	4	28	10
褐煤开采洗选	4	28	10
其他煤炭采选	5	22	4
其他煤炭采选	5	22	4
黑色金属矿采选业	18	791	153
铁矿采选	17	790	153
铁矿采选	17	790	153
其他黑色金属矿采选	1		
其他黑色金属矿采选	1		
有色金属矿采选业	57	2832	591
常用有色金属矿采选	34	1759	407
铜矿采选	7	567	130
铅锌矿采选	18	973	203
锑矿采选	1		
其他常用有色金属矿采选	8	184	67
贵金属矿采选	4	156	29
金矿采选	2	63	9
银矿采选	2	93	20
稀有稀土金属矿采选	19	917	155
钨钼矿采选	16	723	91
放射性金属矿采选	1		
其他稀有金属矿采选	2	115	26
非金属矿采选业	982	18156	2663
土砂石开采	895	16710	2388
石灰石、石膏开采	123	2009	284
建筑装饰用石开采	286	6327	697
耐火土石开采	108	2498	521
粘土及其他土砂石开采	378	5876	886

工业法人单位主要经济指标

营业收入（万元）	#主营业务收入	营业税金及附加（万元）	#主营业务税金及附加	资产总计（万元）	实收资本（万元）
375490078	**371888272**	**3332785**	**3284309**	**357322401**	**128396367**
1525265	**1523243**	**42412**	**41195**	**1831927**	**627144**
14599	14599	55	55	22334	71871
5023	5023	21	21	18139	70303
5023	5023	21	21	18139	70303
7536	7536	29	29	2784	800
7536	7536	29	29	2784	800
2041	2041	5	5	1412	768
2041	2041	5	5	1412	768
80124	80124	511	511	37877	8292
80124	80124	511	511	37877	8292
80124	80124	511	511	37877	8292
311956	311754	4087	3699	280107	78520
210858	210805	1464	1086	184133	51140
26832	26832	393	393	57660	3350
179278	179225	902	523	101951	24727
3529	3529	85	85	24066	22763
3985	3835	159	150	9952	2253
1310	1160	52	43	6326	1353
2675	2675	108	108	3626	900
97113	97113	2463	2463	86022	25127
92963	92963	2356	2356	81113	23319
1450	1450	26	26	2257	788
1110589	1108769	37527	36697	1473822	459775
1027099	1025337	34614	33784	1371292	428464
109474	109206	6817	6434	191544	48504
386091	385098	12744	12612	427386	151307
125600	125543	1904	1904	142259	47974
405935	405489	13149	12834	610102	180679

1-A-11 续表 1

行业	单位数(个)	从业人员期末人数(人)	#女性
化学矿开采	5	75	19
化学矿开采	5	75	19
采盐	2	207	50
采盐	2	207	50
石棉及其他非金属矿采选	80	1164	206
石棉、云母矿采选	2	16	2
石墨、滑石采选	5	36	4
宝石、玉石采选	4	27	5
其他未列明非金属矿采选	69	1085	195
开采辅助活动	7	37	7
石油和天然气开采辅助活动	3	8	1
石油和天然气开采辅助活动	3	8	1
其他开采辅助活动	4	29	6
其他开采辅助活动	4	29	6
其他采矿业	25	292	46
其他采矿业	25	292	46
其他采矿业	25	292	46
制造业	**326122**	**7992815**	**3557859**
农副食品加工业	4156	102094	50884
谷物磨制	219	2684	775
谷物磨制	219	2684	775
饲料加工	364	11997	3937
饲料加工	364	11997	3937
植物油加工	158	3092	1350
食用植物油加工	137	2752	1265
非食用植物油加工	21	340	85
制糖业	31	312	109
制糖业	31	312	109

营业收入 (万元)	#主营业务 收　　入	营业税金 及 附 加 (万元)	#主营业务 税金及附加	资产总计 (万元)	实收资本 (万元)
11530	11530	238	238	12613	4478
11530	11530	238	238	12613	4478
480	480	9	9	1362	2440
480	480	9	9	1362	2440
71479	71422	2667	2667	88555	24393
1470	1470	75	75	520	95
1956	1956	70	70	4151	305
3183	3183	38	38	5100	3216
64870	64813	2483	2483	78784	20777
516	516	6	6	1819	1523
86	86	3	3	1150	1150
86	86	3	3	1150	1150
430	430	3	3	669	373
430	430	3	3	669	373
7481	7481	227	227	15968	7164
7481	7481	227	227	15968	7164
7481	7481	227	227	15968	7164
372839872	**369255196**	**3273287**	**3226095**	**351297069**	**126648603**
7445007	7391243	39824	39116	6201594	1298574
489318	481254	2067	1992	229698	60657
489318	481254	2067	1992	229698	60657
1634266	1622122	4501	4330	1013761	168218
1634266	1622122	4501	4330	1013761	168218
367952	365581	2084	2073	241726	53878
344135	342109	1908	1897	224484	49416
23816	23472	176	176	17242	4462
11907	11907	223	223	10503	3479
11907	11907	223	223	10503	3479

1-A-11 续表 2

行　业	单位数(个)	从业人员期末人数(人)	#女 性
屠宰及肉类加工	539	11449	5422
牲畜屠宰	88	1562	423
禽类屠宰	22	418	224
肉制品及副产品加工	429	9469	4775
水产品加工	1302	37902	19784
水产品冷冻加工	943	29384	15772
鱼糜制品及水产品干腌制加工	182	5367	3127
水产饲料制造	93	1465	283
鱼油提取及制品制造	4	65	22
其他水产品加工	80	1621	580
蔬菜、水果和坚果加工	988	25136	14864
蔬菜加工	470	13771	8251
水果和坚果加工	518	11365	6613
其他农副食品加工	555	9522	4643
淀粉及淀粉制品制造	79	1130	621
豆制品制造	237	5227	2279
蛋品加工	83	1078	632
其他未列明农副食品加工	156	2087	1111
食品制造业	2027	56267	31758
焙烤食品制造	630	11346	6574
糕点、面包制造	508	8658	5036
饼干及其他焙烤食品制造	122	2688	1538
糖果、巧克力及蜜饯制造	160	4386	2308
糖果、巧克力制造	70	1719	834
蜜饯制作	90	2667	1474
方便食品制造	288	7161	3942
米、面制品制造	136	2275	1224
速冻食品制造	98	2502	1335
方便面及其他方便食品制造	54	2384	1383
乳制品制造	35	2632	1022
乳制品制造	35	2632	1022

营业收入（万元）	#主营业务收入	营业税金及附加（万元）	#主营业务税金及附加	资产总计（万元）	实收资本（万元）
682500	681591	5567	5398	552700	148740
116720	116401	439	438	61136	17541
24041	24037	79	79	21928	5210
541740	541153	5049	4881	469636	125989
2500190	2474676	9931	9718	2341513	489979
1956281	1949200	7389	7320	1873728	370727
258728	240564	1433	1433	258802	59620
217186	216933	650	507	155835	40850
13129	13129	42	42	7676	1155
54868	54850	416	416	45471	17627
1376803	1373373	12608	12558	1436450	275176
642273	640328	4819	4803	712467	152589
734530	733045	7789	7754	723982	122588
382070	380738	2844	2824	375244	98446
46037	46027	327	327	34584	10025
142560	142134	1386	1366	207979	38359
58815	58755	221	221	36768	11900
134658	133822	910	910	95912	38162
2004271	1989785	17817	17506	2163475	555749
306803	304837	3544	3494	282434	91421
222479	220863	2662	2622	202088	64218
84324	83974	881	872	80347	27203
146586	146383	1269	1173	124303	48816
42880	42679	550	453	46340	23766
103706	103704	719	719	77963	25050
231473	230187	2454	2440	240221	62390
67498	67221	752	746	50058	16919
59601	59155	769	762	82877	19933
104374	103811	933	932	107286	25538
163705	162029	457	457	183784	39132
163705	162029	457	457	183784	39132

1-A-11 续表 3

行　业	单位数(个)	从业人员期末人数(人)	#女 性
罐头食品制造	179	16148	11825
肉、禽类罐头制造	15	131	70
水产品罐头制造	12	266	118
蔬菜、水果罐头制造	132	15290	11371
其他罐头食品制造	20	461	266
调味品、发酵制品制造	185	3329	1432
味精制造	42	616	248
酱油、食醋及类似制品制造	68	1312	546
其他调味品、发酵制品制造	75	1401	638
其他食品制造	550	11265	4655
营养食品制造	63	931	417
保健食品制造	105	2194	1137
冷冻饮品及食用冰制造	94	1434	462
盐加工	8	151	56
食品及饲料添加剂制造	176	5322	1976
其他未列明食品制造	104	1233	607
酒、饮料和精制茶制造业	1961	35031	15907
酒的制造	415	8550	3388
酒精制造	8	74	24
白酒制造	119	1315	449
啤酒制造	13	638	244
黄酒制造	214	5919	2444
葡萄酒制造	5	47	15
其他酒制造	56	557	212
饮料制造	580	11318	5438
碳酸饮料制造	17	307	152
瓶(罐)装饮用水制造	414	4837	1933
果菜汁及果菜汁饮料制造	50	2373	1170
含乳饮料和植物蛋白饮料制造	23	568	341
固体饮料制造	26	456	231
茶饮料及其他饮料制造	50	2777	1611

营业收入(万元)	#主营业务收入	营业税金及附加(万元)	#主营业务税金及附加	资产总计(万元)	实收资本(万元)
278992	277061	2516	2514	367319	72016
2335	2329	41	41	5189	857
20311	20310	58	58	13843	3902
250086	248163	2336	2334	330131	62460
6260	6260	81	81	18155	4798
133175	131495	1636	1634	144795	43361
36490	36046	367	367	27229	8755
40179	39106	576	576	59249	15702
56506	56343	693	691	58317	18904
743537	737792	5942	5795	820619	198611
56422	56169	635	634	75062	19178
187230	186190	1408	1403	178491	46115
66646	65512	696	693	58591	20467
4926	4926	77	77	6122	1590
388884	385596	2703	2565	473931	99242
39429	39400	423	423	28422	12019
2111913	2060067	24236	23251	2064291	516874
304018	302169	11585	11152	506328	129287
4879	4879	41	41	1579	355
45265	44467	2097	2024	56435	24204
10387	10052	1160	1160	33381	12343
228850	228195	7730	7370	367418	80954
1078	1078	15	15	1565	1540
13559	13499	542	542	45949	9892
829489	782609	5958	5668	784894	208178
8038	8013	88	88	13690	4091
358331	332872	2781	2779	313023	79769
273099	254091	1379	1351	245167	43619
11767	11767	140	140	12583	5452
20415	20369	212	212	24482	3599
157839	155496	1359	1099	175950	71649

1-A-11 续表 4

行业	单位数(个)	从业人员期末人数(人)	#女性
精制茶加工	966	15163	7081
精制茶加工	966	15163	7081
烟草制品业	1		
其他烟草制品制造	1		
其他烟草制品制造	1		
纺织业	27748	805648	455472
棉纺织及印染精加工	8534	357925	196130
棉纺纱加工	3404	94561	58328
棉织造加工	4125	137551	86687
棉印染精加工	1005	125813	51115
毛纺织及染整精加工	1009	33435	17447
毛条和毛纱线加工	511	15065	8778
毛织造加工	370	11139	5994
毛染整精加工	128	7231	2675
麻纺织及染整精加工	69	1987	1202
麻纤维纺前加工和纺纱	25	917	569
麻织造加工	41	1025	621
麻染整精加工	3	45	12
丝绢纺织及印染精加工	1325	44550	28890
缫丝加工	156	8842	6134
绢纺和丝织加工	1060	30562	20554
丝印染精加工	109	5146	2202
化纤织造及印染精加工	3432	65996	36934
化纤织造加工	3082	54567	32218
化纤织物染整精加工	350	11429	4716
针织或钩针编织物及其制品制造	5992	149017	87839
针织或钩针编织物织造	4829	111953	67462
针织或钩针编织物印染精加工	359	10719	4947
针织或钩针编织品制造	804	26345	15430
家用纺织制成品制造	4270	86660	53375
床上用品制造	1466	35624	22460
毛巾类制品制造	237	4740	3334
窗帘、布艺类产品制造	1386	28071	16477
其他家用纺织制成品制造	1181	18225	11104

营业收入(万元)	#主营业务收入	营业税金及附加(万元)	#主营业务税金及附加	资产总计(万元)	实收资本(万元)
978406	975289	6693	6431	773069	179409
978406	975289	6693	6431	773069	179409
49574489	49320823	337589	333003	42011768	7465933
24404722	24274617	141176	139631	21574840	3396566
5492841	5451203	33915	33367	5347950	1012435
11906468	11841336	62375	61738	9862211	1568209
7005413	6982078	44886	44526	6364678	815923
1337833	1329980	11800	11498	1348573	242003
703684	699035	5618	5403	610285	122167
423613	422146	3616	3569	493141	76064
210536	208799	2565	2526	245147	43771
78518	77735	675	675	93383	19374
31908	31901	287	287	43381	5113
45660	44883	370	370	48171	13726
950	950	18	18	1831	535
2592345	2569918	18150	17927	2019797	347674
612073	609018	3578	3527	461016	74323
1815837	1796638	13274	13102	1401973	240518
164434	164262	1298	1298	156808	32833
3979904	3969056	34372	33801	3162759	696577
3585923	3576697	30014	29585	2719490	604146
393981	392359	4359	4216	443268	92431
10194673	10144677	70719	69546	8429814	1464698
8526819	8481387	56169	55192	6866311	1225030
365534	364608	3210	3110	423343	65862
1302320	1298682	11340	11244	1140160	173807
3813915	3796475	34126	33814	2862396	744478
1609648	1602517	14465	14323	1267419	355534
212418	211767	2293	2293	135945	31762
1262293	1254361	10176	10065	936880	195510
729557	727830	7192	7133	522152	161672

1-A-11 续表 5

行业	单位数(个)	从业人员期末人数(人)	#女性
非家用纺织制成品制造	3117	66078	33655
非织造布制造	843	20097	8517
绳、索、缆制造	272	5447	3244
纺织带和帘子布制造	840	14851	7866
篷、帆布制造	330	11985	6319
其他非家用纺织制成品制造	832	13698	7709
纺织服装、服饰业	23606	732452	485372
机织服装制造	12602	437183	284865
机织服装制造	12602	437183	284865
针织或钩针编织服装制造	5662	183588	126981
针织或钩针编织服装制造	5662	183588	126981
服饰制造	5342	111681	73526
服饰制造	5342	111681	73526
皮革、毛皮、羽毛及其制品和制鞋业	14199	557151	274188
皮革鞣制加工	419	14703	4798
皮革鞣制加工	419	14703	4798
皮革制品制造	3909	117214	66450
皮革服装制造	1082	23130	14510
皮箱、包(袋)制造	2133	72320	40628
皮手套及皮装饰制品制造	355	10758	6466
其他皮革制品制造	339	11006	4846
毛皮鞣制及制品加工	1058	13520	7288
毛皮鞣制加工	51	1643	799
毛皮服装加工	359	5652	3262
其他毛皮制品加工	648	6225	3227
羽毛(绒)加工及制品制造	280	7475	4181
羽毛(绒)加工	130	1561	598
羽毛(绒)制品加工	150	5914	3583

营业收入(万元)	#主营业务收 入	营业税金及附加(万元)	#主营业务税金及附加	资产总计(万元)	实收资本(万元)
3172579	3158365	26571	26111	2520206	554563
1412524	1406154	9372	9098	1140653	235164
235874	235110	2512	2490	137112	30513
664229	659402	7008	6867	489332	110656
395155	394048	2664	2660	348151	73629
464797	463651	5016	4996	404958	104600
20376938	20255886	202447	200028	16983880	3645411
11790122	11714443	109906	108532	9836777	2095557
11790122	11714443	109906	108532	9836777	2095557
5495081	5468208	48335	47541	4554404	887228
5495081	5468208	48335	47541	4554404	887228
3091735	3073236	44206	43954	2592698	662626
3091735	3073236	44206	43954	2592698	662626
15196371	15152042	145620	144579	9766653	2138197
941022	928768	6819	6798	789473	169035
941022	928768	6819	6798	789473	169035
3591034	3578796	35827	35478	2386142	549416
748004	744254	5961	5838	721355	187448
1892746	1888785	20779	20629	1157520	222902
269696	268056	5837	5785	133091	49822
680588	677701	3250	3225	374176	89244
634442	633209	4482	4438	579932	97122
117582	117469	599	599	88186	10488
214226	213269	1603	1588	241997	42074
302634	302471	2279	2250	249748	44560
716204	715371	3605	3595	863163	110476
288785	288431	1401	1399	260358	33594
427419	426939	2204	2197	602805	76882

1-A-11 续表 6

行业	单位数(个)	从业人员期末人数(人)	#女性
制鞋业	8533	404239	191471
纺织面料鞋制造	1100	30703	18524
皮鞋制造	5498	303978	139293
塑料鞋制造	864	23998	10214
橡胶鞋制造	584	34889	18221
其他制鞋业	487	10671	5219
木材加工和木、竹、藤、棕、草制品业	5714	123716	50828
木材加工	1104	14984	5165
锯材加工	461	5628	1759
木片加工	260	2964	1134
单板加工	216	4709	1722
其他木材加工	167	1683	550
人造板制造	691	20585	8148
胶合板制造	420	12624	5223
纤维板制造	50	2059	526
刨花板制造	31	488	119
其他人造板制造	190	5414	2280
木制品制造	2513	56014	20989
建筑用木料及木材组件加工	319	5383	2075
木门窗、楼梯制造	720	21565	8127
地板制造	284	10866	3942
木制容器制造	539	6523	1964
软木制品及其他木制品制造	651	11677	4881
竹、藤、棕、草等制品制造	1406	32133	16526
竹制品制造	1136	27717	14360
藤制品制造	52	1257	498
棕制品制造	6	126	60
草及其他制品制造	212	3033	1608
家具制造业	4945	167169	60111
木质家具制造	2966	79512	24339
木质家具制造	2966	79512	24339

营业收入(万元)	#主营业务收入	营业税金及附加(万元)	#主营业务税金及附加	资产总计(万元)	实收资本(万元)
9313669	9295899	94887	94270	5147944	1212149
629513	628321	7181	7154	377605	77371
7152284	7138835	68372	67861	3840672	918325
512946	512285	7597	7587	221441	66754
803154	801560	8423	8382	568318	116181
215772	214897	3313	3285	139908	33517
5230419	5208004	68999	68277	3809081	968936
594592	591959	8712	8654	380211	109190
230584	229443	4458	4444	125287	44111
123648	123596	1758	1723	82894	22943
176926	176428	1661	1660	121388	25920
63433	62492	835	827	50642	16216
1045419	1039399	9107	9062	836223	206910
663879	660663	5388	5347	534638	126774
101229	100529	640	640	101171	24966
24376	23376	403	400	31387	9355
255935	254831	2676	2675	169027	45815
2647594	2636901	37148	36840	1886558	455170
197701	197353	3096	3022	158477	48434
711784	707040	9162	9119	537076	168341
1202891	1199909	16834	16728	777004	106336
212771	211560	3403	3372	166026	43147
322447	321039	4653	4599	247975	88912
942814	939745	14032	13720	706090	197666
818031	815066	12582	12270	602827	175936
29934	29933	414	414	24344	4805
2171	2171	61	61	1289	515
92677	92575	975	975	77630	16409
5419249	5398627	52799	52213	5467562	1409752
2340828	2332478	26511	26219	2341789	778566
2340828	2332478	26511	26219	2341789	778566

1-A-11 续表 7

行业	单位数(个)	从业人员期末人数(人)	#女性
竹、藤家具制造	151	3959	1727
竹、藤家具制造	151	3959	1727
金属家具制造	1011	56184	22991
金属家具制造	1011	56184	22991
塑料家具制造	165	4707	1903
塑料家具制造	165	4707	1903
其他家具制造	652	22807	9151
其他家具制造	652	22807	9151
造纸和纸制品业	9008	166290	64039
纸浆制造	21	299	90
木竹浆制造	10	132	44
非木竹浆制造	11	167	46
造纸	1657	60535	20053
机制纸及纸板制造	1246	55128	18144
手工纸制造	42	449	163
加工纸制造	369	4958	1746
纸制品制造	7330	105456	43896
纸和纸板容器制造	5453	75699	31272
其他纸制品制造	1877	29757	12624
印刷和记录媒介复制业	9164	154763	65096
印刷	8475	147291	62024
书、报刊印刷	700	11018	4838
本册印制	481	8279	4253
包装装潢及其他印刷	7294	127994	52933
装订及印刷相关服务	673	7212	2988
装订及印刷相关服务	673	7212	2988
记录媒介复制	16	260	84
记录媒介复制	16	260	84
文教、工美、体育和娱乐用品制造业	17081	367156	196545
文教办公用品制造	2884	73410	40850
文具制造	1355	35548	19245
笔的制造	1095	32486	19350

营业收入（万元）	#主营业务收入	营业税金及附加（万元）	#主营业务税金及附加	资产总计（万元）	实收资本（万元）
95431	95110	939	935	86069	24279
95431	95110	939	935	86069	24279
1969890	1964823	16512	16398	2146360	394241
1969890	1964823	16512	16398	2146360	394241
178598	178376	1950	1941	178240	29749
178598	178376	1950	1941	178240	29749
834501	827840	6389	6720	715104	182918
834501	827840	6389	6720	715104	182918
8577429	8505079	81951	80343	8810365	1937293
12509	12509	165	165	12776	2517
7203	7203	118	118	6633	1036
5307	5307	47	47	6143	1481
4336372	4286414	30581	29661	4778788	881859
4106550	4057767	27432	26555	4553417	816660
23474	23394	294	294	18724	10098
206348	205253	2855	2811	206648	55100
4228548	4206156	51205	50518	4018801	1052917
2995373	2976080	37550	36946	2792889	701011
1233175	1230076	13654	13571	1225911	351906
5133980	5103328	63238	67192	6045376	1667633
4931658	4902776	64788	63806	5818134	1578846
350686	347129	5765	5627	504514	123305
227281	226051	3679	3653	222204	65329
4353691	4329596	55344	54525	5091415	1390212
195472	193781	3237	3173	194545	81385
195472	193781	3237	3173	194545	81385
6849	6772	213	213	32698	7402
6849	6772	213	213	32698	7402
12590644	12506427	151848	150415	11524526	52417611
2393460	2386869	28577	28243	2165851	50466602
1328281	1325609	14677	14508	1281587	222173
898836	895542	11142	10979	687849	50153033

1-A-11 续表 8

行　业	单位数(个)	从业人员期末人数(人)	#女 性
教学用模型及教具制造	220	2227	873
墨水、墨汁制造	19	238	106
其他文教办公用品制造	195	2911	1276
乐器制造	147	3348	1544
中乐器制造	13	146	65
西乐器制造	47	1413	655
电子乐器制造	21	574	296
其他乐器及零件制造	66	1215	528
工艺美术品制造	10412	201413	109538
雕塑工艺品制造	1775	33088	15402
金属工艺品制造	1762	34816	16763
漆器工艺品制造	374	7704	4009
花画工艺品制造	194	4925	2852
天然植物纤维编织工艺品制造	337	6522	3729
抽纱刺绣工艺品制造	2455	47901	31247
地毯、挂毯制造	171	6053	3150
珠宝首饰及有关物品制造	446	9283	4902
其他工艺美术品制造	2898	51121	27484
体育用品制造	1372	35810	17508
球类制造	91	3671	2681
体育器材及配件制造	378	9419	4235
训练健身器材制造	478	12346	4780
运动防护用具制造	77	2336	1385
其他体育用品制造	348	8038	4427
玩具制造	1832	42794	22809
玩具制造	1832	42794	22809
游艺器材及娱乐用品制造	434	10381	4296
露天游乐场所游乐设备制造	189	4514	1499
游艺用品及室内游艺器材制造	144	3578	1722
其他娱乐用品制造	101	2289	1075

营业收入（万元）	#主营业务收入	营业税金及附加（万元）	#主营业务税金及附加	资产总计（万元）	实收资本（万元）
70932	70729	1296	1295	90439	57287
11562	11561	171	171	13816	5039
83849	83428	1290	1289	92160	29070
109284	108840	1581	1558	120939	23676
3098	3098	269	269	9448	588
47890	47731	637	625	64712	11540
21522	21362	269	264	20876	5261
36774	36649	406	400	25903	6287
7262078	7204936	89000	88299	6861801	1284682
782262	780507	15680	15615	739339	192910
908092	904619	16082	16053	878951	211955
188860	184931	2164	2164	125054	25897
132255	131911	1982	1971	150073	41659
214926	214152	3017	2923	155224	36267
1963905	1957733	20029	19667	1436116	308406
293998	293604	2228	2225	254630	48163
1297895	1261432	6529	6519	1198272	96109
1479884	1476047	21289	21162	1924142	323314
1254339	1248262	13263	13149	1148411	273800
104315	103883	1265	1258	57819	15890
394948	392480	3315	3303	368339	64382
516130	514433	5351	5277	504310	122550
55241	54665	732	731	58341	27413
183705	182802	2599	2580	159602	43566
1194454	1182707	15981	15772	850171	238823
1194454	1182707	15981	15772	850171	238823
377028	374813	3446	3394	377352	130029
178008	176144	1552	1504	201067	64870
115027	114781	1109	1105	91206	22352
83993	83888	785	785	85079	42807

1-A-11 续表 9

行　业	单位数(个)	从业人员期末人数(人)	#女 性
石油加工、炼焦和核燃料加工业	297	3971	1105
精炼石油产品制造	292	3902	1088
原油加工及石油制品制造	251	3437	970
人造原油制造	41	465	118
炼焦	3	48	13
炼焦	3	48	13
核燃料加工	2	21	4
核燃料加工	2	21	4
化学原料和化学制品制造业	7415	167134	56565
基础化学原料制造	1007	25625	6722
无机酸制造	79	1994	649
无机碱制造	28	539	175
无机盐制造	222	5735	1258
有机化学原料制造	346	11991	3119
其他基础化学原料制造	332	5366	1521
肥料制造	225	3352	803
氮肥制造	18	947	201
磷肥制造	15	252	51
钾肥制造	5	79	22
复混肥料制造	37	507	107
有机肥料及微生物肥料制造	135	1435	397
其他肥料制造	15	132	25
农药制造	62	4029	1489
化学农药制造	45	2772	843
生物化学农药及微生物农药制造	17	1257	646
涂料、油墨、颜料及类似产品制造	1945	32886	9502
涂料制造	1350	19441	5516
油墨及类似产品制造	177	2659	958
颜料制造	112	3013	754
染料制造	155	5698	1462
密封用填料及类似品制造	151	2075	812

营业收入(万元)	#主营业务收入	营业税金及附加(万元)	#主营业务税金及附加	资产总计(万元)	实收资本(万元)
587083	585419	3607	3462	727295	225449
583986	582322	3594	3448	725434	224849
543918	542443	3272	3127	657493	195403
40068	39879	322	322	67940	29446
1954	1954	7	7	1362	300
1954	1954	7	7	1362	300
1144	1144	6	6	500	300
1144	1144	6	6	500	300
18249964	17706309	109653	108120	15986129	3291073
2350347	2166382	16100	15845	2346767	502800
117177	116624	1008	999	110709	30921
41805	41805	620	620	28903	4908
363737	347583	3708	3624	493952	92031
1515279	1349521	7291	7196	1344884	257285
312349	310850	3472	3405	368320	117655
160867	158320	1485	1481	185845	54314
54512	52112	467	467	62460	8981
10677	10677	141	141	9286	3042
3063	3063	144	144	2112	1150
34555	34530	248	248	27608	9256
53271	53190	435	432	69489	26917
4789	4749	49	49	14890	4968
411879	407556	1211	1189	426623	97228
348177	344178	909	887	316699	77938
63703	63379	302	302	109924	19290
2496915	2479498	21928	21429	2434526	494004
1467107	1459705	14442	14009	1440170	303143
153877	152836	1661	1632	113264	43883
225337	220462	1597	1590	242307	54886
565124	562117	3295	3292	566206	69915
85470	84379	934	906	72579	22175

1-A-11 续表 10

行业	单位数(个)	从业人员期末人数(人)	#女性
合成材料制造	839	33435	10264
初级形态塑料及合成树脂制造	479	16648	4707
合成橡胶制造	90	2895	917
合成纤维单(聚合)体制造	59	9591	3100
其他合成材料制造	211	4301	1540
专用化学产品制造	2407	37755	11787
化学试剂和助剂制造	1150	18735	5463
专项化学用品制造	324	4455	1393
林产化学产品制造	121	2582	1093
信息化学品制造	131	3651	1219
环境污染处理专用药剂材料制造	116	1453	456
动物胶制造	24	392	129
其他专用化学产品制造	541	6487	2034
炸药、火工及焰火产品制造	21	699	242
炸药及火工产品制造	8	514	159
焰火、鞭炮产品制造	13	185	83
日用化学产品制造	909	29353	15756
肥皂及合成洗涤剂制造	266	11654	5608
化妆品制造	327	10743	6644
口腔清洁用品制造	13	343	216
香料、香精制造	64	1403	569
其他日用化学产品制造	239	5210	2719
医药制造业	859	41043	18804
化学药品原料药制造	176	13528	4523
化学药品原料药制造	176	13528	4523
化学药品制剂制造	69	4324	2332
化学药品制剂制造	69	4324	2332
中药饮片加工	73	1893	1084
中药饮片加工	73	1893	1084
中成药生产	55	4695	2224
中成药生产	55	4695	2224

营业收入（万元）	#主营业务收入	营业税金及附加（万元）	#主营业务税金及附加	资产总计（万元）	实收资本（万元）
6199655	5989637	19014	18780	4893694	974652
2086746	2058083	9061	8875	2218453	441243
541538	535211	1168	1153	532323	167860
3280167	3107834	6683	6681	1775780	208919
291204	288509	2102	2071	367138	156629
3438681	3391159	27528	27095	3231392	831940
2070586	2061434	14181	14053	1520923	322586
436461	417662	3999	3860	350109	83070
146001	145828	1946	1915	99370	24645
280693	265877	1608	1549	604158	194715
100718	98291	977	976	91696	40513
19976	19974	394	394	12327	3184
384245	382093	4423	4347	552809	163227
34594	34429	336	336	35132	12319
31070	30905	268	268	32698	6138
3524	3524	68	68	2434	6181
3157025	3079328	22051	21965	2432151	323818
2142141	2066786	8752	8727	1536090	84063
460733	459567	8048	7998	497838	135437
9950	9943	79	79	5854	2895
84170	83448	739	735	213021	23546
460031	459583	4433	4426	179348	77875
2099468	2074719	16280	15410	2747845	706491
753502	745974	4700	4591	1167289	261914
753502	745974	4700	4591	1167289	261914
261280	253699	2441	1910	323556	82113
261280	253699	2441	1910	323556	82113
135816	135677	541	541	153744	27752
135816	135677	541	541	153744	27752
269823	268591	2046	1923	264742	80778
269823	268591	2046	1923	264742	80778

1-A-11 续表 11

行业	单位数(个)	从业人员期末人数(人)	#女性
兽用药品制造	55	1591	665
兽用药品制造	55	1591	665
生物药品制造	134	4121	1622
生物药品制造	134	4121	1622
卫生材料及医药用品制造	297	10891	6354
卫生材料及医药用品制造	297	10891	6354
化学纤维制造业	1287	64657	28167
纤维素纤维原料及纤维制造	117	2435	1220
化纤浆粕制造	32	380	155
人造纤维(纤维素纤维)制造	85	2055	1065
合成纤维制造	1170	62222	26947
锦纶纤维制造	108	8140	3405
涤纶纤维制造	488	38161	15598
腈纶纤维制造	26	837	354
维纶纤维制造	3	215	132
丙纶纤维制造	63	1665	790
氨纶纤维制造	80	1600	763
其他合成纤维制造	402	11604	5905
橡胶和塑料制品业	26815	491633	219855
橡胶制品业	3211	62508	26737
轮胎制造	158	3942	1498
橡胶板、管、带制造	766	17931	6780
橡胶零件制造	1265	21653	10393
再生橡胶制造	79	1813	490
日用及医用橡胶制品制造	156	3889	2046
其他橡胶制品制造	787	13280	5530
塑料制品业	23604	429125	193118
塑料薄膜制造	1588	30263	10283
塑料板、管、型材制造	2424	46262	17758
塑料丝、绳及编织品制造	1773	34509	17637
泡沫塑料制造	867	17204	7038
塑料人造革、合成革制造	318	35479	11603

营业收入（万元）	#主营业务收　入	营业税金及附加（万元）	#主营业务税金及附加	资产总计（万元）	实收资本（万元）
78619	78033	679	673	102129	30914
78619	78033	679	673	102129	30914
219944	216380	2183	2178	301428	108099
219944	216380	2183	2178	301428	108099
380485	376365	3690	3594	434957	114920
380485	376365	3690	3594	434957	114920
9293034	9093059	27344	27284	7655354	1209337
120775	120171	1401	1401	134713	38233
22608	22578	179	179	27608	7642
98167	97593	1223	1223	107105	30592
9172258	8972888	26442	25883	7520641	1171104
982464	964465	3691	3635	1358321	243551
6456477	6283956	15506	15023	4847494	726150
124897	124888	140	140	225327	18188
4449	4448	29	29	20330	5470
131196	130974	636	636	125930	14648
141869	141540	823	823	211588	31588
1330907	1322617	5619	5598	731649	131508
23901233	23646757	217450	211863	20460407	4550312
2307327	2280171	24109	23913	2394524	562042
191894	189624	1614	1602	200755	50474
781339	774447	6869	6821	786115	188670
602065	597779	8349	8290	651218	133914
104142	103971	787	787	113383	17384
137277	128161	1005	1005	118062	26179
490611	486189	5486	5408	524991	145421
21593905	21366586	193341	187950	18065883	3988270
3928003	3825921	17955	17840	2899021	527222
2826367	2794982	24878	24613	2679849	743401
1223582	1219243	14784	14707	888374	259198
813015	803205	8059	7878	769153	157160
2953507	2943832	16458	13149	2249793	322937

1-A-11 续表 12

行业	单位数(个)	从业人员期末人数(人)	#女性
塑料包装箱及容器制造	1974	35606	17647
日用塑料制品制造	4506	84146	42119
塑料零件制造	5006	70811	35097
其他塑料制品制造	5148	74845	33936
非金属矿物制品业	11320	257787	76432
水泥、石灰和石膏制造	547	19838	4554
水泥制造	270	15881	3651
石灰和石膏制造	277	3957	903
石膏、水泥制品及类似制品制造	2482	59608	11570
水泥制品制造	1693	49666	9360
砼结构构件制造	245	4699	866
石棉水泥制品制造	22	268	97
轻质建筑材料制造	406	3639	917
其他水泥类似制品制造	116	1336	330
砖瓦、石材等建筑材料制造	3281	59445	16198
粘土砖瓦及建筑砌块制造	999	32575	9673
建筑陶瓷制品制造	86	2164	790
建筑用石加工	1369	12868	2511
防水建筑材料制造	155	3808	920
隔热和隔音材料制造	247	3218	907
其他建筑材料制造	425	4812	1397
玻璃制造	332	11111	3309
平板玻璃制造	81	2834	796
其他玻璃制造	251	8277	2513
玻璃制品制造	2091	54471	20928
技术玻璃制品制造	149	8641	2764
光学玻璃制造	49	1718	694
玻璃仪器制造	35	419	203
日用玻璃制品制造	1373	31042	12089
玻璃包装容器制造	49	1932	843
玻璃保温容器制造	93	2095	953
制镜及类似品加工	100	2654	975
其他玻璃制品制造	243	5970	2407

营业收入（万元）	#主营业务收 入	营业税金及 附 加（万元）	#主营业务税金及附加	资产总计（万元）	实收资本（万元）
1437865	1417829	14890	14447	1442140	312949
3080761	3061435	35062	34819	2495675	577270
2251876	2239422	28182	27601	2187052	479749
3078930	3060718	33073	32894	2454826	608384
13542752	13460945	140713	138292	15301104	3609121
1770289	1765630	13532	13494	1940235	365853
1554495	1549903	10624	10604	1762241	314753
215793	215727	2908	2890	177994	51100
4876074	4848271	33736	33543	5441760	1110365
4301504	4276464	28470	28341	4736101	904148
313465	312716	2089	2061	427144	90863
8871	8871	95	95	8138	3182
183828	182898	2030	2022	162765	69172
68405	67322	1051	1024	107611	43000
1875513	1869392	32390	30740	2096522	686627
621807	619965	11622	11500	684546	218395
51642	51404	1016	1016	98254	34026
442738	441241	10995	10863	500689	189814
387022	386755	3117	2203	340878	56076
117285	115347	2125	1779	168573	67662
255020	254681	3515	3380	303582	120654
448667	446692	3531	3515	933079	265002
165520	164048	753	751	510124	161836
283147	282644	2779	2765	422954	103166
2103410	2090948	26321	26055	2256620	547199
548966	544106	1879	1856	747510	159631
59357	59272	463	463	114565	40386
7416	7261	169	146	8101	3739
1008744	1004888	17925	17812	835698	206397
83635	82640	999	999	67805	12553
48658	48488	1188	1186	47527	13001
164736	163902	1192	1169	257729	53597
181898	180391	2508	2424	177684	57894

1-A-11 续表 13

行业	单位数(个)	从业人员期末人数(人)	#女性
玻璃纤维和玻璃纤维增强塑料制品制造	403	10672	4414
玻璃纤维及制品制造	210	6402	2952
玻璃纤维增强塑料制品制造	193	4270	1462
陶瓷制品制造	718	14224	6115
卫生陶瓷制品制造	425	7000	2564
特种陶瓷制品制造	81	3008	1527
日用陶瓷制品制造	65	1255	505
园林、陈设艺术及其他陶瓷制品制造	147	2961	1519
耐火材料制品制造	668	15503	4782
石棉制品制造	80	1342	500
云母制品制造	27	474	243
耐火陶瓷制品及其他耐火材料制造	561	13687	4039
石墨及其他非金属矿物制品制造	798	12915	4562
石墨及碳素制品制造	108	3307	1240
其他非金属矿物制品制造	690	9608	3322
黑色金属冶炼和压延加工业	3556	131226	27362
炼铁	36	653	151
炼铁	36	653	151
炼钢	56	2617	448
炼钢	56	2617	448
黑色金属铸造	1316	49894	11123
黑色金属铸造	1316	49894	11123
钢压延加工	2097	76496	15271
钢压延加工	2097	76496	15271
铁合金冶炼	51	1566	369
铁合金冶炼	51	1566	369
有色金属冶炼和压延加工业	3022	80328	24765
常用有色金属冶炼	275	5951	1452
铜冶炼	72	1699	289

营业收入(万元)	#主营业务收入	营业税金及附加(万元)	#主营业务税金及附加	资产总计(万元)	实收资本(万元)
509118	505359	4657	4620	644535	126259
321388	319167	2901	2890	455084	68953
187730	186192	1756	1729	189451	57306
411285	410450	7298	7270	378309	118948
230800	230556	3755	3742	167598	52802
89829	89526	1213	1200	103305	22687
26601	26335	635	633	37938	14039
64055	64033	1695	1695	69468	29420
973896	955797	11466	11344	949853	213764
45686	45258	678	678	41575	9479
19342	19237	198	198	26745	4504
908867	891302	10590	10468	881533	199781
574501	568405	7782	7711	660192	175104
184589	183690	1648	1646	272695	80626
389912	384715	6134	6065	387497	94479
14220618	14073933	66113	65490	10003954	1860568
17878	17878	241	241	20990	2151
17878	17878	241	241	20990	2151
926187	926148	3242	3218	567534	32617
926187	926148	3242	3218	567534	32617
2115067	2095130	20559	20294	1911016	353371
2115067	2095130	20559	20294	1911016	353371
10914439	10788545	40879	40566	7346107	1445492
10914439	10788545	40879	40566	7346107	1445492
247046	246233	1191	1170	158307	26937
247046	246233	1191	1170	158307	26937
12518113	12172780	42404	41942	8181186	1412068
1573389	1566032	3431	3396	958062	155758
1149508	1148980	1163	1162	460996	36509

1-A-11 续表 14

行业	单位数(个)	从业人员期末人数(人)	#女性
铅锌冶炼	37	666	141
镍钴冶炼	17	694	184
锡冶炼	13	160	43
铝冶炼	96	2223	627
镁冶炼	2	34	7
其他常用有色金属冶炼	38	475	161
贵金属冶炼	20	471	116
金冶炼	6	249	51
银冶炼	9	86	22
其他贵金属冶炼	5	136	43
稀有稀土金属冶炼	16	376	115
钨钼冶炼	3	144	35
稀土金属冶炼	7	163	69
其他稀有金属冶炼	6	69	11
有色金属合金制造	255	8709	2577
有色金属合金制造	255	8709	2577
有色金属铸造	382	6194	2202
有色金属铸造	382	6194	2202
有色金属压延加工	2074	58627	18303
铜压延加工	887	23613	6674
铝压延加工	801	26381	8780
贵金属压延加工	38	614	236
稀有稀土金属压延加工	55	1896	723
其他有色金属压延加工	293	6123	1890
金属制品业	28442	605560	225222
结构性金属制品制造	4644	123233	36982
金属结构制造	2042	41620	11530
金属门窗制造	2602	81613	25452
金属工具制造	4735	89076	37033
切削工具制造	906	18464	6728
手工具制造	1770	34463	14635

营业收入（万元）	#主营业务收 入	营业税金及 附 加（万元）	#主营业务税金及附加	资产总计（万元）	实收资本（万元）
63405	58411	509	504	68046	22805
158151	157430	201	201	269048	52707
17286	17280	125	125	6645	1623
171045	170193	1243	1216	134753	31646
1641	1392	7	7	707	50
12353	12346	182	181	17867	10418
438956	438926	942	942	141607	14069
416393	416393	877	877	104540	7550
14819	14788	49	49	8672	2789
7745	7745	17	17	28395	3730
64012	55944	212	212	56400	31306
7735	7725	21	21	10785	4483
55378	47319	164	164	35996	19700
900	900	26	26	9619	7123
1090613	1074500	4409	4402	990673	168511
1090613	1074500	4409	4402	990673	168511
182427	181271	2876	2796	206276	53607
182427	181271	2876	2796	206276	53607
9168716	8856108	30534	30193	5828169	988817
5628314	5357000	13669	13521	3286016	509439
2739587	2702931	12994	12836	1887122	348137
166437	166430	265	265	81907	13681
108410	107028	599	599	115855	31625
525968	522719	3007	2971	457269	85935
25176967	25043156	259974	256637	24002474	5460519
6765097	6732803	60979	60145	6676117	1405362
2694507	2679893	25302	25062	2703190	548286
4070590	4052910	35677	35083	3972926	857076
2814603	2801486	37191	36959	2651093	668471
557234	553396	6438	6324	561594	133584
1114084	1109995	14813	14764	947992	221235

1-A-11 续表 15

行 业	单位数(个)	从业人员期末人数(人)	#女 性
农用及园林用金属工具制造	483	11725	5132
刀剪及类似日用金属工具制造	380	7511	3404
其他金属工具制造	1196	16913	7134
集装箱及金属包装容器制造	608	21264	7768
集装箱制造	15	949	64
金属压力容器制造	166	7887	1944
金属包装容器制造	427	12428	5760
金属丝绳及其制品制造	824	14528	4802
金属丝绳及其制品制造	824	14528	4802
建筑、安全用金属制品制造	8003	142268	57004
建筑、家具用金属配件制造	5074	86004	35773
建筑装饰及水暖管道零件制造	2288	42453	16523
安全、消防用金属制品制造	422	9939	3315
其他建筑、安全用金属制品制造	219	3872	1393
金属表面处理及热处理加工	2410	63638	22810
金属表面处理及热处理加工	2410	63638	22810
搪瓷制品制造	308	6598	2522
生产专用搪瓷制品制造	19	400	142
建筑装饰搪瓷制品制造	14	407	110
搪瓷卫生洁具制造	213	3209	1174
搪瓷日用品及其他搪瓷制品制造	62	2582	1096
金属制日用品制造	3620	89828	37171
金属制厨房用器具制造	583	16687	6388
金属制餐具和器皿制造	989	43290	18358
金属制卫生器具制造	221	6251	2310
其他金属制日用品制造	1827	23600	10115
其他金属制品制造	3290	55127	19130
锻件及粉末冶金制品制造	1407	26949	8666
交通及公共管理用金属标牌制造	236	2924	883
其他未列明金属制品制造	1647	25254	9581

营业收入(万元)	#主营业务收入	营业税金及附加(万元)	#主营业务税金及附加	资产总计(万元)	实收资本(万元)
411218	409728	4780	4771	418983	89181
216344	214489	3101	3099	237850	49804
515721	513878	8060	8001	484674	174666
894198	886212	6753	6670	1056991	215630
131785	131585	43	43	113867	14145
353606	350571	2884	2880	430599	96234
408807	404057	3826	3747	512526	105251
992140	977481	7186	7111	744362	188626
992140	977481	7186	7111	744362	188626
5495668	5471955	62885	62019	4677053	1204682
2529577	2516916	32656	32292	2152083	575054
2492679	2484101	24392	24235	2070433	488453
320510	318988	3900	3760	316617	86881
152902	151950	1937	1733	137919	54293
2351439	2338586	22668	22259	1905095	390446
2351439	2338586	22668	22259	1905095	390446
216906	214530	2601	2536	167186	45164
9612	9612	42	42	5815	1588
13830	13830	188	188	16108	6608
119162	117434	1378	1326	78179	22657
74300	73654	993	980	67085	14312
3420166	3404683	34896	34289	3785379	749688
621687	620319	5727	5529	839398	169560
1807968	1797929	15786	15613	1844749	322723
233903	233248	2040	2039	178080	39495
756608	753188	11343	11107	923153	217909
2226751	2215418	24814	24648	2339198	592450
936368	928757	11219	11124	1024076	220239
138036	137882	2661	2658	126358	50635
1152348	1148779	10934	10867	1188764	321577

1-A-11 续表 16

行　业	单位数(个)	从业人员期末人数(人)	#女 性
通用设备制造业	41841	842930	279785
锅炉及原动设备制造	614	17868	4808
锅炉及辅助设备制造	234	6626	1482
内燃机及配件制造	219	6605	2386
汽轮机及辅机制造	29	1857	388
水轮机及辅机制造	63	2113	392
风能原动设备制造	17	116	27
其他原动设备制造	52	551	133
金属加工机械制造	4160	70325	18862
金属切削机床制造	716	14431	3317
金属成形机床制造	547	10635	2117
铸造机械制造	556	9395	2522
金属切割及焊接设备制造	446	10301	3704
机床附件制造	487	8553	2551
其他金属加工机械制造	1408	17010	4651
物料搬运设备制造	1402	47343	12235
轻小型起重设备制造	345	9657	2896
起重机制造	159	6055	1037
生产专用车辆制造	87	3945	1032
连续搬运设备制造	216	5208	941
电梯、自动扶梯及升降机制造	530	20627	5787
其他物料搬运设备制造	65	1851	542
泵、阀门、压缩机及类似机械制造	9146	207811	66053
泵及真空设备制造	1790	42164	14566
气体压缩机械制造	410	16984	5001
阀门和旋塞制造	5200	112659	34675
液压和气压动力机械及元件制造	1746	36004	11811
轴承、齿轮和传动部件制造	4920	139482	50366
轴承制造	3341	93929	36773
齿轮及齿轮减、变速箱制造	1140	30335	8133
其他传动部件制造	439	15218	5460

营业收入（万元）	#主营业务收 入	营业税金及 附 加（万元）	#主营业务税金及附加	资产总计（万元）	实收资本（万元）
34857723	34560421	382901	378480	37356619	8705090
848227	835953	6371	6682	1250216	264445
370312	365631	2735	2625	410486	93109
271233	265063	2446	2419	401384	67150
84300	83908	543	543	154799	36753
94503	93682	876	856	194566	40344
7173	7173	41	41	51824	7240
20705	20496	229	198	37158	19848
2420565	2402441	30600	30372	2674332	778037
617130	612026	6783	6774	752253	191762
373504	371545	4311	4269	430838	124019
296328	293855	4569	4530	266684	88375
389103	384598	3755	3667	446572	101618
242846	240345	3235	3230	250999	64414
501652	500071	7947	7902	526985	207849
2972375	2902501	19234	18966	3312748	788552
397922	395619	2433	2405	408073	108082
394000	365547	2464	2399	626839	175286
242891	236638	1516	1504	234919	39435
268491	256893	2293	2247	239094	59499
1596504	1575323	10004	9887	1694706	373640
72567	72482	524	524	109116	32609
8710387	8659594	108191	107212	8132076	2331300
1954968	1949531	16249	16186	1752484	423622
1055529	1033460	7197	7134	998432	172644
4532744	4513699	70536	69784	4020478	1372988
1167147	1162904	14210	14109	1360681	362046
4819504	4770978	51171	50816	6208523	1237356
3088950	3051352	34162	33930	4327007	816432
1101051	1097668	12058	12004	1244916	281463
629503	621958	4951	4882	636600	139461

1-A-11 续表 17

行业	单位数(个)	从业人员期末人数(人)	#女性
烘炉、风机、衡器、包装等设备制造	4368	112380	41165
烘炉、熔炉及电炉制造	300	3823	823
风机、风扇制造	618	10366	3529
气体、液体分离及纯净设备制造	450	14769	5006
制冷、空调设备制造	936	29563	10847
风动和电动工具制造	1158	33522	13860
喷枪及类似器具制造	249	7219	3224
衡器制造	162	3388	1530
包装专用设备制造	495	9730	2346
文化、办公用机械制造	384	12406	5361
电影机械制造	10	212	114
幻灯及投影设备制造	20	401	191
照相机及器材制造	100	3348	1702
复印和胶印设备制造	48	1664	591
计算器及货币专用设备制造	99	4458	1637
其他文化、办公用机械制造	107	2323	1126
通用零部件制造	15880	221208	76897
金属密封件制造	742	11233	4176
紧固件制造	4655	72354	25692
弹簧制造	883	11444	4195
机械零部件加工	7372	86059	27092
其他通用零部件制造	2228	40118	15742
其他通用设备制造业	967	14107	4038
其他通用设备制造业	967	14107	4038
专用设备制造业	16982	323846	96087
采矿、冶金、建筑专用设备制造	1011	22076	4884
矿山机械制造	355	7734	1800
石油钻采专用设备制造	34	1735	499
建筑工程用机械制造	326	5995	1260
海洋工程专用设备制造	10	90	22
建筑材料生产专用机械制造	197	3918	765
冶金专用设备制造	89	2604	538

营业收入(万元)	#主营业务收入	营业税金及附加(万元)	#主营业务税金及附加	资产总计(万元)	实收资本(万元)
5434478	5396302	54894	53972	5280454	1190098
130992	130517	2668	2631	171877	50099
364309	362215	5057	5029	394032	126977
684608	680593	6943	6366	790996	199059
2153030	2137576	16316	16208	1859395	323138
1442497	1432504	15013	14903	1412513	319720
227862	225871	2083	2057	202688	41854
84906	83904	1380	1362	100305	27909
346274	343122	5434	5415	348648	101342
425133	423504	4758	4724	424311	140206
7589	7528	29	29	9501	3490
10066	10059	184	184	10287	7518
86845	86660	1009	1008	81323	23064
76923	76731	654	632	95268	17935
175924	174871	2211	2200	168000	62751
67785	67655	670	670	59932	25448
8784672	8739825	97491	96170	8393420	1690464
309353	307934	4697	4644	373752	95971
3216488	3193847	28689	27945	2896355	595088
370464	368884	5635	5588	419466	88481
2500481	2489030	36920	36563	2370385	650646
2387886	2380129	21551	21429	2333462	260278
442383	429322	9691	9567	1680538	284633
442383	429322	9691	9567	1680538	284633
11870802	11792166	137859	135038	15051783	3467342
881104	874443	10751	10732	1231884	313417
335907	334002	4123	4121	486788	114006
78646	75696	1032	1032	96479	19626
188955	188150	2186	2177	265438	95563
6064	6064	232	232	15320	10535
145879	145402	1784	1777	212574	48288
125652	125128	1394	1392	155286	25399

1-A-11 续表 18

行业	单位数(个)	从业人员期末人数(人)	#女性
化工、木材、非金属加工专用设备制造	7006	119951	30492
炼油、化工生产专用设备制造	196	5002	1246
橡胶加工专用设备制造	78	1034	251
塑料加工专用设备制造	1033	23462	4622
木材加工机械制造	90	1081	249
模具制造	5509	87884	23729
其他非金属加工专用设备制造	100	1488	395
食品、饮料、烟草及饲料生产专用设备制造	508	8681	1776
食品、酒、饮料及茶生产专用设备制造	354	6066	1253
农副食品加工专用设备制造	116	1826	355
烟草生产专用设备制造	22	386	78
饲料生产专用设备制造	16	403	90
印刷、制药、日化及日用品生产专用设备制造	1136	21997	5475
制浆和造纸专用设备制造	107	2412	433
印刷专用设备制造	513	9128	1679
日用化工专用设备制造	60	559	188
制药专用设备制造	166	4493	911
照明器具生产专用设备制造	102	1919	1007
玻璃、陶瓷和搪瓷制品生产专用设备制造	42	861	309
其他日用品生产专用设备制造	146	2625	948
纺织、服装和皮革加工专用设备制造	3142	64446	22578
纺织专用设备制造	1564	30248	9317
皮革、毛皮及其制品加工专用设备制造	115	1624	378
缝制机械制造	1436	32169	12745
洗涤机械制造	27	405	138
电子和电工机械专用设备制造	736	11991	4580
电工机械专用设备制造	367	6104	2174
电子工业专用设备制造	369	5887	2406
农、林、牧、渔专用机械制造	765	18358	6206
拖拉机制造	24	1224	334
机械化农业及园艺机具制造	320	9400	3362

营业收入(万元)	#主营业务收入	营业税金及附加(万元)	#主营业务税金及附加	资产总计(万元)	实收资本(万元)
4008559	3970566	45201	43793	4975131	958118
220739	219458	2437	2394	305194	86935
41595	41379	417	416	36778	10948
893611	879498	9340	8978	1324928	254036
27723	27504	842	759	40388	11738
2772430	2750460	31575	30691	3209654	560602
52460	52267	590	553	58188	33858
338517	335820	4743	4737	381525	100812
244455	242164	3641	3636	268275	67078
51172	50803	769	767	70576	25183
19814	19777	203	202	21640	3988
23076	23076	131	131	21034	4563
721970	718455	11060	10918	669774	249606
80303	79192	1039	1036	75325	32833
285646	284731	4698	4664	238123	97076
20729	20606	592	572	27012	6556
174848	174327	2571	2642	164021	55846
67234	66790	536	635	66794	15793
22795	22782	453	453	26558	13761
70415	70028	971	916	71942	27741
2480245	2470047	30086	29668	2680643	601751
1416341	1409067	15010	14699	1514990	359251
49942	49906	888	888	57127	21009
1002799	999925	14093	13987	1099040	218724
11164	11149	95	94	9485	2768
412894	411596	4534	4487	482128	164347
248020	247365	2773	2752	269815	78204
164874	164231	1761	1735	212313	86143
746206	743948	6395	6259	899271	227299
131523	131218	348	348	191774	51947
379232	378126	3202	3175	487141	112594

1-A-11 续表 19

行业	单位数(个)	从业人员期末人数(人)	#女性
营林及木竹采伐机械制造	10	221	75
畜牧机械制造	38	508	177
渔业机械制造	34	871	397
农林牧渔机械配件制造	242	4859	1583
棉花加工机械制造	5	100	24
其他农、林、牧、渔业机械制造	92	1175	254
医疗仪器设备及器械制造	844	20195	9555
医疗诊断、监护及治疗设备制造	138	3300	1577
口腔科用设备及器具制造	55	1306	574
医疗实验室及医用消毒设备和器具制造	47	636	232
医疗、外科及兽医用器械制造	214	7996	4495
机械治疗及病房护理设备制造	51	1434	646
假肢、人工器官及植(介)入器械制造	52	956	397
其他医疗设备及器械制造	287	4567	1634
环保、社会公共服务及其他专用设备制造	1834	36151	10541
环境保护专用设备制造	955	15998	3904
地质勘查专用设备制造	9	184	34
邮政专用机械及器材制造	22	560	198
商业、饮食、服务专用设备制造	30	621	221
社会公共安全设备及器材制造	325	9943	3772
交通安全、管制及类似专用设备制造	60	1436	648
水资源专用机械制造	65	1092	267
其他专用设备制造	368	6317	1497
汽车制造业	12266	329552	123991
汽车整车制造	58	9538	2124
汽车整车制造	58	9538	2124
改装汽车制造	17	684	117
改装汽车制造	17	684	117
低速载货汽车制造	1		
低速载货汽车制造	1		

营业收入(万元)	#主营业务收 入	营业税金及附加(万元)	#主营业务税金及附加	资产总计(万元)	实收资本(万元)
8828	8828	83	77	13361	2973
22813	22782	181	181	17163	4767
15697	15677	140	140	23223	6866
149405	148759	1928	1897	128384	29588
3545	3485	39	39	3631	309
35163	35073	474	402	34594	18256
574246	572243	7227	7070	808754	226580
95303	94998	1042	1023	145239	44044
34221	33969	480	480	41296	11124
15278	15245	164	164	23424	10624
231878	231563	2724	2640	287447	67408
52545	52165	717	716	102163	26155
16030	15985	276	267	72954	15445
128991	128318	1823	1782	136233	51782
1707061	1695049	17864	17373	2922672	625412
752863	744468	9553	9456	1126457	378241
8918	8918	85	85	10195	2553
16068	15833	154	154	12493	3692
22141	22106	143	143	10339	3612
566935	566214	3920	3911	705698	108179
75001	74993	777	777	41661	16876
47164	47156	492	492	61847	15198
217970	215361	2740	2355	953982	97060
13401372	13247969	132852	131524	13718830	3444095
1700951	1691490	10164	10052	1410676	483288
1700951	1691490	10164	10052	1410676	483288
73394	73394	482	482	57566	31510
73394	73394	482	482	57566	31510

1-A-11 续表 20

行　业	单位数(个)	从业人员期末人数(人)	#女 性
电车制造	10	193	67
电车制造	10	193	67
汽车车身、挂车制造	28	761	201
汽车车身、挂车制造	28	761	201
汽车零部件及配件制造	12152	318375	121482
汽车零部件及配件制造	12152	318375	121482
铁路、船舶、航空航天和其他运输设备制造业	3920	123960	41219
铁路运输设备制造	84	2549	740
窄轨机车车辆制造	1		
铁路机车车辆配件制造	29	1417	436
铁路专用设备及器材、配件制造	49	1067	290
其他铁路运输设备制造	5	29	6
城市轨道交通设备制造	7	104	28
城市轨道交通设备制造	7	104	28
船舶及相关装置制造	995	32273	5686
金属船舶制造	484	22112	3334
非金属船舶制造	22	210	54
娱乐船和运动船制造	33	1204	415
船用配套设备制造	407	7695	1710
船舶改装与拆除	41	838	127
航标器材及其他相关装置制造	8	214	46
航空、航天器及设备制造	27	886	329
飞机制造	7	378	128
航天器制造	5	29	8
航空、航天相关设备制造	6	169	47
其他航空航天器制造	9	310	146
摩托车制造	1291	46122	17699
摩托车整车制造	45	3906	1313
摩托车零部件及配件制造	1246	42216	16386
自行车制造	1286	36678	14661
脚踏自行车及残疾人座车制造	616	18512	7728
助动自行车制造	670	18166	6933

营业收入（万元）	#主营业务收入	营业税金及附加（万元）	#主营业务税金及附加	资产总计（万元）	实收资本（万元）
3237	3139	22	22	6955	3348
3237	3139	22	22	6955	3348
68878	68323	332	162	48836	10000
68878	68323	332	162	48836	10000
11554912	11411623	121852	120806	12194797	2912948
11554912	11411623	121852	120806	12194797	2912948
5445468	5291606	45852	45209	7850814	1760106
143382	142716	1540	1523	301243	71432
83782	83640	898	898	203714	30576
58351	57828	633	616	94359	38236
277	277	2	2	2747	2570
3184	3184	85	85	2160	1421
3184	3184	85	85	2160	1421
1775927	1694633	11047	10941	4091194	1032007
1359864	1299983	6799	6732	3443357	834174
6389	6389	178	178	6716	2102
37703	36913	280	278	41087	12879
305604	288849	2840	2816	483091	156186
63252	59391	922	909	115610	26136
3115	3107	27	27	1333	530
50975	50474	302	302	77295	14540
23061	23032	102	102	27565	3415
591	591	2	2	10735	507
12702	12229	96	96	28823	6900
14621	14621	102	102	10171	3718
1580858	1569100	17282	16941	1628713	309595
192875	191481	2639	2639	255381	47121
1387983	1377619	14644	14302	1373332	262474
1727005	1668259	13311	13160	1566080	264174
733773	728457	7031	6967	762753	113021
993231	939802	6280	6193	803327	151153

1-A-11 续表 21

行 业	单位数(个)	从业人员期末人数(人)	#女 性
非公路休闲车及零配件制造	153	3487	1351
非公路休闲车及零配件制造	153	3487	1351
潜水救捞及其他未列明运输设备制造	77	1861	725
潜水及水下救捞装备制造	12	329	168
其他未列明运输设备制造	65	1532	557
电气机械和器材制造业	28704	763402	356454
电机制造	3052	105622	46131
发电机及发电机组制造	394	10427	3548
电动机制造	1533	43185	17690
微电机及其他电机制造	1125	52010	24893
输配电及控制设备制造	10262	222338	99189
变压器、整流器和电感器制造	1000	27404	11772
电容器及其配套设备制造	292	5344	2375
配电开关控制设备制造	5827	115622	50528
电力电子元器件制造	2349	49913	24636
光伏设备及元器件制造	263	11464	4859
其他输配电及控制设备制造	531	12591	5019
电线、电缆、光缆及电工器材制造	2659	61914	26073
电线、电缆制造	2046	50433	21330
光纤、光缆制造	89	2634	1100
绝缘制品制造	196	3202	1304
其他电工器材制造	328	5645	2339
电池制造	390	18272	8520
锂离子电池制造	95	3018	1397
镍氢电池制造	25	1222	657
其他电池制造	270	14032	6466
家用电力器具制造	5394	179560	85982
家用制冷电器具制造	264	12332	4824
家用空气调节器制造	155	9416	3403
家用通风电器具制造	516	14050	6293
家用厨房电器具制造	1007	37047	18253

营业收入(万元)	#主营业务收 入	营业税金及 附 加(万元)	#主营业务税金及附加	资产总计(万元)	实收资本(万元)
108126	107565	1793	1766	137461	50499
108126	107565	1793	1766	137461	50499
56013	55676	492	492	46668	16439
7166	7166	47	47	6137	2300
48847	48510	445	445	40531	14139
35326944	35060054	299752	294766	36691919	8293185
4615917	4578493	38146	35438	4459145	844963
495309	493183	4161	4092	559151	120033
1911892	1903916	17975	17515	1763712	367107
2208715	2181395	16010	13832	2136282	357823
10397867	10332075	106374	105588	12890220	3412245
1354571	1343013	12502	12459	1663656	508189
226066	225539	2224	2222	220959	75810
5626091	5606465	60266	59827	7061030	1535390
1769827	1754194	22294	22097	1619767	544374
879754	862102	3017	2927	1687165	505220
541558	540763	6071	6055	637643	243261
6679965	6634645	35295	35068	4735340	978770
5881186	5846321	27193	27038	4019684	845586
379785	371715	3233	3232	331103	39204
129832	127965	2146	2077	132239	36131
289161	288644	2723	2721	252314	57849
1408269	1390825	6999	6960	1391084	380665
177321	176686	1119	1106	250671	89658
40504	40464	258	258	54216	9725
1190444	1173674	5622	5596	1086198	281282
6825514	6751272	50775	50072	7216142	1195027
723054	696550	3571	3506	897687	128333
502381	499551	2238	2186	646376	75129
542529	538106	5959	5860	644257	123264
1380316	1374712	10654	10456	1389103	246976

1-A-11 续表 22

行业	单位数(个)	从业人员期末人数(人)	#女性
家用清洁卫生电器具制造	380	18449	8162
家用美容、保健电器具制造	322	16292	8699
家用电力器具专用配件制造	1236	28166	13014
其他家用电力器具制造	1514	43808	23334
非电力家用器具制造	943	18648	7540
燃气、太阳能及类似能源家用器具制造	818	14258	5784
其他非电力家用器具制造	125	4390	1756
照明器具制造	5206	144843	78070
电光源制造	1176	48315	26730
照明灯具制造	2811	71691	38150
灯用电器附件及其他照明器具制造	1219	24837	13190
其他电气机械及器材制造	798	12205	4949
电气信号设备装置制造	202	4216	2110
其他未列明电气机械及器材制造	596	7989	2839
计算机、通信和其他电子设备制造业	8113	223282	112735
计算机制造	250	5130	2150
计算机整机制造	16	151	68
计算机零部件制造	95	1630	703
计算机外围设备制造	57	1601	645
其他计算机制造	82	1748	734
通信设备制造	617	17545	7484
通信系统设备制造	462	12286	5056
通信终端设备制造	155	5259	2428
广播电视设备制造	421	15121	8258
广播电视节目制作及发射设备制造	19	921	413
广播电视接收设备及器材制造	338	11961	6778
应用电视设备及其他广播电视设备制造	64	2239	1067
雷达及配套设备制造	9	138	54
雷达及配套设备制造	9	138	54
视听设备制造	605	19999	10808
电视机制造	34	2895	1286
音响设备制造	504	15090	8540
影视录放设备制造	67	2014	982

营业收入（万元）	#主营业务收 入	营业税金及 附 加（万元）	#主营业务税金及附加	资产总计（万元）	实收资本（万元）
984537	965295	6037	6008	1020230	126380
465826	464352	3996	3976	377909	73480
955609	948359	8772	8633	774271	171515
1271262	1264347	9548	9447	1466310	249950
747623	744511	6257	6182	873077	315563
575970	573531	4678	4620	703169	263901
171652	170981	1579	1562	169908	51662
4306864	4283987	49790	49379	4745767	998543
1388563	1379207	15695	15550	1309424	237918
2242465	2231280	23526	23354	2887413	631480
675835	673500	10569	10475	548930	129145
344927	344247	61[illegible]6	6079	381145	167410
114362	114274	1745	1744	102184	41817
230564	229973	4371	4335	278960	125592
8898164	8820967	84276	83610	9989781	2393944
211311	206536	2390	2375	203497	77783
16781	16781	39	39	9897	4488
73347	71947	619	612	62699	23068
65718	62668	1062	1054	55819	21773
55466	55140	670	670	75083	28454
844299	833342	6765	6710	1030742	368235
485271	481015	5023	4968	643834	237209
359028	352328	1742	1741	386909	131026
955741	952897	6513	6457	888854	104922
114738	114359	364	364	108280	7726
588689	586301	4230	4174	432768	83570
252314	252238	1919	1919	347806	13626
3604	3584	51	51	2219	1255
3604	3584	51	51	2219	1255
920607	898642	7184	7036	959504	121182
264465	246833	349	349	307087	32477
445661	442822	5069	4921	312809	54993
210481	208986	1765	1765	339608	33712

1-A-11 续表 23

行业	单位数(个)	从业人员期末人数(人)	#女性
电子器件制造	991	31435	15710
电子真空器件制造	83	1286	558
半导体分立器件制造	167	4527	2173
集成电路制造	94	4432	2156
光电子器件及其他电子器件制造	647	21190	10823
电子元件制造	4640	119764	60983
电子元件及组件制造	4326	107532	55551
印制电路板制造	314	12232	5432
其他电子设备制造	580	14150	7288
其他电子设备制造	580	14150	7288
仪器仪表制造业	4962	133881	60728
通用仪器仪表制造	2303	59901	25212
工业自动控制系统装置制造	671	19160	5865
电工仪器仪表制造	750	14573	6362
绘图、计算及测量仪器制造	192	4702	2390
实验分析仪器制造	166	4221	2158
试验机制造	46	1252	393
供应用仪表及其他通用仪器制造	478	15993	8044
专用仪器仪表制造	621	15641	7060
环境监测专用仪器仪表制造	49	1233	612
运输设备及生产用计数仪表制造	121	5287	2649
导航、气象及海洋专用仪器制造	31	930	385
农林牧渔专用仪器仪表制造	12	245	96
地质勘探和地震专用仪器制造	12	367	91
教学专用仪器制造	108	2829	1246
核子及核辐射测量仪器制造	4	78	12
电子测量仪器制造	125	1981	806
其他专用仪器制造	159	2691	1163

营业收入(万元)	#主营业务收入	营业税金及附加(万元)	#主营业务税金及附加	资产总计(万元)	实收资本(万元)
1113180	1105624	8750	8720	1557939	489598
45098	44866	816	814	47326	17388
133882	133414	1407	1403	193264	82977
250719	249948	1398	1395	496088	136829
683481	677397	5130	5107	821261	252405
4386311	4359583	48070	47722	4814855	1076821
3972134	3946389	44187	43851	4357334	978190
414178	413194	3883	3871	457521	98631
463110	460759	4553	4539	532170	154147
463110	460759	4553	4539	532170	154147
4003696	3972151	50689	50044	4112615	1165896
2289073	2267646	23251	22848	2378583	693425
835177	824643	7573	7347	924295	251646
543849	540536	6683	6610	578774	210811
143970	143598	1894	1893	113530	23478
125149	124235	1373	1372	98554	27979
45442	45247	312	308	41993	14145
595486	589387	5416	5316	621437	165367
538892	536736	6639	6580	653661	203016
39910	39858	576	576	56838	28672
182476	181789	1448	1448	217401	38178
44970	44807	445	404	56508	15538
7110	7110	134	134	11193	4326
15442	14860	166	166	31239	9345
111874	111417	2064	2052	102078	41465
1565	1565	17	17	6734	1750
54316	54264	706	704	76693	34693
81230	81066	1083	1080	94979	29049

1-A-11 续表 24

行 业	单位数(个)	从业人员期末人数(人)	#女 性
钟表与计时仪器制造	134	4961	2980
钟表与计时仪器制造	134	4961	2980
光学仪器及眼镜制造	1610	48535	22908
光学仪器制造	168	4444	2327
眼镜制造	1442	44091	20581
其他仪器仪表制造业	294	4843	2568
其他仪器仪表制造业	294	4843	2568
其他制造业	4737	91958	48105
日用杂品制造	3839	80395	43433
鬃毛加工、制刷及清扫工具制造	279	8085	4573
其他日用杂品制造	3560	72310	38860
煤制品制造	45	379	103
煤制品制造	45	379	103
核辐射加工	5	83	13
核辐射加工	5	83	13
其他未列明制造业	848	11101	4556
其他未列明制造业	848	11101	4556
废弃资源综合利用业	783	16800	5181
金属废料和碎屑加工处理	339	11496	3552
金属废料和碎屑加工处理	339	11496	3552
非金属废料和碎屑加工处理	444	5304	1629
非金属废料和碎屑加工处理	444	5304	1629
金属制品、机械和设备修理业	1191	32098	5075
金属制品修理	33	270	83
金属制品修理	33	270	83
通用设备修理	158	1353	269
通用设备修理	158	1353	269
专用设备修理	126	655	158
专用设备修理	126	655	158
铁路、船舶、航空航天等运输设备修理	707	27507	4055
铁路运输设备修理	1		
船舶修理	696	27095	3994
航空航天器修理	1		
其他运输设备修理	9	96	26

营业收入(万元)	#主营业务收入	营业税金及附加(万元)	#主营业务税金及附加	资产总计(万元)	实收资本(万元)
139811	136449	1612	1590	167818	23937
139811	136449	1612	1590	167818	23937
917111	913558	17450	17306	800255	208330
109730	108993	1323	1224	148645	38399
807381	804565	16127	16082	651610	169931
118810	117763	1737	1719	112298	37188
118810	117763	1737	1719	112298	37188
3018963	3002608	37619	37140	4647536	665430
2587138	2572414	32694	32238	4247384	515194
227182	226648	2561	2532	201008	38373
2359956	2345766	30133	29706	4046375	476821
44694	44694	230	230	22226	6834
44694	44694	230	230	22226	6834
2041	2031	44	44	6714	3508
2041	2031	44	44	6714	3508
385090	383470	4651	4629	371212	139894
385090	383470	4651	4629	371212	139894
2177189	2171442	13472	13388	1228394	219083
1861981	1856608	10095	10048	910941	137586
1861981	1856608	10095	10048	910941	137586
315208	314834	3377	3340	317452	81498
315208	314834	3377	3340	317452	81498
588829	586641	12585	12451	734359	187479
7927	7881	107	104	7060	3286
7927	7881	107	104	7060	3286
27019	26819	381	379	27288	10922
27019	26819	381	379	27288	10922
14269	14267	212	211	16415	5347
14269	14267	212	211	16415	5347
490626	489085	10864	10744	643543	152298
483129	481849	10624	10515	622593	144313
1191	1191	24	24	15694	6325

1-A-11 续表 25

行业	单位数(个)	从业人员期末人数(人)	#女性
电气设备修理	64	1156	237
电气设备修理	64	1156	237
仪器仪表修理	10	52	14
仪器仪表修理	10	52	14
其他机械和设备修理业	93	1105	259
其他机械和设备修理业	93	1105	259
电力、热力、燃气及水生产和供应业	**2130**	**23064**	**5736**
电力、热力生产和供应业	1444	15202	3715
电力生产	1397	14041	3456
火力发电	35	3931	1035
水力发电	1302	8683	2142
核力发电	1		
风力发电	15	148	31
太阳能发电	10	51	9
其他电力生产	34	1223	239
电力供应	13	66	9
电力供应	13	66	9
热力生产和供应	34	1095	250
热力生产和供应	34	1095	250
燃气生产和供应业	193	2248	564
燃气生产和供应业	193	2248	564
燃气生产和供应业	193	2248	564
水的生产和供应业	493	5614	1457
自来水生产和供应	160	1678	526
自来水生产和供应	160	1678	526
污水处理及其再生利用	182	2562	643
污水处理及其再生利用	182	2562	643
其他水的处理、利用与分配	151	1374	288
其他水的处理、利用与分配	151	1374	288

营业收入（万元）	#主营业务收入	营业税金及附加（万元）	#主营业务税金及附加	资产总计（万元）	实收资本（万元）
23686	23367	600	596	23701	8741
23686	23367	600	596	23701	8741
1129	1129	20	20	224	189
1129	1129	20	20	224	189
24173	24094	401	397	16128	6695
24173	24094	401	397	16128	6695
1124940	**1109833**	**17086**	**17018**	**4193405**	**1120620**
724922	714043	13101	13049	2718995	814583
617836	608488	12501	12471	2490566	745503
304603	300209	1337	1337	913503	188412
257201	256907	10564	10538	978793	375380
4739	4739	1	1	89248	47316
90	90	…	…	20118	6922
50723	46064	588	584	487554	126123
314	314	15	15	2104	1041
314	314	15	15	2104	1041
106772	105241	585	563	226325	68039
106772	105241	585	563	226325	68039
227700	224893	1865	1855	739598	99613
227700	224893	1865	1855	739598	99613
227700	224893	1865	1855	739598	99613
172319	170897	2121	2115	734813	206423
44500	43896	766	762	180365	57400
44500	43896	766	762	180365	57400
99093	98390	816	816	508218	128035
99093	98390	816	816	508218	128035
28726	28611	539	537	46229	20989
28726	28611	539	537	46229	20989

1-A-12 按地区分组的全部私营工业法人单位主要经济指标

地区	单位数(个)	从业人员期末人数(个)	#女性	营业收入(万元)	#主营业务收入	营业税金及附加(万元)	#主营业务税金及附加	资产总计(万元)	实收资本(万元)
全省	**329358**	**8038191**	**3567105**	**375490078**	**371888272**	**3332785**	**3284309**	**357322401**	**128396367**
杭州市	**44282**	**1036636**	**462990**	**57360113**	**56711956**	**437599**	**431424**	**57436438**	**13424303**
上城区	103	3067	1280	107615	106435	1145	1093	150503	59919
下城区	354	9706	4362	233522	232749	2473	2470	212499	73564
江干区	1170	27555	11378	1471935	1463450	6182	5967	1704014	445187
拱墅区	742	14707	5570	792565	783242	4598	4419	1463493	413016
西湖区	1691	28346	12084	1116848	1107865	8171	8063	1282754	423557
滨江区	814	21511	9218	980009	950246	6975	6787	2373626	489711
萧山区	14692	351992	161141	21547002	21289492	151628	149709	22176257	4584719
余杭区	9252	224945	100871	9812850	9646190	55836	54697	10425812	2452545
桐庐县	3307	63169	31267	3703219	3690121	37989	37311	2711712	768332
淳安县	824	23099	12691	1863179	1836376	11582	11559	913280	259875
建德市	2415	48734	22408	2923907	2901321	23641	22987	2131006	490429
富阳市	4791	124920	49055	8574529	8488317	69538	68779	8614855	2097640
临安市	4127	94885	41665	4232933	4216151	57841	57582	3276628	865809
宁波市	**65638**	**1588861**	**739329**	**59354298**	**58510684**	**447211**	**440257**	**62757748**	**11124585**
海曙区	393	4831	1967	133739	132553	1324	1286	217322	40900
江东区	378	9695	3642	358428	348955	3053	3043	430262	89439
江北区	2893	56902	24604	1827839	1763843	11337	11089	2168824	430699
北仑区	4329	100955	41533	3800505	3727145	25470	25072	4342820	1158443
镇海区	4111	95537	40961	4096999	4027775	19168	18852	4404048	828069
鄞州区	16541	376927	176287	14383398	14295069	99577	98119	12264068	2077459
象山县	3920	83050	43681	2913900	2884780	18397	18252	3655596	804966
宁海县	4480	124730	61694	4177722	4121872	34797	34355	4374114	669969
余姚市	10148	234914	111217	9344807	9290229	84314	82953	8891908	1512899
慈溪市	13851	374187	173781	15149038	14774186	118093	115955	18493888	2712664
奉化市	4594	127133	59962	3167923	3144276	31681	31280	3514898	799078

1-A-12 续表 1

地 区	单位数(个)	从业人员期末人数(个)	#女性	营业收入(万元)	#主营业务收入	营业税金及附加(万元)	#主营业务税金及附加	资产总计(万元)	实收资本(万元)
温州市	**55677**	**1248785**	**504586**	**41928238**	**41740941**	**577189**	**568935**	**35990701**	**11512211**
鹿城区	3017	148983	58288	4054510	4037805	30566	30325	2560588	658376
龙湾区	6875	166976	63987	6917067	6872861	93534	88839	7033156	2216413
瓯海区	4800	171884	73215	4802400	4767995	57163	56423	4351403	939942
洞头县	360	5345	2590	201706	200847	2708	2689	231982	71788
永嘉县	5079	90708	32088	2379724	2373821	58848	58691	2368363	1087576
平阳县	3074	65973	26541	2301229	2291715	52078	51701	1558355	651124
苍南县	6266	90520	39088	3147535	3135330	36131	35886	3001522	1217235
文成县	325	8685	5334	252143	251733	2662	2633	209766	59952
泰顺县	597	9717	4514	289165	287836	4701	4689	240641	80796
瑞安市	11399	249912	98354	8214394	8184162	95839	94739	5823223	1572072
乐清市	13885	240082	100587	9368364	9336836	142960	142320	8611702	2956938
嘉兴市	**32062**	**754476**	**360075**	**36497735**	**35991481**	**194307**	**189428**	**34299807**	**7973511**
南湖区	3383	76182	35957	3490163	3447551	22200	21236	3559028	911875
秀洲区	2605	77895	38445	3530083	3495134	20188	19626	3836546	837312
嘉善县	5400	100706	42438	4725958	4705037	31107	30262	3921304	1034734
海盐县	3509	79534	38820	3849908	3827265	19374	18880	3053117	758921
海宁市	7159	170852	81461	9749517	9597302	47218	45861	9382664	2286972
平湖市	4921	129346	65071	4365385	4161322	22553	22277	4742771	1038236
桐乡市	5085	119961	57883	6786722	6757870	31668	31286	5804377	1105461
湖州市	**14209**	**401562**	**174741**	**25619876**	**25468454**	**250122**	**245963**	**20291703**	**5079841**
吴兴区	3420	102636	47722	5660340	5603163	37073	36891	5231368	1309779
南浔区	3053	73797	31433	5555517	5544445	47481	47246	3751766	691243
德清县	2537	75056	31051	5003455	4966654	59326	57627	3407152	939165
长兴县	3066	75848	33120	5888606	5858408	60804	59525	5021228	1458022
安吉县	2133	74225	31415	3511958	3495782	45439	44673	2880189	681631

1-A-12 续表 2

地 区	单位数(个)	从业人员期末人数(个)	#女 性	营业收入(万元)	#主营业务收 入	营业税金及 附 加(万元)	#主营业务税金及附加	资产总计(万元)	实收资本(万元)
绍兴市	**34317**	**851765**	**409534**	**59201937**	**58839977**	**435109**	**430677**	**51035921**	**8958050**
越城区	3124	81581	42309	4765502	4670618	26230	25535	5105143	834455
绍兴县	8331	270238	131918	23118378	23021263	149108	147104	17715425	2728908
新昌县	2530	62895	27911	3381808	3366164	38282	38104	3518020	495184
诸暨市	9382	199164	91986	16300455	16243232	106973	106574	13452392	2423897
上虞市	5552	138423	69362	7871872	7807156	71158	70593	7511057	1649971
嵊州市	5398	99464	46048	3763922	3731544	43358	42766	3733884	825635
金华市	**34321**	**925953**	**420750**	**39800607**	**39597108**	**493088**	**486078**	**41901111**	**58885271**
婺城区	2425	61646	26059	2832602	2791588	23398	23083	3155665	651152
金东区	2291	52365	23924	1792117	1782966	17919	17719	2083352	574727
武义县	2964	119518	47093	4653722	4627124	36419	35799	4856292	907089
浦江县	2425	81333	39373	3625445	3619355	47262	46669	3141203	591861
磐安县	1358	28083	14760	842621	835912	14253	14083	937228	240398
兰溪市	2651	62853	34092	4255568	4232044	30399	29944	3559965	849107
义乌市	6616	206716	106106	7497191	7459828	122352	120675	8979803	1911678
东阳市	4198	104507	48297	4290279	4274518	70914	70560	4600119	51070177
永康市	9393	208932	81046	10011063	9973772	130172	127546	10587486	2089083
衢州市	**5381**	**160736**	**66630**	**9884493**	**9623254**	**82603**	**81637**	**11208975**	**2241963**
柯城区	664	18247	6869	1365077	1171100	8434	8377	1366833	323563
衢江区	1090	30702	10968	1609405	1572168	13402	12999	3674691	544161
常山县	829	25289	11304	1067676	1062620	7039	7005	1248119	305703
开化县	600	13001	6417	863236	862053	8140	8132	1190016	185155
龙游县	929	32564	12713	1950136	1942549	11974	11697	1676340	413466
江山市	1269	40933	18359	3028963	3012764	33615	33426	2052976	469915

1-A-12 续表 3

地　区	单位数（个）	从业人员期末人数（个）	#女 性	营业收入（万元）	#主营业务收　入	营业税金及附加（万元）	#主营业务税金及附加	资产总计（万元）	实收资本（万元）
舟山市	**3291**	**100091**	**31311**	**4624831**	**4505064**	**34348**	**33445**	**7177696**	**1406702**
定海区	1742	39148	12592	1848686	1816279	18514	18344	3168888	641049
普陀区	815	36589	10318	1881735	1804813	8873	8762	2425330	374072
岱山县	619	22513	7708	830333	819966	6088	5917	1476505	371448
嵊泗县	115	1841	693	64077	64006	873	422	106973	20133
台州市	**33850**	**739714**	**303461**	**25567564**	**25390591**	**269363**	**267513**	**22786789**	**5386058**
椒江区	2449	50523	20530	1352510	1342654	19447	19332	1918775	499605
黄岩区	4090	76772	31958	2880194	2860306	23678	23528	2563655	504143
路桥区	3905	75040	28873	3256865	3223988	41235	41013	2185907	514679
玉环县	5898	123782	49358	3880996	3830957	56549	55802	2714540	619808
三门县	1639	38290	16223	1447407	1443433	8557	8547	2550975	662536
天台县	1637	32435	15144	1363484	1357508	10969	10815	1408693	385874
仙居县	1581	41940	19537	994355	989953	14743	14676	952906	294110
温岭市	8832	192385	75568	6839203	6825675	55549	55388	4380636	1053197
临海市	3819	108547	46270	3552549	3516117	38636	38412	4110702	852105
丽水市	**6330**	**229612**	**93698**	**15650388**	**15508764**	**111846**	**108953**	**12435513**	**2403871**
莲都区	1039	47125	18177	4227911	4144401	21256	20555	4538236	650074
青田县	1096	43247	15244	2638644	2617584	24779	24326	1847586	364816
缙云县	1469	50169	19635	3681623	3672877	18271	18069	2522881	441988
遂昌县	386	8203	3394	330968	330449	4465	4463	404689	121539
松阳县	433	16890	6258	1630916	1620415	7949	7435	926253	241702
云和县	520	14376	7088	567714	559791	8698	8532	284422	123334
庆元县	432	17854	9786	672914	672143	7345	7177	507239	129799
景宁县	258	5851	2434	240988	238483	5198	4925	276866	98640
龙泉市	697	25897	11682	1658711	1652621	13885	13472	1127342	231979

B.规模以上工业

1-B-1 按轻重工业、规模、登记注册类型和控股情况分组的规模以上工业法人单位数和总产值

项目	单位数(人)	#亏损单位数	工业总产值(当年价格)(万元)	工业销售产值(当年价格)(万元)	#出口交货值
总　计	**39553**	**4933**	**629716021**	**612722171**	**112217530**
一、按轻重工业分					
轻工业	19494	2448	247183829	240622708	60760215
重工业	20059	2485	382532192	372099463	51457315
二、按规模分					
大型企业	602	33	167378508	164128814	31233462
中型企业	4607	494	189331690	183420254	36652111
小型企业	32682	4108	258591399	250794826	43534814
微型企业	1662	298	14414425	14378278	797143
三、按登记注册类型分					
内资	32998	3530	472155065	458389295	69490234
国有	120	8	31879337	31820630	63137
集体	76	3	528038	520075	18747
股份合作企业	336	25	1735918	1668198	248646
联营企业	2		7798	7664	676
集体联营	1				
其他联营	1				
有限责任公司	5330	716	118501256	115724489	13731166
国有独资公司	124	28	6919559	6873063	189486
其他有限责任公司	5206	688	111581697	108851427	13541681
股份有限公司	682	71	58761375	56495117	9049506
私营企业	26440	2707	260677880	252090193	46375433
私营独资	1428	87	6883016	6704639	1043023
私营合伙	348	27	1430256	1396496	236220
私营有限责任公司	24247	2536	239726515	231886195	42933926
私营股份有限公司	417	57	12638092	12102864	2162263
其他企业	12		63464	62929	2924
港澳台商投资	3311	676	78085591	76206811	18287266
与港澳台商合资经营	1842	321	47027013	45917397	9691204
与港澳台商合作经营	51	11	2229792	2194284	217517
港澳台商独资	1366	330	25945839	25346142	7815115
港澳台商投资股份有限公司	48	12	2864190	2730534	556994
其他港澳台投资	4	2	18757	18455	6437
外商投资	3244	727	79475365	78126065	24440030
中外合资经营	1786	355	43552488	42449381	10192420
中外合作经营	44	9	739943	729957	206039
外资企业	1379	358	33428850	33225674	13629201
外商投资股份有限公司	29	5	1565764	1553928	405291
其他外商投资	6		188320	167126	7079
四、按控股情况分					
国有控股	701	114	90128661	89206685	2952753
集体控股	554	70	12401172	12115570	1580037
私人控股	33190	3597	403592993	390609330	72221673
港澳台商控股	2288	510	51462302	50174669	12913109
外商控股	2199	533	54147843	53005547	18468156
其他	621	109	17983049	17610370	4081803

1-B-2　按行业小类分组的规模以上工业法人单位数和总产值

行　业	单位数(个)	#亏损单位数	工业总产值(当年价格)(万元)	工业销售产值(当年价格)(万元)	#出口交货值
总　计	**39553**	**4933**	**629716021**	**612722171**	**112217530**
采矿业	**145**	**19**	**1833154**	**1787780**	**3427**
煤炭开采和洗选业	1				
褐煤开采洗选	1				
褐煤开采洗选	1				
黑色金属矿采选业	5		155167	154400	
铁矿采选	5		155167	154400	
铁矿采选	5		155167	154400	
有色金属矿采选业	18	1	320770	298397	
常用有色金属矿采选	10	1	219874	224215	
铜矿采选	3		35082	35054	
铅锌矿采选	7	1	184792	189161	
贵金属矿采选	1				
银矿采选	1				
稀有稀土金属矿采选	7		96359	71507	
钨钼矿采选	7		96359	71507	
非金属矿采选业	121	18	1349953	1330829	3427
土砂石开采	108	15	1287393	1269433	3084
石灰石、石膏开采	20	4	120853	112744	
建筑装饰用石开采	35	2	560444	556298	
耐火土石开采	19	3	119615	117046	211
粘土及其他土砂石开采	34	6	486482	483345	2873
化学矿开采	1				
化学矿开采	1				
石棉及其他非金属矿采选	12	3	52399	51234	343
其他未列明非金属矿采选	12	3	52399	51234	343
制造业	**38920**	**4839**	**581026679**	**564188130**	**112206362**
农副食品加工业	784	97	10454812	10179666	1617956
谷物磨制	53	8	622739	622073	
谷物磨制	53	8	622739	622073	

1-B-2 续表 1

行业	单位数(个)	#亏损单位数	工业总产值(当年价格)(万元)	工业销售产值(当年价格)(万元)	#出口交货值
饲料加工	133	10	2291461	2260744	152263
饲料加工	133	10	2291461	2260744	152263
植物油加工	31	5	1359827	1362785	6250
食用植物油加工	28	4	1344760	1348615	6250
非食用植物油加工	3	1	15067	14170	
制糖业	1				
制糖业	1				
屠宰及肉类加工	94	15	1364678	1318575	48858
牲畜屠宰	20	4	742967	725117	497
禽类屠宰	2		16101	15951	
肉制品及副产品加工	72	11	605610	577508	48361
水产品加工	297	49	3186075	3015662	1129479
水产品冷冻加工	225	38	2631909	2493036	1071591
鱼糜制品及水产品干腌制加工	36	5	275852	253114	45672
水产饲料制造	28	4	223514	214727	
鱼油提取及制品制造	1				
其他水产品加工	7	2	49228	49214	9994
蔬菜、水果和坚果加工	138	6	1132667	1103105	210263
蔬菜加工	76	3	632444	615565	201778
水果和坚果加工	62	3	500223	487540	8485
其他农副食品加工	37	4	491787	491145	70844
淀粉及淀粉制品制造	6	1	103473	111868	139
豆制品制造	15	2	200069	198819	25911
蛋品加工	5		41260	39261	
其他未列明农副食品加工	11	1	146985	141197	44794
食品制造业	333	45	5346952	5178032	775053
焙烤食品制造	51	8	458389	447385	2452
糕点、面包制造	30	6	296924	289832	2091
饼干及其他焙烤食品制造	21	2	161464	157553	361

1-B-2 续表 2

行 业	单位数（个）	#亏损单位数	工业总产值（当年价格）（万元）	工业销售产值（当年价格）（万元）	#出口交货值
糖果、巧克力及蜜饯制造	23	3	385344	369879	7827
糖果、巧克力制造	11	1	294163	279602	6022
蜜饯制作	12	2	91181	90278	1804
方便食品制造	36	6	785986	757769	22346
米、面制品制造	6	1	30393	31199	
速冻食品制造	13	2	162420	158917	6299
方便面及其他方便食品制造	17	3	593173	567653	16047
乳制品制造	17	2	508391	507994	794
乳制品制造	17	2	508391	507994	794
罐头食品制造	63	13	559338	520852	366896
肉、禽类罐头制造	2		48766	48469	16283
水产品罐头制造	3		60478	60789	54218
蔬菜、水果罐头制造	56	13	443562	406048	294005
其他罐头食品制造	2		6532	5546	2391
调味品、发酵制品制造	25	4	297314	292827	7365
味精制造	8	1	60828	58906	
酱油、食醋及类似制品制造	8	2	150016	151985	743
其他调味品、发酵制品制造	9	1	86470	81936	6621
其他食品制造	118	9	2352192	2281326	367374
营养食品制造	14		284255	280002	30177
保健食品制造	22	1	470473	458801	59371
冷冻饮品及食用冰制造	7	3	116761	138689	
盐加工	3		35996	26999	
食品及饲料添加剂制造	66	5	1394324	1326781	270200
其他未列明食品制造	6		50383	50054	7626
酒、饮料和精制茶制造业	227	22	5132200	4999438	410442
酒的制造	59	9	1300019	1229328	41299
酒精制造	1				
白酒制造	4		23923	22585	2207
啤酒制造	22	8	688933	689131	16191
黄酒制造	30		573541	504506	22902
其他酒制造	2	1	9212	8806	

1-B-2 续表 3

行业	单位数(个)	#亏损单位数	工业总产值(当年价格)(万元)	工业销售产值(当年价格)(万元)	#出口交货值
饮料制造	60	5	2898183	2859050	13975
碳酸饮料制造	6		269711	255724	
瓶(罐)装饮用水制造	10		407996	395702	22
果菜汁及果菜汁饮料制造	18	1	607014	608121	1675
含乳饮料和植物蛋白饮料制造	10	1	476854	480005	983
固体饮料制造	4		21884	20480	8914
茶饮料及其他饮料制造	12	3	1114725	1099017	2381
精制茶加工	108	8	933998	911060	355168
精制茶加工	108	8	933998	911060	355168
烟草制品业	3		3785571	3794535	29350
卷烟制造	2		3763375	3772023	29350
卷烟制造	2		3763375	3772023	29350
其他烟草制品制造	1				
其他烟草制品制造	1				
纺织业	4972	482	58556080	56841348	11891423
棉纺织及印染精加工	2215	219	33399172	32461801	4972007
棉纺纱加工	623	108	7480642	7231285	814374
棉织造加工	1052	69	14227520	13825666	2409887
棉印染精加工	540	42	11691011	11404850	1747745
毛纺织及染整精加工	206	24	1860644	1804182	230744
毛条和毛纱线加工	94	10	1136595	1094142	181594
毛织造加工	72	7	514361	504434	38531
毛染整精加工	40	7	209688	205606	10619
麻纺织及染整精加工	21	3	385826	364755	92982
麻纤维纺前加工和纺纱	13	1	305728	291177	88887
麻织造加工	6	2	31030	33368	4096
麻染整精加工	2		49068	40210	
丝绢纺织及印染精加工	332	43	2791897	2728849	551625
缫丝加工	62	14	614414	608392	157879
绢纺和丝织加工	238	26	1809205	1757626	373205
丝印染精加工	32	3	368277	362831	20542

1-B-2 续表 4

行 业	单位数(个)	#亏损单位数	工业总产值(当年价格)(万元)	工业销售产值(当年价格)(万元)	#出口交货值
化纤织造及印染精加工	298	22	2752311	2635476	469374
化纤织造加工	267	18	2395785	2311348	445024
化纤织物染整精加工	31	4	356526	324129	24350
针织或钩针编织物及其制品制造	1023	69	9932368	9614534	2782553
针织或钩针编织物织造	850	48	8394549	8137992	2374762
针织或钩针编织物印染精加工	41	6	302207	295103	57201
针织或钩针编织品制造	132	15	1235613	1181440	350590
家用纺织制成品制造	480	59	3734984	3656011	1790075
床上用品制造	234	30	1620755	1575594	728894
毛巾类制品制造	18	1	182301	175973	59688
窗帘、布艺类产品制造	136	14	1300172	1285641	721770
其他家用纺织制成品制造	92	14	631756	618803	279723
非家用纺织制成品制造	397	43	3698880	3575740	1002063
非织造布制造	175	17	1789345	1734870	258684
绳、索、缆制造	23	1	152254	150749	49728
纺织带和帘子布制造	79	7	785518	764869	234337
篷、帆布制造	60	10	532034	509338	291476
其他非家用纺织制成品制造	60	8	439729	415915	167838
纺织服装、服饰业	2555	453	23455483	22918532	9937686
机织服装制造	1460	271	14484909	14117373	5162954
机织服装制造	1460	271	14484909	14117373	5162954
针织或钩针编织服装制造	829	129	6973048	6841818	3747686
针织或钩针编织服装制造	829	129	6973048	6841818	3747686
服饰制造	266	53	1997526	1959341	1027047
服饰制造	266	53	1997526	1959341	1027047
皮革、毛皮、羽毛及其制品和制鞋业	1780	144	15092521	14682091	5753736
皮革鞣制加工	95	8	1789422	1727435	267758
皮革鞣制加工	95	8	1789422	1727435	267758

1-B-2 续表 5

行业	单位数(个)	#亏损单位数	工业总产值(当年价格)(万元)	工业销售产值(当年价格)(万元)	#出口交货值
皮革制品制造	454	61	3299399	3210689	1770177
皮革服装制造	120	13	700380	671419	209175
皮箱、包(袋)制造	253	36	1550829	1505862	934659
皮手套及皮装饰制品制造	44	2	266532	261137	142704
其他皮革制品制造	37	10	781658	772271	483640
毛皮鞣制及制品加工	75	6	471783	446189	87835
毛皮鞣制加工	11		108518	104586	24124
毛皮服装加工	16	1	210022	189838	36951
其他毛皮制品加工	48	5	153243	151766	26761
羽毛(绒)加工及制品制造	73	8	1363609	1350134	682148
羽毛(绒)加工	22		352495	351244	105411
羽毛(绒)制品加工	51	8	1011114	998891	576737
制鞋业	1083	61	8168308	7947644	2945817
纺织面料鞋制造	55	2	246181	241339	120421
皮鞋制造	808	39	6860811	6681294	2490674
塑料鞋制造	58	3	208864	201382	65010
橡胶鞋制造	141	15	760467	733859	237119
其他制鞋业	21	2	91985	89771	32593
木材加工和木、竹、藤、棕、草制品业	488	38	4598229	4494391	829732
木材加工	41	4	272894	275604	19886
锯材加工	13		52949	52886	2621
木片加工	11	2	82042	83753	3162
单板加工	14	2	119863	120961	14103
其他木材加工	3		18040	18004	
人造板制造	159	13	1343801	1299910	264718
胶合板制造	94	5	855032	826767	192265
纤维板制造	17	5	145773	135317	
刨花板制造	2		14521	14540	
其他人造板制造	46	3	328476	323286	72453

1-B-2 续表 6

行 业	单位数(个)	#亏损单位数	工业总产值(当年价格)(万元)	工业销售产值(当年价格)(万元)	#出口交货值
木制品制造	194	16	2379697	2334615	379846
建筑用木料及木材组件加工	13	1	92949	91459	15342
木门窗、楼梯制造	51	2	443518	438933	57250
地板制造	74		1511278	1480760	238269
木制容器制造	20	3	188129	184908	5036
软木制品及其他木制品制造	36	10	143822	138556	63950
竹、藤、棕、草等制品制造	94	5	601837	584261	165283
竹制品制造	75	4	522675	508429	125270
藤制品制造	3	1	8762	8600	
草及其他制品制造	16		70400	67233	40013
家具制造业	700	116	7540622	7303716	3915996
木质家具制造	266	42	2380116	2292028	904034
木质家具制造	266	42	2380116	2292028	904034
竹、藤家具制造	15	4	370545	366767	157033
竹、藤家具制造	15	4	370545	366767	157033
金属家具制造	261	43	2849552	2737455	1835334
金属家具制造	261	43	2849552	2737455	1835334
塑料家具制造	33	6	339257	326814	172309
塑料家具制造	33	6	339257	326814	172309
其他家具制造	125	21	1601152	1580652	847286
其他家具制造	125	21	1601152	1580652	847286
造纸和纸制品业	888	125	12071951	11810809	709819
纸浆制造	1				
木竹浆制造	1				
造纸	454	67	7937595	7774207	459787
机制纸及纸板制造	423	61	7641020	7485746	453846
手工纸制造	6	1	177657	171706	319
加工纸制造	25	5	118919	116755	5622
纸制品制造	433	58	4132156	4034438	250032
纸和纸板容器制造	296	36	2864627	2820298	64502
其他纸制品制造	137	22	1267529	1214140	185531

1-B-2 续表 7

行 业	单位数(个)	#亏损单位数	工业总产值(当年价格)(万元)	工业销售产值(当年价格)(万元)	#出口交货值
印刷和记录媒介复制业	499	62	3679254	3583633	425233
印刷	485	61	3619352	3525397	416598
书、报刊印刷	55	10	355532	349045	5588
本册印制	28	3	402709	385556	228806
包装装潢及其他印刷	402	48	2861110	2790796	182204
装订及印刷相关服务	13		57737	56114	8297
装订及印刷相关服务	13		57737	56114	8297
记录媒介复制	1				
记录媒介复制	1				
文教、工美、体育和娱乐用品制造业	1200	148	12100462	11843819	4795783
文教办公用品制造	219	26	2105388	2101954	708393
文具制造	108	16	1086893	1083751	380958
笔的制造	88	7	574035	587979	307360
教学用模型及教具制造	9		379532	365493	812
墨水、墨汁制造	1				
其他文教办公用品制造	13	3	61347	61151	19264
乐器制造	24	3	293448	294810	89559
西乐器制造	14	3	204123	207388	72491
电子乐器制造	2		10898	10891	3924
其他乐器及零件制造	8		78428	76531	13144
工艺美术品制造	588	71	6194100	6034097	2041283
雕塑工艺品制造	60	9	354418	345211	84689
金属工艺品制造	69	10	412242	400122	155736
漆器工艺品制造	24	1	106396	104124	76513
花画工艺品制造	13	2	79834	76049	51939
天然植物纤维编织工艺品制造	36	5	206639	203396	79798
抽纱刺绣工艺品制造	154	15	1453021	1428773	610503
地毯、挂毯制造	38	3	319466	311785	149990
珠宝首饰及有关物品制造	38	5	2291456	2224498	202809
其他工艺美术品制造	156	21	970629	940139	629305

1-B-2 续表 8

行 业	单位数(个)	#亏损单位数	工业总产值(当年价格)(万元)	工业销售产值(当年价格)(万元)	#出口交货值
体育用品制造	159	28	1112226	1082340	657188
球类制造	15	1	105046	101276	41882
体育器材及配件制造	39	6	264907	257213	159278
训练健身器材制造	73	12	532236	524575	310356
运动防护用具制造	11	4	38091	36634	24040
其他体育用品制造	21	5	171945	162642	121632
玩具制造	162	14	1310891	1262900	789861
玩具制造	162	14	1310891	1262900	789861
游艺器材及娱乐用品制造	48	6	1084409	1067719	509499
露天游乐场所游乐设备制造	21		216898	204927	109407
游艺用品及室内游艺器材制造	19	5	808808	806086	355101
其他娱乐用品制造	8	1	58703	56705	44991
石油加工、炼焦和核燃料加工业	46	10	17579542	16663884	17115
精炼石油产品制造	46	10	17579542	16663884	17115
原油加工及石油制品制造	44	9	17550354	16633186	17115
人造原油制造	2	1	29189	30698	
化学原料和化学制品制造业	1629	190	56346563	54785941	4668461
基础化学原料制造	312	47	12046359	11680335	805261
无机酸制造	19	2	366887	363952	13843
无机碱制造	7	2	414722	412184	11737
无机盐制造	44	6	429022	424277	51566
有机化学原料制造	195	27	9908912	9569311	695004
其他基础化学原料制造	47	10	926816	910611	33112
肥料制造	20	4	297143	278671	39293
氮肥制造	5	1	199863	187356	36112
复混肥料制造	10	3	59521	54043	
有机肥料及微生物肥料制造	4		22801	22818	1417
其他肥料制造	1				
农药制造	57	9	1803876	1711591	692865
化学农药制造	50	9	1633147	1547157	641615
生物化学农药及微生物农药制造	7		170729	164434	51251

1-B-2 续表 9

行业	单位数(个)	#亏损单位数	工业总产值(当年价格)(万元)	工业销售产值(当年价格)(万元)	#出口交货值
涂料、油墨、颜料及类似产品制造	299	15	5893044	5719512	819096
涂料制造	142	8	1731698	1689689	143911
油墨及类似产品制造	24		324731	314658	18765
颜料制造	34	3	502672	481400	151734
染料制造	86	3	3233425	3135140	466765
密封用填料及类似品制造	13	1	100518	98625	37922
合成材料制造	328	41	25554440	24925502	1158151
初级形态塑料及合成树脂制造	227	30	7839945	7711779	685387
合成橡胶制造	14	3	581756	574815	27046
合成纤维单(聚合)体制造	59	5	16639494	16158555	412515
其他合成材料制造	28	3	493246	480352	33203
专用化学产品制造	491	64	6849956	6617734	694421
化学试剂和助剂制造	261	25	3168772	3085712	228258
专项化学用品制造	82	10	1439120	1355955	165665
林产化学产品制造	19	2	124175	118430	6759
信息化学品制造	58	21	1494137	1453932	224520
环境污染处理专用药剂材料制造	12		136646	133688	23144
动物胶制造	6	2	86538	77209	20420
其他专用化学产品制造	53	4	400569	392808	25655
炸药、火工及焰火产品制造	9		137503	132365	226
炸药及火工产品制造	9		137503	132365	226
日用化学产品制造	113	10	3764242	3720232	459148
肥皂及合成洗涤剂制造	23	2	1401989	1384280	109146
化妆品制造	56	4	1328748	1318736	132799
口腔清洁用品制造	2		13680	13500	
香料、香精制造	14	2	360060	363210	193084
其他日用化学产品制造	18	2	659765	640506	24120
医药制造业	443	62	10310003	10010394	2612789
化学药品原料药制造	157	32	4993732	4621028	1977820
化学药品原料药制造	157	32	4993732	4621028	1977820

1-B-2 续表 10

行 业	单位数(个)	#亏损单位数	工业总产值(当年价格)(万元)	工业销售产值(当年价格)(万元)	#出口交货值
化学药品制剂制造	61	14	2234437	2468166	97764
化学药品制剂制造	61	14	2234437	2468166	97764
中药饮片加工	37	2	278003	263616	9990
中药饮片加工	37	2	278003	263616	9990
中成药生产	41	6	1178188	1115671	48305
中成药生产	41	6	1178188	1115671	48305
兽用药品制造	16	1	134287	126290	15669
兽用药品制造	16	1	134287	126290	15669
生物药品制造	59	3	922930	866803	244176
生物药品制造	59	3	922930	866803	244176
卫生材料及医药用品制造	72	4	568426	548820	219065
卫生材料及医药用品制造	72	4	568426	548820	219065
化学纤维制造业	575	69	24483360	23847822	1418843
纤维素纤维原料及纤维制造	19	4	399772	398078	50401
化纤浆粕制造	2		10152	10077	
人造纤维(纤维素纤维)制造	17	4	389620	388001	50401
合成纤维制造	556	65	24083588	23449744	1368442
锦纶纤维制造	54	7	1716852	1603170	145874
涤纶纤维制造	312	34	18976533	18553328	1118552
腈纶纤维制造	4	1	228788	215469	5111
维纶纤维制造	1				
丙纶纤维制造	14	2	96242	94629	15551
氨纶纤维制造	23	4	1153202	1107482	58769
其他合成纤维制造	148	16	1906913	1871429	23800
橡胶和塑料制品业	2334	285	27374685	27141321	5202020
橡胶制品业	276	33	5903240	6376372	1177967
轮胎制造	32	2	3892448	4440498	788053
橡胶板、管、带制造	83	8	940033	903799	228534
橡胶零件制造	68	12	404324	386743	35111

1-B-2 续表 11

行业	单位数(个)	#亏损单位数	工业总产值(当年价格)(万元)	工业销售产值(当年价格)(万元)	#出口交货值
再生橡胶制造	12		112054	108665	8819
日用及医用橡胶制品制造	21	6	108646	106547	40692
其他橡胶制品制造	60	5	445736	430120	76756
塑料制品业	2058	252	21471445	20764949	4024053
塑料薄膜制造	211	35	5036404	4945336	741590
塑料板、管、型材制造	305	36	3134470	3048711	515820
塑料丝、绳及编织品制造	158	18	935600	912648	100132
泡沫塑料制造	90	8	688792	671194	107261
塑料人造革、合成革制造	211	26	3776699	3537216	325058
塑料包装箱及容器制造	180	22	1500002	1444566	255956
日用塑料制品制造	392	52	2843652	2754873	1240994
塑料零件制造	226	25	1258944	1230910	173191
其他塑料制品制造	285	30	2296880	2219495	564050
非金属矿物制品业	1522	204	19091450	18637032	1058569
水泥、石灰和石膏制造	214	29	4727527	4676713	12
水泥制造	188	28	4485428	4436579	
石灰和石膏制造	26	1	242098	240135	12
石膏、水泥制品及类似制品制造	617	77	7164205	7031387	46107
水泥制品制造	559	70	6361297	6275213	21802
砼结构构件制造	31	4	566772	526491	
石棉水泥制品制造	1				
轻质建筑材料制造	22	2	194776	188455	15092
其他水泥类似制品制造	4	1	36854	36723	9214
砖瓦、石材等建筑材料制造	145	18	1792936	1769970	51443
粘土砖瓦及建筑砌块制造	53	7	214331	209762	51
建筑陶瓷制品制造	12	4	779459	775661	9789
建筑用石加工	11	2	70573	67584	
防水建筑材料制造	35	3	491829	484322	29064
隔热和隔音材料制造	14	1	105066	103572	8390
其他建筑材料制造	20	1	131677	129069	4149

1-B-2 续表 12

行 业	单位数(个)	#亏损单位数	工业总产值(当年价格)(万元)	工业销售产值(当年价格)(万元)	#出口交货值
玻璃制造	54	13	587727	567799	33087
平板玻璃制造	14	3	269594	258689	
其他玻璃制造	40	10	318133	309110	33087
玻璃制品制造	176	23	2040406	1931894	333797
技术玻璃制品制造	46	8	794772	736822	124409
光学玻璃制造	9	1	99498	90608	8092
玻璃仪器制造	1				
日用玻璃制品制造	64	5	571749	543385	112733
玻璃包装容器制造	12	2	129281	126757	7066
玻璃保温容器制造	5	1	51099	50598	38879
制镜及类似品加工	17	1	210619	206944	23697
其他玻璃制品制造	22	5	174193	167901	18922
玻璃纤维和玻璃纤维增强塑料制品制造	95	19	955526	949753	365147
玻璃纤维及制品制造	58	8	774591	774697	296795
玻璃纤维增强塑料制品制造	37	11	180935	175056	68352
陶瓷制品制造	53	9	404624	357938	78121
卫生陶瓷制品制造	25	4	137342	136532	54162
特种陶瓷制品制造	17	4	219643	179587	21259
日用陶瓷制品制造	1				
园林、陈设艺术及其他陶瓷制品制造	10	1	44048	38228	1054
耐火材料制品制造	107	9	958591	904639	50003
石棉制品制造	2		25261	23825	127
云母制品制造	1				
耐火陶瓷制品及其他耐火材料制造	104	8	921604	869184	46158
石墨及其他非金属矿物制品制造	61	7	459909	446940	100852
石墨及碳素制品制造	15	2	189491	186636	75343
其他非金属矿物制品制造	46	5	270417	260304	25509
黑色金属冶炼和压延加工业	1015	126	26773716	26037400	933154
炼铁	1				
炼铁	1				

1-B-2 续表 13

行　业	单位数(个)	#亏损单位数	工业总产值(当年价格)(万元)	工业销售产值(当年价格)(万元)	#出口交货值
炼钢	14		3151946	3076792	106431
炼钢	14		3151946	3076792	106431
黑色金属铸造	318	28	2231031	2117211	216292
黑色金属铸造	318	28	2231031	2117211	216292
钢压延加工	667	97	21121642	20586073	609256
钢压延加工	667	97	21121642	20586073	609256
铁合金冶炼	15	1	264365	252591	1175
铁合金冶炼	15	1	264365	252591	1175
有色金属冶炼和压延加工业	797	139	23726615	22807938	1367531
常用有色金属冶炼	66	10	3836385	3642806	80527
铜冶炼	17	2	2577064	2482016	
铅锌冶炼	10	3	74021	74294	
镍钴冶炼	13	1	764771	698185	69443
锡冶炼	2		9668	9668	19
铝冶炼	21	2	394058	360905	192
镁冶炼	1				
其他常用有色金属冶炼	2	2	6550	7485	1394
贵金属冶炼	11	4	939367	793072	3844
金冶炼	5	2	848649	710870	
银冶炼	4	2	78973	71955	3844
其他贵金属冶炼	2		11746	10248	
稀有稀土金属冶炼	5	1	74924	71051	2571
钨钼冶炼	2		11270	11047	2571
稀土金属冶炼	3	1	63654	60004	
有色金属合金制造	95	15	1895722	1811852	104111
有色金属合金制造	95	15	1895722	1811852	104111
有色金属铸造	15	5	107134	104738	7808
有色金属铸造	15	5	107134	104738	7808
有色金属压延加工	605	104	16873083	16384419	1168671
铜压延加工	292	54	12214002	11973221	826181

1-B-2 续表 14

行 业	单位数(个)	#亏损单位数	工业总产值(当年价格)(万元)	工业销售产值(当年价格)(万元)	#出口交货值
铝压延加工	228	36	3483731	3279510	194336
贵金属压延加工	10	2	199852	197081	
稀有稀土金属压延加工	18	3	195463	181234	6653
其他有色金属压延加工	57	9	780034	753374	141500
金属制品业	2364	290	23842410	23036583	6186044
结构性金属制品制造	400	47	6671479	6487118	748764
金属结构制造	171	30	3239094	3140069	312169
金属门窗制造	229	17	3432384	3347049	436595
金属工具制造	346	36	2074802	1991214	999640
切削工具制造	75	4	484489	453440	143718
手工具制造	139	16	836658	811065	426680
农用及园林用金属工具制造	63	5	372654	354171	254445
刀剪及类似日用金属工具制造	16	1	131551	133527	61645
其他金属工具制造	53	10	249450	239010	113151
集装箱及金属包装容器制造	109	21	1673514	1602898	599874
集装箱制造	6		498969	463856	456724
金属压力容器制造	39	8	484959	455273	45393
金属包装容器制造	64	13	689586	683769	97756
金属丝绳及其制品制造	140	26	1814928	1754225	110289
金属丝绳及其制品制造	140	26	1814928	1754225	110289
建筑、安全用金属制品制造	514	56	4274961	4104537	1439417
建筑、家具用金属配件制造	214	23	1426136	1340327	536728
建筑装饰及水暖管道零件制造	235	27	2382153	2303067	676996
安全、消防用金属制品制造	46	4	328805	329817	151083
其他建筑、安全用金属制品制造	19	2	137866	131325	74609
金属表面处理及热处理加工	213	32	1727237	1662119	71656
金属表面处理及热处理加工	213	32	1727237	1662119	71656
搪瓷制品制造	31	8	197105	208297	71740
生产专用搪瓷制品制造	1				
建筑装饰搪瓷制品制造	3		61283	76262	880
搪瓷卫生洁具制造	12	2	62999	62158	19660
搪瓷日用品及其他搪瓷制品制造	15	6	67991	65274	46597

1-B-2 续表 15

行业	单位数(个)	#亏损单位数	工业总产值(当年价格)(万元)	工业销售产值(当年价格)(万元)	#出口交货值
金属制日用品制造	365	37	3329356	3206427	1893896
金属制厨房用器具制造	63	9	521333	514211	235675
金属制餐具和器皿制造	186	18	2117098	2015452	1332423
金属制卫生器具制造	41	1	250277	245890	129074
其他金属制日用品制造	75	9	440647	430874	196724
其他金属制品制造	246	27	2079028	2019749	250770
锻件及粉末冶金制品制造	125	12	857594	824956	67368
交通及公共管理用金属标牌制造	13	3	117293	117914	16054
其他未列明金属制品制造	108	12	1104142	1076878	167348
通用设备制造业	3780	395	42331042	41037507	9144739
锅炉及原动设备制造	123	18	2288979	2211670	228990
锅炉及辅助设备制造	47	5	843742	799936	48742
内燃机及配件制造	43	10	636273	620292	67318
汽轮机及辅机制造	19	2	614889	601105	62892
水轮机及辅机制造	12	1	170643	168074	50038
风能原动设备制造	2		23433	22264	
金属加工机械制造	280	41	2568809	2466031	338287
金属切削机床制造	93	15	1241217	1221489	77624
金属成形机床制造	54	6	402858	397800	15402
铸造机械制造	32	5	153877	149259	13417
金属切割及焊接设备制造	53	7	509604	445846	191287
机床附件制造	20	6	128397	122843	18711
其他金属加工机械制造	28	2	132857	128795	21846
物料搬运设备制造	329	30	6794957	6624020	954993
轻小型起重设备制造	56	4	449107	438271	223190
起重机制造	44	7	584502	574861	45455
生产专用车辆制造	40	10	1183909	1193055	316328
连续搬运设备制造	36	4	365665	355705	55338
电梯、自动扶梯及升降机制造	136	4	3948957	3799601	199810
其他物料搬运设备制造	17	1	262819	262526	114871

1-B-2 续表 16

行 业	单位数（个）	#亏损单位数	工业总产值（当年价格）（万元）	工业销售产值（当年价格）（万元）	#出口交货值
泵、阀门、压缩机及类似机械制造	1177	71	11090909	10696873	3076022
泵及真空设备制造	299	17	3170507	3087531	1049692
气体压缩机械制造	101	8	2047998	1988232	380453
阀门和旋塞制造	639	41	4797266	4586976	1464388
液压和气压动力机械及元件制造	138	5	1075138	1034135	181490
轴承、齿轮和传动部件制造	602	92	5448576	5307323	1183162
轴承制造	386	67	3161974	3080565	725061
齿轮及齿轮减、变速箱制造	143	14	1373627	1339273	219691
其他传动部件制造	73	11	912975	887485	238410
烘炉、风机、衡器、包装等设备制造	498	50	7263475	7061808	1805926
烘炉、熔炉及电炉制造	12	4	79708	80795	1119
风机、风扇制造	47	8	610948	593815	48575
气体、液体分离及纯净设备制造	91	3	1518467	1457768	301860
制冷、空调设备制造	119	16	2699439	2666281	309939
风动和电动工具制造	160	17	1812943	1743923	911689
喷枪及类似器具制造	25	1	232270	216441	165596
衡器制造	10		34565	34248	17998
包装专用设备制造	34	1	275136	268537	49151
文化、办公用机械制造	64	6	539340	506465	207447
电影机械制造	1				
幻灯及投影设备制造	1				
照相机及器材制造	16	3	153197	143808	101374
复印和胶印设备制造	17	1	120055	115322	29676
计算器及货币专用设备制造	22	1	200650	185287	39739
其他文化、办公用机械制造	7	1	58551	55322	31574
通用零部件制造	666	82	6147648	5984732	1330401
金属密封件制造	39	5	206491	200955	46601
紧固件制造	369	56	3049393	2929637	855629

1-B-2 续表 17

行　　业	单位数(个)	#亏损单位数	工业总产值(当年价格)(万元)	工业销售产值(当年价格)(万元)	#出口交货值
弹簧制造	39	2	281229	264689	26774
机械零部件加工	112	7	613055	602874	99970
其他通用零部件制造	107	12	1997480	1986577	301427
其他通用设备制造业	41	5	188348	178586	19510
其他通用设备制造业	41	5	188348	178586	19510
专用设备制造业	1586	183	15889476	15150569	3162879
采矿、冶金、建筑专用设备制造	129	13	1503070	1461930	180287
矿山机械制造	45	3	320093	308161	4160
石油钻采专用设备制造	17	2	259431	246652	38746
建筑工程用机械制造	26	3	400336	398886	110299
海洋工程专用设备制造	4	2	272261	270952	2842
建筑材料生产专用机械制造	23	2	149478	139423	21728
冶金专用设备制造	14	1	101471	97856	2511
化工、木材、非金属加工专用设备制造	494	68	5023647	4673020	907256
炼油、化工生产专用设备制造	38	7	507320	492779	67379
橡胶加工专用设备制造	9	1	68865	64090	5593
塑料加工专用设备制造	141	24	1785707	1672810	397461
木材加工机械制造	5		36180	36014	16604
模具制造	295	33	2594024	2377296	417873
其他非金属加工专用设备制造	6	3	31551	30031	2346
食品、饮料、烟草及饲料生产专用设备制造	50	2	304488	291775	56455
食品、酒、饮料及茶生产专用设备制造	34	2	235636	225770	38732
农副食品加工专用设备制造	6		19038	17836	5932
烟草生产专用设备制造	6		19333	18762	67
饲料生产专用设备制造	4		30481	29407	11723
印刷、制药、日化及日用品生产专用设备制造	108	10	601141	582536	105263
制浆和造纸专用设备制造	12	3	49892	49186	3977
印刷专用设备制造	43	3	214547	204484	45637
日用化工专用设备制造	1				
制药专用设备制造	34	1	224453	219786	16546

1-B-2 续表 18

行业	单位数(个)	#亏损单位数	工业总产值(当年价格)(万元)	工业销售产值(当年价格)(万元)	#出口交货值
照明器具生产专用设备制造	8	2	48387	47390	25678
玻璃、陶瓷和搪瓷制品生产专用设备制造	3	1	8921	8652	4155
其他日用品生产专用设备制造	7		44913	44748	9270
纺织、服装和皮革加工专用设备制造	309	31	2976495	2877425	672327
纺织专用设备制造	165	18	1331574	1290937	77361
皮革、毛皮及其制品加工专用设备制造	8	1	56659	53906	3356
缝制机械制造	135	12	1585695	1530015	591610
洗涤机械制造	1				
电子和电工机械专用设备制造	40	5	311033	299184	57342
电工机械专用设备制造	21	1	208473	202316	26339
电子工业专用设备制造	19	4	102560	96869	31003
农、林、牧、渔专用机械制造	123	14	1221377	1177843	491947
拖拉机制造	15	4	295952	287593	74792
机械化农业及园艺机具制造	79	9	786401	757487	377489
营林及木竹采伐机械制造	1				
畜牧机械制造	2		15069	14935	10460
渔业机械制造	2		7600	6172	4162
农林牧渔机械配件制造	19	1	85421	83264	23527
棉花加工机械制造	1				
其他农、林、牧、渔业机械制造	4		19462	17000	1517
医疗仪器设备及器械制造	99	15	839823	814249	328168
医疗诊断、监护及治疗设备制造	14	1	193759	190329	91710
口腔科用设备及器具制造	9	3	32128	31148	11604
医疗实验室及医用消毒设备和器具制造	2	2	6071	5721	2405
医疗、外科及兽医用器械制造	43	5	357094	348466	138052
机械治疗及病房护理设备制造	9	4	59097	57677	30203
假肢、人工器官及植(介)入器械制造	3		26658	26658	21617
其他医疗设备及器械制造	19		165016	154250	32578
环保、社会公共服务及其他专用设备制造	234	25	3108402	2972606	363837
环境保护专用设备制造	117	13	1985415	1910014	111814

1-B-2 续表 19

行业	单位数(个)	#亏损单位数	工业总产值(当年价格)(万元)	工业销售产值(当年价格)(万元)	#出口交货值
地质勘查专用设备制造	2		20896	21480	8
邮政专用机械及器材制造	1				
商业、饮食、服务专用设备制造	3		15177	14972	11612
社会公共安全设备及器材制造	70	6	818046	772979	209448
交通安全、管制及类似专用设备制造	4		50783	49890	
水资源专用机械制造	9	1	49578	49104	7297
其他专用设备制造	28	5	165691	151556	23658
汽车制造业	1621	163	23222242	22039635	3758949
汽车整车制造	51	13	4633010	4498504	512744
汽车整车制造	51	13	4633010	4498504	512744
改装汽车制造	12	8	173026	169795	5761
改装汽车制造	12	8	173026	169795	5761
低速载货汽车制造	1				
低速载货汽车制造	1				
汽车车身、挂车制造	6	1	63949	63179	3619
汽车车身、挂车制造	6	1	63949	63179	3619
汽车零部件及配件制造	1551	140	18284444	17240761	3236825
汽车零部件及配件制造	1551	140	18284444	17240761	3236825
铁路、船舶、航空航天和其他运输设备制造业	611	128	12053326	11881064	5596167
铁路运输设备制造	17	1	127608	121541	1623
铁路机车车辆配件制造	8		79361	75075	292
铁路专用设备及器材、配件制造	9	1	48247	46466	1331
船舶及相关装置制造	165	60	7543417	7520821	4592073
金属船舶制造	111	47	6680717	6685917	4555795
娱乐船和运动船制造	11	2	47350	47113	15154
船用配套设备制造	38	8	417891	410444	19324
船舶改装与拆除	5	3	397459	377346	1800
航空、航天器及设备制造	7	1	66892	55625	14491
飞机制造	3		24824	22508	2683
航空、航天相关设备制造	3	1	28756	19869	7127
其他航空航天器制造	1				

1-B-2 续表 20

行 业	单位数(个)	#亏损单位数	工业总产值(当年价格)(万元)	工业销售产值(当年价格)(万元)	#出口交货值
摩托车制造	227	28	2289420	2203662	569031
摩托车整车制造	32	11	900001	883616	416633
摩托车零部件及配件制造	195	17	1389419	1320047	152398
自行车制造	171	34	1943407	1898148	377777
脚踏自行车及残疾人座车制造	99	20	799072	773851	253140
助动自行车制造	72	14	1144335	1124297	124637
非公路休闲车及零配件制造	14	2	47193	45896	26629
非公路休闲车及零配件制造	14	2	47193	45896	26629
潜水救捞及其他未列明运输设备制造	10	2	35390	35371	14543
潜水及水下救捞装备制造	2		6297	6184	2178
其他未列明运输设备制造	8	2	29092	29187	12365
电气机械和器材制造业	3815	516	56969767	55402569	13337734
电机制造	554	62	8688175	8460063	2746131
发电机及发电机组制造	70	14	963142	947500	343753
电动机制造	204	18	3804526	3719636	810600
微电机及其他电机制造	280	30	3920507	3792927	1591777
输配电及控制设备制造	1192	129	15822825	15330567	2259798
变压器、整流器和电感器制造	176	21	2091753	2006275	214969
电容器及其配套设备制造	26	1	158027	151125	3906
配电开关控制设备制造	538	38	7643357	7416635	699637
电力电子元器件制造	260	26	2409160	2345095	701567
光伏设备及元器件制造	111	38	2682447	2595765	563275
其他输配电及控制设备制造	81	5	838081	815672	76444
电线、电缆、光缆及电工器材制造	594	84	11100914	10747854	1202920
电线、电缆制造	516	74	9582295	9264784	1096422
光纤、光缆制造	28	2	1184047	1163672	48532
绝缘制品制造	28	6	144080	141973	20221
其他电工器材制造	22	2	190492	177425	37744

1-B-2 续表 21

行 业	单位数(个)	#亏损单位数	工业总产值(当年价格)(万元)	工业销售产值(当年价格)(万元)	#出口交货值
电池制造	138	22	4683275	4645649	560965
锂离子电池制造	25	4	522094	505747	48570
镍氢电池制造	10	2	118352	122215	14002
其他电池制造	103	16	4042829	4017688	498393
家用电力器具制造	627	96	11139514	10874506	3857279
家用制冷电器具制造	41	7	1066246	1005299	342445
家用空气调节器制造	45	8	1573893	1529981	455525
家用通风电器具制造	50	9	875054	841056	123280
家用厨房电器具制造	147	25	2528989	2531262	980280
家用清洁卫生电器具制造	78	15	2086090	2008767	767859
家用美容、保健电器具制造	60	7	491542	471325	285618
家用电力器具专用配件制造	95	14	1338962	1341730	148259
其他家用电力器具制造	111	11	1178737	1145086	754014
非电力家用器具制造	83	12	613713	589069	183569
燃气、太阳能及类似能源家用器具制造	56	9	375473	358609	39295
其他非电力家用器具制造	27	3	238240	230461	144274
照明器具制造	594	104	4802146	4638329	2482336
电光源制造	210	47	1646107	1596302	800255
照明灯具制造	313	46	2818374	2724397	1521975
灯用电器附件及其他照明器具制造	71	11	337665	317630	160106
其他电气机械及器材制造	33	7	119207	116532	44736
电气信号设备装置制造	19	6	68827	67983	34085
其他未列明电气机械及器材制造	14	1	50380	48549	10652
计算机、通信和其他电子设备制造业	1210	172	25199090	24464887	9787585
计算机制造	52	12	1661558	1634490	1180392
计算机整机制造	2		764792	763768	748869
计算机零部件制造	14	3	400199	383477	321121
计算机外围设备制造	22	7	275118	270165	86786
其他计算机制造	14	2	221450	217079	23615
通信设备制造	146	19	5738709	5628215	1315968
通信系统设备制造	86	7	3608914	3583650	864294
通信终端设备制造	60	12	2129795	2044565	451674

1-B-2 续表 22

行 业	单位数(个)	#亏损单位数	工业总产值(当年价格)(万元)	工业销售产值(当年价格)(万元)	#出口交货值
广播电视设备制造	60	9	1386874	1359324	250023
广播电视节目制作及发射设备制造	6		122515	116175	12612
广播电视接收设备及器材制造	40	7	682484	664228	206509
应用电视设备及其他广播电视设备制造	14	2	581875	578921	30902
雷达及配套设备制造	1				
雷达及配套设备制造	1				
视听设备制造	89	22	1825566	1759434	782249
电视机制造	14	4	945592	915403	370737
音响设备制造	62	15	591446	582628	389236
影视录放设备制造	13	3	288528	261403	22275
电子器件制造	208	45	6769559	6556276	4299009
电子真空器件制造	5	1	28412	28560	1630
半导体分立器件制造	38	12	430298	411403	139849
集成电路制造	29	5	744346	706640	220398
光电子器件及其他电子器件制造	136	27	5566503	5409673	3937132
电子元件制造	588	57	6989742	6714155	1741475
电子元件及组件制造	530	49	6477278	6218615	1680129
印制电路板制造	58	8	512464	495540	61346
其他电子设备制造	66	8	705526	696719	192573
其他电子设备制造	66	8	705526	696719	192573
仪器仪表制造业	608	64	6879067	6603289	1574740
通用仪器仪表制造	371	36	4635007	4433988	816288
工业自动控制系统装置制造	141	11	1694403	1613535	158225
电工仪器仪表制造	67	6	1401869	1364065	143639
绘图、计算及测量仪器制造	27	2	256624	245140	133433
实验分析仪器制造	22	2	85866	84418	27720
试验机制造	8	1	33231	32702	2971
供应用仪表及其他通用仪器制造	106	14	1163014	1094129	350300

1-B-2 续表 23

行业	单位数(个)	#亏损单位数	工业总产值(当年价格)(万元)	工业销售产值(当年价格)(万元)	#出口交货值
专用仪器仪表制造	102	9	1320211	1277197	306562
环境监测专用仪器仪表制造	6		56951	53947	6424
运输设备及生产用计数仪表制造	47	7	877113	848005	266202
导航、气象及海洋专用仪器制造	6	1	56584	53874	3155
农林牧渔专用仪器仪表制造	1				
地质勘探和地震专用仪器制造	2		11307	11403	
教学专用仪器制造	20	1	173426	165946	8756
电子测量仪器制造	8		94445	93089	13146
其他专用仪器制造	12		48398	48947	8879
钟表与计时仪器制造	14	2	112442	110730	45690
钟表与计时仪器制造	14	2	112442	110730	45690
光学仪器及眼镜制造	105	12	760907	731346	398259
光学仪器制造	27	4	347716	336168	186974
眼镜制造	78	8	413191	395179	211285
其他仪器仪表制造业	16	5	50501	50027	7940
其他仪器仪表制造业	16	5	50501	50027	7940
其他制造业	331	40	3200455	3065734	1058330
日用杂品制造	288	36	2641407	2515629	983780
鬃毛加工、制刷及清扫工具制造	40	5	236905	230872	115255
其他日用杂品制造	248	31	2404502	2284757	868525
煤制品制造	4		280197	278730	
煤制品制造	4		280197	278730	
其他未列明制造业	39	4	278851	271375	74550
其他未列明制造业	39	4	278851	271375	74550
废弃资源综合利用业	151	59	3335973	3348303	4838
金属废料和碎屑加工处理	119	57	3077355	3094569	2273
金属废料和碎屑加工处理	119	57	3077355	3094569	2273
非金属废料和碎屑加工处理	32	2	258618	253733	2565
非金属废料和碎屑加工处理	32	2	258618	253733	2565
金属制品、机械和设备修理业	53	12	603762	596250	223665
通用设备修理	2		8558	8142	
通用设备修理	2		8558	8142	

1-B-2 续表 24

行 业	单位数(个)	#亏损单位数	工业总产值(当年价格)(万元)	工业销售产值(当年价格)(万元)	#出口交货值
专用设备修理	1				
专用设备修理	1				
铁路、船舶、航空航天等运输设备修理	44	12	558887	554527	221209
船舶修理	44	12	558887	554527	221209
电气设备修理	4		23642	21733	2456
电气设备修理	4		23642	21733	2456
其他机械和设备修理业	2		8259	7541	
其他机械和设备修理业	2		8259	7541	
电力、热力、燃气及水生产和供应业	**488**	**75**	**46856188**	**46746261**	**7741**
电力、热力生产和供应业	294	23	42433861	42350947	3582
电力生产	188	15	12637524	12584457	3365
火力发电	103	9	10644305	10598719	1413
水力发电	58	5	672213	671138	
核力发电	3		1193401	1193401	
风力发电	10		48594	48236	1952
其他电力生产	14	1	79012	72964	
电力供应	70	3	29099340	29080609	
电力供应	70	3	29099340	29080609	
热力生产和供应	36	5	696997	685881	217
热力生产和供应	36	5	696997	685881	217
燃气生产和供应业	66	10	3013740	3002588	
燃气生产和供应业	66	10	3013740	3002588	
燃气生产和供应业	66	10	3013740	3002588	
水的生产和供应业	128	42	1408587	1392726	4159
自来水生产和供应	90	32	1079312	1063440	
自来水生产和供应	90	32	1079312	1063440	
污水处理及其再生利用	38	10	329275	329286	4159
污水处理及其再生利用	38	10	329275	329286	4159

1-B-3 按地区分组的规模以上工业法人单位数和总产值

地　区	单位数(个)	#亏损单位数	工业总产值(当年价格)(万元)	工业销售产值(当年价格)(万元)	#出口交货值
全　省	**39553**	**4933**	**629716021**	**612722171**	**112217530**
杭州市	**6283**	**936**	**120792340**	**119771527**	**17046090**
上城区	51	5	3407003	3405931	152067
下城区	51	9	780057	761271	81422
江干区	377	82	16407685	16727849	3372473
拱墅区	108	23	3721546	3685087	119980
西湖区	182	25	2218730	2188190	229150
滨江区	242	36	8247954	8432457	1415419
萧山区	1907	220	41510626	40826963	5136850
余杭区	1229	246	14559653	14282776	2437688
桐庐县	357	25	4261552	4212615	1302265
淳安县	127	9	2376789	2346588	145927
建德市	364	31	4045718	3984000	795964
富阳市	712	112	12680627	12434868	638622
临安市	576	113	6574402	6482932	1218264
宁波市	**7166**	**1230**	**127094434**	**122907786**	**28075640**
海曙区	30	6	568361	554191	147836
江东区	78	17	2294257	2199167	284678
江北区	293	77	4380318	4289725	785217
北仑区	663	173	29098911	28818112	7312533
镇海区	575	185	24073789	22979355	1694187
鄞州区	1739	196	22563682	22044840	6017586
象山县	430	76	4823726	4560992	1124648
宁海县	469	91	5773151	5496152	1349625
余姚市	1184	164	12376426	11915634	3412433
慈溪市	1268	163	17448888	16342671	4461648
奉化市	437	82	3692926	3706948	1485251

1-B-3 续表 1

地 区	单位数(个)	#亏损单位数	工业总产值(当年价格)(万元)	工业销售产值(当年价格)(万元)	#出口交货值
温州市	**4520**	**352**	**43351946**	**41859772**	**6862165**
鹿城区	343	19	2848327	2822694	977508
龙湾区	768	59	7512379	7209096	1229627
瓯海区	509	44	4115265	3851323	1063980
洞头县	23	4	456070	428728	18190
永嘉县	339	9	4014686	3889238	392048
平阳县	285	21	2480803	2409088	490288
苍南县	347	64	2629812	2586602	264492
文成县	31	4	213221	208705	8208
泰顺县	21	3	204714	192290	15601
瑞安市	873	54	7685450	7412877	1474912
乐清市	981	71	11191218	10849131	927311
嘉兴市	**4705**	**665**	**66842443**	**65294397**	**13953059**
南湖区	385	58	6953136	6855958	1165497
秀洲区	565	83	7201560	6981655	1914752
嘉善县	627	94	8177878	7836058	2142845
海盐县	430	87	6749266	6629327	788703
海宁市	1107	119	13258505	12899866	3555797
平湖市	609	145	11954825	11851412	2802165
桐乡市	982	79	12547273	12240122	1583300
湖州市	**2577**	**165**	**37311236**	**36313576**	**5018482**
吴兴区	472	65	6994896	6881706	605022
南浔区	477	20	6539016	6354270	704035
德清县	650	38	9134332	8842859	1348274
长兴县	607	32	10146980	9841958	892735
安吉县	371	10	4496013	4392782	1468417

1-B-3 续表 2

地 区	单位数(个)	#亏损单位数	工业总产值(当年价格)(万元)	工业销售产值(当年价格)(万元)	#出口交货值
绍兴市	**4078**	**461**	**91389509**	**88911562**	**13444660**
越城区	529	87	9875614	9592093	1956289
绍兴县	1264	74	35471841	34601089	3245884
新昌县	225	34	5329571	5260816	1271945
诸暨市	1021	40	22243608	21701762	3833339
上虞市	599	110	14470671	13867497	2187744
嵊州市	440	116	3998203	3888306	949458
金华市	**3871**	**427**	**42263548**	**40683318**	**9908763**
婺城区	390	124	4764422	4598335	809294
金东区	233	46	1673577	1516483	548512
武义县	483	44	4421708	4197825	1525582
浦江县	338	23	3343936	3234060	975699
磐安县	130	26	705037	661836	197651
兰溪市	443	60	6976768	6615130	617389
义乌市	789	42	7768283	7608707	1773922
东阳市	428	48	4220795	4023406	1024221
永康市	637	14	8389023	8227534	2436494
衢州市	**1004**	**133**	**14485242**	**14180375**	**1097905**
柯城区	139	30	4352141	4332693	278486
衢江区	172	32	2073853	2016666	173243
常山县	109	31	963408	921147	68585
开化县	82	11	1061994	1022965	73262
龙游县	207	17	2758412	2652894	227906
江山市	295	12	3275434	3234010	276424

1-B-3 续表 3

地 区	单位数(个)	#亏损单位数	工业总产值(当年价格)(万元)	工业销售产值(当年价格)(万元)	#出口交货值
舟山市	**414**	**122**	**13335566**	**12913577**	**4849524**
定海区	189	77	6329609	6051612	511951
普陀区	153	32	4126064	4031358	2251655
岱山县	59	11	2808968	2762769	2083637
嵊泗县	13	2	70925	67838	2281
台州市	**3733**	**382**	**38057551**	**35916704**	**10522860**
椒江区	372	71	4955673	4837361	1626176
黄岩区	400	45	3532213	3424829	1015210
路桥区	390	35	5374099	5099002	1131800
玉环县	712	49	6759571	6397020	1903575
三门县	151	28	1556529	1456695	351090
天台县	130	11	1739850	1615138	511179
仙居县	126	34	1136493	1081834	342080
温岭市	1005	25	6942869	6579571	2061635
临海市	447	84	6060256	5425256	1580117
丽水市	**1201**	**60**	**17709303**	**16886674**	**1438382**
莲都区	226	30	3683553	3537573	211792
青田县	191	2	3663499	3605989	99958
缙云县	277	2	3916233	3725176	678103
遂昌县	55	13	1691843	1623037	53189
松阳县	119	1	1664366	1510744	129550
云和县	46		731630	693217	77513
庆元县	63	1	559275	535381	45902
景宁县	38	4	186667	150047	5450
龙泉市	186	7	1612238	1505510	136924

1-B-4 按轻重工业、规模、登记注册类型和控股情况

项目	资产总计	流动资产合计	#应收账款	#存货	#产成品	固定资产合计
总计	**604215540**	**350449721**	**90156701**	**77896532**	**30781540**	**161461070**
一、按轻重工业分						
轻工业	236243189	145326569	33250041	34404396	14630169	57327398
重工业	367972351	205123153	56906660	43492136	16151371	104133672
二、按规模分						
大型企业	158411799	85221215	18136800	18398503	6971077	43305117
中型企业	177382025	104204069	25344914	23872833	9499602	46463112
小型企业	250977549	152513923	44655436	33468147	13913629	65947645
微型企业	17444168	8510515	2019550	2157049	397232	5745197
三、按登记注册类型分						
内资	450388552	254140852	65509541	57152166	22620846	122488776
国有	24949235	5861001	166006	1113677	90000	12888294
集体	396069	238372	61403	35783	18602	102402
股份合作企业	4490799	1350059	384088	252480	102061	364663
联营企业	5762	3270	1860	467	166	2042
集体联营	1606	1541	1080	344	106	65
其他联营	4156	1729	780	123	60	1977
有限责任公司	131211578	66667751	16470226	15650826	5294816	43277886
国有独资公司	12908551	5145650	667963	1826503	246695	5876052
其他有限责任公司	118303027	61522101	15802263	13824322	5048120	37401833
股份有限公司	63215695	35109803	8155307	8188735	2896431	14330285
私营企业	226076323	144885948	40257101	31905514	14217459	51512567
私营独资	4057847	2875359	1132472	541433	251620	938758
私营合伙	949106	655607	265408	138158	58115	233228
私营有限责任公司	208221977	133295347	36924781	29629957	13141493	48079723
私营股份有限公司	12847393	8059634	1934440	1595967	766231	2260860
其他企业	43091	24648	13550	4684	1313	10638
港澳台商投资	79852362	51626817	11430893	10750527	4393643	17660992
与港澳台商合资经营	46813735	29835621	6513163	6017845	2531027	10258811
与港澳台商合作经营	1148181	641421	142811	166951	55840	429853
港澳台商独资	26873980	17641879	3990810	3867172	1535238	6438387
港澳台商投资股份有限公司	4972472	3476886	776080	693688	269157	522260
其他港澳台投资	43993	31011	8029	4872	2382	11681
外商投资	73974627	44682053	13216266	9993839	3767051	21311303
中外合资经营	40207625	24885526	6773632	5283468	2213522	10833887
中外合作经营	610799	367558	75934	60926	21939	198984
外资企业	30682618	18132215	5876041	4386461	1394515	9850859
外商投资股份有限公司	1839863	857936	290401	228739	114657	374032
其他外商投资	633722	438818	200258	34245	22419	53541
四、按控股情况分						
国有控股	90152143	30153314	4806714	7973932	1705854	43412000
集体控股	13425036	8371626	2020575	1940523	864997	3199680
私人控股	371716837	233048180	62657441	50758814	21782037	83349389
港澳台商控股	54472344	35558083	8246381	7549814	3059985	12260658
外商控股	49473473	30021309	9162242	6831580	2379177	14453423
其他	24975706	13297211	3263350	2841869	989491	4785921

分组的规模以上工业法人单位财务状况

单位：万元

固定资产原价	累计折旧	#本年折旧	在建工程（个）	负债合计	流动负债合计	#应付账款	所有者权益合计
244411459	**97967762**	**16400609**	**23297680**	**362244597**	**316218613**	**68727001**	**240877591**
85141267	33582313	5750723	7808803	141146496	127628108	23456004	94502522
159270193	64385449	10649886	15488877	221098102	188590506	45270998	146375069
69021438	29227009	4665584	6673874	86013795	69943133	21820031	72394163
69723539	27769503	4714763	6562346	106285891	95977125	19356250	70950159
96319137	37192816	6476484	9364791	159804402	144482516	26262058	91001581
9347345	3778435	543779	696669	10140509	5815840	1288662	6531689
184267542	73602128	12416574	18700555	277231174	239056852	48397327	172511369
24549797	12117421	1710901	2485935	13901231	8865233	3183633	11041787
186450	99319	13611	16311	183643	174962	43525	211595
564340	252628	35804	67869	3090652	2493359	137119	1397648
3422	1380	260	4	4403	2628	1633	1359
191	126	17		1268	1268	1083	338
3231	1255	244	4	3135	1360	550	1021
64512051	25990307	3914183	8059160	82624315	64957834	14189048	48459059
9193171	4020598	450501	966994	6363559	4004364	918309	6544991
55318881	21969709	3463682	7092166	76260756	60953470	13270739	41914069
20791178	8027647	1316617	1868289	29435569	25571002	7267592	33768323
73639496	27103206	5423211	6201692	147961824	136963624	23568911	77618043
1466360	589273	107360	60485	2826900	2664876	569450	1208044
365570	149375	27704	19998	666920	641572	114623	277112
68602761	25256273	5051518	5869956	137665030	127510182	21424833	70081776
3204806	1108285	236629	251254	6802974	6146993	1460005	6051111
20808	10219	1987	1295	29537	28212	5867	13555
27002493	10654001	1792649	2511294	45383803	41203982	9488320	34153682
15914062	6381780	1075609	1742586	28598154	25758649	5618180	17982656
819127	395544	53538	18003	478270	458685	87155	667146
9549215	3627608	607565	669930	14313424	13131040	3150474	12486883
698397	239056	54156	80774	1964005	1826400	630393	3002954
21692	10012	1782	1	29950	29209	2118	14043
33141424	13711633	2191386	2085830	39629620	35957779	10841354	34212540
16555038	6625608	1106221	980823	22958567	20799140	5516829	17163806
534448	350094	23354	17780	254392	240659	46016	356014
15342304	6447432	1010775	1054564	15299032	13931468	4927788	15336765
643171	273916	46799	31928	965691	836976	305103	874172
66463	14584	4237	736	151938	149535	45619	481784
71981068	32595646	4320942	7918144	51110496	32878177	9783897	39029634
4852085	2004495	318748	518663	8169205	7470552	1868059	5204077
119440564	44240750	8608727	10965632	232245366	211963782	39467885	138829456
18328134	6958783	1195073	1522774	29334287	26849071	6903893	24857853
22811540	9636182	1541209	1391112	25731351	23677516	7509450	23640177
6998068	2531907	415910	981354	15653893	13379515	3193818	9316395

1-B-4 续表 1

项　　目	#实收资本	国家资本	集体资本	法人资本	个人资本	港澳台资本
总　计	**114292424**	**8874330**	**1257946**	**37766679**	**36725083**	**13886477**
一、按轻重工业分						
轻工业	41945669	1601950	278471	12956140	14632618	6276991
重工业	72346755	7272380	979474	24810538	22092465	7609487
二、按规模分						
大型企业	24485200	2539812	538221	9617235	5192635	2768399
中型企业	31989431	1787151	304280	11519701	9473339	4239134
小型企业	54193859	3300890	406642	15201543	21483035	6676304
微型企业	3623934	1246477	8802	1428200	576074	202640
三、按登记注册类型分						
内资	73797043	7195482	1061314	30074457	34963282	284850
国有	1454998	1346681	5417	102899		
集体	58910	1273	48936	4921	3780	
股份合作企业	259930	915	5381	84169	169465	
联营企业	468		100		368	
集体联营	100		100			
其他联营	368				368	
有限责任公司	24863832	5334243	771717	12332595	6275644	84951
国有独资公司	2714182	1802840	5831	900965	4545	
其他有限责任公司	22149651	3531403	765885	11431630	6271099	84951
股份有限公司	11643594	400114	169313	5974732	4950121	60776
私营企业	35510510	112256	60398	11574491	23559805	139123
私营独资	399780	120	20	80085	319555	
私营合伙	96169	515		13481	81766	406
私营有限责任公司	33038185	110425	53152	10522599	22175832	122004
私营股份有限公司	1976377	1196	7226	958326	982652	16712
其他企业	4802		53	650	4099	
港澳台商投资	19460041	350164	92766	4278777	1018366	13392608
与港澳台商合资经营	9979775	60657	81726	3991846	806331	4878178
与港澳台商合作经营	395154	108598	7480	114740	8111	156225
港澳台商独资	8106826	6489		64596	7392	7862408
港澳台商投资股份有限公司	959939	174420	3560	107499	196432	477988
其他港澳台投资	18346			96	100	17809
外商投资	21035340	1328684	103866	3413445	743435	209019
中外合资经营	9562439	1325904	92529	3095596	603557	89698
中外合作经营	184660	2680	1533	96872	9981	
外资企业	10823852		8813	127732	21259	118303
外商投资股份有限公司	373873	101	991	66308	73219	900
其他外商投资	90516			26937	35419	119
四、按控股情况分						
国有控股	17139086	8330465	59422	7682433	262545	379326
集体控股	2270575	47739	417328	1419755	185504	112253
私人控股	60125897	222923	694243	21755119	35169775	1145540
港澳台商控股	14622610	200242	32609	1787826	403311	11755392
外商控股	15350841	48394	32789	1277883	259236	242764
其他	4783415	24567	21555	3843663	444712	251203

单位：万元

外商资本	营业收入	#主营业务收入	营业成本	#主营业务成本	营业税金及附加	#主营业务税金及附加	其他业务利润
15781910	**627859915**	**612969099**	**537830515**	**524234325**	**6747965**	**6684731**	**1404055**
6199499	248694247	241365606	209732981	202847258	3585201	3559030	545006
9582411	379165668	371603494	328097534	321387068	3162764	3125701	859048
3828898	169677167	165096346	143813955	139690797	2724156	2713296	430503
4665825	187704346	182631631	161984390	157167399	1134237	1111073	431275
7125445	254376482	250746141	219591083	216528611	1293444	1265215	527824
161742	16101921	14494980	12441087	10847519	1596128	1595147	14453
217658	469866045	458843261	404431056	394213730	5696851	5649746	909724
	32790234	31781913	30253345	29225120	946061	940754	25277
	530029	522971	451796	448592	4137	4077	1319
	1672084	1661830	1432087	1426123	8772	8740	3783
	7646	7611	7301	7301	58	58	35
	3962	3962	3807	3807	9	9	
	3685	3650	3495	3495	49	49	35
64682	121904484	116276008	103752929	98442070	2131573	2122190	322803
	8626844	7020971	5676016	4090544	1601748	1600497	18774
64682	113277640	109255038	98076913	94351526	529825	521693	304029
88538	57895145	56435078	47717425	46339154	1380814	1376679	150554
64438	255003655	252095120	220759320	218268531	1225184	1196996	405930
	6733179	6708621	5899176	5877897	39596	39121	4183
	1382875	1377449	1213054	1204826	8327	8089	710
54172	234526129	232051966	203199533	201115114	1126459	1099317	385762
10266	12361471	11957084	10447557	10070694	50802	50469	15276
	62768	62731	56853	56839	252	252	23
327360	78095095	76312220	66587633	65033731	651798	648068	205751
161038	46589771	45490124	40467349	39499603	492524	490077	137218
	2202096	2193932	1937724	1924167	7073	7059	1195
165941	26230888	25657335	21942371	21454409	132191	130943	57995
40	3053801	2952309	2223973	2139434	19955	19935	9336
341	18539	18521	16217	16118	55	55	7
15236891	79898775	77813618	66811826	64986865	399316	386917	288580
4355155	43273844	42231200	35890673	34975796	211215	201513	161064
73594	718332	711083	600793	597128	3431	3357	3568
10547745	33666219	32764256	28430629	27671882	176537	174878	117899
232355	1684792	1573569	1497545	1370700	5417	4454	4935
28043	555588	533510	392185	371359	2716	2716	1114
424895	93619679	90101805	79449890	76121799	4302555	4290419	176151
87997	13042305	12560957	11261184	10819785	56568	55952	25301
1138296	396674724	389985638	342198309	336105603	1810373	1773410	767753
443230	51412926	50322548	43538161	42601724	231933	229996	139015
13489776	54131379	52638099	45110702	43854778	285607	274264	255132
197716	18978902	17360052	16272270	14730637	60928	60690	40702

1-B-4 续表 2

项　目	管理费用	#税　金	财务费用	#利息支出	投资收益	营业利润
总　计	**26795390**	**1228256**	**10278249**	**11373169**	**2047255**	**33412799**
一、按轻重工业分						
轻工业	10752916	534632	4399370	4691384	920310	13082247
重工业	16042474	693624	5878880	6681785	1126944	20330552
二、按规模分						
大型企业	6315747	285461	1749249	2215889	845181	10960644
中型企业	8443767	388348	3113074	3428226	519280	9197558
小型企业	11591471	524970	5116969	5413985	635586	12066334
微型企业	444405	29477	298958	315069	47208	1188263
三、按登记注册类型分						
内资	19254086	876181	8392148	9043679	1420954	23970302
国有	706694	16420	290503	343569	34762	910076
集体	27377	2457	3458	3906	1737	29125
股份合作企业	113331	5880	23099	145765	1657	116401
联营企业	236	1	-1	5		27
集体联营	92	1				30
其他联营	145		-1	5		-3
有限责任公司	5120978	263089	2284821	2568186	382739	6538555
国有独资公司	415039	16846	141117	159821	33176	640044
其他有限责任公司	4705939	246243	2143704	2408365	349562	5898510
股份有限公司	2753460	106025	654272	790226	558882	4197312
私营企业	10529274	482251	5135484	5191564	441177	12177083
私营独资	239455	9625	93944	91594	1407	357706
私营合伙	54983	2168	20385	19111	271	62163
私营有限责任公司	9636487	447277	4831191	4855834	373273	10991943
私营股份有限公司	598349	23181	189965	225025	66226	765272
其他企业	2737	59	511	459		1724
港澳台商投资	3555604	159450	1073015	1332718	252049	4450661
与港澳台商合资经营	1846014	88897	737439	890310	127436	2164332
与港澳台商合作经营	50687	2925	20888	20995	891	167203
港澳台商独资	1451202	62377	298933	384349	81995	1666583
港澳台商投资股份有限公司	206088	5240	14254	35667	41728	453692
其他港澳台投资	1613	10	1501	1397		-1149
外商投资	3985700	192625	813087	996772	374251	4991835
中外合资经营	2065869	86331	588800	661349	249281	3095723
中外合作经营	27496	1459	7583	9804	6082	66203
外资企业	1789536	101168	199594	298819	66219	1669908
外商投资股份有限公司	80346	2855	17695	23754	12432	54705
其他外商投资	22453	813	-585	3045	40237	105296
四、按控股情况分						
国有控股	2782292	136742	1166387	1376092	289217	5418831
集体控股	622923	36879	200632	227702	49448	683942
私人控股	17102409	754887	7552526	7898983	1268581	19957907
港澳台商控股	2529568	114072	633291	809290	197647	3128662
外商控股	2865427	146874	415026	582368	176143	3255159
其他	892771	38802	310388	478733	66219	968298

单位：万元

营业外收入	#补贴收入	营业外支出	利润总额	应交所得税	利税总额	应付工资总额	本年应交增值税
3122468	**1324986**	**1470061**	**35607250**	**5441620**	**59769351**	**33589809**	**17139960**
970714	372563	569871	13726011	2106270	24628168	15957433	7251457
2151755	952423	900191	21881239	3335350	35141183	17632376	9888503
945032	427681	459136	11621153	1778434	18929563	7713886	4537437
1042436	392713	378530	10032410	1531215	16461462	11032173	5180243
1095144	490092	553911	12776987	1948631	20890456	14397675	6754618
39857	14500	78485	1176701	183340	3487869	446075	667661
2210623	982830	1011738	25567259	3850873	44405018	24000725	12964543
62545	19645	101389	871754	198985	2939798	738782	1126944
2547	1540	1267	30720	4773	53848	45725	19051
9155	2336	8508	119021	11479	181936	138722	53351
9		6	30	1	341	943	253
		4	27		111	291	75
9		3	4	1	230	652	178
874438	456522	276058	7227392	1226511	12980466	5923725	3485802
69706	41216	38281	675548	162409	2840097	431151	563577
804732	415306	237777	6551844	1064102	10140369	5492574	2922226
402637	178116	110321	4519742	631507	7552868	2532337	1634659
859242	324627	514037	12796979	1777272	20691326	14612520	6641921
10296	2578	9608	359486	51326	586587	430737	187248
2674	996	2132	62925	8832	112172	109099	41136
754551	294575	472010	11517090	1592566	18769838	13481253	6100266
91722	26478	30287	857478	124548	1222729	591431	313271
50	45	152	1622	345	4435	7971	2561
525209	169998	201342	4824384	649527	7649831	4435974	2133111
217039	101593	123925	2281126	320049	4105714	2337427	1323122
3308	308	1947	169349	36902	233245	62514	56837
246320	60447	72924	1864682	233566	2666918	1845612	638502
58424	7640	2534	510259	58961	644329	188180	114049
119	11	12	-1032	49	-376	2241	601
386635	172158	256981	5215607	941221	7714501	5153111	2042307
219933	123942	138728	3201263	508125	4662712	2715577	1225876
1671	374	823	73101	17362	102121	29987	25663
159982	45662	108442	1783631	404791	2737152	2306978	743193
4630	1836	3109	57647	8011	88307	75727	26045
420	344	5881	99964	2932	124209	24842	21529
594977	317187	281199	5738635	1152742	13747906	2877018	3646345
84973	20987	25900	756500	113752	1168605	779841	355015
1645777	677170	835216	21152731	2839488	33250926	22205608	10157645
379572	124660	110197	3440539	461889	4945535	3167519	1236841
277725	119641	177749	3447371	717111	5139719	3689004	1376314
139445	65340	39800	1071474	156638	1516661	870820	367801

1-B-5 按行业小类分组的规模

行业	资产总计	流动资产合计	#应收账款	#存货	#产成品
总计	**604215540**	**350449721**	**90156701**	**77896532**	**30781540**
采矿业	**1585828**	**711425**	**107552**	**95178**	**53583**
煤炭开采和洗选业	2274	1621	772	398	398
褐煤开采洗选	2274	1621	772	398	398
褐煤开采洗选	2274	1621	772	398	398
黑色金属矿采选业	167936	99545	6852	10343	6989
铁矿采选	167936	99545	6852	10343	6989
铁矿采选	167936	99545	6852	10343	6989
有色金属矿采选业	260981	122764	12943	28949	20747
常用有色金属矿采选	180621	91733	11597	13732	8809
铜矿采选	77088	24062	2129	2577	1790
铅锌矿采选	103532	67671	9468	11155	7019
贵金属矿采选	2996	976		250	219
银矿采选	2996	976		250	219
稀有稀土金属矿采选	77365	30055	1346	14967	11719
钨钼矿采选	77365	30055	1346	14967	11719
非金属矿采选业	1154637	487496	86985	55488	25449
土砂石开采	1032529	429302	79993	43008	21356
石灰石、石膏开采	194659	70758	12642	9182	4769
建筑装饰用石开采	357397	135614	28092	13940	7642
耐火土石开采	101948	55879	16165	8995	5206
粘土及其他土砂石开采	378525	167051	23095	10891	3740
化学矿开采	11781	9260	523	2772	287
化学矿开采	11781	9260	523	2772	287
石棉及其他非金属矿采选	110327	48934	6468	9709	3806
其他未列明非金属矿采选	110327	48934	6468	9709	3806
制造业	**547377096**	**338081084**	**88604046**	**76614193**	**30688208**
农副食品加工业	7377657	4624734	915971	1476330	825265
谷物磨制	374450	241522	58270	71058	21956
谷物磨制	374450	241522	58270	71058	21956

以上工业法人单位财务状况

单位：万元

固定资产合计	固定资产原价	累计折旧	#本年折旧	在建工程(个)	负债合计	流动负债合计	#应付账款	所有者权益合计
161461070	**244411459**	**97967762**	**16400609**	**23297680**	**362244597**	**316218613**	**68727001**	**240877591**
373397	**520372**	**228813**	**43980**	**80599**	**1025921**	**903330**	**96954**	**565953**
552	714	570	570	3	2771	2771	145	-497
552	714	570	570	3	2771	2771	145	-497
552	714	570	570	3	2771	2771	145	-497
34217	61426	31215	3153	3263	54163	53986	6640	113773
34217	61426	31215	3153	3263	54163	53986	6640	113773
34217	61426	31215	3153	3263	54163	53986	6640	113773
38034	54244	31809	3508	7060	149381	145514	7513	108107
31013	41603	25390	1975	6658	101023	97867	5385	79129
24405	26901	16138	1251	5781	20200	19370	665	56888
6608	14702	9252	725	877	80824	78497	4720	22241
364	681	317	86		912	912	79	2083
364	681	317	86		912	912	79	2083
6657	11960	6103	1447	402	47445	46734	2049	26895
6657	11960	6103	1447	402	47445	46734	2049	26895
300594	403989	165219	36750	70274	819606	701059	82656	344570
274590	365928	151437	34401	60106	682255	572106	72268	360613
55414	74700	27527	5595	12602	163755	159972	19028	43065
109692	129911	57047	13924	35706	173304	112730	17575	182899
18352	28103	12001	3570	2285	62921	59540	13544	39117
91133	133214	54862	11313	9512	282276	239864	22121	95532
2131	2512	381	297	501	7870	7870	193	3911
2131	2512	381	297	501	7870	7870	193	3911
23873	35549	13401	2051	9667	129481	121084	10196	-19955
23873	35549	13401	2051	9667	129481	121084	10196	-19955
127980232	**187293727**	**71700555**	**12979749**	**17206856**	**329079782**	**298418695**	**64051532**	**217205681**
1771690	2378344	802770	146172	261030	4599475	4140133	680011	2745146
96267	118469	25110	5577	5243	235666	225894	51392	139456
96267	118469	25110	5577	5243	235666	225894	51392	139456

1-B-5 续表 1

行　业	资产总计	流动资产合　计	#应收账款	#存　货	#产成品
饲料加工	1136424	752773	180764	192956	52922
饲料加工	1136424	752773	180764	192956	52922
植物油加工	893244	701400	67513	136267	72055
食用植物油加工	886215	696151	66374	134715	71278
非食用植物油加工	7030	5249	1139	1552	777
制糖业	3368	1701	181	1272	832
制糖业	3368	1701	181	1272	832
屠宰及肉类加工	782449	443055	81695	162499	79239
牲畜屠宰	217501	122870	14501	24663	17526
禽类屠宰	7576	4764	224	787	105
肉制品及副产品加工	557372	315420	66969	137049	61608
水产品加工	2673297	1674940	331821	680724	491055
水产品冷冻加工	2236371	1395433	278195	557374	414786
鱼糜制品及水产品干腌制加工	254559	171185	29399	77955	43013
水产饲料制造	141750	89983	20216	37814	29861
鱼油提取及制品制造	6658	5873	1154	4317	2087
其他水产品加工	33960	12466	2857	3264	1309
蔬菜、水果和坚果加工	1104749	600141	141318	178138	86775
蔬菜加工	676919	359364	70364	112265	59291
水果和坚果加工	427830	240777	70954	65873	27483
其他农副食品加工	409675	209202	54409	53417	20431
淀粉及淀粉制品制造	68924	36928	15181	14190	5365
豆制品制造	241027	113544	27864	21836	6350
蛋品加工	18771	11087	1769	4652	3768
其他未列明农副食品加工	80953	47643	9595	12740	4948
食品制造业	5183529	3074241	965364	771995	329278
焙烤食品制造	385791	195809	49520	42480	15689
糕点、面包制造	241301	119374	34345	25249	10063
饼干及其他焙烤食品制造	144489	76434	15175	17231	5626

单位：万元

固定资产合计	固定资产原价	累计折旧	#本年折旧	在建工程(个)	负债合计	流动负债合计	#应付账款	所有者权益合计
240118	373050	146194	23792	20854	709720	637164	128332	421475
240118	373050	146194	23792	20854	709720	637164	128332	421475
105305	172594	75036	16757	12747	724483	681349	149020	168762
103536	169972	73707	16559	12283	719007	676929	149332	167207
1768	2622	1329	198	464	5475	4420	-313	1554
1556	2885	1341	297	12	3210	3210	891	158
1556	2885	1341	297	12	3210	3210	891	158
205657	264320	87212	18726	32667	370986	320268	54246	412868
54732	69230	21153	4674	9654	103267	99481	16179	114221
1802	2097	295	51	931	3387	2137	1395	6952
149123	192993	65764	14001	22082	264333	218650	36673	291695
711303	912029	289921	50272	100374	1745287	1582271	201809	917794
589025	756650	245721	40883	88633	1453854	1306693	164700	771609
62810	88423	27930	5227	3531	181884	168252	28032	72675
42003	45314	11772	2977	8199	87900	85713	6129	54550
687	1026	339	105		4416	4379	96	2241
16777	20617	4159	1081	11	17233	17233	2852	16718
282222	370364	131077	22092	78700	590308	501234	60032	507677
184468	243149	92756	13248	45634	365378	300163	35027	304796
97754	127215	38321	8844	33066	224930	201071	25005	202882
129263	164635	46878	8659	10433	219817	188743	34290	176957
9669	17529	7860	1219		36443	26044	6872	19580
92677	119698	29013	5942	2115	132772	121496	22401	108256
7532	9511	2182	244	82	9578	9301	1256	9193
19385	17897	7823	1254	8236	41024	31902	3760	39929
1434064	1956147	652811	118228	139138	2669792	2515645	534358	2504413
126020	212075	92465	12581	2577	188836	171759	36250	195320
80503	134623	56502	8084	180	137066	123674	27277	102663
45517	77452	35963	4497	2397	51771	48085	8973	92657

1-B-5 续表 2

行业	资产总计	流动资产合计	#应收账款	#存货	#产成品
糖果、巧克力及蜜饯制造	409194	209446	74631	40710	12233
糖果、巧克力制造	311767	125072	52278	26586	5483
蜜饯制作	97427	84374	22353	14124	6750
方便食品制造	910531	563993	285376	73078	33496
米、面制品制造	13476	5564	1133	2394	1157
速冻食品制造	166160	111279	38330	27400	10409
方便面及其他方便食品制造	730895	447150	245912	43284	21930
乳制品制造	310573	138041	23266	49625	9722
乳制品制造	310573	138041	23266	49625	9722
罐头食品制造	572274	380633	82106	186704	121842
肉、禽类罐头制造	28856	20886	8595	5874	1740
水产品罐头制造	32553	23236	5885	12374	4319
蔬菜、水果罐头制造	496242	327009	66810	165944	114557
其他罐头食品制造	14623	9503	817	2512	1226
调味品、发酵制品制造	304777	194516	47928	72827	12989
味精制造	54139	28737	4838	6505	1697
酱油、食醋及类似制品制造	168741	112197	16547	57858	8678
其他调味品、发酵制品制造	81897	53582	26542	8464	2615
其他食品制造	2290389	1391804	402539	306572	123308
营养食品制造	155884	90208	29459	27518	7957
保健食品制造	282332	156150	49166	38210	13379
冷冻饮品及食用冰制造	126998	43187	15825	8181	4204
盐加工	29511	21134	2224	14373	9767
食品及饲料添加剂制造	1661474	1056520	298904	213247	86532
其他未列明食品制造	34191	24605	6961	5044	1469
酒、饮料和精制茶制造业	5547356	2909443	413458	1122366	409952
酒的制造	2433958	1156532	77605	754574	283486
酒精制造	1006	868	405	144	61
白酒制造	24290	13765	1289	7649	1688
啤酒制造	937696	365596	42355	186646	17368
黄酒制造	1440465	763934	39859	552729	259982
其他酒制造	30501	12370	-6302	7406	4388

单位：万元

固定资产合 计	固定资产原 价	累计折旧	#本年折旧	在建工程（个）	负债合计	流动负债合 计	#应付账款	所 有 者权益合计
191996	229788	59234	15721	22831	245250	243926	68802	163522
180128	215037	53479	14853	20065	172477	172477	64007	139290
11868	14751	5756	867	2767	72773	71449	4795	24232
253020	383331	140639	18665	14743	489628	473922	139542	419026
6290	7675	1885	663	200	6975	6975	1729	6492
47208	83276	36067	5440	1873	91929	91245	26186	74883
199521	292380	102687	12562	12670	390724	375703	111627	337651
112981	142437	47831	9264	20489	194922	164179	43607	113976
112981	142437	47831	9264	20489	194922	164179	43607	113976
113489	171210	70687	11835	13821	432734	424543	56261	139461
6767	10528	4183	1181	421	18189	18189	4671	10666
8052	13299	5247	851	1	18481	17566	4621	14072
95026	143062	60455	9558	12627	385219	377942	45434	110945
3645	4321	803	246	774	10845	10845	1535	3778
94789	126263	43089	5866	5042	160021	139722	11212	144482
22235	34026	19740	1191	2431	25027	19439	243	28838
46596	56069	10672	2224	1656	97306	83989	3855	71435
25958	36168	12678	2451	955	37688	36294	7115	44209
541770	691044	198866	44296	59635	958400	897595	178683	1328626
50336	69150	26020	5889	9569	81712	76979	18033	74173
72646	99594	30926	7888	7379	139634	131298	18911	142698
51886	76678	24857	4517	447	53323	51178	7644	73674
4264	7192	2928	515	460	12295	12295	7963	17215
355304	428801	111242	24950	41746	655362	609931	122662	1002749
7333	9629	2894	537	34	16074	15914	3471	18117
1711055	2684443	1101459	156996	135074	2824299	2493678	530596	2689497
773329	1195205	494846	52436	91030	1294978	1065348	191272	1138683
133	457	324	21		732	732	82	274
8497	21828	13398	676	67	4443	3154	1219	19846
463087	795082	349773	33627	14812	564389	535104	82722	373307
298777	373545	129894	17877	74826	699169	500134	104246	741000
2835	4292	1457	234	1324	26246	26225	3003	4256

1-B-5 续表 3

行业	资产总计	流动资产合计	#应收账款	#存货	#产成品
饮料制造	2377604	1250456	196621	165793	60266
碳酸饮料制造	200219	109971	7098	22961	14418
瓶(罐)装饮用水制造	286857	136574	66446	31679	10651
果菜汁及果菜汁饮料制造	638394	246146	44918	34773	10772
含乳饮料和植物蛋白饮料制造	385174	245025	29452	33868	2166
固体饮料制造	31625	13987	2239	4088	2165
茶饮料及其他饮料制造	835335	498753	46469	38424	20093
精制茶加工	735795	502454	139232	202000	66200
精制茶加工	735795	502454	139232	202000	66200
烟草制品业	3468403	2429810	169189	1730086	72242
卷烟制造	3449591	2421138	165473	1728960	72147
卷烟制造	3449591	2421138	165473	1728960	72147
其他烟草制品制造	18812	8672	3716	1126	95
其他烟草制品制造	18812	8672	3716	1126	95
纺织业	52418194	32700593	7495656	7632729	3675957
棉纺织及印染精加工	30412598	18437029	3712994	4151377	2079141
棉纺纱加工	7595377	4846580	845269	1307724	675395
棉织造加工	12473306	7818458	1582526	1809666	998835
棉印染精加工	10343915	5771992	1285199	1033988	404910
毛纺织及染整精加工	1854497	1244705	264604	423265	171300
毛条和毛纱线加工	898106	612089	138242	268227	108814
毛织造加工	721963	504978	85361	120983	52423
毛染整精加工	234428	127638	41001	34055	10063
麻纺织及染整精加工	527733	344508	52535	103872	38502
麻纤维纺前加工和纺纱	467183	304937	43451	92342	31434
麻织造加工	33528	23305	5485	4351	2839
麻染整精加工	27022	16267	3599	7180	4229
丝绢纺织及印染精加工	2449776	1644507	442360	464143	216031
缫丝加工	440948	339056	98251	96431	32271
绢纺和丝织加工	1494625	1002791	294508	324291	160673
丝印染精加工	514203	302659	49601	43421	23087

单位：万元

固定资产合　　计	固定资产原　　价	累计折旧		在建工程(个)	负债合计	流动负债合　　计		所有者权益合计
			#本年折旧				#应付账款	
785828	1294905	540230	93257	29374	1076711	1012749	212442	1268514
72471	143219	71798	9572	1384	123405	117887	27471	51231
83499	151493	77706	17982	2462	148333	148093	25791	138514
290645	403096	127951	27397	11927	273535	225702	43053	364704
103589	173549	70353	14419	10577	133926	132782	39891	251249
10401	12876	3162	1020	229	12405	7590	3062	12590
225223	410672	189259	22867	2796	385108	380695	73174	450227
151899	194333	66383	11303	14671	452610	415582	126882	282300
151899	194333	66383	11303	14671	452610	415582	126882	282300
487590	949079	462182	70075	58004	614764	614614	394639	2853639
478603	936243	457640	69318	57312	607882	607882	393495	2841709
478603	936243	457640	69318	57312	607882	607882	393495	2841709
8987	12836	4542	757	693	6882	6732	1144	11931
8987	12836	4542	757	693	6882	6732	1144	11931
13449457	21642585	9168162	1572499	1050008	33560436	30826495	4257154	18662755
8149777	13461271	5908145	989940	587687	19399223	17629044	2222493	10892620
1879126	2886699	1137275	205916	163354	4794611	4383434	563465	2802280
2846550	4936617	2277540	376133	167644	7942303	7149477	771666	4462765
3424100	5637956	2493330	407891	256689	6662310	6096134	887362	3627575
455286	746570	328447	45730	46768	1219965	1170375	230905	631051
216853	345294	151436	20581	17769	558692	540836	138912	336766
151144	273940	128225	17140	15937	490662	467060	64999	230468
87290	127336	48786	8009	13062	170611	162479	26994	63817
106910	209816	112257	10664	12624	305677	291646	48337	221546
90099	177334	95436	8731	11262	270159	256596	41491	197024
9039	14764	6876	1147	1362	18938	18470	2942	14590
7772	17718	9946	787		16580	16580	3904	9933
427531	714002	321815	48183	66309	1511000	1401228	232704	929770
47723	99554	60787	7296	6971	344473	335304	44242	96475
275478	454459	203163	32583	45802	867761	817261	157248	620136
104330	159990	57864	8304	13536	298767	248664	31215	213159

1-B-5 续表 4

行业	资产总计	流动资产合计	#应收账款	#存货	#产成品
化纤织造及印染精加工	1681636	1012761	339510	253916	136392
化纤织造加工	1385663	874464	279042	231923	130678
化纤织物染整精加工	295973	138298	60468	21992	5714
针织或钩针编织物及其制品制造	8637319	5537460	1547055	1260569	604738
针织或钩针编织物织造	7169838	4657851	1237706	1080714	517606
针织或钩针编织物印染精加工	356610	208328	84337	26645	11102
针织或钩针编织品制造	1110870	671281	225011	153209	76031
家用纺织制成品制造	3615327	2473870	616787	492582	236373
床上用品制造	1816353	1240884	347804	235580	106850
毛巾类制品制造	290417	215145	36569	48330	29208
窗帘、布艺类产品制造	1007158	669862	144509	131962	67590
其他家用纺织制成品制造	501399	347979	87904	76709	32725
非家用纺织制成品制造	3239309	2005753	519811	483006	193481
非织造布制造	1477544	889939	265627	200098	95653
绳、索、缆制造	84663	51347	14484	17298	6141
纺织带和帘子布制造	734871	498438	108323	111503	51595
篷、帆布制造	449115	302773	52489	106890	22458
其他非家用纺织制成品制造	493116	263257	78890	47216	17633
纺织服装、服饰业	22169818	14582040	3463915	3456311	1606610
机织服装制造	14369242	9350186	2096240	2168354	1077953
机织服装制造	14369242	9350186	2096240	2168354	1077953
针织或钩针编织服装制造	5841460	3996560	1044792	998997	411715
针织或钩针编织服装制造	5841460	3996560	1044792	998997	411715
服饰制造	1959116	1235295	322883	288960	116942
服饰制造	1959116	1235295	322883	288960	116942
皮革、毛皮、羽毛及其制品和制鞋业	11055084	7718226	2115694	1885751	650002
皮革鞣制加工	1647344	1175898	204931	461471	115209
皮革鞣制加工	1647344	1175898	204931	461471	115209

单位：万元

固定资产合计	固定资产原价	累计折旧	#本年折旧	在建工程(个)	负债合计	流动负债合计	#应付账款	所有者权益合计
504733	775110	297348	64581	40631	1084017	1047344	158674	595616
388120	602511	233686	51620	27686	874038	845464	126856	510117
116613	172599	63662	12961	12945	209979	201880	31818	85499
2135901	3259149	1264304	232189	157444	5492304	4945043	652983	3107334
1681587	2631419	1048103	192491	138073	4591927	4137915	509038	2554746
98867	166140	73348	11547	5576	232509	198035	28501	122145
355447	461590	142853	28151	13795	667868	609093	115444	430443
714552	1043018	381510	73626	64410	2508260	2388882	394512	1094503
311312	451390	161087	26873	32524	1334915	1276814	204481	488046
43779	61890	19585	5479	1260	189610	188490	39287	100758
251321	370196	136816	29899	19235	637998	585099	89191	350102
108140	159543	64023	11375	11392	345738	338478	61552	155598
954767	1433649	554337	107588	74134	2039989	1952934	316547	1190316
472870	735049	296989	57637	37858	880271	826256	128702	597207
29634	35192	12023	2940	2676	46147	41937	9785	38515
175651	282686	119031	19360	11120	507782	492565	63158	226159
89743	123749	41197	9098	8371	333025	323737	74909	115338
186869	256974	85098	18552	14109	272763	268439	39993	213097
4431236	6572509	2506972	394426	475110	12665593	11763163	2655022	9431232
2825240	4134032	1518105	231823	317059	7904816	7259945	1701859	6402403
2825240	4134032	1518105	231823	317059	7904816	7259945	1701859	6402403
1178194	1782657	713690	116811	103518	3474162	3316235	755033	2356800
1178194	1782657	713690	116811	103518	3474162	3316235	755033	2356800
427802	655820	275176	45793	54533	1286616	1186983	198130	672030
427802	655820	275176	45793	54533	1286616	1186983	198130	672030
2150025	2986357	1058893	185403	188247	7034263	6835407	1304398	3988319
278469	453421	191312	29525	22342	1025518	1011737	175636	621157
278469	453421	191312	29525	22342	1025518	1011737	175636	621157

1-B-5 续表 5

行业	资产总计	流动资产合计	#应收账款	#存货	#产成品
皮革制品制造	2183757	1484984	384130	400265	156561
皮革服装制造	568108	395568	84927	108741	45878
皮箱、包(袋)制造	992893	647862	191055	176102	80544
皮手套及皮装饰制品制造	142026	95809	31055	28032	8704
其他皮革制品制造	480731	345745	77093	87390	21434
毛皮鞣制及制品加工	384847	304511	97348	86979	14936
毛皮鞣制加工	69244	53087	20191	11022	1746
毛皮服装加工	187278	150430	32324	56322	10293
其他毛皮制品加工	128325	100994	44833	19634	2897
羽毛(绒)加工及制品制造	1373830	1110908	280998	276694	65591
羽毛(绒)加工	254641	195537	67670	51370	12184
羽毛(绒)制品加工	1119189	915371	213328	225323	53407
制鞋业	5465306	3641925	1148289	660343	297706
纺织面料鞋制造	162432	107185	38321	25290	8749
皮鞋制造	4540914	3055983	972325	522742	232552
塑料鞋制造	119256	73391	28202	9946	3852
橡胶鞋制造	560545	345175	97804	94244	49396
其他制鞋业	82159	60192	11637	8121	3157
木材加工和木、竹、藤、棕、草制品业	3029536	1919803	438741	722343	290019
木材加工	249992	118797	30878	46493	23252
锯材加工	38233	20627	8162	8232	3805
木片加工	107832	33069	10265	17185	9088
单板加工	98005	61725	10545	20511	10095
其他木材加工	5921	3376	1906	565	264
人造板制造	873121	578882	136954	230080	82423
胶合板制造	531375	350774	89248	151319	49718
纤维板制造	112384	74063	16235	25568	14933
刨花板制造	6074	1476	472	709	583
其他人造板制造	223289	152569	30999	52484	17189

单位：万元

固定资产合计	固定资产原价	累计折旧	#本年折旧	在建工程（个）	负债合计	流动负债合计	#应付账款	所有者权益合计
459805	655559	226519	42476	53754	1532892	1484093	404130	648302
114095	156491	50562	10678	22017	421387	410165	93967	146464
221823	322372	114190	20695	18438	706434	682572	201942	284954
26498	38793	14352	2796	6946	79232	77925	15262	63384
97389	137903	47416	8308	6352	325838	313431	92959	153500
61030	82684	30977	5350	5694	289508	283109	49607	95339
13639	21405	8225	1202	459	52029	50009	11678	17216
26832	36510	14160	2250	3276	135874	131625	23765	51403
20559	24769	8592	1898	1959	101605	101474	14164	26720
128433	176509	63682	10883	16550	1058409	1048580	120398	315401
28155	35140	8124	1574	1787	185211	177877	20169	69410
100278	141369	55559	9309	14763	873198	870703	100229	245990
1222289	1618184	546403	97169	89908	3127937	3007888	554627	2308121
37323	52345	16374	2990	5845	90452	87523	30323	71723
983629	1294099	441402	75762	62966	2518315	2452101	426370	2003231
36430	47310	15258	3667	3081	81973	77596	20271	36945
150398	202224	65552	12978	16762	377014	350733	66754	180663
14509	22207	7818	1772	1254	60183	39936	10909	15559
724626	999875	344819	66217	71396	1739335	1625953	271254	1277154
36519	56632	20894	3392	896	114986	111069	18337	134518
7694	11043	3519	528	169	14088	13107	3037	23705
12793	22210	9419	1555	634	31497	31397	7726	76335
13899	20741	7453	1152	94	65040	62203	6510	32918
2134	2638	503	157		4362	4362	1064	1559
209275	327012	135063	22824	14704	526338	473158	76585	339476
124561	182986	66486	11443	6748	314281	280588	41474	209787
27671	64812	40608	5479	4180	71313	67147	11925	41071
4098	4601	505	500	2	579	284	127	5495
52945	74614	27464	5402	3774	140166	125139	23059	83123

1-B-5 续表 6

行业	资产总计	流动资产合计	#应收账款	#存货	#产成品
木制品制造	1476556	948451	192994	364781	148724
建筑用木料及木材组件加工	52734	34767	8849	10474	3819
木门窗、楼梯制造	323052	167195	42479	46370	16557
地板制造	873804	604730	98251	279343	114960
木制容器制造	109845	75346	26556	5542	1686
软木制品及其他木制品制造	117122	66414	16860	23053	11702
竹、藤、棕、草等制品制造	429866	273673	77916	80989	35620
竹制品制造	373440	232461	71578	65222	31217
藤制品制造	2666	2247	828	1286	810
草及其他制品制造	53760	38965	5510	14481	3593
家具制造业	7464976	5017832	1067054	1195085	361835
木质家具制造	2739071	1733446	315962	479650	159810
木质家具制造	2739071	1733446	315962	479650	159810
竹、藤家具制造	479080	354476	40482	43288	8206
竹、藤家具制造	479080	354476	40482	43288	8206
金属家具制造	2724866	1922380	443583	448948	120536
金属家具制造	2724866	1922380	443583	448948	120536
塑料家具制造	216990	139348	33523	34042	12951
塑料家具制造	216990	139348	33523	34042	12951
其他家具制造	1304969	868182	233504	189157	60332
其他家具制造	1304969	868182	233504	189157	60332
造纸和纸制品业	14968853	8710148	2469817	1366612	598093
纸浆制造	5429	856	-48	554	514
木竹浆制造	5429	856	-48	554	514
造纸	10711095	6119911	1504094	965695	461836
机制纸及纸板制造	10417721	5928972	1460827	939124	451025
手工纸制造	181552	121345	21323	16751	6375
加工纸制造	111822	69594	21944	9821	4435
纸制品制造	4252329	2589382	965771	400363	135744
纸和纸板容器制造	3004776	1853100	746811	247780	63443
其他纸制品制造	1247553	736282	218961	152583	72301

单位：万元

固定资产合　计	固定资产原　价	累计折旧	#本年折旧	在建工程（个）	负债合计	流动负债合　计	#应付账款	所有者权益合计
365544	476446	146614	32243	39028	830165	781370	137851	641552
13747	18337	6022	1887	1228	33522	31748	6200	19211
106551	134162	40986	8234	16130	163724	152657	25985	158266
199946	265467	81132	18412	13228	483364	454842	59087	389446
11659	15150	4500	1016	1519	71259	70847	34251	37681
33642	43331	13975	2694	6922	78296	71277	12327	36949
113288	139785	42249	7758	16767	267846	260356	38482	161608
101288	120130	34366	6585	16649	228159	221257	34993	144868
266	472	224	40		1937	1349	524	730
11734	19184	7658	1133	119	37750	37750	2966	16010
1617341	2207690	752235	135082	184375	4948746	4666105	1082996	2502051
696523	947465	325979	53858	80549	1802572	1684956	253764	931249
696523	947465	325979	53858	80549	1802572	1684956	253764	931249
71741	84085	23932	5355	6975	382501	378312	172655	96579
71741	84085	23932	5355	6975	382501	378312	172655	96579
526857	750401	265521	48126	45912	1838944	1708701	418447	882044
526857	750401	265521	48126	45912	1838944	1708701	418447	882044
63702	81969	24435	6841	7763	126652	124310	24068	89992
63702	81969	24435	6841	7763	126652	124310	24068	89992
258518	343772	112368	20902	43176	798076	769827	214063	502186
258518	343772	112368	20902	43176	798076	769827	214063	502186
4167415	6431515	2497177	427949	631619	9447526	8165614	1319451	5479039
4266	4176	154	94	243	6131	6131	307	-701
4266	4176	154	94	243	6131	6131	307	-701
2996415	4746883	1891046	313069	540476	6989842	5887180	858557	3710089
2912392	4646156	1858196	301965	525618	6770216	5699924	829278	3636654
50957	59511	22298	8008	14042	142046	115450	11316	39505
33065	41216	10552	3095	816	77580	71805	17963	33929
1166735	1680456	605978	114786	90900	2451553	2272304	460587	1769652
811707	1208341	467871	81665	56523	1726012	1572444	323346	1248358
355027	472115	138107	33122	34377	725541	699860	137241	521294

1-B-5 续表 7

行业	资产总计	流动资产合计	#应收账款	#存货	#产成品
印刷和记录媒介复制业	4481098	2640143	835960	361148	133370
印刷	4383869	2590314	821564	354408	131838
书、报刊印刷	592464	313112	90775	38840	13855
本册印制	275266	139308	34876	26201	10482
包装装潢及其他印刷	3516139	2137894	695913	289367	107502
装订及印刷相关服务	71217	36192	13590	4869	987
装订及印刷相关服务	71217	36192	13590	4869	987
记录媒介复制	26012	13638	807	1871	545
记录媒介复制	26012	13638	807	1871	545
文教、工美、体育和娱乐用品制造业	9469644	6104854	1319215	1729939	806357
文教办公用品制造	1780901	1151046	279595	236468	112121
文具制造	1089750	730455	162029	134019	67137
笔的制造	455441	269323	63318	80506	33460
教学用模型及教具制造	183368	122381	42160	13385	8174
墨水、墨汁制造	3455	1717	425	682	368
其他文教办公用品制造	48887	27169	11664	7876	2983
乐器制造	295694	171615	34594	64714	17799
西乐器制造	219696	119491	23567	48112	12399
电子乐器制造	13541	5909	1314	1642	578
其他乐器及零件制造	62456	46214	9713	14959	4822
工艺美术品制造	4991210	3307994	653382	1055755	545950
雕塑工艺品制造	357526	182131	44035	84531	41463
金属工艺品制造	527850	319800	64940	82921	21398
漆器工艺品制造	77368	47580	8455	13230	3845
花画工艺品制造	112364	66966	17294	11294	6278
天然植物纤维编织工艺品制造	155716	102787	25129	20283	7332
抽纱刺绣工艺品制造	1107880	700313	189820	146722	60765
地毯、挂毯制造	322320	188001	41504	75734	36742
珠宝首饰及有关物品制造	1577416	1248713	161260	529284	334009
其他工艺美术品制造	752770	451704	100947	91756	34117

单位：万元

固定资产合计	固定资产原价	累计折旧	#本年折旧	在建工程(个)	负债合计	流动负债合计	#应付账款	所有者权益合计
1281554	2068799	886516	148994	184662	2701409	2495864	501031	1773788
1244557	2018815	869099	146083	180283	2639650	2438605	497868	1738318
208453	341390	155957	24598	61935	340485	317103	57011	251836
84814	134985	55272	9791	4648	139669	102934	30895	135597
951291	1542441	657870	111694	113701	2159496	2018569	409962	1350886
31129	42432	15733	2846	4379	38379	34673	2821	32838
31129	42432	15733	2846	4379	38379	34673	2821	32838
5868	7552	1684	66		23380	22585	341	2632
5868	7552	1684	66		23380	22585	341	2632
2146633	2921193	995703	177425	252715	5624714	5160568	860482	3821220
384449	577010	215541	35331	48423	1124606	1089476	183617	649099
197383	290087	104164	18230	40383	770246	749697	131040	315858
141583	212591	78938	12941	5265	304950	291040	42198	146940
24844	48046	23530	2513	133	23649	22992	3178	159719
1322	1442	120	72		2335	2335	712	1120
19317	24844	8789	1575	2643	23425	23411	6490	25462
100469	148995	50366	9359	3019	98123	80590	26159	197570
86398	126752	40399	7630	748	58508	46474	19293	161189
3693	5962	4065	451	1796	6340	6340	287	7202
10379	16281	5902	1279	475	33276	27776	6580	29180
1046098	1380711	465818	81444	119766	2895143	2570926	344383	2085533
123387	125292	16316	4369	17168	136636	107653	17869	220137
136824	173078	52050	8241	19463	328190	316056	35010	196396
24420	36448	13009	2077	1878	56006	55942	10196	21363
25337	28494	10829	1665	611	72991	61105	12065	40191
29044	43579	15984	2546	7999	86997	79214	16289	68621
292247	447766	172880	28297	7965	719876	660077	86015	386817
114396	132549	47865	9749	26606	217261	206411	39361	103187
110785	148951	53253	8118	17905	834991	657188	56498	738860
189659	244554	83634	16382	20172	442195	427280	71082	309962

1-B-5 续表 8

行业	资产总计	流动资产合计	#应收账款	#存货	#产成品
体育用品制造	1033257	625965	144273	160633	57773
球类制造	50200	34017	7339	11526	3606
体育器材及配件制造	234333	138514	38214	30830	12342
训练健身器材制造	545924	339583	69657	70822	24475
运动防护用具制造	32069	17785	4461	6668	2820
其他体育用品制造	170731	96067	24602	40788	14531
玩具制造	895067	540967	148257	124776	47065
玩具制造	895067	540967	148257	124776	47065
游艺器材及娱乐用品制造	473516	307268	59114	87593	25649
露天游乐场所游乐设备制造	222902	137397	31561	18486	7749
游艺用品及室内游艺器材制造	198160	137112	23242	60467	13672
其他娱乐用品制造	52454	32758	4311	8640	4228
石油加工、炼焦和核燃料加工业	5524987	2702002	554409	961550	173250
精炼石油产品制造	5524987	2702002	554409	961550	173250
原油加工及石油制品制造	5513043	2693170	551909	959586	172272
人造原油制造	11944	8833	2500	1964	979
化学原料和化学制品制造业	49625761	27829223	5823266	5333101	2194784
基础化学原料制造	11553908	5703822	888279	932970	381265
无机酸制造	594423	173319	29426	28450	11668
无机碱制造	660669	174676	18177	21161	7232
无机盐制造	567991	397056	89883	39702	15206
有机化学原料制造	8547038	4393022	635322	774689	325494
其他基础化学原料制造	1183788	565748	115472	68969	21665
肥料制造	304039	167815	30311	39689	16000
氮肥制造	209592	110095	18659	21927	7545
复混肥料制造	51447	37431	5437	12188	7018
有机肥料及微生物肥料制造	23849	7703	2131	2433	677
其他肥料制造	19151	12586	4085	3141	761
农药制造	2220930	1113823	221130	269986	159797
化学农药制造	1796371	950700	206653	233204	139878
生物化学农药及微生物农药制造	424559	163123	14477	36782	19919

单位：万元

固定资产合计	固定资产原价	累计折旧	#本年折旧	在建工程(个)	负债合计	流动负债合计	#应付账款	所有者权益合计
296164	361893	111597	21741	41387	636442	591216	108475	389464
13285	21036	8086	1058	439	35888	33897	5932	14312
79248	90223	19887	5020	3696	124941	106947	22256	104799
136917	156013	49791	9768	31463	365390	341962	48983	179399
10848	15315	5174	1299	649	22264	21672	3658	9805
55868	79306	28658	4597	5140	87958	86738	27645	81150
233191	336633	116221	20689	17625	577038	540942	131899	319512
233191	336633	116221	20689	17625	577038	540942	131899	319512
86261	115952	36160	8861	22495	293362	287417	65949	180042
39050	46934	12651	3635	13081	136547	135170	11864	86261
29023	49607	20897	3465	9383	132431	130239	50964	65711
18188	19411	2612	1761	32	24384	22009	3121	28070
2557679	3779056	1875259	218636	359617	3149887	3075180	1486074	2370890
2557679	3779056	1875259	218636	359617	3149887	3075180	1486074	2370890
2555511	3776621	1874704	218476	359617	3141697	3071283	1485098	2367136
2168	2435	555	160		8190	3897	976	3754
14859768	20996124	7503812	1483384	1994589	28419687	24365747	5535589	21179591
3978246	5662835	1858663	402000	504267	6648000	5692423	1239787	4907095
305232	399497	97467	22981	62922	320791	260776	76727	273632
339986	439180	121711	32649	23946	474766	367724	42855	185903
123823	168256	64479	12564	27627	366501	343200	107636	202035
2670476	3874720	1327092	276056	370661	4909776	4268161	903185	3637910
538728	781181	247915	57751	19111	576166	452562	109385	607615
79336	138579	63215	12197	33115	189757	172099	29277	114292
50396	97006	47056	9471	30688	133547	118778	14166	76045
10369	13481	3737	703	134	29983	29410	8220	21474
14816	21648	9125	1070	1685	13772	11456	1912	10078
3755	6444	3297	953	608	12455	12455	4979	6696
437420	736302	340720	51449	63107	1092124	969307	197381	1124812
333963	550327	256151	39765	60103	893328	822987	179385	902823
103457	185976	84568	11684	3004	198796	146319	17997	221990

1-B-5 续表 9

行业	资产总计	流动资产合计	#应收账款	#存货	#产成品
涂料、油墨、颜料及类似产品制造	5853005	3811197	1113510	823041	376922
涂料制造	1636031	1035765	327534	182191	67850
油墨及类似产品制造	327978	226990	92150	36655	17967
颜料制造	514632	285673	78959	87634	53353
染料制造	3280428	2199809	590111	501590	230582
密封用填料及类似品制造	93936	62960	24757	14972	7170
合成材料制造	19273303	10639910	2055651	2195054	741979
初级形态塑料及合成树脂制造	7180811	4463116	1056932	810256	295022
合成橡胶制造	603007	236551	21979	66211	33411
合成纤维单(聚合)体制造	10952888	5670831	900664	1254890	389873
其他合成材料制造	536598	269412	76075	63698	23673
专用化学产品制造	7102551	3991379	1227894	654608	279966
化学试剂和助剂制造	2866171	1728935	496836	277445	115210
专项化学用品制造	1305967	756982	244609	115764	58558
林产化学产品制造	94588	56453	12917	19497	8879
信息化学品制造	2243390	1108996	365872	161853	58574
环境污染处理专用药剂材料制造	132650	87659	31133	16428	2919
动物胶制造	90904	51346	12839	22747	16293
其他专用化学产品制造	368881	201008	63687	40874	19534
炸药、火工及焰火产品制造	132272	67682	9841	13354	7795
炸药及火工产品制造	132272	67682	9841	13354	7795
日用化学产品制造	3185754	2333596	276650	404399	231062
肥皂及合成洗涤剂制造	1556118	1213503	94569	175516	112675
化妆品制造	779829	575236	72110	106527	56147
口腔清洁用品制造	6828	6254	1208	3520	2122
香料、香精制造	541259	366463	70368	69880	33476
其他日用化学产品制造	301720	172141	38395	48957	26641
医药制造业	13876999	7638753	1724214	1887788	822781
化学药品原料药制造	7715848	3939743	689589	964143	438296
化学药品原料药制造	7715848	3939743	689589	964143	438296

单位：万元

固定资产合计	固定资产原价	累计折旧	#本年折旧	在建工程(个)	负债合计	流动负债合计	#应付账款	所有者权益合计
1290632	1854340	812060	140739	147992	2672319	2420746	581960	3179762
289687	444243	180274	32945	42246	700862	671002	169161	935276
69756	108577	43724	7158	7420	141331	139339	33522	186566
186009	211175	74656	15397	34536	330520	280434	59933	183493
719654	1031900	479359	82349	62146	1468253	1298953	308891	1811972
25525	58444	34047	2890	1645	31353	31017	10454	62455
6439171	9110543	3107989	628108	789175	12363280	10306940	2493020	6891275
1816897	2702438	1062529	180729	285379	4242324	3927690	1007261	2923021
257819	322349	70507	27926	64714	385140	311396	40386	217868
4159583	5849041	1912070	403189	431216	7407109	5788261	1388284	3543119
204872	236716	62884	16264	7865	328708	279593	57089	207267
2104677	2622016	911072	196333	359988	4165461	3611691	744734	2934814
749440	865716	267634	59316	167449	1770603	1434038	227305	1096874
338782	506506	199421	37740	51500	644682	578419	88792	659160
21743	28009	8772	1684	2993	56350	55234	9677	38194
813230	983817	361918	80581	118995	1377711	1267058	366156	864393
31103	43635	13343	2494	3068	63016	60490	11952	69635
33559	52711	20985	5169	1779	44376	44376	8789	46528
116821	141621	38999	9349	14205	208723	172077	32063	160029
40027	68545	29434	4739	4030	78382	60323	3901	53891
40027	68545	29434	4739	4030	78382	60323	3901	53891
490259	802964	380660	47819	92917	1210365	1132220	245529	1973651
157721	255594	140418	16178	42269	371820	356789	55624	1184298
103409	186779	86237	11555	28163	415579	404126	118534	362513
503	1397	1022	305		3199	3199	1115	3629
150927	243512	111161	13656	22202	265656	227507	44803	275603
77700	115683	41822	6126	283	154111	140600	25452	147609
3510727	4626588	1756393	314484	982080	6646168	5481238	969016	7181988
1999518	2574246	983464	183885	724678	3543058	2748823	511369	4131752
1999518	2574246	983464	183885	724678	3543058	2748823	511369	4131752

1-B-5 续表 10

行业	资产总计	流动资产合计	#应收账款	#存货	#产成品
化学药品制剂制造	2634482	1643607	443105	439802	193533
化学药品制剂制造	2634482	1643607	443105	439802	193533
中药饮片加工	301337	195478	71358	64475	32676
中药饮片加工	301337	195478	71358	64475	32676
中成药生产	1493083	821902	208184	178249	56677
中成药生产	1493083	821902	208184	178249	56677
兽用药品制造	131326	83668	22479	20872	10091
兽用药品制造	131326	83668	22479	20872	10091
生物药品制造	1056145	631219	168726	158204	62389
生物药品制造	1056145	631219	168726	158204	62389
卫生材料及医药用品制造	544778	323136	120772	62042	29119
卫生材料及医药用品制造	544778	323136	120772	62042	29119
化学纤维制造业	20844360	11660453	1539893	2425658	1325015
纤维素纤维原料及纤维制造	991950	601711	66505	101577	51955
化纤浆粕制造	8256	6148	2545	296	154
人造纤维(纤维素纤维)制造	983694	595563	63960	101281	51800
合成纤维制造	19852410	11058742	1473388	2324081	1273060
锦纶纤维制造	2181475	1435164	219138	290596	182177
涤纶纤维制造	14603155	7789987	940052	1625057	867938
腈纶纤维制造	309753	206163	26488	52585	36081
维纶纤维制造	10260	7874	699	6419	4875
丙纶纤维制造	117707	99952	15055	16697	9623
氨纶纤维制造	1600109	795934	109749	183162	82093
其他合成纤维制造	1029952	723668	162208	149565	90272
橡胶和塑料制品业	24625905	15221508	4039566	2913707	1304263
橡胶制品业	5389976	2918797	852316	711501	378658
轮胎制造	3446300	1678456	441161	455158	244936
橡胶板、管、带制造	901656	568997	185373	124506	60301
橡胶零件制造	472496	312152	109287	57993	36034

单位：万元

固定资产合　计	固定资产原　价	累计折旧	#本年折旧	在建工程(个)	负债合计	流动负债合　计	#应付账款	所有者权益合计
670210	885162	314747	57491	89692	1503746	1361390	178855	1130690
670210	885162	314747	57491	89692	1503746	1361390	178855	1130690
45844	62919	22723	3757	7328	148136	142721	46771	151280
45844	62919	22723	3757	7328	148136	142721	46771	151280
390382	520128	221850	29456	102189	626211	469342	68162	862960
390382	520128	221850	29456	102189	626211	469342	68162	862960
26918	44950	20796	2896	2646	66479	62783	9282	63990
26918	44950	20796	2896	2646	66479	62783	9282	63990
224303	325394	117708	22924	35591	425579	410016	102322	630496
224303	325394	117708	22924	35591	425579	410016	102322	630496
153552	213789	75106	14075	19957	332959	286164	52256	210821
153552	213789	75106	14075	19957	332959	286164	52256	210821
5477573	8294722	3439488	619407	710037	13245833	12045308	1817888	7577606
115409	214571	100663	14961	3279	672349	608006	59069	319601
1800	2315	514	190	214	6818	6818	305	1438
113609	212256	100148	14771	3065	665531	601188	58764	318163
5362164	8080151	3338825	604446	706758	12573485	11437303	1758819	7258005
520233	715839	264078	45921	105224	1394314	1254371	161845	786892
3794604	5640126	2319176	436266	536920	9292272	8399322	1296647	5293808
78985	150536	71551	8328	4852	259067	255973	7678	50686
2196	4873	2678	490		12110	12110	1131	-1851
13004	22866	10012	1263	7	96080	95811	6913	21627
712221	1187528	544869	83801	46290	828867	774742	226666	771242
240922	358383	126462	28378	13465	690776	644973	57941	335601
6279309	9143313	3810758	709936	836140	15140380	13876749	2267491	9456130
1651158	2244273	934520	182667	247900	3124296	2650438	683001	2267268
1208279	1577040	667831	135314	190997	2095933	1663618	474865	1349584
200857	300866	118858	22041	18919	407856	399501	95930	497606
108472	176356	80318	11345	22585	279186	257049	58527	192888

1-B-5 续表 11

行业	资产总计	流动资产合计	#应收账款	#存货	#产成品
再生橡胶制造	135396	75045	14693	15145	5954
日用及医用橡胶制品制造	86682	54881	18081	18772	11124
其他橡胶制品制造	347446	229266	83721	39927	20310
塑料制品业	19235929	12302711	3187250	2202207	925605
塑料薄膜制造	4450458	2761431	402988	366229	151575
塑料板、管、型材制造	3348906	2205768	588900	402677	216194
塑料丝、绳及编织品制造	773123	497664	209275	107375	65921
泡沫塑料制造	610802	410665	150432	66819	30313
塑料人造革、合成革制造	2871532	1894650	400042	430226	125726
塑料包装箱及容器制造	1762500	1040952	277566	144858	58637
日用塑料制品制造	2378023	1462268	383564	319769	115035
塑料零件制造	1258755	820814	351665	136758	61998
其他塑料制品制造	1781830	1208498	422817	227497	100207
非金属矿物制品业	23740252	13753710	4559996	2372692	1175074
水泥、石灰和石膏制造	5696810	2636228	477892	358120	88842
水泥制造	5529449	2519689	460177	332816	73037
石灰和石膏制造	167360	116539	17715	25304	15805
石膏、水泥制品及类似制品制造	7477948	5518791	2578746	897542	506502
水泥制品制造	6697010	5043538	2413275	788756	428418
砼结构构件制造	547951	369647	116531	89418	66958
石棉水泥制品制造	5625	1810	942	52	13
轻质建筑材料制造	181652	81293	32656	16601	9914
其他水泥类似制品制造	45709	22503	15341	2715	1199
砖瓦、石材等建筑材料制造	2076479	1390546	332290	210766	146547
粘土砖瓦及建筑砌块制造	278815	129151	54802	22681	14818
建筑陶瓷制品制造	1040011	807672	134764	105233	88037
建筑用石加工	67175	48187	17304	9974	4658
防水建筑材料制造	415514	265297	85124	39184	24555
隔热和隔音材料制造	157119	78785	26133	20227	6423
其他建筑材料制造	117846	61454	14163	13468	8057

单位：万元

固定资产合计	固定资产原价	累计折旧	#本年折旧	在建工程(个)	负债合计	流动负债合计	#应付账款	所有者权益合计
33594	42938	13711	3118	2190	72750	72450	6408	62646
19356	28714	11896	1723	4573	63846	63658	10264	22836
80600	118360	41907	9126	8635	204726	194162	37007	141709
4628151	6899040	2876238	527268	588240	12016084	11226312	1584490	7188862
1302492	1854279	830221	135034	221423	2895116	2545149	272407	1537862
604959	897922	380925	61729	80737	1793385	1643685	246924	1555217
170068	240480	77808	16732	12183	477679	470799	50053	293371
121281	181738	63923	11944	18399	415679	399629	86723	194038
727838	1145697	487362	104385	58334	2095606	1989460	258461	771683
449345	686184	287922	55972	59072	885979	864075	108196	875142
576101	857425	330096	61527	64918	1469211	1411204	215153	906321
290178	466442	195987	35880	25196	806580	773923	166112	451222
385890	568874	221994	44066	47979	1176850	1128388	180461	604006
6321135	9564283	3709585	644890	618690	14922959	12718489	3025131	8590805
2034425	3403304	1493865	180157	217589	3065438	2578029	489504	2623058
2002505	3362448	1480459	176493	213277	2951237	2469825	464893	2570080
31921	40856	13406	3664	4312	114201	108204	24612	52978
1359756	2335675	1062065	209953	77931	5314144	5147277	1467302	2150239
1130272	2024408	954771	182276	51217	4830924	4691742	1331610	1852951
126161	168014	51950	17169	11569	364241	345710	111576	183310
2787	3188	401	208		3429	3429	789	2197
79449	106346	42189	7798	15021	96498	87955	16033	85125
21087	33719	12755	2503	123	19053	18442	7295	26656
386115	547413	191736	43211	27638	1416629	1292269	356409	666334
122513	163470	47568	12587	5523	182656	153399	30337	103262
89957	152961	66083	10406	2240	819201	742642	248370	220809
16371	23724	8452	1880	1124	39010	35631	2705	28165
60554	91549	37702	9766	2946	234108	229059	50335	181215
62440	66304	14233	4572	10614	79854	74431	13623	77265
34279	49405	17698	4001	5191	61799	57106	11040	55618

1-B-5 续表 12

行业	资产总计	流动资产合计	#应收账款	#存货	#产成品
玻璃制造	1659758	752793	105474	188028	47807
平板玻璃制造	1256982	514208	38658	121799	20511
其他玻璃制造	402776	238585	66816	66229	27296
玻璃制品制造	2521744	1328054	320988	292219	144047
技术玻璃制品制造	1106320	556912	159849	117735	71902
光学玻璃制造	167698	53523	10422	23753	7615
玻璃仪器制造	5744	2866	2129	522	290
日用玻璃制品制造	575578	346831	62961	72877	33261
玻璃包装容器制造	109652	55274	23385	17295	8229
玻璃保温容器制造	39759	23449	10786	7228	3066
制镜及类似品加工	299453	147615	24863	24212	9197
其他玻璃制品制造	217540	141585	26593	28597	10487
玻璃纤维和玻璃纤维增强塑料制品制造	2293388	869005	252156	168453	112153
玻璃纤维及制品制造	2083861	733099	210130	142312	97497
玻璃纤维增强塑料制品制造	209528	135906	42026	26141	14656
陶瓷制品制造	546749	333324	104884	85625	37011
卫生陶瓷制品制造	131563	80137	23186	24927	12648
特种陶瓷制品制造	376814	230628	75865	50851	21250
日用陶瓷制品制造	3430	1662	128	317	89
园林、陈设艺术及其他陶瓷制品制造	34942	20898	5705	9531	3023
耐火材料制品制造	971390	656136	294994	116031	72713
石棉制品制造	22212	11971	5201	3055	1763
云母制品制造	9655	2891	1891	158	
耐火陶瓷制品及其他耐火材料制造	939524	641274	287902	112818	70950
石墨及其他非金属矿物制品制造	495989	268833	92573	55908	19453
石墨及碳素制品制造	213608	103342	44087	19758	3786
其他非金属矿物制品制造	282381	165492	48486	36150	15668
黑色金属冶炼和压延加工业	20348395	12584105	2002483	3350639	1194030
炼铁	2391	2014	1617	398	
炼铁	2391	2014	1617	398	

单位：万元

固定资产合计	固定资产原价	累计折旧	#本年折旧	在建工程(个)	负债合计	流动负债合计	#应付账款	所有者权益合计
243911	319274	94721	17085	26745	1105262	391885	118091	356581
149922	172923	34280	6484	20004	864214	171923	83920	195397
93989	146351	60440	10601	6742	241048	219961	34172	161185
877708	1108178	329130	80378	117783	1457248	1262641	177932	1051528
399289	489545	127402	37253	36075	645511	525271	78050	460809
99910	113818	14021	6872	7940	75273	65350	13203	92425
1755	3630	1874	253		3379	2646	711	2365
149292	216923	71880	14696	9111	372037	345315	36107	193576
42456	65851	23486	5938	1032	63255	53094	10122	43996
9413	13811	4879	1122	1000	23624	21801	7043	16135
118169	110445	44204	7933	51096	149759	141611	12475	149694
57422	94157	41385	6311	11531	124410	107552	20221	92530
968395	1182914	297215	70549	91453	1394637	988496	153644	898748
911576	1113086	280114	65650	86932	1229509	827739	118701	854348
56819	69828	17101	4899	4521	165128	160757	34942	44400
109471	152016	46545	9012	20676	332748	259810	59300	213647
36561	49826	14514	3052	451	84793	76155	15436	46770
61104	88826	28723	5024	16206	223233	158947	37196	153580
1244	1435	191	169	56	1785	1785	96	1645
10562	11928	3116	768	3963	22937	22924	6572	11652
199589	295169	103692	19431	23101	551995	542044	158721	419579
3376	5459	2089	361	4218	7836	7836	2865	14376
5494	5558	506	289	443	8471	5971	1065	1183
190719	284153	101097	18781	18440	535688	528237	154791	404020
141766	220340	90616	15113	15775	284859	256038	44227	211092
59148	103735	50871	6235	6863	121173	107473	17960	92435
82618	116605	39745	8878	8913	163686	148566	26267	118657
5504910	8521537	3449404	589684	580572	14157246	13390587	2065540	6185423
377	377	77	27		1696	1577	229	694
377	377	77	27		1696	1577	229	694

1-B-5 续表 13

行业	资产总计	流动资产合计	#应收账款	#存货	#产成品
炼钢	3531936	2300800	73600	475480	135843
炼钢	3531936	2300800	73600	475480	135843
黑色金属铸造	1998243	1245891	508328	274505	151553
黑色金属铸造	1998243	1245891	508328	274505	151553
钢压延加工	14665704	8911427	1372315	2579579	892997
钢压延加工	14665704	8911427	1372315	2579579	892997
铁合金冶炼	150122	123974	46625	20677	13637
铁合金冶炼	150122	123974	46625	20677	13637
有色金属冶炼和压延加工业	14733382	9887871	1938736	2393395	834139
常用有色金属冶炼	2190110	1580333	156724	476037	119455
铜冶炼	1102428	906179	34921	321319	59343
铅锌冶炼	70795	55238	7572	11310	4984
镍钴冶炼	754424	455208	83080	107743	42486
锡冶炼	4163	3632	786	1340	51
铝冶炼	236649	147429	28807	29834	12039
镁冶炼	4137	2129	855	283	70
其他常用有色金属冶炼	17515	10519	704	4207	482
贵金属冶炼	288592	199827	-12095	129577	100148
金冶炼	225046	152432	-16471	95629	83214
银冶炼	35370	29968	1768	20226	7634
其他贵金属冶炼	28176	17428	2608	13721	9300
稀有稀土金属冶炼	73531	53009	24036	8712	5249
钨钼冶炼	14440	12816	1805	3373	1439
稀土金属冶炼	59091	40193	22231	5340	3810
有色金属合金制造	1580119	1085524	244024	285603	86291
有色金属合金制造	1580119	1085524	244024	285603	86291
有色金属铸造	140755	90095	26315	23269	14197
有色金属铸造	140755	90095	26315	23269	14197
有色金属压延加工	10460275	6879084	1499733	1470198	508800
铜压延加工	6922123	4662727	992337	972817	304874

单位：万元

固定资产合计	固定资产原价	累计折旧	#本年折旧	在建工程（个）	负债合计	流动负债合计	#应付账款	所有者权益合计
592570	1292778	702595	62563	38824	2286605	2121680	292563	1245292
592570	1292778	702595	62563	38824	2286605	2121680	292563	1245292
532332	835010	335246	59463	52135	1278367	1243556	241256	718581
532332	835010	335246	59463	52135	1278367	1243556	241256	718581
4363168	6369437	2401441	465815	487086	10491136	9935528	1511783	4170178
4363168	6369437	2401441	465815	487086	10491136	9935528	1511783	4170178
16464	23936	10046	1817	2528	99442	88246	19708	50679
16464	23936	10046	1817	2528	99442	88246	19708	50679
2274159	3218289	1197202	239929	344662	9915684	9139728	1429883	4759714
270717	381885	145455	31722	50608	1484449	1427870	251453	689139
113094	128010	42290	7562	28831	751929	707607	172566	334590
9866	12661	3555	1924	748	52568	43379	1543	18227
60351	87370	30850	7289	16352	493588	492959	68463	260836
242	450	208	56	3	2978	2978	316	1184
79543	144556	66844	14211	4183	166448	164139	6731	69589
1593	1986	492	128	98	2388	2388	768	1749
6029	6852	1217	552	393	14549	14420	1068	2965
37330	38018	20696	1895	8722	187715	184372	3221	100878
24230	25703	15862	1249	2846	140354	140011	507	84692
4236	7986	3795	497	301	25086	25086	2362	10285
8865	4329	1039	149	5575	22275	19275	352	5901
11219	16336	5388	1212	137	41230	41230	9231	32300
697	2076	1516	74	137	7687	7687	1897	6753
10522	14260	3872	1138		33544	33544	7334	25547
320863	377687	114547	27626	60325	820408	799876	118531	757588
320863	377687	114547	27626	60325	820408	799876	118531	757588
39059	59637	21711	4549	1890	88613	86075	10829	52142
39059	59637	21711	4549	1890	88613	86075	10829	52142
1594971	2344726	889405	172926	222981	7293270	6600305	1036618	3127668
814173	1226772	503007	92607	133631	4903525	4362987	783107	2000680

1-B-5 续表 14

行业	资产总计	流动资产合计	#应收账款	#存货	#产成品
铝压延加工	2585526	1542100	321038	348210	126442
贵金属压延加工	130959	106736	26650	11297	5402
稀有稀土金属压延加工	193085	132823	41107	25595	12231
其他有色金属压延加工	628582	434698	118602	112280	59851
金属制品业	21735394	14274552	3838469	3353096	1320042
结构性金属制品制造	6327950	4404576	1147240	1109613	413125
金属结构制造	3403919	2408406	722666	682643	245294
金属门窗制造	2924031	1996170	424574	426970	167830
金属工具制造	1969215	1267481	350944	293493	127941
切削工具制造	511995	303987	91648	78560	39689
手工具制造	731092	469727	122581	121005	53756
农用及园林用金属工具制造	339913	246201	55138	46630	16884
刀剪及类似日用金属工具制造	130981	83458	31327	21160	9405
其他金属工具制造	255234	164109	50252	26138	8208
集装箱及金属包装容器制造	1749988	1102533	283608	266797	127333
集装箱制造	378484	269317	65611	85747	59629
金属压力容器制造	552585	372639	99541	86754	30825
金属包装容器制造	818920	460576	118456	94296	36879
金属丝绳及其制品制造	1326010	872764	196714	117351	45360
金属丝绳及其制品制造	1326010	872764	196714	117351	45360
建筑、安全用金属制品制造	3496169	2200567	671721	620382	236698
建筑、家具用金属配件制造	1106909	656812	181289	189226	65803
建筑装饰及水暖管道零件制造	2018503	1315463	414985	382113	145964
安全、消防用金属制品制造	289284	182420	57241	40011	21687
其他建筑、安全用金属制品制造	81474	45872	18206	9031	3244
金属表面处理及热处理加工	1309381	824247	284076	172331	63008
金属表面处理及热处理加工	1309381	824247	284076	172331	63008
搪瓷制品制造	232013	170842	44470	52013	26951
生产专用搪瓷制品制造	1307	420	90	199	90
建筑装饰搪瓷制品制造	101474	77984	24051	20529	14281
搪瓷卫生洁具制造	65439	46626	13373	14115	4740
搪瓷日用品及其他搪瓷制品制造	63793	45812	6956	17169	7841

单位：万元

固定资产合计	固定资产原价	累计折旧	#本年折旧	在建工程(个)	负债合计	流动负债合计	#应付账款	所有者权益合计
621786	896476	312162	63551	68363	1712944	1579179	167101	851163
5108	8904	3827	839	6653	90909	90908	10102	40050
23259	47566	24334	4547	2209	138060	134690	29073	55024
130646	165007	46076	11382	12124	447831	432542	47235	180750
4978043	6840378	2309122	473791	605066	13432509	12242210	1923893	8310179
1228566	1656460	495771	123201	173386	3905730	3156539	595138	2440640
666329	904648	261913	70356	127896	2256657	1630459	408757	1154242
562237	751812	233858	52844	45490	1649073	1526081	186380	1286397
488397	719944	269175	51604	64624	1209021	1163988	234623	761319
137569	209977	78630	15702	25025	296237	282981	33241	215142
184960	286595	113974	19751	15303	451329	437587	91465	279617
66412	92701	30659	7263	8842	223341	220713	50604	118094
30216	42470	16521	2810	4555	65819	62619	21204	65161
69241	88202	29391	6077	10899	172295	160089	38109	83305
498295	632635	189377	39828	40747	1092000	1014306	176704	657987
66286	99129	32893	5810	870	232502	231871	46751	145982
147883	177777	53270	12829	11058	389092	361045	57058	163493
284126	355729	103214	21188	28820	470406	421390	72894	348513
274100	455683	193012	25964	17860	805607	759069	77078	518191
274100	455683	193012	25964	17860	805607	759069	77078	518191
865727	1178435	396409	73695	102308	2037173	1961488	264729	1443839
322828	425174	130647	23770	24417	674674	637363	92112	424751
457589	631058	220646	41422	62329	1129866	1102066	129263	882496
58725	81741	30804	5369	14699	185937	183099	32575	101815
26584	40461	14312	3134	863	46697	38960	10779	34777
364277	520448	179529	39683	27748	919565	875348	109432	401911
364277	520448	179529	39683	27748	919565	875348	109432	401911
40760	62646	25725	5082	10164	139644	138775	21285	92365
888	834	101	12		1209	1209	998	98
12023	25853	13830	2320	7892	48575	48575	7465	52900
12125	14270	3916	1591	1385	42836	42021	4817	22600
15725	21690	7878	1159	887	47025	46971	8006	16768

1-B-5 续表 15

行业	资产总计	流动资产合计	#应收账款	#存货	#产成品
金属制日用品制造	3367379	2156666	475144	453996	178625
金属制厨房用器具制造	723554	546830	106486	103473	42086
金属制餐具和器皿制造	2092398	1271005	267258	266901	107320
金属制卫生器具制造	225758	136055	44492	36532	11503
其他金属制日用品制造	325669	202776	56907	47090	17716
其他金属制品制造	1957288	1274877	384553	267122	101000
锻件及粉末冶金制品制造	1018162	653371	206437	122427	50533
交通及公共管理用金属标牌制造	141864	103151	29104	21512	6506
其他未列明金属制品制造	797262	518355	149011	123182	43962
通用设备制造业	45311305	28970617	8662838	6803792	2653651
锅炉及原动设备制造	3437068	2248820	740126	546753	135322
锅炉及辅助设备制造	1171815	794846	288539	169170	25984
内燃机及配件制造	809277	487942	139990	82757	38741
汽轮机及辅机制造	924205	677098	241283	168040	51443
水轮机及辅机制造	518463	281017	68222	125979	18953
风能原动设备制造	13309	7917	2092	807	201
金属加工机械制造	3150267	2043304	506195	696662	237370
金属切削机床制造	1602668	1011340	239654	388853	137212
金属成形机床制造	463179	323349	80894	128635	37191
铸造机械制造	174137	114600	37421	32329	9697
金属切割及焊接设备制造	572339	388300	94056	84163	31734
机床附件制造	171756	111853	30066	33565	12281
其他金属加工机械制造	166189	93863	24105	29116	9255
物料搬运设备制造	5907121	4023416	1286029	743524	239485
轻小型起重设备制造	432375	284559	101583	75888	19507
起重机制造	727568	486937	209532	103596	43061
生产专用车辆制造	681605	456666	137151	148678	32090
连续搬运设备制造	391913	222721	80521	51546	14580
电梯、自动扶梯及升降机制造	3428747	2404675	699083	315215	118899
其他物料搬运设备制造	244914	167859	58159	48601	11348

单位：万元

固定资产合计	固定资产原价	累计折旧	#本年折旧	在建工程(个)	负债合计	流动负债合计	#应付账款	所有者权益合计
749042	932858	305050	65434	116629	2096935	1990830	305890	1264843
129110	162741	52918	9747	11848	542586	528535	86899	177797
461801	576307	193156	42754	85807	1204979	1123571	151275	885373
61974	77880	21840	4455	4016	152499	144591	29626	72886
96157	115930	37135	8478	14957	196871	194134	38091	128787
468878	681270	255075	49302	51600	1226834	1181867	139014	729084
255531	396400	170841	30098	36038	637177	610400	74682	379789
28737	39414	11052	2040	1564	88818	88521	8566	53046
184610	245456	73183	17164	13998	500838	482945	55766	296250
9214712	13358737	5015708	916654	1246997	26096342	24354527	5987712	19187483
512617	717997	253892	47881	184904	1919840	1778252	554223	1517146
154913	213509	59963	12387	15901	642706	588271	214749	529108
165408	198939	60341	13734	132231	629337	598634	134328	179939
96884	171087	85017	12052	23685	402107	382780	94359	522088
90690	125622	43580	8953	13087	238527	202225	110162	279936
4723	8840	4991	755		7163	6343	626	6076
718027	1038216	362923	67638	85614	1779485	1712189	373142	1369912
368097	510749	163106	32171	41093	889088	865028	212273	712890
103383	159979	64150	9685	12230	229937	217647	51894	233242
47017	72717	26203	4944	3741	88932	83388	25789	85204
97574	140408	55109	10603	22771	376152	362979	52219	196038
48979	85828	38375	5902	5142	77082	73644	11832	94674
52977	68536	15979	4335	638	118294	109503	19137	47865
875724	1147992	366290	79617	129822	3516514	3292891	1070073	2383550
82196	130390	52520	8799	3375	260795	256769	64683	171010
137077	172785	41675	11230	28570	461386	430909	104684	266189
138741	176290	51089	12167	11842	404045	372238	175899	275938
86647	122219	45771	10072	7346	238680	230508	36319	153162
382449	482820	157423	33346	76015	1999263	1866700	632430	1427447
48615	63487	17813	4004	2673	152345	135767	56058	89804

1-B-5 续表 16

行　业	资产总计	流动资产合　计	#应收账款	#存　货	#产成品
泵、阀门、压缩机及类似机械制造	10795514	6883205	2244918	1611870	615190
泵及真空设备制造	3361807	2049700	649862	466067	178079
气体压缩机械制造	2216088	1485201	387854	358155	184824
阀门和旋塞制造	3933685	2626828	949766	627661	191087
液压和气压动力机械及元件制造	1283934	721476	257436	159987	61200
轴承、齿轮和传动部件制造	7631935	4349928	1283206	1044463	440689
轴承制造	4716562	2798269	867813	609063	279246
齿轮及齿轮减、变速箱制造	1973944	1014920	265669	296922	109283
其他传动部件制造	941428	536739	149725	138478	52161
烘炉、风机、衡器、包装等设备制造	7648416	5068989	1311127	1076988	464585
烘炉、熔炉及电炉制造	292927	237071	27607	40925	14553
风机、风扇制造	668026	381985	157881	62110	23898
气体、液体分离及纯净设备制造	2241558	1561879	378296	295386	173872
制冷、空调设备制造	2164387	1365491	356689	338909	138418
风动和电动工具制造	1687790	1142715	310419	211192	71349
喷枪及类似器具制造	192723	104711	36262	38674	9292
衡器制造	47756	37556	7035	5289	1101
包装专用设备制造	353249	237581	36938	84503	32102
文化、办公用机械制造	558861	363012	107763	88914	27336
电影机械制造	1914	1123	267	219	54
幻灯及投影设备制造	5932	1472	185	831	20
照相机及器材制造	168507	115872	34814	28048	2961
复印和胶印设备制造	141251	74884	18607	18049	4845
计算器及货币专用设备制造	183916	130135	48993	28539	11586
其他文化、办公用机械制造	57341	39526	4896	13228	7869
通用零部件制造	5956552	3847116	1140972	956783	481218
金属密封件制造	296058	174113	66789	41422	16059
紧固件制造	2851304	1826286	606152	564338	283983

单位：万元

固定资产合计	固定资产原价	累计折旧	#本年折旧	在建工程(个)	负债合计	流动负债合计	#应付账款	所有者权益合计
2250639	3203564	1183781	225305	274509	5731273	5482023	1332907	5057412
645418	990474	388281	66948	72820	1645425	1576040	400043	1715159
423479	556379	204117	42267	70714	1250432	1216690	405477	965616
821005	1144107	423782	81844	92037	2158439	2097677	415992	1771010
360737	512604	167602	34246	38938	676976	591615	111395	605628
1975085	2912382	1161829	193570	247948	4502211	4078316	945696	3133200
1061525	1623056	662931	107926	97073	2842207	2681404	654042	1877660
629590	890017	343918	62140	115997	1128348	964640	192812	845163
283970	399310	154979	23505	34877	531656	432272	98841	410377
1358429	1952995	707677	130248	190427	4563858	4299667	957645	3075140
31677	41433	11366	2320	3382	83896	82222	17776	209031
138091	197873	63755	10673	9524	306087	262932	61532	361939
253092	356980	120653	25880	49545	1413531	1345734	276974	828445
470103	680121	260964	46018	54599	1297999	1193067	248472	862932
340385	497064	182739	33241	63151	1104633	1063281	274802	576888
51101	75854	30703	5304	323	119229	116209	33458	73495
7348	11484	4650	888	71	34755	34750	2604	13001
66633	92187	32847	5925	9832	203730	201473	42028	149410
104160	169810	72066	12676	11722	329160	316367	57002	229701
450	631	181	54		632	632	169	1282
2085	1399	551	86	1236	4529	4529	150	1404
29507	59245	29762	4887	4597	101357	92305	24722	67150
32629	52318	21037	3994	2264	95074	93607	8488	46177
30296	37912	11371	2318	3623	94414	92212	16385	89502
9193	18305	9164	1337	1	33155	33083	7088	24186
1361221	2127395	875914	154459	118393	3615996	3262095	671160	2333958
94206	137576	48809	8435	9220	158644	136013	32288	137414
677212	1136049	521501	81264	55610	1699880	1627910	332596	1148267

1-B-5 续表 17

行　业	资产总计	流动资产合　计	#应收账款	#存　货	#产成品
弹簧制造	323080	201331	74587	42842	28261
机械零部件加工	567510	353911	130605	82355	32349
其他通用零部件制造	1918600	1291476	262838	225828	120567
其他通用设备制造业	225571	142826	42502	37836	12457
其他通用设备制造业	225571	142826	42502	37836	12457
专用设备制造业	17973374	11678138	3400270	2867093	985314
采矿、冶金、建筑专用设备制造	1899160	1099003	400372	216752	82296
矿山机械制造	396764	258409	89627	65945	35085
石油钻采专用设备制造	192581	123521	36834	33754	16047
建筑工程用机械制造	467028	346184	188107	58405	11916
海洋工程专用设备制造	484611	127442	7436	3558	25
建筑材料生产专用机械制造	228882	154162	45651	34303	11386
冶金专用设备制造	129295	89285	32718	20786	7837
化工、木材、非金属加工专用设备制造	6337265	4099816	1139526	1024418	319114
炼油、化工生产专用设备制造	546724	369722	119883	117244	21565
橡胶加工专用设备制造	52216	34639	9072	7337	2959
塑料加工专用设备制造	2402128	1655781	406773	401739	145020
木材加工机械制造	29502	14462	4282	3671	1159
模具制造	3270445	1999714	590868	488243	146327
其他非金属加工专用设备制造	36251	25498	8648	6185	2084
食品、饮料、烟草及饲料生产专用设备制造	367377	233425	79744	63170	24752
食品、酒、饮料及茶生产专用设备制造	296749	194592	69407	49442	20837
农副食品加工专用设备制造	25258	13133	2957	5032	778
烟草生产专用设备制造	24204	11591	3664	3651	1861
饲料生产专用设备制造	21166	14109	3716	5045	1275
印刷、制药、日化及日用品生产专用设备制造	586597	377755	113728	105117	44576
制浆和造纸专用设备制造	60829	45163	8105	16948	3511
印刷专用设备制造	237613	142087	41896	40750	19105
日用化工专用设备制造	7398	5619	2442	442	248
制药专用设备制造	195631	130137	43789	32912	17970

单位：万元

固定资产合计	固定资产原价	累计折旧	#本年折旧	在建工程(个)	负债合计	流动负债合计	#应付账款	所有者权益合计
78812	118367	44399	8106	5485	180584	175203	36152	142495
149109	202505	64269	15441	18259	341541	300268	58919	223734
361881	532897	196936	41212	29820	1235348	1022701	211206	682049
58813	88387	31336	5261	3658	138005	132728	25864	87464
58813	88387	31336	5261	3658	138005	132728	25864	87464
3949452	5588664	2019402	385906	661934	10262765	9539532	2323053	7673966
458704	600261	175266	38668	202322	1120942	1050825	247547	775896
79238	108459	41822	8460	12528	267993	256181	61229	127560
35711	54142	20052	4252	5237	128750	128135	16751	63831
84744	138235	57461	11239	10797	218158	198872	66432	248795
182919	183604	15431	6959	171215	320868	287514	73665	163743
48423	72551	24810	4587	1209	112104	111022	19220	115741
27668	43270	15691	3172	1337	73068	69101	10250	56227
1406374	2100170	848733	152248	209762	3385406	3122527	868150	2948601
82833	141447	61091	10963	12528	331279	320916	59264	215888
13369	23942	10747	1264	372	18471	17169	6429	33744
412231	625796	274025	40901	76228	1054321	1025205	374738	1343808
9851	17741	8950	886	1916	18921	12642	6303	10581
880898	1282461	491434	97554	117430	1936100	1720285	415143	1334642
7191	8783	2486	681	1288	26313	26312	6274	9938
87139	108078	37097	9840	10109	248953	244151	31996	120503
66511	76686	24366	7876	8168	209680	205645	26701	89148
8632	14204	6214	740	245	11824	11824	1529	13434
7330	11015	4873	778	1189	14102	13335	815	10102
4666	6173	1644	447	507	13347	13347	2952	7819
141203	190893	63326	12981	12982	334896	321399	78224	248084
13718	20645	7550	1337	459	41711	40658	6491	19118
59175	83170	29559	5619	5456	113670	107146	29770	123943
1554	1554	841	100		1757	1757	719	5642
44087	59269	19394	4007	4584	115923	113510	25742	78375

1-B-5 续表 18

行业	资产总计	流动资产合计	#应收账款	#存货	#产成品
照明器具生产专用设备制造	38365	30333	10365	8216	1561
玻璃、陶瓷和搪瓷制品生产专用设备制造	5184	3106	1392	1439	135
其他日用品生产专用设备制造	41578	21311	5738	4410	2047
纺织、服装和皮革加工专用设备制造	2986677	2032751	566360	519749	216785
纺织专用设备制造	1352625	926953	248785	205060	72905
皮革、毛皮及其制品加工专用设备制造	67365	50153	9651	17653	7899
缝制机械制造	1564740	1054021	306427	297034	135979
洗涤机械制造	1947	1624	1496	2	2
电子和电工机械专用设备制造	314407	215692	73322	49142	16435
电工机械专用设备制造	207664	153485	52936	32547	10569
电子工业专用设备制造	106744	62207	20386	16596	5866
农、林、牧、渔专用机械制造	1215255	832323	218328	227716	95047
拖拉机制造	259581	185543	67094	38431	11780
机械化农业及园艺机具制造	845060	586481	123653	173746	76044
营林及木竹采伐机械制造	11988	1607	632	696	543
畜牧机械制造	3921	3168	1733	133	11
渔业机械制造	7420	6069	1260	2055	785
农林牧渔机械配件制造	67756	36862	19810	8745	3996
棉花加工机械制造	3421	3315	2048	166	53
其他农、林、牧、渔业机械制造	16109	9279	2098	3744	1836
医疗仪器设备及器械制造	992693	652221	158019	140589	43877
医疗诊断、监护及治疗设备制造	205759	137853	35625	48549	11197
口腔科用设备及器具制造	31418	17097	5984	5163	1637
医疗实验室及医用消毒设备和器具制造	14196	10473	1035	3808	1989
医疗、外科及兽医用器械制造	413513	269210	78544	46037	16856
机械治疗及病房护理设备制造	145374	106256	13331	13406	4516
假肢、人工器官及植(介)入器械制造	37493	19169	3505	5365	1064
其他医疗设备及器械制造	144941	92164	19995	18260	6618
环保、社会公共服务及其他专用设备制造	3273941	2135153	650871	520439	142433
环境保护专用设备制造	2005553	1387038	431078	376662	91982

单位：万元

固定资产合计	固定资产原价	累计折旧	#本年折旧	在建工程(个)	负债合计	流动负债合计	#应付账款	所有者权益合计
6994	9766	2813	949	173	32410	31581	9721	5631
1854	2815	1152	175	193	3938	3938	1039	1246
13821	13675	2017	795	2119	25488	22810	4741	14130
621799	889219	338779	66984	59137	1776672	1658889	425657	1184079
301180	412886	142895	30815	28209	782112	747358	173531	563818
12745	20076	9036	1413	20	37262	35658	8238	30626
307551	455885	186800	34722	30908	955466	874041	243280	589520
324	372	48	34		1833	1833	609	115
59341	87611	31214	6822	10599	187143	183136	56045	123890
31730	44276	15389	2978	7439	123590	123072	30260	82480
27611	43335	15825	3844	3160	63553	60064	25785	41409
246580	334220	109155	22267	48689	821288	753450	167363	393305
39141	65226	31005	4568	15385	191983	163166	44052	67598
169382	219847	65465	14033	29077	555796	523464	107128	288636
8825	8825	838	838		5994	5994		5994
237	347	109	54		3013	3013	1299	908
935	2194	1258	62		6324	6324	2037	1095
22812	29915	7852	1976	3278	47348	41102	11626	20408
84	340	257	24		1098	1098	582	2324
5164	7526	2371	712	949	9733	9289	639	6343
226029	389856	179395	25677	20475	422286	401542	105085	571326
47806	86898	42032	5499	4036	79198	72925	22346	126561
10228	13841	3941	865	273	19408	18972	3116	12010
2972	5784	2813	489	1	3425	3411	693	10771
98600	187234	95380	11571	6697	199811	190203	48233	213701
21613	28021	9823	1801	6586	46857	43661	9961	98517
13530	20164	7621	1707	1039	5380	5380	3653	32113
31280	47914	17785	3745	1844	68208	66989	17083	77653
702283	888357	236436	50418	87859	1965179	1803614	342985	1308282
355576	460586	130890	26759	42355	1212782	1172460	233968	792419

1-B-5 续表 19

行　业	资产总计	流动资产合　计	#应收账款	#存　货	#产成品
地质勘查专用设备制造	103452	26025	13141	9275	2054
邮政专用机械及器材制造	3346	2904	617	249	118
商业、饮食、服务专用设备制造	4162	2471	270	1407	231
社会公共安全设备及器材制造	892200	531696	146759	88854	33799
交通安全、管制及类似专用设备制造	14689	12162	6290	2190	1271
水资源专用机械制造	67438	36597	8742	13796	3377
其他专用设备制造	183102	136260	43975	28006	9602
汽车制造业	29471586	16114069	5176653	2935769	1201483
汽车整车制造	6703816	3671153	1069080	615315	127617
汽车整车制造	6703816	3671153	1069080	615315	127617
改装汽车制造	157814	98355	20345	35810	9667
改装汽车制造	157814	98355	20345	35810	9667
低速载货汽车制造	34121	25499	3553	5699	3254
低速载货汽车制造	34121	25499	3553	5699	3254
汽车车身、挂车制造	43198	22696	3001	5133	420
汽车车身、挂车制造	43198	22696	3001	5133	420
汽车零部件及配件制造	22532637	12296367	4080674	2273812	1060526
汽车零部件及配件制造	22532637	12296367	4080674	2273812	1060526
铁路、船舶、航空航天和其他运输设备制造业	16147283	9525817	2340050	2593218	404367
铁路运输设备制造	261553	197050	68969	16001	8315
铁路机车车辆配件制造	194176	141678	45444	10445	6357
铁路专用设备及器材、配件制造	67377	55372	23525	5556	1958
船舶及相关装置制造	11542999	6428709	1342087	1988735	196208
金属船舶制造	10731086	5949800	1193065	1803618	114594
娱乐船和运动船制造	47441	27525	9052	9134	1986
船用配套设备制造	530768	334245	118036	102445	14941
船舶改装与拆除	233705	117139	21934	73537	64688
航空、航天器及设备制造	68334	42924	25126	6780	2538
飞机制造	17752	13314	10686	94	22
航空、航天相关设备制造	44611	24169	11083	6231	2355
其他航空航天器制造	5971	5442	3358	456	161

单位：万元

固定资产合计	固定资产原价	累计折旧	#本年折旧	在建工程(个)	负债合计	流动负债合计	#应付账款	所有者权益合计
73054	76895	4026	1011		89285	15681	8149	14167
442	526	101	42		2778	2778	528	568
1689	1851	752	168		3273	3273	758	889
215278	284098	82631	17735	34746	520084	480933	76487	371986
1821	2940	1239	262	52	7466	7466	3249	7223
24845	21453	5283	1239	7511	37410	31725	6021	30028
29579	40008	11515	3202	3195	92100	89298	13826	91002
5726322	7935178	2826541	620756	967137	17926261	15384168	4525938	11506046
1206632	1647272	557577	141375	269083	4335324	3588118	1666197	2367032
1206632	1647272	557577	141375	269083	4335324	3588118	1666197	2367032
40130	46535	14070	2470	6376	110481	105617	18994	47332
40130	46535	14070	2470	6376	110481	105617	18994	47332
318	845	540	66		30844	30844	5273	3277
318	845	540	66		30844	30844	5273	3277
16342	11732	5491	754	7190	26679	23099	5404	13513
16342	11732	5491	754	7190	26679	23099	5404	13513
4462900	6228795	2248863	476091	684488	13422933	11636491	2830071	9074891
4462900	6228795	2248863	476091	684488	13422933	11636491	2830071	9074891
4315751	5452383	1565483	306310	650004	11785366	10798007	2503739	4352307
23236	40810	17720	3070	1920	101422	98125	29826	160131
14035	24862	10973	1700	1853	72636	69966	21468	121540
9201	15948	6747	1370	68	28786	28159	8358	38591
3460951	4197072	1067112	213271	522390	8682233	7787857	1918386	2854072
3249618	3937688	1005727	198340	458678	8153245	7314381	1862534	2572055
13646	16584	4608	1239	2638	33297	27474	4384	13236
150158	193665	47701	11360	3771	330248	281122	42651	200519
47529	49134	9076	2332	57302	165443	164881	8816	68262
15854	22729	6875	1868	25	36199	34868	4229	32135
3172	5484	2311	485		13570	12570	460	4182
12152	16202	4051	1266	25	20200	19869	2929	24411
530	1042	513	118		2429	2429	840	3542

1-B-5 续表 20

行　　业	资产总计	流动资产合　　计	#应收账款	#存　货	
					#产成品
摩托车制造	2362786	1500740	535925	322532	102561
摩托车整车制造	907822	568881	231755	159075	40044
摩托车零部件及配件制造	1454964	931859	304170	163457	62517
自行车制造	1826505	1300261	351053	247076	92532
脚踏自行车及残疾人座车制造	909008	669249	190636	97131	40321
助动自行车制造	917497	631011	160418	149945	52211
非公路休闲车及零配件制造	53846	35035	10251	6858	1477
非公路休闲车及零配件制造	53846	35035	10251	6858	1477
潜水救捞及其他未列明运输设备制造	31261	21099	6639	5236	736
潜水及水下救捞装备制造	9004	4939	1367	1098	368
其他未列明运输设备制造	22257	16160	5272	4138	368
电气机械和器材制造业	56436382	36912527	12468811	7187270	3137380
电机制造	9365298	6141299	1841820	1225581	407982
发电机及发电机组制造	1283447	852162	309920	273355	70578
电动机制造	4132458	2706592	697588	454418	128229
微电机及其他电机制造	3949393	2582545	834312	497808	209176
输配电及控制设备制造	19404844	12309889	4926016	2087676	943641
变压器、整流器和电感器制造	2918164	1909898	852643	423677	221653
电容器及其配套设备制造	155984	109220	46214	12473	5848
配电开关控制设备制造	8691949	5749374	2181955	852098	426715
电力电子元器件制造	2061673	1494159	611851	303972	103388
光伏设备及元器件制造	4391576	2241983	924952	326862	148571
其他输配电及控制设备制造	1185498	805255	308401	168594	37467
电线、电缆、光缆及电工器材制造	8655814	6042045	2434471	1136372	582213
电线、电缆制造	6897776	4903988	1936668	933483	465634
光纤、光缆制造	1437106	934582	415942	170375	104141
绝缘制品制造	189553	130600	51948	19537	7795
其他电工器材制造	131379	72874	29915	12977	4643

单位：万元

固定资产合计	固定资产原价	累计折旧	#本年折旧	在建工程(个)	负债合计	流动负债合计	#应付账款	所有者权益合计
486557	732300	301214	48679	76078	1528589	1473061	308075	831481
156314	240717	97345	13443	14145	545860	541747	199795	361428
330243	491582	203869	35236	61933	982729	931313	108280	470053
305357	424495	158581	37480	48496	1373707	1341012	232957	452598
169003	237621	91518	22608	21841	654755	627987	76803	254336
136354	186874	67063	14873	26655	718952	713025	156154	198261
15395	22247	9637	1181	221	39853	39744	4540	13993
15395	22247	9637	1181	221	39853	39744	4540	13993
8401	12730	4345	759	874	23364	23341	5726	7897
3096	4516	1420	232	754	6925	6902	1222	2079
5305	8214	2926	527	120	16438	16438	4504	5818
10192734	14459948	5179381	1021844	1727913	34220774	31303157	7873844	22188946
1814858	2828051	1147649	209135	231801	5207299	4873240	1323440	4163538
266795	373465	125724	25070	29257	807546	772225	253268	475307
790964	1205479	495013	90148	104894	2116204	1966997	469126	2020069
757099	1249107	526911	93917	97650	2283549	2134019	601046	1668163
3313134	4454442	1446972	304581	841952	11363788	10166649	2599565	7963366
598369	740561	222162	33706	122076	1688046	1552093	366106	1224620
31628	46341	19447	3195	4425	74289	59612	26944	81695
966542	1422003	560340	100204	183067	4875143	4305678	1198272	3752366
356126	504175	190113	38549	53260	1265415	1246558	373363	794652
1183140	1510376	370010	113969	412530	2754230	2345625	448411	1632442
177331	230985	84900	14957	66592	706664	657083	186469	477591
1462865	2143929	835792	150545	162905	5430261	5047984	792535	3280543
1120131	1678548	676852	122696	122768	4285609	4087853	619208	2668730
268718	373527	132696	20252	28843	949495	776000	145223	486551
39754	46263	14093	3480	10019	123273	116023	16551	66496
34263	45591	12151	4117	1275	71883	68109	11554	58766

1-B-5 续表 21

行业	资产总计	流动资产合计	#应收账款	#存货	#产成品
电池制造	3720298	2134344	635600	458484	149151
锂离子电池制造	545082	358353	92799	86187	35774
镍氢电池制造	149022	77616	22256	24921	11798
其他电池制造	3026194	1698375	520545	347377	101580
家用电力器具制造	10030785	6742992	1498355	1515782	744145
家用制冷电器具制造	1063515	746846	112159	186111	101006
家用空气调节器制造	1406816	1075638	236306	289070	173334
家用通风电器具制造	842948	521026	109677	117078	61634
家用厨房电器具制造	2241142	1531564	305187	305825	155658
家用清洁卫生电器具制造	1737341	1133923	293266	233926	105605
家用美容、保健电器具制造	356864	230416	47632	56694	20490
家用电力器具专用配件制造	1122363	743909	223837	141902	63836
其他家用电力器具制造	1259795	759671	170292	185178	62582
非电力家用器具制造	539637	332887	94608	83424	36823
燃气、太阳能及类似能源家用器具制造	358145	224373	63484	55176	26507
其他非电力家用器具制造	181492	108514	31125	28248	10316
照明器具制造	4607029	3133538	1012392	663532	267752
电光源制造	1579401	1047991	414739	227437	113877
照明灯具制造	2753421	1898001	541617	397485	140563
灯用电器附件及其他照明器具制造	274207	187547	56036	38610	13312
其他电气机械及器材制造	112678	75533	25548	16419	5672
电气信号设备装置制造	55859	35334	9363	8337	2434
其他未列明电气机械及器材制造	56819	40199	16185	8082	3238
计算机、通信和其他电子设备制造业	25630765	17550350	6236031	3492844	1285911
计算机制造	924430	687955	318057	152237	43600
计算机整机制造	175057	160229	117753	29160	1358
计算机零部件制造	254920	174487	76171	41470	11441
计算机外围设备制造	285972	175539	70197	42256	11421
其他计算机制造	208482	177700	53936	39352	19381
通信设备制造	6715938	5119720	1594461	856479	305776
通信系统设备制造	4729425	3646638	1151043	559687	188442
通信终端设备制造	1986513	1473082	443418	296792	117333

单位：万元

固定资产合计	固定资产原价	累计折旧	#本年折旧	在建工程(个)	负债合计	流动负债合计	#应付账款	所有者权益合计
761242	982820	272218	73705	119364	2028652	1652538	475406	1679929
136528	173106	42686	12410	13611	329976	324436	89676	214901
44177	65801	21881	4380	6150	91133	84908	17744	58040
580536	743913	207650	56915	99603	1607543	1243194	367986	1406988
1751572	2463993	899537	173390	255294	6749143	6251685	1727706	3289367
163848	226577	73066	19733	4040	803895	719877	191782	276359
129227	198579	75337	11863	17793	1022096	940284	195723	384720
190690	206264	72444	15646	42055	528734	487645	126490	314214
410546	545742	182767	34637	73640	1318993	1267461	435744	917965
331757	501391	199411	35986	37515	1237363	1129897	373843	495185
74513	105696	38330	8014	20422	262904	240448	65058	93895
219422	339789	130199	22454	11120	680119	638407	165087	441728
231570	339955	127984	25058	48709	895039	827668	173981	365302
129432	175935	59214	12414	17169	328424	309027	62152	210652
83224	105614	33987	7698	14016	228082	211124	38910	129963
46208	70322	25227	4716	3153	100342	97903	23242	80689
930711	1371980	507838	95372	97811	3034575	2925229	877475	1567507
327876	486816	182215	38896	26240	1041673	1004709	378336	532343
542548	786595	285371	48803	64023	1793026	1724062	455318	961086
60287	98569	40252	7673	7548	199877	196458	43821	74078
28921	38798	10162	2702	1617	78633	76804	15566	34045
13834	18674	4847	1221	1182	34628	33234	8221	21231
15087	20124	5315	1482	435	44006	43571	7345	12814
4540762	7685230	3402682	565265	492070	13129998	12238292	4194779	12455591
196452	359151	169976	24381	11634	466183	434516	284581	459617
14698	43657	29029	2263		123780	123780	110372	51277
71438	129845	60384	10114	1571	141126	138025	81123	114749
92173	149123	61080	9262	9839	113060	84716	40643	173326
18143	36527	19482	2742	223	88218	87996	52443	120264
515990	899310	424221	67904	85078	2718614	2518578	1084183	3995458
286126	460830	181085	35290	54532	1650391	1599375	676583	3076411
229864	438480	243136	32614	30546	1068223	919203	407600	919047

1-B-5 续表 22

行业	资产总计	流动资产合计	#应收账款	#存货	#产成品
广播电视设备制造	1219037	937173	444310	183536	85322
广播电视节目制作及发射设备制造	114401	84232	11431	7874	4951
广播电视接收设备及器材制造	551890	378376	156779	83505	24478
应用电视设备及其他广播电视设备制造	552746	474565	276100	92157	55893
雷达及配套设备制造	230665	175791	9099	3734	2798
雷达及配套设备制造	230665	175791	9099	3734	2798
视听设备制造	2103205	1651401	525355	579788	135608
电视机制造	1245525	1016683	205842	430701	69326
音响设备制造	445172	263114	119842	66889	20837
影视录放设备制造	412509	371604	199670	82198	45445
电子器件制造	5997880	3813248	1626639	753054	310736
电子真空器件制造	34396	25314	10637	5051	2447
半导体分立器件制造	614377	348340	131187	97454	36245
集成电路制造	1076981	574662	152362	150546	44505
光电子器件及其他电子器件制造	4272127	2864932	1332454	500004	227539
电子元件制造	7681043	4695432	1576252	861760	358780
电子元件及组件制造	7125791	4334395	1429086	806619	333994
印制电路板制造	555252	361037	147165	55141	24786
其他电子设备制造	758566	469632	141860	102256	43292
其他电子设备制造	758566	469632	141860	102256	43292
仪器仪表制造业	8227077	5498676	1923429	1196498	428062
通用仪器仪表制造	5486273	3787493	1365966	825833	255958
工业自动控制系统装置制造	2223329	1586595	538661	388784	98280
电工仪器仪表制造	1632626	1136471	458205	170226	81384
绘图、计算及测量仪器制造	244375	151218	21381	37606	19675
实验分析仪器制造	68901	51790	16610	12239	3320
试验机制造	31422	24476	6480	7933	2110
供应用仪表及其他通用仪器制造	1285620	836943	324629	209046	51191

单位：万元

固定资产合计	固定资产原价	累计折旧	#本年折旧	在建工程(个)	负债合计	流动负债合计	#应付账款	所有者权益合计
165404	247620	92572	18379	16762	734403	710641	164399	485002
15776	23676	8306	2294	822	82936	78759	4492	31464
118194	170266	61985	12563	13542	313709	301901	73953	238549
31434	53678	22281	3523	2398	337758	329980	85954	214989
221	1619	1398	42		169740	169740	5128	60926
221	1619	1398	42		169740	169740	5128	60926
216936	365284	161859	29046	16732	1461196	1355986	339365	638808
68957	110043	48220	10345	9393	879385	797903	138539	362971
119584	208618	94917	16166	7033	275395	260690	95344	169744
28396	46623	18722	2535	306	306416	297394	105482	106093
1392649	2557618	1226373	185554	128455	3076951	2848274	1291682	2900651
5573	9111	3538	2073	1931	18054	18004	6274	16329
180492	334915	164883	23773	26211	286945	270632	76142	327443
219973	415662	206509	27484	23590	523146	423928	142122	553840
986611	1797930	851443	132224	76723	2248807	2135711	1067145	2003039
1863868	3009841	1249810	220820	196518	4070929	3792793	937797	3590924
1714000	2797548	1166600	203598	185149	3703697	3448538	850555	3402916
149868	212293	83210	17223	11370	367232	344255	87242	188008
189242	244787	76474	19140	36891	431982	407764	87644	324207
189242	244787	76474	19140	36891	431982	407764	87644	324207
1466418	2122643	811274	150305	203294	3960842	3700744	1158982	4263960
829406	1158865	404226	77196	120332	2543812	2397570	866523	2940669
352942	452782	137235	29685	59807	937870	848385	321993	1285108
192532	272142	96019	19809	16298	781386	760606	321809	851214
75202	107162	36406	4446	4289	157757	157671	28059	86063
15226	23914	9360	1795	687	34670	33127	14755	34231
5072	9915	5408	577	198	19523	19317	2265	11899
188432	292951	119798	20883	39054	612606	578465	177641	672155

1-B-5 续表 23

行业	资产总计	流动资产合计	#应收账款	#存货	#产成品
专用仪器仪表制造	1455700	963787	361871	213099	96649
环境监测专用仪器仪表制造	113906	94621	42715	14928	9946
运输设备及生产用计数仪表制造	901967	573141	187481	136100	63151
导航、气象及海洋专用仪器制造	59092	31248	14959	8881	5656
农林牧渔专用仪器仪表制造	2863	307	59	197	
地质勘探和地震专用仪器制造	11727	10109	5959	3525	1149
教学专用仪器制造	177301	123767	60016	21962	5295
电子测量仪器制造	120500	76871	30002	18151	8425
其他专用仪器制造	68345	53723	20680	9354	3027
钟表与计时仪器制造	156312	101310	17125	17684	5664
钟表与计时仪器制造	156312	101310	17125	17684	5664
光学仪器及眼镜制造	1067293	598832	160750	128897	65006
光学仪器制造	513953	298721	76857	53499	22732
眼镜制造	553340	300111	83893	75398	42273
其他仪器仪表制造业	61500	47253	17718	10985	4785
其他仪器仪表制造业	61500	47253	17718	10985	4785
其他制造业	3708572	2060341	421058	440314	170644
日用杂品制造	2595271	1725598	354211	383137	155819
鬃毛加工、制刷及清扫工具制造	204544	142991	26481	33106	10762
其他日用杂品制造	2390727	1582608	327730	350031	145057
煤制品制造	868452	180562	17540	20037	3372
煤制品制造	868452	180562	17540	20037	3372
其他未列明制造业	244850	154182	49307	37140	11453
其他未列明制造业	244850	154182	49307	37140	11453
废弃资源综合利用业	1829348	1453601	203875	589394	316285
金属废料和碎屑加工处理	1557300	1284240	177222	553624	305315
金属废料和碎屑加工处理	1557300	1284240	177222	553624	305315
非金属废料和碎屑加工处理	272048	169362	26652	35770	10970
非金属废料和碎屑加工处理	272048	169362	26652	35770	10970
金属制品、机械和设备修理业	951824	332903	79965	65681	2754
通用设备修理	6917	5961	3265	1265	181
通用设备修理	6917	5961	3265	1265	181

单位：万元

固定资产合 计	固定资产原 价	累计折旧	#本年折旧	在建工程(个)	负债合计	流动负债合 计	#应付账款	所 有 者权益合计
282914	460167	216785	40394	37179	711897	693430	150886	743935
7863	13752	6006	979	128	64210	62375	14672	49696
208675	356043	176945	32852	27040	442676	427644	91711	459290
9954	12883	5675	1091	2745	27708	26979	8804	32112
1621	2203	582	120		2129	2129	250	734
1257	2193	936	163		5981	5981	2038	5746
24192	34050	13117	2102	3202	83112	83042	19909	94189
18629	23598	7664	2256	3126	51913	51112	6973	68587
10723	15445	5861	831	939	34168	34168	6529	33581
35914	50261	20107	3519	5821	107623	104180	22053	48489
35914	50261	20107	3519	5821	107623	104180	22053	48489
308786	436160	162247	27825	39405	553355	462580	110463	513522
143521	206959	82289	15534	1596	164542	118350	49924	349405
165265	229201	79958	12290	37809	388814	344230	60539	164117
9398	17190	7908	1372	558	44154	42984	9057	17345
9398	17190	7908	1372	558	44154	42984	9057	17345
868521	1151193	350528	67723	411202	2255296	1795612	312649	1440452
588411	797099	271963	50712	45611	1441068	1393870	215541	1146466
50334	75169	25709	4772	2144	152926	151302	25338	51367
538077	721930	246254	45939	43468	1288142	1242568	190202	1095100
228748	267722	40787	10389	361835	664694	257394	70768	203757
228748	267722	40787	10389	361835	664694	257394	70768	203757
51362	86373	37778	6622	3755	149534	144347	26340	90229
51362	86373	37778	6622	3755	149534	144347	26340	90229
218147	246761	78135	20238	50032	1421201	1244078	199260	410843
159396	169366	57823	15228	38308	1244747	1085936	185600	315649
159396	169366	57823	15228	38308	1244747	1085936	185600	315649
58751	77396	20311	5011	11725	176454	158142	13661	95194
58751	77396	20311	5011	11725	176454	158142	13661	95194
351426	510165	170701	31143	133442	560233	422103	59681	385509
883	1347	464	143		4776	4759	2474	2141
883	1347	464	143		4776	4759	2474	2141

1-B-5 续表 24

行　业	资产总计	流动资产合　计	#应收账款	#存　货	#产成品
专用设备修理	3401	2997	2104	439	138
专用设备修理	3401	2997	2104	439	138
铁路、船舶、航空航天等运输设备修理	909098	303297	70579	63043	2015
船舶修理	909098	303297	70579	63043	2015
电气设备修理	24598	14231	2136	888	421
电气设备修理	24598	14231	2136	888	421
其他机械和设备修理业	7809	6417	1882	46	
其他机械和设备修理业	7809	6417	1882	46	
电力、热力、燃气及水生产和供应业	**55252616**	**11657213**	**1445103**	**1187161**	**39750**
电力、热力生产和供应业	44690106	8339897	1225687	1010164	22904
电力生产	23619709	5010147	1113592	915270	15897
火力发电	14570046	3610900	931146	342199	9326
水力发电	2414795	341784	62432	9083	6227
核力发电	5945945	928904	101533	561146	
风力发电	286629	33308	4365	1082	344
其他电力生产	402293	95251	14117	1761	…
电力供应	20057607	2943971	25411	78398	5714
电力供应	20057607	2943971	25411	78398	5714
热力生产和供应	1012790	385779	86684	16496	1292
热力生产和供应	1012790	385779	86684	16496	1292
燃气生产和供应业	2552428	879648	99820	108402	9798
燃气生产和供应业	2552428	879648	99820	108402	9798
燃气生产和供应业	2552428	879648	99820	108402	9798
水的生产和供应业	8010082	2437668	119596	68594	7048
自来水生产和供应	6504846	2082218	79733	60718	6910
自来水生产和供应	6504846	2082218	79733	60718	6910
污水处理及其再生利用	1505237	355451	39863	7876	138
污水处理及其再生利用	1505237	355451	39863	7876	138

单位：万元

固定资产合计	固定资产原价	累计折旧	#本年折旧	在建工程(个)	负债合计	流动负债合计	#应付账款	所有者权益合计
113	167	53	14	29	2451	2451	265	951
113	167	53	14	29	2451	2451	265	951
346671	503139	168424	30469	132628	538048	400042	55025	364968
346671	503139	168424	30469	132628	538048	400042	55025	364968
2947	4350	1404	374	780	10940	10849	841	13658
2947	4350	1404	374	780	10940	10849	841	13658
813	1163	356	144	6	4018	4003	1076	3791
813	1163	356	144	6	4018	4003	1076	3791
33107442	**56597360**	**26038395**	**3376880**	**6010224**	**32138894**	**16896589**	**4578516**	**23105957**
27742771	49267894	23350002	2998187	4718450	25846697	13385695	4107160	18841891
15468303	26568071	12471779	1342086	2257347	13797042	6185725	1254110	9821151
10053298	18076079	8350256	916223	314594	8016805	4601935	998788	6553241
2008141	3487742	1511681	117943	37794	1343966	525094	118486	1070122
2990706	4413928	2434749	275267	1883524	4072607	939913	103476	1873339
228272	309067	81047	15428	16087	158297	24424	12288	128332
187886	281255	94046	17225	5347	205368	94360	21071	196117
11726303	21820726	10527740	1596087	2418128	11363233	6643746	2778677	8694373
11726303	21820726	10527740	1596087	2418128	11363233	6643746	2778677	8694373
548165	879097	350484	60013	42975	686422	556224	74374	326368
548165	879097	350484	60013	42975	686422	556224	74374	326368
1218450	1460633	309586	65416	328501	1505211	960087	166317	1046628
1218450	1460633	309586	65416	328501	1505211	960087	166317	1046628
1218450	1460633	309586	65416	328501	1505211	960087	166317	1046628
4146221	5868834	2378807	313277	963274	4786986	2550807	305039	3217438
3216548	4507339	1859329	228236	812230	3869284	2096827	169519	2629903
3216548	4507339	1859329	228236	812230	3869284	2096827	169519	2629903
929673	1361494	519478	85042	151045	917702	453980	135520	587535
929673	1361494	519478	85042	151045	917702	453980	135520	587535

1-B-5 续表 25

行业	#实收资本	国家资本	集体资本	法人资本	个人资本
总计	**114292424**	**8874330**	**1257946**	**37766679**	**36725083**
采矿业	**355208**	**48402**	**488**	**86973**	**169860**
煤炭开采和洗选业	500				500
褐煤开采洗选	500				500
褐煤开采洗选	500				500
黑色金属矿采选业	23232	17632		4994	606
铁矿采选	23232	17632		4994	606
铁矿采选	23232	17632		4994	606
有色金属矿采选业	46739	6860	120	4036	35722
常用有色金属矿采选	25258	6860		500	17898
铜矿采选	9810	6860			2950
铅锌矿采选	15448			500	14948
贵金属矿采选	800		120	556	124
银矿采选	800		120	556	124
稀有稀土金属矿采选	20681			2980	17701
钨钼矿采选	20681			2980	17701
非金属矿采选业	284738	23910	368	77943	133032
土砂石开采	270250	20030	368	71425	128942
石灰石、石膏开采	50426	3930	368	20930	1650
建筑装饰用石开采	100890	15200		11637	56389
耐火土石开采	20680			12025	8655
粘土及其他土砂石开采	98255	900		26834	62248
化学矿开采	3618			1618	2000
化学矿开采	3618			1618	2000
石棉及其他非金属矿采选	10870	3880		4900	2090
其他未列明非金属矿采选	10870	3880		4900	2090
制造业	**103595472**	**2404836**	**1206855**	**34710826**	**36376686**
农副食品加工业	1240158	10758	16419	393718	609059
谷物磨制	104011	2760	40	39406	26267
谷物磨制	104011	2760	40	39406	26267

单位：万元

港澳台资本	外商资本	营业收入	#主营业务收入	营业成本	#主营业务成本	营业税金及附加	#主营业务税金及附加	其他业务利润
13886477	**15781910**	**627859915**	**612969099**	**537830515**	**524234325**	**6747965**	**6684731**	**1404055**
8927	**40558**	**1832271**	**1825239**	**1496766**	**1489561**	**39102**	**38224**	**-128**
		6999	6999	5767	5767	4	4	
		6999	6999	5767	5767	4	4	
		6999	6999	5767	5767	4	4	
		159912	155340	136500	132188	1403	1403	
		159912	155340	136500	132188	1403	1403	
		159912	155340	136500	132188	1403	1403	
		317087	316640	269397	269364	4123	3744	34
		222103	221656	196452	196419	1673	1294	34
		35205	35166	19915	19910	635	635	34
		186898	186490	176537	176509	1037	659	
		2675	2675	1217	1217	108	108	
		2675	2675	1217	1217	108	108	
		92309	92309	71729	71729	2342	2342	
		92309	92309	71729	71729	2342	2342	
8927	40558	1348274	1346260	1085102	1082243	33572	33073	-162
8927	40558	1284593	1283257	1033765	1032075	32329	31830	-270
	23548	123394	122151	78217	77188	7076	6715	-127
1949	15715	560858	560858	454175	453553	14236	14105	
		114993	114939	93391	93391	1127	1119	-181
6979	1295	485348	485308	407982	407942	9891	9891	38
		10160	10160	8534	8534	63	63	
		10160	10160	8534	8534	63	63	
		53521	52843	42803	41634	1180	1180	108
		53521	52843	42803	41634	1180	1180	108
13504676	**15391593**	**578963034**	**564515449**	**494483369**	**481241276**	**6481005**	**6427806**	**1302743**
66571	143634	10674546	10417445	9663975	9411895	26835	25984	14081
35539		715380	705138	683839	674630	1574	1503	547
35539		715380	705138	683839	674630	1574	1503	547

1-B-5 续表 26

行　业	#实收资本	国家资本	集体资本	法人资本	个人资本
饲料加工	183800			59180	105068
饲料加工	183800			59180	105068
植物油加工	130007		2500	29452	23902
食用植物油加工	128955		2500	29452	22850
非食用植物油加工	1052				1052
制糖业	500				500
制糖业	500				500
屠宰及肉类加工	165222	7318	50	56761	73703
牲畜屠宰	30754	1272	50	19945	6736
禽类屠宰	1610			500	1110
肉制品及副产品加工	132857	6046		36315	65857
水产品加工	424173	634	12638	106197	271391
水产品冷冻加工	331992	300	10230	71841	220154
鱼糜制品及水产品干腌制加工	45591	334		13950	27493
水产饲料制造	31921		388	12356	19177
鱼油提取及制品制造	2500			2500	
其他水产品加工	12169		2020	5550	4567
蔬菜、水果和坚果加工	167672		1191	79568	81007
蔬菜加工	118041		1191	73563	37381
水果和坚果加工	49631			6004	43626
其他农副食品加工	64773	46		23156	27221
淀粉及淀粉制品制造	8021				1822
豆制品制造	33458	46		15338	13040
蛋品加工	1550			1000	550
其他未列明农副食品加工	21743			6818	11809
食品制造业	1023448	35039	9839	238705	317164
焙烤食品制造	113538	5620	590	14385	35615
糕点、面包制造	66026	5620	590	7269	23673
饼干及其他焙烤食品制造	47512			7116	11942

单位：万元

港澳台资本	外商资本	营业收入	#主营业务收入	营业成本	#主营业务成本	营业税金及附加	#主营业务税金及附加	其他业务利润
6920	12632	2310025	2296590	2088032	2078866	4469	4241	900
6920	12632	2310025	2296590	2088032	2078866	4469	4241	900
517	73636	1548634	1404170	1477111	1332102	1697	1684	-280
517	73636	1534469	1390038	1464641	1319631	1621	1607	-313
		14165	14132	12470	12470	77	77	33
		5583	5583	5296	5296	36	36	
		5583	5583	5296	5296	36	36	
5258	22132	1339801	1331049	1206147	1201386	3786	3537	2920
2430	320	712412	708315	669074	667658	364	353	2128
		15410	15410	13418	13418	13	13	
2828	21812	611979	607324	523655	520310	3410	3171	792
15024	18289	3150201	3076864	2852643	2775838	7893	7646	8082
12849	16617	2613849	2560298	2374805	2316028	6164	6059	6802
2176	1639	271317	251873	238961	220997	1161	1154	1208
		208927	208703	194568	194568	397	261	18
		5735	5625	3408	3344			46
	33	50374	50366	40902	40902	171	171	8
195	5711	1098267	1095717	929503	928061	5158	5118	458
195	5711	618856	617241	526844	526136	2839	2826	57
		479411	478476	402659	401925	2319	2292	400
3117	11233	506654	502334	421404	415716	2220	2220	1454
	6199	115770	113035	93429	91084	373	373	389
	5035	202453	201702	152730	152240	1227	1227	260
		39470	39470	34934	34934	111	111	
3117		148961	148127	140311	137458	510	510	804
103219	319482	5568200	5488979	4418781	4355117	25887	25498	7453
23134	34194	461078	454599	347829	345129	3227	3219	1261
9650	19224	292291	286997	213509	210954	2066	2066	1074
13484	14971	168788	167602	134321	134175	1161	1153	187

1-B-5 续表 27

行业	#实收资本	国家资本	集体资本	法人资本	个人资本
糖果、巧克力及蜜饯制造	63615	606	473	5450	12893
糖果、巧克力制造	46650	606	463		1453
蜜饯制作	16965		10	5450	11440
方便食品制造	182785			14495	31444
米、面制品制造	4625			2495	2130
速冻食品制造	35690			5114	6542
方便面及其他方便食品制造	142469			6886	22773
乳制品制造	40338			26597	13741
乳制品制造	40338			26597	13741
罐头食品制造	91803	2280	3151	17337	51719
肉、禽类罐头制造	1960		1000	720	
水产品罐头制造	7770			622	1067
蔬菜、水果罐头制造	78955	2280	2151	15477	48051
其他罐头食品制造	3118			518	2600
调味品、发酵制品制造	64294	2208	2186	16070	16559
味精制造	13286	2208	2186	1538	7354
酱油、食醋及类似制品制造	13888			6591	5990
其他调味品、发酵制品制造	37120			7941	3215
其他食品制造	467077	24326	3439	144372	155194
营养食品制造	36742			17152	10516
保健食品制造	97626			25786	17254
冷冻饮品及食用冰制造	51205	17812		12172	1000
盐加工	6318	5318		1000	
食品及饲料添加剂制造	268285	1196	3439	86462	121825
其他未列明食品制造	6900			1800	4600
酒、饮料和精制茶制造业	1163196	44481	4332	374701	156829
酒的制造	509384	44131	3471	146187	36021
酒精制造	158				158
白酒制造	11535			1100	500
啤酒制造	376259	25496	3000	76907	10589
黄酒制造	115432	18635	471	63180	23774
其他酒制造	6000			5000	1000

单位：万元

港澳台资本	外商资本	营业收入	#主营业务收入	营业成本	#主营业务成本	营业税金及附加	#主营业务税金及附加	其他业务利润
3640	40553	393087	386052	306315	299659	1244	1230	364
3640	40488	304006	296972	235640	228984	756	756	378
	64	89082	89081	70675	70675	487	474	-14
3015	133830	821399	792493	633414	605800	3369	3132	1202
		31742	31742	27823	27823	192	192	
416	23619	157611	157425	128195	128117	972	972	24
2599	110211	632046	603326	477396	449860	2206	1968	1178
		510169	499421	452596	443036	1238	1238	722
		510169	499421	452596	443036	1238	1238	722
1400	15917	532876	529769	466488	463310	3123	3123	737
	240	48496	48080	39674	39261	272	272	4
	6081	59529	59528	52726	52726	343	343	1
1400	9595	419305	416616	369189	366423	2471	2471	733
		5546	5546	4900	4900	37	37	
14464	12807	289152	287166	209243	208860	2212	2212	691
		58575	56886	43847	43649	485	485	585
1100	207	151813	151792	100060	100050	1357	1357	5
13364	12600	78764	78488	65336	65161	370	370	101
57566	82181	2560438	2539477	2002896	1989321	11475	11344	2477
8868	207	246629	245363	191299	191101	1333	1333	918
14163	40424	410816	409191	316440	314390	2431	2431	-437
20222		135173	132569	105747	103661	947	947	46
		29584	27540	19032	17388	149	145	355
14314	41050	1688241	1676427	1328179	1322126	6365	6238	1529
	500	49995	48387	42199	40656	250	250	65
205362	377492	5082012	4906784	3736415	3531155	112853	112192	36032
149300	130274	1284364	1233899	887946	847465	95592	95207	8366
		4115	4115	3612	3612	21	21	
	9935	22659	22594	15222	15176	1061	1053	4
146794	113472	721761	673300	506514	466744	76876	76841	7193
2506	6867	526787	524847	355221	354556	16771	16429	1169
		9043	9043	7378	7378	863	863	

1-B-5 续表 28

行业	#实收资本	国家资本	集体资本	法人资本	个人资本
饮料制造	528461			170228	62493
碳酸饮料制造	28172			9511	1000
瓶(罐)装饮用水制造	60789			46289	13670
果菜汁及果菜汁饮料制造	165486			46882	12736
含乳饮料和植物蛋白饮料制造	101165			29381	3500
固体饮料制造	11764			9000	1787
茶饮料及其他饮料制造	161086			29166	29800
精制茶加工	125351	350	860	58286	58315
精制茶加工	125351	350	860	58286	58315
烟草制品业	103200			98170	3630
卷烟制造	97600			97600	
卷烟制造	97600			97600	
其他烟草制品制造	5600			570	3630
其他烟草制品制造	5600			570	3630
纺织业	9296892	25980	53573	2749338	3711445
棉纺织及印染精加工	5216274	21407	31627	1701400	2080339
棉纺纱加工	1345663	15966	4876	390752	567391
棉织造加工	2033956		782	735164	952840
棉印染精加工	1836655	5441	25969	575484	560108
毛纺织及染整精加工	378576	1350	1075	74726	117345
毛条和毛纱线加工	190670		296	26108	59590
毛织造加工	130497	1350	647	43683	39186
毛染整精加工	57409		132	4936	18569
麻纺织及染整精加工	50640		905	28277	9554
麻纤维纺前加工和纺纱	36422			27642	7566
麻织造加工	11925				1988
麻染整精加工	2294		905	635	
丝绢纺织及印染精加工	423523	1008	6398	114463	139750
缫丝加工	59496			29070	29883
绢纺和丝织加工	314994		6398	60912	94111
丝印染精加工	49032	1008		24481	15756

单位：万元

港澳台资本	外商资本	营业收入	#主营业务收入	营业成本	#主营业务成本	营业税金及附加	#主营业务税金及附加	其他业务利润
49059	246681	2886723	2764236	2065912	1903240	14226	13966	27330
	17661	379882	369215	339153	262691	2109	2109	3981
830		394432	367287	260019	236996	1975	1975	4258
11847	94022	578984	550965	400136	376338	2984	2983	436
	68284	478293	459312	342249	323968	2920	2920	528
423	554	21067	21033	19521	18665	66	66	6
35959	66161	1034066	996424	704835	684583	4172	3912	18121
7003	537	910926	908649	782557	780450	3035	3019	337
7003	537	910926	908649	782557	780450	3035	3019	337
1400		6025413	3770951	2971574	715903	2367929	2367744	291
		6001959	3748438	2959827	704715	2367598	2367506	
		6001959	3748438	2959827	704715	2367598	2367506	
1400		23454	22512	11747	11188	331	238	291
1400		23454	22512	11747	11188	331	238	291
1744241	1012315	57757320	57168883	51147941	50559850	263556	259497	75812
936663	444839	32785381	32403286	29163348	28741699	150968	149156	36332
299837	66841	7252908	7158166	6505438	6350548	30883	30225	11142
203379	141792	14009574	13796359	12612488	12395971	57184	56638	10873
433446	236206	11522900	11448761	10045422	9995180	62902	62293	14316
144644	39436	1801798	1758169	1603298	1565654	8824	8335	5530
80164	24513	1076932	1049581	966029	943035	4522	4112	3927
31981	13650	519169	503899	453764	440009	2729	2684	1483
32499	1272	205697	204690	183504	182610	1573	1539	120
11499	406	387867	385385	331437	329352	2274	2274	393
809	406	306534	304930	260853	259666	1811	1811	413
9936		33562	32684	29307	28409	233	233	-20
754		47771	47771	41277	41277	230	230	
92134	69770	2785084	2752538	2492393	2472048	11175	11035	13133
61	482	609726	602322	560255	554158	2489	2438	1698
86513	67060	1782562	1761288	1584653	1571513	7108	7019	8498
5560	2227	392796	388928	347484	346377	1579	1579	2936

1-B-5 续表 29

行业	#实收资本				
		国家资本	集体资本	法人资本	个人资本
化纤织造及印染精加工	299796		270	61052	163794
化纤织造加工	247162		270	47774	130342
化纤织物染整精加工	52634			13278	33452
针织或钩针编织物及其制品制造	1462515	515	4214	417594	618850
针织或钩针编织物织造	1238471	311	2793	340088	512229
针织或钩针编织物印染精加工	40387	104	593	17355	20138
针织或钩针编织品制造	183657	100	829	60150	86483
家用纺织制成品制造	738049		677	218812	284079
床上用品制造	399700		606	128561	188223
毛巾类制品制造	46369			21266	6353
窗帘、布艺类产品制造	187886			48896	44427
其他家用纺织制成品制造	104093		72	20089	45076
非家用纺织制成品制造	727518	1700	8407	133015	297734
非织造布制造	298061	1700	7648	59894	137297
绳、索、缆制造	21544			3730	9577
纺织带和帘子布制造	154255		759	32123	83911
篷、帆布制造	70389			21337	28838
其他非家用纺织制成品制造	183269			15931	38112
纺织服装、服饰业	4126059	12302	20785	1208031	1249306
机织服装制造	2833020	8470	20545	928055	776000
机织服装制造	2833020	8470	20545	928055	776000
针织或钩针编织服装制造	928460	3541	240	208182	315323
针织或钩针编织服装制造	928460	3541	240	208182	315323
服饰制造	364579	292		71794	157982
服饰制造	364579	292		71794	157982
皮革、毛皮、羽毛及其制品和制鞋业	2019111		18778	456821	1080324
皮革鞣制加工	325538		8767	66091	138839
皮革鞣制加工	325538		8767	66091	138839

单位：万元

港澳台资本	外商资本	营业收入	#主营业务收入	营业成本	#主营业务成本	营业税金及附加	#主营业务税金及附加	其他业务利润
39417	35264	2669930	2658484	2358360	2346562	11087	10892	123
33512	35264	2329795	2318749	2068946	2059100	9526	9451	-41
5904		340135	339736	289414	287462	1561	1441	163
261747	159596	9700638	9645776	8545689	8501035	46167	45263	10013
238139	144910	8239990	8189252	7285847	7244685	37407	36682	9508
977	1221	296691	295499	259250	258369	1746	1646	133
22631	13465	1163956	1161025	1000593	997981	7014	6935	372
135100	99380	4038259	4005540	3556120	3532019	16942	16787	5226
54926	27384	1843621	1831051	1633904	1624876	7024	6929	2936
15835	2916	240810	232216	196816	188442	1356	1309	180
51580	42983	1324318	1315054	1173438	1167987	6021	6009	1295
12759	26098	629510	627219	551962	550714	2541	2540	816
123037	163626	3588364	3559705	3097297	3071482	16119	15755	5064
37687	53835	1758091	1742167	1508296	1493602	7203	6945	2947
1153	7084	158776	158315	136075	135872	690	690	35
24569	12893	766667	760020	682957	676703	3637	3548	1136
14822	5393	497549	495328	429110	427307	2338	2337	467
44806	84420	407280	403875	340859	337997	2250	2235	479
1020213	615421	23057773	22735026	19337639	19069044	135203	131205	56911
653823	446127	14220585	13962931	11735704	11519313	86063	83089	42271
653823	446127	14220585	13962931	11735704	11519313	86063	83089	42271
293457	107716	6868420	6827063	5917556	5883489	39979	39167	9795
293457	107716	6868420	6827063	5917556	5883489	39979	39167	9795
72933	61578	1968769	1945032	1684379	1666243	9161	8949	4844
72933	61578	1968769	1945032	1684379	1666243	9161	8949	4844
210309	252880	14671857	14607409	12649352	12598418	74400	72890	10309
33252	78589	1721852	1698346	1537710	1517298	7136	6392	2636
33252	78589	1721852	1698346	1537710	1517298	7136	6392	2636

1-B-5 续表 30

行业	#实收资本				
		国家资本	集体资本	法人资本	个人资本
皮革制品制造	407635		101	86194	182289
皮革服装制造	115473		101	19011	58054
皮箱、包(袋)制造	165923			24539	80962
皮手套及皮装饰制品制造	42202			3453	25822
其他皮革制品制造	84036			39192	17451
毛皮鞣制及制品加工	59504			7795	32491
毛皮鞣制加工	7395			1500	3885
毛皮服装加工	32017			2720	16768
其他毛皮制品加工	20091			3576	11838
羽毛(绒)加工及制品制造	190057		713	91540	41853
羽毛(绒)加工	32821			13383	15934
羽毛(绒)制品加工	157237		713	78158	25920
制鞋业	1036377		9197	205200	684851
纺织面料鞋制造	34925			1695	11519
皮鞋制造	883308		9097	187576	576782
塑料鞋制造	17332			1838	15313
橡胶鞋制造	91727			12168	75456
其他制鞋业	9084		100	1923	5781
木材加工和木、竹、藤、棕、草制品业	641291		750	189844	264034
木材加工	83270			10406	33910
锯材加工	19267			3470	8236
木片加工	50282			1088	18304
单板加工	13121			5399	7220
其他木材加工	600			450	150
人造板制造	204737		750	83138	63101
胶合板制造	123656		750	39964	40468
纤维板制造	29416			10541	9531
刨花板制造	3560				3560
其他人造板制造	48105			32633	9542

单位：万元

港澳台资本	外商资本	营业收入	#主营业务收入	营业成本	#主营业务成本	营业税金及附加	#主营业务税金及附加	其他业务利润
65598	73452	3226285	3211019	2839251	2827039	15201	14869	2838
29700	8608	671739	665563	594694	590059	3717	3565	1641
31374	29048	1510689	1507892	1310071	1307369	7837	7745	766
145	12782	264248	263765	234074	233858	1302	1259	43
4379	23014	779610	773799	700412	695753	2345	2300	387
13073	6145	448043	447805	390083	389965	1748	1742	55
1935	75	106900	106783	98964	98846	259	253	5
11055	1474	189860	189798	157877	157877	744	744	2
83	4595	151284	151224	133241	133241	745	745	48
29093	26858	1333856	1331486	1190810	1189597	5125	5091	1098
3008	497	349184	348946	326321	326321	950	950	128
26085	26361	984672	982540	864489	863276	4175	4141	969
69293	67837	7941821	7918754	6691498	6674519	45190	44796	3682
17966	3744	240540	240455	210150	210118	1457	1455	44
47753	62101	6673206	6652893	5586001	5571013	38160	37824	3389
	182	201426	201326	178234	178148	948	941	50
3574	529	736716	734365	637863	636191	4213	4164	154
	1281	89933	89715	79250	79049	413	413	46
115759	70904	4468641	4444003	3852852	3827719	39213	38529	4565
38954		277844	271866	247009	241441	1467	1466	299
7561		52956	52900	45923	45923	363	363	
30890		87159	81682	79482	74343	470	470	338
502		119194	119111	105995	105842	533	533	-70
		18535	18173	15609	15333	101	100	31
37710	20037	1296938	1287838	1146618	1134460	6522	6316	1480
30651	11823	817264	810599	725838	716042	3631	3429	931
1129	8215	135358	135248	122006	121935	631	631	-175
		14810	13810	12477	11068	104	102	
5930		329506	328180	286298	285415	2155	2154	724

1-B-5 续表 31

行业	#实收资本	国家资本	集体资本	法人资本	个人资本
木制品制造	286563			66396	138791
建筑用木料及木材组件加工	10528			3997	6406
木门窗、楼梯制造	76931			15175	47355
地板制造	135154			34363	61063
木制容器制造	26784			2816	8728
软木制品及其他木制品制造	37166			10045	15239
竹、藤、棕、草等制品制造	66721			29904	28232
竹制品制造	60650			28722	23863
藤制品制造	155			5	150
草及其他制品制造	5917			1176	4219
家具制造业	1612346		24744	437967	445539
木质家具制造	628496		10415	175107	188913
木质家具制造	628496		10415	175107	188913
竹、藤家具制造	82702		10403	43289	2388
竹、藤家具制造	82702		10403	43289	2388
金属家具制造	559199		3855	120034	156616
金属家具制造	559199		3855	120034	156616
塑料家具制造	44932			22202	14674
塑料家具制造	44932			22202	14674
其他家具制造	297017		71	77336	82949
其他家具制造	297017		71	77336	82949
造纸和纸制品业	2995321	14560	25576	1004237	1108692
纸浆制造	120			120	
木竹浆制造	120			120	
造纸	1925465	10470	22868	873782	778577
机制纸及纸板制造	1860498	10470	22868	859511	760888
手工纸制造	37886			7448	
加工纸制造	27082			6823	17689
纸制品制造	1069736	4091	2708	130335	330115
纸和纸板容器制造	755462	1856	203	82030	192778
其他纸制品制造	314274	2235	2505	48305	137338

单位：万元

港澳台资本	外商资本	营业收入	#主营业务收入	营业成本	#主营业务成本	营业税金及附加	#主营业务税金及附加	其他业务利润
32930	48445	2314640	2306935	1974824	1969643	26229	26034	1951
	125	90900	90899	79324	79324	556	491	1
4601	9800	443651	439610	366004	363039	3156	3131	1527
7202	32527	1459642	1457090	1245145	1243664	21008	20903	-34
15240		183777	183142	164236	163767	739	738	246
5888	5994	136669	136194	120114	119849	770	770	211
6165	2421	579219	577365	484401	482174	4996	4713	835
6041	2024	503740	502373	419360	417566	4345	4062	840
		8550	8549	8070	8070	34	34	
124	397	66929	66443	56971	56538	617	617	-5
276929	427167	7358094	7297672	6115122	6063316	38937	38447	11411
121530	132531	2312112	2300332	1935592	1930031	12393	12156	4516
121530	132531	2312112	2300332	1935592	1930031	12393	12156	4516
7876	18747	392046	368736	334134	313006	1688	1684	2278
7876	18747	392046	368736	334134	313006	1688	1684	2278
87775	190920	2734715	2724179	2295532	2283659	14005	13837	2503
87775	190920	2734715	2724179	2295532	2283659	14005	13837	2503
5464	2592	331942	330858	282758	281899	1491	1483	180
5464	2592	331942	330858	282758	281899	1491	1483	180
54285	82377	1587279	1573566	1267107	1254720	9361	9288	1934
54285	82377	1587279	1573566	1267107	1254720	9361	9288	1934
340174	502081	11538749	11260153	9864591	9603111	54725	53076	33228
		2164	2164	2011	2011	7	7	
		2164	2164	2011	2011	7	7	
197424	42344	7471627	7256608	6383466	6171286	32286	31160	21164
164417	42344	7195802	6981883	6137351	5926342	31373	30267	20736
30438		160296	160265	143069	142401	474	474	32
2570		115529	114460	103046	102543	440	420	396
142751	459737	4064958	4001382	3479113	3429814	22431	21908	12064
69021	409575	2846111	2800187	2463972	2429336	15685	15338	9823
73729	50162	1218847	1201195	1015141	1000478	6746	6570	2241

1-B-5 续表 32

行 业	#实收资本	国家资本	集体资本	法人资本	个人资本
印刷和记录媒介复制业	879819	29873	3470	302060	397643
印刷	850970	29573	3470	288391	390085
书、报刊印刷	133633	21923	200	65873	39838
本册印制	52008	395		19738	30318
包装装潢及其他印刷	665328	7255	3270	202780	319929
装订及印刷相关服务	23349	300		8669	7058
装订及印刷相关服务	23349	300		8669	7058
记录媒介复制	5500			5000	500
记录媒介复制	5500			5000	500
文教、工美、体育和娱乐用品制造业	1713987	3425	2525	482395	632911
文教办公用品制造	290183		2017	88086	124898
文具制造	173451			51839	65736
笔的制造	85408			21319	48108
教学用模型及教具制造	18834		500	12938	5396
墨水、墨汁制造	1000				1000
其他文教办公用品制造	11489		1517	1989	4658
乐器制造	109955			15806	11421
西乐器制造	97473			12522	4641
电子乐器制造	1500			1000	500
其他乐器及零件制造	10983			2284	6280
工艺美术品制造	737004	585	508	259973	314908
雕塑工艺品制造	53030	100	508	13184	36511
金属工艺品制造	95500			45275	29559
漆器工艺品制造	12979			2741	8462
花画工艺品制造	20858			4435	15265
天然植物纤维编织工艺品制造	25451			11782	10785
抽纱刺绣工艺品制造	191995			55449	96809
地毯、挂毯制造	64713			15589	16958
珠宝首饰及有关物品制造	142196	396		84171	33408
其他工艺美术品制造	130281	89		27347	67150

单位：万元

		营业收入	#主营业务收入	营业成本	#主营业务成本	营业税金及附加	#主营业务税金及附加	其他业务利润
港澳台资本	外商资本							
95019	51755	3619564	3576918	3070244	3033146	17423	16795	10952
93984	45467	3561706	3519343	3024382	2987317	16938	16310	10781
5800		372340	358828	317895	309918	1541	1286	3895
1103	454	380783	376023	337316	333392	1349	1349	837
87081	45013	2808583	2784492	2369171	2344007	14048	13675	6049
1035	6287	55616	55410	44718	44684	444	444	93
1035	6287	55616	55410	44718	44684	444	444	93
		2242	2165	1144	1144	41	41	78
		2242	2165	1144	1144	41	41	78
288819	303912	11912489	11829358	10194234	10133831	56733	55797	21290
28854	46328	2114286	2104336	1791300	1783906	8406	8265	2905
23969	31907	1093843	1087144	940319	933935	4117	4070	882
3368	12612	589437	587104	496058	495361	3314	3222	1489
		365970	365474	299067	299005	649	648	365
		3290	3290	2422	2422	20	20	
1517	1809	61746	61324	53434	53182	306	306	169
2638	80091	296560	293696	251059	248763	1766	1766	596
2555	77755	208485	205744	178265	176085	1244	1244	498
		11086	11086	9232	9232	95	95	
83	2336	76989	76866	63562	63445	428	428	98
87766	73263	6084596	6032817	5294337	5256638	30861	30383	14750
1450	1277	343706	343698	232438	232438	2938	2933	8
4644	16023	401068	400016	325043	324227	2680	2659	159
1776		103980	101069	86492	83769	942	935	181
	1158	75163	75111	56661	56042	690	690	
627	2257	202898	202783	167393	167342	1541	1456	-419
18676	21062	1417747	1411858	1264856	1261219	9107	8836	2284
15882	16283	327489	324422	285723	282471	995	995	46
20890	3331	2269381	2232344	2097346	2071312	6207	6207	11863
23822	11873	943164	941516	778384	777819	5761	5674	627

1-B-5 续表 33

行业	#实收资本	国家资本	集体资本	法人资本	个人资本
体育用品制造	245789	2840		51111	77921
球类制造	8244			2786	4560
体育器材及配件制造	55588	840		13631	18293
训练健身器材制造	126434	2000		14049	46111
运动防护用具制造	9742			2608	3700
其他体育用品制造	45780			18037	5257
玩具制造	198103			37048	55902
玩具制造	198103			37048	55902
游艺器材及娱乐用品制造	132954			30371	47861
露天游乐场所游乐设备制造	70899			20604	40624
游艺用品及室内游艺器材制造	34541			9306	4390
其他娱乐用品制造	27514			461	2847
石油加工、炼焦和核燃料加工业	2379145		700	2262048	31573
精炼石油产品制造	2379145		700	2262048	31573
原油加工及石油制品制造	2378245		700	2261448	31273
人造原油制造	900			600	300
化学原料和化学制品制造业	9787189	547390	448758	3268949	2102316
基础化学原料制造	2307422	321735	7002	786868	480007
无机酸制造	94028			62972	26399
无机碱制造	85088	66794	1701	5938	6655
无机盐制造	139615	373	3111	71845	19473
有机化学原料制造	1593437	225139	2190	561891	388424
其他基础化学原料制造	395255	29430		84222	39056
肥料制造	48514	7385		24312	16035
氮肥制造	29246	7385		16843	5019
复混肥料制造	11339			3572	6986
有机肥料及微生物肥料制造	5618			3897	1721
其他肥料制造	2310				2310
农药制造	396745	9946	8050	149761	187366
化学农药制造	303811		8050	109206	149072
生物化学农药及微生物农药制造	92934	9946		40555	38294

单位：万元

		营业收入	#主营业务收　入	营业成本	#主营业务成　本	营业税金及附加	#主营业务税金及附加	其他业务利　润
港澳台资本	外商资本							
57920	55997	1076267	1071476	897821	895799	6486	6408	1293
414	485	103093	102678	87168	86836	793	787	1
18833	3991	254046	252102	213324	212521	1795	1793	541
32102	32172	520928	519015	432873	432250	2720	2651	526
	3434	36896	36670	32523	32359	297	297	14
6571	15915	161305	161011	131933	131834	881	881	211
60600	44553	1266881	1254878	1095186	1084782	6264	6071	1494
60600	44553	1266881	1254878	1095186	1084782	6264	6071	1494
51042	3680	1073899	1072154	864530	863944	2950	2903	252
9671		209631	208105	172036	171575	925	878	153
17165	3680	807579	807367	645574	645464	1739	1739	99
24206		56690	56683	46919	46906	286	286	
46299	38525	16663269	16652753	14207848	14198971	1542484	1542478	601
46299	38525	16663269	16652753	14207848	14198971	1542484	1542478	601
46299	38525	16635274	16624758	14181785	14172908	1542440	1542434	601
		27995	27995	26064	26064	44	44	
930156	2489620	58946241	57211619	51584337	50068423	209684	206591	174752
303319	408491	13787355	13319619	12382480	11985981	60226	60042	62961
	4657	368600	363604	270127	266448	1109	1109	2274
4000		412570	397848	359330	345564	1843	1843	2638
19390	25423	449969	421631	363347	337239	2438	2417	2236
239975	175818	11554105	11148352	10533525	10189025	51544	51457	50919
39954	202593	1002111	988184	856151	847705	3291	3216	4895
	781	273786	271403	238880	236227	1040	1010	328
		176460	174103	153566	150915	681	651	327
	781	60507	60482	55225	55222	180	179	
		22166	22164	17322	17322	47	47	2
		14654	14654	12767	12767	133	133	
6719	34903	1779121	1729348	1486886	1444390	4205	3592	5540
2581	34903	1587562	1539994	1326428	1285418	3521	2908	5021
4138		191560	189354	160458	158972	684	684	519

1-B-5 续表 34

行业	#实收资本	国家资本	集体资本	法人资本	个人资本
涂料、油墨、颜料及类似产品制造	959400	17221	23790	346676	302390
涂料制造	261364	17221	10368	58015	100191
油墨及类似产品制造	82870			23739	20171
颜料制造	93009			45865	30456
染料制造	479461		13356	216535	147362
密封用填料及类似品制造	42696		65	2523	4210
合成材料制造	4012006	152827	375734	1364133	541346
初级形态塑料及合成树脂制造	1740828	10623	15662	236311	361563
合成橡胶制造	189607			141794	24502
合成纤维单(聚合)体制造	1970798	142204	360072	954410	126815
其他合成材料制造	110773			31619	28466
专用化学产品制造	1718420	33113	31788	523147	421680
化学试剂和助剂制造	591366	20380	11094	185133	187040
专项化学用品制造	232312	5	7000	107578	34041
林产化学产品制造	20354			11115	9239
信息化学品制造	686078	7572	13194	146232	151404
环境污染处理专用药剂材料制造	53724	5135	500	18582	13769
动物胶制造	38077			5682	246
其他专用化学产品制造	96508	20		48825	25941
炸药、火工及焰火产品制造	14493	3209	1894	1860	7531
炸药及火工产品制造	14493	3209	1894	1860	7531
日用化学产品制造	330189	1955	500	72192	145962
肥皂及合成洗涤剂制造	69948			33621	27519
化妆品制造	94616			16762	41233
口腔清洁用品制造	2100			2000	100
香料、香精制造	86677	1955	500	1520	23747
其他日用化学产品制造	76847			18288	53364
医药制造业	2266759	168530	32002	917290	649742
化学药品原料药制造	1004753	120846	12637	390144	356400
化学药品原料药制造	1004753	120846	12637	390144	356400

单位：万元

港澳台资本	外商资本	营业收入	#主营业务收入	营业成本	#主营业务成本	营业税金及附加	#主营业务税金及附加	其他业务利润
122199	147124	5735222	5687551	4650937	4613565	28205	26731	10062
25760	49809	1666885	1655352	1297823	1291571	9578	8686	3929
27667	11294	328028	325143	251131	249488	1787	1235	1236
10229	6460	488888	482848	405944	400397	2616	2608	966
58516	43693	3152105	3127111	2614178	2591843	13610	13588	3273
28	35870	99316	97097	81861	80267	614	614	658
374725	1203240	25730128	24818647	23550198	22724179	60382	60005	83064
248489	868180	7992104	7682052	7256907	6967534	17834	17615	14131
23311		572535	566064	502409	495609	519	519	-94
76581	310716	16694618	16106250	15401805	14878451	39859	39734	68962
26343	24345	470871	464282	389078	382585	2170	2138	65
115843	592850	6962933	6790924	5994948	5864057	33138	32743	9087
24803	162916	3412727	3357625	2932582	2887115	13020	12927	4584
51761	31927	1420060	1328907	1180849	1116728	13091	12968	1046
		120946	120795	104801	104643	994	938	
19303	348374	1399978	1378216	1276308	1258211	3341	3281	3169
484	15254	139088	136417	108170	106086	778	716	119
	32149	78901	78887	58980	58980	157	157	14
19492	2230	391232	390076	333257	332295	1758	1756	154
		127628	127153	85623	82408	1040	1039	-2346
		127628	127153	85623	82408	1040	1039	-2346
7351	102230	4550068	4466976	3194386	3117616	21448	21429	6057
1089	7719	2233014	2157625	1847705	1772869	7959	7957	5743
4280	32342	1317912	1316689	518185	517399	7172	7162	-9
		13515	13508	10272	10265	45	45	
1982	56974	354632	348273	266548	265408	2514	2510	231
	5195	630995	630881	551675	551675	3758	3755	92
170441	328754	10247804	9996326	6652166	6492847	72195	71235	101691
47254	77472	4758138	4603356	3559871	3426777	25888	25666	31938
47254	77472	4758138	4603356	3559871	3426777	25888	25666	31938

1-B-5 续表 35

行业	#实收资本	国家资本	集体资本	法人资本	个人资本
化学药品制剂制造	460028	46558	7714	214163	59883
化学药品制剂制造	460028	46558	7714	214163	59883
中药饮片加工	82099	975	700	36581	10522
中药饮片加工	82099	975	700	36581	10522
中成药生产	306062	151	8017	152199	82134
中成药生产	306062	151	8017	152199	82134
兽用药品制造	28229			16142	8994
兽用药品制造	28229			16142	8994
生物药品制造	274611		2634	63091	92130
生物药品制造	274611		2634	63091	92130
卫生材料及医药用品制造	110978		300	44971	39680
卫生材料及医药用品制造	110978		300	44971	39680
化学纤维制造业	3319547	59121	3076	1190509	955916
纤维素纤维原料及纤维制造	106180	21825		34856	15152
化纤浆粕制造	1288			144	1144
人造纤维(纤维素纤维)制造	104892	21825		34712	14008
合成纤维制造	3213367	37296	3076	1155652	940764
锦纶纤维制造	379017	29296		142236	122403
涤纶纤维制造	2087555		520	877328	618756
腈纶纤维制造	125376			8800	15000
维纶纤维制造	1280			896	384
丙纶纤维制造	11482			1323	6074
氨纶纤维制造	410946			80246	108036
其他合成纤维制造	197711	8000	2556	44823	70111
橡胶和塑料制品业	4218508	59348	16886	997266	1973756
橡胶制品业	788976	54823	4532	155260	257075
轮胎制造	448001	54823	3231	87685	17654
橡胶板、管、带制造	172254			19701	145926
橡胶零件制造	70606			25521	34363

单位：万元

港澳台资本	外商资本	营业收入	#主营业务收入	营业成本	#主营业务成本	营业税金及附加	#主营业务税金及附加	其他业务利润
16943	114767	2531326	2457251	1257702	1249782	22378	21820	61196
16943	114767	2531326	2457251	1257702	1249782	22378	21820	61196
3432	29889	282362	276814	223630	218885	1043	1043	4745
3432	29889	282362	276814	223630	218885	1043	1043	4745
58456	5105	1098667	1097088	480538	479579	12576	12467	768
58456	5105	1098667	1097088	480538	479579	12576	12467	768
	3093	138824	138301	106265	105814	597	597	44
	3093	138824	138301	106265	105814	597	597	44
33132	83624	879828	871205	584317	576072	6650	6642	1594
33132	83624	879828	871205	584317	576072	6650	6642	1594
11224	14803	558659	552311	439844	435937	3062	3001	1407
11224	14803	558659	552311	439844	435937	3062	3001	1407
636985	473941	24633116	23849046	22884730	22149298	56170	54664	56359
16682	17666	702416	532164	646012	481163	1422	1422	5567
		10106	10076	9671	9671	17	17	25
16682	17666	692311	522088	636342	471492	1405	1404	5543
620303	456275	23930700	23316882	22238717	21668135	54747	53242	50792
80785	4297	1570451	1543526	1402333	1384230	4492	4436	9275
351339	239613	19028869	18457725	17842593	17303107	40853	39547	39865
101576		233868	233755	218355	218355	423	423	113
		2898	2897	2533	2512	29	29	-21
4085		105604	105362	97390	97196	425	425	11
44609	178055	1112269	1105276	914250	908642	4090	3968	755
37910	34311	1876742	1868341	1761263	1754093	4435	4416	792
525448	645806	27414398	26941379	23598821	23172208	128926	124546	34561
11146	306141	6143550	6056361	5135639	5052412	32799	32738	5041
8072	276537	4204927	4149401	3569334	3514253	22527	22520	1911
994	5634	887082	878104	716064	707602	4502	4460	700
1653	9069	398171	386902	313674	304632	2654	2648	1740

1-B-5 续表 36

行业	#实收资本	国家资本	集体资本	法人资本	个人资本
再生橡胶制造	19405			5780	13625
日用及医用橡胶制品制造	15396			5048	5457
其他橡胶制品制造	63313		1301	11525	40050
塑料制品业	3429532	4525	12353	842006	1716681
塑料薄膜制造	647090		5161	142656	245786
塑料板、管、型材制造	708125	4309	2806	230974	368405
塑料丝、绳及编织品制造	190570	202	1055	20186	162913
泡沫塑料制造	110009		800	16127	58504
塑料人造革、合成革制造	422619		1660	59695	310134
塑料包装箱及容器制造	352849			110596	99736
日用塑料制品制造	434708		461	88282	220639
塑料零件制造	213091	14	75	63862	104098
其他塑料制品制造	350472		336	109627	146467
非金属矿物制品业	4676231	324020	37042	2163461	1408804
水泥、石灰和石膏制造	1199178	277982	19042	575605	219231
水泥制造	1177922	277282	19042	569831	204697
石灰和石膏制造	21257	700		5774	14535
石膏、水泥制品及类似制品制造	1254363	37703	15802	446508	613935
水泥制品制造	1063110	27703	10362	390981	563935
砼结构构件制造	90850	10000	5441	30117	33062
石棉水泥制品制造	2180				2180
轻质建筑材料制造	75297			24541	12928
其他水泥类似制品制造	22926			870	1830
砖瓦、石材等建筑材料制造	289551		60	84215	111717
粘土砖瓦及建筑砌块制造	78173			18578	44205
建筑陶瓷制品制造	62907			14304	14482
建筑用石加工	22740			7023	11820
防水建筑材料制造	52312		60	21387	26048
隔热和隔音材料制造	39124			8236	7623
其他建筑材料制造	34296			14687	7540

单位：万元

港澳台资本	外商资本	营业收入	#主营业务收入	营业成本	#主营业务成本	营业税金及附加	#主营业务税金及附加	其他业务利润
		109465	108199	88214	87525	653	653	577
338	4553	115003	106421	99233	90516	624	624	-38
90	10348	428903	427334	349121	347883	1839	1833	151
514302	339665	21270849	20885018	18463182	18119796	96127	91808	29520
209105	44383	5157504	4999299	4691177	4541405	15031	14974	6477
69051	32580	3159171	3066206	2639342	2567506	14913	14724	7559
1225	4990	926365	920137	830860	823478	4332	4316	186
10021	24557	665481	658316	579592	572044	2855	2737	621
46102	5028	3596872	3580949	3208062	3199980	17519	14184	4920
32693	109824	1470873	1442938	1206889	1180764	8310	8231	1180
85029	40296	2776959	2759115	2321089	2301316	16090	15986	2998
23241	21801	1249412	1229382	1027904	1015477	7467	7094	2490
37835	56206	2268213	2228677	1958267	1917826	9610	9562	3090
389007	353897	19094826	18849376	16015790	15803994	108573	106973	30840
80000	27317	4922674	4867915	4168265	4123067	27193	27149	5793
80000	27069	4686038	4631310	3967493	3923162	25848	25807	5764
	248	236636	236604	200771	199905	1345	1342	29
99674	40741	7057018	7009416	6057670	6011233	39525	39404	6283
53834	16297	6287853	6241550	5412330	5366393	35048	34928	5897
12230		529077	528863	452319	452199	3697	3697	-291
		4505	4505	3991	3991	22	22	
33610	4218	193294	193055	152608	152472	559	558	73
	20226	42290	41443	36422	36178	199	199	603
27103	66457	1764935	1736912	1429389	1403617	9872	8798	1593
4100	11290	212498	211408	158299	158240	771	756	210
12123	21998	796446	779131	637621	621189	3848	3848	524
3897		72052	68878	57295	53861	528	528	
2288	2529	444729	444264	384879	383687	2735	1823	293
81	23183	101345	100264	77377	76870	591	560	566
4614	7456	137866	132967	113919	109770	1398	1283	

1-B-5 续表 37

行业	#实收资本	国家资本	集体资本	法人资本	个人资本
玻璃制造	290564			183823	60140
平板玻璃制造	224034			170000	15306
其他玻璃制造	66531			13823	44834
玻璃制品制造	544648			221154	171793
技术玻璃制品制造	213153			101751	59280
光学玻璃制造	50598			27448	23150
玻璃仪器制造	1920				1920
日用玻璃制品制造	88752			25853	41181
玻璃包装容器制造	35282			11933	4127
玻璃保温容器制造	2934			1003	1931
制镜及类似品加工	69486			37000	10038
其他玻璃制品制造	82523			16166	30166
玻璃纤维和玻璃纤维增强塑料制品制造	676492		510	478437	53831
玻璃纤维及制品制造	620043		510	453954	26541
玻璃纤维增强塑料制品制造	56449			24482	27291
陶瓷制品制造	122957		916	55508	41029
卫生陶瓷制品制造	36520			9268	10625
特种陶瓷制品制造	71160		800	33814	27669
日用陶瓷制品制造	1600				1600
园林、陈设艺术及其他陶瓷制品制造	13677		116	12426	1135
耐火材料制品制造	215099	6535	711	76015	98646
石棉制品制造	1300			500	800
云母制品制造	1298				1298
耐火陶瓷制品及其他耐火材料制造	212501	6535	711	75515	96548
石墨及其他非金属矿物制品制造	83379	1800		42197	38481
石墨及碳素制品制造	41627			22971	18615
其他非金属矿物制品制造	41752	1800		19226	19866
黑色金属冶炼和压延加工业	3797709	353043	78970	1431546	1373717
炼铁	300			300	
炼铁	300			300	

单位：万元

港澳台资本	外商资本	营业收入	#主营业务收入	营业成本	#主营业务成本	营业税金及附加	#主营业务税金及附加	其他业务利润
38728	7874	578242	570761	500058	491990	2777	2716	1175
38728		265571	264253	230119	229154	1268	1212	22
	7874	312671	306508	269939	262836	1509	1504	1153
93797	57903	1950599	1937101	1618351	1608179	9671	9525	3386
35084	17038	746283	742025	596935	593694	2433	2413	1107
		87712	86125	72899	71362	286	286	
		7384	7384	6233	6233	60	60	
16539	5179	553887	551612	469180	467818	3101	3056	1359
5395	13827	123579	122805	100607	99827	1057	1057	61
		54089	53517	44420	44410	433	433	562
5206	17241	206464	205588	180950	180446	1082	1082	282
31574	4618	171202	168045	147125	144389	1220	1138	17
14208	129506	1022314	961130	827624	782126	6766	6724	9652
12866	126172	835458	774901	662767	617743	5782	5752	9625
1342	3334	186856	186230	164857	164383	984	973	27
20057	5448	408789	399872	347086	337633	1821	1820	326
13498	3130	148232	147961	129219	128361	974	974	97
6559	2318	219326	210681	183244	174778	575	574	229
		3591	3591	3123	3123	34	34	
		37639	37639	31500	31371	238	238	
14582	18609	943654	921869	714790	695651	7365	7278	2380
		19906	19543	13553	13426	97	97	235
		11629	11561	10844	10783	28	28	7
14582	18609	912119	890765	690393	671443	7240	7153	2138
859	41	446601	444401	352559	350499	3583	3559	253
	41	189528	188494	150461	149818	1238	1238	391
859		257073	255907	202098	200681	2345	2321	-138
298846	261588	26965813	26298171	24995823	24376128	72790	72362	72697
		4733	4733	4144	4144	3	3	
		4733	4733	4144	4144	3	3	

1-B-5 续表 38

行　业	#实收资本	国家资本	集体资本	法人资本	个人资本
炼钢	305690	120820		9686	168055
炼钢	305690	120820		9686	168055
黑色金属铸造	385126	700	1033	116633	188784
黑色金属铸造	385126	700	1033	116633	188784
钢压延加工	3088004	231523	78040	1302177	1004687
钢压延加工	3088004	231523	78040	1302177	1004687
铁合金冶炼	18589		-104	2750	12191
铁合金冶炼	18589		-104	2750	12191
有色金属冶炼和压延加工业	2519525	6883	22440	1019614	1157208
常用有色金属冶炼	454010	79	16	356082	66107
铜冶炼	141289			99265	36590
铅锌冶炼	13643			5388	8255
镍钴冶炼	238896	79		208459	7381
锡冶炼	950				950
铝冶炼	51472		16	42970	8486
镁冶炼	290				148
其他常用有色金属冶炼	7471				4299
贵金属冶炼	29879	5203	26	7000	16450
金冶炼	19049	5203	26	3500	10320
银冶炼	5750			3500	1050
其他贵金属冶炼	5080				5080
稀有稀土金属冶炼	27917			19000	4996
钨钼冶炼	6000			3000	3000
稀土金属冶炼	21917			16000	1996
有色金属合金制造	250275		2850	111733	80322
有色金属合金制造	250275		2850	111733	80322
有色金属铸造	24278			5602	4697
有色金属铸造	24278			5602	4697
有色金属压延加工	1733166	1601	19548	520196	984636
铜压延加工	1135924	101	5582	291385	720378

单位：万元

		营业收入	#主营业务收入	营业成本	#主营业务成本	营业税金及附加	#主营业务税金及附加	其他业务利润
港澳台资本	外商资本							
7129		3168251	3084925	2945029	2876057	9233	9209	14345
7129		3168251	3084925	2945029	2876057	9233	9209	14345
41541	36435	2132322	2109950	1849357	1830589	11131	10968	1470
41541	36435	2132322	2109950	1849357	1830589	11131	10968	1470
250176	221401	21389413	20828523	19952226	19421022	51573	51338	56580
250176	221401	21389413	20828523	19952226	19421022	51573	51338	56580
	3752	271095	270041	245068	244316	850	843	303
	3752	271095	270041	245068	244316	850	843	303
218358	95023	24003677	22863096	22493094	21366878	43877	42863	30994
24477	7248	3702893	3653837	3519489	3483485	3784	3743	4721
5434		2523647	2512597	2430689	2420362	1770	1770	615
		78916	73932	68974	63895	174	168	227
18902	4075	738892	710133	665335	649124	1108	1099	3671
		9674	9668	9303	9301	3	3	3
		331974	331196	326959	326057	673	646	209
142		8826	8826	7311	7311	38	38	
	3173	10964	7486	10918	7435	18	18	-5
1200		800964	800117	758071	757544	1228	1228	240
		718839	718131	679546	679113	1096	1096	195
1200		71878	71739	69409	69316	91	91	46
		10248	10248	9115	9115	41	41	
3921		70949	62853	63833	57389	174	174	1636
		11036	10998	9758	9741	29	29	6
3921		59913	51854	54075	47647	145	145	1631
34883	20487	1878411	1839273	1698262	1653291	3932	3864	2144
34883	20487	1878411	1839273	1698262	1653291	3932	3864	2144
13979		102677	102110	86292	86017	546	546	265
13979		102677	102110	86292	86017	546	546	265
139897	67288	17447783	16404906	16367147	15329154	34214	33309	21988
73921	44558	12955520	11969558	12295223	11316470	21325	20781	16328

1-B-5 续表 39

行业	#实收资本	国家资本	集体资本	法人资本	个人资本
铝压延加工	451771		13774	173902	194166
贵金属压延加工	22613			4756	17732
稀有稀土金属压延加工	24686		192	5197	7254
其他有色金属压延加工	98171	1500		44956	45106
金属制品业	4081141	42683	5808	1052508	1962666
结构性金属制品制造	939021	29000	1318	359947	478352
金属结构制造	467164	29000	1318	186250	210997
金属门窗制造	471857			173697	267355
金属工具制造	378493	3705	125	86709	183436
切削工具制造	87823			19135	57090
手工具制造	137429	3705	125	33763	47831
农用及园林用金属工具制造	66761			20079	25138
刀剪及类似日用金属工具制造	31459			9468	12121
其他金属工具制造	55021			4265	41256
集装箱及金属包装容器制造	387973	2216	260	89502	106334
集装箱制造	69942			19004	10348
金属压力容器制造	87248	2216	33	30093	45035
金属包装容器制造	230783		227	40405	50951
金属丝绳及其制品制造	394045		20	52883	192910
金属丝绳及其制品制造	394045		20	52883	192910
建筑、安全用金属制品制造	760434	50	2352	180015	392730
建筑、家具用金属配件制造	266327		955	34507	158241
建筑装饰及水暖管道零件制造	412649	50	1397	134039	202580
安全、消防用金属制品制造	60365			8989	23623
其他建筑、安全用金属制品制造	21093			2480	8286
金属表面处理及热处理加工	230848	32	164	33451	138480
金属表面处理及热处理加工	230848	32	164	33451	138480
搪瓷制品制造	43343	6000		7567	24720
生产专用搪瓷制品制造	100				100
建筑装饰搪瓷制品制造	23058	6000		666	16392
搪瓷卫生洁具制造	9737			5135	1798
搪瓷日用品及其他搪瓷制品制造	10448			1766	6430

单位：万元

港澳台资本	外商资本	营业收入	#主营业务收入	营业成本	#主营业务成本	营业税金及附加	#主营业务税金及附加	其他业务利润
52135	17794	3391601	3339604	3085666	3030614	9401	9232	4975
125		198592	198583	187319	187318	250	250	7
12043		181618	180059	160422	159787	912	754	516
1673	4936	720452	717103	638518	634965	2326	2293	161
627596	389881	23150668	22884655	19862119	19627445	116276	114230	44950
50425	19979	6491517	6427022	5534053	5456763	36882	36235	12313
31193	8407	3138965	3087241	2739855	2680331	21346	21117	10690
19232	11572	3352552	3339781	2794197	2776432	15536	15119	1623
41360	63157	1999545	1984873	1669951	1661522	10740	10632	4316
9094	2504	446490	444024	351543	350642	2737	2644	1367
12403	39603	821378	813226	706651	701239	4413	4411	1605
12449	9095	356841	354864	297719	297190	1650	1649	512
1079	8791	134530	132933	109236	108169	708	703	524
6336	3165	240306	239827	204802	204283	1232	1225	308
133008	56652	1656082	1628311	1432938	1413352	5827	5766	5987
20161	20429	467540	464611	420479	420008	547	547	2257
9187	684	454181	449814	384876	382218	2052	2050	-564
103660	35539	734362	713886	627583	611127	3228	3169	4294
144516	3716	1589817	1545033	1453999	1411901	4262	4237	1797
144516	3716	1589817	1545033	1453999	1411901	4262	4237	1797
111114	74173	4137591	4117278	3548821	3531258	22340	22118	6221
41062	31562	1345019	1337661	1169034	1162452	8752	8633	2405
42880	31703	2315346	2308044	1973322	1967889	10764	10698	1361
18412	9340	335896	333019	282467	278502	2094	2058	1292
8760	1567	141330	138555	123998	122415	730	730	1163
43644	15078	1692468	1681898	1500081	1492736	8018	7633	3208
43644	15078	1692468	1681898	1500081	1492736	8018	7633	3208
3033	2023	207835	201174	164094	164028	1674	1674	384
		4603	4603	4200	4200	13	13	
		76262	70499	52557	52557	854	854	54
2804		62103	61727	51331	51301	366	366	
229	2023	64867	64344	56006	55970	441	441	330

1-B-5 续表 40

行业	#实收资本	国家资本	集体资本	法人资本	个人资本
金属制日用品制造	566771			152521	242515
金属制厨房用器具制造	117621			20636	41230
金属制餐具和器皿制造	330754			103376	158459
金属制卫生器具制造	38064			9144	19325
其他金属制日用品制造	80332			19365	23502
其他金属制品制造	380215	1680	1570	89913	203188
锻件及粉末冶金制品制造	178180	1680		36126	93773
交通及公共管理用金属标牌制造	34889			8593	20164
其他未列明金属制品制造	167146		1570	45194	89251
通用设备制造业	8537787	85277	111722	2501271	3629466
锅炉及原动设备制造	701387	70476	100	297839	174235
锅炉及辅助设备制造	214785	7841	100	108728	43032
内燃机及配件制造	161960	6000		72067	17518
汽轮机及辅机制造	142357	50535		33647	28562
水轮机及辅机制造	174620	6100		83397	85123
风能原动设备制造	7665				
金属加工机械制造	674535	2864	26901	117455	209602
金属切削机床制造	316348	1677	26738	53915	84546
金属成形机床制造	122756	1170		18245	31221
铸造机械制造	43332	17	163	5730	13640
金属切割及焊接设备制造	119075			17885	62527
机床附件制造	41115			5850	9966
其他金属加工机械制造	31909			15830	7703
物料搬运设备制造	1029847	15	20457	304339	446512
轻小型起重设备制造	100183			11667	58836
起重机制造	158434	15	7482	68206	49637
生产专用车辆制造	134938			63388	50159
连续搬运设备制造	63780			6607	50175
电梯、自动扶梯及升降机制造	537290		12975	139671	225485
其他物料搬运设备制造	35222			14800	12221

单位：万元

		营业收入	#主营业务收入	营业成本	#主营业务成本	营业税金及附加	#主营业务税金及附加	其他业务利润
港澳台资本	外商资本							
54482	117253	3194065	3168491	2660421	2642528	16803	16252	5847
17013	38742	512589	509616	425661	423715	2383	2179	816
5185	63733	1997115	1980567	1645088	1634286	10767	10627	4732
4768	4828	251825	249567	215080	213422	1238	1238	50
27516	9950	432537	428742	374592	371106	2415	2208	249
46014	37850	2181747	2130575	1897761	1853359	9731	9684	4878
26543	20058	839922	808966	683872	656494	4437	4424	2940
3870	2261	130571	125137	109937	104748	1528	1506	106
15600	15531	1211254	1196472	1103952	1092117	3766	3754	1831
952314	1257738	41698353	41099138	34469801	33899380	206111	202217	92491
72827	85910	2264451	2215014	1850932	1808704	10404	10311	6521
37217	17867	865931	833478	726674	700671	4100	4037	5000
27695	38681	597129	592813	534405	526685	1408	1408	684
1606	28007	610448	606237	439956	436369	4129	4100	299
		168678	160350	130669	125751	732	732	412
6309	1356	22264	22137	19228	19228	35	35	127
166901	150812	2527292	2500200	2048350	2031396	13141	13026	8384
70915	78557	1231977	1221577	995989	989579	6704	6701	2732
42178	29943	401929	396680	308540	305659	2240	2218	2173
16291	7491	158075	156305	127373	126205	1007	1002	547
20488	18176	480683	475029	404572	399495	1779	1706	560
15666	9633	125089	122872	101467	101173	947	937	1921
1364	7012	129539	127737	110409	109286	464	462	450
115973	142551	6820557	6729474	5557868	5482342	31425	30786	9268
7659	22022	442754	438335	361374	359844	2008	2005	2258
18869	14225	583189	558790	472887	448952	2811	2606	27
8902	12489	1187208	1174422	1031297	1023537	3926	3926	3411
3901	3097	355743	350289	305974	301964	1412	1412	1094
69307	89852	3987721	3950057	3171192	3139949	19595	19163	615
7336	867	263942	257581	215146	208096	1673	1673	1864

1-B-5 续表 41

行　业	#实收资本	国家资本	集体资本	法人资本	个人资本
泵、阀门、压缩机及类似机械制造	2150689	4723	10302	624727	1146954
泵及真空设备制造	666266	3830	4137	139292	401848
气体压缩机械制造	257948	503		137773	78881
阀门和旋塞制造	962729		1134	293017	520703
液压和气压动力机械及元件制造	263747	390	5030	54645	145522
轴承、齿轮和传动部件制造	1463026	3997	38080	409746	635881
轴承制造	951502	1868	29809	261445	408143
齿轮及齿轮减、变速箱制造	347588	329	612	112994	162568
其他传动部件制造	163935	1800	7659	35306	65170
烘炉、风机、衡器、包装等设备制造	1290049	2102	13000	513723	480167
烘炉、熔炉及电炉制造	42642			18260	20905
风机、风扇制造	138693			41790	75406
气体、液体分离及纯净设备制造	287070	1203		119640	134357
制冷、空调设备制造	409435	699	13000	199467	99040
风动和电动工具制造	306682	200		95650	98753
喷枪及类似器具制造	28829			10402	16298
衡器制造	8477			50	7888
包装专用设备制造	68222			28463	27521
文化、办公用机械制造	144639	100		27403	79973
电影机械制造	1000			1000	
幻灯及投影设备制造	1000				1000
照相机及器材制造	35724			9063	5643
复印和胶印设备制造	23388	100		6202	14476
计算器及货币专用设备制造	67430			10219	43676
其他文化、办公用机械制造	16098			920	15178
通用零部件制造	1019108		2882	195076	418837
金属密封件制造	75402			9632	26511
紧固件制造	636517		2751	99377	236242

单位：万元

港澳台资本	外商资本	营业收入	#主营业务收入	营业成本	#主营业务成本	营业税金及附加	#主营业务税金及附加	其他业务利润
166938	197046	10722460	10606871	8816938	8722631	50805	49978	20210
45169	71990	3082646	3057010	2449884	2425930	15636	15406	5996
12318	28473	2040941	1977136	1712571	1662336	8242	8206	7296
71364	76511	4560055	4541513	3844131	3828397	20294	19763	4115
38088	20072	1038818	1031212	810352	805968	6634	6603	2803
120530	254792	5439724	5328755	4562556	4456407	26950	26717	20952
73117	177120	3235140	3160463	2741974	2670335	15685	15612	13043
21392	49693	1326749	1306056	1085939	1068429	7101	6993	4929
26021	27979	877834	862236	734643	717643	4164	4112	2981
131301	149757	7184298	7079506	5923660	5771795	39437	38067	13869
	3477	75808	73935	58847	57387	791	777	335
3721	17776	593911	575860	468422	444691	4723	4608	570
13690	18181	1499628	1477331	1171370	1165597	9049	8504	13365
38685	58542	2727762	2685196	2320868	2213999	13991	13456	-4221
66123	45957	1766588	1753264	1500474	1490833	7637	7509	2458
870	1259	217380	215504	181519	180443	1036	1011	717
	539	34660	34352	27922	27705	241	234	72
8212	4026	268561	264065	194238	191141	1971	1970	572
18249	18913	534295	514840	445197	428659	2763	2752	2730
		3186	3125	2617	2617	8	8	61
		3673	3673	2895	2895	6	6	
5653	15366	161201	143554	145762	129976	835	835	1870
250	2360	115812	115560	90500	90497	838	837	136
12346	1188	194599	193250	156140	155418	779	769	601
		55823	55678	47282	47256	297	296	62
150979	251333	6017738	5948457	5107783	5052114	30217	29615	10309
18669	20591	203274	201352	157104	156861	1351	1320	684
99997	198151	2965112	2907142	2594458	2545535	11972	11489	7490

1-B-5 续表 42

行业	#实收资本	国家资本	集体资本	法人资本	个人资本
弹簧制造	70459			10304	28190
机械零部件加工	112135		10	57430	44019
其他通用零部件制造	124594		121	18334	83876
其他通用设备制造业	64508	1000		10963	37304
其他通用设备制造业	64508	1000		10963	37304
专用设备制造业	3740538	60164	29324	954581	1337387
采矿、冶金、建筑专用设备制造	450887	14257		156219	132468
矿山机械制造	76683			9052	65090
石油钻采专用设备制造	33370	7157		5635	15003
建筑工程用机械制造	88260	7000		15847	11572
海洋工程专用设备制造	193400			114500	10800
建筑材料生产专用机械制造	44112	100		10618	15942
冶金专用设备制造	15061			567	14061
化工、木材、非金属加工专用设备制造	1347104	6594	9817	247950	396584
炼油、化工生产专用设备制造	130230	6360		20729	89625
橡胶加工专用设备制造	12501			2198	3470
塑料加工专用设备制造	542196	234	8115	69157	91860
木材加工机械制造	16040		100	174	5200
模具制造	638012		1602	151142	203218
其他非金属加工专用设备制造	8125			4550	3210
食品、饮料、烟草及饲料生产专用设备制造	53830			18603	28158
食品、酒、饮料及茶生产专用设备制造	38827			11778	21305
农副食品加工专用设备制造	7738			5175	1736
烟草生产专用设备制造	3785				3288
饲料生产专用设备制造	3480			1650	1830
印刷、制药、日化及日用品生产专用设备制造	140573			32365	73426
制浆和造纸专用设备制造	12994				9316
印刷专用设备制造	74126			18144	33683
日用化工专用设备制造	2000			2000	
制药专用设备制造	35951			6949	21188

单位：万元

港澳台资本	外商资本	营业收入	#主营业务收入	营业成本	#主营业务成本	营业税金及附加	#主营业务税金及附加	其他业务利润
19742	12223	267351	266724	211853	211488	1485	1481	221
2219	8457	612340	608582	518408	515465	3253	3170	801
10352	11910	1969661	1964656	1625960	1622766	12157	12154	1113
8616	6625	187540	176022	156519	145332	968	966	249
8616	6625	187540	176022	156519	145332	968	966	249
781156	577926	15485602	15154134	12588568	12303171	78220	76972	41910
30009	117934	1380166	1363943	1159287	1145543	5913	5854	4145
1797	744	312920	309412	255663	252544	1563	1541	2301
2162	3414	254003	250391	217752	214756	904	904	60
18756	35086	401980	396573	330087	328235	1959	1958	4168
	68100	170760	170760	161681	161681	152	152	
6861	10591	143123	141840	119577	115853	754	718	-2595
433		97378	94967	74529	72475	582	582	210
516572	169588	4833464	4771005	3797272	3754349	29043	28514	16079
13094	421	499186	497444	416503	415682	3408	3380	808
248	6585	64676	63927	53352	52905	501	501	223
329089	43742	1758548	1735628	1329571	1318684	9555	9233	7392
631	9936	38549	38426	32900	32900	486	447	-36
173510	108540	2443002	2406200	1940547	1909877	15025	14884	7666
	365	29504	29380	24399	24301	69	69	27
1580	5490	283856	280950	228477	227570	2203	2120	1710
752	4993	221978	219466	180335	179467	1846	1800	1600
828		18181	17969	13993	13993	72	72	
	497	20414	20235	16131	16092	184	147	107
		23283	23281	18018	18018	101	101	2
20104	14677	592347	584844	458834	455973	3481	3444	4972
	3678	52399	50919	43875	42078	248	248	152
19277	3023	205390	204308	157008	156344	1506	1503	411
		8327	8327	7125	7125	49	19	
	7814	225713	221267	166872	166785	1191	1190	4358

1-B-5 续表 43

行业	#实收资本	国家资本	集体资本	法人资本	个人资本
照明器具生产专用设备制造	3500			2084	1254
玻璃、陶瓷和搪瓷制品生产专用设备制造	1086				258
其他日用品生产专用设备制造	10916			3189	7728
纺织、服装和皮革加工专用设备制造	566085		595	212319	224430
纺织专用设备制造	260271		573	76848	140195
皮革、毛皮及其制品加工专用设备制造	13011			2605	6114
缝制机械制造	292703		22	132866	78021
洗涤机械制造	100				100
电子和电工机械专用设备制造	74357			30287	28752
电工机械专用设备制造	39460			21036	17788
电子工业专用设备制造	34897			9251	10964
农、林、牧、渔专用机械制造	250635	11070	307	55229	80532
拖拉机制造	52774	11000		5451	15840
机械化农业及园艺机具制造	178338	70	307	47289	51070
营林及木竹采伐机械制造	2000				2000
畜牧机械制造	800			300	500
渔业机械制造	736				736
农林牧渔机械配件制造	12431			2188	6830
棉花加工机械制造	206				206
其他农、林、牧、渔业机械制造	3350				3350
医疗仪器设备及器械制造	268760		6690	24379	104237
医疗诊断、监护及治疗设备制造	41906			3702	17317
口腔科用设备及器具制造	7241			300	2837
医疗实验室及医用消毒设备和器具制造	3939			1248	
医疗、外科及兽医用器械制造	107148		6000	4929	42797
机械治疗及病房护理设备制造	43245			2510	19878
假肢、人工器官及植(介)入器械制造	18498			6668	2920
其他医疗设备及器械制造	46784		690	5023	18488
环保、社会公共服务及其他专用设备制造	588307	28243	11916	177231	268801
环境保护专用设备制造	383829	22793	11666	134728	159006

单位：万元

港澳台资本	外商资本	营业收入	#主营业务收入	营业成本	#主营业务成本	营业税金及附加	#主营业务税金及附加	其他业务利润
	162	47243	46969	40772	40617	205	205	
828		8790	8787	7319	7318	25	25	2
		44486	44269	35864	35707	258	254	50
55877	72865	2888492	2875214	2414244	2402826	15220	15010	4099
31768	10887	1295699	1285217	1078563	1069931	6124	5987	4143
2632	1661	40955	40832	34905	34833	273	271	49
21476	60318	1549270	1546598	1298321	1295606	8813	8743	-93
		2567	2567	2455	2455	9	9	
630	14688	296584	295977	236534	235874	1212	1183	276
	636	200615	200515	157302	156760	824	824	77
630	14052	95969	95462	79233	79114	388	359	200
54139	49358	1183398	1173766	985477	979871	3122	3115	3431
	20483	290038	286658	246643	245425	347	347	2098
54139	25462	761905	756197	629502	625148	2186	2185	1221
		8123	8123	6507	6507	65	59	
		14917	14886	12947	12947	13	13	
		6201	6201	5500	5500	35	35	
	3413	81985	81532	69536	69504	353	353	54
		3433	3373	2139	2137	36	36	58
		16794	16794	12704	12704	87	87	
47862	85592	820434	816302	597890	596162	5682	5538	1180
	20888	201675	199320	150999	150778	1253	1253	404
1692	2412	31550	31346	23614	23608	289	289	197
	2691	5772	5721	3420	3414	39	39	44
569	52852	347723	347132	254395	253288	2568	2478	215
14666	6191	58520	57769	38881	38497	546	529	182
8910		26659	26658	19077	19077	122	116	
22024	559	148536	148357	107504	107499	864	834	138
54383	47733	3206862	2992134	2710552	2505004	12346	12195	6017
27069	28567	2142833	1933170	1843772	1641235	7407	7276	4882

1-B-5 续表 44

行业	#实收资本	国家资本	集体资本	法人资本	个人资本
地质勘查专用设备制造	5008	450			4558
邮政专用机械及器材制造	1018				1018
商业、饮食、服务专用设备制造	401				401
社会公共安全设备及器材制造	116599			13769	71279
交通安全、管制及类似专用设备制造	5225			510	4715
水资源专用机械制造	21336	5000		5000	7408
其他专用设备制造	54891		250	23224	20415
汽车制造业	5248601	19043	8024	1864796	1383137
汽车整车制造	1386678		3717	598758	96288
汽车整车制造	1386678		3717	598758	96288
改装汽车制造	58344	3878		35164	4230
改装汽车制造	58344	3878		35164	4230
低速载货汽车制造	5000			5000	
低速载货汽车制造	5000			5000	
汽车车身、挂车制造	11515			320	5480
汽车车身、挂车制造	11515			320	5480
汽车零部件及配件制造	3787064	15165	4306	1225554	1277139
汽车零部件及配件制造	3787064	15165	4306	1225554	1277139
铁路、船舶、航空航天和其他运输设备制造业	2364507	63766	7910	1215603	770936
铁路运输设备制造	41249		616	4562	36072
铁路机车车辆配件制造	20651			4326	16325
铁路专用设备及器材、配件制造	20598		616	236	19747
船舶及相关装置制造	1631753	22800	6915	1026811	427103
金属船舶制造	1483039	20700	6915	950725	375228
娱乐船和运动船制造	12639			4076	4790
船用配套设备制造	91920	2100		41510	33429
船舶改装与拆除	44156			30500	13656
航空、航天器及设备制造	20050			7729	12321
飞机制造	1980				1980
航空、航天相关设备制造	16570			7729	8841
其他航空航天器制造	1500				1500

单位：万元

		营业收入	#主营业务收入	营业成本	#主营业务成本	营业税金及附加	#主营业务税金及附加	其他业务利润
港澳台资本	外商资本							
		20276	20276	14030	14030	259	259	
		2512	2277	1710	1602	25	25	127
		14967	14967	12206	12206	60	60	
22275	9277	772824	769790	641194	639724	2899	2898	1045
		49770	49770	44329	44329	370	370	
3928		48585	48412	38862	38862	297	297	7
1112	9890	155096	153472	114450	113016	1029	1011	-44
930456	1043146	22994643	22301803	18909198	18350391	160190	159278	114282
534931	152984	4748245	4582881	4043548	3898439	76128	75783	47749
534931	152984	4748245	4582881	4043548	3898439	76128	75783	47749
900	14172	172514	168610	151632	148783	852	847	677
900	14172	172514	168610	151632	148783	852	847	677
		68929	67388	67484	66079	4	4	135
		68929	67388	67484	66079	4	4	135
	5715	63555	63000	58016	57707	398	228	246
	5715	63555	63000	58016	57707	398	228	246
394626	870275	17941400	17419923	14588518	14179384	82808	82417	65476
394626	870275	17941400	17419923	14588518	14179384	82808	82417	65476
93664	212629	9605396	9234410	8500985	8199187	45433	44570	34094
		126866	126046	97736	97103	813	805	137
		77041	76894	58339	58312	391	391	66
		49825	49152	39397	38791	422	414	70
28487	119638	5168788	4956498	4737241	4569674	13039	12909	10026
24080	105391	4565390	4397518	4212279	4083763	10645	10554	7665
1155	2618	49274	48359	40857	40155	295	295	27
3252	11629	320330	280653	265708	228491	1443	1417	2334
		233794	229968	218398	217266	656	643	
		56176	55647	44107	43886	269	269	4
		22557	22529	19558	19532	100	100	3
		20370	19870	13871	13676	85	85	2
		13249	13249	10679	10679	84	84	

1-B-5 续表 45

行 业	#实收资本	国家资本	集体资本	法人资本	个人资本
摩托车制造	337662	40966	223	111184	179333
摩托车整车制造	117799	40046		47062	30691
摩托车零部件及配件制造	219863	920	223	64123	148642
自行车制造	317222		157	60344	105374
脚踏自行车及残疾人座车制造	177416		76	25922	37669
助动自行车制造	139807		81	34422	67706
非公路休闲车及零配件制造	10099			4648	4691
非公路休闲车及零配件制造	10099			4648	4691
潜水救捞及其他未列明运输设备制造	6471			325	6042
潜水及水下救捞装备制造	828			225	528
其他未列明运输设备制造	5643			100	5514
电气机械和器材制造业	10853108	64289	145376	3427134	4872411
电机制造	1627885	52521	23365	489481	614499
发电机及发电机组制造	356479	52521	51	150623	62609
电动机制造	571802		2073	166856	298692
微电机及其他电机制造	699604		21242	172002	253198
输配电及控制设备制造	4325224	8200	81996	1225405	2388547
变压器、整流器和电感器制造	612998		30673	139575	328024
电容器及其配套设备制造	37474	3080		4128	27471
配电开关控制设备制造	1753468	95	42899	361414	1225787
电力电子元器件制造	446281	5025	2374	78047	259056
光伏设备及元器件制造	1203816			559521	395873
其他输配电及控制设备制造	271186		6050	82720	152336
电线、电缆、光缆及电工器材制造	1683815	2758	18499	638713	669955
电线、电缆制造	1372825	1170	16858	442710	622356
光纤、光缆制造	254332	950	541	183714	30020
绝缘制品制造	43975			8556	10511
其他电工器材制造	12683	638	1100	3733	7069

单位：万元

港澳台资本	外商资本	营业收入	#主营业务收入	营业成本	#主营业务成本	营业税金及附加	#主营业务税金及附加	其他业务利润
	5956	2220599	2181897	1868487	1832842	23951	23289	3041
		893792	875876	757970	736544	16395	16166	693
	5956	1326807	1306021	1110517	1096298	7556	7123	2348
65072	86275	1949568	1831483	1683078	1585541	6864	6821	20556
44132	69617	770837	767331	665109	662950	3485	3446	2224
20940	16658	1178731	1064152	1017968	922591	3379	3375	18332
	760	46387	46123	38543	38404	267	247	112
	760	46387	46123	38543	38404	267	247	112
105		37012	36716	31794	31738	230	230	219
76		6055	6029	5081	5077	57	57	
29		30958	30687	26713	26661	173	173	219
1079274	1264623	57746325	55619977	49217670	47261867	237604	224284	91364
90042	357976	8609002	8462037	7118881	7016148	42847	40462	33532
985	89690	971543	954452	803260	791683	5044	5043	2139
28958	75222	3813958	3744690	3175615	3125575	17584	17357	16012
60099	193063	3823501	3762896	3140006	3098890	20219	18062	15382
287860	333216	15742758	15498563	13025980	12837047	67602	66845	30550
54902	59825	2035812	1997482	1629157	1594903	10424	10296	5881
2052	743	153504	151248	124785	122552	925	925	-35
43045	80228	7688418	7609193	6223572	6167218	36658	36281	10403
56571	45209	2361140	2332323	1993564	1971309	10027	9871	6985
106721	141701	2652363	2592255	2348890	2303431	5887	5828	4686
24569	5511	851522	816062	706013	677634	3681	3644	2631
179480	174411	10918583	10704433	9791739	9558977	35416	27915	6251
165803	123928	9334446	9239345	8387590	8270809	30269	22826	3336
1246	37861	1267175	1150833	1138759	1025603	3713	3699	3213
12287	12621	139404	137028	113427	110753	782	738	-323
144		177558	177228	151963	151812	652	652	25

1-B-5 续表 46

行 业	#实收资本	国家资本	集体资本	法人资本	个人资本
电池制造	861911	325	6102	330034	182647
锂离子电池制造	201653		1130	111611	25496
镍氢电池制造	48953			24588	4014
其他电池制造	611304	325	4972	193835	153137
家用电力器具制造	1454149		4433	504711	627459
家用制冷电器具制造	140434		2300	46960	83991
家用空气调节器制造	183458			126457	36465
家用通风电器具制造	103281		1977	30093	42228
家用厨房电器具制造	420973			122369	211782
家用清洁卫生电器具制造	228952			59951	74388
家用美容、保健电器具制造	46864			5042	27879
家用电力器具专用配件制造	193027		156	101666	55457
其他家用电力器具制造	137161			12172	95270
非电力家用器具制造	120326			45527	53632
燃气、太阳能及类似能源家用器具制造	80517			32553	41293
其他非电力家用器具制造	39808			12974	12339
照明器具制造	752243	486	10982	181841	327074
电光源制造	236795		30	59503	117274
照明灯具制造	473577		10952	114344	186219
灯用电器附件及其他照明器具制造	41870	486		7994	23581
其他电气机械及器材制造	27555			11423	8598
电气信号设备装置制造	13143			6740	3957
其他未列明电气机械及器材制造	14412			4683	4641
计算机、通信和其他电子设备制造业	5986046	299170	65420	1550647	1652068
计算机制造	344258	5000		32188	26266
计算机整机制造	28154				2000
计算机零部件制造	124478			1904	5091
计算机外围设备制造	132209			17756	10906
其他计算机制造	59417	5000		12528	8270
通信设备制造	1692723	235766		282052	636966
通信系统设备制造	1056057	175308		194103	457158
通信终端设备制造	636666	60457		87949	179808

单位：万元

港澳台资本	外商资本	营业收入	#主营业务收入	营业成本	#主营业务成本	营业税金及附加	#主营业务税金及附加	其他业务利润
153151	189653	5925326	4702882	5355531	4181983	15780	15727	3433
6766	56652	525573	503627	455119	434262	1615	1608	1144
20351		120553	119780	107204	105803	627	597	381
126034	133001	5279199	4079476	4793208	3641919	13539	13521	1908
188128	129420	11233067	10978210	9445394	9227305	48951	47021	11199
553	6631	1244280	1188896	1084003	1042996	4683	3296	781
6573	13963	1598480	1554494	1496455	1463257	3538	3504	1840
26892	2092	849136	835672	634761	623944	5516	5412	2462
49820	37002	2539552	2522568	1970056	1954416	13504	13407	1820
74488	20125	2054299	1969599	1713820	1631703	10054	9872	1590
7739	6204	468717	467140	398312	397168	2128	2111	219
4914	30834	1352836	1323540	1201558	1174820	4513	4408	1887
17149	12570	1125767	1116301	946428	939002	5016	5013	602
7152	14014	585098	582830	477562	476530	3008	2965	1006
3779	2892	359513	358398	293621	293359	1387	1362	659
3373	11122	225585	224432	183942	183171	1621	1604	347
172162	59699	4614363	4573525	3905866	3867633	23312	22709	5373
48646	11343	1595405	1580895	1362558	1350468	8776	8331	2706
114695	47368	2695878	2670931	2270696	2248111	12121	12002	2373
8821	989	323081	321700	272613	269054	2416	2377	294
1300	6234	118129	117496	96716	96245	688	641	21
212	2234	67564	67527	53922	53890	427	426	19
1088	4000	50565	49969	42794	42355	261	215	2
952559	1466183	25003546	24634914	20201075	19925464	117097	115959	73684
73882	206922	1645198	1624999	1523058	1509695	2045	2018	8368
	26154	760877	760877	730403	730403	19	19	
9805	107680	386924	382298	358601	356592	262	256	2576
64077	39470	279416	268392	242500	234965	1022	1001	2489
	33619	217982	213431	191554	187734	742	742	3303
347932	190007	5975430	5838809	3987663	3884230	46982	46495	19712
213158	16330	3847999	3791323	2062892	2029101	40852	40379	14716
134774	173678	2127430	2047486	1924771	1855129	6130	6117	4996

1-B-5 续表 47

行业	#实收资本	国家资本	集体资本	法人资本	个人资本
广播电视设备制造	181570	1600		34284	91005
广播电视节目制作及发射设备制造	9528	1600		5604	2056
广播电视接收设备及器材制造	107837			17152	67610
应用电视设备及其他广播电视设备制造	64205			11528	21338
雷达及配套设备制造	50955			49470	
雷达及配套设备制造	50955			49470	
视听设备制造	248393	15842		88905	70528
电视机制造	97210	15650		31027	44425
音响设备制造	106373	193		22778	19226
影视录放设备制造	44811			35100	6876
电子器件制造	1761573	20657	2246	525534	212391
电子真空器件制造	11180	3200			7980
半导体分立器件制造	241577	17233		48386	41102
集成电路制造	350780			260871	18749
光电子器件及其他电子器件制造	1158037	224	2246	216277	144560
电子元件制造	1532310	20306	60252	506399	545790
电子元件及组件制造	1393872	20000	60252	451121	515552
印制电路板制造	138438	306		55279	30238
其他电子设备制造	174264		2923	31815	69122
其他电子设备制造	174264		2923	31815	69122
仪器仪表制造业	1734563	22075	9834	447089	740666
通用仪器仪表制造	1166982	3675	4756	338380	491047
工业自动控制系统装置制造	497075	2000		112293	197410
电工仪器仪表制造	337090		4000	152899	173203
绘图、计算及测量仪器制造	50401			8174	4828
实验分析仪器制造	12158			4203	6718
试验机制造	12399	1675		4639	4342
供应用仪表及其他通用仪器制造	257858		756	56172	104546

单位：万元

港澳台资本	外商资本	营业收入	#主营业务收入	营业成本	#主营业务成本	营业税金及附加	#主营业务税金及附加	其他业务利润
35164	19517	1338924	1326239	1033629	1029555	8293	8187	8381
268		116339	115792	99037	98954	367	367	465
3558	19517	648183	644055	535554	532415	3264	3233	1056
31339		574402	566391	399039	398186	4662	4587	6861
1485		118976	118976	108946	108946	…	…	
1485		118976	118976	108946	108946	…	…	
19431	53688	1853092	1816114	1582063	1553442	8240	8074	2712
5163	946	1010356	984383	895734	872468	3790	3721	1894
11433	52743	581281	571751	499114	494527	2996	2899	765
2835		261456	259980	187215	186446	1454	1454	53
318259	682487	6561964	6518034	5798643	5766081	13921	13819	10281
		27724	26744	21704	21640	191	191	889
38597	96258	425866	418828	334016	328028	2213	2193	1043
17980	53180	715045	705327	593825	589276	2378	2354	5269
261682	533049	5393330	5367134	4849099	4827138	9140	9081	3081
144516	255047	6816035	6703521	5598445	5511649	34339	34133	21747
131071	215877	6319485	6209384	5177489	5091941	32316	32110	20838
13445	39170	496550	494137	420956	419708	2024	2024	908
11889	58515	693925	688223	568628	561868	3277	3233	2483
11889	58515	693925	688223	568628	561868	3277	3233	2483
264018	250881	6601679	6488368	4987189	4877831	39869	39380	18878
188364	140760	4400239	4322793	3286897	3198402	26647	26229	7640
121337	64034	1614785	1592468	1157924	1140564	10395	10185	5238
768	6221	1325502	1287858	973073	916206	7592	7543	3502
30162	7237	235918	235042	196520	196106	1766	1741	411
250	987	84044	82831	62442	61804	614	614	22
	1743	35429	35240	26576	26332	192	168	122
35846	60538	1104561	1089353	870363	857391	6089	5978	-1655

1-B-5 续表 48

行 业	#实收资本	国家资本	集体资本	法人资本	个人资本
专用仪器仪表制造	300766	16124	3229	48781	155973
环境监测专用仪器仪表制造	16912			9137	7511
运输设备及生产用计数仪表制造	176967	16124	429	19882	66555
导航、气象及海洋专用仪器制造	17978		2800	5100	10078
农林牧渔专用仪器仪表制造	500				500
地质勘探和地震专用仪器制造	1650				1650
教学专用仪器制造	55458			2795	52663
电子测量仪器制造	17660			4741	11327
其他专用仪器制造	13641			7126	5690
钟表与计时仪器制造	16476			2924	8452
钟表与计时仪器制造	16476			2924	8452
光学仪器及眼镜制造	230786	2276		56405	74114
光学仪器制造	126200	2276		33591	21893
眼镜制造	104586			22814	52222
其他仪器仪表制造业	19554		1850	600	11079
其他仪器仪表制造业	19554		1850	600	11079
其他制造业	687317	5216	166	328467	228987
日用杂品制造	416276	2093	166	113110	197903
鬃毛加工、制刷及清扫工具制造	38439			7679	12932
其他日用杂品制造	377837	2093	166	105431	184972
煤制品制造	208623	3123		204400	1100
煤制品制造	208623	3123		204400	1100
其他未列明制造业	62418			10957	29983
其他未列明制造业	62418			10957	29983
废弃资源综合利用业	304010			87824	113863
金属废料和碎屑加工处理	238268			35435	104905
金属废料和碎屑加工处理	238268			35435	104905
非金属废料和碎屑加工处理	65742			52389	8958
非金属废料和碎屑加工处理	65742			52389	8958
金属制品、机械和设备修理业	278413	48400	2608	94239	55494
通用设备修理	700			600	100
通用设备修理	700			600	100

单位：万元

港澳台资本	外商资本	营业收入	#主营业务收入	营业成本	#主营业务成本	营业税金及附加	#主营业务税金及附加	其他业务利润
1017	75642	1289959	1266636	975150	963091	7062	7011	9589
	265	54044	54004	30194	30187	329	328	
	73978	868706	848697	692878	682606	3316	3316	8400
		53874	53687	41384	41375	878	844	22
		1935	1935	1746	1746	6	6	
		11479	11428	6377	6377	104	104	51
		168107	166959	124844	124725	1175	1161	867
250	1342	83032	82183	48447	47807	722	722	208
767	58	48784	47743	29282	28270	533	531	41
4977	124	113037	110503	91213	89292	955	955	55
4977	124	113037	110503	91213	89292	955	955	55
68420	29571	747290	737698	591377	584727	4942	4923	1567
59746	8695	349492	343384	262424	257709	1983	1967	520
8674	20876	397798	394314	328953	327019	2959	2955	1048
1242	4783	51154	50739	42552	42318	263	263	27
1242	4783	51154	50739	42552	42318	263	263	27
44928	79554	3145067	3122722	2673853	2661736	15798	15612	3054
38067	64938	2570380	2549289	2165233	2153986	14173	13987	2577
13420	4408	234136	232480	195034	193782	1348	1340	227
24646	60529	2336245	2316809	1970200	1960204	12825	12647	2350
		301108	301098	276651	276647	315	315	
		301108	301098	276651	276647	315	315	
6862	14616	273579	272335	231969	231104	1311	1311	477
6862	14616	273579	272335	231969	231104	1311	1311	477
73715	28609	3319826	3310333	3185435	3177654	11626	11553	990
69320	28609	3059966	3052171	2962675	2956262	10299	10227	960
69320	28609	3059966	3052171	2962675	2956262	10299	10227	960
4395		259860	258163	222761	221393	1327	1327	31
4395		259860	258163	222761	221393	1327	1327	31
21441	56231	508129	499651	432148	425900	4390	4386	2219
		8142	8140	6704	6704	61	61	
		8142	8140	6704	6704	61	61	

1-B-5 续表 49

行　业	#实收资本	国家资本	集体资本	法人资本	个人资本
专用设备修理	1000			700	
专用设备修理	1000			700	
铁路、船舶、航空航天等运输设备修理	267150	48400	545	87439	53394
船舶修理	267150	48400	545	87439	53394
电气设备修理	7363		2063	3300	2000
电气设备修理	7363		2063	3300	2000
其他机械和设备修理业	2200			2200	
其他机械和设备修理业	2200			2200	
电力、热力、燃气及水生产和供应业	**10341743**	**6421091**	**50603**	**2968880**	**178537**
电力、热力生产和供应业	7711722	4594410	36455	2428845	128917
电力生产	6705326	3841816	13959	2232318	118936
火力发电	4482118	2364009	7480	1670276	57701
水力发电	870124	312275	4559	430453	32268
核力发电	1121338	1121338			
风力发电	100690	44194	1920	46465	1436
其他电力生产	131056			85124	27532
电力供应	805831	728456	21668	55707	
电力供应	805831	728456	21668	55707	
热力生产和供应	200566	24138	828	140820	9980
热力生产和供应	200566	24138	828	140820	9980
燃气生产和供应业	834166	593836	4449	75589	27599
燃气生产和供应业	834166	593836	4449	75589	27599
燃气生产和供应业	834166	593836	4449	75589	27599
水的生产和供应业	1795856	1232846	9699	464447	22021
自来水生产和供应	1500393	1115770	9399	344591	8271
自来水生产和供应	1500393	1115770	9399	344591	8271
污水处理及其再生利用	295463	117077	300	119856	13750
污水处理及其再生利用	295463	117077	300	119856	13750

单位：万元

港澳台资本	外商资本	营业收入	#主营业务收入	营业成本	#主营业务成本	营业税金及附加	#主营业务税金及附加	其他业务利润
	300	4342	4306	2940	2933	33	33	29
	300	4342	4306	2940	2933	33	33	29
21441	55931	466677	458272	401883	395666	3701	3697	2179
21441	55931	466677	458272	401883	395666	3701	3697	2179
		21426	21391	15525	15501	478	478	11
		21426	21391	15525	15501	478	478	11
		7541	7541	5096	5096	116	116	
		7541	7541	5096	5096	116	116	
372874	**349758**	**47064609**	**46628411**	**41850380**	**41503488**	**227859**	**218702**	**101440**
297335	225761	42486556	42175276	37865865	37587233	208737	202199	58465
282339	215958	12682126	12560373	9404685	9334089	97780	96387	37430
255242	127411	10691745	10586464	8144930	8081337	69558	68340	31268
5522	85047	660060	656298	387838	385433	8181	8114	1234
		1199344	1193401	799497	795973	18845	18738	1151
3175	3501	47380	47300	21812	21811	486	486	79
18400		83597	76911	50608	49535	709	709	3698
		29084038	28905511	27880132	27675858	108422	103310	15138
		29084038	28905511	27880132	27675858	108422	103310	15138
14996	9804	720391	709392	581048	577286	2535	2502	5897
14996	9804	720391	709392	581048	577286	2535	2502	5897
52698	79995	3075435	3024764	2797607	2777078	8568	7996	19691
52698	79995	3075435	3024764	2797607	2777078	8568	7996	19691
52698	79995	3075435	3024764	2797607	2777078	8568	7996	19691
22841	44002	1502619	1428371	1186907	1139178	10553	8507	23284
4631	17731	1157144	1087851	889733	845710	10136	8259	20296
4631	17731	1157144	1087851	889733	845710	10136	8259	20296
18210	26270	345474	340520	297174	293468	417	248	2988
18210	26270	345474	340520	297174	293468	417	248	2988

1-B-5 续表 50

行业	管理费用	#税金	财务费用	#利息支出	投资收益
总计	**26795390**	**1228256**	**10278249**	**11373169**	**2047255**
采矿业	**108256**	**4774**	**27863**	**28848**	**1792**
煤炭开采和洗选业	167	3	396	390	
褐煤开采洗选	167	3	396	390	
褐煤开采洗选	167	3	396	390	
黑色金属矿采选业	11067	262	1244	1443	405
铁矿采选	11067	262	1244	1443	405
铁矿采选	11067	262	1244	1443	405
有色金属矿采选业	16292	565	4534	4658	514
常用有色金属矿采选	13153	541	3679	3815	514
铜矿采选	8406	468	784	756	5
铅锌矿采选	4747	74	2894	3059	509
贵金属矿采选	452	1	67	67	
银矿采选	452	1	67	67	
稀有稀土金属矿采选	2688	22	788	776	
钨钼矿采选	2688	22	788	776	
非金属矿采选业	80730	3944	21689	22358	873
土砂石开采	74392	3772	19663	19523	487
石灰石、石膏开采	16252	665	4697	4490	95
建筑装饰用石开采	36094	2662	4822	4961	
耐火土石开采	5318	221	2034	1969	386
粘土及其他土砂石开采	16728	225	8111	8103	5
化学矿开采	324	44	490	494	
化学矿开采	324	44	490	494	
石棉及其他非金属矿采选	6014	128	1536	2341	386
其他未列明非金属矿采选	6014	128	1536	2341	386
制造业	**25570539**	**1152935**	**9255271**	**10287221**	**1972633**
农副食品加工业	282475	17526	144074	156470	10944
谷物磨制	10485	693	7319	7726	217
谷物磨制	10485	693	7319	7726	217

单位：万元

营业利润	营业外收入	#补贴收入	营业外支出	利润总额	应交所得税	利税总额	应付工资总额	本年应交增值税
33412799	**3122468**	**1324986**	**1470061**	**35607250**	**5441620**	**59769351**	**33589809**	**17139960**
131699	**8603**	**5131**	**3852**	**137277**	**21256**	**254538**	**74591**	**79037**
50	3		7	46		88	40	39
50	3		7	46		88	40	39
50	3		7	46		88	40	39
6995	832		473	7354	755	13587	8522	4831
6995	832		473	7354	755	13587	8522	4831
6995	832		473	7354	755	13587	8522	4831
20467	124	40	179	20832	2698	40523	15273	15947
6065	82		152	6413	1605	15582	10522	7874
5048	14		50	5018	1524	9102	6574	3450
1017	67		102	1396	81	6480	3948	4425
788	2		26	764	191	1212	286	340
788	2		26	764	191	1212	286	340
13614	40	40		13654	901	23730	4465	7733
13614	40	40		13654	901	23730	4465	7733
104187	7644	5091	3193	109046	17804	200339	50755	58221
105730	3261	1089	2021	107059	17350	192124	42751	53234
7488	269	92	215	7542	1742	23852	7720	9595
47146	593	14	690	47054	8720	79067	15130	17908
8995	1144	47	97	10078	1485	17355	5045	6158
42102	1255	935	1020	42385	5403	71849	14856	19573
473			215	258	112	941	97	620
473			215	258	112	941	97	620
-2016	4383	4002	957	1728	342	7275	7907	4366
-2016	4383	4002	957	1728	342	7275	7907	4366
30120709	**2797413**	**1138131**	**1297372**	**32153515**	**4758009**	**54086448**	**32297830**	**15208254**
342080	60958	25220	19987	387748	43260	555231	391826	136121
5968	4491	2787	484	10389	757	17385	10418	5272
5968	4491	2787	484	10389	757	17385	10418	5272

1-B-5 续表 51

行业	管理费用	#税金	财务费用	#利息支出	投资收益
饲料加工	64380	3541	20171	21771	1929
饲料加工	64380	3541	20171	21771	1929
植物油加工	15906	4234	273	11102	2713
食用植物油加工	15370	4208	90	10918	2713
非食用植物油加工	535	26	182	184	
制糖业	151		98	104	
制糖业	151		98	104	
屠宰及肉类加工	40273	2148	15642	17111	2897
牲畜屠宰	14039	653	3485	4928	265
禽类屠宰	576	13	10	17	
肉制品及副产品加工	25658	1482	12147	12167	2632
水产品加工	89640	3821	71754	70766	4391
水产品冷冻加工	69344	2824	60990	60356	4803
鱼糜制品及水产品干腌制加工	11474	639	6547	6226	-432
水产饲料制造	4583	213	2512	2644	56
鱼油提取及制品制造	1723		405	372	
其他水产品加工	2516	145	1302	1169	-37
蔬菜、水果和坚果加工	40554	1972	23023	21873	-1853
蔬菜加工	26445	1140	14943	13985	-1876
水果和坚果加工	14109	832	8079	7888	23
其他农副食品加工	21086	1118	5795	6017	651
淀粉及淀粉制品制造	4689	242	696	786	3
豆制品制造	12549	605	3779	3642	70
蛋品加工	1019	20	502	393	
其他未列明农副食品加工	2829	250	818	1196	578
食品制造业	248995	14582	61092	79439	53201
焙烤食品制造	29524	1560	4522	5119	42
糕点、面包制造	18848	1063	2781	2860	36
饼干及其他焙烤食品制造	10676	497	1741	2259	6

单位：万元

营业利润	营业外收入	#补贴收入	营业外支出	利润总额	应交所得税	利税总额	应付工资总额	本年应交增值税
73485	12952	1288	2598	85655	10365	123558	68362	33646
73485	12952	1288	2598	85655	10365	123558	68362	33646
49137	1717	1342	1663	48474	2409	57005	13029	4005
48625	1705	1336	1663	47950	2325	56010	12569	3611
512	13	6		525	84	995	460	394
-8	18	18		10		213	257	167
-8	18	18		10		213	257	167
38312	11142	3364	2699	47442	4558	66242	54684	15002
12253	8286	1579	877	19940	466	20682	22087	380
794	240	43	31	1002	5	1119	713	105
25265	2617	1742	1791	26500	4088	44442	31884	14518
78302	21105	12187	9104	92913	12820	145934	158975	43459
64342	18610	10666	7943	77452	10292	120148	133895	34720
6532	971	1066	872	6773	1436	15171	17010	7243
6275	1267	340	217	7347	830	8257	4694	650
-39	109		10	61		61	410	
1191	148	116	63	1281	262	2297	2967	845
64071	7777	3351	1617	69128	8749	97197	53944	22874
28400	5489	2508	1114	31642	3437	44534	34742	9990
35671	2289	843	503	37486	5312	52663	19202	12884
32814	1755	883	1823	33737	3602	47697	32158	11696
12415	520	101	325	12994	291	16118	3198	2751
13846	1072	670	261	14657	2599	21568	23767	5640
2475	17	3	38	2453	202	2854	783	290
4078	147	110	1199	3632	510	7157	4411	3016
490856	41248	9906	18821	514812	77497	746679	337325	205460
21103	5168	872	1042	25241	4110	52932	62827	23842
7159	3776	283	852	10083	1305	28916	46304	16752
13944	1392	588	189	15158	2805	24016	16523	7090

1-B-5 续表 52

行　业	管理费用	#税　金	财务费用	#利息支出	投资收益
糖果、巧克力及蜜饯制造	18609	1062	5064	6612	11
糖果、巧克力制造	14408	789	2375	3881	
蜜饯制作	4201	274	2689	2731	11
方便食品制造	26445	3718	-4420	5501	10693
米、面制品制造	1163	132	306	307	
速冻食品制造	6855	405	2598	2245	85
方便面及其他方便食品制造	18427	3181	-7325	2948	10608
乳制品制造	16783	903	4854	5138	201
乳制品制造	16783	903	4854	5138	201
罐头食品制造	20495	1318	16385	14292	28
肉、禽类罐头制造	1446	35	474	358	
水产品罐头制造	796	110	928	644	
蔬菜、水果罐头制造	17923	1173	14813	13126	23
其他罐头食品制造	330		170	164	5
调味品、发酵制品制造	21783	1155	7514	7986	305
味精制造	6506	387	444	709	224
酱油、食醋及类似制品制造	8914	436	5671	5762	50
其他调味品、发酵制品制造	6363	332	1399	1515	31
其他食品制造	115356	4866	27174	34791	41922
营养食品制造	9874	864	1049	1373	-689
保健食品制造	17035	603	3801	3718	345
冷冻饮品及食用冰制造	6205	355	272	339	39
盐加工	2886	90	-9		
食品及饲料添加剂制造	77420	2922	21567	28920	41994
其他未列明食品制造	1937	33	494	443	232
酒、饮料和精制茶制造业	189378	16614	43537	54749	68358
酒的制造	89659	7378	21208	24561	2562
酒精制造	87		27	27	
白酒制造	2163	128	46	124	5
啤酒制造	48257	3812	3825	8895	459
黄酒制造	37428	3350	16999	15202	2098
其他酒制造	1725	88	312	313	

单位：万元

营业利润	营业外收入	#补贴收入	营业外支出	利润总额	应交所得税	利税总额	应付工资总额	本年应交增值税
44179	2013	251	435	45800	11295	58533	21384	11488
43635	1518	36	386	44799	11044	54240	15619	8685
545	495	215	50	1001	251	4292	5765	2803
66244	12339	734	2760	75815	13741	116701	48175	37754
842	109	21	53	898	187	2329	2111	1239
5536	312	8	144	5696	117	12565	11279	5897
59865	11918	705	2562	69221	13437	101807	34785	30619
12311	3273	810	951	14633	2326	24257	22589	8168
12311	3273	810	951	14633	2326	24257	22589	8168
13115	3488	1358	2962	13837	4386	34910	53949	17903
3942	177	172	114	4005	1019	7086	4260	2809
3176	232	48	46	3362	838	3956	2901	251
5641	2779	840	2788	5827	2469	23033	45813	14688
356	300	298	14	643	61	835	975	156
36572	3537	1445	512	39653	4446	57056	16507	15191
5124	1673	24	146	6652	860	10241	6553	3105
29810	1145	1037	233	30772	2877	41194	3583	9065
1638	719	384	133	2229	710	5621	6371	3021
297331	11431	4437	10160	299834	37194	402291	111895	91114
23298	1910	782	431	24954	5559	41470	10673	15183
57221	3826	657	791	60644	12007	81193	21696	18118
4899	860	115	157	5602	1557	12995	7891	6446
5594	338	82	85	5848	1472	7282	2025	1290
202102	4101	2730	8620	198249	15561	253232	64460	48745
4218	396	72	76	4537	1038	6119	5150	1331
484127	32690	14051	16121	510320	99093	843483	304928	219371
93939	10572	2217	3943	100700	24208	264829	127093	68923
219				219	75	334	128	94
2685	58		79	2670	347	4753	1505	1030
38017	4532	1630	2268	40333	10369	156780	71742	39607
54372	5956	587	1580	58821	13417	103389	52639	28139
-1353	27		17	-1343		-428	1079	53

1-B-5 续表 53

行业	管理费用	#税金	财务费用	#利息支出	投资收益
饮料制造	76511	7828	3653	13340	63811
碳酸饮料制造	12075	945	406	768	2413
瓶(罐)装饮用水制造	9271	1007	1021	1179	410
果菜汁及果菜汁饮料制造	16988	2385	4567	6730	42813
含乳饮料和植物蛋白饮料制造	10833	730	-1702	920	5342
固体饮料制造	1072	28	503	406	
茶饮料及其他饮料制造	26272	2734	-1143	3338	12833
精制茶加工	23209	1408	18676	16848	1985
精制茶加工	23209	1408	18676	16848	1985
烟草制品业	169688	6046	-5488	1240	33898
卷烟制造	167408	5990	-5624	1089	33738
卷烟制造	167408	5990	-5624	1089	33738
其他烟草制品制造	2280	56	136	151	160
其他烟草制品制造	2280	56	136	151	160
纺织业	1806915	103708	1256618	1290893	118707
棉纺织及印染精加工	964438	55035	721846	760417	65837
棉纺纱加工	214628	14141	171708	180906	37247
棉织造加工	308347	16122	297142	306639	12787
棉印染精加工	441463	24772	252996	272872	15803
毛纺织及染整精加工	72047	4102	32791	36539	4193
毛条和毛纱线加工	34193	1747	16100	19178	3013
毛织造加工	27050	1734	11636	12151	499
毛染整精加工	10805	622	5055	5210	680
麻纺织及染整精加工	16730	665	14888	14209	5154
麻纤维纺前加工和纺纱	14267	453	11480	10840	5108
麻织造加工	1269	95	672	596	46
麻染整精加工	1194	118	2736	2773	
丝绢纺织及印染精加工	85282	4562	47772	51297	4040
缫丝加工	14329	567	10653	13661	396
绢纺和丝织加工	54376	3024	30591	31605	2052
丝印染精加工	16577	971	6528	6032	1592

单位：万元

营业利润	营业外收入	#补贴收入	营业外支出	利润总额	应交所得税	利税总额	应付工资总额	本年应交增值税
330538	15970	10047	7710	347479	68152	496312	150824	133266
25534	937	772	1064	27243	6775	45808	20607	16456
23838	3897	1236	766	26989	8993	51238	12608	22170
115424	4080	1117	602	119114	13840	143139	29012	19964
116694	2715	6422	463	125548	28941	156439	11434	27970
188	34		48	174	23	591	1344	-7
48860	4308	501	4767	48411	9580	99098	75818	46713
59650	6147	1788	4468	62141	6733	82341	27011	17182
59650	6147	1788	4468	62141	6733	82341	27011	17182
438316	2000	1825	21425	418891	96049	3269273	70387	482637
429730	1988	1812	21349	410369	93941	3258524	66880	480649
429730	1988	1812	21349	410369	93941	3258524	66880	480649
8586	12	12	76	8522	2109	10749	3507	1988
8586	12	12	76	8522	2109	10749	3507	1988
2667850	147578	61818	114815	2768024	375452	4520251	3269053	1483538
1548377	78705	40681	60579	1598339	220473	2635752	1869251	882126
292855	26407	9100	11623	313029	46055	512492	403411	167973
646124	30193	19343	27070	657739	100368	1034724	605484	316442
609398	22105	12238	21886	627571	74051	1088536	860357	397711
69742	6724	1848	3783	74569	12133	134644	112582	51741
49397	4418	1288	2756	51951	7956	88152	49464	32089
18089	1578	459	723	19256	3238	33937	42717	11996
2256	729	101	303	3361	939	12556	20400	7656
19111	2095	540	741	21095	6002	38684	30027	15315
15272	1502	467	461	16929	5505	31522	25438	12782
1617	593	73	280	1945	498	3803	1904	1625
2222				2222		3359	2685	908
129270	12273	2070	4235	138913	13377	208400	159349	58303
18303	1697	597	594	19713	2210	39958	32143	17807
91303	2992	1344	2755	93604	9144	132678	98447	31907
19665	7584	128	887	25596	2022	35764	28759	8589

1-B-5 续表 54

行 业	管理费用	#税 金	财务费用	#利息支出	投资收益
化纤织造及印染精加工	68916	3861	43151	40683	3074
化纤织造加工	52030	3012	35520	33264	3018
化纤织物染整精加工	16887	849	7630	7418	56
针织或钩针编织物及其制品制造	300054	18050	229040	221833	24111
针织或钩针编织物织造	236697	14841	195744	188766	23412
针织或钩针编织物印染精加工	16508	451	6965	8399	201
针织或钩针编织品制造	46848	2759	26331	24668	498
家用纺织制成品制造	149573	8379	90473	85422	9057
床上用品制造	66096	3544	49060	45337	3754
毛巾类制品制造	8965	626	3881	6247	574
窗帘、布艺类产品制造	47159	3034	24056	20765	54
其他家用纺织制成品制造	27352	1175	13476	13072	4676
非家用纺织制成品制造	149876	9054	76659	80493	3241
非织造布制造	58357	3545	37310	37850	1931
绳、索、缆制造	7281	80	2078	2125	
纺织带和帘子布制造	32155	1500	16409	19111	712
篷、帆布制造	26061	1674	12052	10814	-28
其他非家用纺织制成品制造	26022	2256	8810	10593	625
纺织服装、服饰业	1243439	51390	368782	389196	101820
机织服装制造	800820	35934	208387	243960	83008
机织服装制造	800820	35934	208387	243960	83008
针织或钩针编织服装制造	342292	12586	108496	97533	21524
针织或钩针编织服装制造	342292	12586	108496	97533	21524
服饰制造	100327	2870	51899	47703	-2712
服饰制造	100327	2870	51899	47703	-2712
皮革、毛皮、羽毛及其制品和制鞋业	652853	29022	245121	245153	17139
皮革鞣制加工	58224	4055	30428	42883	986
皮革鞣制加工	58224	4055	30428	42883	986

单位：万元

营业利润	营业外收入	#补贴收入	营业外支出	利润总额	应交所得税	利税总额	应付工资总额	本年应交增值税
169552	4404	903	10251	164394	20604	230888	130373	55602
145929	3162	878	6161	143569	18679	195531	98351	42511
23624	1242	25	4090	20825	1925	35358	32022	13092
448682	19455	4672	22057	466438	61259	747788	483074	235111
377675	15084	3980	18160	394657	50139	622120	360858	189808
8617	1472	446	635	9514	2065	23926	33788	12763
62390	2900	245	3262	62267	9055	101742	88428	32540
110266	9791	1990	6324	122880	18023	237074	253073	96082
34643	6456	948	2869	42173	8043	86813	116845	37422
14917	303	120	452	15325	2039	24561	15059	7927
46701	1679	502	2193	46352	5262	87174	77354	33944
14006	1353	421	810	19029	2680	38526	43815	16789
172850	14131	9115	6846	181396	23581	287019	231325	89258
116649	3493	1667	2726	118299	12650	167406	93065	41714
9385	413	117	161	9690	672	13754	10263	3354
17770	1528	544	2294	17215	3145	40242	47197	19478
12648	1586	339	1324	13005	2491	28225	44282	12740
16399	7112	6448	342	23187	4622	37394	36518	11972
1200351	81159	20376	50124	1243051	239114	2149226	2460317	769018
765404	59964	12710	25282	812937	162086	1435014	1569493	534751
765404	59964	12710	25282	812937	162086	1435014	1569493	534751
354634	17691	5458	19276	354780	65683	582573	727193	187442
354634	17691	5458	19276	354780	65683	582573	727193	187442
80314	3504	2208	5566	75335	11345	131639	163631	46825
80314	3504	2208	5566	75335	11345	131639	163631	46825
684983	23386	5209	21311	710192	107909	1276654	1460091	490983
75819	3383	1309	3212	76716	8009	142834	87623	59727
75819	3383	1309	3212	76716	8009	142834	87623	59727

1-B-5 续表 55

行　　业	管理费用	#税　金	财务费用	#利息支出	投资收益
皮革制品制造	140822	4300	50526	44445	1230
皮革服装制造	35979	754	11067	11169	258
皮箱、包(袋)制造	71874	2321	22405	17851	963
皮手套及皮装饰制品制造	11554	544	3704	3448	
其他皮革制品制造	21415	681	13350	11976	9
毛皮鞣制及制品加工	14299	570	9812	9628	307
毛皮鞣制加工	2530	116	1312	1409	
毛皮服装加工	6466	185	4821	4678	83
其他毛皮制品加工	5303	269	3678	3541	224
羽毛(绒)加工及制品制造	31224	1829	37623	37738	631
羽毛(绒)加工	3593	157	6838	6776	11
羽毛(绒)制品加工	27631	1672	30785	30962	619
制鞋业	408284	18268	116732	110458	13985
纺织面料鞋制造	12668	369	2510	2333	33
皮鞋制造	346016	15903	95283	88953	13720
塑料鞋制造	9500	273	2632	2338	130
橡胶鞋制造	33814	1613	14582	14890	59
其他制鞋业	6286	110	1726	1945	43
木材加工和木、竹、藤、棕、草制品业	156894	9212	75871	73136	6747
木材加工	11215	423	2721	3147	6331
锯材加工	1847	100	479	504	
木片加工	4181	136	427	354	1417
单板加工	4840	170	1622	2088	4914
其他木材加工	348	18	193	201	
人造板制造	46236	3033	21854	19350	547
胶合板制造	26187	2117	15406	12808	593
纤维板制造	6861	251	1657	1568	-186
刨花板制造	162	8	50	50	
其他人造板制造	13027	658	4741	4924	140

单位：万元

营业利润	营业外收入	#补贴收入	营业外支出	利润总额	应交所得税	利税总额	应付工资总额	本年应交增值税
114557	4578	1568	6321	113896	20754	231912	322630	102851
17158	1239	236	1356	17062	2760	42074	63349	21447
54558	2149	1092	1203	56557	10451	110654	181703	46149
8967	401	104	213	9156	1421	19976	24009	9467
33874	790	137	3549	31121	6122	59208	53569	25788
27559	1228	754	504	28634	1836	43911	25294	13534
2804	77	30	61	2820	229	5077	4706	2004
18306	956	712	380	19008	1077	26710	13689	6957
6449	195	11	63	6805	530	12124	6899	4573
38111	2295	284	2138	38546	4996	75344	60461	31258
8341	128	65	166	8303	514	18693	10022	9440
29770	2167	220	1973	30243	4483	56651	50439	21819
428936	11903	1294	9135	452401	72315	782653	964083	283612
8859	163	36	170	8914	1628	19855	30071	9487
379042	10504	826	7727	386530	63559	663079	799336	236881
7568	101	3	246	7423	1209	15054	24723	6691
32844	827	172	944	32817	5576	64664	98079	27683
623	309	256	48	16717	343	20000	11875	2870
242613	12702	7012	5199	252462	29348	406647	219925	115530
17593	805	167	186	18213	1690	25769	14339	6090
3723	14		60	3677	299	5287	2268	1248
2929	202	167	49	3082	256	6213	4995	2661
8950	589		77	9463	1116	11847	6545	1852
1992				1992	18	2422	531	330
55589	5314	3960	1902	60452	7663	101967	61203	35199
36319	2295	1306	1322	37595	4956	61016	36974	19991
1321	968	1254	248	3031	344	8351	7882	4689
1957			…	1957	3	2779	207	721
15991	2052	1400	332	17869	2360	29821	16140	9798

1-B-5 续表 56

行　业	管理费用	#税　金	财务费用	#利息支出	投资收益
木制品制造	75220	3952	37480	37271	1030
建筑用木料及木材组件加工	2602	150	1938	1731	
木门窗、楼梯制造	18692	749	6078	6040	38
地板制造	44091	2568	24866	24836	672
木制容器制造	2851	147	1500	1825	18
软木制品及其他木制品制造	6983	338	3098	2838	303
竹、藤、棕、草等制品制造	24222	1804	13816	13368	-1161
竹制品制造	20952	1601	12124	11743	-1162
藤制品制造	293	14	...		
草及其他制品制造	2978	189	1693	1625	1
家具制造业	384738	23210	166950	156018	7840
木质家具制造	130760	7910	55532	61051	2272
木质家具制造	130760	7910	55532	61051	2272
竹、藤家具制造	11934	1086	17447	9288	
竹、藤家具制造	11934	1086	17447	9288	
金属家具制造	148241	8981	62016	61058	1707
金属家具制造	148241	8981	62016	61058	1707
塑料家具制造	15830	986	3452	2541	
塑料家具制造	15830	986	3452	2541	
其他家具制造	77973	4247	28503	22081	3861
其他家具制造	77973	4247	28503	22081	3861
造纸和纸制品业	469972	28465	343330	390873	5672
纸浆制造	134		4	4	
木竹浆制造	134		4	4	
造纸	300341	21094	272069	315249	2464
机制纸及纸板制造	291797	20462	264341	307609	2464
手工纸制造	3190	309	5551	5459	
加工纸制造	5354	324	2177	2181	...
纸制品制造	169497	7371	71257	75620	3207
纸和纸板容器制造	108316	4738	51183	54458	1937
其他纸制品制造	61181	2633	20074	21162	1270

单位：万元

营业利润	营业外收入	#补贴收入	营业外支出	利润总额	应交所得税	利税总额	应付工资总额	本年应交增值税
137577	3699	1663	1882	139986	15849	221199	105041	55054
4553	18	282	213	4635	551	7329	5535	2202
35432	1635	1061	606	36485	4636	53320	32236	13704
82349	976	30	385	82987	9697	136192	48151	32301
13155	296	77	191	13279	568	16336	5497	2319
2088	773	214	488	2600	397	8022	13622	4528
31855	2883	1223	1228	33812	4147	57712	39342	19187
28378	2724	1181	974	30406	3717	52071	32597	17603
96	19		2	113	34	293	1166	146
3381	141	41	252	3294	396	5348	5579	1437
329380	28287	6284	24406	335393	49246	614505	684530	239116
75364	4969	1222	5423	76179	14335	165087	239636	76664
75364	4969	1222	5423	76179	14335	165087	239636	76664
19580	6671	219	3832	22419	1792	46740	20212	22637
19580	6671	219	3832	22419	1792	46740	20212	22637
105769	9743	2663	11034	104965	20117	209422	263721	90138
105769	9743	2663	11034	104965	20117	209422	263721	90138
15544	4002	591	1847	17899	3481	27544	23304	7621
15544	4002	591	1847	17899	3481	27544	23304	7621
113123	2901	1589	2271	113930	9522	165712	137657	42057
113123	2901	1589	2271	113930	9522	165712	137657	42057
551363	60940	19551	31073	586616	71498	961112	559692	321284
8	8	8		16		67	169	44
8	8	8		16		67	169	44
345692	44328	13774	22207	370634	40095	607716	334270	205920
336808	43771	13506	21926	361509	39614	590636	322862	198858
6915	102	24	62	6955	188	11412	5507	3983
1970	455	244	219	2170	293	5669	5902	3078
205663	16603	5769	8866	215966	31403	353329	225253	115321
135491	12737	3915	5619	144286	17380	243829	154896	84087
70171	3867	1854	3247	71680	14023	109500	70358	31234

1-B-5 续表 57

行　　业	管理费用	#税　金	财务费用	#利息支出	投资收益
印刷和记录媒介复制业	196532	7512	77680	85701	7377
印刷	192529	7171	74697	82600	7377
书、报刊印刷	23564	923	7233	8294	1113
本册印制	17421	254	3816	3784	1901
包装装潢及其他印刷	151544	5995	63648	70522	4362
装订及印刷相关服务	3373	227	1729	1857	
装订及印刷相关服务	3373	227	1729	1857	
记录媒介复制	629	114	1254	1244	
记录媒介复制	629	114	1254	1244	
文教、工美、体育和娱乐用品制造业	505131	23582	221827	218918	20581
文教办公用品制造	102476	5341	38633	49145	11360
文具制造	56465	3254	21705	33466	10924
笔的制造	32782	1690	13997	12877	410
教学用模型及教具制造	9070	266	2099	2098	26
墨水、墨汁制造	518	1	52	51	
其他文教办公用品制造	3640	130	779	653	
乐器制造	19250	729	2475	3027	126
西乐器制造	14592	615	743	1410	126
电子乐器制造	261	6	287	272	
其他乐器及零件制造	4397	108	1444	1346	
工艺美术品制造	193753	10037	116173	113279	7805
雕塑工艺品制造	16823	781	5455	4919	24
金属工艺品制造	25300	1326	12853	13772	2671
漆器工艺品制造	7451	327	2611	2114	
花画工艺品制造	6968	220	4017	3636	432
天然植物纤维编织工艺品制造	8995	276	3916	3502	-150
抽纱刺绣工艺品制造	40290	2615	26434	25797	66
地毯、挂毯制造	13952	979	6443	6154	10
珠宝首饰及有关物品制造	19847	1233	35555	36919	2602
其他工艺美术品制造	54128	2279	18891	16465	2149

单位：万元

营业利润	营业外收入	#补贴收入	营业外支出	利润总额	应交所得税	利税总额	应付工资总额	本年应交增值税
189254	15671	7071	7667	202024	32765	332673	272442	113067
186907	15400	6288	7547	198813	32268	322889	263390	106979
17207	2686	1293	407	19772	1497	30315	34610	9258
19268	1448	1000	305	20587	2691	28974	24651	7038
150432	11266	3995	6834	158455	28081	263601	204129	90683
3454	205	71	121	3538	497	9940	8667	5959
3454	205	71	121	3538	497	9940	8667	5959
-1107	67	713		-328		-157	386	129
-1107	67	713		-328		-157	386	129
639596	31631	13064	38762	635298	76900	958419	835412	266755
108904	6406	3344	3112	112871	10730	173019	171401	51849
37691	3914	1803	1739	40252	5843	70980	89589	26624
22256	2051	1190	1308	23299	3260	39787	69584	13266
46884	82	73	11	46940	1119	58018	6767	10430
121	1		3	119	30	435	451	296
1953	358	279	51	2260	479	3800	5010	1233
16219	1424	829	670	16978	4259	28237	38185	9493
8916	1249	824	448	9723	2684	17774	29863	6806
1008				1008	40	1296	837	194
6295	175	5	222	6247	1535	9167	7485	2493
323046	11834	5434	9073	326813	47387	486727	352810	129080
75408	1338	171	381	76506	8703	91643	36861	12183
23533	1139	319	562	24162	2157	36079	42818	9258
2209	169	121	73	2393	646	9414	13636	6086
3616	672	118	91	4197	532	8563	9497	3677
11407	922	76	396	11867	2526	19242	15772	5919
56001	1399	543	1760	55856	8391	97385	92669	32693
11085	383	315	504	11204	1770	18120	18789	5866
87074	2676	1295	3393	86368	12245	118782	35207	26089
52715	3135	2476	1914	54260	10417	87498	87561	27309

1-B-5 续表 58

行 业	管理费用	#税 金	财务费用	#利息支出	投资收益
体育用品制造	73570	3331	25731	21002	1055
球类制造	5030	142	2036	1949	
体育器材及配件制造	16667	912	6428	5072	62
训练健身器材制造	33942	1597	12991	10239	615
运动防护用具制造	2394	82	617	449	5
其他体育用品制造	15538	598	3661	3292	372
玩具制造	68178	2578	21468	18857	65
玩具制造	68178	2578	21468	18857	65
游艺器材及娱乐用品制造	47904	1566	17347	13608	170
露天游乐场所游乐设备制造	10695	624	5572	4399	20
游艺用品及室内游艺器材制造	33132	874	10516	8618	150
其他娱乐用品制造	4077	68	1259	590	
石油加工、炼焦和核燃料加工业	203175	11964	38877	54086	21949
精炼石油产品制造	203175	11964	38877	54086	21949
原油加工及石油制品制造	202504	11916	38557	53880	21949
人造原油制造	672	48	319	206	
化学原料和化学制品制造业	2128743	97763	692525	901693	268318
基础化学原料制造	464170	20272	137621	205107	49456
无机酸制造	28495	812	7053	8084	2715
无机碱制造	26975	859	10035	11247	4035
无机盐制造	25979	1336	9297	13896	-47
有机化学原料制造	329591	15327	105093	151393	41962
其他基础化学原料制造	53130	1938	6144	20487	791
肥料制造	16215	989	4981	5427	51
氮肥制造	11147	544	3418	3912	40
复混肥料制造	1769	71	482	535	11
有机肥料及微生物肥料制造	2237	75	586	551	
其他肥料制造	1062	299	496	429	
农药制造	125863	5655	29422	26615	75781
化学农药制造	113198	4725	22959	20158	66045
生物化学农药及微生物农药制造	12665	930	6463	6457	9736

单位：万元

营业利润	营业外收入	#补贴收入	营业外支出	利润总额	应交所得税	利税总额	应付工资总额	本年应交增值税
39538	7255	1559	2016	45144	5934	84910	96171	33273
5906	108	81	22	6000	296	8786	8827	1999
9517	556	196	330	9794	2052	22486	21581	10864
19541	5414	544	1309	23913	2591	42077	41225	15463
-309	27	52	36	-278	30	1346	4792	1327
4883	1151	687	320	5716	964	10216	19748	3619
42452	3843	1783	2009	44844	6093	74246	121922	23332
42452	3843	1783	2009	44844	6093	74246	121922	23332
109436	869	115	21881	88649	2497	111280	54924	19728
13278	700	107	244	13808	1886	22705	14568	8019
94306	148	2	21510	73096	415	85873	33232	11038
1851	21	6	128	1745	196	2702	7124	671
662835	38526	34121	9443	692267	175946	2903774	166227	668828
662835	38526	34121	9443	692267	175946	2903774	166227	668828
662958	38526	34121	9425	692407	175823	2903489	165973	668446
-123	1		18	-141	123	285	254	381
3214703	348785	148389	173956	3480777	535725	4919200	1646184	1137528
624563	89645	42218	26926	694478	116890	1025830	426581	212084
57014	1724	416	2623	56716	8646	61518	17122	3693
15052	7162		951	21263	42	37916	24185	14810
33972	1960	750	1518	34464	3676	51077	22070	14197
462100	73548	39331	19909	522266	93677	787979	336959	158626
56425	5251	1722	1926	59769	10849	87339	26246	20759
7740	2019	1446	596	9143	882	16428	14104	6276
4547	1844	1423	425	5946	680	12055	9336	5458
1493	34	23	81	1446	218	1990	2346	365
1571	134		80	1626	35	1864	1628	191
129	7		11	125	-51	519	794	261
150733	10083	2722	3744	157846	11481	181917	97269	16850
138550	6939	1627	3122	142470	10788	161188	81949	12181
12183	3144	1095	622	15376	693	20729	15320	4669

1-B-5 续表 59

行　业	管理费用	#税　金	财务费用	#利息支出	投资收益
涂料、油墨、颜料及类似产品制造	316173	11276	88055	97488	18553
涂料制造	112218	4057	16466	21160	-401
油墨及类似产品制造	25458	801	2993	4056	-167
颜料制造	28166	988	12056	12005	1809
染料制造	143168	5210	55452	59184	17288
密封用填料及类似品制造	7163	221	1088	1083	23
合成材料制造	530208	25687	281224	406026	64672
初级形态塑料及合成树脂制造	201531	10771	55862	114795	42715
合成橡胶制造	23232	642	11559	11928	1694
合成纤维单(聚合)体制造	277736	13205	203228	266961	20254
其他合成材料制造	27709	1068	10576	12342	9
专用化学产品制造	365416	14211	128500	132487	6865
化学试剂和助剂制造	161156	6141	52822	50307	1779
专项化学用品制造	68899	3270	24627	26337	-87
林产化学产品制造	5807	167	2257	2111	3
信息化学品制造	82898	3159	39970	44734	5045
环境污染处理专用药剂材料制造	10067	314	1859	1525	…
动物胶制造	8679	494	770	983	6
其他专用化学产品制造	27912	667	6196	6489	119
炸药、火工及焰火产品制造	25641	451	2189	3037	7124
炸药及火工产品制造	25641	451	2189	3037	7124
日用化学产品制造	285057	19221	20533	25508	45817
肥皂及合成洗涤剂制造	40741	1653	10108	11339	40642
化妆品制造	205338	16708	2243	6666	608
口腔清洁用品制造	1141	11	…		
香料、香精制造	24756	627	4972	3174	1726
其他日用化学产品制造	13082	223	3209	4329	2841
医药制造业	1014016	37623	159077	179510	102694
化学药品原料药制造	478844	14405	96021	99901	72584
化学药品原料药制造	478844	14405	96021	99901	72584

单位：万元

营业利润	营业外收入	#补贴收入	营业外支出	利润总额	应交所得税	利税总额	应付工资总额	本年应交增值税
486746	27636	7332	14649	512851	80019	727630	237470	188048
167402	7720	4513	4033	170444	26142	232866	74292	53736
31461	4040	191	327	35249	6005	48873	23399	12389
29386	5894	599	833	34512	3305	56452	24839	19332
254127	9920	1831	9245	268225	43829	380146	106656	98332
4370	62	199	211	4420	739	9293	8284	4259
1208924	100036	81739	69748	1261078	156614	1672943	418394	320879
357027	18827	9505	22868	356271	54682	513220	160411	139290
29224	1375	164	260	32014	5421	38933	18376	246
792757	76221	70462	44887	840951	90461	1075619	216799	170443
29916	3613	1608	1734	31841	6050	45171	22808	10901
260084	100205	11715	52306	312696	52831	500591	263273	154701
155702	40149	4240	36786	161322	29473	251281	114971	76941
80347	14985	2867	8448	88760	11863	139337	45354	37610
4153	625	413	160	4705	218	7627	4726	1929
-15183	41408	3346	5256	21239	6009	45554	66967	21028
13568	1065	102	202	14457	1848	19979	6925	4505
8588	165	31	958	7816	1366	11354	5630	3381
12908	1808	716	495	14397	2053	25460	18700	9307
15991	569	163	1662	14940	1647	25564	18658	9585
15991	569	163	1662	14940	1647	25564	18658	9585
459923	18593	1054	4325	517747	115362	768299	170435	229105
112900	1772	316	1399	153899	33436	224539	62825	62684
253982	14982	164	1975	267089	63166	408053	72546	133801
242	5		20	226	38	654	555	383
52416	1458	448	729	53280	8929	68533	16806	12743
40384	376	126	202	43253	9793	66520	17705	19494
1022405	89289	44006	36464	1087567	194435	1721510	850671	546124
381984	39934	19869	18948	404760	59886	619436	352506	173119
381984	39934	19869	18948	404760	59886	619436	352506	173119

1-B-5 续表 60

行业	管理费用	#税金	财务费用	#利息支出	投资收益
化学药品制剂制造	242961	14337	17610	32068	5899
化学药品制剂制造	242961	14337	17610	32068	5899
中药饮片加工	15329	904	4253	4075	1003
中药饮片加工	15329	904	4253	4075	1003
中成药生产	134054	4248	12364	15832	19567
中成药生产	134054	4248	12364	15832	19567
兽用药品制造	10799	414	2472	2753	…
兽用药品制造	10799	414	2472	2753	…
生物药品制造	88800	1850	11068	11762	3490
生物药品制造	88800	1850	11068	11762	3490
卫生材料及医药用品制造	43229	1463	15288	13119	152
卫生材料及医药用品制造	43229	1463	15288	13119	152
化学纤维制造业	440103	35270	340836	415682	21267
纤维素纤维原料及纤维制造	13208	1090	19845	29756	2551
化纤浆粕制造	85	10	207	213	
人造纤维(纤维素纤维)制造	13123	1080	19638	29544	2551
合成纤维制造	426894	34180	320991	385926	18716
锦纶纤维制造	54458	3381	43861	49441	64
涤纶纤维制造	295757	25700	216229	268027	13301
腈纶纤维制造	4477	530	8379	10313	
维纶纤维制造	763	1	576	568	
丙纶纤维制造	1956	309	3188	3172	14
氨纶纤维制造	46664	2590	25371	29452	4518
其他合成纤维制造	22820	1670	23387	24954	819
橡胶和塑料制品业	1107434	52135	469805	510514	210022
橡胶制品业	235590	8157	75381	79728	38637
轮胎制造	114595	4946	37250	42761	37213
橡胶板、管、带制造	49332	1182	15768	14908	628
橡胶零件制造	34067	889	9534	9022	609

单位：万元

营业利润	营业外收入	#补贴收入	营业外支出	利润总额	应交所得税	利税总额	应付工资总额	本年应交增值税
298157	16050	10882	6869	316171	81368	542605	263995	204130
298157	16050	10882	6869	316171	81368	542605	263995	204130
29710	2324	1052	592	31544	2368	38621	14453	6034
29710	2324	1052	592	31544	2368	38621	14453	6034
176711	22263	8067	3368	196073	30813	303080	76080	94539
176711	22263	8067	3368	196073	30813	303080	76080	94539
10522	350	674	178	11197	2093	16540	8915	4746
10522	350	674	178	11197	2093	16540	8915	4746
97141	5761	2766	3833	99314	13517	150049	85964	43885
97141	5761	2766	3833	99314	13517	150049	85964	43885
28180	2607	695	2676	28508	4390	51179	48759	19671
28180	2607	695	2676	28508	4390	51179	48759	19671
852084	58744	33510	25816	899418	96740	1365244	575986	403852
19068	1042	195	991	19257	4128	30546	18741	9868
121	…		…	121	30	221	179	83
18947	1042	195	991	19136	4098	30325	18562	9785
833016	57703	33315	24826	880161	92613	1334698	557245	393984
53752	7011	3730	966	60461	8605	76770	52718	11873
599934	45763	28097	18138	640603	66132	1014055	416329	328525
-204	250		181	-135	326	3657	4285	3369
-1041	44	37	…	-997		-700	441	269
1988	29	3	36	1981	181	3864	3243	1458
118279	2672	749	3311	117653	11633	152045	36592	28720
60308	1935	700	2194	60595	5737	85007	43637	19771
1625137	82227	30197	67553	1681945	248087	2506944	1507260	699545
433497	18041	7571	22882	458451	88160	648729	393242	157501
280688	8028	1842	16430	300189	63205	411902	239620	89193
80350	5246	2544	1783	84795	15805	116092	62106	26837
25897	1683	1232	2927	24927	4019	43109	45888	15534

1-B-5 续表 61

行 业	管理费用	#税 金	财务费用	#利息支出	投资收益
再生橡胶制造	6989	133	3162	3126	82
日用及医用橡胶制品制造	5778	200	2666	2585	
其他橡胶制品制造	24829	807	7001	7325	106
塑料制品业	871843	43978	394424	430785	171385
塑料薄膜制造	114905	6382	94186	122599	8094
塑料板、管、型材制造	166448	7046	65522	71194	23165
塑料丝、绳及编织品制造	26306	2125	21148	20406	1128
泡沫塑料制造	29547	1599	14347	15313	930
塑料人造革、合成革制造	110907	9442	50392	57138	3329
塑料包装箱及容器制造	69677	3065	26048	28669	130540
日用塑料制品制造	158857	5714	54519	51108	459
塑料零件制造	87383	3189	23100	22654	2275
其他塑料制品制造	107814	5416	45162	41705	1463
非金属矿物制品业	785836	43573	427722	473558	54960
水泥、石灰和石膏制造	156788	13031	96261	113576	23080
水泥制造	151064	12888	92308	109550	23080
石灰和石膏制造	5725	143	3953	4026	…
石膏、水泥制品及类似制品制造	252103	12572	137614	145090	9546
水泥制品制造	224041	11190	125399	132066	9105
砼结构构件制造	16480	566	7523	8569	422
石棉水泥制品制造	369	43	6	12	
轻质建筑材料制造	9330	571	4371	4084	19
其他水泥类似制品制造	1884	202	314	358	
砖瓦、石材等建筑材料制造	69031	3304	33030	45427	2494
粘土砖瓦及建筑砌块制造	15379	837	7565	7269	189
建筑陶瓷制品制造	25145	739	11206	23833	840
建筑用石加工	3191	376	1893	1893	
防水建筑材料制造	12923	866	6748	6546	1242
隔热和隔音材料制造	7207	190	3340	3131	-45
其他建筑材料制造	5186	297	2277	2755	268

单位：万元

营业利润	营业外收入	#补贴收入	营业外支出	利润总额	应交所得税	利税总额	应付工资总额	本年应交增值税
7819	1202	415	650	8411	188	12794	6856	3730
3992	341	133	317	4108	581	9242	9219	4511
34752	1540	1405	774	36022	4361	55589	29554	17696
1191640	64186	22626	44671	1223494	159927	1858215	1114018	542043
192738	12967	2148	5645	204432	29118	324201	110469	104771
195396	9193	3317	3209	203377	28871	305918	147116	87438
35222	1921	387	698	36916	4106	70158	71125	28917
25302	1635	901	1109	26787	4329	47503	36682	17978
188545	5129	1066	9642	184743	16514	282537	188711	83336
252491	13813	6430	7784	259028	26037	316802	99042	49514
137310	8354	3689	4212	142814	22707	230639	216936	71827
62354	5679	2779	6910	61910	11728	117821	111898	48817
102282	5495	1910	5464	103486	16519	162637	132038	49446
1101743	147318	98373	42712	1226790	202776	2067316	968283	727913
381922	80057	55900	16847	449884	87847	680672	194512	203214
362550	79484	55575	16580	430165	85350	654354	189554	197956
19372	573	325	266	19719	2496	26318	4958	5258
318633	24642	12874	13626	339172	52648	677011	299599	298299
266725	22441	12502	12567	286007	47133	593626	259994	272554
38619	1533	55	714	39482	3235	62624	27777	19445
-15	31		1	15	4	187	89	149
11662	557	245	277	11942	989	17598	9725	5098
1642	80	72	68	1726	1286	2976	2014	1052
98367	7814	5006	2421	106023	8531	168656	110051	53835
9097	4867	3456	589	14695	859	19659	19827	4208
24790	1641	531	894	25700	1493	51947	58757	22399
5142	50	6	69	5123	857	7335	3675	1684
39230	934	459	615	39892	2515	59552	16541	17838
9438	274	544	121	10027	650	13880	5109	3293
10670	48	11	132	10586	2157	16283	6142	4414

1-B-5 续表 62

行　业	管理费用	#税　金	财务费用	#利息支出	投资收益
玻璃制造	27905	2314	18401	18736	1250
平板玻璃制造	13748	1649	7434	7287	76
其他玻璃制造	14157	666	10966	11449	1174
玻璃制品制造	95594	4659	55095	56902	7331
技术玻璃制品制造	38871	2179	28363	28779	6315
光学玻璃制造	6965	475	3150	3275	3
玻璃仪器制造	302	36	101	137	
日用玻璃制品制造	18137	957	15335	15008	242
玻璃包装容器制造	8684	187	1668	1573	472
玻璃保温容器制造	3478	27	871	631	25
制镜及类似品加工	8015	321	2087	3642	225
其他玻璃制品制造	11143	478	3521	3857	49
玻璃纤维和玻璃纤维增强塑料制品制造	66219	3230	48283	54708	8043
玻璃纤维及制品制造	56467	2884	41656	48573	8043
玻璃纤维增强塑料制品制造	9752	346	6627	6135	
陶瓷制品制造	23692	1203	10090	9728	171
卫生陶瓷制品制造	5910	206	3502	2938	18
特种陶瓷制品制造	15293	798	5845	6062	153
日用陶瓷制品制造	191		100	82	
园林、陈设艺术及其他陶瓷制品制造	2298	199	642	645	
耐火材料制品制造	62969	2459	16869	17363	1440
石棉制品制造	1967	61	680	613	584
云母制品制造	540		327	282	
耐火陶瓷制品及其他耐火材料制造	60462	2398	15863	16468	856
石墨及其他非金属矿物制品制造	31535	801	12080	12029	1605
石墨及碳素制品制造	15890	435	4876	4662	1394
其他非金属矿物制品制造	15645	366	7204	7366	210
黑色金属冶炼和压延加工业	619289	46991	358013	459413	31367
炼铁	248	30	73	73	
炼铁	248	30	73	73	

单位：万元

营业利润	营业外收入	#补贴收入	营业外支出	利润总额	应交所得税	利税总额	应付工资总额	本年应交增值税
15973	1786	882	1908	16012	4475	30687	35550	11754
4551	14	81	1243	3465	1419	10951	16910	6074
11421	1771	801	665	12547	3056	19736	18640	5681
128879	10407	5314	3996	136412	21145	193005	136486	45319
62329	4659	615	2670	64615	12462	80279	42297	11568
3206	1765	1516	72	4898	130	5975	7275	791
422	3	3		425	11	639	635	154
36533	778	310	738	36805	4254	57110	40610	17182
6597	694	193	117	7175	1241	13422	11603	5191
3101	123	99	119	3105	521	5400	5517	1862
11597	1849	2101	138	13799	1644	18810	10439	3929
5094	537	476	142	5590	882	11370	18110	4643
44587	14868	13671	1052	60078	9825	109202	83222	39410
46209	14374	13444	882	61163	9437	105553	71980	35648
-1622	494	226	170	-1086	388	3649	11242	3762
16220	1483	1213	697	17252	2128	28525	28384	9387
4830	447	217	61	5325	1004	9803	8240	3437
10064	946	898	366	10760	1022	15791	15372	4457
22		16		38		283	78	210
1304	90	82	270	1128	101	2648	4695	1282
67686	5056	2575	1247	71520	10392	118198	49473	39333
3756	391	265	133	4014	229	4766	2541	655
-355	226	76		-54		-26	508	
64285	4439	2235	1114	67560	10163	113458	46424	38678
29477	1206	938	919	30439	5787	61360	31006	27362
9053	622	874	276	10073	1312	26967	15570	15657
20425	584	63	643	20366	4475	34393	15436	11705
747608	53349	18834	34866	771956	83656	1280333	747390	434711
189			1	189		372	516	180
189			1	189		372	516	180

1-B-5 续表 63

行业	管理费用	#税金	财务费用	#利息支出	投资收益
炼钢	119103	7130	34318	93257	17725
炼钢	119103	7130	34318	93257	17725
黑色金属铸造	109862	4379	45739	44865	1448
黑色金属铸造	109862	4379	45739	44865	1448
钢压延加工	383273	35106	274290	317688	11994
钢压延加工	383273	35106	274290	317688	11994
铁合金冶炼	6803	346	3593	3529	200
铁合金冶炼	6803	346	3593	3529	200
有色金属冶炼和压延加工业	397041	26132	274038	356500	34547
常用有色金属冶炼	48461	3923	51940	58453	-4741
铜冶炼	16398	1448	26799	29287	-5091
铅锌冶炼	2209	66	3009	3054	-19
镍钴冶炼	19836	1295	15237	18090	368
锡冶炼	86	8	105	107	
铝冶炼	7798	1033	5787	6970	1
镁冶炼	769	23	67	65	
其他常用有色金属冶炼	1365	52	937	881	
贵金属冶炼	11758	297	7608	7946	-1487
金冶炼	10388	229	5762	5880	-1489
银冶炼	1109	42	1231	1384	3
其他贵金属冶炼	261	26	615	682	
稀有稀土金属冶炼	2455	273	971	982	
钨钼冶炼	394	57	82	82	
稀土金属冶炼	2061	216	889	900	
有色金属合金制造	56623	2268	25663	26738	-2168
有色金属合金制造	56623	2268	25663	26738	-2168
有色金属铸造	7362	269	3644	4169	193
有色金属铸造	7362	269	3644	4169	193
有色金属压延加工	270383	19102	184212	258213	42750
铜压延加工	156781	12308	108210	171678	31911

单位：万元

营业利润	营业外收入	#补贴收入	营业外支出	利润总额	应交所得税	利税总额	应付工资总额	本年应交增值税
69809	4358	126	1337	72830	7596	122948	64509	40909
69809	4358	126	1337	72830	7596	122948	64509	40909
92794	9287	5374	5157	98573	16733	168074	185287	58120
92794	9287	5374	5157	98573	16733	168074	185287	58120
572403	39548	13239	28287	587880	57042	971062	491641	330952
572403	39548	13239	28287	587880	57042	971062	491641	330952
12412	157	95	85	12484	2285	17878	5439	4550
12412	157	95	85	12484	2285	17878	5439	4550
636269	134355	37232	51245	729652	78625	1068577	419652	290857
66490	69498	19061	2057	135165	8458	180593	42855	41527
40766	49957	2058	1011	90926	3342	115523	14227	22826
4131	179	161	83	4227	523	5461	2257	990
35676	1045	891	491	36250	4304	51143	13379	13711
142	18	15	5	154	39	179	115	21
-12144	16231	15922	465	3623	175	8041	11653	3772
287	12		…	299	75	513	570	176
-2369	2058	15	3	-314		-265	654	31
19835	516	131	2902	17362	835	20368	8453	1679
19676	500	117	2876	17210	627	19772	7313	1465
-56	16	14	26	-63	208	180	760	53
215				215		416	381	161
4021	407	…	56	4372	1156	5531	1747	986
640	…	…	4	636	134	868	761	203
3381	407		52	3736	1022	4664	986	784
78015	7110	4192	2452	83339	8759	117763	61681	29682
78015	7110	4192	2452	83339	8759	117763	61681	29682
4157	1113	525	266	5194	959	8692	11058	2952
4157	1113	525	266	5194	959	8692	11058	2952
463751	55712	13324	43512	484220	58459	735629	293858	214030
271416	46279	10657	39198	286520	37161	439837	157486	132213

1-B-5 续表 64

行　业	管理费用	#税　金	财务费用	#利息支出	投资收益
铝压延加工	76985	5290	54718	60514	4991
贵金属压延加工	3284	315	4020	4558	796
稀有稀土金属压延加工	8878	189	4276	6308	2304
其他有色金属压延加工	24454	1001	12988	15156	2748
金属制品业	1031391	55001	487051	478754	39258
结构性金属制品制造	243847	15860	127834	130747	1150
金属结构制造	140222	8552	60030	70038	492
金属门窗制造	103625	7309	67804	60709	658
金属工具制造	126858	4596	44240	40956	2915
切削工具制造	28903	1193	12096	11115	2361
手工具制造	51318	1549	15078	15631	-160
农用及园林用金属工具制造	23837	1016	7928	6625	25
刀剪及类似日用金属工具制造	10899	384	2421	1870	312
其他金属工具制造	11901	455	6718	5715	377
集装箱及金属包装容器制造	75731	3826	21928	25071	937
集装箱制造	9245	684	5247	3596	18
金属压力容器制造	28070	1567	11070	10637	620
金属包装容器制造	38416	1576	5611	10837	299
金属丝绳及其制品制造	42702	3147	31940	34397	2001
金属丝绳及其制品制造	42702	3147	31940	34397	2001
建筑、安全用金属制品制造	191698	11338	93089	85234	-143
建筑、家具用金属配件制造	71486	4228	28568	26624	-949
建筑装饰及水暖管道零件制造	92769	6350	53759	49809	639
安全、消防用金属制品制造	20953	490	8424	6880	165
其他建筑、安全用金属制品制造	6490	270	2338	1921	2
金属表面处理及热处理加工	70913	2755	29394	30178	567
金属表面处理及热处理加工	70913	2755	29394	30178	567
搪瓷制品制造	13430	806	5466	5383	3
生产专用搪瓷制品制造	143		…		
建筑装饰搪瓷制品制造	6264	218	1782	1901	
搪瓷卫生洁具制造	3489	468	1708	1564	
搪瓷日用品及其他搪瓷制品制造	3534	120	1976	1918	3

单位：万元

营业利润	营业外收入	#补贴收入	营业外支出	利润总额	应交所得税	利税总额	应付工资总额	本年应交增值税
140331	4772	2288	2898	141521	12143	215531	102342	61032
6766	276	39	128	7710	1505	9924	2775	1964
7628	243	26	235	7652	776	12423	8318	4017
37609	4143	315	1054	40818	6873	57915	22937	14805
1196526	72498	23204	42244	1235654	166786	1928652	1489318	569838
447062	14689	2428	6285	455559	46476	642342	350267	150469
121866	11141	1655	2867	130374	24359	223844	165747	72275
325196	3548	773	3417	325185	22117	418498	184520	78194
100437	11809	5388	5087	107148	16303	176531	185274	57678
41914	1963	965	624	43380	6031	59445	41238	13422
26077	7344	2995	2467	30777	4813	59456	79549	24268
14888	1752	1003	1492	15165	2762	28544	26705	11274
7410	466	254	181	7695	1078	13214	18462	4817
10148	283	172	321	10132	1619	15871	19320	3897
72075	7832	2646	2061	79948	17715	120318	112492	33104
19412	1281	952	273	20437	7149	25603	26959	3506
16148	2106	1384	777	18005	1682	29655	31717	9246
36514	4446	311	1010	41506	8885	65060	53817	20353
38147	2796	1205	1902	41541	5013	74469	67310	28691
38147	2796	1205	1902	41541	5013	74469	67310	28691
189228	10482	4253	7553	192450	30959	320600	266761	102626
40769	4340	1618	1372	43239	6576	88260	116340	36388
131825	4340	1398	5408	131080	21757	202346	115364	57162
12502	1542	1047	665	13842	2062	22787	27116	6887
4131	261	191	107	4288	563	7207	7941	2190
66191	5048	1604	2399	69255	9768	117372	109258	40413
66191	5048	1604	2399	69255	9768	117372	109258	40413
10611	622	256	645	10635	1810	19404	17618	7095
220				220	55	353	820	119
6252	213	183	60	6405	864	10310	3858	3051
2855	35		50	2840	580	5256	4576	2050
1285	374	73	535	1170	311	3485	8363	1875

1-B-5 续表 65

行业	管理费用	#税金	财务费用	#利息支出	投资收益
金属制日用品制造	161220	8582	84200	76910	27169
金属制厨房用器具制造	28363	1514	20694	19404	216
金属制餐具和器皿制造	95555	5620	49784	45164	26601
金属制卫生器具制造	14794	633	6047	5453	84
其他金属制日用品制造	22509	816	7674	6890	268
其他金属制品制造	104991	4092	48961	49879	4661
锻件及粉末冶金制品制造	55664	1842	26761	26590	1939
交通及公共管理用金属标牌制造	7481	339	3702	3400	905
其他未列明金属制品制造	41846	1910	18498	19889	1817
通用设备制造业	2630182	90800	709719	734953	166742
锅炉及原动设备制造	173290	5171	32428	34657	41257
锅炉及辅助设备制造	61743	2302	5618	9812	7977
内燃机及配件制造	36289	1469	18303	15939	505
汽轮机及辅机制造	56471	729	3021	3301	31772
水轮机及辅机制造	18005	648	5155	5257	1002
风能原动设备制造	782	25	331	348	
金属加工机械制造	182566	6582	44316	54265	4111
金属切削机床制造	82199	3203	18926	26930	1792
金属成形机床制造	35820	1132	5759	5955	1569
铸造机械制造	14056	328	1566	2080	…
金属切割及焊接设备制造	31859	1365	12274	12497	98
机床附件制造	9786	319	2182	2791	7
其他金属加工机械制造	8846	235	3609	4013	646
物料搬运设备制造	401672	12199	46902	64521	33426
轻小型起重设备制造	36569	951	8520	8272	2678
起重机制造	39033	1355	9033	8720	103
生产专用车辆制造	57677	2222	11469	10825	3105
连续搬运设备制造	17907	800	5634	5117	398
电梯、自动扶梯及升降机制造	232072	6014	9297	29074	27085
其他物料搬运设备制造	18414	857	2949	2512	57

单位：万元

营业利润	营业外收入	#补贴收入	营业外支出	利润总额	应交所得税	利税总额	应付工资总额	本年应交增值税
183292	12814	2082	13257	183546	22121	300759	259928	100933
15086	2058	623	1200	16111	3001	36650	43087	18360
145263	8983	1130	10468	144061	15451	217424	159098	62715
7120	915	201	790	7434	1341	16187	23743	7509
15823	858	128	799	15940	2328	30497	34000	12349
89484	6406	3342	3057	95572	16621	156856	120410	48830
58286	3680	1527	2034	60356	10712	93470	61862	27636
1784	388	29	219	1954	801	7057	7859	3593
29413	2338	1786	804	33262	5109	56330	50690	17601
2611492	174682	68731	90768	2768710	459521	4233637	3050553	1253863
178852	11957	4259	4205	188365	26329	271799	186816	69621
52472	4891	1608	1285	56451	7916	87763	53983	27275
201	2243	212	1355	1696	2887	13046	33908	6441
114578	2101	455	953	115781	13740	147872	76666	27992
9837	2661	1923	612	12613	1675	20918	21512	7573
1765	61	61		1825	111	2199	748	339
140051	14935	5727	2802	155660	25959	250664	213803	80946
67005	9353	2466	1204	77592	13136	124879	96145	39751
32923	1312	884	582	33873	5890	52309	37745	16102
9419	1016	133	227	10214	1345	16916	15458	5700
18921	2444	1629	464	20914	2996	35512	34939	12811
8085	423	249	184	8425	2052	13313	17598	3951
3698	387	367	141	4642	541	7736	11919	2632
567075	22007	11939	10237	599441	109021	870624	387057	240314
22696	2640	2171	1327	24643	2487	45912	44618	19264
35538	2624	1697	721	37683	6232	55295	40594	15006
56584	4527	1471	3022	58172	7803	85905	42107	23751
14952	812	229	689	15084	2551	29326	25136	12829
422520	9506	5031	4025	447577	87436	627557	216927	160817
14784	1897	1341	453	16281	2512	26629	17676	8646

1-B-5 续表 66

行业	管理费用	#税金	财务费用	#利息支出	投资收益
泵、阀门、压缩机及类似机械制造	688356	24833	167271	165818	14642
泵及真空设备制造	229843	8227	52316	52090	6337
气体压缩机械制造	123456	3839	17654	24615	1710
阀门和旋塞制造	244886	10342	78604	69995	5439
液压和气压动力机械及元件制造	90172	2426	18697	19118	1156
轴承、齿轮和传动部件制造	366749	13976	141596	145437	37496
轴承制造	208131	7568	85992	90955	31602
齿轮及齿轮减、变速箱制造	103012	4214	32047	31437	2298
其他传动部件制造	55606	2194	23557	23046	3597
烘炉、风机、衡器、包装等设备制造	435984	12835	129408	128528	27477
烘炉、熔炉及电炉制造	11352	411	-2299	1442	159
风机、风扇制造	44017	1114	12428	11774	825
气体、液体分离及纯净设备制造	119712	3049	21938	22852	17644
制冷、空调设备制造	125424	2993	52728	52309	6779
风动和电动工具制造	90782	3932	35819	31694	1412
喷枪及类似器具制造	17176	607	4537	3613	204
衡器制造	3082	139	939	849	
包装专用设备制造	24439	591	3319	3995	454
文化、办公用机械制造	44116	1182	10346	9156	-265
电影机械制造	127	14	17	1	
幻灯及投影设备制造	324	12	260	229	
照相机及器材制造	11842	259	2322	1635	-344
复印和胶印设备制造	10151	314	2917	2848	
计算器及货币专用设备制造	17334	404	3396	3155	79
其他文化、办公用机械制造	4338	180	1436	1288	
通用零部件制造	325003	13257	133565	128759	8558
金属密封件制造	18101	480	5886	5346	
紧固件制造	130728	6350	58467	56660	1302

单位：万元

营业利润	营业外收入	#补贴收入	营业外支出	利润总额	应交所得税	利税总额	应付工资总额	本年应交增值税
718399	35268	15949	17120	743280	110287	1125409	846525	331486
234120	14187	6080	6884	242851	35907	371567	266219	113222
124935	6467	3517	3044	129782	23274	194554	135322	56545
271884	9354	4163	4425	279836	35904	422940	341976	122864
87460	5260	2189	2766	90810	15202	136348	103009	38854
256960	37844	9541	19757	303345	48142	477729	502655	146291
141624	28267	5639	16871	175164	28421	271004	296481	79135
73247	7280	2709	1788	82120	12521	129554	135299	40157
42089	2297	1193	1098	46061	7199	77172	70875	26999
455694	27241	12488	20375	471018	76577	703879	487150	194059
4364	1664	1133	478	5550	1509	10629	6616	4303
37570	2728	1436	907	39440	5425	61985	34499	17937
127596	7720	1911	2136	137836	21961	193175	111505	46814
144800	8272	2446	5631	147904	29453	219091	150777	57133
105828	4894	4708	9776	103560	13271	159811	127351	48629
7890	424	393	924	7949	1103	15971	22528	7010
1296	12		22	1286	202	2764	3618	1245
26350	1527	462	501	27492	3653	40454	30256	10988
12438	3875	2314	3876	12680	3587	33490	55680	18058
168	9	9	…	177	49	315	259	129
80	55	12	8	128		187	333	53
-4940	1483	820	3345	-6801	389	-1880	21074	4086
7032	1013	556	89	8085	1108	12945	9839	4023
9315	947	862	408	9968	1853	19090	18339	8354
783	367	55	26	1124	187	2834	5836	1414
274063	20092	5944	11177	286705	57783	484253	353508	166482
13573	2550	805	710	15480	2619	23679	22592	6879
96455	7360	3687	7576	98573	19923	186830	171681	76733

1-B-5 续表 67

行业	管理费用	#税金	财务费用	#利息支出	投资收益
弹簧制造	19802	640	6768	5944	708
机械零部件加工	32706	1412	11277	10780	-28
其他通用零部件制造	123666	4376	51167	50030	6576
其他通用设备制造业	12446	765	3888	3813	41
其他通用设备制造业	12446	765	3888	3813	41
专用设备制造业	1115004	36883	264350	274957	46186
采矿、冶金、建筑专用设备制造	90457	3385	32338	30477	720
矿山机械制造	22671	1024	7540	7285	239
石油钻采专用设备制造	15355	347	5396	5394	2
建筑工程用机械制造	22153	1048	9218	8708	43
海洋工程专用设备制造	6880	530	5401	3805	
建筑材料生产专用机械制造	11227	318	2791	3216	441
冶金专用设备制造	12171	119	1991	2068	-5
化工、木材、非金属加工专用设备制造	391772	10945	79136	89920	27489
炼油、化工生产专用设备制造	34846	920	10359	10391	985
橡胶加工专用设备制造	5975	166	301	468	
塑料加工专用设备制造	138525	3945	13155	20532	14237
木材加工机械制造	1458	181	761	742	
模具制造	208265	5673	53668	56871	12267
其他非金属加工专用设备制造	2704	60	892	915	
食品、饮料、烟草及饲料生产专用设备制造	22599	650	7180	6825	38
食品、酒、饮料及茶生产专用设备制造	17130	472	5702	5345	9
农副食品加工专用设备制造	1372	152	599	601	30
烟草生产专用设备制造	2215	1	295	302	
饲料生产专用设备制造	1883	25	584	577	
印刷、制药、日化及日用品生产专用设备制造	58824	2088	6033	7136	125
制浆和造纸专用设备制造	4636	111	-348	847	
印刷专用设备制造	20313	725	2324	2268	24
日用化工专用设备制造	339		61	61	
制药专用设备制造	24393	1086	2252	2390	122

单位：万元

营业利润	营业外收入	#补贴收入	营业外支出	利润总额	应交所得税	利税总额	应付工资总额	本年应交增值税
18957	914	633	1088	19534	3372	32407	23218	11392
38802	1756	496	724	40114	8066	60207	45790	15507
106277	7511	324	1080	113004	23802	181130	90227	55971
7961	1464	570	1220	8217	1839	15790	17357	6607
7961	1464	570	1220	8217	1839	15790	17357	6607
1003493	101667	35748	32698	1090740	161391	1619875	1164119	446032
59139	5296	2736	2158	63718	12016	106335	88268	36761
13332	1476	578	295	14796	2655	27895	19780	11558
8316	1184	308	362	9151	898	15237	17652	5183
29200	744	992	670	30015	5753	41859	26852	9886
-3562	141		155	-3577	32	-2386	4507	1036
5517	758	512	331	6392	1252	12251	10768	5141
6336	993	346	344	6940	1427	11479	8709	3957
378411	34286	13646	13167	406590	64862	608665	423815	170689
19939	2478	1361	1084	21850	4910	46018	35933	20788
3538	613	136	260	3918	839	7187	8969	2769
181515	13869	3653	2682	194878	30710	257365	121875	53056
2035	636		887	1784	75	3053	2481	822
170505	16604	8447	8240	183210	28313	293585	251945	92817
879	85	50	14	950	16	1457	2613	438
14435	614	598	518	14946	1958	25758	24009	8611
9766	415	577	345	10221	1441	18989	18497	6887
1341	111		26	1456	163	1901	1832	373
1350	67		74	1343	270	2284	1972	794
1978	21	21	74	1926	83	2584	1708	557
39432	2512	1204	969	41487	6920	66215	57361	21259
2952	85	22	104	2943	185	4697	3567	1506
14643	803	632	410	15531	2010	25905	20393	8872
499				499		756	378	239
18632	1358	471	356	19645	4372	28384	23689	7549

1-B-5 续表 68

行　　业	管理费用	#税　金	财务费用	#利息支出	投资收益
照明器具生产专用设备制造	3674	87	820	729	
玻璃、陶瓷和搪瓷制品生产专用设备制造	1129	23	80	50	
其他日用品生产专用设备制造	4341	56	845	792	-20
纺织、服装和皮革加工专用设备制造	173265	6859	52535	51570	4300
纺织专用设备制造	79606	2789	23056	23376	3153
皮革、毛皮及其制品加工专用设备制造	3805	94	405	503	377
缝制机械制造	89777	3976	29074	27692	771
洗涤机械制造	78	1	1		
电子和电工机械专用设备制造	27910	709	5235	4870	4962
电工机械专用设备制造	15186	391	3675	3726	4637
电子工业专用设备制造	12724	318	1561	1145	326
农、林、牧、渔专用机械制造	86692	3310	23410	22142	2084
拖拉机制造	22432	1288	4517	4985	
机械化农业及园艺机具制造	54087	1780	16461	14778	2054
营林及木竹采伐机械制造	362	24	295	302	
畜牧机械制造	701	3	134	63	
渔业机械制造	381	29	79	209	30
农林牧渔机械配件制造	5959	160	1243	1127	
棉花加工机械制造	662	4	17	16	
其他农、林、牧、渔业机械制造	2109	23	666	663	
医疗仪器设备及器械制造	89032	2771	9225	10978	5037
医疗诊断、监护及治疗设备制造	22014	760	1646	1789	2449
口腔科用设备及器具制造	4183	115	562	387	600
医疗实验室及医用消毒设备和器具制造	2435	6	150	160	79
医疗、外科及兽医用器械制造	36135	1067	3961	4573	417
机械治疗及病房护理设备制造	6278	245	861	1968	1479
假肢、人工器官及植(介)入器械制造	2914	134	455	159	13
其他医疗设备及器械制造	15074	444	1591	1942	
环保、社会公共服务及其他专用设备制造	174452	6165	49257	51039	1430
环境保护专用设备制造	99618	3720	31194	33855	810

单位：万元

营业利润	营业外收入	#补贴收入	营业外支出	利润总额	应交所得税	利税总额	应付工资总额	本年应交增值税
805	239	40	19	1009	273	2741	4815	1501
-107	3	4	9	-109	30	492	1268	577
2008	25	35	71	1970	51	3241	3252	1016
170144	27856	4385	3493	197561	26756	296447	196886	82878
84770	8894	3238	1820	94093	13163	140768	77420	40688
576	154	10	44	1062	200	2853	4650	1520
84781	18807	1138	1630	102389	13390	152733	114662	40603
17				17	2	93	155	67
21816	1196	608	458	22340	2405	30560	21809	6786
22436	382	141	370	22447	2003	28304	10527	4784
-619	814	466	88	-107	402	2256	11281	2002
50338	7074	3736	1451	56445	8414	75155	87812	14374
8228	182	6	361	8050	1187	9205	15597	-59
37026	5879	3503	914	42303	6530	55756	59720	10914
734				734		1263	610	470
310	33		13	331	41	426	671	82
94	6		10	120	4	408	1219	253
2852	658	188	102	3531	476	6079	8240	2194
419	85		12	492	74	822	441	295
676	232	39	40	885	102	1197	1315	225
83623	7076	4103	5751	88833	13217	125168	115060	30769
14368	2588	1112	462	16603	2606	26063	23032	8207
1017	57	228	142	1760	316	2568	5268	515
-1162	...	151	6	-937		-895	1872	-21
38288	2518	1153	1921	39718	4798	54370	56835	12174
8189	284	143	180	9900	1248	14084	6680	3655
4162	742	999	244	4930	749	5445	6807	400
18761	888	317	2796	16860	3501	23533	14567	5839
186154	15757	4733	4735	198821	24843	285572	149099	73905
119057	9522	2215	3710	125735	16737	177005	73435	43468

1-B-5 续表 69

行　　业	管理费用	#税　金	财务费用	#利息支出	投资收益
地质勘查专用设备制造	3842	8	289	289	
邮政专用机械及器材制造	252		219	211	
商业、饮食、服务专用设备制造	1322	47	64	23	
社会公共安全设备及器材制造	43279	1419	12052	11717	488
交通安全、管制及类似专用设备制造	2518	215	590	581	
水资源专用机械制造	4826	288	1335	1245	3
其他专用设备制造	18797	468	3516	3119	129
汽车制造业	1550955	66277	355634	491746	116534
汽车整车制造	296789	24964	43113	50527	17496
汽车整车制造	296789	24964	43113	50527	17496
改装汽车制造	13210	652	3195	3505	…
改装汽车制造	13210	652	3195	3505	…
低速载货汽车制造	1126	47	869	695	730
低速载货汽车制造	1126	47	869	695	730
汽车车身、挂车制造	2955	119	458	473	-3
汽车车身、挂车制造	2955	119	458	473	-3
汽车零部件及配件制造	1236875	40494	307999	436546	98311
汽车零部件及配件制造	1236875	40494	307999	436546	98311
铁路、船舶、航空航天和其他运输设备制造业	487736	23966	248355	264350	6164
铁路运输设备制造	9722	200	2604	3915	1794
铁路机车车辆配件制造	6173	190	1374	2750	1783
铁路专用设备及器材、配件制造	3548	10	1230	1166	11
船舶及相关装置制造	263177	14848	156036	170721	802
金属船舶制造	232677	13604	135074	149366	571
娱乐船和运动船制造	4416	227	845	794	
船用配套设备制造	22279	883	14378	14819	105
船舶改装与拆除	3804	134	5740	5743	127
航空、航天器及设备制造	6297	139	1136	890	13
飞机制造	1197	18	31	35	13
航空、航天相关设备制造	3630	116	1020	769	
其他航空航天器制造	1470	6	84	85	

单位：万元

营业利润	营业外收入	#补贴收入	营业外支出	利润总额	应交所得税	利税总额	应付工资总额	本年应交增值税
486	1821	8	65	2242	167	3633	2132	1133
192	5	5	77	120		278	437	133
797	9		12	794	190	1236	1471	382
51669	2603	1311	639	54168	5381	78016	48926	20924
1431	6	1	11	1427	365	2421	2918	624
1423	161	137	48	1558	234	3265	4736	1320
11100	1631	1056	172	12778	1770	19719	15044	5922
1505523	219588	131861	86120	1655056	226018	2506042	1652118	674885
137516	91619	55073	8445	220778	47830	433089	205395	136529
137516	91619	55073	8445	220778	47830	433089	205395	136529
-3534	390	116	433	-3564	84	...	11141	1276
-3534	390	116	433	-3564	84	...	11141	1276
-1365	38		60	-658		-621	759	33
-1365	38		60	-658		-621	759	33
975	798	3	59	1714	1	2343	2461	370
975	798	3	59	1714	1	2343	2461	370
1371932	126744	76669	77122	1436786	178102	2071230	1432362	536679
1371932	126744	76669	77122	1436786	178102	2071230	1432362	536679
186064	40194	10177	18257	209676	38569	417707	532182	135374
13569	1124	146	126	14593	1800	20793	8412	5394
9677	894	39	72	10499	1363	14267	5340	3377
3892	231	107	54	4094	437	6525	3072	2017
-23481	25817	5525	10088	-7096	14202	48178	211043	16270
-38485	23983	4883	9199	-23191	11260	20822	182214	8242
1579	111	39	17	1668	251	2620	4965	657
11938	1595	603	407	13151	2685	22448	21514	7868
1488	128		465	1277	6	2288	2350	-497
2660	550	216	95	3128	1081	5014	4168	1616
1128	86	7	88	1140	279	1824	1773	584
986	272	209	7	1251	617	2100	1318	765
547	191		1	737	184	1089	1076	268

1-B-5 续表 70

行　业	管理费用	#税　金	财务费用	#利息支出	投资收益
摩托车制造	116796	4560	49605	50064	2944
摩托车整车制造	47540	1991	13138	12618	1206
摩托车零部件及配件制造	69256	2569	36467	37447	1738
自行车制造	86723	3986	36325	36440	611
脚踏自行车及残疾人座车制造	37750	2158	23032	22158	184
助动自行车制造	48973	1828	13294	14282	427
非公路休闲车及零配件制造	2529	196	1669	1485	
非公路休闲车及零配件制造	2529	196	1669	1485	
潜水救捞及其他未列明运输设备制造	2494	37	980	835	
潜水及水下救捞装备制造	445	6	255	239	
其他未列明运输设备制造	2049	31	725	597	
电气机械和器材制造业	3115398	115740	1025580	1056423	226699
电机制造	556420	17246	173925	157592	17809
发电机及发电机组制造	82482	2506	22910	20612	1979
电动机制造	192696	7208	72030	67689	4976
微电机及其他电机制造	281241	7533	78985	69291	10854
输配电及控制设备制造	997980	32801	317305	340048	106100
变压器、整流器和电感器制造	136955	5096	53970	53263	5559
电容器及其配套设备制造	10780	441	1811	1983	1
配电开关控制设备制造	487390	16033	133643	152601	87423
电力电子元器件制造	155180	3624	34724	36469	1488
光伏设备及元器件制造	146831	5270	76614	79655	9692
其他输配电及控制设备制造	60844	2337	16543	16078	1939
电线、电缆、光缆及电工器材制造	361015	17679	208994	216039	4903
电线、电缆制造	309307	14402	161542	167713	3391
光纤、光缆制造	32591	2648	40260	41343	2563
绝缘制品制造	11297	306	4425	4307	-1051
其他电工器材制造	7821	323	2766	2676	

单位：万元

营业利润	营业外收入	#补贴收入	营业外支出	利润总额	应交所得税	利税总额	应付工资总额	本年应交增值税
115763	8302	2872	5056	119870	10886	206638	173853	61582
39744	3637	952	2326	41100	2511	82658	52922	23500
76019	4665	1920	2730	78770	8375	123980	120932	38082
75959	4071	1317	2711	77430	10197	131259	127375	46912
20886	1166	667	1697	20455	2128	44518	65722	20525
55073	2905	649	1014	56975	8070	86740	61653	26387
1403	165	76	95	1474	312	3230	3714	1509
1403	165	76	95	1474	312	3230	3714	1509
191	165	26	88	276	91	2597	3618	2090
29	16	13	1	44	13	401	883	300
162	149	13	87	233	78	2196	2736	1790
2703373	261234	107637	132491	2879066	438500	4503409	3608291	1372928
509589	48539	16962	22919	547651	92117	815629	675179	217960
28849	4139	2077	2154	30834	5357	58425	70752	14214
259446	10512	6056	4701	269150	45590	381724	256547	94455
221294	33888	8829	16064	247667	41170	375480	347880	109291
899676	76749	40587	40886	952438	152153	1497469	1050538	475041
125496	9268	3643	6628	130236	19946	206531	119936	66000
11690	755	538	176	12269	2327	18435	9630	5240
589248	36207	9522	12167	623603	93113	911491	550971	251464
100465	6285	3107	10103	99650	21163	167865	189244	57842
37552	17902	22026	10862	46073	8855	128385	122959	75542
35227	6331	1752	951	40607	6748	64762	57799	18953
383853	23105	9403	14777	396868	52760	606409	345237	180397
334718	18530	8661	12891	343230	45028	514107	299322	146887
33092	3462	287	859	38458	5646	64517	27294	22295
5348	463	241	749	4111	1227	8504	10462	3655
10696	651	214	279	11069	859	19282	8160	7560

1-B-5 续表 71

行　　业	管理费用	#税　金	财务费用	#利息支出	投资收益
电池制造	197458	10012	61765	63095	46430
锂离子电池制造	33345	993	10487	10078	366
镍氢电池制造	8381	495	3208	3127	238
其他电池制造	155732	8524	48069	49890	45827
家用电力器具制造	648166	24996	160692	180578	36869
家用制冷电器具制造	55410	3872	14388	19330	1124
家用空气调节器制造	83309	2713	12985	25958	4284
家用通风电器具制造	67471	3175	15782	17488	844
家用厨房电器具制造	155324	5074	28962	31854	4632
家用清洁卫生电器具制造	110104	3980	30781	27709	16747
家用美容、保健电器具制造	33442	1136	8490	7394	510
家用电力器具专用配件制造	67163	2415	22105	25030	5903
其他家用电力器具制造	75943	2631	27200	25816	2826
非电力家用器具制造	36657	1455	11778	10513	86
燃气、太阳能及类似能源家用器具制造	23720	821	7735	7220	83
其他非电力家用器具制造	12937	635	4043	3293	3
照明器具制造	303319	11370	88529	86263	14493
电光源制造	104339	3113	21893	21454	1851
照明灯具制造	176586	7533	58424	56960	12482
灯用电器附件及其他照明器具制造	22393	725	8212	7849	160
其他电气机械及器材制造	14384	180	2592	2295	9
电气信号设备装置制造	8149	109	1434	1295	5
其他未列明电气机械及器材制造	6235	71	1158	1000	4
计算机、通信和其他电子设备制造业	1764993	54477	244828	293149	151666
计算机制造	69326	2756	2510	4949	1553
计算机整机制造	15008	51	-1070		220
计算机零部件制造	20646	1704	1454	1486	52
计算机外围设备制造	21882	873	2441	2178	1244
其他计算机制造	11790	128	-316	1285	37
通信设备制造	598680	6801	4839	31377	34888
通信系统设备制造	460063	4424	3542	19403	22560
通信终端设备制造	138617	2377	1297	11974	12328

单位：万元

营业利润	营业外收入	#补贴收入	营业外支出	利润总额	应交所得税	利税总额	应付工资总额	本年应交增值税
193376	28833	15185	7937	216342	23052	303493	194457	60089
14956	3555	2365	1168	18157	2417	25337	32300	-2070
-1677	1298	330	320	-477	979	3383	11114	-314
180097	23980	12490	6449	198663	19656	274773	151043	62473
501024	57643	16420	30472	536024	79875	864230	842780	280920
39949	3353	839	2727	41612	7419	67214	70573	22197
18996	21830	2488	5788	35844	2959	60507	95163	21159
66608	2536	2902	2600	69428	12761	114864	66228	39987
196449	8414	3490	6555	198574	29913	298196	200834	86216
86331	7786	771	4181	91284	9906	139149	125319	37969
11207	1476	715	1417	11637	2484	23300	54638	9510
44687	7922	3005	4507	48201	8180	78346	97576	25737
36797	4325	2211	2697	39444	6254	82654	132449	38147
32996	2299	971	1227	34320	6257	55789	45166	18504
17981	1642	824	978	18789	2823	30065	22921	9914
15015	657	146	250	15530	3434	25724	22245	8590
182829	23488	7885	12930	196031	31810	357507	441947	137169
61772	7142	3000	3783	66371	11748	132153	176293	57068
111130	15690	4723	7885	120093	17871	205531	230444	72221
9927	656	161	1262	9567	2191	19823	35209	7879
30	577	226	1343	-608	476	2883	12988	2848
1318	396	117	1275	533	215	2861	7998	1901
-1288	181	109	68	-1141	261	22	4991	947
2027177	335915	80645	56883	2327306	222740	3062458	1949057	603953
31968	9246	3026	3090	38434	8866	60187	81866	19665
15764	704	86	787	15901	3840	16334	10236	414
2249	1376	244	1370	2257	655	3821	25041	1308
3560	5674	1999	662	8659	2222	13850	31701	4119
10396	1492	698	271	11616	2149	26181	14888	13824
979381	219133	34550	8154	1194633	60846	1471333	472866	229631
957500	117043	31100	3003	1074037	51111	1315136	341968	200524
21881	102090	3449	5151	120596	9735	156197	130898	29107

1-B-5 续表 72

行 业	管理费用	#税 金	财务费用	#利息支出	投资收益
广播电视设备制造	108154	2354	29477	25432	573
广播电视节目制作及发射设备制造	9347	273	2594	2933	489
广播电视接收设备及器材制造	41119	1464	13639	10460	-75
应用电视设备及其他广播电视设备制造	57688	617	13245	12040	159
雷达及配套设备制造	589	40	1199	3803	
雷达及配套设备制造	589	40	1199	3803	
视听设备制造	99500	3560	42539	41900	4630
电视机制造	37728	1286	23612	25847	1766
音响设备制造	40633	1975	6724	4840	2856
影视录放设备制造	21140	299	12204	11213	9
电子器件制造	347945	13768	32718	49390	34763
电子真空器件制造	4231	24	374	450	462
半导体分立器件制造	51202	1437	6559	8557	-195
集成电路制造	76086	1996	11647	13551	23827
光电子器件及其他电子器件制造	216425	10311	14138	26832	10669
电子元件制造	489127	24145	123610	124061	71809
电子元件及组件制造	458452	22642	113002	113837	71653
印制电路板制造	30674	1503	10608	10224	156
其他电子设备制造	51674	1053	7936	12239	3451
其他电子设备制造	51674	1053	7936	12239	3451
仪器仪表制造业	617079	14374	85707	95884	16743
通用仪器仪表制造	412452	8862	50008	56238	11511
工业自动控制系统装置制造	176997	3557	11333	17013	2736
电工仪器仪表制造	107812	2580	11131	13599	5681
绘图、计算及测量仪器制造	16515	940	6517	5574	57
实验分析仪器制造	10637	176	1107	683	49
试验机制造	4951	122	666	661	
供应用仪表及其他通用仪器制造	95540	1486	19255	18709	2987

单位：万元

营业利润	营业外收入	#补贴收入	营业外支出	利润总额	应交所得税	利税总额	应付工资总额	本年应交增值税
124395	10984	4515	5852	129735	16672	176455	99057	38497
5338	892	499	932	5298	827	7594	5118	1929
41794	7189	1949	2587	46596	4873	66536	56224	16707
77263	2903	2066	2333	77841	10972	102325	37714	19861
8202	…	…	214	7989	1198	7994	651	5
8202	…	…	214	7989	1198	7994	651	5
82603	8489	3741	5256	86166	12930	128214	100384	33435
31696	5076	1625	1198	35752	6512	51790	32779	12258
20055	2952	2010	2722	20385	2220	33903	59586	10139
30852	461	107	1336	30030	4198	42521	8019	11038
295085	38139	17436	16484	319402	51407	399818	496808	55735
569	200		66	703	109	2533	2850	1639
21991	4587	1476	8922	17706	4577	31237	46123	11037
44696	12984	4762	1317	56419	6419	71411	85502	12381
227829	20369	11198	6179	244574	40302	294637	362333	30679
460482	45373	15296	14924	500039	62592	749024	634618	211695
437633	43996	14993	13845	476734	58342	711107	590338	199952
22849	1377	303	1079	23305	4250	37917	44280	11744
45061	4551	2080	2910	50909	8228	69434	62807	15293
45061	4551	2080	2910	50909	8228	69434	62807	15293
564301	70334	36036	14434	628242	96690	916537	648585	248235
399848	57049	28760	7163	454938	69107	656394	405600	175151
163854	26349	14003	1708	190907	27789	264057	160847	62914
159713	12179	5578	2223	170206	26310	233484	102398	55710
7073	820	579	395	7665	1517	18635	23399	9228
3375	1174	695	114	4507	505	8720	10637	3600
1941	230	102	17	2154	277	3549	3809	1227
63893	16298	7803	2706	79500	12711	127950	104510	42472

1-B-5 续表 73

行 业	管理费用	#税 金	财务费用	#利息支出	投资收益
专用仪器仪表制造	123272	2759	17990	18614	4938
环境监测专用仪器仪表制造	9531	86	1603	1498	
运输设备及生产用计数仪表制造	70418	1561	10343	11003	4019
导航、气象及海洋专用仪器制造	3958	77	974	984	96
农林牧渔专用仪器仪表制造	107	36	20	20	
地质勘探和地震专用仪器制造	1528	21	171	174	1
教学专用仪器制造	15835	726	2699	2635	16
电子测量仪器制造	13844	148	1682	1780	805
其他专用仪器制造	8053	104	499	520	2
钟表与计时仪器制造	11518	305	2332	5155	-1272
钟表与计时仪器制造	11518	305	2332	5155	-1272
光学仪器及眼镜制造	64274	2370	13950	14523	1576
光学仪器制造	35047	929	2123	2756	1210
眼镜制造	29227	1441	11827	11767	366
其他仪器仪表制造业	5563	78	1427	1354	-10
其他仪器仪表制造业	5563	78	1427	1354	-10
其他制造业	156596	8367	49367	56739	4018
日用杂品制造	134020	6726	33067	40121	3918
鬃毛加工、制刷及清扫工具制造	15487	560	4623	4119	7
其他日用杂品制造	118533	6166	28444	36002	3910
煤制品制造	4868	923	11251	11332	
煤制品制造	4868	923	11251	11332	
其他未列明制造业	17708	718	5048	5287	100
其他未列明制造业	17708	718	5048	5287	100
废弃资源综合利用业	52383	2882	9715	34029	466
金属废料和碎屑加工处理	43829	2515	5694	30128	-708
金属废料和碎屑加工处理	43829	2515	5694	30128	-708
非金属废料和碎屑加工处理	8554	368	4022	3901	1173
非金属废料和碎屑加工处理	8554	368	4022	3901	1173
金属制品、机械和设备修理业	46179	1850	14682	13496	749
通用设备修理	1037	28	57	57	
通用设备修理	1037	28	57	57	

单位：万元

营业利润	营业外收入	#补贴收入	营业外支出	利润总额	应交所得税	利税总额	应付工资总额	本年应交增值税
102104	8364	4335	5295	108413	15627	164000	118567	48576
8222	1311	288	188	9450	1136	12209	7529	2431
57752	3204	2327	3933	59800	9914	90671	76561	27555
3021	374	120	149	3248	26	5597	3777	1506
56			…	55	18	121	82	60
3163	31		4	3190	18	4088	1119	794
12325	821	333	722	12691	1734	21261	15280	7409
9982	1224	708	181	11113	1586	17279	7746	5445
7583	1400	559	118	8866	1196	12774	6473	3377
4682	285	15	145	3565	577	7716	14628	3196
4682	285	15	145	3565	577	7716	14628	3196
58281	4556	2916	1631	62061	11197	87421	101394	19834
41500	3023	2022	1198	43811	6044	53576	41141	7681
16782	1533	894	433	18251	5152	33844	60253	12153
-615	80	10	200	-735	182	1006	8398	1478
-615	80	10	200	-735	182	1006	8398	1478
169640	10315	1940	6620	173494	26906	274925	283935	63410
153407	8501	1516	5772	156200	23920	247561	251974	77375
7025	1113	365	1117	7090	1006	13558	21607	5129
146382	7388	1151	4655	149109	22914	234003	230366	72246
4907	383	278	334	4956	783	6885	9670	-20796
4907	383	278	334	4956	783	6885	9670	-20796
11326	1431	146	514	12339	2203	20480	22292	6830
11326	1431	146	514	12339	2203	20480	22292	6830
23775	19234	5843	2825	45134	3756	127832	72406	68812
4998	13052	1199	2501	20501	294	94607	62644	61572
4998	13052	1199	2501	20501	294	94607	62644	61572
18776	6181	4644	324	24633	3463	33225	9762	7240
18776	6181	4644	324	24633	3463	33225	9762	7240
5794	912	261	2270	5237	3011	28328	99688	18689
192	9	5	8	199	51	799	1571	539
192	9	5	8	199	51	799	1571	539

1-B-5 续表 74

行　业	管理费用	#税　金	财务费用	#利息支出	投资收益
专用设备修理	710	2	79	78	...
专用设备修理	710	2	79	78	...
铁路、船舶、航空航天等运输设备修理	41507	1792	14266	13084	767
船舶修理	41507	1792	14266	13084	767
电气设备修理	1731	7	242	238	-18
电气设备修理	1731	7	242	238	-18
其他机械和设备修理业	1194	21	40	39	
其他机械和设备修理业	1194	21	40	39	
电力、热力、燃气及水生产和供应业	**1116596**	**70547**	**995115**	**1057099**	**72830**
电力、热力生产和供应业	894035	57067	871638	903505	56718
电力生产	358953	35473	567454	596502	51705
火力发电	264411	27036	379572	397513	12666
水力发电	30866	829	69876	72769	588
核力发电	54109	6559	98091	108645	22810
风力发电	1304	101	9344	9363	697
其他电力生产	8263	949	10571	8213	14945
电力供应	507778	19447	276199	275029	4662
电力供应	507778	19447	276199	275029	4662
热力生产和供应	27304	2147	27985	31974	351
热力生产和供应	27304	2147	27985	31974	351
燃气生产和供应业	57530	2786	21822	22815	3329
燃气生产和供应业	57530	2786	21822	22815	3329
燃气生产和供应业	57530	2786	21822	22815	3329
水的生产和供应业	165031	10694	101655	130779	12783
自来水生产和供应	138318	7803	77699	98884	12445
自来水生产和供应	138318	7803	77699	98884	12445
污水处理及其再生利用	26713	2890	23956	31895	338
污水处理及其再生利用	26713	2890	23956	31895	338

单位：万元

营业利润	营业外收入	#补贴收入	营业外支出	利润总额	应交所得税	利税总额	应付工资总额	本年应交增值税
22	170	170	4	187		460	542	240
22	170	170	4	187		460	542	240
1578	712	84	2215	870	2004	20646	91035	16063
1578	712	84	2215	870	2004	20646	91035	16063
3172	4	2	23	3153	749	4879	5173	1248
3172	4	2	23	3153	749	4879	5173	1248
830	18		20	828	207	1544	1368	599
830	18		20	828	207	1544	1368	599
3160391	**316452**	**181724**	**168837**	**3316458**	**662356**	**5428364**	**1217389**	**1852669**
3011185	256358	151207	155156	3116743	615008	5113078	991448	1754546
2283647	210217	147198	65985	2431967	440761	3377930	436331	810446
1841414	64177	23066	58963	1850503	354315	2514201	363085	559961
158551	1994	115	2666	157933	29282	223164	52947	57118
241829	129463	114912	3891	367401	53903	574349	9148	188210
15334	2862	1715	51	18303	1660	22871	1945	349
26519	11722	7390	414	37827	1601	43345	9207	4808
656807	39963	1811	86612	610158	158318	1639397	523009	925583
656807	39963	1811	86612	610158	158318	1639397	523009	925583
70730	6179	2198	2560	74617	15929	95752	32108	18518
70730	6179	2198	2560	74617	15929	95752	32108	18518
160160	3385	580	4466	159147	20569	210291	46867	42239
160160	3385	580	4466	159147	20569	210291	46867	42239
160160	3385	580	4466	159147	20569	210291	46867	42239
-10954	56709	29937	9216	40569	26779	104995	179074	55884
-10204	45990	25880	7017	32542	24515	96282	152386	55446
-10204	45990	25880	7017	32542	24515	96282	152386	55446
-750	10720	4057	2198	8027	2263	8713	26688	438
-750	10720	4057	2198	8027	2263	8713	26688	438

1-B-6 按地区分组的规模以上

地　区	资产总计	流动资产合　计	#应收账款	#存　货	#产成品
全　省	**604215540**	**350449721**	**90156701**	**77896532**	**30781540**
杭州市	**125461056**	**76082555**	**19433693**	**16624254**	**6356447**
上城区	3579892	2334387	298397	1210707	87038
下城区	1004103	677360	289718	173808	58731
江干区	14525686	9402158	2858153	1909842	852272
拱墅区	5615377	3242776	531518	550841	194670
西湖区	2524134	1583972	472226	358041	147776
滨江区	10976981	7461222	2305356	1592770	474190
萧山区	44903922	25475768	5200264	5544090	2309888
余杭区	14794251	9357516	2645859	2002009	882841
桐庐县	3404893	1961446	558479	529681	148024
淳安县	1162007	582019	167680	132586	66403
建德市	3593323	1790841	444362	333104	140194
富阳市	13101264	8270308	2191789	1502158	670406
临安市	6275225	3942785	1469892	784617	324015
宁波市	**113419279**	**68688615**	**17938756**	**15900345**	**5866852**
海曙区	999224	574111	165421	88877	39948
江东区	2920297	1686211	282161	742292	81152
江北区	4288936	2641499	777154	683444	233150
北仑区	26095341	14326696	4475843	3226121	980984
镇海区	13870703	7787160	1522768	2373892	713885
鄞州区	20239826	13053721	3543738	2744333	1351458
象山县	6124571	3476454	985333	831012	298791
宁海县	6400393	3483982	899526	744712	292525
余姚市	11956878	8198005	1900098	1484346	600660
慈溪市	16707810	10981768	2733181	2457961	1058746
奉化市	3815300	2479009	653534	523355	215553
温州市	**45383699**	**27718944**	**9501911**	**4833393**	**2156139**
鹿城区	3648652	1628106	517750	275251	86594
龙湾区	7497624	4902898	1430952	963200	433599
瓯海区	3795185	2382600	722484	401201	174496
洞头县	280644	177925	100337	24467	10441
永嘉县	4243717	2602962	894759	481167	219106
平阳县	2018727	1142382	334394	274018	122254
苍南县	2896789	1717838	541236	286563	125557

工业法人单位财务状况

单位：万元

固定资产合计	固定资产原价	累计折旧	#本年折旧	在建工程(个)	负债合计	流动负债合计	#应付账款	所有者权益合计
161461070	**244411459**	**97967762**	**16400609**	**23297680**	**362244597**	**316218613**	**68727001**	**240877591**
27737942	**42681500**	**17877328**	**2853525**	**4012805**	**72324251**	**63384093**	**14172338**	**53001577**
722588	1310390	727719	72751	175610	851800	741729	340142	2727265
100922	217845	117561	16334	17115	414377	403736	118890	590334
3477184	5714525	2633605	412261	307982	8030980	7209335	2575017	6494700
1309755	2602643	1317086	123439	82521	3447885	2858342	448305	2168370
564880	775980	239018	39999	69810	1407594	1236066	345789	1116537
1371247	2103882	840616	134014	392826	4551440	3865340	1406683	6406908
9875621	15401540	6423431	1052629	1294334	27887917	24103741	4029033	16920566
3608929	5249147	1994460	352102	508806	9030618	8282388	2128039	5768776
932394	1347807	508333	91381	97779	2027195	1700792	372962	1377238
374112	599355	253541	51394	31744	553902	467320	97299	605272
1075757	1581466	623005	100963	209309	1956071	1726766	322474	1636626
3010689	3765593	1416829	273608	707195	8675291	7557503	1042420	4401984
1313864	2011327	782123	132651	117774	3489182	3231038	945287	2787002
31430838	**49176608**	**20380419**	**3046092**	**3428256**	**69381173**	**63460302**	**16530792**	**43967216**
220763	272839	64054	15490	63228	536874	440882	74272	462042
700202	1272099	575968	76003	120758	1178419	977363	293418	1741890
990441	1422336	499086	91172	106996	2535524	2311435	626557	1748705
9097025	15380405	6829649	875638	1181163	13717703	12533494	4525439	12341782
5099636	7783595	3400066	483834	378937	8630204	7764611	2472517	5244035
3958632	6438811	2702063	416577	368378	11972642	11102426	2834802	8227091
1886380	2651738	959901	145160	241638	3960498	3288663	756778	2212780
2252727	3218900	1112252	176016	160173	4136108	3674260	818314	2253058
2695659	3984787	1554556	268100	277624	8476867	7910045	1423218	3474042
3504954	5201243	2059284	396708	456448	11491910	10769159	2029970	5191126
1024418	1549856	623540	101395	72911	2744423	2687966	675506	1070666
9670626	**14753906**	**5962525**	**971340**	**1228821**	**26379239**	**23981797**	**4330946**	**18869912**
1022630	1384973	437007	62843	141705	1931848	1664960	287197	1702441
1592876	2533938	1087948	175246	183513	4720705	4559239	786936	2775369
840831	1172098	379223	62916	84505	2067691	1935145	337136	1709277
65050	105853	44919	7530	12693	195195	193988	22734	85448
976532	1337174	457511	71722	69777	2019092	1815556	389557	2223903
601530	766981	261108	58417	118222	1156376	1105612	194856	860741
710140	1100569	450754	79628	95648	1961358	1856636	207824	931742

1-B-6 续表 1

地　　区	资产总计	流动资产合　　计	#应收账款	#存　货	#产成品
文成县	164740	86686	25717	27687	20760
泰顺县	172023	80056	13080	18247	10269
瑞安市	7226280	4583435	1403610	947130	447476
乐清市	13439318	8414058	3517591	1134462	505588
嘉兴市	**68872325**	**35687170**	**10023920**	**8987822**	**3444620**
南湖区	6433793	3842317	1148339	1041277	432160
秀洲区	7811993	4255674	1433506	1159132	508646
嘉善县	7149893	4257825	1531933	1024058	411696
海盐县	10867534	3676475	783447	1171514	246248
海宁市	12988872	7484638	2256374	1788570	775892
平湖市	12739110	6625430	1462386	1368925	494708
桐乡市	10881131	5544812	1407937	1434345	575269
湖州市	**28356346**	**16263050**	**4876758**	**3901250**	**1697062**
吴兴区	6877090	4185004	1103323	1108473	449382
南浔区	4720581	2990676	884209	725051	347525
德清县	5617756	3219450	1011919	802828	370149
长兴县	7808124	3993390	1289044	868771	381169
安吉县	3332794	1874531	588263	396127	148837
绍兴市	**81033743**	**49724850**	**10621149**	**10450589**	**4792378**
越城区	11273942	6613829	1244894	1530393	620084
绍兴县	26838605	16282601	2888468	3229452	1627392
新昌县	6070430	4047405	757946	612595	280671
诸暨市	18512634	11550545	2895648	2619742	1145556
上虞市	13972454	8488543	2097472	1846004	902961
嵊州市	4365678	2741928	736721	612402	215714
金华市	**43755734**	**27107746**	**5921113**	**5390154**	**2126549**
婺城区	6604093	4141457	946683	977325	300136
金东区	1641354	1059740	263825	223952	95420
武义县	4204191	2688597	581912	549604	198150
浦江县	2695018	1680293	497064	348502	150569
磐安县	750640	467359	153896	83756	40479
兰溪市	6061961	3191841	633151	857033	373893
义乌市	8444372	5005891	1045300	920507	434936
东阳市	4254302	2503236	669301	540026	213756
永康市	9099804	6369332	1129980	889449	319210

单位：万元

固定资产合计	固定资产原价	累计折旧	#本年折旧	在建工程(个)	负债合计	流动负债合计	#应付账款	所有者权益合计
60450	103901	46240	6678	8659	93210	87587	15636	70550
75399	118000	49497	8831	10132	109484	95046	21031	62539
1477198	2405949	1069903	193115	176596	4510782	4123204	559294	2698653
2247989	3724471	1678416	244414	327371	7613497	6544825	1508746	5749250
23633692	**34382682**	**13323778**	**2299608**	**4041982**	**40426830**	**33461293**	**7694332**	**28386887**
1978822	2867048	1030566	184560	186959	3598029	3421009	1025707	2836002
2686395	4222256	1699062	286483	225348	4206601	3732917	855581	3604158
2128908	2906292	1091111	203365	250318	3773451	3545419	987378	3371619
4518093	6602294	3156846	429457	1967842	7035100	3617460	642306	3831221
3769042	5513382	1959699	405486	575130	7934511	7418841	1602869	5036305
4835948	7165518	2597290	436701	483402	7552228	6195923	1551725	5153670
3716482	5105893	1789204	353557	352982	6326910	5529725	1028766	4553912
7955795	**11479384**	**4166766**	**748368**	**1193824**	**16538370**	**14607606**	**3142773**	**11794761**
1735219	2482175	907481	154851	215394	3882491	3551859	644728	2999475
1086778	1492930	516745	104196	154337	2867194	2612752	504900	1853170
1561543	2257004	847376	164968	178713	3033066	2707324	643449	2595798
2497990	3463519	1104321	216473	534866	4679010	3878170	892092	3115149
1074265	1783756	790844	107880	110513	2076609	1857501	457605	1231170
19262126	**28711958**	**11676814**	**2020424**	**2398202**	**48144198**	**40929887**	**7099311**	**32492984**
3228893	4727990	2017959	300631	515424	6864421	5982808	1124646	4388685
7031973	11192828	4735465	856327	457620	17787406	14316634	2139016	8727629
1001975	1587704	645997	125294	149250	3043700	2470148	569987	3027833
3478224	5008224	1914455	316968	450173	10072874	9034583	1555568	8385883
3603466	4801113	1788671	330130	658011	7234282	6230941	1250788	6736607
917595	1394101	574266	91075	167725	3141515	2894774	459306	1226347
10772721	**15295717**	**5527746**	**1168529**	**1309721**	**27675167**	**25479441**	**3950274**	**15921071**
1244882	1919700	754968	136992	228293	4218677	3995557	932274	2366512
416972	561760	189655	36446	49423	1109975	1019105	169955	523122
946429	1263207	419176	105085	110671	3041864	2883840	345662	1173624
686705	902731	265058	66094	47852	1516105	1368874	149178	1159181
174230	229018	74908	15315	30985	487106	477384	84624	263256
1957242	2923470	1132125	239823	178290	3852910	3254566	617526	2205937
2488995	3338757	1074745	242329	233366	5064393	4553651	611880	3303604
1208436	1790022	691668	140629	141728	2603683	2372267	445754	1630801
1648830	2367051	925443	185816	289112	5780455	5554198	593423	3295036

1-B-6 续表 2

地　区	资产总计	流动资产合　计	#应收账款	#存　货	#产成品
衢州市	**14771034**	**7787751**	**1882927**	**2124269**	**805960**
柯城区	5457703	2791736	341831	781645	181942
衢江区	2188680	1226386	308679	363255	160796
常山县	880065	396814	102231	130431	66764
开化县	1248551	877968	443114	220235	129163
龙游县	2356262	1169502	287014	354411	160453
江山市	2639774	1325346	400058	274293	106842
舟山市	**17036182**	**8733534**	**1820157**	**2454090**	**594248**
定海区	6638576	3433241	756230	860073	310676
普陀区	4774167	2033427	318081	592871	200775
岱山县	5536261	3236784	739580	990322	72747
嵊泗县	87178	30082	6266	10825	10049
台州市	**38823981**	**22918366**	**6441297**	**5499685**	**2152193**
椒江区	6492121	3550594	872977	832805	362108
黄岩区	4147362	2443095	705045	509765	212495
路桥区	4683738	3190597	792396	797341	348600
玉环县	6593624	3696336	1150997	887767	269778
三门县	1649724	973312	289703	260761	117038
天台县	2012627	1119642	374377	240794	101371
仙居县	1170727	636798	178278	190130	77964
温岭市	5483132	3354068	1216841	808926	302271
临海市	6590927	3953924	860684	971397	360568
丽水市	**12357931**	**7367484**	**1684409**	**1703466**	**789094**
莲都区	3686009	2547776	496205	495444	205733
青田县	2727594	1498879	328840	322876	158857
缙云县	2226510	1410376	409153	347349	156155
遂昌县	1187264	585751	77478	132593	71334
松阳县	786411	449122	108841	161471	83016
云和县	272065	115303	46419	22712	11482
庆元县	358189	164932	54385	49991	23760
景宁县	187246	73858	21536	17348	10108
龙泉市	926643	521486	141553	153683	68650

单位：万元

固定资产合计	固定资产原价	累计折旧	#本年折旧	在建工程(个)	负债合计	流动负债合计	#应付账款	所有者权益合计
4915062	**6925841**	**2447679**	**517668**	**764680**	**8844989**	**7565315**	**1648054**	**5915124**
1753390	2755057	1093290	200915	353808	3362466	2872113	665159	2095237
682863	902319	268167	74958	85649	1286654	1193764	283892	899163
359755	503014	176398	31405	64480	522216	452198	73491	358277
315795	397293	134728	26106	42322	746172	671272	191850	502229
934318	1149337	352415	93075	127178	1450211	1161806	196631	904993
868940	1218821	422682	91210	91245	1477270	1214162	237032	1155226
5056929	**6188824**	**1698141**	**318359**	**1597530**	**12506263**	**10641910**	**2612256**	**4527856**
2059873	2272099	673583	117154	765844	5149973	4601594	1047802	1486540
1476484	1994855	554773	100938	514831	3621316	2700756	662262	1152851
1467503	1859527	441599	96593	297903	3667400	3279343	892729	1868861
53070	62342	28187	3674	18952	67574	60216	9463	19604
9830957	**14896658**	**5845250**	**1038416**	**1156477**	**23546173**	**21576621**	**4215581**	**15233730**
1602909	2736909	1246370	171779	209832	3777783	3347709	589073	2711398
990599	1555108	660251	114557	149221	2587009	2294722	386728	1558144
830094	1282810	546943	102293	115377	3185809	3031753	664824	1497394
2150122	3255649	1198833	203228	101912	3832734	3546887	600441	2751926
466881	615742	204500	44801	80037	1097551	1041354	217967	557795
598322	942034	401135	56187	68669	1069293	870549	225965	946359
363220	491980	178787	39632	56724	713755	654367	93456	455623
1265670	1813086	659265	127274	166004	3291579	3088592	630601	2191588
1563141	2203341	749166	178666	208700	3990660	3700689	806526	2563503
3640500	**4943016**	**1639835**	**343422**	**346287**	**6874757**	**5990919**	**985549**	**5425429**
782698	1137828	450090	92668	103589	1910700	1787094	257777	1767051
1015953	1259239	294608	65968	39280	1807698	1437371	310412	903880
575146	849602	317615	69530	60315	1170833	1068407	188166	1049548
360847	488421	190117	39129	51343	571850	477630	56594	614532
245774	345466	119743	32045	21790	470256	415775	45016	305118
122556	183207	70115	10093	10665	131131	119411	19501	140791
152786	186877	48203	8596	12954	188662	151459	31090	169073
79583	124540	48283	5746	8938	94214	70015	14593	92734
305157	367836	101060	19647	37414	529414	463757	62401	382703

1-B-6 续表 3

地　区	#实收资本	国家资本	集体资本	法人资本	个人资本	港澳台资本
全　省	**114292424**	**8874330**	**1257946**	**37766679**	**36725083**	**13886477**
杭州市	**23634335**	**1567312**	**202032**	**8396032**	**6553399**	**2750725**
上城区	406250	102465	6170	214392	50239	2368
下城区	159564	53825	820	45986	17775	9342
江干区	3399649	89415	24552	779490	402864	500246
拱墅区	873068	149085	22778	385009	156620	3881
西湖区	513850	69610	10308	156620	144177	65343
滨江区	2586346	486752	18311	593343	714051	363395
萧山区	7861001	232862	60088	3109295	2091826	1156495
余杭区	2742429	53746	22354	907061	1043796	368587
桐庐县	796209	43890	3897	303157	313730	73198
淳安县	235199	13236	4940	106917	83654	17563
建德市	631927	121274	8	212957	257957	1797
富阳市	2193110	101503	1330	972753	886674	87701
临安市	1235735	49651	26477	609054	390037	100810
宁波市	**23485487**	**1856884**	**97773**	**8520623**	**3959202**	**4656388**
海曙区	231411	166717	980	23745	34233	5050
江东区	466977	8936	1000	353645	35042	48175
江北区	853743	31712	9949	272361	340862	117121
北仑区	7947956	660701	18785	2164915	243116	2256945
镇海区	3946379	220270	16528	2616853	303514	324932
鄞州区	3392297	3955	13755	1611693	731865	617845
象山县	1046138	224084	2238	344436	300093	87236
宁海县	1021421	384368	4100	136499	334715	99162
余姚市	1680593	131660	10610	330808	455980	473418
慈溪市	2311146	21523	13646	462518	996461	487581
奉化市	587427	2959	6183	203149	183321	138923
温州市	**10190705**	**644424**	**122666**	**2194089**	**6598659**	**224676**
鹿城区	1191009	520250	5151	274835	352478	5214
龙湾区	1691461	36090	60598	428621	929142	94923
瓯海区	646525	25	9092	198501	391183	28253
洞头县	42802	334		13878	22970	5620
永嘉县	1001777	19448	9030	216228	723023	25913
平阳县	488398	2711	4930	89450	340993	24867
苍南县	712313	30022	5450	85723	567380	4922

单位：万元

外商资本	营业收入	#主营业务收入	营业成本	#主营业务成本	营业税金及附加	#主营业务税金及附加	其他业务利润
15781910	**627859915**	**612969099**	**537830515**	**524234325**	**6747965**	**6684731**	**1404055**
4164835	**125289534**	**120853811**	**103768631**	**99627854**	**2152579**	**2144281**	**453157**
30617	4767538	3285087	2553945	1071872	1545185	1544872	720
31816	839372	821513	669574	658105	5045	4614	3189
1603082	17140747	16745082	13449658	12977555	70215	69202	39020
155696	3901944	3769606	3084894	3028164	35820	35377	80902
67792	2334612	2308842	1835315	1820955	13214	13120	6490
410493	9358810	9171243	6328335	6200109	72022	71312	37503
1210436	42646869	41407987	37792381	36732836	213179	211132	178308
346885	14606228	14207138	12317280	11943564	69249	68881	49373
58338	4115207	4090510	3530841	3509987	23103	22440	4845
8889	2344226	2294673	2001055	1955017	14324	14130	3947
37935	4002845	3938136	3355220	3300545	21192	20381	5174
143150	12735599	12394301	11289159	10983078	42347	41904	34277
59706	6495537	6419693	5560975	5446067	27685	26918	9411
4394617	**126956002**	**123192535**	**108581782**	**105101899**	**2757083**	**2745051**	**227449**
686	630203	616000	519325	512300	2902	2756	6487
20180	3067124	2252449	1852795	1045099	833270	833186	7857
81738	4922643	4435089	4338908	3884091	17439	17223	20850
2603493	29821313	29040312	26427800	25709141	373373	373093	66372
464281	23798986	23450091	20647061	20334080	1229449	1221955	21476
413185	22335917	21896271	18974416	18593628	104469	102761	32476
88052	4686416	4609019	3924468	3857460	22464	22326	10577
62576	5526227	5440254	4370986	4298432	35875	35493	8775
278116	11996844	11895625	10250743	10170916	48862	48330	10706
329418	16598265	16046908	14240135	13711989	63132	62436	33122
52892	3572065	3510517	3035144	2984765	25848	25493	8751
406191	**42111315**	**41765457**	**35349624**	**35083214**	**243682**	**234882**	**66691**
33082	2844746	2823283	2403375	2385817	16696	16191	3297
142086	7182007	7128861	6068139	6028342	40938	36919	12977
19471	3828172	3795813	3186514	3174497	25291	24976	6875
	437683	437287	381506	380533	27924	27902	-61
8135	3907262	3873457	3076160	3053530	21053	19635	12026
25447	2419264	2400249	2099955	2085729	11730	11176	3709
18816	2591226	2581502	2320299	2302874	12736	12519	1825

1-B-6 续表 4

地 区	#实收资本	国家资本	集体资本	法人资本	个人资本	港澳台资本
文成县	36478	6572	2500	6280	17418	
泰顺县	32193	729	135	17924	13405	
瑞安市	1292843	12900	482	167454	1029759	5439
乐清市	3054907	15344	25298	695197	2210907	29525
嘉兴市	**15924787**	**1330490**	**57975**	**4391665**	**4081551**	**2296116**
南湖区	1421975	46694	3178	413440	595157	107942
秀洲区	1996559	27306	3209	334234	397217	418865
嘉善县	2179339	27210	8669	319051	389734	498896
海盐县	2196276	1138715	1185	289704	487281	159454
海宁市	2913430	36122	29651	858031	1138814	386847
平湖市	2982102	31131	5879	1192379	463638	340792
桐乡市	2235106	23312	6205	984826	609710	383321
湖州市	**6251063**	**304673**	**76080**	**2096393**	**1829965**	**1000824**
吴兴区	1570325	36566	40859	534935	456345	249008
南浔区	763431	32	3332	245674	291704	134049
德清县	1408982	24056	22375	420489	424125	312439
长兴县	1802873	138962	4445	710590	425117	236549
安吉县	705453	105057	5070	184705	232674	68779
绍兴市	**12664897**	**486159**	**447175**	**4544132**	**4249592**	**2000034**
越城区	2022797	142376	14042	618118	511584	438886
绍兴县	3958851	167209	398539	1482323	1028840	652732
新昌县	539108	19554	2857	190479	245567	68979
诸暨市	2973161	22741	26508	1085907	1360163	301896
上虞市	2375565	102280	3194	971371	814966	346805
嵊州市	795415	31999	2036	195934	288471	190737
金华市	**7182240**	**321079**	**127434**	**2868367**	**3064584**	**478979**
婺城区	1196862	53294	17922	501274	282347	237002
金东区	283701	200	30	62588	208533	5786
武义县	613529	11842	3777	241761	327124	4311
浦江县	410368	23590	508	116077	192137	39483
磐安县	140568	939	2020	70075	56475	8519
兰溪市	1301025	183636	14869	568505	452593	32011
义乌市	1515942	16820	4149	596533	746930	104491
东阳市	595255	9123	81060	249523	233301	8457
永康市	1124989	21636	3100	462034	565145	38919

单位：万元

外商资本	营业收入	#主营业务收入	营业成本	#主营业务成本	营业税金及附加	#主营业务税金及附加	其他业务利润
3708	210168	209305	180023	179653	999	969	320
	190459	189447	164310	162014	1839	1782	307
76809	7383400	7338275	6297376	6271414	32431	31170	16251
78636	11116928	10987978	9171967	9058811	52045	51643	9165
3766991	**66338422**	**64986832**	**57733637**	**56651506**	**290220**	**283135**	**225571**
255564	7062212	6865696	6142574	5984381	23663	23071	34371
815729	7184543	7073327	5987294	5905246	35817	35528	28869
935780	7609614	7525658	6677343	6610654	25198	24237	16284
119936	6580213	6522851	5511711	5481100	43153	42656	10418
463966	13062595	12784386	11428827	11221186	50714	48458	65183
948284	12407627	12041417	10842146	10540627	70466	68930	53371
227731	12431617	12173498	11143742	10908312	41209	40257	17074
943128	**38282386**	**36761245**	**33086111**	**31652876**	**214326**	**209704**	**37585**
252612	7145831	7009135	6182315	6062688	33185	32813	16187
88641	6488790	6454553	5591623	5562395	38712	38527	4124
205497	8833548	8766827	7610034	7568894	54133	52214	6815
287209	11382650	10109294	9991490	8771170	53388	52294	9315
109169	4431568	4421436	3710648	3687729	34909	33857	1145
937805	**89969013**	**88794363**	**78965662**	**77867514**	**381023**	**376121**	**127501**
297791	10066368	9744647	8860336	8575754	40565	39831	28285
229208	34693148	34525864	31286727	31139597	161949	160642	37005
11673	5345310	5291808	4365401	4313572	26426	26326	21469
175946	22194010	21812864	19361964	18958400	79942	78526	9679
136950	13775206	13601828	11731678	11596150	54127	53522	19006
86238	3894971	3817352	3359557	3284041	18014	17273	12057
321796	**40884591**	**40524656**	**34705325**	**34286681**	**236965**	**230038**	**57856**
105024	4969996	4816434	4260480	4129348	24061	23653	22426
6564	1489303	1473996	1276786	1269260	7188	7085	2211
24714	4170292	4140066	3571807	3553380	34488	33960	6662
38573	3252001	3247213	2804649	2765420	21717	21122	2302
2541	671310	666506	567845	563743	3992	3907	321
49412	6471741	6413867	5587539	5461763	28931	28307	4245
47019	7555555	7511868	6376574	6343113	47011	45129	8412
13793	4001157	3980359	3338623	3302512	22538	22313	4141
34156	8303237	8274348	6921022	6898143	47038	44562	7136

1-B-6 续表 5

地 区	#实收资本					
		国家资本	集体资本	法人资本	个人资本	港澳台资本
衢州市	**2426892**	**275218**	**76804**	**718663**	**1129618**	**56758**
柯城区	684042	164467	74900	166999	255955	4996
衢江区	504026		740	159781	238844	19025
常山县	188894	57357	974	49073	69033	7712
开化县	148602	2772		51463	86457	1656
龙游县	450660	3304		169612	219751	13142
江山市	450667	47319	190	121735	259578	10227
舟山市	**2608294**	**120375**	**1490**	**1719291**	**522615**	**33175**
定海区	1030391	110879	772	555982	259170	6560
普陀区	710447		688	478649	184066	23440
岱山县	860086	6103	30	683363	77037	3175
嵊泗县	7370	3393		1298	2342	
台州市	**7195071**	**1326524**	**37069**	**1503754**	**3688666**	**294790**
椒江区	1134764	225682		252043	574568	48065
黄岩区	823463	9221	1735	176226	593330	35218
路桥区	784437	12253	4503	188684	425936	53535
玉环县	1707392	902474	876	257390	398524	69894
三门县	284961	1014	12324	30031	229056	54
天台县	372094	85987	1400	48190	199404	5868
仙居县	197351	11759	2634	80683	85251	12679
温岭市	877346	49422	7700	182114	585034	26368
临海市	1013264	28714	5896	288392	597564	43109
丽水市	**2140203**	**52741**	**11447**	**813672**	**1047233**	**94013**
莲都区	400250	13304	100	149957	217728	17175
青田县	553734	12955		279215	183159	38039
缙云县	340624	2335	998	115195	208099	12983
遂昌县	344647	5203	8020	99105	172668	25138
松阳县	181641	1043		47137	133461	
云和县	75850	6011	2213	18908	27054	
庆元县	58471	1840		17804	38267	559
景宁县	50723	6664		15140	8312	
龙泉市	134264	3385	116	71210	58485	119

单位：万元

外商资本	营业收入	#主营业务收入	营业成本	#主营业务成本	营业税金及附加	#主营业务税金及附加	其他业务利润
169832	**16258954**	**15436714**	**14050100**	**13329238**	**79991**	**78638**	**75043**
16726	6362393	5657868	5827907	5202196	23296	23226	57565
85636	2100982	2043968	1759018	1710380	12627	12599	7537
4747	932685	929638	811271	809327	3901	3870	768
6254	1033243	1030346	814322	811152	4580	4571	117
44852	2593236	2563035	2189537	2165643	10536	9597	4127
11618	3236416	3211860	2648046	2630541	25051	24775	4930
211349	**10940165**	**10676360**	**10029816**	**9812534**	**41506**	**41014**	**24237**
97030	5406376	5272668	4991724	4860055	25964	25828	13540
23605	3342048	3225434	3081463	3004927	9372	9232	12014
90378	2119086	2105651	1897595	1888582	5038	4969	-1316
337	72656	72607	59035	58970	1131	984	
344269	**36270853**	**35716762**	**30500028**	**30068766**	**207084**	**203737**	**72706**
34406	5190024	5071855	4287467	4194253	27097	25624	13578
7733	3464559	3412939	2831539	2786869	21819	21683	6813
99527	5284719	5199615	4780839	4706816	27837	27460	7301
78234	6393413	6350569	5240667	5205472	36218	35664	4838
12482	1400013	1393249	1179189	1174529	6109	6087	1062
31244	1615740	1602309	1308320	1296801	16556	16396	4697
4346	1104245	1084857	873389	851622	6592	6540	4359
26708	6555175	6503275	5585474	5548384	36996	36680	7781
49589	5262965	5098095	4413144	4304020	27860	27604	22278
121098	**17475777**	**17305474**	**14786754**	**14595785**	**80215**	**77401**	**27397**
1985	4402563	4317381	3640437	3549739	19445	18298	8202
40365	3626427	3588886	3035250	3001012	20605	20442	17302
1015	3700624	3690636	3075829	3056303	16080	15861	1393
34513	1264997	1245797	1109612	1087135	3836	3831	-190
	1579935	1569259	1404369	1393501	5700	5173	527
21665	688230	687352	604153	601620	1993	1828	46
	526958	526487	451248	449102	3900	3732	
20606	178532	177811	150007	148425	1263	1238	-27
949	1507511	1501865	1315800	1308948	7392	6999	143

1-B-6 续表 6

地　　区	管理费用	#税　金	财务费用	#利息支出	投资收益	营业利润
全　省	**26795390**	**1228256**	**10278249**	**11373169**	**2047255**	**33412799**
杭州市	**6152034**	**232298**	**1725778**	**2213256**	**730069**	**7727271**
上城区	177313	6132	-5591	3424	32227	418480
下城区	65265	822	3437	3798	30343	96394
江干区	1000952	45156	88492	136063	67630	1260265
拱墅区	269331	8022	48601	112721	46583	137341
西湖区	189827	3380	21654	27301	17731	129315
滨江区	839031	17137	36828	66510	120048	1443838
萧山区	1541450	67208	760985	1023005	256291	2111181
余杭区	846148	22969	219584	247498	42771	562395
桐庐县	158743	10089	50659	50309	31940	308215
淳安县	61170	2823	22278	21169	5416	133811
建德市	175433	8464	54066	55959	40330	327255
富阳市	431190	28373	340504	377055	12356	504310
临安市	396182	11723	84282	88445	26404	294472
宁波市	**5661627**	**226314**	**1631906**	**1867090**	**389045**	**6332075**
海曙区	38998	1090	6678	9336	16737	43603
江东区	130674	5245	15071	20252	65830	235294
江北区	268025	8814	54099	60500	10230	144495
北仑区	943917	48292	131478	266397	61953	1600935
镇海区	640103	23990	196165	208898	64675	930533
鄞州区	1212145	38593	291935	327435	79321	1330119
象山县	227597	8581	126401	125505	18542	292871
宁海县	338038	11702	153049	163978	20717	498365
余姚市	688854	31589	258286	265628	22623	497647
慈溪市	911493	40380	312722	337828	24528	669749
奉化市	261782	8039	86024	81334	3890	88465
温州市	**2304658**	**131884**	**835400**	**892086**	**167556**	**2316848**
鹿城区	189302	7553	62945	59528	25677	117922
龙湾区	401371	29165	146361	154604	16571	348043
瓯海区	221785	13213	46815	58962	3627	177418
洞头县	15692	1359	3800	3617	503	9724
永嘉县	244575	14222	65710	75925	8877	276989
平阳县	98518	7095	36961	37626	322	110938
苍南县	126975	17874	64411	69023	3980	46126

单位：万元

营业外收入	#补贴收入	营业外支出	利润总额	应交所得税	利税总额	应付工资总 额	本年应交增 值 税
3122468	**1324986**	**1470061**	**35607250**	**5441620**	**59769351**	**33589809**	**17139960**
902267	**261252**	**315700**	**8455450**	**1205529**	**14359383**	**6843234**	**3657860**
10898	4020	15430	414567	88778	2309301	112276	349785
6274	951	2004	102686	12265	138514	94155	31205
99814	17006	47963	1330216	274847	1940059	1145081	521484
46248	3597	16079	192744	56228	396759	292747	168181
12893	6634	4461	143729	25772	243045	167348	86149
251790	71206	21160	1692461	122040	2130232	709164	365816
192049	82411	104297	2241024	329741	3461785	1928162	946603
81584	32350	30449	628580	107485	1127532	1039946	419160
13679	5321	5662	316379	28029	478330	202044	136928
8975	3500	2533	140321	21208	213373	93675	58903
21047	9336	7617	341661	42229	469462	213942	106472
126514	13376	49126	593316	59767	907261	445571	269113
30504	11542	8921	317765	37142	543730	399124	198062
646464	**311657**	**310752**	**6766516**	**1300072**	**12888427**	**7133734**	**3331063**
2974	2113	2623	47438	8368	66442	45963	16249
16100	7873	10614	241902	41133	1262461	105088	187372
46122	20928	16643	178147	34136	283737	295575	87463
181920	110812	43247	1765157	344088	3000236	1327839	827938
59328	29653	33108	968429	249088	2727292	653965	532767
125850	40117	73970	1391630	236143	1994961	1551852	499680
19747	8360	9138	305552	60337	486505	328367	158621
23960	7425	14595	511219	109754	767055	414939	220314
69676	29800	61138	517936	87775	847093	821520	280388
82097	44442	33233	740702	107981	1240609	1219863	435756
18689	10135	12444	98403	21269	212038	368764	84516
106445	**40142**	**77625**	**2368064**	**405432**	**4044577**	**3212342**	**1438541**
4983	1764	2782	125879	26797	238016	311528	94063
14587	5655	15364	351136	62614	626459	555714	238375
12203	1856	5196	185196	47452	366385	386441	156214
1332	741	552	10665	2004	51086	17234	12519
10675	2967	6790	282740	43853	452540	294282	150148
5748	2694	5059	111832	14574	205790	181406	82783
13062	7073	9410	50486	10405	142631	149051	79433

1-B-6 续表 7

地 区	管理费用	#税 金	财务费用	#利息支出	投资收益	营业利润
文成县	15879	417	3075	2905	250	8250
泰顺县	7815	365	3445	3610	5	11148
瑞安市	361273	15068	158833	164590	37924	390772
乐清市	621475	25554	243043	261697	69820	819519
嘉兴市	**2911349**	**119288**	**1046306**	**1193272**	**154030**	**3170286**
南湖区	377911	12735	72883	94950	9272	297262
秀洲区	412669	15951	108254	125599	63104	436520
嘉善县	362908	20950	85978	99844	5834	290040
海盐县	276049	12667	201644	220800	24979	452069
海宁市	576521	19725	244499	242308	14626	524405
平湖市	484632	20607	157443	220462	17296	641716
桐乡市	420659	16655	175605	189309	18920	528274
湖州市	**1483070**	**84548**	**547853**	**545430**	**107771**	**2125592**
吴兴区	305983	17477	133607	135026	24543	323224
南浔区	258173	9338	85834	88666	14631	364677
德清县	355504	20176	95218	93445	18776	546090
长兴县	375218	24641	137181	138457	47846	618036
安吉县	188192	12916	96014	89836	1975	273565
绍兴市	**2716574**	**152391**	**1739131**	**1865648**	**212319**	**4791055**
越城区	381466	26933	206282	233042	22952	364663
绍兴县	675008	45975	645158	688396	35045	1646991
新昌县	343129	11951	98745	109910	69128	390438
诸暨市	549527	30345	384948	417763	48412	1387330
上虞市	555142	26511	265367	276079	34280	916355
嵊州市	212302	10676	138631	140459	2504	85278
金华市	**1867889**	**115899**	**1008359**	**1017963**	**78337**	**2154519**
婺城区	264731	11737	126515	124947	29214	138037
金东区	83056	3626	34861	34568	551	37759
武义县	187788	8719	127203	126390	3037	168093
浦江县	102157	5189	70983	67975	1509	187366
磐安县	60254	1248	20768	19433	347	21352
兰溪市	195338	12555	139744	151983	14186	315098
义乌市	378215	18696	182244	187233	13150	436863
东阳市	270836	17915	91679	94659	8148	217417
永康市	325515	36215	214362	210776	8196	632534

单位：万元

营业外收入	#补贴收入	营业外支出	利润总额	应交所得税	利税总额	应付工资总额	本年应交增值税
1126	611	366	9060	2093	19662	14731	9633
899	261	396	11656	2009	20509	11620	7071
18464	7175	14182	398073	50008	671370	570410	241631
23366	9347	17528	831340	143622	1250129	719924	366672
438213	**238148**	**171540**	**3516947**	**592650**	**5824275**	**3972061**	**1966148**
39666	26263	8932	340796	52527	492334	399576	127918
25260	11060	19921	483770	93029	703687	530756	178949
48822	4988	9202	331312	57802	539228	474884	182725
150850	121259	16178	589834	77128	946790	295418	314131
69442	24773	38930	558768	81712	1095636	838024	488348
44310	14269	39578	653779	147021	1015656	794748	242145
59863	35536	38800	558689	83432	1030944	638655	431932
118240	**63739**	**98143**	**2169664**	**287057**	**3361204**	**1594549**	**961357**
26985	15095	10797	343874	46416	545963	301163	168863
11943	2105	5849	384065	47276	586897	252738	164057
21970	11264	41198	528840	63788	798485	406393	217302
42603	28155	33825	631013	79421	929144	384992	226149
14740	7120	6473	281873	50157	500715	249264	184985
268063	**109305**	**128543**	**5006331**	**676230**	**7351163**	**3462976**	**1928131**
42702	23165	23814	393217	66063	653631	508824	218771
79050	39032	25376	1732159	152818	2641713	1174611	748301
25408	12179	7751	414454	69267	601411	265289	160630
59780	8808	37279	1416525	220764	1865752	660561	369332
47675	18831	24072	957775	150537	1363822	609052	315963
13448	7289	10252	92201	16782	224834	244640	115134
207787	**101864**	**61936**	**2319608**	**279978**	**3736554**	**2401928**	**1179220**
42384	27852	8338	175651	31010	327428	304839	127619
7199	5846	2129	44887	5999	103290	107373	51271
15867	6718	5865	179451	21337	356487	292357	143076
6402	2251	2420	192421	23023	290270	182321	76347
3739	2217	654	25000	3841	55886	61054	26980
49033	33368	14597	349778	42876	555546	226521	174246
39899	12078	7115	475615	44269	703476	501135	180597
20229	4679	5789	234054	27438	377427	297153	119676
23037	6855	15030	642752	80184	966744	429176	279410

1-B-6 续表 8

地　　区	管理费用	#税　金	财务费用	#利息支出	投资收益	营业利润
衢州市	**609221**	**34828**	**297185**	**292820**	**13282**	**906087**
柯城区	217507	12699	85373	82393	7571	138513
衢江区	84053	4505	34927	38769	949	149603
常山县	34012	2720	23166	21582	786	43243
开化县	54142	1766	34770	32558	21	98655
龙游县	97013	7190	55184	56728	884	181834
江山市	122495	5948	63765	60791	3070	294239
舟山市	**415763**	**22233**	**279724**	**288337**	**16825**	**72086**
定海区	178251	8131	111052	116306	8804	46492
普陀区	151355	8528	87232	92759	3335	-23741
岱山县	77924	5481	79570	77330	4645	50024
嵊泗县	8234	93	1870	1942	40	-689
台州市	**2113980**	**83582**	**693110**	**720102**	**126666**	**1884348**
椒江区	353658	12264	99277	99205	12400	235304
黄岩区	269773	9700	87720	88140	29426	171184
路桥区	207277	10978	64406	89691	783	100415
玉环县	323003	12533	166497	152328	34483	493056
三门县	77953	3776	33945	34466	4102	60140
天台县	105031	3286	33462	31844	6207	115326
仙居县	98367	2238	30168	28704	2996	51094
温岭市	335991	9704	89624	86916	6090	353819
临海市	342927	19103	88011	108808	30180	304010
丽水市	**559226**	**24992**	**261196**	**266493**	**48046**	**1397608**
莲都区	146623	6940	60542	64610	41433	269007
青田县	93663	3791	66961	67520	1554	340486
缙云县	120701	3996	51623	50841	1035	426869
遂昌县	43771	5297	20842	24291	1099	70607
松阳县	69842	1503	17789	17055	1585	105547
云和县	12187	491	4465	4227	300	58907
庆元县	18011	421	11178	11137	63	28720
景宁县	10278	271	3018	3175	51	11826
龙泉市	44151	2282	24779	23636	927	85639

单位：万元

营业外收入	#补贴收入	营业外支出	利润总额	应交所得税	利税总额	应付工资总额	本年应交增值税
109984	**63110**	**60715**	**966988**	**136172**	**1518854**	**730954**	**472988**
52228	30178	28778	163605	34565	323356	286210	136525
12191	11660	4181	165532	34627	262207	81405	84072
6953	2690	3071	47194	7655	79011	61022	27904
6344	1774	3713	101796	14493	145133	30598	38573
11089	7013	9623	183880	15927	261891	127088	68414
21180	9796	11350	304980	28905	447256	144632	117501
64378	**26253**	**25034**	**116969**	**44765**	**318515**	**468470**	**105305**
21360	12558	11905	57218	27121	197544	194254	106044
28919	10819	8785	-274	2770	39105	188178	-1545
10614	2476	3975	57375	14278	76569	80408	-569
3485	401	369	2651	595	5297	5631	1376
205913	**94721**	**129073**	**1975263**	**262619**	**3334862**	**2783645**	**1153089**
47738	16523	20103	265120	37137	441008	422653	148926
24632	11445	11768	186013	31247	352888	282591	145192
27245	21009	5288	123172	21059	267166	286930	115936
23289	5529	20733	496998	52044	755603	529368	222584
7061	2701	2990	66187	13737	112572	103694	40287
9181	4832	3580	121030	15618	193237	107041	55639
7089	5679	4467	55216	8433	106838	107930	45061
27510	6004	18908	354285	43107	607437	541106	206426
32169	21000	41237	297242	40237	498113	402332	173039
44143	**14795**	**18127**	**1472727**	**129157**	**1986122**	**837677**	**434300**
10732	4670	4480	318611	35736	452419	194185	115297
9499	880	3531	345687	45200	485057	186308	118928
7430	3186	3197	431789	15321	516393	180056	68268
2650	2145	2332	75385	5780	110954	64988	30917
2796	519	776	107959	6798	146313	62977	33100
3488	1923	371	62162	3741	85148	36718	21158
2260	124	940	30138	2899	46903	30477	13033
2587	320	371	14043	2610	21144	14903	5760
2701	1028	2129	86952	11072	121790	67065	27839

1-B-7 按轻重工业、规模和登记注册类型分组的规模以上

项目	单位数	资产总计	流动资产合计	#应收账款	#存货	#产成品
总计	**701**	**90152143**	**30153314**	**4806714**	**7973932**	**1705854**
一、按轻重工业分						
轻工业	198	17300750	8144089	865180	3049913	497722
重工业	503	72851393	22009225	3941534	4924019	1208131
二、按规模分						
大型企业	49	44364175	15052565	2001959	3850022	1002118
中型企业	175	16404902	5787051	1153659	1489704	326345
小型企业	429	20401490	6223791	1259505	1354309	317607
微型企业	48	8981577	3089907	391591	1279897	59783
三、按登记注册类型分						
内资	632	81595156	26610204	4002635	6992822	1301558
国有	120	24949235	5861001	166006	1113677	90000
股份合作企业	1					
有限责任公司	460	46973888	15779575	2938211	4334036	890165
国有独资公司	122	12870920	5125959	659686	1824849	246695
其他有限责任公司	338	34102969	10653617	2278525	2509187	643470
股份有限公司	32	9204965	4765293	857713	1496099	295259
私营企业	19	429440	172752	31473	33676	17134
私营有限责任公司	19	429440	172752	31473	33676	17134
港澳台商投资	24	2594339	1050856	314413	311607	97841
与港澳台商合资经营	19	2197652	931987	271484	284345	90340
与港澳台商合作经营	4	382418	105989	40967	27262	7500
港澳台商独资	1					
外商投资	45	5962649	2492253	489666	669504	306456
中外合资经营	42	5808058	2431645	471320	663784	305345
中外合作经营	3	154591	60608	18346	5719	1110

国有及国有控股工业法人单位财务状况

单位：万元

固定资产合计	固定资产原价	累计折旧	#本年折旧	在建工程(个)	负债合计	流动负债合计	#应付账款	所有者权益合计
43412000	**71981068**	**32595646**	**4320942**	**7918144**	**51110496**	**32878177**	**9783897**	**39029634**
5513926	7938997	3377908	446725	1711136	8023349	4965033	1044173	9273328
37898074	64042072	29217738	3874217	6207008	43087147	27913144	8739724	29756306
19262032	32299739	14647569	2070774	3525074	25467905	17439763	6057119	18896270
8808659	14933207	6912791	919745	1238708	8963725	6654565	1679493	7428129
10551296	16688831	7696075	877139	2673002	12472685	6370754	1358028	7938413
4790013	8059291	3339211	453284	481360	4206181	2413095	689258	4766823
39625814	66133833	30189907	3987252	7637262	46437114	29357145	8566519	35146030
12888294	24549797	12117421	1710901	2485935	13901231	8865233	3183633	11041787
23347428	36209873	15471866	1964150	4778440	28077206	16499674	3764096	18878706
5861481	9176774	4015788	449244	964010	6336830	3980325	912433	6534089
17485947	27033099	11456078	1514907	3814431	21740377	12519349	2851663	12344617
3215147	5098554	2478307	298383	362583	4249400	3810779	1575733	4955564
170073	266205	117782	13323	10196	185806	157989	36611	255815
170073	266205	117782	13323	10196	185806	157989	36611	255815
849816	1299359	497117	81348	100455	1453195	1087365	479717	1141144
611194	829118	265497	52723	97905	1366036	1015954	450268	831616
237234	468180	230947	28468	2551	79288	63540	21578	303130
2936370	4547876	1908622	252342	180427	3220187	2433667	737662	2742460
2850899	4200834	1647019	243358	178145	3201553	2418595	733236	2606503
85471	347042	261603	8984	2282	18634	15072	4426	135956

1-B-7 续表 1

项目	#实收资本	国家资本	集体资本	法人资本	个人资本	港澳台资本
总 计	**17139086**	**8330465**	**59422**	**7682433**	**262545**	**379326**
一、按轻重工业分						
轻工业	2544461	1496172	35617	922448	50962	1371
重工业	14594625	6834293	23805	6759985	211583	377955
二、按规模分						
大型企业	6783499	2194243		4018543	120758	265152
中型企业	3095445	1706668	31029	1089721	93315	36718
小型企业	4930452	3183077	28374	1509626	44669	63509
微型企业	2329691	1246476	20	1064543	3804	13947
三、按登记注册类型分						
内资	14455085	6928379	57142	7167932	257528	268
国有	1454998	1346681	5417	102899		
股份合作企业						
有限责任公司	10029859	5110384	47212	4781609	83784	
国有独资公司	2713182	1802840	4831	900965	4545	
其他有限责任公司	7316677	3307544	42381	3880644	79239	
股份有限公司	2828231	379198	928	2239042	171830	268
私营企业	138798	92116	1200	44382	1100	
私营有限责任公司	138798	92116	1200	44382	1100	
港澳台商投资	868056	143901		276096	3847	349598
与港澳台商合资经营	648328	30924		227154	3847	291790
与港澳台商合作经营	213288	108598		48943		55748
港澳台商独资						
外商投资	1815945	1258185	2280	238405	1170	29460
中外合资经营	1730273	1255505	2280	190217	1065	29460
中外合作经营	85672	2680		48187	105	

单位：万元

外商资本	营业收入	#主营业务收入	营业成本	#主营业务成本	营业税金及附加	#主营业务税金及附加	其他业务利润
424895	**93619679**	**90101805**	**79449890**	**76121799**	**4302555**	**4290419**	**176151**
37890	11469958	8948688	7063081	4600084	2425489	2422775	40749
387005	82149721	81153117	72386808	71521716	1877066	1867645	135403
184803	50154947	48609563	43303368	41873340	2221212	2216872	93087
137994	22252134	21974331	20134537	19874813	405114	401777	40093
101197	12835832	12624120	10643474	10479594	109396	105004	34484
901	8376766	6893792	5368511	3894052	1566833	1566766	8488
43836	82491155	79089456	70244442	67019841	3930514	3918590	169896
	32790234	31781913	30253345	29225120	946061	940754	25277
6870	33097595	30805588	26013846	23900216	1775840	1770793	133097
	8602409	6996543	5656049	4070577	1601604	1600354	19018
6870	24495185	23809045	20357797	19829640	174236	170439	114080
36966	16279354	16180628	13732036	13651634	1201387	1201078	11367
	284038	281390	213833	211488	6905	5644	155
	284038	281390	213833	211488	6905	5644	155
94613	4783342	4755689	4112118	4089555	337554	337398	4407
94613	3664842	3640609	3114319	3094762	333980	333825	3970
	1114969	1111549	995054	992048	3532	3531	437
286446	6345182	6256661	5093330	5012404	34487	34432	1849
251746	6164486	6075982	4964669	4883759	33045	32989	1849
34700	180696	180679	128661	128645	1443	1443	

1-B-7 续表 2

项　　目	管理费用	#税　金	财务费用	#利息支出	投资收益
总　计	**2782292**	**136742**	**1166387**	**1376092**	**289217**
一、按轻重工业分					
轻工业	679706	25044	123646	157128	73461
重工业	2102586	111698	1042741	1218964	215756
二、按规模分					
大型企业	1212403	50680	431188	555472	142197
中型企业	838732	28679	236474	262832	36464
小型企业	512946	41213	333547	383331	77600
微型企业	218211	16169	165179	174457	32957
三、按登记注册类型分					
内资	2475123	122110	1060705	1255860	274066
国有	706694	16420	290503	343569	34762
股份合作企业					
有限责任公司	1382429	87972	712231	834111	153789
国有独资公司	413280	16730	140618	159318	33176
其他有限责任公司	969149	71241	571613	674793	120612
股份有限公司	356062	14962	54275	73798	84237
私营企业	26883	2535	3703	4381	1149
私营有限责任公司	26883	2535	3703	4381	1149
港澳台商投资	113056	4545	6087	18949	1835
与港澳台商合资经营	101217	3925	1169	13907	1835
与港澳台商合作经营	11491	620	4796	4921	
港澳台商独资					
外商投资	194113	10087	99594	101283	13316
中外合资经营	191159	9583	99747	100964	13223
中外合作经营	2954	504	-153	320	93

单位：万元

营业利润	营业外收入	#补贴收入	营业外支出	利润总额	应交所得税	利税总额	应付工资总额	本年应交增值税
5418831	**594977**	**317187**	**281199**	**5738635**	**1152742**	**13747906**	**2877018**	**3646345**
728215	97212	44723	45844	783531	171299	3907870	618568	679093
4690616	497766	272465	235355	4955104	981443	9840035	2258449	2967252
2479605	202016	72478	159498	2522123	544209	6322910	1356420	1583915
740713	164912	92688	41249	864464	190003	2245087	843386	968787
1187900	204821	140582	29212	1369444	258361	2072646	463557	579840
1010612	23228	11440	51241	982604	160169	3107263	213656	513803
4667418	524507	283121	245517	4952379	1027752	12019290	2527404	3094334
910076	62545	19645	101389	871754	198985	2939798	738782	1126944
2810214	412421	244928	130126	3097932	635321	6438278	1435798	1517314
638774	69648	41193	38241	674237	162409	2838194	429599	563129
2171440	342773	203735	91885	2423695	472913	3600084	1006198	954185
905554	44335	16006	13253	936662	188566	2573108	331235	433966
36571	5160	2542	573	41158	3674	61640	19510	14838
36571	5160	2542	573	41158	3674	61640	19510	14838
144958	48162	25745	3922	189232	43254	893105	82824	366345
48847	47417	25741	3674	92624	19363	762454	74574	335874
96085	745	4	248	96582	23890	130390	7900	30277
606454	22308	8321	31760	597024	81736	835510	266790	185665
559046	22200	8321	31614	549655	69892	776452	264815	175419
47408	108		146	47369	11845	59058	1975	10246

1-B-8 按行业小类分组的规模以上国有

行业	单位数(个)	资产总计	流动资产合计	#应收账款	#存货	#产成品
总计	**701**	**90152143**	**30153314**	**4806714**	**7973932**	**1705854**
采矿业	**15**	**350576**	**169065**	**14399**	**16581**	**8984**
黑色金属矿采选业	2	143121	80864	2733	5645	3136
铁矿采选	2	143121	80864	2733	5645	3136
铁矿采选	2	143121	80864	2733	5645	3136
有色金属矿采选业	1					
常用有色金属矿采选	1					
铜矿采选	1					
非金属矿采选业	12	187270	82218	11659	10218	5218
土砂石开采	10	128962	59144	11502	5026	2646
石灰石、石膏开采	7	75147	23022	3441	3369	1864
建筑装饰用石开采	1					
耐火土石开采	1					
粘土及其他土砂石开采	1					
石棉及其他非金属矿采选	2	58308	23074	157	5192	2571
其他未列明非金属矿采选	2	58308	23074	157	5192	2571
制造业	**414**	**40317736**	**20479072**	**3735904**	**6869411**	**1669747**
农副食品加工业	17	272511	189274	20549	93284	60031
谷物磨制	3	25884	12887	3018	5101	1988
谷物磨制	3	25884	12887	3018	5101	1988
饲料加工	1					
饲料加工	1					
屠宰及肉类加工	7	50789	35382	1460	8899	5607
牲畜屠宰	5	37215	27097	1175	1314	802
肉制品及副产品加工	2	13574	8285	285	7585	4806
水产品加工	6	188123	136007	15878	77788	52283
水产品冷冻加工	3	175637	126647	13132	72426	49789
鱼糜制品及水产品干腌制加工	2	5828	3487	1592	1046	407
鱼油提取及制品制造	1					
食品制造业	10	141264	85635	21189	41455	16582
焙烤食品制造	1					
糕点、面包制造	1					

及国有控股工业法人单位财务状况

单位：万元

固定资产合计	固定资产原价	累计折旧	#本年折旧	在建工程(个)	负债合计	流动负债合计	#应付账款	所有者权益合计
43412000	**71981068**	**32595646**	**4320942**	**7918144**	**51110496**	**32878177**	**9783897**	**39029634**
97588	**150468**	**69079**	**8162**	**23532**	**224879**	**214562**	**19976**	**137877**
31122	55549	27690	2563	3263	39382	39332	3639	103738
31122	55549	27690	2563	3263	39382	39332	3639	103738
31122	55549	27690	2563	3263	39382	39332	3639	103738
52264	78710	34160	5021	15047	178624	168806	15939	20827
37454	54587	24848	4039	8971	87741	85460	14714	53403
30812	36729	13615	2467	8794	60130	58346	8725	27198
14810	24122	9312	982	6076	90884	83346	1225	-32576
14810	24122	9312	982	6076	90884	83346	1225	-32576
12936803	**19604879**	**8283087**	**1179361**	**2141531**	**21882176**	**18003737**	**5489477**	**18414620**
67334	136632	70501	6427	1276	158067	133303	17412	114431
11723	14203	2480	922		16799	15920	1933	9085
11723	14203	2480	922		16799	15920	1933	9085
11228	15305	5095	906	153	15461	15337	446	35315
6956	9225	3282	605	153	5430	5338	284	31772
4272	6080	1813	301		10031	9998	163	3543
42550	102748	60382	4350	507	117967	99005	13732	70156
39727	98896	59289	4041	120	111258	92577	13037	64379
2136	2825	753	205	387	2293	2049	598	3535
45599	59252	21996	3697	3092	82488	77328	22658	58776

1-B-8 续表 1

行　业	单位数(个)	资产总计	流动资产合　计	#应收账款	#存　货	#产成品
方便食品制造	1					
速冻食品制造	1					
乳制品制造	1					
乳制品制造	1					
罐头食品制造	1					
蔬菜、水果罐头制造	1					
调味品、发酵制品制造	1					
味精制造	1					
其他食品制造	5	56225	33904	6276	16443	9767
盐加工	3	29511	21134	2224	14373	9767
食品及饲料添加剂制造	1					
其他未列明食品制造	1					
酒、饮料和精制茶制造业	8	846712	413063	12639	292741	90745
酒的制造	7	844910	412151	12389	292657	90671
啤酒制造	5	84519	37329	1018	22429	514
黄酒制造	2	760391	374822	11371	270227	90157
精制茶加工	1					
精制茶加工	1					
烟草制品业	2	3449591	2421138	165473	1728960	72147
卷烟制造	2	3449591	2421138	165473	1728960	72147
卷烟制造	2	3449591	2421138	165473	1728960	72147
纺织业	12	522956	284744	27220	66027	27882
棉纺织及印染精加工	2	96255	38535	1146	22105	4483
棉纺纱加工	2	96255	38535	1146	22105	4483
毛纺织及染整精加工	2	49442	22740	1168	14913	6026
毛条和毛纱线加工	1					
毛织造加工	1					
丝绢纺织及印染精加工	2	337255	195525	16028	17435	8950
缫丝加工	1					
丝印染精加工	1					

单位：万元

固定资产合计	固定资产原价	累计折旧	#本年折旧	在建工程(个)	负债合计	流动负债合计	#应付账款	所有者权益合计
14972	18903	6231	1759	1259	30101	30101	11575	26124
4264	7192	2928	515	460	12295	12295	7963	17215
155087	233468	100792	10596	23340	342388	180315	34255	504324
154271	232216	100356	10507	23271	342109	180076	34166	502801
30792	77716	46978	4350	67	33120	32761	2739	51400
123479	154500	53378	6157	23204	308989	147314	31427	451401
478603	936243	457640	69318	57312	607882	607882	393495	2841709
478603	936243	457640	69318	57312	607882	607882	393495	2841709
478603	936243	457640	69318	57312	607882	607882	393495	2841709
109250	174783	66096	7481	3671	299078	231524	17718	223876
31629	53936	22348	2358	1781	57324	42190	1555	38931
31629	53936	22348	2358	1781	57324	42190	1555	38931
14756	26338	11582	1285	65	23429	15108	2663	26012
54548	80764	26732	2960	403	191881	147784	5470	145374

1-B-8 续表 2

行业	单位数(个)	资产总计	流动资产合计	#应收账款	#存货	#产成品
针织或钩针编织物及其制品制造	3	13462	8684	866	6604	5495
针织或钩针编织物织造	1					
针织或钩针编织物印染精加工	1					
针织或钩针编织品制造	1					
非家用纺织制成品制造	3	26543	19260	8013	4971	2928
非织造布制造	2	12557	7529	2405	1394	428
纺织带和帘子布制造	1					
纺织服装、服饰业	13	296178	220605	10520	7199	1726
机织服装制造	11	181812	131542	9778	6434	1575
机织服装制造	11	181812	131542	9778	6434	1575
针织或钩针编织服装制造	1					
针织或钩针编织服装制造	1					
服饰制造	1					
服饰制造	1					
皮革、毛皮、羽毛及其制品和制鞋业	2	4639	2103	877	603	296
皮革制品制造	1					
皮箱、包(袋)制造	1					
制鞋业	1					
皮鞋制造	1					
造纸和纸制品业	3	307461	127040	42448	48710	23183
造纸	3	307461	127040	42448	48710	23183
机制纸及纸板制造	3	307461	127040	42448	48710	23183
印刷和记录媒介复制业	17	302456	152790	57735	15231	3740
印刷	16	298696	149418	57731	15170	3740
书、报刊印刷	11	250943	121607	49268	10784	1043
本册印制	1					
包装装潢及其他印刷	4	38714	20578	8148	3909	2402
装订及印刷相关服务	1					
装订及印刷相关服务	1					

单位：万元

固定资产合计	固定资产原价	累计折旧	#本年折旧	在建工程(个)	负债合计	流动负债合计	#应付账款	所有者权益合计
2158	3404	1253	162	1421	9181	9181	1926	4280
6160	10342	4182	716		17263	17263	6104	9279
4267	5916	1649	376		6611	6611	2937	5946
68887	100120	52577	6348	8277	71405	66849	7102	224772
47334	72710	35929	5087	8277	66818	65563	6923	114995
47334	72710	35929	5087	8277	66818	65563	6923	114995
2317	4588	2270	206		1683	1681	1033	2956
152269	347315	195441	16012	983	134676	115020	20140	172785
152269	347315	195441	16012	983	134676	115020	20140	172785
152269	347315	195441	16012	983	134676	115020	20140	172785
103783	180018	82016	15068	29652	130757	130418	33282	171699
103395	179273	81659	15051	29652	129624	129286	33092	169071
85218	144233	64771	12407	29464	114500	114162	23037	136443
16429	30795	14392	2390	188	13228	13228	9062	25486

1-B-8 续表 3

行　业	单位数(个)	资产总计	流动资产合　计	#应收账款	#存　货	#产成品
文教、工美、体育和娱乐用品制造业	4	43025	35307	8546	15987	8036
工艺美术品制造	4	43025	35307	8546	15987	8036
雕塑工艺品制造	1					
珠宝首饰及有关物品制造	2	6603	6397	1125	2749	1785
其他工艺美术品制造	1					
石油加工、炼焦和核燃料加工业	5	4634464	2129332	404927	869331	138935
精炼石油产品制造	5	4634464	2129332	404927	869331	138935
原油加工及石油制品制造	5	4634464	2129332	404927	869331	138935
化学原料和化学制品制造业	42	5064070	2103030	396139	484003	173436
基础化学原料制造	12	3113078	1263103	143658	277488	105184
无机碱制造	2	267198	66899	1810	6953	2487
有机化学原料制造	8	2779085	1185030	138253	270401	102697
其他基础化学原料制造	2	66795	11174	3595	134	
肥料制造	1					
氮肥制造	1					
农药制造	4	166309	59230	9583	22486	14360
化学农药制造	3	62335	28624	4466	13243	8703
生物化学农药及微生物农药制造	1					
涂料、油墨、颜料及类似产品制造	2	43973	18966	8222	7950	6239
涂料制造	2	43973	18966	8222	7950	6239
合成材料制造	8	1221151	535176	201232	144807	29142
初级形态塑料及合成树脂制造	6	100026	72802	23162	15425	5297
合成纤维单(聚合)体制造	2	1121125	462374	178070	129381	23845
专用化学产品制造	11	400384	181702	27144	20796	13232
化学试剂和助剂制造	4	289056	121364	11911	10930	7312
专项化学用品制造	2	37563	29193	7904	6558	4964
信息化学品制造	3	62199	22811	5243	2467	775
环境污染处理专用药剂材料制造	1					
其他专用化学产品制造	1					

单位：万元

固定资产合　计	固定资产原　价	累计折旧	#本年折旧	在建工程(个)	负债合计	流动负债合　计	#应付账款	所有者权益合计
6965	7606	751	213		11425	11265	1660	31600
6965	7606	751	213		11425	11265	1660	31600
176	278	212	27		2013	2005	17	4590
2381120	3641170	1821733	207745	213728	2494490	2494310	1331287	2139974
2381120	3641170	1821733	207745	213728	2494490	2494310	1331287	2139974
2381120	3641170	1821733	207745	213728	2494490	2494310	1331287	2139974
2074601	3149172	1145732	222123	366565	2638530	2064013	429971	2424701
1192572	2059104	825262	143012	169074	1539072	1238718	328834	1574006
112856	166610	53754	13192	9753	136966	136183	24446	130232
1037690	1844663	764702	125407	158824	1365665	1101733	304036	1413420
42026	47831	6806	4414	497	36442	802	351	30353
58008	85766	28138	5088	1597	92414	70435	10937	73895
15168	26151	10983	1515	1225	41939	36629	4987	20396
20385	48256	27871	5485	3711	23322	20645	1500	19845
20385	48256	27871	5485	3711	23322	20645	1500	19845
614216	820476	208118	57636	32871	631041	472072	64336	590110
15266	24351	9085	1751	8176	72482	67389	19713	27544
598949	796125	199034	55885	24695	558559	404683	44623	562566
160445	85847	35594	8120	125968	279441	207132	18963	120909
147331	53708	16324	5873	120801	231379	168108	11696	57678
4365	13656	9536	1217	303	16812	16812	4758	20750
5756	14515	8759	750	4858	26827	19877	1491	35339

1-B-8 续表 4

行业	单位数(个)	资产总计	流动资产合计	#应收账款	#存货	#产成品
炸药、火工及焰火产品制造	4	64084	31431	2464	6182	4091
炸药及火工产品制造	4	64084	31431	2464	6182	4091
医药制造业	14	2622855	1209097	167570	231614	115069
化学药品原料药制造	5	2292907	1015746	115606	185986	89194
化学药品原料药制造	5	2292907	1015746	115606	185986	89194
化学药品制剂制造	5	276799	159684	37542	37037	21371
化学药品制剂制造	5	276799	159684	37542	37037	21371
中药饮片加工	2	17510	13379	5855	3899	3410
中药饮片加工	2	17510	13379	5855	3899	3410
中成药生产	1					
中成药生产	1					
生物药品制造	1					
生物药品制造	1					
化学纤维制造业	4	165549	58975	15779	17236	7835
纤维素纤维原料及纤维制造	1					
人造纤维(纤维素纤维)制造	1					
合成纤维制造	3	77214	30436	2497	8001	5212
锦纶纤维制造	2	65704	25290	911	6572	4259
其他合成纤维制造	1					
橡胶和塑料制品业	8	2061181	1141228	152900	367905	218521
橡胶制品业	4	2015442	1114158	145917	360083	213692
轮胎制造	4	2015442	1114158	145917	360083	213692
塑料制品业	4	45739	27070	6983	7822	4830
塑料板、管、型材制造	3	40920	24361	5612	6947	4264
塑料零件制造	1					
非金属矿物制品业	92	4522417	1812988	532163	254512	121345
水泥、石灰和石膏制造	49	2378608	971953	162254	123799	17912
水泥制造	47	2369992	967011	161793	123481	17912
石灰和石膏制造	2	8617	4941	461	318	
石膏、水泥制品及类似制品制造	37	533659	397991	257390	35489	26124
水泥制品制造	34	456412	348583	241882	21531	12647
砼结构构件制造	2	74446	48743	15363	13958	13476
轻质建筑材料制造	1					

单位：万元

固定资产合计	固定资产原价	累计折旧	#本年折旧	在建工程(个)	负债合计	流动负债合计	#应付账款	所有者权益合计
19483	34550	15067	1999	3113	33643	21415	1564	30441
19483	34550	15067	1999	3113	33643	21415	1564	30441
777726	793765	340161	51092	398181	1033856	515787	94134	1588999
685690	653521	278185	42933	373534	927074	410719	69948	1365834
685690	653521	278185	42933	373534	927074	410719	69948	1365834
77487	120677	56309	6949	24574	76018	74810	12491	200781
77487	120677	56309	6949	24574	76018	74810	12491	200781
2968	3092	557	168	27	12080	12037	7890	5430
2968	3092	557	168	27	12080	12037	7890	5430
72270	126889	59844	9153	4820	54026	27160	6108	111522
39671	53297	18851	3642	4676	42693	20180	4914	34521
33851	46017	17391	3057	4583	39696	17904	4786	26008
658170	729357	353116	83128	92404	1422200	1107914	383378	638981
642749	704197	343378	82168	92404	1398444	1084164	378629	616997
642749	704197	343378	82168	92404	1398444	1084164	378629	616997
15421	25159	9738	960		23755	23749	4749	21984
13574	22287	8713	819		20220	20214	3696	20700
1993810	2820597	951474	133571	205544	2532261	1945307	399464	1983191
1176255	1812401	695390	77959	135178	1247309	1029678	203211	1124335
1173179	1807429	693495	77533	135178	1245554	1027922	203130	1117473
3077	4972	1895	427		1756	1756	81	6861
98285	170893	72950	9926	1814	415907	410617	118625	117751
87922	151796	64203	8580	1802	368616	368004	102276	87795
8317	15589	7285	1044	13	46866	42188	16349	27580

1-B-8 续表 5

行业	单位数(个)	资产总计	流动资产合计	#应收账款	#存货	#产成品
砖瓦、石材等建筑材料制造	2	100015	33552	2979	12517	11947
防水建筑材料制造	1					
其他建筑材料制造	1					
玻璃制品制造	1					
其他玻璃制品制造	1					
玻璃纤维和玻璃纤维增强塑料制品制造	2	1467355	387598	103711	77416	62360
玻璃纤维及制品制造	2	1467355	387598	103711	77416	62360
耐火材料制品制造	1					
耐火陶瓷制品及其他耐火材料制造	1					
黑色金属冶炼和压延加工业	12	4781993	2269212	68421	549141	63010
炼钢	1					
炼钢	1					
黑色金属铸造	3	60303	34366	9408	20221	16910
黑色金属铸造	3	60303	34366	9408	20221	16910
钢压延加工	7	2394035	804728	55425	307849	27567
钢压延加工	7	2394035	804728	55425	307849	27567
铁合金冶炼	1					
铁合金冶炼	1					
有色金属冶炼和压延加工业	7	407298	334299	28252	40105	17022
贵金属冶炼	1					
金冶炼	1					
有色金属合金制造	1					
有色金属合金制造	1					
有色金属压延加工	5	375653	319079	27427	31397	9781
铜压延加工	2	344978	290484	24692	30127	9649
贵金属压延加工	1					
其他有色金属压延加工	2	8155	6833	2733	1213	132

单位：万元

固定资产合计	固定资产原价	累计折旧	#本年折旧	在建工程(个)	负债合计	流动负债合计	#应付账款	所有者权益合计
8337	12193	7713	1314	6	22063	22063	8096	77952
700666	800900	161478	43037	61244	818342	471117	62033	649014
700666	800900	161478	43037	61244	818342	471117	62033	649014
1742255	3265146	1553975	161597	116988	3385481	3131154	713420	1389842
18190	34313	16123	2025	4053	38472	37586	11358	21831
18190	34313	16123	2025	4053	38472	37586	11358	21831
1400596	2291873	922222	120040	83930	1970580	1860952	515956	416785
1400596	2291873	922222	120040	83930	1970580	1860952	515956	416785
48056	55921	19184	6908	11369	333536	317144	40143	73762
33739	41646	8140	6329	11111	323304	307254	39983	52350
31978	38971	6994	6121	11034	317842	301793	39705	27136
1177	1524	580	103	77	5246	5246	253	2909

1-B-8 续表 6

行　业	单位数(个)	资产总计	流动资产合计	#应收账款	#存货	#产成品
金属制品业	13	355393	261769	94429	91157	47803
结构性金属制品制造	4	153251	136611	55881	53682	29670
金属结构制造	3	148114	131776	55301	50226	26807
金属门窗制造	1					
金属工具制造	1					
手工具制造	1					
集装箱及金属包装容器制造	3	60426	38728	10046	12786	10429
金属压力容器制造	2	47751	28113	9898	10739	9649
金属包装容器制造	1					
建筑、安全用金属制品制造	2	75704	41006	22078	7205	2431
建筑装饰及水暖管道零件制造	1					
其他建筑、安全用金属制品制造	1					
其他金属制品制造	3	50329	34319	6133	17474	5274
锻件及粉末冶金制品制造	1					
其他未列明金属制品制造	2	33533	23263	3480	11563	1963
通用设备制造业	34	2561132	1657516	536254	449349	238222
锅炉及原动设备制造	7	822483	622851	248762	160666	46279
锅炉及辅助设备制造	1					
汽轮机及辅机制造	4	694199	514760	210235	128807	45661
水轮机及辅机制造	2	26072	20620	5757	4781	618
金属加工机械制造	1					
金属切削机床制造	1					
物料搬运设备制造	2	37501	33884	256	2828	320
轻小型起重设备制造	1					
电梯、自动扶梯及升降机制造	1					
泵、阀门、压缩机及类似机械制造	7	426502	317805	76417	94765	78370
泵及真空设备制造	2	22359	11877	1567	3411	1451
气体压缩机械制造	2	372398	283914	69740	84105	73197
阀门和旋塞制造	1					
液压和气压动力机械及元件制造	2	20039	13155	2303	3701	2567

单位：万元

固定资产合计	固定资产原价	累计折旧	#本年折旧	在建工程(个)	负债合计	流动负债合计	#应付账款	所有者权益合计
80806	128718	47960	7099	270	225593	213468	36918	129801
13787	26516	12729	1340		121882	118882	18998	31369
13739	26214	12475	1332		117764	114764	17386	30350
20860	27799	6941	918	87	32774	30521	6633	27652
19502	21868	2367	810	87	24611	22358	6556	23140
29004	48736	19778	2858	46	44057	37319	8617	31647
12607	17051	4445	913	113	23234	23100	2404	27096
8365	10707	2342	475		15173	15039	1644	18360
336582	536783	231558	33225	81106	1338645	1274434	400686	1222487
49643	124128	74518	8448	21191	347813	342311	95239	474670
39761	103936	64182	6825	15524	263415	263232	71042	430784
4987	8721	3760	799	26	12419	12419	3117	13652
2881	6197	3528	818	563	21246	21164	7943	16255
98062	118790	47992	6060	27232	264278	256850	111699	162224
10042	12258	2250	129	33	8912	6372	1513	13446
79503	93741	41464	5368	27199	246357	241589	105666	126041
5953	8716	2765	341		5562	5493	2918	14478

1-B-8 续表 7

行业	单位数(个)	资产总计	流动资产合计	#应收账款	#存货	#产成品
轴承、齿轮和传动部件制造	6	343923	132706	27762	71463	22742
轴承制造	1					
齿轮及齿轮减、变速箱制造	4	336908	128049	25970	69597	22737
其他传动部件制造	1					
烘炉、风机、衡器、包装等设备制造	8	852415	504718	177448	101152	81725
风机、风扇制造	1					
气体、液体分离及纯净设备制造	5	769455	443593	163989	84366	79284
制冷、空调设备制造	2	13941	10956	312	5280	2440
通用零部件制造	1					
紧固件制造	1					
其他通用设备制造业	2	13965	4336	1074	1841	393
其他通用设备制造业	2	13965	4336	1074	1841	393
专用设备制造业	16	611311	463272	97162	189571	38659
采矿、冶金、建筑专用设备制造	4	66366	31830	12454	9636	3886
石油钻采专用设备制造	2	20366	19365	8847	4059	3739
建筑工程用机械制造	1					
海洋工程专用设备制造	1					
化工、木材、非金属加工专用设备制造	1					
炼油、化工生产专用设备制造	1					
农、林、牧、渔专用机械制造	5	144917	103819	15585	38960	22968
拖拉机制造	2	50568	37120	4549	9545	3572
机械化农业及园艺机具制造	3	94350	66700	11036	29415	19396
环保、社会公共服务及其他专用设备制造	6	343995	274941	59022	109636	11804
环境保护专用设备制造	5	330130	271523	58229	109196	11697
水资源专用机械制造	1					
汽车制造业	8	1781623	607056	196084	128532	45562
汽车整车制造	5	1696104	552020	174975	113485	37037
汽车整车制造	5	1696104	552020	174975	113485	37037
改装汽车制造	1					
改装汽车制造	1					

单位：万元

固定资产合计	固定资产原价	累计折旧	#本年折旧	在建工程(个)	负债合计	流动负债合计	#应付账款	所有者权益合计
100591	172162	71571	11027	17212	175796	154581	38684	168127
98794	169306	70512	10763	17197	171267	150052	35161	165641
56933	78494	24673	4410	13539	480045	450294	140893	372369
44964	56149	14292	2921	11724	456309	427092	129577	313145
2384	5611	3232	423	184	5908	5768	2417	8033
7312	8579	1267	354		9372	9372	1779	4593
7312	8579	1267	354		9372	9372	1779	4593
55386	75270	36250	3504	46512	400995	386648	111292	210316
4466	3629	985	297	22152	44711	44711	29286	21655
899	1279	379	62		11850	11850	3897	8516
19926	34516	14994	1552	10263	113797	107548	22826	31120
2234	12177	9944	359	10156	36720	36256	14055	13848
17692	22339	5051	1193	108	77077	71292	8770	17272
28006	28292	14426	1077	14097	198334	190237	49575	145661
20416	28182	14424	1075	6613	189193	185776	47873	140937
598525	667277	157400	46612	56656	1272277	713343	298767	509346
588304	637443	137786	45901	47222	1220598	685608	280740	475506
588304	637443	137786	45901	47222	1220598	685608	280740	475506

1-B-8 续表 8

行　业	单位数(个)	资产总计	流动资产合　计	#应收账款	#存　货	#产成品
汽车零部件及配件制造	2	67802	42363	17331	8674	7079
汽车零部件及配件制造	2	67802	42363	17331	8674	7079
铁路、船舶、航空航天和其他运输设备制造业	11	1349188	713732	276335	250178	24160
船舶及相关装置制造	8	852090	448961	126252	164681	6391
金属船舶制造	6	829507	441494	124475	163568	5868
船用配套设备制造	2	22583	7468	1777	1113	523
摩托车制造	3	497099	264770	150083	85496	17768
摩托车整车制造	2	375987	209908	118004	82072	17768
摩托车零部件及配件制造	1					
电气机械和器材制造业	22	835507	527605	166869	155899	49841
电机制造	3	160549	102377	29723	53384	23751
发电机及发电机组制造	3	160549	102377	29723	53384	23751
输配电及控制设备制造	9	451561	322711	90784	88825	18828
变压器、整流器和电感器制造	1					
电容器及其配套设备制造	1					
配电开关控制设备制造	5	139540	85155	30173	26681	16230
电力电子元器件制造	1					
其他输配电及控制设备制造	1					
电线、电缆、光缆及电工器材制造	3	14517	11206	4630	3924	3159
电线、电缆制造	3	14517	11206	4630	3924	3159
电池制造	1					
其他电池制造	1					
家用电力器具制造	3	176395	62216	30563	4159	1317
家用空气调节器制造	1					
家用通风电器具制造	1					
家用清洁卫生电器具制造	1					
照明器具制造	3	30536	27259	10452	5146	2615
照明灯具制造	1					
灯用电器附件及其他照明器具制造	2	15595	12896	1466	1082	631
计算机、通信和其他电子设备制造业	23	1298339	947328	195042	412927	53098
计算机制造	3	17876	16731	5602	4430	749
计算机外围设备制造	1					
其他计算机制造	2	12040	10967	2832	3346	

单位：万元

固定资产合计	固定资产原价	累计折旧	#本年折旧	在建工程(个)	负债合计	流动负债合计	#应付账款	所有者权益合计
6061	22188	16127	414	9434	46228	22583	16508	21574
6061	22188	16127	414	9434	46228	22583	16508	21574
409037	639812	231449	35421	16932	874554	766590	274560	474635
334657	508875	174893	28213	4110	692624	605205	156984	159466
324058	493370	169313	27206	4094	678519	597491	156020	150988
10599	15505	5581	1007	16	14105	7714	964	8478
74380	130937	56556	7208	12822	181930	161385	117576	315169
68222	120092	51870	5781	5498	152480	149167	106334	223507
100240	151725	52936	10302	36485	637243	560966	162203	197167
42615	55295	13990	4192	2153	150177	132691	33477	10371
42615	55295	13990	4192	2153	150177	132691	33477	10371
40284	61683	21399	3684	34052	327359	284910	99307	123105
15841	26258	10417	1353	16208	105018	92419	26846	33425
2635	5639	3005	230		10689	10689	5622	3828
2635	5639	3005	230		10689	10689	5622	3828
11510	23339	12127	1431	280	134978	118635	16346	41417
3084	4998	1759	747		13241	13241	7451	17296
2615	3901	1130	353		2595	2595	1585	12999
121455	277057	158595	17272	3241	647252	589939	165257	651087
904	2185	1281	149		4910	4910	3569	12966
846	2069	1223	133		3418	3418	2570	8622

1-B-8 续表 9

行业	单位数(个)	资产总计	流动资产合计	#应收账款	#存货	#产成品
通信设备制造	5	600756	376774	103867	48660	4636
通信系统设备制造	3	247169	103193	19418	880	90
通信终端设备制造	2	353587	273581	84450	47780	4546
广播电视设备制造	1					
广播电视节目制作及发射设备制造	1					
视听设备制造	2	402213	369439	21361	311935	34147
电视机制造	1					
音响设备制造	1					
电子器件制造	8	131259	73013	24659	22732	7731
电子真空器件制造	1					
半导体分立器件制造	2	39665	25485	14053	3858	1606
集成电路制造	2	65748	27620	5168	12689	2495
光电子器件及其他电子器件制造	3	18919	15088	4695	3947	2670
电子元件制造	4	137308	104862	38222	23738	5129
电子元件及组件制造	3	135548	103893	37927	23453	5051
印制电路板制造	1					
仪器仪表制造业	6	74144	60814	18766	18297	11388
通用仪器仪表制造	2	20745	17353	5793	3833	2071
工业自动控制系统装置制造	1					
电工仪器仪表制造	1					
专用仪器仪表制造	2	43442	36556	12091	12982	8049
运输设备及生产用计数仪表制造	1					
导航、气象及海洋专用仪器制造	1					
光学仪器及眼镜制造	2	9958	6905	883	1482	1268
光学仪器制造	2	9958	6905	883	1482	1268
其他制造业	4	868759	182172	15945	16172	1424
日用杂品制造	2	12416	10851	36		
其他日用杂品制造	2	12416	10851	36		

单位：万元

固定资产合计	固定资产原价	累计折旧	#本年折旧	在建工程（个）	负债合计	流动负债合计	#应付账款	所有者权益合计
36302	85518	49216	4252	869	217864	215741	89769	382892
12941	29470	16530	875	6	111988	110346	14257	135182
23361	56048	32686	3377	863	105877	105394	75512	247710
10077	20488	10840	7084		316183	264179	27934	86030
48042	119387	72136	3098	530	63222	61335	17334	68037
10655	15742	5087	915		14677	14140	7642	24988
31858	93920	62563	1543	501	37329	35979	6851	28419
3790	7308	3807	530		8419	8419	2456	10500
25277	46967	23463	2498	1773	41411	40113	25904	95897
24486	45829	23116	2389	1773	40574	39275	25518	94974
9681	17167	7788	1205		34046	33015	11783	40827
1738	3048	1612	246		10383	10158	4390	10362
5791	8803	3014	691		19686	18958	7158	24484
2153	5316	3163	269		3977	3900	236	5980
2153	5316	3163	269		3977	3900	236	5980
227537	267070	41346	10453	361857	655812	248252	69364	212947
1525	2731	1207	269	82	3107	2847		9309
1525	2731	1207	269	82	3107	2847		9309

1-B-8 续表 10

行业	单位数(个)	资产总计	流动资产合计	#应收账款	#存货	#产成品
煤制品制造	2	856343	171320	15909	16172	1424
煤制品制造	2	856343	171320	15909	16172	1424
废弃资源综合利用业	2	26356	7632	819	156	50
非金属废料和碎屑加工处理	2	26356	7632	819	156	50
非金属废料和碎屑加工处理	2	26356	7632	819	156	50
金属制品、机械和设备修理业	3	109365	60319	4853	33131	
通用设备修理	1					
通用设备修理	1					
铁路、船舶、航空航天等运输设备修理	2	104619	56025	2706	32094	
船舶修理	2	104619	56025	2706	32094	
电力、热力、燃气及水生产和供应业	**272**	**49483831**	**9505177**	**1056411**	**1087940**	**27123**
电力、热力生产和供应业	156	40123800	6623621	905043	926912	16217
电力生产	78	19753000	3577897	857377	844942	10478
火力发电	39	11790073	2386533	694787	274282	4401
水力发电	28	1813692	236176	57570	8260	5733
核力发电	3	5945945	928904	101533	561146	
风力发电	7	192453	24572	2795	1082	344
其他电力生产	1					
电力供应	66	19946190	2893494	24630	78053	5679
电力供应	66	19946190	2893494	24630	78053	5679
热力生产和供应	12	424610	152231	23036	3917	60
热力生产和供应	12	424610	152231	23036	3917	60
燃气生产和供应业	21	1807466	568940	48650	95139	4024
燃气生产和供应业	21	1807466	568940	48650	95139	4024
燃气生产和供应业	21	1807466	568940	48650	95139	4024
水的生产和供应业	95	7552565	2312616	102718	65890	6882
自来水生产和供应	74	6304630	2017661	77293	59547	6770
自来水生产和供应	74	6304630	2017661	77293	59547	6770
污水处理及其再生利用	21	1247935	294956	25424	6343	112
污水处理及其再生利用	21	1247935	294956	25424	6343	112

单位：万元

固定资产合计	固定资产原价	累计折旧	#本年折旧	在建工程（个）	负债合计	流动负债合计	#应付账款	所有者权益合计
226012	264339	40139	10184	361774	652706	245406	69364	203638
226012	264339	40139	10184	361774	652706	245406	69364	203638
13305	19566	6261	1320	454	7476	6156	1981	18881
13305	19566	6261	1320	454	7476	6156	1981	18881
13305	19566	6261	1320	454	7476	6156	1981	18881
46148	62394	16246	2269	817	54054	52550	10008	49228
45770	61753	15983	2193	817	51043	49557	7950	47493
45770	61753	15983	2193	817	51043	49557	7950	47493
30377609	**52225722**	**24243480**	**3133419**	**5753082**	**29003441**	**14659878**	**4274444**	**20477137**
25552673	45600865	21768667	2792059	4558232	23442286	11649957	3888034	16681512
13612037	23492710	11155614	1179802	2117257	11792954	4793138	1084068	7960046
8901747	16006626	7346215	799553	202962	6561695	3402358	857522	5228377
1547722	2827229	1301586	92990	29469	1047133	434400	115259	766559
2990706	4413928	2434749	275267	1883524	4072607	939913	103476	1873339
163941	226317	62377	10940	817	106232	14290	6214	86220
11692811	21767996	10504724	1589610	2414355	11340335	6620856	2774936	8605854
11692811	21767996	10504724	1589610	2414355	11340335	6620856	2774936	8605854
247825	340159	108329	22647	26620	308997	235963	29030	115613
247825	340159	108329	22647	26620	308997	235963	29030	115613
895504	1097185	232742	49735	261421	1041870	607898	112844	765596
895504	1097185	232742	49735	261421	1041870	607898	112844	765596
895504	1097185	232742	49735	261421	1041870	607898	112844	765596
3929432	5527671	2242072	291625	933429	4519285	2402023	273566	3030028
3126752	4342461	1776668	218691	801863	3769354	2039364	155005	2532025
3126752	4342461	1776668	218691	801863	3769354	2039364	155005	2532025
802681	1185210	465403	72935	131566	749931	362659	118560	498004
802681	1185210	465403	72935	131566	749931	362659	118560	498004

1-B-8 续表 11

行 业	#实收资本	国家资本	集体资本	法人资本	个人资本
总 计	**17139086**	**8330465**	**59422**	**7682433**	**262545**
采矿业	**62849**	**48372**	**20**	**14457**	
黑色金属矿采选业	17632	17632			
铁矿采选	17632	17632			
铁矿采选	17632	17632			
有色金属矿采选业					
常用有色金属矿采选					
铜矿采选					
非金属矿采选业	38357	23880	20	14457	
土砂石开采	31707	20030	20	11657	
石灰石、石膏开采	15297	3930	20	11347	
建筑装饰用石开采					
耐火土石开采					
粘土及其他土砂石开采					
石棉及其他非金属矿采选	6650	3850		2800	
其他未列明非金属矿采选	6650	3850		2800	
制造业	**8219099**	**1900112**	**49220**	**5368295**	**247787**
农副食品加工业	45154	8302		30234	318
谷物磨制	8650	650		8000	
谷物磨制	8650	650		8000	
饲料加工					
饲料加工					
屠宰及肉类加工	9881	7318		2518	45
牲畜屠宰	3790	1272		2518	
肉制品及副产品加工	6091	6046			45
水产品加工	26623	334		19716	273
水产品冷冻加工	22516			16216	
鱼糜制品及水产品干腌制加工	1607	334		1000	273
鱼油提取及制品制造					
食品制造业	25968	13172	2186	7692	744
焙烤食品制造					
糕点、面包制造					

单位：万元

港澳台资本	外商资本	营业收入	#主营业务收入	营业成本	#主营业务成本	营业税金及附加	#主营业务税金及附加	其他业务利润
379326	424895	93619679	90101805	79449890	76121799	4302555	4290419	176151
		215510	208961	155665	149709	7427	7059	25
		90049	85477	73497	69185	1142	1142	
		90049	85477	73497	69185	1142	1142	
		90049	85477	73497	69185	1142	1142	
		115699	113760	76730	75092	6030	5661	-8
		99651	98336	60496	59428	5889	5521	-62
		53151	51922	31423	30394	4222	3861	-140
		16048	15425	16234	15664	141	141	54
		16048	15425	16234	15664	141	141	54
321556	332129	49607874	46461972	40004682	36987826	4083632	4080834	104150
	6300	366840	357615	327369	322036	848	791	3174
		35490	34413	34487	34049	13	13	322
		35490	34413	34487	34049	13	13	322
		76461	75090	69674	68653	250	241	413
		67551	66442	61976	61152	209	200	285
		8910	8648	7698	7501	41	41	128
	6300	228625	221857	198501	194627	583	536	2439
	6300	208305	202420	182357	179323	562	514	2393
		14586	13812	12736	11960	22	22	
780	1395	158805	154796	121898	118661	906	902	527

1-B-8 续表 12

行业	#实收资本	国家资本	集体资本	法人资本	个人资本
方便食品制造					
速冻食品制造					
乳制品制造					
乳制品制造					
罐头食品制造					
蔬菜、水果罐头制造					
调味品、发酵制品制造					
味精制造					
其他食品制造	11318	5318		5500	
盐加工	6318	5318		1000	
食品及饲料添加剂制造					
其他未列明食品制造					
酒、饮料和精制茶制造业	71431	23229	3000	45202	
酒的制造	71081	22879	3000	45202	
啤酒制造	54048	5846	3000	45202	
黄酒制造	17033	17033			
精制茶加工					
精制茶加工					
烟草制品业	97600			97600	
卷烟制造	97600			97600	
卷烟制造	97600			97600	
纺织业	40380	9460	360	24235	2940
棉纺织及印染精加工	8846	6751			2095
棉纺纱加工	8846	6751			2095
毛纺织及染整精加工	12482			11367	245
毛条和毛纱线加工					
毛织造加工					
丝绢纺织及印染精加工	7308	1008		6299	
缫丝加工					
丝印染精加工					

单位：万元

港澳台资本	外商资本	营业收入	#主营业务收入	营业成本	#主营业务成本	营业税金及附加	#主营业务税金及附加	其他业务利润
	500	54079	50395	37737	34557	295	291	420
		29584	27540	19032	17388	149	145	355
		231535	228433	147125	145164	15035	15000	908
		225130	222066	141232	139293	15032	14997	908
		71803	68883	39948	38025	10523	10488	908
		153327	153183	101285	101268	4509	4509	
		6001959	3748438	2959827	704715	2367598	2367506	
		6001959	3748438	2959827	704715	2367598	2367506	
		6001959	3748438	2959827	704715	2367598	2367506	
	3386	407629	394153	364072	353098	1330	1297	2692
		86688	84550	76803	74828	244	244	111
		86688	84550	76803	74828	244	244	111
	870	66776	58052	58348	49920	242	209	317
		202200	199794	182375	181976	696	696	2256

1-B-8 续表 13

行　业	#实收资本				
		国家资本	集体资本	法人资本	个人资本
针织或钩针编织物及其制品制造	4000		360	3140	300
针织或钩针编织物织造					
针织或钩针编织物印染精加工					
针织或钩针编织品制造					
非家用纺织制成品制造	7744	1700		3428	300
非织造布制造	5476	1700		1773	300
纺织带和帘子布制造					
纺织服装、服饰业	31939	11334	225	19798	85
机织服装制造	27897	7793	225	19298	85
机织服装制造	27897	7793	225	19298	85
针织或钩针编织服装制造					
针织或钩针编织服装制造					
服饰制造					
服饰制造					
皮革、毛皮、羽毛及其制品和制鞋业	650			555	
皮革制品制造					
皮箱、包(袋)制造					
制鞋业					
皮鞋制造					
造纸和纸制品业	78481	10470	22338	25532	12849
造纸	78481	10470	22338	25532	12849
机制纸及纸板制造	78481	10470	22338	25532	12849
印刷和记录媒介复制业	76294	27678		47197	1420
印刷	75994	27378		47197	1420
书、报刊印刷	65599	21923		43157	520
本册印制					
包装装潢及其他印刷	10000	5060		4040	900
装订及印刷相关服务					
装订及印刷相关服务					

单位：万元

港澳台资本	外商资本	营业收入	#主营业务收入	营业成本	#主营业务成本	营业税金及附加	#主营业务税金及附加	其他业务利润
	200	10375	10375	8543	8543	48	48	
	2316	41591	41383	38003	37831	100	100	7
	1703	21492	21283	19035	18863	58	58	7
497		138392	134812	93173	90852	1811	1800	1482
497		115044	111463	78588	76267	1403	1392	1482
497		115044	111463	78588	76267	1403	1392	1482
95		8082	8074	5230	5230	165	165	
	7293	218715	191047	183206	157557	917	841	2010
	7293	218715	191047	183206	157557	917	841	2010
	7293	218715	191047	183206	157557	917	841	2010
		237956	222915	203412	192203	761	563	2641
		235956	220993	202506	191297	746	548	2641
		177561	168022	153278	146880	520	323	2391
		52860	48727	45352	41621	165	165	38

1-B-8 续表 14

行业	#实收资本	国家资本	集体资本	法人资本	个人资本
文教、工美、体育和娱乐用品制造业	2632	585		2000	47
工艺美术品制造	2632	585		2000	47
雕塑工艺品制造					
珠宝首饰及有关物品制造	2396	396		2000	
其他工艺美术品制造					
石油加工、炼焦和核燃料加工业	2213510			2181572	
精炼石油产品制造	2213510			2181572	
原油加工及石油制品制造	2213510			2181572	
化学原料和化学制品制造业	756357	390035	2821	252968	64325
基础化学原料制造	472597	320835		73144	34668
无机碱制造	71000	66794			206
有机化学原料制造	372167	224611		73144	34462
其他基础化学原料制造	29430	29430			
肥料制造					
氮肥制造					
农药制造	53640	9946		23500	20194
化学农药制造	23500			23500	
生物化学农药及微生物农药制造					
涂料、油墨、颜料及类似产品制造	15000	15000			
涂料制造	15000	15000			
合成材料制造	133939	10623		117192	5713
初级形态塑料及合成树脂制造	25339	10623		13092	1213
合成纤维单(聚合)体制造	108600			104100	4500
专用化学产品制造	61181	23275	928	33791	1340
化学试剂和助剂制造	32153	15000		17153	
专项化学用品制造	9876			8577	330
信息化学品制造	15888	6917	928	6880	771
环境污染处理专用药剂材料制造					
其他专用化学产品制造					

单位：万元

港澳台资本	外商资本	营业收入	#主营业务收入	营业成本	#主营业务成本	营业税金及附加	#主营业务税金及附加	其他业务利润
		77811	77634	42700	42697	624	577	174
		77811	77634	42700	42697	624	577	174
		22183	22183	21372	21372	135	135	
31938		15605639	15605580	13252492	13252485	1519050	1519050	51
31938		15605639	15605580	13252492	13252485	1519050	1519050	51
31938		15605639	15605580	13252492	13252485	1519050	1519050	51
45239	969	6945663	6715570	5989811	5807170	38151	38035	45371
43950		5064904	4879162	4613944	4473414	27862	27848	45174
4000		209933	206568	178936	175694	1057	1057	124
39950		4813647	4631320	4399358	4262089	26440	26439	45050
		41324	41274	35650	35630	365	353	
		116988	113678	101248	98134	152	144	110
		73961	72111	66348	64611	43	34	28
		84410	80319	70034	67351	257	257	1407
		84410	80319	70034	67351	257	257	1407
411		1312905	1296321	903355	887468	8211	8211	650
411		106050	89466	94733	78847	313	313	650
		1206855	1206855	808621	808621	7898	7898	
878	969	284351	264474	245023	227782	1062	1000	485
		118415	118121	93124	93124	282	282	295
	969	118899	99703	114461	97456	201	201	40
393		38556	38230	31572	31344	506	506	97

1-B-8 续表 15

行业	#实收资本	国家资本	集体资本	法人资本	个人资本
炸药、火工及焰火产品制造	7000	3209	1894	860	1038
炸药及火工产品制造	7000	3209	1894	860	1038
医药制造业	204762	155847	2000	32549	11303
化学药品原料药制造	128786	112449		5034	11303
化学药品原料药制造	128786	112449		5034	11303
化学药品制剂制造	65631	42423		21400	
化学药品制剂制造	65631	42423		21400	
中药饮片加工	3000	975		2025	
中药饮片加工	3000	975		2025	
中成药生产					
中成药生产					
生物药品制造					
生物药品制造					
化学纤维制造业	72445	59121			
纤维素纤维原料及纤维制造					
人造纤维(纤维素纤维)制造					
合成纤维制造	41593	37296			
锦纶纤维制造	33593	29296			
其他合成纤维制造					
橡胶和塑料制品业	109164	24928	3231	65050	
橡胶制品业	94414	24823	3231	50405	
轮胎制造	94414	24823	3231	50405	
塑料制品业	14750	105		14645	
塑料板、管、型材制造	14150	105		14045	
塑料零件制造					
非金属矿物制品业	1130282	313285	1200	786103	10107
水泥、石灰和石膏制造	605392	275182	1200	315843	8598
水泥制造	604092	274482	1200	315243	8598
石灰和石膏制造	1300	700		600	
石膏、水泥制品及类似制品制造	72540	35431		34747	1509
水泥制品制造	61440	25431		33647	1509
砼结构构件制造	10800	10000		800	
轻质建筑材料制造					

单位：万元

		营业收入	#主营业务收入	营业成本	#主营业务成本	营业税金及附加	#主营业务税金及附加	其他业务利润
港澳台资本	外商资本							
		60099	59794	37486	34334	576	575	-2454
		60099	59794	37486	34334	576	575	-2454
	3062	1204348	1146079	616914	573608	10173	10081	2240
		800983	746262	496872	456500	4931	4890	1744
		800983	746262	496872	456500	4931	4890	1744
	1808	349917	346369	92058	89124	4743	4693	497
	1808	349917	346369	92058	89124	4743	4693	497
		21693	21693	17580	17580	25	25	
		21693	21693	17580	17580	25	25	
	13324	124517	124156	98055	97766	851	851	72
	4297	45142	44796	39570	39281	46	46	58
	4297	35135	34980	30562	30420	36	36	13
	15956	2823260	2782535	2425275	2385997	14789	14782	220
	15956	2768267	2728298	2379111	2340382	14593	14587	113
	15956	2768267	2728298	2379111	2340382	14593	14587	113
		54993	54237	46164	45614	196	196	108
		47858	47309	40033	39603	156	156	108
828	18760	3272188	3180759	2683497	2602730	17455	16526	9501
	4569	2311647	2280214	1914410	1886800	10890	10890	1041
	4569	2296317	2264884	1905908	1878298	10690	10690	1041
		15330	15330	8502	8502	200	200	
828	25	497711	497151	416186	413203	2145	2115	139
828	25	459402	458873	383357	380396	1922	1892	129
		35621	35590	32060	32039	174	174	10

1-B-8 续表 16

行　业	#实收资本	国家资本	集体资本	法人资本	个人资本
砖瓦、石材等建筑材料制造	8000			8000	
防水建筑材料制造					
其他建筑材料制造					
玻璃制品制造					
其他玻璃制品制造					
玻璃纤维和玻璃纤维增强塑料制品制造	431481			420541	
玻璃纤维及制品制造	431481			420541	
耐火材料制品制造					
耐火陶瓷制品及其他耐火材料制造					
黑色金属冶炼和压延加工业	1034656	347472		564431	1869
炼钢					
炼钢					
黑色金属铸造	9200	700		1122	1378
黑色金属铸造	9200	700		1122	1378
钢压延加工	903836	225952		562509	491
钢压延加工	903836	225952		562509	491
铁合金冶炼					
铁合金冶炼					
有色金属冶炼和压延加工业	25953	6703		15625	3500
贵金属冶炼					
金冶炼					
有色金属合金制造					
有色金属合金制造					
有色金属压延加工	19800	1500		14675	3500
铜压延加工	16300			13300	3000
贵金属压延加工					
其他有色金属压延加工	3000	1500		1000	500

单位：万元

港澳台资本	外商资本	营业收入	#主营业务收入	营业成本	#主营业务成本	营业税金及附加	#主营业务税金及附加	其他业务利润
		33555	28648	25612	20414	1042	142	8
	10940	379506	327100	281813	238720	3221	3221	8313
	10940	379506	327100	281813	238720	3221	3221	8313
3000	117884	4051068	3877476	3828921	3659848	12140	12140	5127
	6000	59633	58754	52020	51447	207	207	145
	6000	59633	58754	52020	51447	207	207	145
3000	111884	2695675	2543692	2556261	2405803	5900	5900	2293
3000	111884	2695675	2543692	2556261	2405803	5900	5900	2293
125		1168439	1167739	1136582	1136391	1788	1788	430
125		1151823	1151300	1129214	1129121	1747	1747	430
		1132629	1132156	1116204	1116112	1587	1587	382
		7639	7597	6817	6817	32	32	42

1-B-8 续表 17

行 业	#实收资本	国家资本	集体资本	法人资本	个人资本
金属制品业	72686	36585		31555	2761
结构性金属制品制造	29945	29000			
金属结构制造	29000	29000			
金属门窗制造					
金属工具制造					
手工具制造					
集装箱及金属包装容器制造	4000	2200		1010	790
金属压力容器制造	3000	2200		500	300
金属包装容器制造					
建筑、安全用金属制品制造	29520			28950	570
建筑装饰及水暖管道零件制造					
其他建筑、安全用金属制品制造					
其他金属制品制造	5516	1680		1595	1401
锻件及粉末冶金制品制造					
其他未列明金属制品制造	2156			1595	561
通用设备制造业	387075	75914		230864	40579
锅炉及原动设备制造	117433	64476		16252	1448
锅炉及辅助设备制造					
汽轮机及辅机制造	95651	50535		16252	1448
水轮机及辅机制造	6100	6100			
金属加工机械制造					
金属切削机床制造					
物料搬运设备制造	2400			2400	
轻小型起重设备制造					
电梯、自动扶梯及升降机制造					
泵、阀门、压缩机及类似机械制造	99690	3830		92587	2457
泵及真空设备制造	5130	3830		827	473
气体压缩机械制造	86760			86720	
阀门和旋塞制造					
液压和气压动力机械及元件制造	4800			2816	1984

单位：万元

港澳台资本	外商资本	营业收入	#主营业务收入	营业成本	#主营业务成本	营业税金及附加	#主营业务税金及附加	其他业务利润
840	945	415852	385220	365329	340039	1946	1837	4409
	945	177145	161801	160269	147115	984	877	2176
		170207	154863	152910	139756	971	864	2190
		44032	42960	34194	34015	266	266	892
		35969	34996	27832	27653	175	175	795
		102289	99489	92550	90694	284	282	943
840		81258	70113	72472	62393	207	207	144
		64222	54272	58256	49159	117	117	104
186	39531	1803473	1771952	1456486	1430813	7853	7820	5331
	35257	558140	554638	409790	406585	3486	3457	170
	27416	455531	452227	320335	317145	3339	3310	89
		25727	25529	22999	22985	57	57	81
		86344	86152	80009	79623	395	395	-194
	816	474331	458361	390622	376762	1449	1446	2083
		10763	10384	7194	7128	121	118	315
	40	422428	407116	353902	340151	1078	1078	1561
		27623	27372	19772	19729	174	174	207

1-B-8 续表 18

行业	#实收资本	国家资本	集体资本	法人资本	个人资本
轴承、齿轮和传动部件制造	46433	3029		27701	14503
轴承制造					
齿轮及齿轮减、变速箱制造	41433	329		27701	13403
其他传动部件制造					
烘炉、风机、衡器、包装等设备制造	104641	1902		82561	17734
风机、风扇制造					
气体、液体分离及纯净设备制造	89705	1203		68623	17623
制冷、空调设备制造	1441	699		443	112
通用零部件制造					
紧固件制造					
其他通用设备制造业	3800	1000		2800	
其他通用设备制造业	3800	1000		2800	
专用设备制造业	91755	55183	4831	29951	1789
采矿、冶金、建筑专用设备制造	19000	10500		8500	
石油钻采专用设备制造	3500	3500			
建筑工程用机械制造					
海洋工程专用设备制造					
化工、木材、非金属加工专用设备制造					
炼油、化工生产专用设备制造					
农、林、牧、渔专用机械制造	20311	11070		7451	1789
拖拉机制造	11000	11000			
机械化农业及园艺机具制造	9311	70		7451	1789
环保、社会公共服务及其他专用设备制造	46444	27613	4831	14000	
环境保护专用设备制造	41444	22613	4831	14000	
水资源专用机械制造					
汽车制造业	646902	16878		295558	
汽车整车制造	624146			293558	
汽车整车制造	624146			293558	
改装汽车制造					
改装汽车制造					

单位：万元

港澳台资本	外商资本	营业收入	#主营业务收入	营业成本	#主营业务成本	营业税金及附加	#主营业务税金及附加	其他业务利润
	1200	179017	172134	156390	150252	706	706	716
		169695	163144	147813	141963	673	673	673
186	2257	462079	457780	382896	381024	1776	1776	2314
	2257	407226	403241	342691	340945	1468	1468	2240
186		19614	19368	14932	14805	114	114	75
		12530	12228	10971	10911	39	38	242
		12530	12228	10971	10911	39	38	242
		350180	346202	305063	302583	1632	1608	620
		26320	26085	22465	22282	121	121	52
		14197	14036	11548	11419	88	88	31
		85307	82163	72157	69875	8	8	568
		45905	44783	40113	39235	8	8	244
		39402	37381	32044	30640			324
		174690	174095	151075	151065	1179	1155	
		170329	169734	146865	146854	1174	1151	
235975	98491	1036284	1009674	850226	828438	46472	46265	4376
235975	94613	956945	934481	785489	767036	46155	45954	3809
235975	94613	956945	934481	785489	767036	46155	45954	3809

1-B-8 续表 19

行 业	#实收资本	国家资本	集体资本	法人资本	个人资本
汽车零部件及配件制造	15000	13000		2000	
汽车零部件及配件制造	15000	13000		2000	
铁路、船舶、航空航天和其他运输设备制造业	195388	62600		132438	350
船舶及相关装置制造	131085	22800		107935	350
金属船舶制造	127085	20700		106385	
船用配套设备制造	4000	2100		1550	350
摩托车制造	64303	39800		24503	
摩托车整车制造	40851	39800		1051	
摩托车零部件及配件制造					
电气机械和器材制造业	119269	55152	4228	50106	9519
电机制造	47936	45186		742	2008
发电机及发电机组制造	47936	45186		742	2008
输配电及控制设备制造	44915	8105	3759	27790	5261
变压器、整流器和电感器制造					
电容器及其配套设备制造					
配电开关控制设备制造	12288		2385	8954	949
电力电子元器件制造					
其他输配电及控制设备制造					
电线、电缆、光缆及电工器材制造	3050	1050		2000	
电线、电缆制造	3050	1050		2000	
电池制造					
其他电池制造					
家用电力器具制造	19469		469	16750	2250
家用空气调节器制造					
家用通风电器具制造					
家用清洁卫生电器具制造					
照明器具制造	3574	486		2824	
照明灯具制造					
灯用电器附件及其他照明器具制造	2518	486		2032	
计算机、通信和其他电子设备制造业	396875	124750		182486	83283
计算机制造	7000	5000		1400	600
计算机外围设备制造					
其他计算机制造	5000	5000			

单位：万元

		营业收入	#主营业务收入	营业成本	#主营业务成本	营业税金及附加	#主营业务税金及附加	其他业务利润
港澳台资本	外商资本							
		64871	61260	53732	50689	213	213	567
		64871	61260	53732	50689	213	213	567
		1110854	1077186	968393	935762	12634	12634	2293
		634669	624810	561253	551696	1087	1087	1826
		623927	614152	554170	544614	944	944	1826
		10743	10659	7083	7081	144	144	
		476185	452375	407141	384066	11546	11546	466
		385925	370382	328722	308938	10734	10734	211
	264	693644	616775	592850	526526	2135	1975	4737
		86507	84936	67706	66952	162	162	611
		86507	84936	67706	66952	162	162	611
		337250	295776	279645	245259	1415	1415	3085
		118538	109315	89277	83027	927	927	2973
		45629	45520	41380	41291	95	95	20
		45629	45520	41380	41291	95	95	20
		188161	154538	176076	145038	363	204	987
	264	33459	33401	25547	25512	84	84	23
		11147	11129	7010	7007	63	63	14
2054	4302	741548	724617	631317	622191	4705	4153	5440
		32286	32283	25497	25495	173	173	…
		22635	22635	18847	18847	112	112	

1-B-8 续表 20

行　业	#实收资本	国家资本	集体资本	法人资本	个人资本
通信设备制造	232488	61345		105189	65954
通信系统设备制造	96888	888		95189	811
通信终端设备制造	135600	60457		10000	65143
广播电视设备制造					
广播电视节目制作及发射设备制造					
视听设备制造	29966	15842			13937
电视机制造					
音响设备制造					
电子器件制造	95963	20657		68626	780
电子真空器件制造					
半导体分立器件制造	18801	17233			
集成电路制造	65271			64491	780
光电子器件及其他电子器件制造	8692	224		4135	
电子元件制造	27930	20306		6268	1356
电子元件及组件制造	27330	20000		6178	1152
印制电路板制造					
仪器仪表制造业	27189	17812	2800	6308	
通用仪器仪表制造	7500	2000		5500	
工业自动控制系统装置制造					
电工仪器仪表制造					
专用仪器仪表制造	17800	15000	2800		
运输设备及生产用计数仪表制造					
导航、气象及海洋专用仪器制造					
光学仪器及眼镜制造	1889	812		808	
光学仪器制造	1889	812		808	
其他制造业	209616	5216		204400	
日用杂品制造	2093	2093			
其他日用杂品制造	2093	2093			

单位：万元

		营业收入		营业成本		营业税金及附加		其他业务利润
港澳台资本	外商资本		#主营业务收入		#主营业务成本		#主营业务税金及附加	
		357823	348443	324183	320235	1202	755	2738
		74112	70342	62820	61778	666	232	2719
		283711	278101	261363	258457	536	523	20
	187	142271	137954	121184	118663	2310	2242	1796
1786	4115	80248	79041	55727	54746	492	455	556
1567		31783	31616	18921	18814	239	239	61
		31782	30852	24048	23521	167	167	403
219	4115	12207	12098	9575	9226	48	12	92
		126287	124430	102876	101287	491	491	265
		123299	121442	100458	98868	489	489	265
	269	63283	63054	50271	50122	1032	1017	80
		12768	12732	10218	10201	61	61	19
		46249	46249	37854	37854	873	872	
	269	4266	4074	2199	2068	99	83	61
	269	4266	4074	2199	2068	99	83	61
		275625	275586	253744	251861	355	355	23
		6064	6034	5355	3476	116	115	23
		6064	6034	5355	3476	116	115	23

1-B-8 续表 21

行业	#实收资本	国家资本	集体资本	法人资本	个人资本
煤制品制造	207523	3123		204400	
煤制品制造	207523	3123		204400	
废弃资源综合利用业	5688			5688	
非金属废料和碎屑加工处理	5688			5688	
非金属废料和碎屑加工处理	5688			5688	
金属制品、机械和设备修理业	49000	48400		600	
通用设备修理					
通用设备修理					
铁路、船舶、航空航天等运输设备修理	48400	48400			
船舶修理	48400	48400			
电力、热力、燃气及水生产和供应业	**8857138**	**6381981**	**10182**	**2299682**	**14758**
电力、热力生产和供应业	6502243	4579760	3793	1842920	9687
电力生产	5635390	3830196	3793	1726132	9186
火力发电	3782415	2364009		1362604	2450
水力发电	657108	300655	1873	340049	5300
核力发电	1121338	1121338			
风力发电	69529	44194	1920	18479	1436
其他电力生产					
电力供应	784162	728456		55707	
电力供应	784162	728456		55707	
热力生产和供应	82691	21108		61081	501
热力生产和供应	82691	21108		61081	501
燃气生产和供应业	671437	584839	1349	21213	
燃气生产和供应业	671437	584839	1349	21213	
燃气生产和供应业	671437	584839	1349	21213	
水的生产和供应业	1683458	1217382	5040	435549	5071
自来水生产和供应	1454474	1100305	5040	341378	5071
自来水生产和供应	1454474	1100305	5040	341378	5071
污水处理及其再生利用	228984	117077		94171	
污水处理及其再生利用	228984	117077		94171	

单位：万元

港澳台资本	外商资本	营业收入	#主营业务收入	营业成本	#主营业务成本	营业税金及附加	#主营业务税金及附加	其他业务利润
		269561	269551	248389	248385	240	240	
		269561	269551	248389	248385	240	240	
		25255	25255	10644	10644	352	352	
		25255	25255	10644	10644	352	352	
		25255	25255	10644	10644	352	352	
		49028	48642	40802	40640	126	126	222
		44311	43926	37056	36893	82	82	222
		44311	43926	37056	36893	82	82	222
57770	**92766**	**43796295**	**43430873**	**39289543**	**38984265**	**211495**	**202526**	**71973**
23030	43054	40020650	39751852	35953493	35703545	196362	189961	41487
23030	43054	10788930	10702005	7960730	7915204	87262	85985	24349
17507	35845	9013513	8935541	6811023	6772171	60727	59618	21811
5522	3708	538853	535923	329851	327775	7335	7274	1308
		1199344	1193401	799497	795973	18845	18738	1151
	3501	32597	32517	15830	15829	324	324	79
		28958273	28779765	27777034	27572769	107985	102873	15137
		28958273	28779765	27777034	27572769	107985	102873	15137
		273447	270082	215729	215572	1115	1104	2000
		273447	270082	215729	215572	1115	1104	2000
30741	33295	2412837	2387999	2248284	2238819	5331	4762	7414
30741	33295	2412837	2387999	2248284	2238819	5331	4762	7414
30741	33295	2412837	2387999	2248284	2238819	5331	4762	7414
4000	16417	1362807	1291022	1087765	1041900	9802	7803	23075
	2680	1090620	1023760	843882	801532	9540	7699	20115
	2680	1090620	1023760	843882	801532	9540	7699	20115
4000	13737	272188	267262	243883	240368	263	104	2961
4000	13737	272188	267262	243883	240368	263	104	2961

1-B-8 续表 22

行 业	管理费用	#税 金	财务费用	#利息支出	投资收益
总 计	**2782292**	**136742**	**1166387**	**1376092**	**289217**
采矿业	**31702**	**2021**	**3122**	**3715**	**474**
黑色金属矿采选业	10086	232	684	890	405
铁矿采选	10086	232	684	890	405
铁矿采选	10086	232	684	890	405
有色金属矿采选业					
常用有色金属矿采选					
铜矿采选					
非金属矿采选业	18073	1657	2104	2520	69
土砂石开采	13818	1552	2139	2086	
石灰石、石膏开采	6756	133	2268	2083	
建筑装饰用石开采					
耐火土石开采					
粘土及其他土砂石开采					
石棉及其他非金属矿采选	4255	105	-35	435	69
其他未列明非金属矿采选	4255	105	-35	435	69
制造业	**1793150**	**75698**	**303261**	**456132**	**233596**
农副食品加工业	20309	628	2297	4128	490
谷物磨制	754	30	545	549	
谷物磨制	754	30	545	549	
饲料加工					
饲料加工					
屠宰及肉类加工	3503	86	-585	342	359
牲畜屠宰	3054	34	-929	-3	359
肉制品及副产品加工	450	51	344	344	
水产品加工	15595	458	2355	3238	131
水产品冷冻加工	13026	442	1915	2830	131
鱼糜制品及水产品干腌制加工	846	16	36	36	
鱼油提取及制品制造					
食品制造业	14339	384	1980	1754	93
焙烤食品制造					
糕点、面包制造					

单位：万元

营业利润	营业外收入	#补贴收入	营业外支出	利润总额	应交所得税	利税总额	应付工资总额	本年应交增值税
5418831	**594977**	**317187**	**281199**	**5738635**	**1152742**	**13747906**	**2877018**	**3646345**
10398	**5303**	**4044**	**895**	**14820**	**2653**	**35577**	**24237**	**13698**
3028	832		473	3387	724	8141	6983	3612
3028	832		473	3387	724	8141	6983	3612
3028	832		473	3387	724	8141	6983	3612
7339	4470	4044	409	11416	1924	26161	13694	9084
13135	353	44	127	13376	1924	26846	7560	7949
4189	180	29	75	4293	1037	13149	4530	4995
-5796	4117	4000	282	-1961		-686	6134	1134
-5796	4117	4000	282	-1961		-686	6134	1134
2645950	**316491**	**153894**	**124315**	**2840118**	**560184**	**8831603**	**1767313**	**1878055**
2846	7907	7665	443	10452	1033	16032	36273	4781
-989	185	165	1	-805	5	-785	1343	7
-989	185	165	1	-805	5	-785	1343	7
1974	623	895	97	2642	402	3704	5235	813
1653	599	872	78	2316	402	2715	4695	191
321	24	23	19	326		989	539	622
1397	7091	6606	345	8143	548	12635	28767	3956
1215	6945	6570	319	7841	491	12145	27230	3790
221	38	36	16	242	58	430	1127	167
12367	1123	176	279	13211	2669	20200	21124	6087

1-B-8 续表 23

行业	管理费用	#税金	财务费用	#利息支出	投资收益
方便食品制造					
速冻食品制造					
乳制品制造					
乳制品制造					
罐头食品制造					
蔬菜、水果罐头制造					
调味品、发酵制品制造					
味精制造					
其他食品制造	5538	112	-29	23	
盐加工	2886	90	-9		
食品及饲料添加剂制造					
其他未列明食品制造					
酒、饮料和精制茶制造业	19636	1145	4876	3167	1328
酒的制造	19468	1142	4876	3167	1328
啤酒制造	8405	404	16	97	1
黄酒制造	11064	738	4861	3070	1327
精制茶加工					
精制茶加工					
烟草制品业	167408	5990	-5624	1089	33738
卷烟制造	167408	5990	-5624	1089	33738
卷烟制造	167408	5990	-5624	1089	33738
纺织业	18724	1386	8911	8323	3582
棉纺织及印染精加工	4177	352	3380	3298	18
棉纺纱加工	4177	352	3380	3298	18
毛纺织及染整精加工	3593	142	682	637	1094
毛条和毛纱线加工					
毛织造加工					
丝绢纺织及印染精加工	9046	755	4212	3861	2448
缫丝加工					
丝印染精加工					

单位：万元

营业利润	营业外收入	#补贴收入	营业外支出	利润总额	应交所得税	利税总额	应付工资总额	本年应交增值税
7918	415	82	111	8222	2048	10463	7208	1950
5594	338	82	85	5848	1472	7282	2025	1290
15172	3988	74	1207	17953	4304	47775	29271	14823
15002	3914		1204	17712	4304	47529	29058	14820
543	192		112	623	213	16919	10802	5808
14459	3722		1092	17090	4090	30610	18256	9012
429730	1988	1812	21349	410369	93941	3258524	66880	480649
429730	1988	1812	21349	410369	93941	3258524	66880	480649
429730	1988	1812	21349	410369	93941	3258524	66880	480649
11409	8101	474	584	18948	2929	29860	25219	9612
1122	328	31	132	1317	396	5267	6373	3706
1122	328	31	132	1317	396	5267	6373	3706
3731	523	382	97	4157	813	5720	4591	1354
5903	7227	38	324	12805	1449	17308	10694	3807

1-B-8 续表 24

行 业	管理费用	#税 金	财务费用	#利息支出	投资收益
针织或钩针编织物及其制品制造	841	29	51	18	
针织或钩针编织物织造					
针织或钩针编织物印染精加工					
针织或钩针编织品制造					
非家用纺织制成品制造	1068	108	584	509	22
非织造布制造	795	56	177	108	
纺织带和帘子布制造					
纺织服装、服饰业	35295	270	-2470	420	7
机织服装制造	34303	254	-1139	420	7
机织服装制造	34303	254	-1139	420	7
针织或钩针编织服装制造					
针织或钩针编织服装制造					
服饰制造					
服饰制造					
皮革、毛皮、羽毛及其制品和制鞋业	1343	4	-15	11	
皮革制品制造					
皮箱、包(袋)制造					
制鞋业					
皮鞋制造					
造纸和纸制品业	21560	817	4787	5757	724
造纸	21560	817	4787	5757	724
机制纸及纸板制造	21560	817	4787	5757	724
印刷和记录媒介复制业	11971	425	989	1371	989
印刷	11935	425	1013	1371	989
书、报刊印刷	9196	389	1055	1269	989
本册印制					
包装装潢及其他印刷	2289	32	60	102	
装订及印刷相关服务					
装订及印刷相关服务					

单位：万元

营业利润	营业外收入	#补贴收入	营业外支出	利润总额	应交所得税	利税总额	应付工资总额	本年应交增值税
138	1		5	135	27	398	1520	212
515	22	22	25	534	244	1167	2041	533
493	22	22	25	490	233	733	1369	185
6195	9757	4937	3050	12901	332	29708	39831	15007
-528	8855	4937	266	8061	330	20747	30921	11294
-528	8855	4937	266	8061	330	20747	30921	11294
1276	21	12		1297	111	2057	1124	595
22	571	17	425	168	308	7923	24004	6915
22	571	17	425	168	308	7923	24004	6915
22	571	17	425	168	308	7923	24004	6915
17449	1950	738	283	19116	1320	23928	20883	4249
16996	1944	738	283	18658	1206	23331	20807	4125
12327	1292	738	179	13440	156	16113	16116	2350
3501	637		85	4053	1021	5477	4015	1259

1-B-8 续表 25

行业	管理费用	#税金	财务费用	#利息支出	投资收益
文教、工美、体育和娱乐用品制造业	1315	46	291	277	10
工艺美术品制造	1315	46	291	277	10
雕塑工艺品制造					
珠宝首饰及有关物品制造	322	7	96	88	10
其他工艺美术品制造					
石油加工、炼焦和核燃料加工业	186066	11572	22276	34432	21822
精炼石油产品制造	186066	11572	22276	34432	21822
原油加工及石油制品制造	186066	11572	22276	34432	21822
化学原料和化学制品制造业	260705	9120	59179	74330	21392
基础化学原料制造	149714	6711	40184	48803	11818
无机碱制造	8127	279	4014	4998	
有机化学原料制造	140657	6377	34068	41789	11818
其他基础化学原料制造	931	56	2103	2017	
肥料制造					
氮肥制造					
农药制造	9596	563	4398	4036	749
化学农药制造	5278	318	2110	2056	
生物化学农药及微生物农药制造					
涂料、油墨、颜料及类似产品制造	3908	188	1261	675	
涂料制造	3908	188	1261	675	
合成材料制造	64756	259	9374	16046	1304
初级形态塑料及合成树脂制造	5535	130	968	1259	2
合成纤维单(聚合)体制造	59221	130	8406	14787	1302
专用化学产品制造	15003	1074	3614	4257	408
化学试剂和助剂制造	9570	843	1752	1961	6
专项化学用品制造	1280	195	686	832	
信息化学品制造	3005	22	1131	1411	303
环境污染处理专用药剂材料制造					
其他专用化学产品制造					

单位：万元

营业利润	营业外收入	#补贴收入	营业外支出	利润总额	应交所得税	利税总额	应付工资总额	本年应交增值税
32441	86		26	32511	6654	35572	2834	2484
32441	86		26	32511	6654	35572	2834	2484
12	3		24	2	22	360	355	223
631327	31785	28476	8197	654914	167320	2828592	155513	654629
631327	31785	28476	8197	654914	167320	2828592	155513	654629
631327	31785	28476	8197	654914	167320	2828592	155513	654629
557687	110824	49158	44993	624048	102682	871753	298501	209430
202425	50677	33174	10553	242548	47333	400088	212925	129561
15929	2481		610	17800	22	27564	9447	8707
185023	48145	33174	9904	223264	46949	368576	202559	118743
1473	51		40	1484	362	3949	920	2112
1645	2556		219	3982	279	4140	9362	-93
605	389		58	936		970	4930	-108
5106	88		183	5006		5573	6174	310
5106	88		183	5006		5573	6174	310
322604	15956	15041	738	338322	48824	414808	39180	68275
2529	706	664	121	3615	1494	7209	4106	3281
320074	15250	14377	617	334708	47330	407600	35074	64994
14252	41141	816	32821	22607	5117	27967	15777	4360
11830	30148	643	29917	12061	4172	14737	11292	2394
-192	10799	59	2845	7762	255	8875	1583	912
1250	131	114	51	1364	338	2326	1908	456

1-B-8 续表 26

行业	管理费用	#税金	财务费用	#利息支出	投资收益
炸药、火工及焰火产品制造	16650	214	-349	338	7113
炸药及火工产品制造	16650	214	-349	338	7113
医药制造业	176934	3847	15644	15784	1388
化学药品原料药制造	118854	2903	13496	12954	831
化学药品原料药制造	118854	2903	13496	12954	831
化学药品制剂制造	53194	785	1487	2213	557
化学药品制剂制造	53194	785	1487	2213	557
中药饮片加工	892	83	216	213	
中药饮片加工	892	83	216	213	
中成药生产					
中成药生产					
生物药品制造					
生物药品制造					
化学纤维制造业	8512	287	2378	2923	
纤维素纤维原料及纤维制造					
人造纤维(纤维素纤维)制造					
合成纤维制造	5191	46	1626	2128	
锦纶纤维制造	4622	2	1443	1943	
其他合成纤维制造					
橡胶和塑料制品业	50512	1808	29579	28129	11134
橡胶制品业	47293	1711	29417	27978	11134
轮胎制造	47293	1711	29417	27978	11134
塑料制品业	3219	97	161	152	
塑料板、管、型材制造	3041	70	34	23	
塑料零件制造					
非金属矿物制品业	116614	10455	80725	88808	19833
水泥、石灰和石膏制造	71851	7971	38892	40949	11066
水泥制造	71280	7952	38894	40949	11066
石灰和石膏制造	571	20	-2		
石膏、水泥制品及类似制品制造	15053	418	12691	13814	1387
水泥制品制造	13002	348	12100	12377	902
砼结构构件制造	1892	66	591	1437	485
轻质建筑材料制造					

单位：万元

营业利润	营业外收入	#补贴收入	营业外支出	利润总额	应交所得税	利税总额	应付工资总额	本年应交增值税
10790	300	127	437	10654	1130	17033	13208	5804
10790	300	127	437	10654	1130	17033	13208	5804
138589	11102	1989	8290	141401	26408	232147	135591	80664
59823	8594	1255	6860	61557	12610	102361	78666	35914
59823	8594	1255	6860	61557	12610	102361	78666	35914
74849	1745		1234	75360	12859	121060	50221	41007
74849	1745		1234	75360	12859	121060	50221	41007
1733	2	2	7	1728	425	1960	755	207
1733	2	2	7	1728	425	1960	755	207
12780	505	263	725	12560	3608	20526	7408	7115
-2143	424	193	43	-1763	47	-1046	4572	671
-2233	211		43	-2064	21	-1625	3748	403
153296	7009		12364	147940	33647	208252	144263	45530
151469	6983		12347	146106	33388	204746	140931	44054
151469	6983		12347	146106	33388	204746	140931	44054
1827	26		18	1835	260	3506	3332	1476
1253	17		18	1253	110	2657	2708	1248
293477	50253	41690	10776	332989	65181	499856	169314	150341
226850	34115	28816	9445	251520	53917	363988	101744	101578
220854	33700	28546	9429	245125	52455	356658	101048	100842
5996	414	270	15	6395	1462	7331	696	736
15473	2634	283	1142	17000	3637	38091	27770	18976
12488	1304	276	1088	12738	3274	32298	23545	17668
1367	1328	8	51	2644	-31	3717	4058	899

1-B-8 续表 27

行业	管理费用	#税金	财务费用	#利息支出	投资收益
砖瓦、石材等建筑材料制造	977	38	-593	96	268
防水建筑材料制造					
其他建筑材料制造					
玻璃制品制造					
其他玻璃制品制造					
玻璃纤维和玻璃纤维增强塑料制品制造	25531	1827	29774	33797	7112
玻璃纤维及制品制造	25531	1827	29774	33797	7112
耐火材料制品制造					
耐火陶瓷制品及其他耐火材料制造					
黑色金属冶炼和压延加工业	139038	10992	20445	94952	19959
炼钢					
炼钢					
黑色金属铸造	4138	86	859	1049	
黑色金属铸造	4138	86	859	1049	
钢压延加工	71383	6603	7026	31348	2034
钢压延加工	71383	6603	7026	31348	2034
铁合金冶炼					
铁合金冶炼					
有色金属冶炼和压延加工业	10554	539	4705	15312	-1284
贵金属冶炼					
金冶炼					
有色金属合金制造					
有色金属合金制造					
有色金属压延加工	3559	528	4496	15033	
铜压延加工	3002	506	4619	14996	
贵金属压延加工					
其他有色金属压延加工	364	2	-3	-1	

单位：万元

营业利润	营业外收入	#补贴收入	营业外支出	利润总额	应交所得税	利税总额	应付工资总额	本年应交增值税
14737	83		29	14791	972	17320	2534	2387
35877	13047	12240	158	48765	6588	78387	32207	26402
35877	13047	12240	158	48765	6588	78387	32207	26402
67052	8641	2859	2265	73428	3558	163346	101631	77778
1469	165	141	161	1473	460	3242	4329	1562
1469	165	141	161	1473	460	3242	4329	1562
48765	5621	2718	1358	53028	-438	105412	53216	46483
48765	5621	2718	1358	53028	-438	105412	53216	46483
11258	1734	31	109	12883	2694	19384	8926	4714
10617	1713	31	96	12234	2694	18457	3418	4476
5317	1668		29	6956	1320	11757	2122	3215
141	18	4	63	96	-8	394	864	266

1-B-8 续表 28

行　业	管理费用	#税　金	财务费用	#利息支出	投资收益
金属制品业	26779	930	7634	7482	1112
结构性金属制品制造	6470	269	4376	4011	30
金属结构制造	6350	264	4359	3985	30
金属门窗制造					
金属工具制造					
手工具制造					
集装箱及金属包装容器制造	4780	196	-175	128	1082
金属压力容器制造	4194	196	-77	23	
金属包装容器制造					
建筑、安全用金属制品制造	3594	316	2030	2033	
建筑装饰及水暖管道零件制造					
其他建筑、安全用金属制品制造					
其他金属制品制造	4412	130	1394	1300	
锻件及粉末冶金制品制造					
其他未列明金属制品制造	2826	73	853	766	
通用设备制造业	154599	3081	5276	7988	45671
锅炉及原动设备制造	49460	641	23	618	31411
锅炉及辅助设备制造					
汽轮机及辅机制造	43115	374	-193	270	31411
水轮机及辅机制造	1709	102	54	114	
金属加工机械制造					
金属切削机床制造					
物料搬运设备制造	5273	79	-315		
轻小型起重设备制造					
电梯、自动扶梯及升降机制造					
泵、阀门、压缩机及类似机械制造	39116	632	121	770	138
泵及真空设备制造	2846	107	26	129	77
气体压缩机械制造	30931	425	21	565	
阀门和旋塞制造					
液压和气压动力机械及元件制造	3330	78	61	77	61

单位：万元

营业利润	营业外收入	#补贴收入	营业外支出	利润总额	应交所得税	利税总额	应付工资总额	本年应交增值税
6910	4646	2380	1040	11597	1472	26799	17844	13365
1560	532	88	29	2063	212	9427	6819	6487
1442	92	88	24	1510	194	8711	6148	6337
4476	186	186	44	5699	747	6679	3704	714
3576	186	186	35	3726	522	4317	3092	416
898	134		16	1016		4137	1731	2839
2491	316	205	88	2719	514	4603	3401	1678
2172	203	92	65	2310	453	3366	2203	940
169396	10946	2446	1961	178495	21076	231357	186344	45042
103422	1420	1	982	103860	11588	130729	69336	23412
98828	1263		631	99459	11167	125071	61827	22302
749	38	1	344	443		941	2111	442
431	1518	1239	235	1715	303	5262	14420	3152
26223	1290	754	176	27413	4367	33498	32354	4639
413	183		93	580	174	1715	2126	1017
20189	949	754	70	21068	3197	23794	26167	1648
4121	115		…	4235	613	5756	2828	1346

1-B-8 续表 29

行业	管理费用	#税金	财务费用	#利息支出	投资收益
轴承、齿轮和传动部件制造	15562	748	2612	2633	
轴承制造					
齿轮及齿轮减、变速箱制造	14679	741	2537	2557	
其他传动部件制造					
烘炉、风机、衡器、包装等设备制造	40878	783	2510	3398	14122
风机、风扇制造					
气体、液体分离及纯净设备制造	34209	671	2787	3311	13356
制冷、空调设备制造	1992	32	32	87	
通用零部件制造					
紧固件制造					
其他通用设备制造业	1060	153	67	67	
其他通用设备制造业	1060	153	67	67	
专用设备制造业	27948	1848	5024	5703	787
采矿、冶金、建筑专用设备制造	2565	8	267	202	
石油钻采专用设备制造	1414	1	154		
建筑工程用机械制造					
海洋工程专用设备制造					
化工、木材、非金属加工专用设备制造					
炼油、化工生产专用设备制造					
农、林、牧、渔专用机械制造	7904	1031	2444	2708	787
拖拉机制造	3011	907	512	690	
机械化农业及园艺机具制造	4892	124	1932	2018	787
环保、社会公共服务及其他专用设备制造	16015	751	2310	2793	
环境保护专用设备制造	15713	710	2312	2793	
水资源专用机械制造					
汽车制造业	105883	2436	-4453	8370	1407
汽车整车制造	97308	2357	-4370	8314	1407
汽车整车制造	97308	2357	-4370	8314	1407
改装汽车制造					
改装汽车制造					

单位：万元

营业利润	营业外收入	#补贴收入	营业外支出	利润总额	应交所得税	利税总额	应付工资总额	本年应交增值税
-396	2837	107	-8	2452	529	8681	25630	5523
-91	2733	3	-14	2658	444	8584	24561	5253
37838	3567	81	537	40902	4028	50522	37176	7844
31362	3098	81	470	34023	3306	40973	30626	5482
935	42		68	909	67	1760	1932	738
675	197	170	6	866	99	1180	1210	277
675	197	170	6	866	99	1180	1210	277
-877	2404	364	585	941	1907	14033	25845	11300
-57	144	118	35	52	52	848	2847	676
959	7		14	952	52	1206	1072	167
-1350	267	243	212	-1294	332	-1222	7717	-30
192			73	119	30	191	3880	64
-1542	267	243	139	-1413	302	-1413	3837	-94
-1051	1942	2	338	554	874	8620	9168	6820
-866	1942	2	338	739	874	8800	8817	6910
-42829	25966	4524	667	-17520	2912	51825	62766	23080
-44891	25520	4059	575	-19946	2497	46547	54096	20540
-44891	25520	4059	575	-19946	2497	46547	54096	20540

1-B-8 续表 30

行 业	管理费用	#税 金	财务费用	#利息支出	投资收益
汽车零部件及配件制造	6710	2	-29	25	
汽车零部件及配件制造	6710	2	-29	25	
铁路、船舶、航空航天和其他运输设备制造业	68096	3109	14088	14542	2118
船舶及相关装置制造	47263	2506	14578	13921	61
金属船舶制造	44727	2412	13989	13392	17
船用配套设备制造	2535	94	590	530	43
摩托车制造	20834	603	-490	620	2057
摩托车整车制造	18468	533	665	620	1160
摩托车零部件及配件制造					
电气机械和器材制造业	59827	1841	8919	9415	16587
电机制造	26529	516	4025	4083	-26
发电机及发电机组制造	26529	516	4025	4083	-26
输配电及控制设备制造	22131	826	3986	3930	1391
变压器、整流器和电感器制造					
电容器及其配套设备制造					
配电开关控制设备制造	13990	566	443	473	1391
电力电子元器件制造					
其他输配电及控制设备制造					
电线、电缆、光缆及电工器材制造	1280	107	167	176	
电线、电缆制造	1280	107	167	176	
电池制造					
其他电池制造					
家用电力器具制造	5927	385	813	1140	15222
家用空气调节器制造					
家用通风电器具制造					
家用清洁卫生电器具制造					
照明器具制造	3888	7	-79	24	
照明灯具制造					
灯用电器附件及其他照明器具制造	2094	2	-213	24	
计算机、通信和其他电子设备制造业	67460	1395	4964	10124	29387
计算机制造	3777	24	-14		
计算机外围设备制造					
其他计算机制造	2879	16	-12		

单位：万元

营业利润	营业外收入		营业外支出	利润总额	应交所得税	利税总额	应付工资总额	本年应交增值税
		#补贴收入						
2407	476	466	101	2792	410	4776	5352	1771
2407	476	466	101	2792	410	4776	5352	1771
42276	3988		1402	44862	1942	68963	61390	11467
5419	2013		-144	7576	394	10127	36193	1463
5042	1862		-181	7084	133	9106	34508	1078
377	151		36	492	261	1020	1685	385
36857	1975		1546	37286	1548	58836	25197	10004
24647	1314		1417	24545	898	45070	23239	9791
14403	3554	2036	475	17495	2865	28622	44811	-601
-14526	635	345	43	-13934	14	-12993	9142	-7556
-14526	635	345	43	-13934	14	-12993	9142	-7556
11561	2498	1678	297	13760	2592	20223	22876	3646
7301	1411	650	202	8507	1362	13270	12555	3836
729	119		7	841	84	1491	1816	555
729	119		7	841	84	1491	1816	555
13682	214	9	60	13852	18	15837	7702	1765
2921	87	4	66	2943	149	3929	2851	902
2011	12	4	35	1988		2953	212	902
44686	5813	1107	2186	48347	5982	66085	50900	13585
2173	33	28	30	2176	268	2926	2910	576
655	28	28	29	654	72	907	1934	141

1-B-8 续表 31

行　业	管理费用	#税　金	财务费用	#利息支出	投资收益
通信设备制造	28544	511	-220	4503	27520
通信系统设备制造	8055	131	1700	4441	16407
通信终端设备制造	20490	380	-1920	62	11113
广播电视设备制造					
广播电视节目制作及发射设备制造					
视听设备制造	8568	227	3316	3337	1498
电视机制造					
音响设备制造					
电子器件制造	16985	402	1266	1349	223
电子真空器件制造					
半导体分立器件制造	7835	164	69	68	
集成电路制造	5962	189	1046	1029	74
光电子器件及其他电子器件制造	2000	45	237	243	50
电子元件制造	8643	215	486	795	
电子元件及组件制造	8184	212	460	764	
印制电路板制造					
仪器仪表制造业	5879	203	407	574	153
通用仪器仪表制造	1130	48	184	320	2
工业自动控制系统装置制造					
电工仪器仪表制造					
专用仪器仪表制造	3084	12	239	239	
运输设备及生产用计数仪表制造					
导航、气象及海洋专用仪器制造					
光学仪器及眼镜制造	1665	144	-16	15	151
光学仪器制造	1665	144	-16	15	151
其他制造业	7635	926	10640	10935	
日用杂品制造	3538	8	-257		
其他日用杂品制造	3538	8	-257		

单位：万元

营业利润	营业外收入	#补贴收入	营业外支出	利润总额	应交所得税	利税总额	应付工资总额	本年应交增值税
21290	2637	288	478	23450	536	27426	17318	3221
16301	253	73	244	16309	310	17632	8025	1091
4989	2385	215	233	7141	226	9794	9293	2130
4428	1524	468	146	5807	2347	9271	8401	1223
3268	1108	276	162	4247	631	7857	15213	3154
2769	376	270	16	3163	441	5196	5541	1794
-9	534		118	407	75	1463	7318	889
327	50	6	7	369	67	541	1211	160
13751	153	48	1366	12537	2200	18299	6499	5271
13677	112	20	1365	12424	2196	18166	6226	5253
3330	59	20	174	3217	619	7010	4494	2776
954	33		15	974	232	1512	707	476
1964	6		148	1821	374	4805	2316	2111
412	20	20	11	422	13	693	1472	189
412	20	20	11	422	13	693	1472	189
3408	1500	595	324	4584	695	7155	11528	-20193
-995	1135	317	16	124		1197	2303	958
-995	1135	317	16	124		1197	2303	958

1-B-8 续表 32

行业	管理费用	#税金	财务费用	#利息支出	投资收益
煤制品制造	4098	918	10897	10935	
煤制品制造	4098	918	10897	10935	
废弃资源综合利用业	1438	161	-32		1149
非金属废料和碎屑加工处理	1438	161	-32		1149
非金属废料和碎屑加工处理	1438	161	-32		1149
金属制品、机械和设备修理业	6772	52	-155	35	22
通用设备修理					
通用设备修理					
铁路、船舶、航空航天等运输设备修理	5969	47	-153	37	22
船舶修理	5969	47	-153	37	22
电力、热力、燃气及水生产和供应业	**957439**	**59024**	**860004**	**916246**	**55147**
电力、热力生产和供应业	779937	47364	754722	781253	41829
电力生产	269001	28934	468022	492664	36997
火力发电	194438	21712	314072	325013	13249
水力发电	19113	545	48902	51993	399
核力发电	54109	6559	98091	108645	22810
风力发电	440	53	6716	6757	539
其他电力生产					
电力供应	503087	18001	275741	274543	4620
电力供应	503087	18001	275741	274543	4620
热力生产和供应	7849	429	10959	14046	213
热力生产和供应	7849	429	10959	14046	213
燃气生产和供应业	26027	1840	14570	14718	658
燃气生产和供应业	26027	1840	14570	14718	658
燃气生产和供应业	26027	1840	14570	14718	658
水的生产和供应业	151476	9820	90712	120275	12659
自来水生产和供应	131528	7478	74137	95333	12336
自来水生产和供应	131528	7478	74137	95333	12336
污水处理及其再生利用	19948	2341	16575	24942	323
污水处理及其再生利用	19948	2341	16575	24942	323

单位：万元

营业利润	营业外收入	#补贴收入	营业外支出	利润总额	应交所得税	利税总额	应付工资总额	本年应交增值税
4403	364	278	308	4460	695	5957	9225	-21152
4403	364	278	308	4460	695	5957	9225	-21152
10352	220	52	23	10549	1987	12788	2227	1887
10352	220	52	23	10549	1987	12788	2227	1887
10352	220	52	23	10549	1987	12788	2227	1887
525	52		115	462	27	1534	10577	946
427	43		109	360		1013	9509	571
427	43		109	360		1013	9509	571
2762484	**273184**	**159249**	**155990**	**2883696**	**589905**	**4880725**	**1085468**	**1754592**
2690876	217115	130382	143660	2764579	557432	4664422	889788	1670510
2010791	175194	127418	56185	2130047	394435	2995409	359854	740352
1629031	42473	10449	51238	1620515	316666	2218065	301797	502642
129797	897	57	1043	129652	22796	187254	46333	50328
241829	129463	114912	3891	367401	53903	574349	9148	188210
10039	2046	1689	11	12074	968	15051	1502	-1080
651317	39294	1811	86390	604221	156834	1629838	518785	922398
651317	39294	1811	86390	604221	156834	1629838	518785	922398
28768	2627	1154	1085	30311	6163	39175	11149	7760
28768	2627	1154	1085	30311	6163	39175	11149	7760
96577	2312	554	3473	95417	8036	132533	27147	31851
96577	2312	554	3473	95417	8036	132533	27147	31851
96577	2312	554	3473	95417	8036	132533	27147	31851
-24970	53757	28313	8858	23700	24437	83771	168533	52232
-18497	44726	25491	6858	23134	22915	82882	145850	52014
-18497	44726	25491	6858	23134	22915	82882	145850	52014
-6473	9031	2823	1999	567	1522	889	22683	218
-6473	9031	2823	1999	567	1522	889	22683	218

1-B-9 按地区分组的规模以上国有及

地　　区	单位数(个)	资产总计	流动资产合计	#应收账款	#存　货	#产成品	固定资产合计
全　省	**701**	**90152143**	**30153314**	**4806714**	**7973932**	**1705854**	**43412000**
杭州市	**202**	**20522118**	**10047321**	**1720134**	**3077196**	**734147**	**6837997**
上城区	7	2783553	1783994	113279	1132555	50064	610186
下城区	6	685578	481310	216979	123683	36443	61616
江干区	22	2650625	1454196	217404	416809	248747	766377
拱墅区	11	3398239	1735000	107490	291029	51018	1007848
西湖区	13	646085	196988	24019	14578	5979	286904
滨江区	21	1976011	1086124	194741	432555	91834	433172
萧山区	33	3445617	1222130	331121	317722	121707	1490015
余杭区	32	1374117	590653	183516	114581	28688	629653
桐庐县	7	287882	106460	19243	12243	2967	172789
淳安县	6	121422	43258	4404	6085	2693	65094
建德市	10	335369	100771	18229	10568	1257	213937
富阳市	16	1713569	685025	92913	99580	29026	849655
临安市	18	1104053	561411	196795	105210	63724	250752
宁波市	**99**	**18124720**	**6870390**	**1142380**	**2318494**	**267061**	**9978411**
海曙区	3	392775	151167	2850	703	…	161322
江东区	4	1762406	908982	64160	611987	25251	540836
江北区	5	207463	74321	26255	15360	10104	101278
北仑区	22	5824066	2213719	518096	739693	110755	3202625
镇海区	21	5289452	2108722	330971	818842	112526	2913519
鄞州区	11	281960	56382	18650	5813	1332	212302
象山县	7	1054992	263137	68629	60145	1158	777919
宁海县	8	1791417	380415	70716	48992	4542	1370806
余姚市	9	968298	529617	26471	11804	509	384555
慈溪市	4	385888	116460	9215	1105	56	221725
奉化市	5	166003	67469	6368	4051	827	91525
温州市	**44**	**3512310**	**868494**	**215296**	**53859**	**4373**	**1987787**
鹿城区	7	1150854	239013	32931	11576	194	435105
龙湾区	3	73491	49944	11541	420		18892
瓯海区	1						
洞头县	3	106347	72417	66425	1113	223	23460
永嘉县	4	125168	25358	2087	748	…	74578
平阳县	2	121025	17498	728	918	…	100752

国有控股工业法人单位财务状况

单位：万元

固定资产原价	累计折旧	#本年折旧	在建工程（个）	负债合计	流动负债合计	#应付账款	所有者权益合计
71981068	**32595646**	**4320942**	**7918144**	**51110496**	**32878177**	**9783897**	**39029634**
10078471	**4447924**	**590040**	**1403418**	**11420250**	**8509087**	**2184508**	**9101742**
1083631	595795	61505	162329	618681	527753	263996	2164873
137888	76279	10083	16253	237001	236700	65597	448578
907746	435661	94235	94728	1723979	1342224	429345	926646
2093502	1089998	86488	51586	2165310	1688337	284188	1232929
320393	33821	8066	27489	382002	220820	20375	264084
645822	249421	40057	197485	1127104	832208	236312	848874
2065041	791228	125679	204196	2169772	1522905	437106	1275832
963221	374337	61236	111074	779134	546191	175704	594175
311345	144708	15943	6698	180198	111987	15114	107684
123973	59492	5732	12684	56753	45159	5138	65398
391993	210230	18054	38980	200605	142585	16673	134764
657560	241320	42409	448830	1201683	798182	92939	511885
376357	145634	20554	31080	578031	494037	142023	526022
16488298	**7498640**	**902969**	**759175**	**9636074**	**7792542**	**2663274**	**8482563**
174577	25143	10210	45073	188304	129140	6309	204471
981884	441049	58460	114860	558237	379509	143239	1204169
141390	40111	5141	15477	154216	60337	26311	53247
5985976	2946967	312396	189423	3414067	3083297	895551	2409999
4659162	2304453	267105	231445	2606370	2478967	1192027	2683081
332979	134935	21880	14690	117471	81754	31023	164489
1257853	508771	68461	30635	658392	291920	122833	390518
1898093	595215	89408	54371	1029043	632218	172226	762374
545105	246719	34062	27113	658052	502973	27597	310246
367261	151959	24344	31812	173403	80926	8883	212485
144019	103319	11503	3776	78519	71501	37274	87483
3456867	**1537542**	**191983**	**220828**	**1757333**	**1057884**	**203521**	**1754976**
565212	150314	21883	83113	431923	234968	57954	718931
163034	144637	3552	343	23485	20169	9216	50006
46200	22739	3479	6644	91516	91461	5322	14830
142684	68122	7305	21502	46449	34139	13345	78719
137601	62882	12852	26022	49690	39647	9892	71335

1-B-9 续表 1

地区	单位数(个)	资产总计	流动资产合计	#应收账款	#存货	#产成品	固定资产合计
苍南县	6	233882	88244	2056	3111	1657	124520
文成县	4	45849	12277	886	1008	824	29341
泰顺县	3	51453	7343	203	494		35628
瑞安市	3	153470	27872	746	1053		111082
乐清市	8	1447890	325808	97041	31965	208	1034265
嘉兴市	**78**	**12030497**	**2903842**	**609068**	**897270**	**189567**	**6393284**
南湖区	18	1151348	662761	191605	164784	99723	425226
秀洲区	4	103417	22975	13807	3096	61	69542
嘉善县	8	251007	47108	18156	6544	1127	189361
海盐县	10	6116458	976373	119811	571660	7886	3108696
海宁市	10	529682	99090	12356	14233	7214	307508
平湖市	12	1934471	581164	129616	39721	2372	1295538
桐乡市	16	1944112	514373	123718	97232	71184	997414
湖州市	**56**	**2459605**	**813690**	**222144**	**129447**	**52593**	**1394285**
吴兴区	15	337702	179000	44856	35247	21150	90299
南浔区	1						
德清县	18	434285	148381	47998	34925	18576	177597
长兴县	18	1320277	412067	105701	48253	4230	846385
安吉县	4	364726	72162	22269	10783	8452	279468
绍兴市	**54**	**4821243**	**2116684**	**216664**	**508255**	**166211**	**2094929**
越城区	23	1521666	638511	50429	318212	109789	543789
绍兴县	8	701168	191404	29771	11942	4310	461994
新昌县	6	883274	694917	46684	46183	20842	165541
诸暨市	5	874460	431134	58692	111965	16052	315323
上虞市	9	695832	138455	27451	18677	15220	489136
嵊州市	3	144843	22264	3637	1276		119147
金华市	**39**	**1930660**	**541901**	**85212**	**91634**	**21148**	**1217482**
婺城区	14	344378	171639	12026	37849	9700	108145
武义县	2	100326	14231	506	937	933	73030
浦江县	3	80398	21172	715	9540	4806	55856
磐安县	1						
兰溪市	8	830108	223958	64993	31244	2123	568842
义乌市	4	295225	38161	1456	116	5	237139
东阳市	3	119402	25029	582	226	9	77268
永康市	4	137775	46479	4934	10894	3572	77961

单位：万元

固定资产原价	累计折旧	#本年折旧	在建工程(个)	负债合计	流动负债合计	#应付账款	所有者权益合计
243706	120437	12577	5927	127789	109105	9816	106093
55562	26221	2862	3204	18581	16435	2610	27268
65570	29942	3050	6566	29567	20537	3717	21886
211295	100213	17507	12607	37866	31530	3037	115604
1824567	810763	106856	54901	898983	458411	88445	548907
9599610	**4506800**	**575812**	**2216057**	**7433487**	**2923999**	**625384**	**4590340**
726027	329289	41829	38203	678712	611140	254793	472635
110867	41325	3470	6749	49732	32127	6940	53685
242699	96848	14757	51244	135840	93403	21774	115167
4612196	2516465	286194	1885551	4148155	996592	121410	1968303
440748	167869	31452	89852	275005	142937	28405	248007
2207993	995180	126923	54246	1124794	414776	100796	809677
1259081	359825	71187	90213	1021248	633024	91266	922865
2580512	**1225603**	**105976**	**97474**	**1351251**	**988736**	**184628**	**1120534**
158163	67992	5854	5440	194423	161149	22503	143277
296484	127938	16311	8879	233467	167507	38997	200818
1363436	539389	60826	71761	743127	537261	104407	589332
761846	490174	22923	11018	178737	121559	18399	185989
3151553	**1242084**	**184688**	**281172**	**2411784**	**1420278**	**264046**	**2409459**
741616	326536	33105	142980	691767	451898	74503	829899
833983	358238	49584	31461	534801	226640	33348	166367
282050	121995	30450	9651	140744	113018	32248	742530
475004	189324	26155	30509	514652	463583	67826	359808
642971	182991	36872	58590	444489	119181	45016	251343
175930	63001	8523	7982	85331	45958	11106	59512
2081057	**941297**	**167160**	**122001**	**874446**	**544989**	**126481**	**1045997**
271612	163630	12748	18292	129400	108258	15132	208014
106379	35489	6121	9312	15011	15011	8273	85315
68502	25375	10475	12722	21269	18869	3704	59129
999110	439812	67630	11295	501103	228889	63335	329006
355445	135241	39017	28050	80982	71820	3889	214242
124483	66199	22188	18864	38472	16978	5772	80830
124612	63877	7089	20981	77107	75305	20573	57516

1-B-9 续表 2

地　区	单位数(个)	资产总计	流动资产合　计	#应收账款	#存　货	#产成品	固定资产合　计
衢州市	**26**	**3027492**	**1128095**	**95395**	**171760**	**67527**	**1308909**
柯城区	6	1999040	865661	59378	126262	54082	754478
衢江区	2	33889	26782	5897	3522	2995	5546
常山县	2	180638	27096	5199	9496	686	123178
开化县	2	37449	4882	250	1464	74	29012
龙游县	4	150380	55257	489	3960	2489	72047
江山市	10	626097	148416	24183	27057	7201	324647
舟山市	**27**	**2897090**	**1026998**	**235669**	**390172**	**105109**	**1118907**
定海区	16	1210185	506128	108450	237419	47285	520438
普陀区	6	1541285	498786	123356	142448	51876	522797
岱山县	4	99649	17177	2338	9990	5948	35078
嵊泗县	1						
台州市	**44**	**4734101**	**1285258**	**233203**	**271719**	**84053**	**2629227**
椒江区	11	1426644	355397	42838	115181	55364	563736
黄岩区	5	261355	68295	8714	4207	236	154946
路桥区	5	203380	45932	10331	1205		155245
玉环县	4	1571027	381347	3456	35773		1130853
三门县	1						
天台县	2	257387	29699	3395	685		219230
仙居县	3	34547	8948	150	1583	147	25001
温岭市	6	686309	295962	149712	86927	17838	227040
临海市	7	246902	92531	14601	24931	10468	113773
丽水市	**31**	**1148076**	**180986**	**20937**	**36912**	**14065**	**896898**
莲都区	5	99083	18309	3498	4280	673	59611
青田县	5	708997	79810	10999	9803	3210	618787
缙云县	4	93379	25074	1372	7830	386	54824
遂昌县	6	89712	27783	1442	12868	9795	53213
松阳县	3	38918	5447	181	864		25738
云和县	2	35876	8449	845	177		25814
庆元县	1						
景宁县	2	16553	2169	913	161	…	10730
龙泉市	3	49569	10311	1336	747		38963

单位：万元

固定资产原 价	累计折旧	#本年折旧	在建工程(个)	负债合计	流动负债合 计	#应付账款	所 有 者权益合计
2283685	**949316**	**137331**	**212693**	**1689563**	**1206541**	**174768**	**1337929**
1429468	631754	87238	147458	1145435	841814	108137	853605
11547	6286	991	1571	16286	16263	6755	17603
178873	55695	7768	13476	79833	60174	8383	100806
52203	23190	3320	3334	16613	9668	4521	20836
111000	48607	6565	15104	79694	73689	5000	70686
500595	183784	31449	31751	351702	204934	41972	274395
1618172	**523469**	**80979**	**511286**	**2083598**	**1431982**	**508926**	**813492**
786221	271084	39596	94843	821567	681832	327687	388617
740073	217397	35464	363663	1158501	655198	145193	382784
49377	14319	3220	34016	63800	60826	30513	35849
4396138	**1900417**	**252936**	**229871**	**2223078**	**1546769**	**374409**	**2511023**
1249809	708994	64538	93118	703645	411166	56919	723000
232649	104559	12108	27107	178484	97033	17982	82872
215743	78553	11787	18140	120937	95684	18530	82443
1685097	561599	89064	7702	611995	497695	91512	959033
392068	180958	21277	13801	142580	40111	10263	114806
43092	22446	9723	4033	15908	13708	3701	18639
320439	124918	16889	44332	271047	228023	135324	415262
203173	93340	24288	13070	154797	143179	32439	92104
1271342	**401073**	**56208**	**45075**	**626444**	**315939**	**129157**	**520535**
127632	68111	5575	13956	42466	34495	3368	55521
759142	147363	27916	16839	444770	175357	94762	264227
99939	45116	6768	2032	30895	26915	9037	62484
82233	40205	6382	3249	39850	21719	8478	49862
53485	27752	2451		15200	14876		23718
57295	33526	2026	2245	9272	9018	4898	26604
20484	9754	1264	3201	9781	9541	3896	6772
55437	22769	2821	3554	31223	22131	3956	18345

1-B-9 续表 3

地　　区	#实收资本						
		国家资本	集体资本	法人资本	个人资本	港澳台资本	外商资本
全　省	**17139086**	**8330465**	**59422**	**7682433**	**262545**	**379326**	**424895**
杭州市	**3143595**	**1281425**	**34797**	**1223401**	**137909**	**271738**	**194327**
上城区	176067	102465	5125	67440	1038		
下城区	118295	53824		35561	1494		27416
江干区	182728	62539		96143	2362	597	21088
拱墅区	404078	148713	22338	231220			1808
西湖区	151071	69610		20125	1819	32680	26837
滨江区	541099	312332	2302	141799	84005	661	
萧山区	936082	225367		354721	16365	237315	102313
余杭区	127404	49464	360	68851	7479		1251
桐庐县	50391	38891	1873	9627			
淳安县	28016	13216	2800	12000			
建德市	80500	64224		16277			
富阳市	185763	99753		71853	5200		8958
临安市	162100	41028		97784	18148	484	4656
宁波市	**5588460**	**1837854**	**3000**	**3502399**	**18462**	**99198**	**127547**
海曙区	165309	165309					
江东区	226257	4097		222160			
江北区	31463	31463					
北仑区	1811689	650649		1008486	4706	35938	111909
镇海区	2461641	220270		2180673	2273	49397	9028
鄞州区	39432	3955		23274	900	5600	5703
象山县	246700	224080		20482	639	780	720
宁海县	399368	384368	3000	12000			
余姚市	144391	129181		3492	9758	1960	
慈溪市	26738	21523		5215			
奉化市	35472	2959		26618	187	5522	187
温州市	**1150281**	**637269**	**8575**	**453795**	**1083**		**49559**
鹿城区	662192	520250	3535	124670			13737
龙湾区	37750	36090		1000	660		
瓯海区							
洞头县	6085	334		5478	273		
永嘉县	19978	16478		3350	150		
平阳县	6580	1480		5100			

单位：万元

营业收入	#主营业务收入	营业成本	#主营业务成本	营业税金及附加	#主营业务税金及附加	其他业务利润
93619679	**90101805**	**79449890**	**76121799**	**4302555**	**4290419**	**176151**
19651044	**17874619**	**15677285**	**13902989**	**1668585**	**1665573**	**36643**
4026421	2558548	2016617	547876	1540331	1540063	-287
441483	431409	323798	314903	3047	2970	855
3060300	3017142	2575817	2536507	17743	17555	2271
2306227	2261202	1912992	1873716	29205	28926	4794
242513	241002	217851	216717	603	601	251
2098592	2074065	1902774	1888172	8282	7766	8329
2936619	2863342	2600777	2542124	52240	51170	10960
1190338	1140315	1093993	1047353	4311	4277	3168
197593	196357	169865	169307	1382	1346	452
86627	86187	78869	76924	1290	1252	253
426600	422237	352915	349426	2980	2819	967
1915358	1880209	1810257	1775497	4174	4143	785
722373	702606	620760	564467	2997	2686	3846
29867337	**28822031**	**24459245**	**23448488**	**2366967**	**2366378**	**16647**
197278	193624	165932	165798	592	491	3520
2218798	1426018	1128371	338056	829497	829464	1472
104674	100708	79014	75716	564	564	668
8429025	8253349	7118677	6949403	316154	316145	2954
14515692	14483674	12301425	12273726	1193683	1193645	4174
604371	595972	586782	581055	2142	1966	204
851131	848435	674908	673253	5293	5274	209
1419666	1407448	1004160	997676	12649	12609	1500
742607	730437	678482	673334	3185	3185	684
599511	598409	566337	565766	2326	2177	1101
184585	183959	155156	154704	882	858	162
2899538	**2875553**	**2544232**	**2529533**	**42656**	**42021**	**5167**
189666	184290	142988	140273	3277	2993	108
52386	52284	43130	43130	492	483	
321002	320746	294023	293789	26926	26923	22
152652	152219	147301	146943	779	763	73
151510	149345	146574	144967	632	567	558

1-B-9 续表 4

地 区	#实收资本						
		国家资本	集体资本	法人资本	个人资本	港澳台资本	外商资本
苍南县	34444	30022		4422			
文成县	10280	6572					3708
泰顺县	10199	699		9500			
瑞安市	12000	10000		2000			
乐清市	349696	15344	5040	297467			31845
嘉兴市	**2503539**	**1303004**	**694**	**1132401**	**38643**	**953**	**27845**
南湖区	228905	45267		153697	13110	828	16004
秀洲区	33610	24030		9580			
嘉善县	21716	17496		4016	204		
海盐县	1149715	1138715		6563	4437		
海宁市	98300	27070		50423	20807		
平湖市	472529	30643	225	441577	85		
桐乡市	498764	19784	469	466545		125	11841
湖州市	**487126**	**270746**	**1200**	**204604**	**5497**	**2064**	**3014**
吴兴区	67878	28020		37463	2395		
南浔区							
德清县	52617	16012		28425	3102	2064	3014
长兴县	265578	129658	1200	134719			
安吉县	100054	97057		2997			
绍兴市	**580590**	**352088**	**9217**	**206018**	**2571**	**219**	**10478**
越城区	255250	142173	4385	100049	1595	219	6829
绍兴县	118622	33621		85000			
新昌县	27973	19554		4762	977		2680
诸暨市	34590	22460	4831	7299			
上虞市	112156	102280		8907			969
嵊州市	31999	31999					
金华市	**499151**	**308397**	**20**	**179950**	**5366**	**3095**	**2324**
婺城区	163914	45798	20	112427	250	3095	2324
武义县	11842	11842					
浦江县	23635	23590			45		
磐安县							
兰溪市	222904	183636		39268			
义乌市	45592	15327		25195	5071		
东阳市	5927	5927					
永康市	24400	21340		3060			

单位：万元

营业收入	#主营业务收入	营业成本	#主营业务成本	营业税金及附加	#主营业务税金及附加	其他业务利润
308279	307209	299706	299173	1173	1095	173
30011	29616	20564	20406	311	308	139
39161	38443	33563	31903	417	360	16
389783	388714	384227	383438	1079	1059	281
1263816	1251423	1031202	1024557	7544	7457	3791
5572111	**5429348**	**4471133**	**4364146**	**41399**	**39783**	**33271**
929363	886109	772493	733770	2657	2559	4443
102563	100258	82733	81661	517	517	1233
346770	346185	327485	327074	913	896	175
1428157	1422205	1008383	1004859	19607	19500	1151
525534	512715	498865	489938	1719	1507	5576
1390825	1367302	1070105	1060016	10946	9821	11838
848898	794575	711069	666828	5041	4985	8856
2366015	**2316387**	**2029010**	**1982726**	**16102**	**14653**	**1820**
171833	168257	140162	138010	2289	2267	1065
507320	502551	466414	460028	3568	2533	640
1357312	1318821	1158222	1121748	8110	7721	91
318149	316125	253578	253075	2128	2124	23
2945293	**2892711**	**2546006**	**2513080**	**17519**	**17124**	**11958**
617081	598146	492352	478696	6930	6775	5210
387236	381911	334705	334139	2042	2031	704
421483	419440	316089	314184	2604	2584	-67
810022	804890	761677	759633	3399	3330	2490
555450	538763	496448	486511	1696	1642	3520
154021	149560	144736	139917	849	761	100
2588410	**2570570**	**2329847**	**2315891**	**10496**	**10182**	**3930**
361814	358979	303924	301386	1258	1258	51
131690	131495	126242	126046	576	554	-19
152747	151644	146209	146075	517	477	892
869867	865636	739781	736404	4625	4572	754
523375	518184	486476	482572	1755	1593	1964
226829	224488	220161	218516	716	716	
297294	295989	282371	281355	841	825	244

1-B-9 续表 5

地 区	#实收资本	国家资本	集体资本	法人资本	个人资本	港澳台资本	外商资本
衢州市	**329732**	**272922**		**41208**	**15601**		
柯城区	164083	163814			270		
衢江区	6500			6500			
常山县	56389	56389					
开化县	2116	2116					
龙游县	8070	3304		4765			
江山市	92574	47299		29943	15332		
舟山市	**553188**	**114075**		**412377**	**20436**		**6300**
定海区	206576	104879		81262	20436		
普陀区	326416			320116			6300
岱山县	16803	5803		11000			
嵊泗县							
台州市	**1428102**	**1316212**	**1920**	**92734**	**11676**	**2061**	**3501**
椒江区	256667	225682		21019	9966		
黄岩区	26396	8807		17589			
路桥区	36854	12238		22555		2061	
玉环县	904733	902474		2259			
三门县							
天台县	85987	85987					
仙居县	2711	2401		310			
温岭市	81894	49422	1920	27052			3501
临海市	31847	28187		1950	1710		
丽水市	**286871**	**48023**		**233547**	**5300**		
莲都区	27371	13304		14067			
青田县	187655	12955		170200	4500		
缙云县	28711	2335		26376			
遂昌县	19936	5203		14733			
松阳县	4087	1043		3043			
云和县	6011	6011					
庆元县							
景宁县	2747	1947			800		
龙泉市	8513	3385		5128			

单位：万元

营业收入	#主营业务收入	营业成本	#主营业务成本	营业税金及附加	#主营业务税金及附加	其他业务利润
3070611	**2883654**	**2752254**	**2611876**	**13620**	**13529**	**44848**
2272249	2093534	2061891	1926562	8987	8965	43331
26874	26646	19421	19339	152	148	141
140914	140175	116253	115821	1389	1387	-1
39106	38914	35984	35822	238	235	10
136907	135441	125099	123984	791	742	551
454562	448944	393606	390348	2063	2051	817
2868669	**2843575**	**2602098**	**2582135**	**17679**	**17564**	**6376**
1919596	1908088	1758246	1743399	16033	15983	3603
869910	857148	777733	773141	1221	1173	2439
50669	49876	46172	45713	319	300	334
3964346	**3900324**	**3178788**	**3133321**	**32120**	**31813**	**6660**
955888	928967	675985	662116	6431	6376	3121
231854	228973	202576	200643	906	841	883
204247	203385	191503	191259	767	748	
1228572	1225085	887987	885198	8452	8439	213
103571	102730	90471	89832	1120	1105	
73429	73037	70517	69935	557	533	-248
805370	780804	728098	704553	12310	12246	752
300668	297171	272899	271565	1246	1204	1907
743401	**738141**	**586947**	**581157**	**12120**	**11070**	**-32**
82050	80837	72744	72183	2510	1551	20
242810	242507	146512	146333	1661	1657	-31
138072	136277	120664	119368	4739	4702	369
92843	92542	76085	74638	608	603	-556
38029	37835	35703	35558	339	325	112
50025	49834	44453	44423	412	406	
30232	29868	24766	24502	690	678	
44784	43992	41941	40150	693	679	55

1-B-9 续表 6

地　区	管理费用	#税　金	财务费用	#利息支出	投资收益	营业利润	营业外收入
全　省	**2782292**	**136742**	**1166387**	**1376092**	**289217**	**5418831**	**594977**
杭州市	**841515**	**27266**	**154773**	**258387**	**170485**	**920447**	**154431**
上城区	128034	5007	-6214	1069	29351	293114	2895
下城区	36453	331	66	454	28413	86910	1291
江干区	85643	2702	34145	34062	32313	194110	11646
拱墅区	131475	4716	40324	91205	22102	90114	18821
西湖区	15905	221	2987	7622	4942	-2384	1959
滨江区	71701	2064	17616	22942	31077	103854	8678
萧山区	172627	5211	12893	26595	2548	-1004	42985
余杭区	47803	1303	15677	22672	3033	3400	14990
桐庐县	3781	535	4663	4335		17847	825
淳安县	2659	112	1420	1442		2709	436
建德市	10388	1036	6282	6855	60	46256	4449
富阳市	41650	2715	17324	29966	2523	43277	39985
临安市	93396	1313	7591	9167	14123	42245	5472
宁波市	**586581**	**32233**	**171257**	**229442**	**56115**	**2194679**	**92379**
海曙区	7152	421	-369	202	632	20500	131
江东区	67462	3221	6061	9651	14435	156395	4717
江北区	15001	373	5282	5396		948	1798
北仑区	159259	9079	30833	70580	9321	791118	52794
镇海区	212496	12431	36239	48593	25015	770151	13433
鄞州区	6956	324	1709	2014		5194	5547
象山县	9782	532	26153	25798	22	124876	1160
宁海县	49091	3655	45455	45883	696	289622	1288
余姚市	21813	1023	12977	14113	5400	26400	10103
慈溪市	15929	847	5285	5454	534	7369	1124
奉化市	21640	327	1632	1758	61	2105	285
温州市	**146330**	**16793**	**60125**	**62551**	**601**	**166298**	**10146**
鹿城区	33329	293	9502	10114	27	-957	578
龙湾区	1388	71	726	811		4640	46
瓯海区							
洞头县	4283	1117	447	320		894	90
永嘉县	2167	379	1466	1572	62	1579	436
平阳县	946	85	1446	1472		2015	289

单位：万元

#补贴收入	营业外支出	利润总额	应交所得税	利税总额	应付工资总额	本年应交增值税
317187	**281199**	**5738635**	**1152742**	**13747906**	**2877018**	**3646345**
25975	**81979**	**994361**	**193128**	**3379531**	**878874**	**709612**
1182	14443	281808	66468	2142188	69835	320318
442	630	87571	9265	110691	60587	20151
1221	15806	189949	37063	266368	184670	58848
9	3493	105443	25471	233620	133517	99251
1080	89	-512	1920	4213	10016	4102
2921	2268	110298	4802	151701	50731	33636
4893	5264	37816	11612	157384	153763	59948
8273	3007	15469	6526	49827	56252	28587
437	900	17772	2245	32389	21226	13271
6	214	2931	508	8101	7119	3918
3680	175	50531	10788	76708	34185	23358
1683	34716	48546	10250	76382	43351	23693
148	977	46740	6210	69960	53623	20534
61584	**37008**	**2250054**	**492384**	**5939359**	**511433**	**1321417**
	1539	19092	4410	23670	6438	4088
648	7829	153284	33674	1157131	33811	174383
1654	169	2577	1145	7650	11995	4509
43387	11555	832357	150331	1671181	150209	521168
6035	7637	775955	190001	2374870	186577	405271
832	981	9760	2568	26790	14428	15065
587	484	125552	30671	178394	31253	47568
794	624	290287	73381	394393	34260	91497
7061	5796	30678	4005	63900	21769	30036
581	156	8347	1727	30220	9736	19696
4	238	2167	470	11160	10958	8135
5184	**8346**	**168101**	**45819**	**339568**	**102480**	**129446**
445	155	-534	5091	10794	19100	8334
19	77	4608	1470	10113	1040	5022
61	76	909	354	32772	7532	4940
	84	1932	641	9363	9747	6668
	545	1759	581	8586	4352	6260

1-B-9 续表 7

地　区	管理费用	#税　金	财务费用	#利息支出	投资收益	营业利润	营业外收入
苍南县	19380	11746	677	1383	69	-951	5559
文成县	7640	68	812	760	21	1543	309
泰顺县	504	36	1465	1514		4213	413
瑞安市	914	55	788	829		1651	1238
乐清市	75603	2944	42768	43764	422	151640	1179
嘉兴市	**199998**	**14822**	**211139**	**240409**	**33542**	**594943**	**170465**
南湖区	63305	1875	5104	13545	314	44807	13215
秀洲区	5267	160	2766	2798		9091	974
嘉善县	4291	252	3859	3885		3922	844
海盐县	63754	7079	101477	112143	22810	244624	130168
海宁市	9391	499	9493	9188	749	6373	5308
平湖市	20667	2573	51939	58042	2542	235407	3420
桐乡市	33322	2384	36502	40809	7127	50720	16536
湖州市	**128130**	**7317**	**40122**	**43895**	**2755**	**163700**	**21339**
吴兴区	22293	1817	4204	4660	809	-1352	9964
南浔区							
德清县	37949	966	4719	5730	73	20787	2980
长兴县	62113	4299	19695	21400	1873	97507	8039
安吉县	5286	235	11479	12079		46726	357
绍兴市	**161254**	**8588**	**75822**	**74164**	**4516**	**105171**	**26908**
越城区	51417	2603	14651	13829	2012	27575	6187
绍兴县	18286	3023	23297	23663	10	658	8870
新昌县	36234	584	5063	4856	24	48088	1137
诸暨市	19948	1274	13743	13910	2448	8251	9102
上虞市	23383	800	15054	13983	16	17812	1453
嵊州市	11987	304	4014	3923	6	2787	159
金华市	**189203**	**6894**	**33112**	**35172**	**5256**	**132585**	**8455**
婺城区	21049	1116	3139	3829	4000	27555	3574
武义县	2324	15	-12	18	161	4024	246
浦江县	1651	76	358	351		3581	251
磐安县							
兰溪市	13830	1792	25650	26313		79061	1848
义乌市	64989	2541	1489	1978	938	8690	1026
东阳市	35508	196	-46	28	157	4235	1018
永康市	27055	1110	2190	2395		5328	408

单位：万元

#补贴收入	营业外支出	利润总额	应交所得税	利税总额	应付工资总额	本年应交增值税
4165	615	3993	1199	16394	8809	11305
30	184	1668	842	5115	6512	3139
	109	4516	1022	7491	4054	2615
300	171	2718	1081	14241	6984	10465
155	6331	146491	33533	224613	34081	70665
143280	**11251**	**754298**	**140174**	**1159952**	**194287**	**365835**
10734	1164	56858	8813	73855	65042	14438
642	165	9900	2505	15513	2556	5095
558	220	4546	1361	15067	8021	9626
115583	4070	370722	55099	586372	17292	196150
515	634	11047	2739	29716	18689	17163
1729	4001	234951	58560	326547	34054	81776
13519	996	66275	11096	112882	48633	41586
14725	**14495**	**170578**	**34207**	**289030**	**130631**	**85320**
7743	203	8410	657	18953	12645	8182
1088	2625	21175	2303	40823	35795	17116
5893	11332	94214	19240	158981	69908	38661
	335	46748	12007	70200	11914	21328
5652	**11132**	**124107**	**29883**	**247952**	**167168**	**89815**
487	5307	28454	7537	57151	58870	21922
319	2840	6699	2642	24304	23114	15573
4098	1681	50693	11274	79140	29773	25863
32	826	16527	2519	43561	24317	23704
717	326	18939	5049	33174	21719	-4313
	152	2794	862	10622	9376	7067
4215	**7038**	**134002**	**18621**	**238569**	**102920**	**93901**
2480	311	30818	4793	44387	31324	12310
29	28	4243	1243	11179	5523	6383
23	23	3809	901	9258	5567	4972
1496	6240	74669	7786	118101	29892	38752
188	60	9655	2124	26667	11641	15043
	40	5212	283	12460	6378	6532
	334	5402	1443	14063	10304	7836

1-B-9 续表 8

地　区	管理费用	#税　金	财务费用	#利息支出	投资收益	营业利润	营业外收入
衢州市	**143447**	**6841**	**47266**	**57267**	**7994**	**75301**	**47084**
柯城区	112648	4960	26994	36179	7758	41543	38547
衢江区	6533	69	66	213		-558	1927
常山县	3342	635	4368	4110		11599	1349
开化县	1372	4	651	650		688	46
龙游县	6213	35	-182	903	7	4102	160
江山市	13339	1138	15369	15212	230	17927	5056
舟山市	**94238**	**6616**	**45001**	**44798**	**1483**	**76805**	**23440**
定海区	41854	3196	20003	19131	1352	69296	9727
普陀区	43478	3292	22938	23529	131	9512	8658
岱山县	1619	58	905	977		-336	2993
嵊泗县							
台州市	**188938**	**8574**	**89222**	**91897**	**4200**	**374839**	**26739**
椒江区	113224	3338	14456	14096	957	49039	14108
黄岩区	20705	580	7955	7798	1185	633	1508
路桥区	3151	154	4855	4688		3291	602
玉环县	13544	3261	49392	49719	2	269596	5861
三门县							
天台县	1475		4677	6231		5906	384
仙居县	588	5	445	465		796	156
温岭市	21421	596	2474	3607	2057	40750	2981
临海市	14831	642	4112	4420		4048	985
丽水市	**102658**	**797**	**26244**	**27437**	**-1039**	**79040**	**3019**
莲都区	11918	212	1111	1538	-66	3007	154
青田县	4982	129	21870	22268		64103	210
缙云县	32236	236	495	572		1731	695
遂昌县	8828	59	853	1119	-1284	3371	314
松阳县	38285	57	375	383		1273	30
云和县	52	27	-3	12		5135	124
庆元县							
景宁县	5228	61	122	128	50	-524	1384
龙泉市	1114	16	1428	1416	261	941	77

单位：万元

#补贴收入	营业外支出	利润总额	应交所得税	利税总额	应付工资总额	本年应交增值税
30046	**9393**	**113492**	**20581**	**202449**	**231324**	**75429**
24482	5291	75298	11963	123755	177880	39491
1194	43	1326	425	2742	7492	1267
	131	12818	3335	22130	9279	7925
74	14	720	170	3004	4925	2049
4	113	4150	614	10933	9575	6041
4292	3802	19180	4075	39886	22172	18655
15381	**6367**	**93878**	**20780**	**183192**	**120581**	**47118**
8741	4921	74102	18483	154559	49972	62250
6570	463	17708	491	22670	50032	-18620
71	717	1941	1772	4890	16041	2649
10520	**19996**	**382304**	**19868**	**580640**	**222164**	**166524**
8730	7854	55400	3713	92468	111249	30693
499	156	2445	288	12061	17341	8774
191	302	3591	-826	10995	7476	6656
70	9426	266031	12425	352045	19038	77575
	65	6225	268	11679	5622	4349
156	-20	1128	478	6086	5335	4425
446	1670	42061	1978	74279	34332	19972
427	464	4569	1203	16400	15908	10627
626	**1321**	**80736**	**15339**	**142251**	**66917**	**49969**
	112	3047	1008	10098	7266	5500
	476	63836	10806	84395	11369	18901
505	201	2226	423	9653	9134	2250
121	149	3536	656	9855	13538	5716
	83	1220	327	5476	4929	3930
	107	5152	1545	9847	4133	4289
	85	775	231	3678	6174	2224
	73	945	144	6476	6655	4852

1-B-10 按轻重工业、规模和登记注册类型分组的规模以上外商

项目	单位数(个)	资产总计	流动资产合计	#应收账款	#存货	#产成品
总计	**6555**	**153826988**	**96308870**	**24647159**	**20744366**	**8160694**
一、按轻重工业分						
轻工业	3494	66210635	42306507	9650629	9649846	3967295
重工业	3061	87616353	54002363	14996531	11094520	4193399
二、按规模分						
大型企业	216	44208848	27671142	7323172	5513223	2516965
中型企业	1345	50114193	32251222	8324677	7247589	2656057
小型企业	4795	55349300	34655453	8661051	7758531	2926597
微型企业	199	4154647	1731054	338260	225023	61075
三、按登记注册类型分						
港澳台商投资	3311	79852362	51626817	11430893	10750527	4393643
与港澳台商合资经营	1842	46813735	29835621	6513163	6017845	2531027
与港澳台商合作经营	51	1148181	641421	142811	166951	55840
港澳台商独资	1366	26873980	17641879	3990810	3867172	1535238
港澳台商投资股份有限公司	48	4972472	3476886	776080	693688	269157
其他港澳台投资	4	43993	31011	8029	4872	2382
外商投资	3244	73974627	44682053	13216266	9993839	3767051
中外合资经营	1786	40207625	24885526	6773632	5283468	2213522
中外合作经营	44	610799	367558	75934	60926	21939
外资企业	1379	30682618	18132215	5876041	4386461	1394515
外商投资股份有限公司	29	1839863	857936	290401	228739	114657
其他外商投资	6	633722	438818	200258	34245	22419

投资和港澳台投资工业法人单位财务状况

单位：万元

固定资产合计	固定资产原价	累计折旧	#本年折旧	在建工程(个)	负债合计	流动负债合计	#应付账款	所有者权益合计
38972294	**60143917**	**24365634**	**3984036**	**4597124**	**85013423**	**77161761**	**20329674**	**68366222**
16030974	25161135	10440870	1644357	1955372	37161155	34236978	7540238	28856608
22941321	34982782	13924765	2339679	2641752	47852268	42924783	12789435	39509615
9571966	15088726	6296001	1069185	1113054	23056839	20489255	8008627	21132958
12722990	19823638	8232843	1307957	1590648	28824833	26945031	6364205	21272774
15022766	22599077	8824189	1471569	1840813	30925172	28586920	5730683	24371790
1654572	2632477	1012601	135325	52610	2206580	1140555	226160	1588701
17660992	27002493	10654001	1792649	2511294	45383803	41203982	9488320	34153682
10258811	15914062	6381780	1075609	1742586	28598154	25758649	5618180	17982656
429853	819127	395544	53538	18003	478270	458685	87155	667146
6438387	9549215	3627608	607565	669930	14313424	13131040	3150474	12486883
522260	698397	239056	54156	80774	1964005	1826400	630393	3002954
11681	21692	10012	1782	1	29950	29209	2118	14043
21311303	33141424	13711633	2191386	2085830	39629620	35957779	10841354	34212540
10833887	16555038	6625608	1106221	980823	22958567	20799140	5516829	17163806
198984	534448	350094	23354	17780	254392	240659	46016	356014
9850859	15342304	6447432	1010775	1054564	15299032	13931468	4927788	15336765
374032	643171	273916	46799	31928	965691	836976	305103	874172
53541	66463	14584	4237	736	151938	149535	45619	481784

1-B-10 续表 1

项 目	#实收资本	国家资本	集体资本	法人资本	个人资本	港澳台资本
总 计	**40495381**	**1678848**	**196631**	**7692222**	**1761801**	**13601628**
一、按轻重工业分						
轻工业	16901126	86435	114279	3715137	727681	6132297
重工业	23594254	1592413	82352	3977085	1034120	7469330
二、按规模分						
大型企业	9298470	240889	38211	2184983	383968	2690339
中型企业	11903862	273912	30442	2393251	544319	4077440
小型企业	17899569	252941	122290	3011311	821149	6632147
微型企业	1393480	911106	5689	102677	12364	201702
三、按登记注册类型分						
港澳台商投资	19460041	350164	92766	4278777	1018366	13392608
与港澳台商合资经营	9979775	60657	81726	3991846	806331	4878178
与港澳台商合作经营	395154	108598	7480	114740	8111	156225
港澳台商独资	8106826	6489		64596	7392	7862408
港澳台商投资股份有限公司	959939	174420	3560	107499	196432	477988
其他港澳台投资	18346			96	100	17809
外商投资	21035340	1328684	103866	3413445	743435	209019
中外合资经营	9562439	1325904	92529	3095596	603557	89698
中外合作经营	184660	2680	1533	96872	9981	
外资企业	10823852		8813	127732	21259	118303
外商投资股份有限公司	373873	101	991	66308	73219	900
其他外商投资	90516			26937	35419	119

单位：万元

外商资本	营业收入	#主营业务收入	营业成本	#主营业务成本	营业税金及附加	#主营业务税金及附加	其他业务利润
15564251	**157993870**	**154125838**	**133399459**	**130020596**	**1051114**	**1034986**	**494330**
6125298	68332839	66554723	57038396	55418486	354990	349839	226288
9438954	89661032	87571115	76361063	74602110	696124	685146	268043
3760080	46832934	45524151	38095727	36861754	247538	246475	130868
4584498	56459640	55168524	48440900	47323616	536779	526897	144856
7059731	52076002	50834395	44749963	43745483	253120	247966	218095
159942	2625294	2598768	2112870	2089742	13678	13647	512
327360	78095095	76312220	66587633	65033731	651798	648068	205751
161038	46589771	45490124	40467349	39499603	492524	490077	137218
	2202096	2193932	1937724	1924167	7073	7059	1195
165941	26230888	25657335	21942371	21454409	132191	130943	57995
40	3053801	2952309	2223973	2139434	19955	19935	9336
341	18539	18521	16217	16118	55	55	7
15236891	79898775	77813618	66811826	64986865	399316	386917	288580
4355155	43273844	42231200	35890673	34975796	211215	201513	161064
73594	718332	711083	600793	597128	3431	3357	3568
10547745	33666219	32764256	28430629	27671882	176537	174878	117899
232355	1684792	1573569	1497545	1370700	5417	4454	4935
28043	555588	533510	392185	371359	2716	2716	1114

1-B-10 续表 2

项目	管理费用	#税金	财务费用	#利息支出	投资收益	营业利润
总计	**7541304**	**352075**	**1886102**	**2329490**	**626301**	**9442497**
一、按轻重工业分						
轻工业	3228491	184865	1033872	1175324	415030	4145902
重工业	4312813	167210	852230	1154166	211271	5296594
二、按规模分						
大型企业	2288748	92400	245339	435706	248116	3884234
中型企业	2574680	128404	665735	812371	130028	2716624
小型企业	2601731	123282	893210	998712	244888	2513265
微型企业	76146	7989	81819	82700	3269	328374
三、按登记注册类型分						
港澳台商投资	3555604	159450	1073015	1332718	252049	4450661
与港澳台商合资经营	1846014	88897	737439	890310	127436	2164332
与港澳台商合作经营	50687	2925	20888	20995	891	167203
港澳台商独资	1451202	62377	298933	384349	81995	1666583
港澳台商投资股份有限公司	206088	5240	14254	35667	41728	453692
其他港澳台投资	1613	10	1501	1397		-1149
外商投资	3985700	192625	813087	996772	374251	4991835
中外合资经营	2065869	86331	588800	661349	249281	3095723
中外合作经营	27496	1459	7583	9804	6082	66203
外资企业	1789536	101168	199594	298819	66219	1669908
外商投资股份有限公司	80346	2855	17695	23754	12432	54705
其他外商投资	22453	813	-585	3045	40237	105296

单位：万元

营业外收入	#补贴收入	营业外支出	利润总额	应交所得税	利税总额	应付工资总额	本年应交增值税
911845	**342156**	**458323**	**10039991**	**1590747**	**15364332**	**9589084**	**4175417**
264983	112401	193165	4263630	704419	6628941	4876905	1981843
646861	229755	265158	5776361	886328	8735391	4712179	2193575
393891	179115	144291	4199359	573733	5645602	2949931	1182467
303565	94889	133549	2927878	484216	5102250	3560745	1610004
203818	67641	148303	2606132	509405	4183387	2993292	1291193
10572	511	32181	306622	23393	433094	85116	91753
525209	169998	201342	4824384	649527	7649831	4435974	2133111
217039	101593	123925	2281126	320049	4105714	2337427	1323122
3308	308	1947	169349	36902	233245	62514	56837
246320	60447	72924	1864682	233566	2666918	1845612	638502
58424	7640	2534	510259	58961	644329	188180	114049
119	11	12	-1032	49	-376	2241	601
386635	172158	256981	5215607	941221	7714501	5153111	2042307
219933	123942	138728	3201263	508125	4662712	2715577	1225876
1671	374	823	73101	17362	102121	29987	25663
159982	45662	108442	1783631	404791	2737152	2306978	743193
4630	1836	3109	57647	8011	88307	75727	26045
420	344	5881	99954	2932	124209	24842	21529

1-B-11 按行业小类分组的规模以上外商投资

行业	单位数(个)	资产总计	流动资产合计	#应收账款	#存货	#产成品
总 计	**6555**	**153826988**	**96308870**	**24647159**	**20744366**	**8160694**
采矿业	**6**	**88687**	**16968**	**4165**	**2203**	**257**
非金属矿采选业	6	88687	16968	4165	2203	257
土砂石开采	6	88687	16968	4165	2203	257
石灰石、石膏开采	1					
建筑装饰用石开采	3	39996	9115	2611	838	28
粘土及其他土砂石开采	2	20738	4141	869	850	227
制造业	**6464**	**148679736**	**94712394**	**24352405**	**20643156**	**8156283**
农副食品加工业	66	1326161	828432	177800	286963	175995
谷物磨制	2	120094	70160	18659	24671	3151
谷物磨制	2	120094	70160	18659	24671	3151
饲料加工	6	64913	45457	9020	10422	2233
饲料加工	6	64913	45457	9020	10422	2233
植物油加工	3	246413	202898	39146	35793	17171
食用植物油加工	3	246413	202898	39146	35793	17171
屠宰及肉类加工	9	149941	78148	18469	32328	18769
牲畜屠宰	1					
肉制品及副产品加工	8	79493	48746	17047	13696	5648
水产品加工	31	534417	314550	56973	139337	111128
水产品冷冻加工	25	504930	293060	51441	130249	103639
鱼糜制品及水产品干腌制加工	5	28406	21092	5439	8858	7361
其他水产品加工	1					
蔬菜、水果和坚果加工	9	104836	63938	19765	24415	15418
蔬菜加工	9	104836	63938	19765	24415	15418
其他农副食品加工	6	105546	53281	15769	19997	8126
淀粉及淀粉制品制造	2	57595	28870	12093	12790	4432
豆制品制造	1					
其他未列明农副食品加工	3	30240	14171	-4	4134	2179
食品制造业	79	2463289	1481701	644546	229413	82682
焙烤食品制造	12	159687	91408	25985	12032	5381
糕点、面包制造	7	108475	56077	20340	8063	4352
饼干及其他焙烤食品制造	5	51213	35331	5645	3969	1028

和港澳台投资工业法人单位财务状况

单位：万元

固定资产合计	固定资产原价	累计折旧	#本年折旧	在建工程（个）	负债合计	流动负债合计	#应付账款	所有者权益合计
38972294	**60143917**	**24365634**	**3984036**	**4597124**	**85013423**	**77161761**	**20329674**	**68366222**
30415	**50476**	**20917**	**3690**	**6209**	**54974**	**49347**	**1701**	**33713**
30415	50476	20917	3690	6209	54974	49347	1701	33713
30415	50476	20917	3690	6209	54974	49347	1701	33713
14448	23892	10300	2253	367	17202	17202	162	22795
7476	13458	5982	385	2151	10800	5172	477	9938
35894637	**55137324**	**22382801**	**3745898**	**4444578**	**82585563**	**75375818**	**20069803**	**65650516**
291981	449501	180847	25597	30404	793430	678537	161229	503647
40784	45533	4750	1443	1676	67221	66071	34753	52873
40784	45533	4750	1443	1676	67221	66071	34753	52873
9173	26401	18709	964	485	42424	35856	9864	22490
9173	26401	18709	964	485	42424	35856	9864	22490
38762	76540	37779	3130	332	183894	183894	34361	62519
38762	76540	37779	3130	332	183894	183894	34361	62519
34094	57724	24142	4794	2591	80647	72254	15576	69294
17658	35413	18267	3135	52	47050	41858	10205	32443
114834	161690	58658	10753	15719	310746	240285	52892	214192
107940	151355	55055	9885	15552	287775	226511	48160	207675
6581	9651	3232	786	167	22481	13285	4659	5924
28102	47626	21922	1990	2409	57347	45925	5926	40787
28102	47626	21922	1990	2409	57347	45925	5926	40787
26234	33987	14888	2523	7192	51152	34253	7859	41493
6648	12026	5378	1013		30088	19689	4958	14606
12570	6748	1313	326	7158	17637	11137	801	12603
661210	966160	347058	56745	45890	1120752	1094277	322519	1342537
46185	106205	60855	5301	1540	62245	56393	23779	97442
35008	75129	40492	4474	442	48109	43656	18877	60366
11177	31076	20363	828	1097	14136	12736	4902	37076

1-B-11 续表 1

行业	单位数(个)	资产总计	流动资产合计	#应收账款	#存货	#产成品
糖果、巧克力及蜜饯制造	8	337256	156391	51554	25524	4824
糖果、巧克力制造	7	301420	121002	51496	25048	4824
蜜饯制作	1					
方便食品制造	10	671896	426868	261859	32685	13837
速冻食品制造	5	144244	96835	33392	19680	7458
方便面及其他方便食品制造	5	527653	330032	228467	13005	6379
罐头食品制造	15	147015	101884	29313	49446	17155
肉、禽类罐头制造	1					
水产品罐头制造	2	23659	16593	4017	8796	2235
蔬菜、水果罐头制造	12	100275	68630	17481	36700	14238
调味品、发酵制品制造	5	107516	71713	28423	25680	2005
酱油、食醋及类似制品制造	2	60152	43053	10387	21483	714
其他调味品、发酵制品制造	3	47364	28660	18036	4197	1290
其他食品制造	29	1039919	633438	247412	84046	39481
营养食品制造	4	68480	32049	5985	11061	1570
保健食品制造	5	126729	59435	24877	8620	2023
冷冻饮品及食用冰制造	3	98226	36823	14377	5300	3649
食品及饲料添加剂制造	16	736618	496758	198416	58960	32240
其他未列明食品制造	1					
酒、饮料和精制茶制造业	55	2589300	1339237	149681	288459	52620
酒的制造	20	855503	349128	42447	175967	17547
白酒制造	1					
啤酒制造	16	817901	323140	40893	160908	16467
黄酒制造	3	22491	16247	1397	9459	1014
饮料制造	30	1697675	965709	97590	102159	34086
碳酸饮料制造	4	194035	109032	7090	22257	14262
瓶(罐)装饮用水制造	1					
果菜汁及果菜汁饮料制造	9	425267	187131	32648	13106	2033

单位：万元

固定资产合计	固定资产原价	累计折旧	#本年折旧	在建工程(个)	负债合计	流动负债合计	#应付账款	所有者权益合计
174925	207815	51460	14225	20065	208772	208744	63290	128484
174543	206621	50648	14130	20065	169561	169561	62239	131859
188937	292142	111222	12996	9886	374615	368096	113926	297282
40539	72450	31911	4501	1873	77620	77620	21614	66623
148397	219692	79311	8495	8014	296994	290476	92313	230658
40104	58962	23196	3653	824	101923	98806	21487	45092
6393	10563	4170	640	1	13810	12896	4414	9849
28144	41123	16897	2045	402	72635	70433	13274	27639
28967	41448	12482	2266	76	50154	49590	5516	57362
12051	15389	3338	711		32108	31605	824	28044
16916	26060	9144	1555	76	18046	17985	4692	29318
182093	259587	87844	18304	13499	323043	312648	94522	716876
26430	40860	14471	3921	2404	38256	38256	5118	30224
31169	49585	18460	3503	1410	42033	42033	5012	84696
32376	51232	18869	2676	395	33501	33498	6368	64726
90656	115223	34820	8125	9291	205463	195071	76018	531155
948568	1629002	708694	85978	31380	1253103	1193774	240403	1310458
416387	716135	317426	28812	14713	523871	494883	80599	331632
407589	689165	299254	27860	14699	512178	483251	77267	305723
4315	9545	5230	421		10808	10746	2509	11683
522880	900798	388049	56482	16311	704382	674991	151080	967555
67826	138675	70850	9346	115	118931	115413	27679	49520
155532	235113	86329	12624	6162	129633	105158	29545	295479

1-B-11 续表 2

行业	单位数(个)	资产总计	流动资产合计	#应收账款	#存货	#产成品
含乳饮料和植物蛋白饮料制造	5	323327	205047	11310	31551	1527
固体饮料制造	2	17520	6892	1469	3006	1628
茶饮料及其他饮料制造	9	710292	443780	44880	30849	13846
精制茶加工	5	36122	24400	9644	10333	988
精制茶加工	5	36122	24400	9644	10333	988
烟草制品业	1					
其他烟草制品制造	1					
其他烟草制品制造	1					
纺织业	753	13619224	8492778	1838593	2056623	871849
棉纺织及印染精加工	317	7872956	4685155	913673	1144735	515384
棉纺纱加工	80	2329290	1558891	268411	442563	218308
棉织造加工	99	2331003	1338236	260221	302872	142180
棉印染精加工	138	3212663	1788029	385041	399300	154895
毛纺织及染整精加工	40	749393	552037	111960	181906	60984
毛条和毛纱线加工	19	378360	288547	68999	128228	44395
毛织造加工	15	290466	211427	33952	33883	11824
毛染整精加工	6	80567	52063	9009	19795	4765
麻纺织及染整精加工	6	63886	40042	6828	12968	5999
麻纤维纺前加工和纺纱	3	22316	14651	2667	5529	1768
麻织造加工	1					
麻染整精加工	2	27022	16267	3599	7180	4229
丝绢纺织及印染精加工	44	557133	373270	130371	118529	39138
缫丝加工	2	5902	3935	1833	1329	250
绢纺和丝织加工	33	504280	342542	118634	106512	35074
丝印染精加工	9	46951	26793	9905	10689	3814
化纤织造及印染精加工	30	420735	239259	68367	68856	35626
化纤织造加工	26	352490	208746	58367	62097	33748
化纤织物染整精加工	4	68245	30513	10000	6759	1877
针织或钩针编织物及其制品制造	160	1999997	1307960	343596	263762	103786
针织或钩针编织物织造	131	1710412	1127908	279375	228046	90188
针织或钩针编织物印染精加工	8	52708	41647	22506	4508	773
针织或钩针编织品制造	21	236877	138404	41716	31208	12826

单位：万元

固定资产合计	固定资产原价	累计折旧	#本年折旧	在建工程(个)	负债合计	流动负债合计	#应付账款	所有者权益合计
86447	129221	43012	12588	7834	108642	107642	33262	214686
9504	10776	1958	768	128	6920	6920	2890	10600
190625	367047	178882	19558	2048	319049	318652	54452	391243
9301	12070	3218	685	356	24850	23900	8724	11271
9301	12070	3218	685	356	24850	23900	8724	11271
3484339	5761906	2535419	414347	322013	7350854	6848201	1209346	6232575
2062812	3544209	1608995	255367	144268	4110019	3758872	666735	3750158
427468	707352	300546	49623	38931	1073560	998738	226559	1250497
517391	990438	496056	71815	35963	1164981	1067020	174578	1162554
1117953	1846419	812393	133929	69374	1871478	1693114	265599	1337107
153728	248836	111778	15321	26362	458957	450393	88623	288956
74308	129503	61654	7235	4558	209790	208361	57988	167090
54872	92461	40282	5900	14003	197951	190816	29017	92515
24549	26873	9842	2186	7802	51216	51216	1618	29352
19638	37873	18871	2259	698	35640	35183	6837	27737
6456	12104	5667	774	80	10923	10923	2048	11393
7772	17718	9946	787		16580	16580	3904	9933
101985	171850	83088	11676	38937	277644	252764	68274	273931
987	2189	1202	97		5758	5758	549	144
83488	142485	70750	9530	37338	245213	220333	56288	253510
17510	27176	11136	2048	1600	26673	26672	11437	20278
147316	227933	94632	17501	18856	242488	230161	38809	177393
114521	182635	77820	13850	14547	198997	186870	32506	153099
32795	45298	16812	3650	4309	43491	43291	6304	24294
460925	722224	304878	50328	59953	1145874	1093305	140081	850176
389045	606674	248703	42415	55797	983885	938956	115938	722670
9388	21199	12288	1357	470	26038	25538	4940	26671
62492	94351	43887	6557	3686	135952	128811	19203	100836

1-B-11 续表 3

行业	单位数(个)	资产总计	流动资产合计	#应收账款	#存货	#产成品
家用纺织制成品制造	89	1101979	795097	132031	138500	66284
床上用品制造	37	265314	175583	40633	38731	9359
毛巾类制品制造	5	232372	178547	26901	37543	24669
窗帘、布艺类产品制造	30	433807	315278	46920	43364	24462
其他家用纺织制成品制造	17	170486	125689	17577	18862	7794
非家用纺织制成品制造	67	853146	499959	131767	127367	44649
非织造布制造	25	262239	139561	47824	41937	12447
绳、索、缆制造	3	14687	6380	962	3461	1007
纺织带和帘子布制造	17	197242	132233	36873	32840	18797
篷、帆布制造	14	124604	97769	16525	28373	6188
其他非家用纺织制成品制造	8	254373	124016	29583	20757	6210
纺织服装、服饰业	791	8794576	6075228	1523053	1476354	675832
机织服装制造	481	5373152	3669662	788935	884822	451387
机织服装制造	481	5373152	3669662	788935	884822	451387
针织或钩针编织服装制造	231	2435490	1781746	563287	456573	177021
针织或钩针编织服装制造	231	2435490	1781746	563287	456573	177021
服饰制造	79	985934	623820	170831	134960	47424
服饰制造	79	985934	623820	170831	134960	47424
皮革、毛皮、羽毛及其制品和制鞋业	242	2769820	2013522	462767	602011	179506
皮革鞣制加工	28	795614	587433	96607	238713	56594
皮革鞣制加工	28	795614	587433	96607	238713	56594
皮革制品制造	87	631738	400030	95886	117907	35445
皮革服装制造	26	178504	131508	25099	27184	8334
皮箱、包(袋)制造	38	290529	162165	42221	51415	16362
皮手套及皮装饰制品制造	10	68933	47461	13888	15918	4733
其他皮革制品制造	13	93772	58896	14678	23390	6016
毛皮鞣制及制品加工	10	87945	64118	22080	32213	9535
毛皮鞣制加工	2	5893	4006	2091	759	176
毛皮服装加工	4	67257	50017	14103	27993	7699
其他毛皮制品加工	4	14795	10096	5886	3461	1660

单位：万元

固定资产合计	固定资产原价	累计折旧	#本年折旧	在建工程（个）	负债合计	流动负债合计	#应付账款	所有者权益合计
224231	342421	147331	29460	17476	632927	600974	101855	458384
69594	104872	44762	6550	8559	159580	150871	26356	113136
26085	38614	12826	3604		148423	148126	32719	83949
89949	141839	64127	14846	2417	229877	209011	21986	185861
38603	57096	25617	4459	6499	95047	92967	20794	75439
313704	466562	165846	32436	15464	447305	426550	98131	405840
109787	175926	70965	11550	6110	113583	101634	38344	148656
7790	9887	2616	555	516	6424	6424	3492	8264
57692	81843	26489	5857	5461	140395	131705	20774	56846
20023	30800	11363	2009	165	82701	82670	17519	41903
118412	168105	54413	12466	3212	104202	104116	18002	150171
1839750	2924393	1172516	167546	162455	4795502	4402571	1208683	3974198
1208611	1872132	710859	99956	103288	2976367	2723514	771349	2376211
1208611	1872132	710859	99956	103288	2976367	2723514	771349	2376211
442081	729152	310767	46653	40482	1204049	1131638	363924	1227140
442081	729152	310767	46653	40482	1204049	1131638	363924	1227140
189058	323109	150890	20937	18684	615086	547419	73410	370847
189058	323109	150890	20937	18684	615086	547419	73410	370847
462768	702096	273427	43303	62665	1784764	1749900	326771	983897
132255	204407	78101	11825	13299	442066	439035	93511	353551
132255	204407	78101	11825	13299	442066	439035	93511	353551
123934	187732	73510	12177	22388	406758	383657	91883	224021
34238	49163	17829	2882	6902	125068	118099	21980	53437
59049	92947	37120	6311	10860	181297	174003	47515	109218
12472	18564	7092	1109	3498	34589	34273	7550	34344
18177	27058	11468	1875	1129	65805	57281	14837	27022
15642	24999	11545	1625	619	52092	52061	15269	35853
1590	3737	2148	194		2794	2794	1188	3099
10515	17925	7742	1108	614	40405	40405	10911	26852
3538	3336	1656	323	5	8894	8863	3171	5901

1-B-11 续表 4

行业	单位数(个)	资产总计	流动资产合计	#应收账款	#存货	#产成品
羽毛(绒)加工及制品制造	27	563548	448149	101846	110425	17628
羽毛(绒)加工	2	37439	32036	12306	11671	2230
羽毛(绒)制品加工	25	526109	416113	89540	98754	15398
制鞋业	90	690976	513793	146349	102754	60305
纺织面料鞋制造	8	50964	32790	15275	7691	2973
皮鞋制造	75	579981	435492	121577	80343	48784
塑料鞋制造	1					
橡胶鞋制造	5	54627	42804	8376	14014	8304
其他制鞋业	1					
木材加工和木、竹、藤、棕、草制品业	75	732319	479968	97933	187788	70242
木材加工	2	15082	7682	814	4745	1400
锯材加工	1					
单板加工	1					
人造板制造	30	257789	170717	42441	80060	28362
胶合板制造	23	177617	116627	23370	56836	18941
纤维板制造	4	36830	22486	5662	11820	4960
其他人造板制造	3	43341	31604	13409	11404	4461
木制品制造	27	345952	219252	37074	83217	34299
建筑用木料及木材组件加工	1					
木门窗、楼梯制造	5	39161	18784	3017	7487	2881
地板制造	13	246606	167342	22265	72396	30886
木制容器制造	1					
软木制品及其他木制品制造	7	19704	7388	1047	3026	399
竹、藤、棕、草等制品制造	16	113496	82317	17604	19767	6181
竹制品制造	12	87217	62917	15117	11249	4501
草及其他制品制造	4	26279	19400	2487	8518	1680
家具制造业	165	3208755	2200531	412437	494180	147418
木质家具制造	55	1098533	738650	124151	160005	58473
木质家具制造	55	1098533	738650	124151	160005	58473

单位：万元

固定资产合计	固定资产原价	累计折旧	#本年折旧	在建工程(个)	负债合计	流动负债合计	#应付账款	所有者权益合计
60323	83836	31898	4981	9306	441639	441044	50826	121909
4354	6575	2221	301		27385	27385	3065	10054
55969	77261	29677	4680	9306	414254	413660	47761	111855
130614	201123	78373	12696	17053	442209	434103	75282	248565
7288	11405	4232	671	5036	22807	22269	7756	28156
113040	170528	65110	10508	8714	381357	373789	58748	198460
8042	15405	7488	1235	3303	35157	35157	8631	19432
169329	271790	117711	16622	10752	395952	386018	75898	334939
3220	4694	1643	280	169	6333	4533	319	8750
60115	115750	62597	7507	3695	121911	116774	19119	134862
39602	65782	28031	3457	1619	85482	80370	12997	91119
8964	37982	29896	3253	135	10046	10022	3197	26784
11549	11986	4670	797	1942	26383	26383	2925	16959
86162	119039	39050	6865	4901	175361	172364	43599	170591
12052	22087	10392	1094	163	17508	17208	1385	21653
62493	82549	23998	5037	2839	126234	124331	18572	120372
10986	13430	4318	698	1874	9199	8404	2148	10505
19832	32307	14422	1969	1987	92347	92347	12861	20736
15294	23821	10381	1508	1894	70822	70822	10660	15983
4538	8486	4041	462	93	21526	21526	2202	4753
695109	965876	354811	58058	88454	2161535	2050256	545726	1042980
251655	354946	138276	20366	34654	800947	747416	123919	297485
251655	354946	138276	20366	34654	800947	747416	123919	297485

1-B-11 续表 5

行业	单位数(个)	资产总计	流动资产合计	#应收账款	#存货	#产成品
竹、藤家具制造	4	436716	325477	33201	35885	5747
竹、藤家具制造	4	436716	325477	33201	35885	5747
金属家具制造	68	968771	674608	144628	176586	48692
金属家具制造	68	968771	674608	144628	176586	48692
塑料家具制造	6	61534	42648	4065	12732	5176
塑料家具制造	6	61534	42648	4065	12732	5176
其他家具制造	32	643202	419149	106393	108973	29330
其他家具制造	32	643202	419149	106393	108973	29330
造纸和纸制品业	98	5008980	2801297	666989	381849	155169
造纸	51	3585290	2038371	367133	267384	117480
机制纸及纸板制造	47	3457051	1961472	352729	257674	113908
手工纸制造	3	122130	75827	14278	9442	3516
加工纸制造	1					
纸制品制造	47	1423690	762926	299856	114466	37688
纸和纸板容器制造	28	1099761	590189	226091	76831	20793
其他纸制品制造	19	323930	172737	73766	37635	16896
印刷和记录媒介复制业	38	782608	522507	132864	77436	37711
印刷	35	753001	507045	124738	76595	37709
书、报刊印刷	1					
本册印制	5	38390	24997	12268	7772	5025
包装装潢及其他印刷	29	688849	470149	109701	67683	32523
装订及印刷相关服务	3	29607	15462	8126	841	1
装订及印刷相关服务	3	29607	15462	8126	841	1
文教、工美、体育和娱乐用品制造业	241	2543890	1651961	357284	555615	196962
文教办公用品制造	49	327598	199680	51103	49889	13829
文具制造	34	207622	120047	28872	29205	6811
笔的制造	11	104842	69104	18064	17603	5682
其他文教办公用品制造	4	15135	10529	4167	3081	1335

单位：万元

固定资产合计	固定资产原价	累计折旧	#本年折旧	在建工程(个)	负债合计	流动负债合计	#应付账款	所有者权益合计
60570	71383	21411	4851	5396	347395	343245	165760	89321
60570	71383	21411	4851	5396	347395	343245	165760	89321
232197	340324	126557	20370	18247	566304	536762	148017	402458
232197	340324	126557	20370	18247	566304	536762	148017	402458
17073	25729	8656	1790		34755	34755	7144	26779
17073	25729	8656	1790		34755	34755	7144	26779
133615	173495	59912	10682	30157	412135	388079	100886	226938
133615	173495	59912	10682	30157	412135	388079	100886	226938
1325789	2252391	985976	121277	398951	2986348	2372995	362417	2012944
874729	1633364	791151	86723	364387	2343340	1824405	221990	1232264
828452	1587538	777410	79824	351013	2242613	1725942	213268	1204751
41739	41320	13257	6504	13343	98308	97645	8321	23822
451061	619027	194825	34554	34564	643008	548590	140427	780681
334139	466790	150304	25337	17575	502225	409785	100466	597534
116922	152238	44521	9217	16989	140783	138806	39961	183146
192634	304309	130903	22907	39624	347034	335302	115352	435469
180510	285751	122532	21453	37739	334599	324697	114879	418297
11293	20768	9637	1791		15062	15062	7478	23328
160159	252517	107117	19019	14669	305891	295991	104936	382853
12124	18558	8371	1455	1884	12435	10606	473	17172
12124	18558	8371	1455	1884	12435	10606	473	17172
598601	873112	336677	51655	60621	1442027	1355652	279812	1100598
82068	140955	62216	8225	9550	212159	206028	29072	115240
54531	87175	35687	5210	9434	140111	134596	17839	67312
23896	47030	23419	2502	113	68204	67587	8600	36638
3641	6750	3110	513	4	3844	3844	2634	11290

1-B-11 续表 6

行业	单位数(个)	资产总计	流动资产合计	#应收账款	#存货	#产成品
乐器制造	10	187808	113075	21446	43227	10211
西乐器制造	7	174450	100667	20488	40286	9450
其他乐器及零件制造	3	13358	12408	958	2942	760
工艺美术品制造	98	1095030	730540	139480	278582	116800
雕塑工艺品制造	10	20703	13895	3386	2307	397
金属工艺品制造	10	61085	39727	6457	5094	995
漆器工艺品制造	2	6290	3288	1454	448	
花画工艺品制造	1					
天然植物纤维编织工艺品制造	8	47823	27925	5742	5675	1922
抽纱刺绣工艺品制造	19	230892	144437	39667	36670	10428
地毯、挂毯制造	7	146798	83442	18537	35899	19525
珠宝首饰及有关物品制造	13	400280	300380	34760	160493	70843
其他工艺美术品制造	28	168271	107462	26571	26324	8219
体育用品制造	36	341161	220316	50730	63346	19664
球类制造	3	17486	14137	4384	4014	1498
体育器材及配件制造	8	60344	35935	17499	10847	2908
训练健身器材制造	16	201188	132781	24458	29652	10319
运动防护用具制造	3	11092	7734	636	3160	728
其他体育用品制造	6	51052	29730	3752	15673	4212
玩具制造	37	387843	248681	71274	61648	22770
玩具制造	37	387843	248681	71274	61648	22770
游艺器材及娱乐用品制造	11	204450	139668	23251	58923	13687
露天游乐场所游乐设备制造	2	27179	17552	4487	452	228
游艺用品及室内游艺器材制造	8	172106	119101	18200	57219	12590
其他娱乐用品制造	1					
石油加工、炼焦和核燃料加工业	10	770206	488312	164058	198378	60163
精炼石油产品制造	10	770206	488312	164058	198378	60163
原油加工及石油制品制造	10	770206	488312	164058	198378	60163
化学原料和化学制品制造业	346	15547379	8622950	1921869	1592448	657879
基础化学原料制造	67	3429831	1667507	250891	242192	111510
无机酸制造	1					

单位：万元

固定资产合计	固定资产原价	累计折旧	#本年折旧	在建工程(个)	负债合计	流动负债合计	#应付账款	所有者权益合计
63900	100643	36788	6525	743	38814	32980	16782	148994
63220	98488	35313	6392	743	36612	30779	16316	137838
681	2156	1475	133		2202	2202	466	11156
232258	305378	121062	17242	30330	627591	576332	70797	466391
5476	9221	3912	569	287	15708	15310	1646	4995
16402	22462	7830	944	3705	35282	35282	5295	25175
2663	4080	1417	221	35	3625	3625	663	2665
8994	13654	4915	704	159	25781	25781	2970	22036
62737	100023	43447	5533	946	126115	125119	9970	104777
57247	51052	20041	3155	21977	98932	98932	14213	47865
28186	40620	12754	2172	86	229738	181835	16626	170543
48431	60013	24617	3616	2560	80802	78840	18081	87055
91506	123268	40492	7681	7065	194680	186762	44633	146464
3086	5265	2179	222		12571	12571	2117	4915
21099	26911	7424	1920	1536	17870	16673	8624	42474
47914	60948	20154	3755	5423	138550	133050	27455	62623
2549	4717	2168	377	97	7634	7634	1188	3458
16859	25426	8567	1408	9	18056	16836	5249	32995
95689	149511	55868	8425	4122	232274	217890	67041	155569
95689	149511	55868	8425	4122	232274	217890	67041	155569
33179	53356	20251	3557	8811	136510	135660	51487	67941
5698	7126	1428	433	975	14893	14893	3719	12285
25402	43653	18325	2948	7836	118601	117751	47711	53505
118953	213556	96283	12723	90299	438516	432287	224903	331690
118953	213556	96283	12723	90299	438516	432287	224903	331690
118953	213556	96283	12723	90299	438516	432287	224903	331690
5298817	7534214	2824545	493346	691694	8734648	7995542	1925666	6809883
1369846	1865676	557972	134465	109814	1940851	1706956	294171	1488974

1-B-11 续表 7

行 业	单位数(个)	资产总计	流动资产合计	#应收账款	#存 货	#产成品
无机碱制造	1					
无机盐制造	8	153960	99269	18973	14235	5472
有机化学原料制造	42	2326056	1141331	159969	186498	92582
其他基础化学原料制造	15	817882	386798	69921	35312	12041
肥料制造	2	21102	19143	2699	3118	1874
复混肥料制造	2	21102	19143	2699	3118	1874
农药制造	8	421839	278968	90117	83657	41425
化学农药制造	7	417928	276490	88867	83339	41327
生物化学农药及微生物农药制造	1					
涂料、油墨、颜料及类似产品制造	78	1517790	1042227	343624	243952	117241
涂料制造	23	341953	243255	79492	38985	15196
油墨及类似产品制造	7	202354	148811	60584	18940	10668
颜料制造	12	264755	143018	34568	41803	23052
染料制造	33	654165	472252	157987	134937	63964
密封用填料及类似品制造	3	54564	34890	10992	9288	4361
合成材料制造	77	6745816	3626451	765898	684301	246266
初级形态塑料及合成树脂制造	52	3587931	1917321	389782	403948	153650
合成橡胶制造	3	93261	36963	5426	6945	760
合成纤维单(聚合)体制造	15	2864573	1586586	346855	251074	81809
其他合成材料制造	7	200052	85582	23834	22335	10048
专用化学产品制造	94	2763748	1488406	414720	240728	84690
化学试剂和助剂制造	41	764058	439084	89954	91635	26137
专项化学用品制造	22	569453	297217	63568	50796	18407
信息化学品制造	14	1222460	629836	224800	58861	19340
环境污染处理专用药剂材料制造	4	57997	45474	15405	10366	1574
动物胶制造	4	88288	49209	11923	21849	15435
其他专用化学产品制造	9	61493	27586	9070	7221	3797
日用化学产品制造	20	647254	500249	53920	94500	54873
肥皂及合成洗涤剂制造	3	68001	34437	5465	13230	5850
化妆品制造	10	408943	342062	10058	55570	34566
香料、香精制造	4	153418	118692	37415	24093	13715
其他日用化学产品制造	3	16891	5057	981	1607	743

单位：万元

固定资产合计	固定资产原价	累计折旧	#本年折旧	在建工程(个)	负债合计	流动负债合计	#应付账款	所有者权益合计
36913	61629	27144	4154	7915	73305	68151	18540	80655
850542	1103623	309592	78171	82874	1426137	1266732	187191	899918
403096	589614	189720	42469	12996	390695	322110	81960	427180
1603	2835	1738	145		10505	10505	2321	10606
1603	2835	1738	145		10505	10505	2321	10606
66723	133786	73512	11271	7761	238369	237782	73666	183470
65291	128252	69404	10994	7761	237863	237615	73513	180065
354799	514681	227492	32866	47855	756734	715531	168531	760779
52573	84383	37155	5823	4924	156311	151367	42557	185365
36104	62377	27968	3711	1408	83638	81673	26147	118716
108189	106413	39091	7057	23783	158272	129795	19566	106482
140328	214752	93433	14243	16917	351504	345687	75009	302661
17604	46757	29845	2032	825	7010	7010	5252	47554
2474667	3665510	1450433	219830	434579	3910035	3571232	1026062	2835630
1386711	2096282	840651	124668	211131	1966363	1813466	466178	1621467
54416	53785	4978	2972	5608	63943	63943	12113	29318
952054	1411414	579062	86418	214838	1734259	1581425	533052	1130314
81486	104029	25742	5772	3001	145471	112399	14720	54531
928694	1136431	399080	82267	71895	1613968	1492148	290466	1147355
266648	346605	90459	19533	11213	492031	417686	47228	271373
137207	232175	96753	18702	23856	252770	240958	35840	316683
455447	455981	176596	35981	34638	760947	734350	186449	459742
10713	19483	8770	1009	147	27137	27137	4094	30859
33080	51526	20269	5028	1769	42672	42672	8479	45616
25599	30662	6233	2013	271	38411	29344	8376	23082
102486	215294	114318	12502	19790	264185	261388	70449	383068
25177	33819	9373	1866	423	38294	38280	2522	29707
34304	91665	57533	5188	18678	186155	183809	54151	222789
32293	76977	45290	4830	682	28181	27743	12862	125237
10711	12834	2122	619	8	11556	11556	915	5335

1-B-11 续表 8

行业	单位数(个)	资产总计	流动资产合计	#应收账款	#存货	#产成品
医药制造业	91	3071627	2017935	548441	622717	257070
化学药品原料药制造	29	684626	340786	89609	132072	59418
化学药品原料药制造	29	684626	340786	89609	132072	59418
化学药品制剂制造	9	1249357	944037	279974	295863	125698
化学药品制剂制造	9	1249357	944037	279974	295863	125698
中药饮片加工	5	47760	28296	3991	10214	2534
中药饮片加工	5	47760	28296	3991	10214	2534
中成药生产	11	376394	240656	50078	61310	24906
中成药生产	11	376394	240656	50078	61310	24906
兽用药品制造	3	10884	8036	1750	2010	577
兽用药品制造	3	10884	8036	1750	2010	577
生物药品制造	20	530021	331386	83818	97814	34964
生物药品制造	20	530021	331386	83818	97814	34964
卫生材料及医药用品制造	14	172585	124739	39221	23435	8974
卫生材料及医药用品制造	14	172585	124739	39221	23435	8974
化学纤维制造业	102	7500687	4537240	627318	877212	443768
纤维素纤维原料及纤维制造	7	925477	545638	55786	89697	43010
人造纤维(纤维素纤维)制造	7	925477	545638	55786	89697	43010
合成纤维制造	95	6575210	3991602	571532	787515	400757
锦纶纤维制造	11	405908	291138	33807	72414	43275
涤纶纤维制造	53	4673914	2866479	407085	537770	282093
腈纶纤维制造	1					
丙纶纤维制造	1					
氨纶纤维制造	12	1031837	505325	64230	113599	38206
其他合成纤维制造	17	379841	275641	52112	49631	28549
橡胶和塑料制品业	319	8040988	4793630	1078211	972782	465371
橡胶制品业	34	3042125	1565966	422595	452389	247637
轮胎制造	6	2854802	1424285	376811	425442	235539

单位：万元

固定资产合计	固定资产原价	累计折旧	#本年折旧	在建工程(个)	负债合计	流动负债合计	#应付账款	所有者权益合计
717397	1004247	331223	64805	73351	1566311	1429246	232424	1483330
261281	352209	106885	24173	24724	315509	277133	59122	353947
261281	352209	106885	24173	24724	315509	277133	59122	353947
245976	323451	93331	20703	31467	797689	763403	79784	451667
245976	323451	93331	20703	31467	797689	763403	79784	451667
11618	16812	6271	680	924	5718	4069	1493	40121
11618	16812	6271	680	924	5718	4069	1493	40121
56427	102747	50510	5416	4177	134528	96921	23561	237955
56427	102747	50510	5416	4177	134528	96921	23561	237955
2181	3882	1701	245		3677	3434	1072	7207
2181	3882	1701	245		3677	3434	1072	7207
99283	140846	48086	10011	11867	192027	185449	51018	337993
99283	140846	48086	10011	11867	192027	185449	51018	337993
40630	64300	24439	3577	192	117162	98838	16373	54440
40630	64300	24439	3577	192	117162	98838	16373	54440
2154573	3148025	1339923	242304	342629	4728624	4301394	860178	2756718
106164	199717	94634	13552	2681	619533	555291	52746	305944
106164	199717	94634	13552	2681	619533	555291	52746	305944
2048408	2948308	1245289	228753	339948	4109091	3746103	807432	2450774
103762	127049	58065	8507	15148	271444	234020	14968	134246
1350835	1866350	784144	155077	300982	3044399	2770091	577739	1618045
474418	757851	323647	52009	19131	551742	509748	199760	480095
90214	127460	39015	8071	4687	197554	189385	15079	178630
2242041	3151535	1346645	251812	201613	4802483	4151412	882018	3231265
1008131	1217964	505684	104379	117620	1815970	1402398	468578	1226155
970506	1146315	468316	99187	113072	1715031	1306580	441738	1139771

1-B-11 续表 9

行业	单位数(个)	资产总计	流动资产合计	#应收账款	#存货	#产成品
橡胶板、管、带制造	9	31001	25411	8239	7961	2010
橡胶零件制造	8	58718	41570	17592	9362	5179
日用及医用橡胶制品制造	3	17917	8896	3250	2991	945
其他橡胶制品制造	8	79687	65804	16703	6634	3965
塑料制品业	285	4998862	3227664	655616	520393	217734
塑料薄膜制造	40	1642870	1049289	83388	105319	49032
塑料板、管、型材制造	39	584839	426086	125054	88138	51721
塑料丝、绳及编织品制造	8	43941	25335	6195	8052	3732
泡沫塑料制造	10	135211	86651	46827	19495	4897
塑料人造革、合成革制造	21	353540	236186	41773	55228	21743
塑料包装箱及容器制造	35	733734	445104	109155	50940	20117
日用塑料制品制造	64	816732	519597	101243	109453	33454
塑料零件制造	30	285388	187029	72036	32706	12797
其他塑料制品制造	38	402608	252388	69945	51063	20241
非金属矿物制品业	155	4298404	2616193	659969	429414	260589
水泥、石灰和石膏制造	5	208906	92197	30547	9758	911
水泥制造	4	205235	89346	29861	9688	852
石灰和石膏制造	1					
石膏、水泥制品及类似制品制造	41	807343	554740	260060	87143	59501
水泥制品制造	32	530951	405876	221466	53000	33925
砼结构构件制造	3	158855	99250	23115	25537	20209
轻质建筑材料制造	5	96436	43838	14588	6602	4312
其他水泥类似制品制造	1					
砖瓦、石材等建筑材料制造	23	1164202	843253	141892	117170	92924
粘土砖瓦及建筑砌块制造	4	57549	21480	9690	2371	1220
建筑陶瓷制品制造	5	968718	756794	109911	92090	80569
建筑用石加工	1					
防水建筑材料制造	4	23144	17488	6556	6859	5389
隔热和隔音材料制造	4	77225	35825	11130	11234	4568
其他建筑材料制造	5	31132	8110	3257	3493	1179

单位：万元

固定资产合计	固定资产原价	累计折旧	#本年折旧	在建工程(个)	负债合计	流动负债合计	#应付账款	所有者权益合计
5177	8801	4392	797	55	16386	16386	7316	14615
15546	34205	18659	2035	822	23908	23867	13806	34810
5106	5282	2367	300	1756	13917	13917	2383	4000
11796	23360	11950	2060	1915	46728	41647	3335	32959
1233910	1933572	840961	147434	83993	2986513	2749014	413441	2005110
512299	712037	289457	53016	10166	1185546	1057180	101735	442107
85355	152697	70152	10865	6075	373839	309450	69716	218953
13805	15655	4413	890	2499	19000	19000	3656	24941
34763	52338	17723	3115	242	67755	65652	26900	67456
100145	162093	71394	12104	8195	255484	249745	26621	97937
171320	314539	152019	28445	16959	253271	247803	47884	480462
129031	221164	100681	16565	8430	457696	447371	71607	359224
83628	143360	63170	9944	2490	156790	151356	29786	128598
103565	159689	71951	12489	28937	217132	201458	35537	185433
997830	1446757	534618	98711	100664	2672914	2049386	544795	1458666
109860	185343	76610	10572	2793	82571	68988	22431	126335
109058	183954	76022	10487	2774	81061	68988	22431	124174
184622	267236	103763	22579	19306	474164	459810	129798	333122
73129	143740	71534	10402	624	326852	322872	91300	204042
56981	57978	7983	7635	6448	97953	94791	33266	60903
39504	40129	13866	2862	12234	46506	39293	4221	49930
150722	238781	91217	16158	5493	860249	783730	243338	303914
30120	38395	9699	2553	1087	38536	26956	3366	18974
74441	134766	60956	9188	594	769884	710847	232524	198834
3977	12165	8294	897	105	9872	9872	2032	13272
31919	39793	8599	2291	724	26913	23099	2935	50312
8124	11224	3371	1060	2979	12435	11139	2574	18698

1-B-11 续表 10

行业	单位数(个)	资产总计	流动资产合计	#应收账款	#存货	#产成品
玻璃制造	4	615695	297838	17457	52787	19737
平板玻璃制造	2	589311	282968	11238	46945	16504
其他玻璃制造	2	26383	14870	6219	5842	3234
玻璃制品制造	41	619498	370126	78784	82659	45839
技术玻璃制品制造	13	297328	184428	40112	39228	23553
日用玻璃制品制造	14	106015	59100	13790	16475	12222
玻璃包装容器制造	3	36060	16061	5161	6963	1634
制镜及类似品加工	4	71845	39621	7284	6749	2395
其他玻璃制品制造	7	108251	70916	12437	13245	6035
玻璃纤维和玻璃纤维增强塑料制品制造	18	512589	267105	68406	45164	26804
玻璃纤维及制品制造	14	472694	252405	65333	36479	20833
玻璃纤维增强塑料制品制造	4	39895	14701	3073	8685	5970
陶瓷制品制造	9	185878	82614	33052	14405	2738
卫生陶瓷制品制造	5	45282	16627	8292	1743	570
特种陶瓷制品制造	4	140596	65987	24759	12662	2168
耐火材料制品制造	10	126792	72378	25785	14033	10702
耐火陶瓷制品及其他耐火材料制造	10	126792	72378	25785	14033	10702
石墨及其他非金属矿物制品制造	4	57501	35943	3987	6296	1434
石墨及碳素制品制造	1					
其他非金属矿物制品制造	3	52566	33528	2468	6060	1373
黑色金属冶炼和压延加工业	87	3319557	2229675	310851	615554	197909
炼钢	1					
炼钢	1					
黑色金属铸造	20	224690	117032	38044	32513	10264
黑色金属铸造	20	224690	117032	38044	32513	10264
钢压延加工	65	3000608	2044814	269101	566194	174041
钢压延加工	65	3000608	2044814	269101	566194	174041
铁合金冶炼	1					
铁合金冶炼	1					

单位：万元

固定资产合计	固定资产原价	累计折旧	#本年折旧	在建工程(个)	负债合计	流动负债合计	#应付账款	所有者权益合计
36229	51983	20398	3225	4492	396988	17905	8325	57380
25509	34792	13927	1807	4478	388112	12229	6040	39873
10719	17191	6472	1417	14	8876	5676	2285	17508
203343	278640	105628	19143	35626	339670	279091	46310	274429
92345	91007	27606	7060	25713	185195	151853	20863	112133
43900	60783	17111	3491	796	52477	50917	10421	50540
13249	17018	3769	750	474	23873	15118	2239	9785
28123	53990	26556	3736	872	11743	11593	4452	60102
25726	55843	30586	4107	7771	66382	49610	8334	41869
220418	305042	106526	19813	25219	310085	269768	45237	202503
198260	277444	100790	18019	24978	274937	234620	41490	197756
22158	27598	5736	1794	242	35148	35148	3748	4747
41073	49374	9281	2399	5191	120068	80974	31286	65810
18473	21369	2897	813		22876	17966	4934	22406
22601	28004	6384	1586	5191	97192	63008	26352	43404
37404	47635	12231	3115	2146	69404	69404	13709	57389
37404	47635	12231	3115	2146	69404	69404	13709	57389
14159	22724	8964	1707	399	19717	19717	4362	37784
12791	21398	8608	1612		16087	16087	4086	36479
920184	1700440	800096	104671	54224	2147194	2044155	246305	1171230
79039	130797	52629	8621	875	112105	111926	19836	112584
79039	130797	52629	8621	875	112105	111926	19836	112584
818831	1538689	737212	94728	53105	1988307	1888158	222543	1011168
818831	1538689	737212	94728	53105	1988307	1888158	222543	1011168

1-B-11 续表 11

行业	单位数(个)	资产总计	流动资产合计	#应收账款	#存货	#产成品
有色金属冶炼和压延加工业	68	2632617	1653656	297510	382056	123202
常用有色金属冶炼	8	232716	175439	23451	54516	25030
铜冶炼	2	34366	26534	2595	2490	2197
镍钴冶炼	4	182553	140617	19912	48050	22622
镁冶炼	1					
其他常用有色金属冶炼	1					
贵金属冶炼	1					
银冶炼	1					
稀有稀土金属冶炼	1					
稀土金属冶炼	1					
有色金属合金制造	14	429119	287814	50205	75569	26875
有色金属合金制造	14	429119	287814	50205	75569	26875
有色金属铸造	4	47743	28292	8186	6269	3372
有色金属铸造	4	47743	28292	8186	6269	3372
有色金属压延加工	40	1870775	1117278	206994	223077	57733
铜压延加工	15	1327813	775917	167358	161326	34736
铝压延加工	16	372783	205644	15129	45771	16435
贵金属压延加工	1					
稀有稀土金属压延加工	3	92386	67864	15268	8275	2720
其他有色金属压延加工	5	55273	46091	9236	7648	3843
金属制品业	307	3787600	2428098	630280	581831	199241
结构性金属制品制造	33	431872	324312	73659	89563	37069
金属结构制造	20	293995	228478	51183	59247	21646
金属门窗制造	13	137877	95834	22477	30316	15423
金属工具制造	54	431056	268537	83110	70843	25141
切削工具制造	9	86723	45042	13351	9506	4884
手工具制造	25	158524	104904	31906	30523	13967
农用及园林用金属工具制造	8	76238	51739	7769	15553	2353
刀剪及类似日用金属工具制造	4	54636	32800	15949	6652	1719
其他金属工具制造	8	54936	34052	14135	8610	2220

单位：万元

固定资产合计	固定资产原价	累计折旧	#本年折旧	在建工程(个)	负债合计	流动负债合计	#应付账款	所有者权益合计
374095	596201	242804	44036	77428	1593382	1484707	341347	1039235
32400	44752	14919	4114	12700	151748	138851	22242	80967
6970	11978	5128	1270	2839	16675	3784	293	17691
19143	25460	8272	2309	9369	123269	123263	20119	59284
54532	74446	20355	3739	24311	146118	141742	34315	283001
54532	74446	20355	3739	24311	146118	141742	34315	283001
15301	24598	9521	1923	1473	9308	9308	3538	38435
15301	24598	9521	1923	1473	9308	9308	3538	38435
265997	440899	192367	33548	38687	1245731	1154329	278748	625044
132530	232141	115759	19307	19027	897226	807003	241500	430587
117891	183974	67228	12037	16105	242230	241310	29610	130553
8505	12651	4148	1094	2185	70496	70236	3893	21890
6488	10981	4665	1006	1370	35564	35564	3720	19710
973793	1434295	516112	89190	76570	1948339	1823351	369651	1836716
77711	126337	53329	7652	5102	252490	223999	36114	179382
49365	83001	37237	5170	2425	177079	157767	24968	116916
28346	43336	16092	2482	2677	75411	66232	11146	62466
114854	178782	70250	12941	21171	217679	204713	66757	215280
22168	33375	11943	2495	14945	52352	42353	4623	34371
40618	69850	29434	4737	1019	78541	77343	21984	79983
20731	29638	9518	2319	203	38108	38108	14154	40033
14429	19994	9305	1582	3812	23237	21466	9306	31400
16907	25926	10051	1807	1193	25442	25442	16690	29493

1-B-11 续表 12

行业	单位数(个)	资产总计	流动资产合计	#应收账款	#存货	#产成品
集装箱及金属包装容器制造	19	796444	525968	118424	81610	34042
集装箱制造	4	270221	189510	57071	30574	9869
金属压力容器制造	3	150856	103799	14059	13399	8547
金属包装容器制造	12	375367	232659	47294	37637	15626
金属丝绳及其制品制造	11	290130	173939	51370	35576	10178
金属丝绳及其制品制造	11	290130	173939	51370	35576	10178
建筑、安全用金属制品制造	91	613445	399559	128447	119045	37511
建筑、家具用金属配件制造	39	225267	143792	42935	42482	13997
建筑装饰及水暖管道零件制造	41	297406	201780	63256	67235	21913
安全、消防用金属制品制造	9	76988	48678	21466	7656	1535
其他建筑、安全用金属制品制造	2	13783	5309	791	1672	68
金属表面处理及热处理加工	21	125750	74508	36326	14292	3025
金属表面处理及热处理加工	21	125750	74508	36326	14292	3025
搪瓷制品制造	4	44060	32956	8733	9927	2953
搪瓷卫生洁具制造	2	30836	24990	5910	6191	1235
搪瓷日用品及其他搪瓷制品制造	2	13224	7966	2823	3736	1718
金属制日用品制造	48	703610	397944	71023	98689	28990
金属制厨房用器具制造	9	138505	96334	19311	33941	9946
金属制餐具和器皿制造	18	379010	193021	28088	45312	14463
金属制卫生器具制造	7	54804	35965	9706	6711	1264
其他金属制日用品制造	14	131292	72623	13917	12726	3316
其他金属制品制造	26	351234	230376	59187	62285	20332
锻件及粉末冶金制品制造	11	177047	118787	31674	24012	10355
交通及公共管理用金属标牌制造	2	52737	33710	13817	7448	1341
其他未列明金属制品制造	13	121450	77880	13697	30825	8636
通用设备制造业	635	11369006	7820099	2144007	1854028	639129
锅炉及原动设备制造	25	1194701	802258	262110	143045	12129
锅炉及辅助设备制造	10	731968	524966	207054	99565	3047
内燃机及配件制造	9	380446	210354	44037	22580	7403
汽轮机及辅机制造	4	68978	59021	8927	20093	1478
风能原动设备制造	2	13309	7917	2092	807	201

单位：万元

固定资产合计	固定资产原价	累计折旧	#本年折旧	在建工程(个)	负债合计	流动负债合计	#应付账款	所有者权益合计
225385	311297	91965	19180	6840	411742	378570	74260	384702
52814	83162	30354	4470	831	150793	150161	30491	119428
46516	62320	15840	5238	127	105077	85068	11801	45780
126055	165816	45772	9472	5882	155872	143341	31967	219495
99793	170323	72469	7395	1805	145440	142046	21060	144690
99793	170323	72469	7395	1805	145440	142046	21060	144690
158522	228090	84563	14392	14366	320451	302758	67661	289319
61623	92219	33650	5835	4303	118267	104930	19034	103555
74314	101122	38079	6331	7405	163328	159357	35590	133847
16009	25691	10351	1497	2658	34536	34487	11166	42453
6576	9059	2483	728		4320	3984	1871	9464
41526	75091	33779	5558	1344	65635	61540	7157	60114
41526	75091	33779	5558	1344	65635	61540	7157	60114
8807	10458	2179	467	527	24484	23829	1393	19576
4137	4680	1005	222	462	15525	14871	113	15311
4670	5778	1174	245	65	8959	8959	1280	4265
151814	201723	67665	13288	15445	337625	322064	62252	365213
34164	45200	14720	2371	3437	80513	76396	18448	57221
59309	89138	34733	6621	4863	148966	144502	22617	230044
11272	15370	4167	816	945	36169	29688	8428	18635
47070	52014	14046	3481	6200	71978	71478	12759	59313
95382	132194	39914	8317	9969	172794	163832	32998	178440
42602	61873	22373	4480	9618	88088	82430	17917	88959
15773	19962	4189	917	113	20902	20902	5409	31834
37007	50360	13353	2920	239	63803	60500	9672	57648
2194383	3351467	1331945	223466	341763	6097352	5742074	1622572	5269340
103319	148867	48616	8955	102517	765931	708358	177814	428699
41856	68014	26442	3803	6750	392143	356512	117225	339825
48307	59974	13577	3608	95743	327136	306079	48974	53309
8433	12039	3606	789	25	39489	39425	10989	29489
4723	8840	4991	755		7163	6343	626	6076

1-B-11 续表 13

行　业	单位数(个)	资产总计	流动资产合计	#应收账款	#存货	#产成品
金属加工机械制造	56	1184752	833576	197580	319186	94887
金属切削机床制造	21	627945	440263	90309	190063	69401
金属成形机床制造	13	235906	179786	44536	67591	10629
铸造机械制造	4	67417	48906	14727	17441	3645
金属切割及焊接设备制造	7	142155	92627	29366	26965	6843
机床附件制造	6	81285	56759	13100	12763	2692
其他金属加工机械制造	5	30045	15236	5542	4363	1676
物料搬运设备制造	59	2171688	1643879	446755	221874	81883
轻小型起重设备制造	9	108805	81547	29117	23445	2268
起重机制造	9	138488	88643	25769	27672	16591
生产专用车辆制造	7	105484	74833	15492	16870	2524
连续搬运设备制造	3	19970	14445	5635	4635	409
电梯、自动扶梯及升降机制造	25	1691818	1299491	342565	126051	58180
其他物料搬运设备制造	6	107124	84920	28178	23201	1912
泵、阀门、压缩机及类似机械制造	174	1796249	1155110	337324	356588	103492
泵及真空设备制造	44	556650	346036	99768	93526	35432
气体压缩机械制造	18	171884	117214	35879	37708	14073
阀门和旋塞制造	85	719119	508322	130856	173812	42485
液压和气压动力机械及元件制造	27	348596	183539	70821	51543	11503
轴承、齿轮和传动部件制造	106	1477968	929268	236384	217478	74497
轴承制造	67	922758	569251	162398	157135	55319
齿轮及齿轮减、变速箱制造	18	309827	184564	27356	20936	6279
其他传动部件制造	21	245383	175453	46631	39407	12899
烘炉、风机、衡器、包装等设备制造	92	1760329	1324616	327137	228235	101410
烘炉、熔炉及电炉制造	2	11639	9521	1113	4142	575
风机、风扇制造	11	232324	118468	48210	28985	16723
气体、液体分离及纯净设备制造	6	497192	443592	40149	39855	13313
制冷、空调设备制造	28	485177	378880	98566	91623	49259
风动和电动工具制造	33	452094	326112	124901	48762	17597
喷枪及类似器具制造	5	38256	20995	8654	7102	3109
衡器制造	1					
包装专用设备制造	6	41195	24730	4737	6765	638

单位：万元

固定资产合　计	固定资产原　价	累计折旧	#本年折旧	在建工程(个)	负债合计	流动负债合　计	#应付账款	所有者权益合计
260871	405373	148359	27661	17407	567434	537949	158714	617288
138284	208639	70795	14765	4128	345000	333804	106939	282945
37709	67038	31005	4034	8966	74989	67366	15522	160917
17082	29365	12283	2108	220	20518	17653	10107	46899
32568	49880	18192	3497	3079	93430	85629	15063	48725
22105	34305	13002	2171	813	15807	15807	7020	65479
13123	16146	3082	1085	201	17690	17690	4063	12324
241294	306649	93731	20193	39071	1254277	1204195	458457	915636
14033	24013	10140	1577	630	60447	60444	14760	48358
33900	42347	10206	2483	5540	71242	64668	12019	67247
23325	25407	5774	1853	634	72791	64341	18781	32693
3826	4348	1745	364	1868	9855	9854	5654	10115
148383	190676	62764	12975	29780	968811	933758	382887	721232
17827	19859	3102	943	621	71132	71130	24357	35992
467750	704270	268602	48942	46728	796681	771414	240255	999544
119202	193612	78620	12797	6573	207009	203821	79303	349617
45184	73723	34680	5522	6633	103679	100394	37508	68206
179748	261700	103262	18692	16130	368383	357472	91289	350736
123616	175235	52040	11931	17393	117611	109727	32155	230986
421709	598423	257957	39912	74895	816483	694527	155404	662124
264309	434436	190804	27438	15732	505510	486983	94638	417247
98433	85899	28302	5539	44005	181452	80099	24196	128235
58967	78089	38850	6935	15159	129520	127446	36570	116642
284515	428135	153798	26833	38702	1084097	1059762	235795	676230
1771	5073	3302	198		5492	5300	1276	6147
63654	88620	25669	4128	722	87191	77086	14719	145133
32975	55384	22471	4133	2859	365304	365302	33263	131888
79356	121942	45918	7964	10060	291714	282204	86568	193462
83199	129350	48607	8739	22316	290603	286097	84376	161490
9112	12284	4291	795	134	22581	22561	6213	15675
14325	15067	3238	843	2600	20518	20518	8803	20677

1-B-11 续表 14

行业	单位数(个)	资产总计	流动资产合计	#应收账款	#存货	#产成品
文化、办公用机械制造	11	170875	122070	35603	25376	3357
照相机及器材制造	5	116603	89751	27731	19485	1883
复印和胶印设备制造	3	25568	18450	5363	4067	1198
计算器及货币专用设备制造	3	28704	13869	2510	1825	276
通用零部件制造	104	1575022	982493	293685	332311	162806
金属密封件制造	10	109314	67963	20940	18494	8461
紧固件制造	60	1117570	688055	206821	258789	125556
弹簧制造	10	141425	92383	29578	25006	19960
机械零部件加工	8	66493	47811	7592	10967	3493
其他通用零部件制造	16	140220	86281	28754	19055	5336
其他通用设备制造业	8	37421	26829	7428	9935	4670
其他通用设备制造业	8	37421	26829	7428	9935	4670
专用设备制造业	315	5675312	3887724	1080578	984449	319986
采矿、冶金、建筑专用设备制造	20	629988	411204	178039	58390	11192
矿山机械制造	2	9971	5233	1398	625	
石油钻采专用设备制造	3	30150	18892	1914	9169	4258
建筑工程用机械制造	8	358204	283747	161835	37227	4915
海洋工程专用设备制造	1					
建筑材料生产专用机械制造	5	43964	26536	10204	8579	1515
冶金专用设备制造	1					
化工、木材、非金属加工专用设备制造	119	2642771	1809600	420849	466674	141905
炼油、化工生产专用设备制造	4	56780	43877	12108	19443	1017
橡胶加工专用设备制造	3	22353	15727	6397	2745	393
塑料加工专用设备制造	38	1452998	1073462	226460	256922	99480
木材加工机械制造	3	14015	8721	3142	3115	770
模具制造	70	1095424	666756	172545	183881	39921
其他非金属加工专用设备制造	1					

单位：万元

固定资产合计	固定资产原价	累计折旧	#本年折旧	在建工程(个)	负债合计	流动负债合计	#应付账款	所有者权益合计
37464	75163	37920	5790	86	93924	90574	20803	76951
23562	49577	26015	3940	15	67811	66259	19070	48792
6597	16817	10440	1482	71	13654	13296	1026	11914
7305	8770	1465	367		12459	11019	707	16245
369390	672883	319161	44432	22188	703967	660939	169468	870104
37554	49712	16371	2036	4411	42940	32808	11886	66374
240514	484989	253825	32362	15470	485395	462692	116401	631235
36066	49396	13975	3242	930	68146	65817	12769	73280
16456	28238	12872	2789	683	18303	14936	5298	48190
38800	60548	22118	4004	693	89184	84686	23114	51025
8072	11705	3801	749	169	14558	14357	5862	22763
8072	11705	3801	749	169	14558	14357	5862	22763
1259664	1873938	727102	125692	143711	2749122	2563789	916888	2903465
193482	248969	71926	17960	20852	342122	295771	106154	287791
3717	4520	803	294		7618	6394	2187	2353
9811	15140	5355	1183	120	23155	22930	2501	6995
58954	106603	49085	8949	5568	148894	138268	41936	209235
14388	17161	3025	1040	440	21908	20987	6239	22056
554189	828101	333294	55594	79223	1123097	1086416	425991	1515951
9693	20019	10325	1379	164	32951	32908	6433	23829
5931	12227	6336	616	39	5236	5136	2347	17117
241537	360778	161684	21772	37282	523216	517633	240752	925887
4668	11462	6915	687	7	11090	7309	4620	2925
292214	423318	147883	31116	41730	550180	523006	171651	545415

1-B-11 续表 15

行业	单位数(个)	资产总计	流动资产合计	#应收账款	#存货	#产成品
食品、饮料、烟草及饲料生产专用设备制造	9	138101	107976	45224	20133	9997
食品、酒、饮料及茶生产专用设备制造	7	126949	99995	43405	18259	9201
农副食品加工专用设备制造	1					
烟草生产专用设备制造	1					
印刷、制药、日化及日用品生产专用设备制造	17	186527	128910	34153	39219	14330
制浆和造纸专用设备制造	2	28427	24689	2207	11723	99
印刷专用设备制造	9	86154	54240	17714	12463	4154
制药专用设备制造	4	62766	42703	11608	13046	9309
照明器具生产专用设备制造	1					
玻璃、陶瓷和搪瓷制品生产专用设备制造	1					
纺织、服装和皮革加工专用设备制造	49	649097	460244	99959	169505	70910
纺织专用设备制造	23	157513	117295	22620	37285	11211
皮革、毛皮及其制品加工专用设备制造	3	36485	31954	2351	15280	7806
缝制机械制造	23	455099	310995	74989	116940	51894
电子和电工机械专用设备制造	5	49216	22106	5681	5681	526
电工机械专用设备制造	1					
电子工业专用设备制造	4	48148	21245	5400	5346	388
农、林、牧、渔专用机械制造	22	352371	226842	77057	53796	19411
拖拉机制造	2	98091	55436	26297	5202	251
机械化农业及园艺机具制造	19	248324	169747	50466	47943	19064
农林牧渔机械配件制造	1					
医疗仪器设备及器械制造	27	382865	264221	63211	49165	15788
医疗诊断、监护及治疗设备制造	5	84742	60672	15443	15069	5894
口腔科用设备及器具制造	3	8581	5280	585	1875	514
医疗实验室及医用消毒设备和器具制造	1					
医疗、外科及兽医用器械制造	9	157491	113141	33827	17229	5102
机械治疗及病房护理设备制造	5	48111	32033	2302	3777	777
假肢、人工器官及植(介)入器械制造	1					
其他医疗设备及器械制造	3	50365	34880	9217	5866	2618
环保、社会公共服务及其他专用设备制造	47	644376	456622	156406	121886	35928
环境保护专用设备制造	19	438597	331667	119813	85469	28142

单位：万元

固定资产合计	固定资产原价	累计折旧	#本年折旧	在建工程(个)	负债合计	流动负债合计	#应付账款	所有者权益合计
18158	22280	10510	1362	6388	96036	94797	14434	44145
16001	18164	8435	1142	6271	91371	90133	13524	37656
41650	61847	20693	3808	610	95225	93863	29992	90342
3700	4964	1265	323		21046	20468	918	7381
19011	30542	12026	2044	500	30288	29514	13573	55866
17422	24019	6596	1260	11	36300	36290	13541	25506
125402	204635	86326	14052	9236	312702	286981	109051	316351
34310	47722	20407	3327	2148	57206	53013	13384	99636
3625	6796	3190	531	20	15652	15652	4328	20833
87467	150117	62729	10195	7068	239844	218316	91339	195882
16375	27037	10736	2737	2459	22792	22792	11728	26423
16263	26787	10598	2703	2459	22200	22200	11401	25947
83818	102188	30464	5925	12630	229629	183507	61625	122742
23421	26191	6911	1859	4141	81270	52917	14656	16821
56714	71071	22311	3655	8474	145156	127387	44191	103167
91519	194451	108122	12420	6203	130050	126453	44327	252814
22018	51966	29966	3093	18	24595	24573	13002	60148
2548	4055	1586	388	195	4616	4250	754	3966
35400	90568	56291	4857	1734	50773	50773	15602	106718
9666	10778	4176	976	2919	27901	24705	4485	20211
7863	15417	7568	1286	442	17639	17639	7222	32727
135072	184432	55031	11836	6111	397469	373208	113586	246907
70335	91969	23752	5808	4959	279667	259263	77244	158930

1-B-11 续表 16

行　业	单位数(个)	资产总计	流动资产合计	#应收账款	#存货	#产成品
社会公共安全设备及器材制造	19	158643	92798	28387	28434	5121
水资源专用机械制造	2	9667	5103	1228	1128	673
其他专用设备制造	7	37469	27054	6977	6856	1992
汽车制造业	293	9045888	5370044	1778232	838852	345890
汽车整车制造	13	3056215	1556322	479379	159696	44541
汽车整车制造	13	3056215	1556322	479379	159696	44541
改装汽车制造	3	51084	38435	8550	11235	1976
改装汽车制造	3	51084	38435	8550	11235	1976
汽车车身、挂车制造	2	7197	3903	720	2219	25
汽车车身、挂车制造	2	7197	3903	720	2219	25
汽车零部件及配件制造	275	5931392	3771384	1289584	665702	299348
汽车零部件及配件制造	275	5931392	3771384	1289584	665702	299348
铁路、船舶、航空航天和其他运输设备制造业	63	2067295	1284927	157919	339699	38328
船舶及相关装置制造	17	1487840	855935	70008	256476	1265
金属船舶制造	7	1420040	810184	60889	246812	
娱乐船和运动船制造	4	18731	11624	3480	3587	647
船用配套设备制造	6	49069	34127	5639	6077	619
摩托车制造	7	26829	20042	8303	6253	2575
摩托车零部件及配件制造	7	26829	20042	8303	6253	2575
自行车制造	35	537578	398109	77543	75688	34108
脚踏自行车及残疾人座车制造	26	353819	268276	50472	41225	15342
助动自行车制造	9	183759	129833	27070	34463	18766
非公路休闲车及零配件制造	2	6343	5253	1030	303	69
非公路休闲车及零配件制造	2	6343	5253	1030	303	69
潜水救捞及其他未列明运输设备制造	2	8706	5589	1036	980	311
潜水及水下救捞装备制造	1					
其他未列明运输设备制造	1					
电气机械和器材制造业	593	12432824	8319710	2964799	1599154	616199
电机制造	82	1925949	1359401	479693	305130	98111
发电机及发电机组制造	7	265599	178566	55775	78927	2007
电动机制造	23	510375	379636	125827	54562	23410
微电机及其他电机制造	52	1149975	801199	298092	171641	72693

单位：万元

固定资产合计	固定资产原价	累计折旧	#本年折旧	在建工程(个)	负债合计	流动负债合计	#应付账款	所有者权益合计
51899	74525	26179	4672	1147	94946	91089	29006	63697
3953	5206	1252	384		4684	4684	1723	4983
8884	12732	3848	972	5	18172	18172	5614	19297
2031483	2768915	982799	227338	310284	4647413	4013441	1863020	4379868
629810	845247	266844	67279	83881	1677322	1307070	770958	1378893
629810	845247	266844	67279	83881	1677322	1307070	770958	1378893
9380	15346	5967	955		29069	28771	5357	22015
9380	15346	5967	955		29069	28771	5357	22015
3248	7825	4577	527		2573	2573	763	4623
3248	7825	4577	527		2573	2573	763	4623
1389046	1900496	705411	158578	226403	2938448	2675027	1085943	2974337
1389046	1900496	705411	158578	226403	2938448	2675027	1085943	2974337
594874	874135	297883	52933	31452	1285854	1265990	304890	776333
496235	733198	242561	43083	15893	901601	884085	227541	581414
480464	711003	235761	41319	14704	870955	858108	224042	545167
3151	3585	805	231	1183	12751	8103	442	5072
12621	18611	5995	1533	6	17894	17874	3057	31175
6059	10886	5192	889	63	15512	15166	4680	11317
6059	10886	5192	889	63	15512	15166	4680	11317
89747	125335	48029	8692	14523	357264	355304	70992	180032
55719	79616	33054	5886	6980	239264	237304	35591	114555
34028	45719	14975	2806	7543	118000	118000	35401	65476
685	1080	613	85	218	3906	3886	446	2437
685	1080	613	85	218	3906	3886	446	2437
2148	3637	1489	184	754	7572	7549	1232	1134
2594790	4064433	1593500	293177	265025	7404089	6837749	2132077	5018280
458219	869662	427791	68559	34583	928364	904969	420682	995085
80049	142907	64060	9103	1823	127012	125552	39697	138587
112663	230848	126839	19094	10045	197987	194038	111799	312388
265507	495908	236893	40363	22715	603365	585380	269186	544110

1-B-11 续表 17

行业	单位数(个)	资产总计	流动资产合计	#应收账款	#存货	#产成品
输配电及控制设备制造	139	3911696	2475820	1070315	456781	195543
变压器、整流器和电感器制造	20	418046	296205	133620	51396	20520
电容器及其配套设备制造	3	14323	9779	5093	646	289
配电开关控制设备制造	53	934778	674182	238726	167723	98755
电力电子元器件制造	40	626575	487296	169742	99071	23903
光伏设备及元器件制造	19	1736043	914248	516483	110381	44737
其他输配电及控制设备制造	4	181930	94111	6652	27564	7340
电线、电缆、光缆及电工器材制造	103	1825351	1320708	543543	232957	87689
电线、电缆制造	89	1312698	915289	300972	160708	60156
光纤、光缆制造	6	413348	333865	216288	62211	23417
绝缘制品制造	7	97007	69566	25565	9526	3821
其他电工器材制造	1					
电池制造	34	1561814	813320	214508	193756	51649
锂离子电池制造	8	297690	186387	45415	52964	24538
镍氢电池制造	2	51000	15303	7293	5487	151
其他电池制造	24	1213124	611630	161800	135305	26960
家用电力器具制造	112	1914526	1457586	416287	234318	108607
家用制冷电器具制造	6	69043	61865	13873	11832	8823
家用空气调节器制造	7	117725	90428	42380	14795	5946
家用通风电器具制造	9	148212	119257	30746	23637	11858
家用厨房电器具制造	31	483111	359692	117027	45705	14092
家用清洁卫生电器具制造	19	643501	478914	152310	74455	46576
家用美容、保健电器具制造	12	88339	67389	10654	19750	8057
家用电力器具专用配件制造	10	187544	159776	16885	19756	5057
其他家用电力器具制造	18	177052	120265	32412	24388	8200
非电力家用器具制造	9	56630	29465	5609	14454	6164
燃气、太阳能及类似能源家用器具制造	4	22414	10502	1328	4206	2502
其他非电力家用器具制造	5	34216	18963	4280	10249	3662

单位：万元

固定资产合 计	固定资产原 价	累计折旧	#本年折旧	在建工程(个)	负债合计	流动负债合 计	#应付账款	所 有 者权益合计
843677	1174712	378249	83439	109917	2388648	2176035	622891	1518725
53018	86480	34283	4831	16153	220394	218236	49893	197519
1657	3941	2876	238	69	4017	4017	2440	10305
125067	213977	94576	15305	15000	569635	565451	214596	365143
116484	169505	58108	12083	13081	390759	383115	151554	235771
494353	656828	174239	48191	39679	1107583	916170	184238	624818
53099	43980	14167	2791	25934	96259	89046	20169	85168
366015	603283	262513	42373	21780	1259124	1173152	211025	564580
279632	438346	183248	28452	19496	896557	848042	108009	414494
69837	142556	73423	12284	815	297102	263619	94335	116246
16237	21828	5599	1591	1469	64525	60552	8301	32482
355783	463524	125283	36030	57981	805757	634425	200979	755852
85444	105557	23669	7880	10240	160071	159654	63551	137414
29585	38064	8479	3206	3807	26789	25564	9370	24211
240755	319903	93135	24945	43935	618897	449207	128058	594227
312822	562695	257547	36838	15470	1220031	1173151	446932	693094
6300	13578	7278	1220		53352	53352	12494	15691
19837	38887	19515	2359	1828	75200	74219	31506	42525
19914	32040	14576	2117	718	78450	55450	10270	69762
66276	117058	52447	8014	945	325984	319768	111493	157127
131137	229581	99633	15505	3450	367687	364569	213068	274423
12833	21402	8593	1517	166	64160	64071	18123	24179
23926	56039	32113	2465	8	119339	110539	24121	68204
32599	54109	23393	3641	8354	135859	131182	25858	41184
15952	26488	10833	1664	178	30089	28494	10121	26541
6680	9264	2769	567	62	12440	10940	1814	9974
9272	17223	8064	1097	116	17650	17555	8307	16567

1-B-11 续表 18

行业	单位数(个)	资产总计	流动资产合计	#应收账款	#存货	#产成品
照明器具制造	107	1203802	843448	230781	156588	66149
电光源制造	27	346798	240360	80607	43229	22346
照明灯具制造	73	807585	575598	140716	108701	41733
灯用电器附件及其他照明器具制造	7	49419	27489	9458	4658	2071
其他电气机械及器材制造	7	33058	19963	4064	5171	2286
电气信号设备装置制造	4	16791	9439	1464	1450	296
其他未列明电气机械及器材制造	3	16267	10524	2600	3721	1990
计算机、通信和其他电子设备制造业	303	11231902	8100415	2919491	1393568	580399
计算机制造	24	696527	514423	254395	118017	33544
计算机整机制造	1					
计算机零部件制造	7	218970	145043	67354	36950	9807
计算机外围设备制造	12	189019	107686	42371	24342	6599
其他计算机制造	4	118325	106308	30971	27572	15780
通信设备制造	34	3903522	3008119	815802	438623	193139
通信系统设备制造	12	2817218	2210338	560942	291136	128363
通信终端设备制造	22	1086303	797781	254860	147487	64776
广播电视设备制造	12	149811	115376	45361	19806	6554
广播电视接收设备及器材制造	9	76359	56846	15267	15561	4588
应用电视设备及其他广播电视设备制造	3	73452	58530	30094	4245	1966
雷达及配套设备制造	1					
雷达及配套设备制造	1					
视听设备制造	27	483932	391237	122556	89120	33670
电视机制造	4	260275	243932	44940	47551	20295
音响设备制造	22	215847	142287	75567	39557	12699
影视录放设备制造	1					
电子器件制造	69	3614579	2444668	1161949	441167	189769
半导体分立器件制造	18	359097	192696	69082	51454	20894
集成电路制造	7	220196	149959	37783	50701	18077
光电子器件及其他电子器件制造	44	3035286	2102013	1055084	339011	150798

单位：万元

固定资产合计	固定资产原价	累计折旧	#本年折旧	在建工程(个)	负债合计	流动负债合计	#应付账款	所有者权益合计
230560	349173	128126	23387	24539	747920	723539	213558	455503
52104	78386	28975	5544	7212	189412	187656	65245	157008
164570	248357	90267	16315	12757	526830	504204	143951	280754
13886	22431	8884	1529	4570	31678	31678	4362	17741
11762	14896	3159	887	578	24156	23984	5889	8902
6790	8510	1720	351	240	7755	7670	3556	9037
4972	6386	1439	536	338	16402	16314	2332	-135
1950428	3683279	1821371	277126	185903	5366018	5015674	2368714	5835923
164680	315917	156515	21118	4458	362358	335735	254329	334170
65816	122144	57887	9206	1558	114960	112186	72024	104010
74775	126734	55608	7643	2900	66548	42700	27019	122471
9392	23384	13992	2006		59352	59352	45422	58973
279911	528238	281956	43594	69237	1508390	1398049	637094	2395131
135079	239896	105154	21542	43103	834433	823556	391281	1982786
144831	288342	176801	22052	26134	673958	574493	245814	412345
23203	45334	22577	3193	627	70782	70127	28727	79029
18376	35055	17107	2379	627	44204	44204	15440	32155
4827	10278	5470	814		26578	25923	13287	46874
73576	142249	72511	11941	6405	356631	336921	109912	118616
6025	10163	4302	752	165	228978	222378	55933	22612
64888	128244	67030	10856	6240	121624	108869	50630	94223
858459	1712784	866910	124383	50782	1858166	1756665	978502	1736739
112647	234170	123268	17557	12289	158960	149202	37504	200148
49987	99770	49853	7583	542	128006	114885	73619	92196
695825	1378844	693788	99243	37951	1571200	1492577	867379	1444395

1-B-11 续表 19

行业	单位数(个)	资产总计	流动资产合计	#应收账款	#存货	#产成品
电子元件制造	117	1886755	1293510	452091	245013	107459
电子元件及组件制造	107	1699563	1175696	392274	227281	100238
印制电路板制造	10	187192	117814	59818	17732	7221
其他电子设备制造	19	266112	157290	58237	38089	13466
其他电子设备制造	19	266112	157290	58237	38089	13466
仪器仪表制造业	97	2406798	1649975	468175	380475	114469
通用仪器仪表制造	59	1639410	1146614	313190	252538	57297
工业自动控制系统装置制造	21	965644	720670	189009	144877	29222
电工仪器仪表制造	4	28178	21459	7640	4063	721
绘图、计算及测量仪器制造	15	171927	115910	14061	24217	13840
实验分析仪器制造	4	20362	14566	3047	3414	1499
试验机制造	1					
供应用仪表及其他通用仪器制造	14	449487	271545	98743	74597	11736
专用仪器仪表制造	8	348601	258573	94605	71876	25295
环境监测专用仪器仪表制造	1					
运输设备及生产用计数仪表制造	3	293083	209912	69146	62785	23769
电子测量仪器制造	2	9970	8745	2729	4120	703
其他专用仪器制造	2	11889	9733	5039	2148	798
钟表与计时仪器制造	4	26603	8272	1360	3799	1678
钟表与计时仪器制造	4	26603	8272	1360	3799	1678
光学仪器及眼镜制造	24	385326	231650	58256	50103	28598
光学仪器制造	10	250091	147458	32767	26265	13354
眼镜制造	14	135235	84192	25489	23838	15244
其他仪器仪表制造业	2	6859	4866	765	2159	1603
其他仪器仪表制造业	2	6859	4866	765	2159	1603
其他制造业	44	679021	457040	83562	108967	49116
日用杂品制造	40	624985	423389	72445	101611	45447
鬃毛加工、制刷及清扫工具制造	12	86084	54468	11557	14933	4474
其他日用杂品制造	28	538901	368921	60888	86678	40973

单位：万元

固定资产合 计	固定资产原 价	累计折旧	#本年折旧	在建工程(个)	负债合计	流动负债合 计	#应付账款	所 有 者权益合计
470106	824405	379586	62843	41830	919812	836969	316753	966921
410745	739086	349469	54858	40277	811688	745683	283060	887854
59361	85319	30117	7985	1552	108124	91286	33693	79068
80273	112734	39919	10012	12565	120141	111470	38272	144392
80273	112734	39919	10012	12565	120141	111470	38272	144392
423508	674383	278270	51078	58558	890515	805978	251207	1515632
229594	316812	104936	19148	49037	595843	553857	176362	1042916
117659	135244	33058	8611	26269	322825	295899	122014	642722
3626	7145	3519	492		16318	15590	2138	11860
49449	75211	27456	3384	1462	110387	110302	19301	60985
4830	7936	3144	535	45	9950	9868	2083	10412
53651	89256	36117	6079	21261	131777	117613	30396	317709
81895	178256	99849	19366	1372	109620	108134	34693	238981
77343	170829	96877	18824	1362	78651	78651	27841	214432
1137	1674	635	187		3660	3660	3195	6310
1924	3649	1725	217		2147	2147	329	9742
16143	15558	4208	926	4793	15812	15622	2823	10791
16143	15558	4208	926	4793	15812	15622	2823	10791
94366	161337	68343	11421	3339	164254	123881	35124	221073
56130	98699	42587	7537	88	101393	63300	24855	148698
38236	62638	25756	3883	3251	62861	60581	10270	72375
1510	2420	934	217	17	4987	4485	2205	1872
1510	2420	934	217	17	4987	4485	2205	1872
187908	246756	87029	15062	14608	440799	427575	39173	234706
173923	221143	75225	13517	14347	411853	399769	33585	209615
24728	37905	13177	2195	1255	56583	56313	7229	29249
149195	183238	62048	11322	13092	355270	343457	26356	180366

1-B-11 续表 20

行业	单位数(个)	资产总计	流动资产合计	#应收账款	#存货	#产成品
其他未列明制造业	4	54037	33650	11117	7357	3669
其他未列明制造业	4	54037	33650	11117	7357	3669
废弃资源综合利用业	27	520680	452220	21961	225394	141179
金属废料和碎屑加工处理	26	509661	443582	21064	221499	141169
金属废料和碎屑加工处理	26	509661	443582	21064	221499	141169
非金属废料和碎屑加工处理	1					
非金属废料和碎屑加工处理	1					
金属制品、机械和设备修理业	5	424214	86717	27513	8362	318
专用设备修理	1					
专用设备修理	1					
铁路、船舶、航空航天等运输设备修理	4	420812	83720	25409	7923	180
船舶修理	4	420812	83720	25409	7923	180
电力、热力、燃气及水生产和供应业	**85**	**5058565**	**1579509**	**290589**	**99007**	**4154**
电力、热力生产和供应业	50	4054220	1279102	238156	85181	11
电力生产	45	3904489	1225246	224677	81912	11
火力发电	34	3563504	1144301	216131	80755	…
水力发电	7	212458	53687	6323	479	11
风力发电	2	69760	5893	756	354	
其他电力生产	2	58767	21365	1467	324	
热力生产和供应	5	149731	53857	13479	3270	
热力生产和供应	5	149731	53857	13479	3270	
燃气生产和供应业	23	766449	227764	46501	9289	4104
燃气生产和供应业	23	766449	227764	46501	9289	4104
燃气生产和供应业	23	766449	227764	46501	9289	4104
水的生产和供应业	12	237896	72642	5932	4537	39
自来水生产和供应	4	59314	13462	821	107	27
自来水生产和供应	4	59314	13462	821	107	27
污水处理及其再生利用	8	178582	59180	5111	4429	12
污水处理及其再生利用	8	178582	59180	5111	4429	12

单位：万元

固定资产合计	固定资产原价	累计折旧	#本年折旧	在建工程（个）	负债合计	流动负债合计	#应付账款	所有者权益合计
13985	25613	11804	1544	261	28946	27806	5588	25091
13985	25613	11804	1544	261	28946	27806	5588	25091
28404	48705	21544	3121	7496	374113	351720	61015	147545
26239	46010	20798	2953	7281	367313	344920	59814	143326
26239	46010	20798	2953	7281	367313	344920	59814	143326
152450	208669	60526	10515	123409	259696	166133	33660	164518
152336	208502	60473	10501	123381	257245	163683	33395	163567
152336	208502	60473	10501	123381	257245	163683	33395	163567
3047242	**4956117**	**1961916**	**234447**	**146337**	**2372886**	**1736596**	**258170**	**2681994**
2525050	4366147	1877117	215636	59875	1809258	1389463	195900	2243684
2441874	4201419	1794787	205253	55289	1731096	1323525	191365	2172116
2243093	3894668	1686557	193215	54448	1597565	1281328	190483	1965939
136441	210371	73938	6451	14	71507	28632	116	140491
58788	82189	23653	4570	174	35376	1796	95	34385
3552	14191	10640	1018	653	26648	11768	671	31301
83176	164728	82329	10383	4586	78162	65938	4535	71569
83176	164728	82329	10383	4586	78162	65938	4535	71569
446264	479892	50447	12582	62627	459287	301332	57569	307162
446264	479892	50447	12582	62627	459287	301332	57569	307162
446264	479892	50447	12582	62627	459287	301332	57569	307162
75927	110078	34352	6228	23835	104342	45801	4701	131147
40476	56217	15899	2622	169	19433	7159	140	37474
40476	56217	15899	2622	169	19433	7159	140	37474
35451	53861	18454	3607	23666	84909	38642	4562	93673
35451	53861	18454	3607	23666	84909	38642	4562	93673

1-B-11 续表 21

行业	#实收资本					
		国家资本	集体资本	法人资本	个人资本	港澳台资本
总 计	**40495381**	**1678848**	**196631**	**7692222**	**1761801**	**13601628**
采矿业	**51281**			**2974**	**101**	**8927**
非金属矿采选业	51281			2974	101	8927
土砂石开采	51281			2974	101	8927
石灰石、石膏开采						
建筑装饰用石开采	18492			828		1949
粘土及其他土砂石开采	9241			2147	101	6979
制造业	**38388623**	**670975**	**186404**	**7368032**	**1752023**	**13223384**
农副食品加工业	278430	2110	10791	48102	9380	64414
谷物磨制	42608	2110		4506	454	35539
谷物磨制	42608	2110		4506	454	35539
饲料加工	20256			500	204	6920
饲料加工	20256			500	204	6920
植物油加工	75680			1527		517
食用植物油加工	75680			1527		517
屠宰及肉类加工	46268			18878		5258
牲畜屠宰						
肉制品及副产品加工	35268			10629		2828
水产品加工	61212		9800	12560	7383	13180
水产品冷冻加工	56005		9800	11267	7317	11004
鱼糜制品及水产品干腌制加工	5108			1294		2176
其他水产品加工						
蔬菜、水果和坚果加工	13008		991	4771	1340	195
蔬菜加工	13008		991	4771	1340	195
其他农副食品加工	19398			5360		2805
淀粉及淀粉制品制造	6199					
豆制品制造						
其他未列明农副食品加工	8164			5360		2805
食品制造业	562810	20697	2614	78735	42637	103219
焙烤食品制造	68178			6905	3945	23134
糕点、面包制造	38708			5889	3945	9650
饼干及其他焙烤食品制造	29471			1016		13484

单位：万元

外商资本	营业收入	#主营业务收入	营业成本	#主营业务成本	营业税金及附加	#主营业务税金及附加	其他业务利润
15564251	**157993870**	**154125838**	**133399459**	**130020596**	**1051114**	**1034986**	**494330**
39278	**70400**	**70400**	**52263**	**52263**	**2172**	**2172**	
39278	70400	70400	52263	52263	2172	2172	
39278	70400	70400	52263	52263	2172	2172	
15715	33129	33129	21598	21598	1325	1325	
15	25813	25813	23281	23281	268	268	
15187805	**154706904**	**150876719**	**130924906**	**127560322**	**1030045**	**1014036**	**475872**
143634	1951012	1771545	1792559	1613372	2718	2716	-530
	189023	186388	181725	179138	91	91	48
	189023	186388	181725	179138	91	91	48
12632	145844	145700	124579	124510	3	…	32
12632	145844	145700	124579	124510	3	…	32
73636	533446	402194	523234	391026	69	69	-989
73636	533446	402194	523234	391026	69	69	-989
22132	207290	203821	185514	182476	448	448	528
21812	87481	84740	71881	69224	433	433	181
18289	607963	566730	547216	506145	1419	1419	-201
16617	580869	540554	523147	482560	1212	1212	-346
1639	20270	19353	18151	17666	156	156	146
5711	96108	95486	81937	81793	229	229	13
5711	96108	95486	81937	81793	229	229	13
11233	171338	171226	148354	148283	460	460	39
6199	87231	87185	69834	69789	270	270	
	59795	59752	57925	57922	60	60	40
314907	2500905	2452821	1887664	1845217	11090	10852	3511
34194	198886	195566	139235	138160	1131	1131	1067
19224	145873	143468	100730	99728	764	764	917
14971	53013	52098	38505	38432	367	367	151

1-B-11 续表 22

行业	#实收资本	国家资本	集体资本	法人资本	个人资本	港澳台资本
糖果、巧克力及蜜饯制造	45412	606	463	150		3640
糖果、巧克力制造	45197	606	463			3640
蜜饯制作						
方便食品制造	143893			3790	3258	3015
速冻食品制造	28080			804	3242	416
方便面及其他方便食品制造	115813			2986	17	2599
罐头食品制造	28472	2280	2151	4975	1749	1400
肉、禽类罐头制造						
水产品罐头制造	6988			622	285	
蔬菜、水果罐头制造	20524	2280	2151	3634	1464	1400
调味品、发酵制品制造	30233			2962		14464
酱油、食醋及类似制品制造	1928			621		1100
其他调味品、发酵制品制造	28305			2341		13364
其他食品制造	246621	17812		59954	33684	57566
营养食品制造	19384			8643	1667	8868
保健食品制造	59849			9537		14163
冷冻饮品及食用冰制造	39650	17812		1617		20222
食品及饲料添加剂制造	125738			38656	32018	14314
其他未列明食品制造						
酒、饮料和精制茶制造业	703439	2352	230	99826	18723	204817
酒的制造	319607	2352		27105	10705	149171
白酒制造						
啤酒制造	299211	1250		27105	10589	146794
黄酒制造	10461	1102			115	2377
饮料制造	373437			72720	4977	49059
碳酸饮料制造	26572			8911		
瓶(罐)装饮用水制造						
果菜汁及果菜汁饮料制造	129490			22122	1500	11847

单位：万元

外商资本	营业收入	#主营业务收入	营业成本	#主营业务成本	营业税金及附加	#主营业务税金及附加	其他业务利润
40553	283206	276172	218111	211455	637	637	378
40488	281144	274110	216265	209609	621	621	378
133830	553693	525808	421902	394368	1040	803	260
23619	122480	122323	98886	98829	698	698	15
110211	431213	403486	323016	295539	343	105	245
15917	185245	185095	162372	162351	849	849	8
6081	42149	42149	36739	36739	311	311	
9595	108786	108636	95811	95790	396	396	8
12807	98456	98191	63771	63612	1000	1000	100
207	56750	56745	28253	28253	820	820	
12600	41706	41447	35518	35359	180	180	100
77606	1181419	1171988	882272	875270	6433	6433	1697
207	127079	126092	89689	89622	774	774	921
36149	228337	227390	180227	179292	1308	1308	
	92085	90602	68169	67084	788	788	-25
40750	720312	715899	534441	531059	3433	3433	737
377492	2675644	2553463	1926658	1765816	75132	75116	29225
130274	659776	613920	470877	433067	65548	65532	6637
113472	636012	590638	454193	416490	64809	64809	6263
6867	12505	12028	9037	8930	570	554	370
246681	1983189	1906940	1428851	1306113	9513	9513	22524
17661	373671	363009	333843	257381	2041	2041	3976
94022	311107	301809	201384	194571	1745	1745	402

1-B-11 续表 23

行业	#实收资本	国家资本	集体资本	法人资本	个人资本	港澳台资本
含乳饮料和植物蛋白饮料制造	79444			11160		
固体饮料制造	10964			9000	987	423
茶饮料及其他饮料制造	123648			21528		35959
精制茶加工	10396		230		3041	6587
精制茶加工	10396		230		3041	6587
烟草制品业						
其他烟草制品制造						
其他烟草制品制造						
纺织业	3900534	14656	20813	947323	180543	1736662
棉纺织及印染精加工	2181430	14656	10951	688861	92271	934861
棉纺纱加工	548751	9214	2006	154987	18243	299837
棉织造加工	692476		559	326418	22886	203379
棉印染精加工	940203	5441	8387	207457	51142	431644
毛纺织及染整精加工	221026		943	30620	8664	144644
毛条和毛纱线加工	109119		296	1882	4340	80164
毛织造加工	75648		647	27195	3381	31981
毛染整精加工	36259			1544	943	32499
麻纺织及染整精加工	14806		905	1997		11499
麻纤维纺前加工和纺纱	2576			1362		809
麻织造加工						
麻染整精加工	2294		905	635		754
丝绢纺织及印染精加工	199855		284	24475	13645	92134
缫丝加工	344			71	183	61
绢纺和丝织加工	177942		284	16185	7899	86513
丝印染精加工	21570			8219	5563	5560
化纤织造及印染精加工	115164			28818	11769	39313
化纤织造加工	99500			20067	10657	33512
化纤织物染整精加工	15664			8751	1112	5801
针织或钩针编织物及其制品制造	540017		1025	79221	41264	261697
针织或钩针编织物织造	488674			71618	34349	238139
针织或钩针编织物印染精加工	6424		497	3807	240	977
针织或钩针编织品制造	44920		529	3797	6675	22581

单位：万元

外商资本	营业收入	#主营业务收入	营业成本	#主营业务成本	营业税金及附加	#主营业务税金及附加	其他业务利润
68284	360127	341145	249976	231695	2377	2377	528
554	12306	12285	11439	10590	28	28	
66161	887637	852266	609812	590712	3203	3203	16935
537	32680	32602	26931	26635	71	71	64
537	32680	32602	26931	26635	71	71	64
1000537	12821200	12638000	11146206	10987099	54360	53878	20521
439831	7224809	7117114	6261620	6167371	31863	31597	11969
64465	1714166	1663985	1519793	1477139	7912	7807	5499
139234	2287843	2260315	1992338	1967417	8142	8138	2664
236132	3222799	3192814	2749489	2722814	15809	15653	3806
36155	681578	654695	619995	595305	1983	1983	2038
22438	418375	405375	383155	371177	1057	1056	895
12445	194382	180753	172981	160470	727	727	1090
1272	68821	68566	63860	63658	199	199	53
406	75555	75258	64833	64446	453	453	-118
406	21594	21426	17629	17488	137	137	
	47771	47771	41277	41277	230	230	
69317	427981	423921	380968	377452	1451	1427	548
30	8037	8005	7741	7717	12	12	8
67060	362830	359266	323315	320238	1269	1244	478
2227	57115	56650	49912	49497	171	171	62
35264	509241	502153	448989	441145	1542	1542	-272
35264	415555	408467	372607	364762	1216	1216	-272
	93686	93686	76383	76383	327	327	
156810	2018906	2006013	1754498	1746307	8260	8133	3908
144568	1712956	1700780	1490960	1483598	6584	6459	3686
904	49478	49034	44215	43915	339	339	29
11338	256472	256199	219324	218795	1337	1335	194

1-B-11 续表 24

行　业	#实收资本					
		国家资本	集体资本	法人资本	个人资本	港澳台资本
家用纺织制成品制造	280974			46121	5595	130128
床上用品制造	95459			11628	1521	54926
毛巾类制品制造	39083			20000	333	15835
窗帘、布艺类产品制造	103846			10988	1034	49090
其他家用纺织制成品制造	42586			3505	2707	10277
非家用纺织制成品制造	347262		6705	47210	7336	122385
非织造布制造	111919		6705	13877	143	37359
绳、索、缆制造	10707			2470		1153
纺织带和帘子布制造	56837			19163	535	24246
篷、帆布制造	28926			8124	588	14822
其他非家用纺织制成品制造	138874			3577	6071	44806
纺织服装、服饰业	2143367	968	18935	431619	82416	1006769
机织服装制造	1457499	677	18755	316613	47281	640758
机织服装制造	1457499	677	18755	316613	47281	640758
针织或钩针编织服装制造	490913		180	76987	12869	293160
针织或钩针编织服装制造	490913		180	76987	12869	293160
服饰制造	194956	292		38019	22266	72850
服饰制造	194956	292		38019	22266	72850
皮革、毛皮、羽毛及其制品和制鞋业	642229		10078	123153	55036	210309
皮革鞣制加工	180334		8767	49667	10059	33252
皮革鞣制加工	180334		8767	49667	10059	33252
皮革制品制造	167014		101	21822	15227	65598
皮革服装制造	49009		101	7851	2751	29700
皮箱、包(袋)制造	73219			8416	4381	31374
皮手套及皮装饰制品制造	20877			1003	6946	145
其他皮革制品制造	23909			4552	1149	4379
毛皮鞣制及制品加工	24126			894	4014	13073
毛皮鞣制加工	2185				175	1935
毛皮服装加工	16773			894	3350	11055
其他毛皮制品加工	5167				489	83

单位：万元

外商资本	营业收入	#主营业务收入	营业成本	#主营业务成本	营业税金及附加	#主营业务税金及附加	其他业务利润
99130	1127369	1113922	978813	967763	5247	5184	1229
27384	295196	294219	257278	255548	1295	1280	163
2916	157480	148919	124838	116469	938	891	174
42733	483725	480775	426991	426355	2379	2379	606
26098	190968	190009	169706	169390	635	634	286
163626	755761	744925	636490	627312	3560	3560	1219
53835	256758	249576	209762	203707	1153	1153	1213
7084	9358	9177	7756	7653	90	90	12
12893	212573	212249	189662	189333	863	863	-362
5393	124911	124632	107939	107846	631	631	149
84420	152162	149291	121372	118773	822	822	207
602660	8606715	8496943	7293145	7190522	53046	52593	18963
433415	4690669	4608639	3916037	3833661	28761	28423	10027
433415	4690669	4608639	3916037	3833661	28761	28423	10027
107716	3108291	3091516	2696072	2682983	20558	20498	5903
107716	3108291	3091516	2696072	2682983	20558	20498	5903
61529	807755	796788	681036	673878	3727	3672	3033
61529	807755	796788	681036	673878	3727	3672	3033
243653	2967711	2941792	2581931	2562076	13798	12785	4821
78589	730583	720930	645561	637992	3151	2407	1312
78589	730583	720930	645561	637992	3151	2407	1312
64267	811128	801416	705606	697333	3802	3643	1552
8608	183634	179333	162628	159490	1010	924	1017
29048	415492	414289	350817	349097	1674	1673	319
12782	112323	112034	101258	101126	520	477	9
13829	99680	95760	90903	87620	599	568	207
6145	104085	104082	88917	88914	332	332	
75	6458	6455	4898	4895	31	31	
1474	75007	75007	64855	64855	217	217	
4595	22620	22620	19165	19165	84	84	

1-B-11 续表 25

行业	#实收资本					
		国家资本	集体资本	法人资本	个人资本	港澳台资本
羽毛(绒)加工及制品制造	89772		713	26043	7065	29093
羽毛(绒)加工	5806			1805	497	3008
羽毛(绒)制品加工	83965		713	24238	6569	26085
制鞋业	180984		497	24728	18671	69293
纺织面料鞋制造	23069			432	926	17966
皮鞋制造	149856		497	22614	16933	47753
塑料鞋制造						
橡胶鞋制造	5785			1682		3574
其他制鞋业						
木材加工和木、竹、藤、棕、草制品业	232466		750	54474	22313	84192
木材加工	8873			810		8064
锯材加工						
单板加工						
人造板制造	98918		750	33173	7688	37434
胶合板制造	68679		750	18302	7178	30626
纤维板制造	16769			7841		878
其他人造板制造	13470			7030	510	5930
木制品制造	107980			14506	12098	32930
建筑用木料及木材组件加工						
木门窗、楼梯制造	17534				3134	4601
地板制造	58886			11510	7648	7202
木制容器制造						
软木制品及其他木制品制造	15474			2276	1316	5888
竹、藤、棕、草等制品制造	16696			5985	2527	5763
竹制品制造	15117			5160	2294	5639
草及其他制品制造	1579			824	233	124
家具制造业	876687		20372	153174	12800	266891
木质家具制造	303782		6193	41742	4310	119180
木质家具制造	303782		6193	41742	4310	119180

单位：万元

外商资本	营业收入	#主营业务收入	营业成本	#主营业务成本	营业税金及附加	#主营业务税金及附加	其他业务利润
26858	543663	541882	483418	482502	2209	2201	955
497	36418	36358	32402	32402	122	122	59
26361	507246	505524	451017	450100	2087	2078	896
67795	778252	773482	658429	655336	4304	4203	1001
3744	54393	54389	47632	47632	255	255	3
62060	670962	666228	565451	562374	3840	3750	984
529	45992	45989	39340	39340	193	182	
70738	1117282	1112515	967203	963755	9012	8836	952
	19022	18950	17930	17785	49	49	-73
19872	428571	424704	387584	384794	1469	1307	709
11823	309073	305448	279219	276530	1105	944	783
8049	59708	59682	54332	54331	244	244	-188
	59789	59575	54033	53933	120	120	114
48445	546237	545834	456067	455986	6718	6718	321
9800	32478	32364	27538	27457	234	234	33
32527	374257	373969	303437	303437	6062	6062	288
5994	21167	21167	18383	18383	241	241	
2421	123452	123027	105622	105190	776	762	-5
2024	93362	93361	79953	79953	512	498	
397	30090	29666	25669	25237	264	264	-5
423451	3012396	2968391	2502287	2466333	15800	15559	8688
132357	684246	675504	569993	565844	3971	3866	3683
132357	684246	675504	569993	565844	3971	3866	3683

1-B-11 续表 26

行业	#实收资本	国家资本	集体资本	法人资本	个人资本	港澳台资本
竹、藤家具制造	77706		10403	40059	622	7876
竹、藤家具制造	77706		10403	40059	622	7876
金属家具制造	320278		3705	38375	4498	86321
金属家具制造	320278		3705	38375	4498	86321
塑料家具制造	10098			2042		5464
塑料家具制造	10098			2042		5464
其他家具制造	164823		71	30956	3370	48050
其他家具制造	164823		71	30956	3370	48050
造纸和纸制品业	1527916	4091	2989	657315	49495	319239
造纸	877846		505	617873	47928	176489
机制纸及纸板制造	838581		505	611615	47928	143481
手工纸制造	34983			4545		30438
加工纸制造						
纸制品制造	650070	4091	2484	39442	1566	142751
纸和纸板容器制造	508604	1856	9	28143		69021
其他纸制品制造	141466	2235	2475	11298	1566	73729
印刷和记录媒介复制业	216058	17		58551	10718	95019
印刷	200067	17		49882	10718	93984
书、报刊印刷						
本册印制	4067			1698	811	1103
包装装潢及其他印刷	184000	17		41984	9906	87081
装订及印刷相关服务	15991			8669		1035
装订及印刷相关服务	15991			8669		1035
文教、工美、体育和娱乐用品制造业	699239	840	1517	93837	38113	267449
文教办公用品制造	95808		1517	12115	7076	28854
文具制造	67276			4782	6618	23969
笔的制造	23301			6944	458	3368
其他文教办公用品制造	5231		1517	389		1517

单位：万元

外商资本	营业收入	#主营业务收入	营业成本	#主营业务成本	营业税金及附加	#主营业务税金及附加	其他业务利润
18747	341740	318446	292439	271312	1489	1489	2269
18747	341740	318446	292439	271312	1489	1489	2269
187379	1008282	1001856	856437	849153	4493	4358	1194
187379	1008282	1001856	856437	849153	4493	4358	1194
2592	162871	162087	148229	147555	474	474	110
2592	162871	162087	148229	147555	474	474	110
82377	815257	810499	635189	632469	5373	5373	1432
82377	815257	810499	635189	632469	5373	5373	1432
494789	2791786	2657244	2332044	2211405	10644	10345	12417
35052	1726709	1626989	1435573	1344671	5655	5461	7589
35052	1653041	1553358	1369243	1278340	5506	5312	7551
	70700	70668	63466	63466	139	139	32
459737	1065077	1030256	896471	866734	4989	4884	4828
409575	798610	770334	688985	664023	3638	3638	3553
50162	266467	259922	207486	202711	1351	1246	1275
51755	671155	661753	552257	544640	2951	2951	2147
45467	653450	644174	538256	530673	2793	2793	2053
454	111110	110228	102207	101365	365	365	45
45013	534466	527533	429238	423213	2408	2408	1265
6287	17706	17579	14002	13968	158	158	93
6287	17706	17579	14002	13968	158	158	93
297483	3781225	3755936	3267828	3246705	14728	14652	3478
46247	359780	353361	301841	295733	1745	1744	948
31907	193068	187396	164169	158287	902	902	452
12531	144924	144423	119000	118870	766	766	348
1809	21788	21543	18672	18575	77	77	148

1-B-11 续表 27

行业	#实收资本	国家资本	集体资本	法人资本	个人资本	港澳台资本
乐器制造	94650			8329	3634	2596
西乐器制造	91717			8095	3354	2514
其他乐器及零件制造	2933			234	280	83
工艺美术品制造	225567			47490	19820	87766
雕塑工艺品制造	4774			1771	276	1450
金属工艺品制造	25902			4200	1035	4644
漆器工艺品制造	2449			673		1776
花画工艺品制造						
天然植物纤维编织工艺品制造	5531			2580	1023	627
抽纱刺绣工艺品制造	66940			19211	8501	18676
地毯、挂毯制造	35986			5127		15882
珠宝首饰及有关物品制造	40457			9660	6576	20890
其他工艺美术品制造	42371			4268	2408	23822
体育用品制造	129498	840		8616	6125	57920
球类制造	1904			869	137	414
体育器材及配件制造	27876	840		1351	2861	18833
训练健身器材制造	69032			3211	1547	32102
运动防护用具制造	4604				1170	
其他体育用品制造	26082			3185	410	6571
玩具制造	112192			9156	1458	60600
玩具制造	112192			9156	1458	60600
游艺器材及娱乐用品制造	41524			8131		29713
露天游乐场所游乐设备制造	9671					9671
游艺用品及室内游艺器材制造	28976			8131		17165
其他娱乐用品制造						
石油加工、炼焦和核燃料加工业	155678			70573	281	46299
精炼石油产品制造	155678			70573	281	46299
原油加工及石油制品制造	155678			70573	281	46299
化学原料和化学制品制造业	4379209	139834	21474	745217	69073	927746
基础化学原料制造	1047587	122265		209571	4381	302880
无机酸制造						

单位：万元

外商资本	营业收入	#主营业务收入	营业成本	#主营业务成本	营业税金及附加	#主营业务税金及附加	其他业务利润
80091	196674	193957	169182	167013	1175	1175	483
77755	172112	169396	147232	145063	1045	1045	483
2336	24562	24561	21950	21950	130	130	
70491	1627314	1621760	1462350	1457740	6002	5979	723
1277	47101	47096	39905	39905	329	329	5
16023	38621	38324	33043	32879	217	196	116
	12257	12188	10501	10497	115	115	65
1301	50688	50688	43383	43383	251	251	…
20552	190579	189138	168230	167005	895	895	210
14976	88461	85579	76063	73265	255	255	17
3331	956487	955746	898858	898450	2600	2600	312
11873	240441	240324	190659	190647	1304	1302	-1
55997	312722	311353	270965	270217	1722	1720	370
485	36186	36186	31423	31423	136	136	
3991	60022	59678	50284	50091	544	541	3
32172	148083	147280	128680	128266	577	577	341
3434	8420	8228	7792	7653	96	96	6
15915	60010	59982	52786	52785	370	370	19
40978	507639	498628	443793	436421	2449	2398	855
40978	507639	498628	443793	436421	2449	2398	855
3680	777097	776877	619699	619582	1636	1636	100
	21667	21667	18804	18804	94	94	
3680	747983	747770	594498	594387	1494	1494	100
38525	2849689	2839281	2456455	2447677	311375	311369	588
38525	2849689	2839281	2456455	2447677	311375	311369	588
38525	2849689	2839281	2456455	2447677	311375	311369	588
2475866	18554661	18305800	16308938	16099218	45829	43802	29164
408491	4286422	4234887	3825185	3786018	11763	11726	11985

1-B-11 续表 28

行业	#实收资本	国家资本	集体资本	法人资本	个人资本	港澳台资本
无机碱制造						
无机盐制造	77329	373		32144		19390
有机化学原料制造	648098	110098		119252	3395	239536
其他基础化学原料制造	297693			54365	781	39954
肥料制造	2331			422	1128	
复混肥料制造	2331			422	1128	
农药制造	55965			7646	6697	6719
化学农药制造	51827			7646	6697	2581
生物化学农药及微生物农药制造						
涂料、油墨、颜料及类似产品制造	361398		12597	76660	11083	121434
涂料制造	80783		1175	9743	1795	25760
油墨及类似产品制造	52340			13379		27667
颜料制造	44677			20391	7664	10163
染料制造	147635		11356	33147	1624	57816
密封用填料及类似品制造	35963		65			28
合成材料制造	1949434	10480	6110	321534	33439	374630
初级形态塑料及合成树脂制造	1167966	428	1889	19040	30036	248394
合成橡胶制造	23311					23311
合成纤维单(聚合)体制造	702797	10052	4221	297823	3404	76581
其他合成材料制造	55360			4672		26343
专用化学产品制造	839412	5135	2766	117931	11162	115822
化学试剂和助剂制造	221452			30299	3455	24782
专项化学用品制造	147390			61843	1859	51761
信息化学品制造	386525		2766	17850	4486	19303
环境污染处理专用药剂材料制造	21694	5135		582	239	484
动物胶制造	37751			5602		
其他专用化学产品制造	24600			1755	1123	19492
日用化学产品制造	123082	1955		11452	1184	6261
肥皂及合成洗涤剂制造	16644			7781	1144	
化妆品制造	39948			3287	40	4280
香料、香精制造	61294	1955		384		1982
其他日用化学产品制造	5195					

单位：万元

外商资本	营业收入	#主营业务收入	营业成本	#主营业务成本	营业税金及附加	#主营业务税金及附加	其他业务利润
25423	144329	132042	107286	96565	918	918	1575
175818	3375110	3345768	3068674	3044987	7722	7697	5383
202593	620899	611809	537369	532708	1737	1725	4311
781	22384	22384	20600	20600	24	24	
781	22384	22384	20600	20600	24	24	
34903	501148	496669	407954	406303	1152	569	1568
34903	498545	494066	405909	404258	1120	537	1568
139624	1462645	1438845	1162695	1142570	8495	7324	3720
42309	305259	304747	221681	221369	1872	1265	199
11294	188935	186848	146811	145790	998	453	1066
6460	240825	240044	197668	196993	1357	1356	115
43693	675514	656706	554926	537818	3891	3871	1697
35870	52114	50500	41608	40601	378	378	642
1203240	8742928	8645090	8365421	8278077	9161	8997	7627
868180	4443888	4433072	4165709	4159706	6872	6832	1068
	69420	69340	59525	58443	51	51	-3
310716	4112989	4026395	4044447	3964194	1660	1538	6491
24345	116632	116283	95739	95734	577	576	70
586596	2421118	2351504	2138283	2077771	12477	12404	4157
162916	838663	823713	741936	728867	2369	2369	3251
31927	471069	421047	387224	344003	8237	8227	234
342120	920010	915785	857273	853368	1225	1225	544
15254	53897	53509	39997	39725	305	243	116
32149	72041	72027	52654	52654	120	120	14
2230	65438	65423	59199	59153	220	220	-2
102230	1118017	1116422	388799	387879	2758	2758	108
7719	133626	133538	121682	121598	249	249	
32342	828160	827095	155599	154908	1166	1166	16
56974	144297	143946	101560	101415	1280	1280	
5195	11934	11842	9959	9959	63	63	92

1-B-11 续表 29

行业	#实收资本	国家资本	集体资本	法人资本	个人资本	港澳台资本
医药制造业	657771	5423	1898	129682	24003	168506
化学药品原料药制造	188160		1898	56253	7713	45319
化学药品原料药制造	188160		1898	56253	7713	45319
化学药品制剂制造	165853	5423		28018	702	16943
化学药品制剂制造	165853	5423		28018	702	16943
中药饮片加工	33354				33	3432
中药饮片加工	33354				33	3432
中成药生产	84310			20749		58456
中成药生产	84310			20749		58456
兽用药品制造	5387			2294		
兽用药品制造	5387			2294		
生物药品制造	148373			21689	9928	33132
生物药品制造	148373			21689	9928	33132
卫生材料及医药用品制造	32334			679	5627	11224
卫生材料及医药用品制造	32334			679	5627	11224
化学纤维制造业	1541189	26121	2556	381882	75149	581539
纤维素纤维原料及纤维制造	96250	21825		34412	5665	16682
人造纤维(纤维素纤维)制造	96250	21825		34412	5665	16682
合成纤维制造	1444939	4296	2556	347470	69484	564857
锦纶纤维制造	82773	4296		23856	5461	44863
涤纶纤维制造	885132			263683	39727	342109
腈纶纤维制造						
丙纶纤维制造						
氨纶纤维制造	279106			42441	24296	34315
其他合成纤维制造	92268		2556	17490		37910
橡胶和塑料制品业	1510595	4406	1436	282857	62007	519582
橡胶制品业	369719		1301	50202	929	11146
轮胎制造	330014			45405		8072

单位：万元

外商资本	营业收入	#主营业务收入	营业成本	#主营业务成本	营业税金及附加	#主营业务税金及附加	其他业务利润
328259	3165660	3080851	1859562	1836992	22983	22909	66127
76977	666990	654797	559124	543914	2702	2628	1562
76977	666990	654797	559124	543914	2702	2628	1562
114767	1513245	1450402	644907	642488	12572	12572	58575
114767	1513245	1450402	644907	642488	12572	12572	58575
29889	24225	20068	14180	13943	111	111	4157
29889	24225	20068	14180	13943	111	111	4157
5105	258255	257707	128727	128616	3009	3009	203
5105	258255	257707	128727	128616	3009	3009	203
3093	17117	17077	12793	12776	85	85	23
3093	17117	17077	12793	12776	85	85	23
83624	471402	469326	317332	314545	3629	3629	578
83624	471402	469326	317332	314545	3629	3629	578
14803	214427	211474	182499	180709	875	875	1029
14803	214427	211474	182499	180709	875	875	1029
473941	8865982	8370660	8195071	7718723	16933	16272	21270
17666	639677	469819	589104	424496	1097	1096	5249
17666	639677	469819	589104	424496	1097	1096	5249
456275	8226305	7900841	7605966	7294227	15836	15175	16021
4297	375214	370671	343632	340032	272	272	1987
239613	6390183	6074373	5968240	5664496	12141	11603	13216
178055	692728	688241	574306	570194	2056	1933	545
34311	693068	692550	649503	649219	1106	1106	167
640307	8026406	7848364	6795051	6635592	39844	39626	9664
306141	3565543	3513012	2975902	2925951	20823	20823	1443
276537	3272043	3226482	2728120	2684616	19836	19836	986

1-B-11 续表 30

行业	#实收资本					
		国家资本	集体资本	法人资本	个人资本	港澳台资本
橡胶板、管、带制造	8158			1016	514	994
橡胶零件制造	13215			2354	139	1653
日用及医用橡胶制品制造	4891					338
其他橡胶制品制造	13442		1301	1427	276	90
塑料制品业	1140876	4406	135	232655	61078	508436
塑料薄膜制造	322086		60	64331	4648	208664
塑料板、管、型材制造	150202	4204		33896	15896	63626
塑料丝、绳及编织品制造	10753	202		3860	477	1225
泡沫塑料制造	42568			4790	3200	10021
塑料人造革、合成革制造	78566			12243	15193	46102
塑料包装箱及容器制造	174706			32791	4897	32693
日用塑料制品制造	161964			23625	13015	85029
塑料零件制造	68430		75	20158	3155	23241
其他塑料制品制造	131601			36962	597	37835
非金属矿物制品业	953098	5006	4342	183434	45307	383612
水泥、石灰和石膏制造	99103			14286		80000
水泥制造	98277			13708		80000
石灰和石膏制造						
石膏、水泥制品及类似制品制造	196774	533	4342	46280	5204	99674
水泥制品制造	101097	533	3902	21328	5204	53834
砼结构构件制造	32671		441	20000		12230
轻质建筑材料制造	42780			4952		33610
其他水泥类似制品制造						
砖瓦、石材等建筑材料制造	119421			18213	7649	27103
粘土砖瓦及建筑砌块制造	22453			6000	1062	4100
建筑陶瓷制品制造	41374			4304	2949	12123
建筑用石加工						
防水建筑材料制造	9598			2681	2100	2288
隔热和隔音材料制造	24356			1091		81
其他建筑材料制造	17646			4137	1440	4614

单位：万元

外商资本	营业收入	#主营业务收入	营业成本	#主营业务成本	营业税金及附加	#主营业务税金及附加	其他业务利润
5634	46409	45505	41084	40243	186	186	9
9069	75970	70585	62669	57664	425	425	370
4553	12098	12098	10144	10144	64	64	…
10348	159024	158342	133885	133284	312	312	78
334167	4460862	4335352	3819150	3709641	19021	18803	8221
44383	1282754	1232150	1181666	1134676	4698	4698	2334
32580	385437	363278	319752	302037	1825	1684	1042
4990	37316	34501	33800	30990	151	151	9
24557	172350	170730	145533	144395	569	569	439
5028	333760	332281	303435	302993	1262	1262	-103
104326	502523	491419	385585	375764	3156	3156	878
40296	918964	913954	746862	739815	3727	3681	1501
21801	271002	261406	219350	215440	1364	1364	957
56206	556757	535634	483168	463532	2269	2238	1164
331397	2819226	2779414	2334902	2303322	15000	14979	4125
4817	166426	165832	149377	148959	630	630	65
4569	156622	156028	143779	143361	620	620	65
40741	734582	732537	612445	611681	5385	5385	906
16297	451272	450074	384699	384179	2870	2870	303
	196032	196032	164272	164272	2315	2315	
4218	72187	72187	50412	50412	84	84	
66457	867870	850505	686182	669828	4034	4034	647
11290	30373	30251	23440	23438	93	93	119
21998	741612	724430	587971	571622	3295	3295	475
2529	18507	18451	15230	15227	81	81	53
23183	49987	49980	37377	37377	216	216	
7456	22388	22388	17837	17837	300	300	

1-B-11 续表 31

行业	#实收资本	国家资本	集体资本	法人资本	个人资本	港澳台资本
玻璃制造	48509			806	1102	38728
平板玻璃制造	38728					38728
其他玻璃制造	9781			806	1102	
玻璃制品制造	181758			16300	19152	88402
技术玻璃制品制造	70885			5323	13440	35084
日用玻璃制品制造	24166			1330	1118	16539
玻璃包装容器制造	13949				122	
制镜及类似品加工	27469			2101	2921	5206
其他玻璃制品制造	45289			7546	1552	31574
玻璃纤维和玻璃纤维增强塑料制品制造	206616			58947	3954	14208
玻璃纤维及制品制造	193642			50710	3894	12866
玻璃纤维增强塑料制品制造	12974			8237	60	1342
陶瓷制品制造	45935			14269	6161	20057
卫生陶瓷制品制造	19184			1150	1406	13498
特种陶瓷制品制造	26751			13119	4755	6559
耐火材料制品制造	46592	2672		8768	1960	14582
耐火陶瓷制品及其他耐火材料制造	46592	2672		8768	1960	14582
石墨及其他非金属矿物制品制造	8391	1800		5567	124	859
石墨及碳素制品制造						
其他非金属矿物制品制造	8226	1800		5567		859
黑色金属冶炼和压延加工业	959580	231523	199	130011	48174	294085
炼钢						
炼钢						
黑色金属铸造	77110			3754	6140	36781
黑色金属铸造	77110			3754	6140	36781
钢压延加工	869801	231523	199	124469	42034	250176
钢压延加工	869801	231523	199	124469	42034	250176
铁合金冶炼						
铁合金冶炼						

单位：万元

外商资本	营业收入	#主营业务收入	营业成本	#主营业务成本	营业税金及附加	#主营业务税金及附加	其他业务利润
7874	102995	102995	91238	89165	560	560	
	70515	70515	60945	60945	263	263	
7874	32480	32480	30292	28219	296	296	
57903	470744	466530	406668	403826	2023	2023	994
17038	165451	164240	138875	138246	493	493	661
5179	128358	127957	114305	114088	657	657	11
13827	16634	16576	13711	13711	87	87	57
17241	79479	79194	67803	67781	592	592	263
4618	80823	78562	71974	69999	194	194	1
129506	237457	230700	191792	191252	1192	1172	1250
126172	220237	213552	176445	175928	1145	1125	1250
3334	17220	17149	15348	15324	47	47	…
5448	117933	113668	102404	98190	313	313	41
3130	41694	41683	37746	37742	156	156	4
2318	76239	71985	64658	60448	157	157	37
18609	76683	72158	62948	58602	532	532	203
18609	76683	72158	62948	58602	532	532	203
41	44536	44490	31849	31821	332	332	19
	39261	39261	27486	27486	308	308	
255588	4407806	4300585	4104986	3999675	9849	9822	3666
30435	161500	160491	134429	133874	877	877	213
30435	161500	160491	134429	133874	877	877	213
221401	4123408	4017196	3857438	3752682	8703	8676	3453
221401	4123408	4017196	3857438	3752682	8703	8676	3453

1-B-11 续表 32

行业	#实收资本					
		国家资本	集体资本	法人资本	个人资本	港澳台资本
有色金属冶炼和压延加工业	502203	180		157147	42513	207340
常用有色金属冶炼	55751	79		20250	3696	24477
铜冶炼	12983			7549		5434
镍钴冶炼	36257	79		12701	500	18902
镁冶炼						
其他常用有色金属冶炼						
贵金属冶炼						
银冶炼						
稀有稀土金属冶炼						
稀土金属冶炼						
有色金属合金制造	75387			12000	8017	34883
有色金属合金制造	75387			12000	8017	34883
有色金属铸造	16174				2195	13979
有色金属铸造	16174				2195	13979
有色金属压延加工	345974	101		122097	27609	128879
铜压延加工	219119	101		87596	23560	63304
铝压延加工	101664			28334	3801	51735
贵金属压延加工						
稀有稀土金属压延加工	16009			3967		12043
其他有色金属压延加工	8681			1824	248	1673
金属制品业	1190218	1680	3665	138525	74983	588427
结构性金属制品制造	108346		1318	24950	11842	50425
金属结构制造	68197		1318	15785	11495	31193
金属门窗制造	40150			9165	348	19232
金属工具制造	138282			21642	12379	41187
切削工具制造	19377			3941	3838	9094
手工具制造	61576			8837	734	12403
农用及园林用金属工具制造	31321			7445	2414	12449
刀剪及类似日用金属工具制造	11891				2195	905
其他金属工具制造	14117			1420	3197	6336

单位：万元

外商资本	营业收入	#主营业务收入	营业成本	#主营业务成本	营业税金及附加	#主营业务税金及附加	其他业务利润
95023	3912046	3555830	3656464	3305738	5083	4484	5896
7248	531239	515360	493904	486897	522	513	-5
	90306	90306	77646	77646	21	21	
4075	426018	413618	402618	399094	463	454	
20487	625275	611312	572872	558999	446	411	350
20487	625275	611312	572872	558999	446	411	350
	36060	35724	27132	26985	319	318	190
	36060	35724	27132	26985	319	318	190
67288	2659497	2333459	2505444	2175746	3741	3186	5361
44558	2112619	1799152	2021620	1702792	2301	1921	3719
17794	398599	386260	358964	348161	730	714	1499
	33913	33736	28082	28024	422	264	109
4936	102810	102763	90585	90576	161	161	28
382937	3865960	3814924	3297879	3264851	18234	17898	11202
19811	398022	389599	328873	327051	2949	2824	2336
8407	267150	259078	216166	214976	1838	1780	2290
11404	130872	130521	112707	112075	1110	1045	47
63075	428767	421654	357027	353295	2168	2086	1476
2504	67311	67311	51489	51489	362	285	
39603	155497	150428	135864	132602	858	858	668
9013	73163	71941	59202	59024	214	214	284
8791	67871	67213	57106	56814	349	343	360
3165	64924	64761	53366	53366	386	386	164

1-B-11 续表 33

行　业	# 实收资本	国家资本	集体资本	法人资本	个人资本	港澳台资本
集装箱及金属包装容器制造	232389			32444	10542	132926
集装箱制造	59442			13004	5848	20161
金属压力容器制造	26203			15435	897	9187
金属包装容器制造	146744			4005	3797	103578
金属丝绳及其制品制造	110094			215	361	105801
金属丝绳及其制品制造	110094			215	361	105801
建筑、安全用金属制品制造	215619		2347	15488	12680	110931
建筑、家具用金属配件制造	81623		950	2173	6059	40880
建筑装饰及水暖管道零件制造	93834		1397	11546	6308	42880
安全、消防用金属制品制造	29835			1770	313	18412
其他建筑、安全用金属制品制造	10327					8760
金属表面处理及热处理加工	61773			2458	593	43644
金属表面处理及热处理加工	61773			2458	593	43644
搪瓷制品制造	9689			3935	698	3033
搪瓷卫生洁具制造	6739			3935		2804
搪瓷日用品及其他搪瓷制品制造	2950				698	229
金属制日用品制造	208058			22196	14143	54466
金属制厨房用器具制造	59998			3423	836	16997
金属制餐具和器皿制造	93213			11591	12704	5185
金属制卫生器具制造	11674			1760	319	4768
其他金属制日用品制造	43173			5422	285	27516
其他金属制品制造	105969	1680		15198	11746	46014
锻件及粉末冶金制品制造	47506	1680		2808	2935	26543
交通及公共管理用金属标牌制造	16643			2580	7931	3870
其他未列明金属制品制造	41821			9809	880	15600
通用设备制造业	2863033	16709	33914	456070	214916	933869
锅炉及原动设备制造	208329	13841		56863	7053	72827
锅炉及辅助设备制造	102804	7841		32826	7053	37217
内燃机及配件制造	89638	6000		18011		27695
汽轮机及辅机制造	8223			6026		1606
风能原动设备制造	7665					6309

单位：万元

外商资本	营业收入	#主营业务收入	营业成本	#主营业务成本	营业税金及附加	#主营业务税金及附加	其他业务利润
56477	783243	769647	681536	672099	2073	2073	4134
20429	339608	336880	306263	305791	534	534	2257
684	98971	98706	85892	85629	254	254	1
35364	344664	334061	289331	280679	1284	1284	1877
3716	252229	251888	227890	227642	863	863	168
3716	252229	251888	227890	227642	863	863	168
74173	760766	755313	649964	646444	4196	4191	1169
31562	271185	269557	230164	229143	1622	1620	497
31703	369271	366653	315860	313768	2034	2030	222
9340	108107	107352	93376	93122	508	508	149
1567	12202	11750	10564	10411	32	32	300
15078	131810	130657	112349	111160	675	562	333
15078	131810	130657	112349	111160	675	562	333
2023	37897	37795	31482	31446	184	184	
	26424	26424	22757	22757	105	105	
2023	11474	11371	8726	8690	79	79	
117253	543118	530666	446792	435102	3129	3118	817
38742	79110	77205	68230	66680	293	293	355
63733	288331	279867	231456	223212	1818	1807	415
4828	47956	47832	40292	40292	146	146	4
9950	127721	125763	106815	104918	873	873	43
31332	530109	527706	461967	460613	1997	1997	769
13540	163635	161574	115734	115463	977	977	524
2261	31009	30892	23993	23983	283	283	106
15531	335465	335240	321240	321167	737	737	139
1207556	10183255	9975161	8245641	8069946	50433	49820	33786
57746	684439	671497	586045	569611	2432	2432	2018
17867	424905	413036	349040	339090	1979	1979	1919
37932	175456	174750	174239	167815	133	133	-18
591	61815	61574	43539	43478	286	286	-10
1356	22264	22137	19228	19228	35	35	127

1-B-11 续表 34

行业	#实收资本	国家资本	集体资本	法人资本	个人资本	港澳台资本
金属加工机械制造	344154			19658	6853	166831
金属切削机床制造	151657			1675	580	70845
金属成形机床制造	81820			6851	2849	42178
铸造机械制造	24944				1163	16291
金属切割及焊接设备制造	44996			4100	2233	20488
机床附件制造	25299					15666
其他金属加工机械制造	15438			7032	30	1364
物料搬运设备制造	401079		19639	81223	42943	114723
轻小型起重设备制造	35281			4285	1316	7659
起重机制造	43654		6664	3897		18869
生产专用车辆制造	27547			7407		7652
连续搬运设备制造	8130			1132		3901
电梯、自动扶梯及升降机制造	266264		12975	52503	41627	69307
其他物料搬运设备制造	20202			12000		7336
泵、阀门、压缩机及类似机械制造	459842		4162	74897	38139	163897
泵及真空设备制造	148528		4041	16841	10487	45169
气体压缩机械制造	35979			4936	1835	12318
阀门和旋塞制造	187419		120	38891	10290	68323
液压和气压动力机械及元件制造	87916			14229	15527	38088
轴承、齿轮和传动部件制造	510432	2768	7968	105341	22183	118843
轴承制造	313498	968	309	45232	19902	71430
齿轮及齿轮减、变速箱制造	115851			42965	1800	21392
其他传动部件制造	81083	1800	7659	17144	480	26021
烘炉、风机、衡器、包装等设备制造	378360			79146	30639	121075
烘炉、熔炉及电炉制造	3477					
风机、风扇制造	48457			17087	9873	3721
气体、液体分离及纯净设备制造	32146				2533	13690
制冷、空调设备制造	149479			42508	9743	38685
风动和电动工具制造	122028			17267	2908	55897
喷枪及类似器具制造	5192			644	2419	870
衡器制造						
包装专用设备制造	17041			1640	3163	8212

单位：万元

外商资本	营业收入	#主营业务收入	营业成本	#主营业务成本	营业税金及附加	#主营业务税金及附加	其他业务利润
150812	900373	888051	710588	703879	4550	4534	4397
78557	477982	472164	384554	381635	2359	2358	1844
29943	187776	183935	133474	131487	1189	1176	1992
7491	49429	47971	36766	35673	343	343	366
18176	124951	124364	109048	108604	232	231	
9633	39126	38749	27630	27391	411	411	184
7012	21108	20867	19117	19090	16	15	11
142551	2588839	2569549	1997566	1983686	13180	13048	935
22022	114033	113279	91943	91906	606	606	365
14225	116415	114883	93891	92760	617	498	268
12489	88876	86448	71828	71492	499	499	2088
3097	25451	25399	19891	19891	159	159	12
89852	2147539	2133739	1643329	1634226	10457	10445	-1827
867	96526	95802	76684	73410	842	842	30
178748	1881412	1847667	1498817	1470187	9125	8799	5798
71990	546324	537012	417255	410664	2933	2763	2048
16890	210276	199795	171119	161447	955	953	809
69795	863523	854249	724982	715437	3648	3517	1170
20072	261290	256611	185460	182638	1590	1566	1771
253330	969603	943747	788439	767418	5345	5330	4859
175658	630930	615464	517565	506072	3551	3536	2565
49693	151912	148069	117276	115205	591	591	1206
27979	186761	180215	153598	146141	1203	1203	1088
147500	1568148	1527080	1321771	1286507	8900	8819	7973
3477	5886	5865	4100	4089	195	195	9
17776	221561	219483	183489	182127	2323	2284	136
15923	241116	230492	190046	190014	2242	2242	10271
58542	518996	495628	442533	411754	2126	2123	-3493
45957	485769	482985	425266	423511	1571	1532	775
1259	53242	53078	44567	44490	193	193	87
4026	34641	32850	26314	25260	212	212	143

1-B-11 续表 35

行业	#实收资本	国家资本	集体资本	法人资本	个人资本	港澳台资本
文化、办公用机械制造	44874	100		6044	1568	18249
照相机及器材制造	25637			4619		5653
复印和胶印设备制造	3528	100		650	168	250
计算器及货币专用设备制造	15710			775	1400	12346
通用零部件制造	500556		2145	32898	65372	148808
金属密封件制造	43115			532	3324	18669
紧固件制造	376142		2024	23559	54152	98256
弹簧制造	39432			4306	3160	19742
机械零部件加工	12313			1519	117	2219
其他通用零部件制造	29555		121	2982	4619	9922
其他通用设备制造业	15407				166	8616
其他通用设备制造业	15407				166	8616
专用设备制造业	1570098	3891	2505	150811	59274	780970
采矿、冶金、建筑专用设备制造	162767	3657		9966	1202	30009
矿山机械制造	2727				185	1797
石油钻采专用设备制造	9232	3657				2162
建筑工程用机械制造	62748			8906		18756
海洋工程专用设备制造						
建筑材料生产专用机械制造	19090			1059	579	6861
冶金专用设备制造						
化工、木材、非金属加工专用设备制造	773438	234	847	64776	21754	516386
炼油、化工生产专用设备制造	16502				2986	13094
橡胶加工专用设备制造	7102				269	248
塑料加工专用设备制造	407813	234		28791	5957	329089
木材加工机械制造	10740			174		631
模具制造	330916		847	35811	12542	173324
其他非金属加工专用设备制造						

单位：万元

外商资本	营业收入	#主营业务收入	营业成本	#主营业务成本	营业税金及附加	#主营业务税金及附加	其他业务利润
18913	158454	140694	142113	126387	830	830	2014
15366	108552	90980	102350	86627	446	446	1853
2360	25010	24968	17681	17678	294	293	14
1188	24892	24746	22081	22081	90	90	147
251333	1392957	1347978	1170705	1132694	5905	5863	5681
20591	88292	86751	67653	67549	399	399	531
198151	996967	956078	855480	819037	3698	3680	4310
12223	114182	114019	87842	87801	698	698	113
8457	58416	56552	45095	43794	445	420	347
11910	135100	134578	114631	114514	666	666	380
6625	39029	38898	29597	29578	165	165	112
6625	39029	38898	29597	29578	165	165	112
572648	4845426	4783861	3820091	3783745	22868	22554	20265
117934	610662	604359	535022	529765	1822	1786	1634
744	7215	6875	5965	5966	46	46	341
3414	123170	123077	112897	112857	198	198	19
35086	308838	303993	254205	252567	1488	1487	3846
10591	30856	29876	26965	23386	74	39	-2614
169441	1993740	1962133	1493418	1475498	10912	10807	8420
421	52311	51874	44276	44255	289	286	416
6585	32730	32347	27104	26875	275	275	154
43742	1130163	1118273	829223	823831	5511	5450	2795
9936	25779	25657	22283	22283	345	306	-36
108393	750256	731550	568545	556320	4468	4467	5076

1-B-11 续表 36

行业	#实收资本	国家资本	集体资本	法人资本	个人资本	港澳台资本
食品、饮料、烟草及饲料生产专用设备制造	10665			2663	1885	1580
食品、酒、饮料及茶生产专用设备制造	8431			2638	1000	752
农副食品加工专用设备制造						
烟草生产专用设备制造						
印刷、制药、日化及日用品生产专用设备制造	45410			7861	2870	20104
制浆和造纸专用设备制造	4053				375	
印刷专用设备制造	28841			5636	905	19277
制药专用设备制造	11538			2136	1589	
照明器具生产专用设备制造						
玻璃、陶瓷和搪瓷制品生产专用设备制造						
纺织、服装和皮革加工专用设备制造	163818			28264	6812	55877
纺织专用设备制造	50720			6164	1901	31768
皮革、毛皮及其制品加工专用设备制造	7664				3372	2632
缝制机械制造	105434			22100	1540	21476
电子和电工机械专用设备制造	23326			6187	1821	630
电工机械专用设备制造						
电子工业专用设备制造	22690			6187	1821	630
农、林、牧、渔专用机械制造	100338		307	99	511	54139
拖拉机制造	20582			99		
机械化农业及园艺机具制造	76342		307		511	54139
农林牧渔机械配件制造						
医疗仪器设备及器械制造	137315			3052	809	47862
医疗诊断、监护及治疗设备制造	22404			1180	337	
口腔科用设备及器具制造	4104					1692
医疗实验室及医用消毒设备和器具制造						
医疗、外科及兽医用器械制造	55083			1189	472	569
机械治疗及病房护理设备制造	20857					14666
假肢、人工器官及植(介)入器械制造						
其他医疗设备及器械制造	23266			683		22024
环保、社会公共服务及其他专用设备制造	153022		1352	27944	21610	54383
环境保护专用设备制造	93576		1352	19944	16644	27069

单位：万元

外商资本	营业收入	#主营业务收入	营业成本	#主营业务成本	营业税金及附加	#主营业务税金及附加	其他业务利润
4538	79260	78605	62319	62068	584	539	275
4041	71274	70721	56108	55891	563	517	241
14575	170659	165659	124526	123749	684	684	4414
3678	17869	17295	15567	15130	9	9	137
3023	68221	68006	49752	49412	459	459	65
7814	77968	73756	53718	53718	189	189	4212
72865	625661	623444	517416	513498	3171	3159	991
10887	148554	146904	123638	120002	757	748	877
1661	22718	22625	20314	20241	134	132	19
60318	454390	453916	373464	373254	2280	2280	95
14688	35540	35313	31202	31094	102	99	114
14052	33422	33195	29336	29229	92	89	115
45282	389170	384963	336356	334569	586	585	2191
20483	116068	114116	96467	96302	7	7	1788
21386	257602	255348	226176	224555	569	568	404
85592	352942	350584	265705	265338	2134	2112	405
20888	120928	118907	96178	95961	638	638	220
2412	8020	7981	5641	5641	63	63	38
52852	140417	140328	101803	101734	891	886	20
6191	19918	19760	15508	15433	204	187	83
559	38798	38798	28325	28325	214	214	
47733	587792	578801	454128	448167	2875	2785	1821
28567	364809	358265	272904	268245	1707	1634	1061

1-B-11 续表 37

行业	#实收资本					
		国家资本	集体资本	法人资本	个人资本	港澳台资本
社会公共安全设备及器材制造	41161			4644	4966	22275
水资源专用机械制造	3928					3928
其他专用设备制造	14357			3355		1112
汽车制造业	2545571	4577	3717	516907	71113	914896
汽车整车制造	870081		3717	179449	800	534931
汽车整车制造	870081		3717	179449	800	534931
改装汽车制造	21050	3878			2100	900
改装汽车制造	21050	3878			2100	900
汽车车身、挂车制造	5715					
汽车车身、挂车制造	5715					
汽车零部件及配件制造	1648725	699		337458	68213	379065
汽车零部件及配件制造	1648725	699		337458	68213	379065
铁路、船舶、航空航天和其他运输设备制造业	348281		5835	40672	2401	93356
船舶及相关装置制造	171573		5835	23215	798	28487
金属船舶制造	147321		5835	17617	798	24080
娱乐船和运动船制造	5545			1773		1155
船用配套设备制造	18706			3825		3252
摩托车制造	7896			1940		
摩托车零部件及配件制造	7896			1940		
自行车制造	167149			14744	1578	64764
脚踏自行车及残疾人座车制造	125820			11575	1016	43824
助动自行车制造	41329			3168	563	20940
非公路休闲车及零配件制造	1309			549		
非公路休闲车及零配件制造	1309			549		
潜水救捞及其他未列明运输设备制造	354			225	25	105
潜水及水下救捞装备制造						
其他未列明运输设备制造						
电气机械和器材制造业	3245917	7035	10742	702855	189236	1074055
电机制造	532282	7035		64247	13062	89962
发电机及发电机组制造	102240	7035		4498	32	985
电动机制造	123619			16256	3263	28878
微电机及其他电机制造	306423			43493	9768	60099

单位：万元

外商资本	营业收入	#主营业务收入	营业成本	#主营业务成本	营业税金及附加	#主营业务税金及附加	其他业务利润
9277	161474	159377	130659	129812	659	659	810
	12118	12112	10119	10119	98	98	6
9890	49391	49047	40446	39991	411	394	-57
1034361	7859536	7495726	6317016	6003955	80904	80773	62537
151184	2226758	2128519	1864910	1770111	55619	55527	38081
151184	2226758	2128519	1864910	1770111	55619	55527	38081
14172	31072	29938	26080	25335	305	300	10
14172	31072	29938	26080	25335	305	300	10
5715	6827	6827	6216	6216	174	174	
5715	6827	6827	6216	6216	174	174	
863290	5594878	5330442	4419810	4202293	24806	24773	24446
863290	5594878	5330442	4419810	4202293	24806	24773	24446
206017	1480172	1397077	1298343	1240612	5858	5852	22201
113238	896706	876795	799858	787363	3465	3465	4646
98991	846758	826873	759667	747174	3070	3070	4621
2618	16527	16527	13512	13512	162	162	
11629	33421	33395	26679	26678	232	232	25
5956	33756	33651	26077	26000	247	245	29
5956	33756	33651	26077	26000	247	245	29
86064	537867	474839	462660	417504	2051	2046	17512
69406	257894	256845	227708	227453	1076	1076	625
16658	279972	217994	234952	190051	975	971	16887
760	5613	5588	4480	4480	25	25	14
760	5613	5588	4480	4480	25	25	14
	6231	6205	5268	5264	71	71	
1261993	14017901	13635570	11984939	11656807	58798	51222	30914
357976	2261259	2194969	1876382	1827231	10698	10682	11848
89690	159997	158044	132639	130781	1135	1135	361
75222	741183	704968	612427	580695	2667	2667	3502
193063	1360080	1331957	1131316	1115755	6896	6879	7986

1-B-11 续表 38

行业	#实收资本	国家资本	集体资本	法人资本	个人资本	港澳台资本
输配电及控制设备制造	1065890		1808	324297	121015	285554
变压器、整流器和电感器制造	131681		249	5387	11318	54902
电容器及其配套设备制造	3592			760	38	2052
配电开关控制设备制造	207372		1559	73424	10782	41379
电力电子元器件制造	130442			20411	8890	55932
光伏设备及元器件制造	550116			211707	89986	106721
其他输配电及控制设备制造	42687			12608		24569
电线、电缆、光缆及电工器材制造	455447		211	91473	11028	179480
电线、电缆制造	335664		211	36273	10605	165803
光纤、光缆制造	94308			55201		1246
绝缘制品制造	25331				423	12287
其他电工器材制造						
电池制造	463302		4972	113720	1827	153130
锂离子电池制造	136146			71672	1057	6766
镍氢电池制造	33951			13600		20351
其他电池制造	293205		4972	28448	770	126014
家用电力器具制造	401052			76007	11224	185635
家用制冷电器具制造	8348			682	483	553
家用空气调节器制造	31696			11399	795	6573
家用通风电器具制造	32721			3774	1463	25392
家用厨房电器具制造	99200			9582	3754	49019
家用清洁卫生电器具制造	130329			35166	640	74439
家用美容、保健电器具制造	16406			55	2408	7739
家用电力器具专用配件制造	49866			13300	844	4889
其他家用电力器具制造	32486			2049	837	17031
非电力家用器具制造	24741			1954	1860	7152
燃气、太阳能及类似能源家用器具制造	9382			1954	756	3779
其他非电力家用器具制造	15359				1104	3373

单位：万元

外商资本	营业收入	#主营业务收入	营业成本	#主营业务成本	营业税金及附加	#主营业务税金及附加	其他业务利润
333216	3354448	3281061	2816438	2763151	11717	11529	12129
59825	257327	238203	201077	184708	988	917	2703
743	15842	15836	10963	10963	116	116	
80228	976370	971712	766304	763914	5351	5331	1650
45209	836815	829562	723053	719941	2796	2699	3841
141701	1193576	1153615	1054413	1023130	1990	1990	1683
5511	74518	72133	60628	60495	476	476	2252
173254	1946590	1847870	1723853	1631097	12904	5757	1781
122772	1505344	1470205	1333834	1303525	11910	4764	707
37861	384278	322273	346504	285553	681	681	1056
12621	53432	51857	40652	39155	303	303	18
189653	2453103	2432505	2202022	2183622	6762	6756	1278
56652	292027	289598	254821	252832	834	827	406
	33950	33595	33019	32823	114	114	158
133001	2127126	2109312	1914182	1897968	5815	5815	714
128186	2706603	2595722	2270114	2166061	10662	10617	1603
6631	79557	79464	71584	71330	247	243	92
12929	239192	206698	214898	184305	656	656	267
2092	146990	146203	119852	119446	458	458	381
36844	588606	579201	467856	459022	3200	3160	368
20083	1044532	981173	845526	785445	4471	4471	-98
6204	112830	111993	97113	96329	382	382	53
30834	325546	325342	310960	310922	341	341	136
12570	169351	165647	142325	139263	907	907	404
13774	71953	71024	60182	59887	546	546	635
2892	21686	21276	17262	17213	80	80	361
10882	50267	49747	42920	42674	467	467	274

1-B-11 续表 39

行业	#实收资本	国家资本	集体资本	法人资本	个人资本	港澳台资本
照明器具制造	295007		3752	31158	28556	171842
电光源制造	78985			7619	11538	48484
照明灯具制造	196515		3752	22768	8028	114599
灯用电器附件及其他照明器具制造	19507			770	8990	8758
其他电气机械及器材制造	8197				664	1300
电气信号设备装置制造	2764				318	212
其他未列明电气机械及器材制造	5433				345	1088
计算机、通信和其他电子设备制造业	3138407	177187	3954	341861	215291	948962
计算机制造	293333			10221	2308	73882
计算机整机制造						
计算机零部件制造	117978			494		9805
计算机外围设备制造	109930			4076	2308	64077
其他计算机制造	39271			5652		
通信设备制造	945734	174420		70376	163265	347932
通信系统设备制造	603188	174420		38278	161002	213158
通信终端设备制造	342545			32098	2262	134774
广播电视设备制造	59522			4041	1101	34896
广播电视接收设备及器材制造	24025			739	245	3558
应用电视设备及其他广播电视设备制造	35497			3302	856	31339
雷达及配套设备制造						
雷达及配套设备制造						
视听设备制造	88232	193		6274	9178	19431
电视机制造	17216			3512	8127	5163
音响设备制造	68181	193		2762	1051	11433
影视录放设备制造						
电子器件制造	1103011	2574		88353	23260	316032
半导体分立器件制造	162739	2351		28230	5952	36721
集成电路制造	76020			4860		17980
光电子器件及其他电子器件制造	864253	224		55263	17309	261331

单位：万元

外商资本	营业收入	#主营业务收入	营业成本	#主营业务成本	营业税金及附加	#主营业务税金及附加	其他业务利润
59699	1196718	1185724	1014541	1004735	5325	5188	1628
11343	320795	315413	276227	271403	1743	1606	526
47368	832653	827415	700328	695667	3328	3328	1049
989	43271	42896	37987	37665	254	254	53
6234	27226	26695	21408	21023	183	147	13
2234	17943	17923	14134	14127	117	117	13
4000	9283	8772	7274	6896	66	30	
1451154	13438749	13210992	11046612	10875068	48740	48506	38411
206922	1415179	1400137	1337581	1328467	1057	1036	7456
107680	336766	333014	314318	312998	122	122	2393
39470	183924	176798	165329	161074	609	588	1871
33619	147316	143152	140778	137240	325	325	3192
189741	3880390	3771982	2498174	2402702	28986	28985	4208
16330	2481193	2441122	1192892	1161557	26682	26682	593
173411	1399196	1330861	1305282	1241145	2304	2303	3615
19484	170595	163179	129422	128929	829	753	7003
19484	95607	95060	79535	79152	529	528	142
	74989	68118	49387	49777	299	224	6861
53157	625413	617035	570039	565796	1388	1388	498
414	327115	324843	306695	304484	170	170	61
52743	287870	281764	254296	252264	1218	1218	437
672791	4826798	4803537	4402316	4386151	6557	6517	3339
89485	240956	238885	196310	195124	1344	1342	876
53180	215289	213929	187254	186967	310	310	721
530126	4370553	4350723	4018752	4004061	4903	4866	1742

1-B-11 续表 40

行业	#实收资本	国家资本	集体资本	法人资本	个人资本	港澳台资本
电子元件制造	519205		1031	110202	14014	143413
电子元件及组件制造	446639		1031	92284	11982	129968
印制电路板制造	72566			17919	2032	13445
其他电子设备制造	78415		2923	2923	2165	11889
其他电子设备制造	78415		2923	2923	2165	11889
仪器仪表制造业	600037	1675	912	74611	13446	259938
通用仪器仪表制造	398526	1675	756	65514	2692	187914
工业自动控制系统装置制造	229605			43987	246	121337
电工仪器仪表制造	7723			734		768
绘图、计算及测量仪器制造	41455			3906	150	30162
实验分析仪器制造	3720			855	1628	250
试验机制造						
供应用仪表及其他通用仪器制造	112605		756	16032	668	35396
专用仪器仪表制造	87021		156	5170	5037	1017
环境监测专用仪器仪表制造						
运输设备及生产用计数仪表制造	78271		156		4137	
电子测量仪器制造	2342			641	109	250
其他专用仪器制造	3125			2300		767
钟表与计时仪器制造	8556			279	3177	4977
钟表与计时仪器制造	8556			279	3177	4977
光学仪器及眼镜制造	99993			3649	2541	64790
光学仪器制造	67198			1860	1084	56116
眼镜制造	32796			1788	1457	8674
其他仪器仪表制造业	5942					1242
其他仪器仪表制造业	5942					1242
其他制造业	163348		166	33686	7989	44668
日用杂品制造	140851		166	33686	6709	38067
鬃毛加工、制刷及清扫工具制造	25226			3779	3619	13420
其他日用杂品制造	115625		166	29907	3090	24646

单位：万元

外商资本	营业收入	#主营业务收入	营业成本	#主营业务成本	营业税金及附加	#主营业务税金及附加	其他业务利润
250545	2159432	2096653	1803407	1758872	8728	8667	14154
211375	1987430	1926193	1652802	1609142	8286	8225	13595
39170	172002	170460	150605	149731	442	442	559
58515	241967	239493	196728	195206	1196	1160	1754
58515	241967	239493	196728	195206	1196	1160	1754
249455	1791962	1760877	1357618	1336414	9493	9421	8725
139975	1042224	1030094	760169	748881	6402	6344	-19
64034	540076	533588	370811	362480	3465	3451	2183
6221	32683	31015	23984	22802	260	260	487
7237	142778	142110	117216	116817	805	781	259
987	14567	13529	9537	8944	144	144	-73
59753	310073	307811	237063	236284	1708	1708	-2870
75642	455670	441023	361641	355298	1116	1116	8298
73978	413439	399097	336318	330241	782	782	8265
1342	18178	18147	15529	15489	65	65	-8
58	7568	7299	1986	1760	116	116	41
124	15198	15114	11834	11751	160	160	2
124	15198	15114	11834	11751	160	160	2
29014	272875	268675	218846	215359	1782	1769	425
8138	168875	165256	137200	134502	679	666	278
20876	104001	103419	81645	80857	1103	1103	147
4700	5994	5972	5123	5125	33	33	19
4700	5994	5972	5123	5125	33	33	19
76840	645127	642781	548647	546840	2708	2702	621
62224	596948	594916	507735	506161	2430	2424	363
4408	110541	109181	94774	93630	679	679	167
57815	486407	485735	412962	412531	1751	1745	196

1-B-11 续表 41

行业	#实收资本	国家资本	集体资本	法人资本	个人资本	港澳台资本
其他未列明制造业	22497				1280	6601
其他未列明制造业	22497				1280	6601
废弃资源综合利用业	107854			4465	1065	73715
金属废料和碎屑加工处理	103459			4465	1065	69320
金属废料和碎屑加工处理	103459			4465	1065	69320
非金属废料和碎屑加工处理						
非金属废料和碎屑加工处理						
金属制品、机械和设备修理业	167761			80089	10000	21441
专用设备修理						
专用设备修理						
铁路、船舶、航空航天等运输设备修理	166761			79389	10000	21441
船舶修理	166761			79389	10000	21441
电力、热力、燃气及水生产和供应业	**2055477**	**1007873**	**10228**	**321215**	**9676**	**369317**
电力、热力生产和供应业	1708838	923457	10228	261619	6585	293778
电力生产	1666933	923457	9400	245341	6585	278782
火力发电	1501926	911024	7480	210332	6585	251684
水力发电	112805	3852		18385		5522
风力发电	26702	8582	1920	9525		3175
其他电力生产	25500			7100		18400
热力生产和供应	41905		828	16278		14996
热力生产和供应	41905		828	16278		14996
燃气生产和供应业	239486	77502		27949	1341	52698
燃气生产和供应业	239486	77502		27949	1341	52698
燃气生产和供应业	239486	77502		27949	1341	52698
水的生产和供应业	107153	6914		31647	1750	22841
自来水生产和供应	30139	6914		863		4631
自来水生产和供应	30139	6914		863		4631
污水处理及其再生利用	77014			30784	1750	18210
污水处理及其再生利用	77014			30784	1750	18210

单位：万元

外商资本	营业收入	#主营业务收入	营业成本	#主营业务成本	营业税金及附加	#主营业务税金及附加	其他业务利润
14616	48180	47865	40911	40679	278	278	258
14616	48180	47865	40911	40679	278	278	258
28609	951883	948613	950948	948481	937	937	363
28609	940546	938891	941295	940018	868	868	363
28609	940546	938891	941295	940018	868	868	363
56231	104975	97436	84215	78542	569	569	1866
55931	100632	93129	81275	75608	536	536	1837
55931	100632	93129	81275	75608	536	536	1837
337168	**3216567**	**3178720**	**2422290**	**2408010**	**18897**	**18778**	**18458**
213171	2615128	2595980	1919570	1913085	16511	16401	7908
203368	2498859	2481218	1830323	1823925	16022	15913	6488
114821	2447954	2430702	1804464	1798078	15510	15401	6408
85047	29985	29625	14616	14604	193	193	52
3501	12661	12661	6090	6090	225	225	
	8259	8231	5153	5153	94	94	28
9804	116270	114762	89248	89161	489	489	1420
9804	116270	114762	89248	89161	489	489	1420
79995	555548	536949	475440	467837	2217	2217	10449
79995	555548	536949	475440	467837	2217	2217	10449
79995	555548	536949	475440	467837	2217	2217	10449
44002	45891	45790	27279	27088	170	160	101
17731	14365	14264	7066	7066	116	116	101
17731	14365	14264	7066	7066	116	116	101
26270	31526	31526	20213	20022	55	44	
26270	31526	31526	20213	20022	55	44	

1-B-11 续表 42

行 业	管理费用	#税 金	财务费用	#利息支出	投资收益	营业利润
总 计	**7541304**	**352075**	**1886102**	**2329490**	**626301**	**9442497**
采矿业	**6064**	**68**	**1168**	**1006**		**5973**
非金属矿采选业	6064	68	1168	1006		5973
土砂石开采	6064	68	1168	1006		5973
石灰石、石膏开采						
建筑装饰用石开采	3158	50	426	391		4542
粘土及其他土砂石开采	793		145	17		944
制造业	**7441659**	**342295**	**1779642**	**2218541**	**627031**	**8870667**
农副食品加工业	50504	3405	11858	23740	2287	56677
谷物磨制	2779	243	1049	1165		1847
谷物磨制	2779	243	1049	1165		1847
饲料加工	5729	478	-1608	1008		9117
饲料加工	5729	478	-1608	1008		9117
植物油加工	4114	930	-1087	3224	2395	12358
食用植物油加工	4114	930	-1087	3224	2395	12358
屠宰及肉类加工	6481	274	3604	3509	-436	1474
牲畜屠宰						
肉制品及副产品加工	3928	141	1791	1592		1419
水产品加工	21796	908	6441	11302	328	16676
水产品冷冻加工	20540	873	5480	10610	327	16552
鱼糜制品及水产品干腌制加工	1055	20	871	658	1	-311
其他水产品加工						
蔬菜、水果和坚果加工	4433	202	3090	2696	1	3140
蔬菜加工	4433	202	3090	2696	1	3140
其他农副食品加工	5171	370	368	836		12065
淀粉及淀粉制品制造	3120	190	462	569		10942
豆制品制造						
其他未列明农副食品加工	957	121	-96	267		722
食品制造业	99057	7697	1419	19860	41163	302023
焙烤食品制造	12685	970	617	1156		7339
糕点、面包制造	8020	797	644	776		2485
饼干及其他焙烤食品制造	4664	173	-27	380		4854

单位：万元

营业外收入		营业外支出	利润总额	应交所得税	利税总额	应付工资总额	本年应交增值税
	#补贴收入						
911845	**342156**	**458323**	**10039991**	**1590747**	**15364332**	**9589084**	**4175417**
76	**60**	**331**	**5719**	**971**	**11629**	**3061**	**3738**
76	60	331	5719	971	11629	3061	3738
76	60	331	5719	971	11629	3061	3738
16		175	4383	735	7473	996	1765
		56	888	236	2406	1037	1251
894771	**336808**	**434703**	**9473994**	**1516828**	**14616125**	**9497602**	**4032646**
11560	4297	3104	66055	7495	93624	74298	21640
2206	2194	105	4082	178	4199	3114	26
2206	2194	105	4082	178	4199	3114	26
106		50	9173	2374	10553	7473	1380
106		50	9173	2374	10553	7473	1380
95	47	15	12437		12875	4130	-2473
95	47	15	12437		12875	4130	-2473
5875	160	782	6613	527	12195	9767	4882
525	160	656	1334	527	6901	7167	4882
2641	1645	1903	17566	3525	31836	37385	12771
2236	1464	1748	17190	3347	30376	35178	11893
404	181	148	-54	70	679	1934	576
80	170	58	3372	497	5168	7161	1567
80	170	58	3372	497	5168	7161	1567
559	81	191	12313	395	16798	5269	3488
336		109	11550		13881	2018	2062
104	81	46	779	221	2302	1515	1463
20189	2439	10713	311922	51575	434767	155492	111301
1187	194	520	8015	2641	22936	37613	13159
988	184	415	3058	538	14438	31725	10601
199	10	105	4958	2103	8498	5888	2559

1-B-11 续表 43

行　业	管理费用	#税　金	财务费用	#利息支出	投资收益	营业利润
糖果、巧克力及蜜饯制造	13071	769	3914	5507		40819
糖果、巧克力制造	12818	768	2312	3819		42522
蜜饯制作						
方便食品制造	12057	2970	-7642	2469	401	45456
速冻食品制造	4987	376	2320	1959	93	4142
方便面及其他方便食品制造	7070	2594	-9962	510	308	41314
罐头食品制造	5402	415	5289	4178		6180
肉、禽类罐头制造						
水产品罐头制造	540	99	577	315		2778
蔬菜、水果罐头制造	4036	315	4215	3505		1469
调味品、发酵制品制造	8251	351	2663	2729		19295
酱油、食醋及类似制品制造	4760	167	1824	1740		18830
其他调味品、发酵制品制造	3491	185	839	990		465
其他食品制造	47592	2221	-3422	3821	40762	182936
营养食品制造	6761	667	410	520		12338
保健食品制造	5319	227	-39		8	41011
冷冻饮品及食用冰制造	4378	191	-110			6228
食品及饲料添加剂制造	29984	1125	-3641	3301	40754	121103
其他未列明食品制造						
酒、饮料和精制茶制造业	90309	9258	3763	15551	51511	277945
酒的制造	41202	3512	3167	8193	458	41055
白酒制造						
啤酒制造	38672	3237	3142	8112	458	39438
黄酒制造	1371	181	104	81		334
饮料制造	47477	5463	-526	6448	51053	236014
碳酸饮料制造	11740	945	246	607	2413	25477
瓶(罐)装饮用水制造						
果菜汁及果菜汁饮料制造	8783	1589	1395	2886	42813	82281

单位：万元

营业外收入	#补贴收入	营业外支出	利润总额	应交所得税	利税总额	应付工资总额	本年应交增值税
1378	32	303	41926	10982	50609	13721	8032
1371	32	303	43622	10982	52289	13656	8047
11249	111	2108	54598	12180	80518	23433	25118
244	8	126	4260	96	9757	8746	4799
11005	103	1982	50337	12084	70761	14687	20319
1227	411	245	7161	1642	12250	16321	4193
184		42	2919	727	3476	2403	245
882	252	123	2228	394	4890	11228	2219
1073	1040	312	20061	957	27353	3639	6292
1035	1034	230	19634	420	25413	996	4959
38	6	82	427	537	1940	2644	1333
4076	651	7226	180161	23174	241101	60766	54507
1298	314	275	13537	3507	25254	7979	10944
3200	19	385	43826	10829	56789	11405	11655
296		122	6402	1688	12167	6622	4977
-782	318	6430	114090	6573	143794	30826	26271
13660	9087	9270	291038	62932	494831	177368	127179
2849	519	2249	41708	10602	142072	61666	34831
2687	519	2153	40024	10155	138632	58897	33799
144		82	396	124	1192	1778	241
10705	8495	6873	248423	52144	349866	114139	90432
912	772	1064	27161	6760	45472	20106	16269
3406	793	524	85292	11581	95919	19337	7804

1-B-11 续表 44

行　　业	管理费用	#税　金	财务费用	#利息支出	投资收益	营业利润
含乳饮料和植物蛋白饮料制造	8972	441	-2183	547	5342	95118
固体饮料制造	797	28	446	351		35
茶饮料及其他饮料制造	16158	2375	-427	2057		27296
精制茶加工	1630	283	1121	911		876
精制茶加工	1630	283	1121	911		876
烟草制品业						
其他烟草制品制造						
其他烟草制品制造						
纺织业	521401	36650	249050	261836	47004	702189
棉纺织及印染精加工	295483	19834	130734	139183	37089	451258
棉纺纱加工	63600	4273	27374	31557	32974	101957
棉织造加工	78760	4203	39708	39461	1497	144191
棉印染精加工	153124	11359	63652	68165	2618	205110
毛纺织及染整精加工	21693	2119	9504	12903	1910	24274
毛条和毛纱线加工	9249	831	5375	8492	1261	19019
毛织造加工	9391	1094	3057	3311	9	5946
毛染整精加工	3052	194	1072	1100	640	-690
麻纺织及染整精加工	3340	229	3347	3397		2955
麻纤维纺前加工和纺纱	1578	48	432	483		1423
麻织造加工						
麻染整精加工	1194	118	2736	2773		2222
丝绢纺织及印染精加工	17434	1023	8690	10291	515	12986
缫丝加工	272	56	147	146		-160
绢纺和丝织加工	14554	858	7906	9608	515	9967
丝印染精加工	2608	109	637	537		3179
化纤织造及印染精加工	19447	1402	10161	9486	2020	27971
化纤织造加工	13459	1251	8053	7408	2020	20322
化纤织物染整精加工	5988	151	2108	2079		7650
针织或钩针编织物及其制品制造	75374	5816	51144	48683	306	98648
针织或钩针编织物织造	60536	5180	44103	42514	164	84966
针织或钩针编织物印染精加工	3267	115	973	892	124	329
针织或钩针编织品制造	11571	521	6068	5277	18	13353

单位：万元

营业外收入	#补贴收入	营业外支出	利润总额	应交所得税	利税总额	应付工资总额	本年应交增值税
2526	6421	354	103892	25860	129884	7352	23615
34		41	28		197	901	-216
3759	496	4644	26421	7891	70320	64236	40634
106	73	148	907	187	2894	1562	1916
106	73	148	907	187	2894	1562	1916
51016	31762	27437	738257	114987	1168728	890334	373666
33130	22559	15573	473218	70386	742105	530619	235844
7872	3404	1984	107831	17104	165951	106392	50218
17464	13752	4897	157509	28863	234116	132187	67642
7795	5403	8692	207878	24420	342038	292041	117985
1346	895	861	25844	5571	38125	29700	10298
856	795	533	19786	4677	27254	11075	6412
290	34	303	5934	693	9258	12680	2597
199	66	25	124	201	1613	5946	1289
133		47	3040	333	5585	5778	2092
110		7	1526	333	2154	2817	491
			2222		3359	2685	908
1506	515	761	14536	2587	22677	26871	6650
88		10	-82	2	6	474	76
1226	438	477	11444	2356	18120	21541	5368
192	77	274	3174	229	4550	4856	1206
1401	107	800	28664	3298	42456	33540	12249
1150	107	711	20852	2913	29783	25474	7716
252		89	7813	385	12672	8066	4533
3535	1159	4753	98178	17233	168596	128932	61310
2859	1020	3281	85252	14418	142137	98282	49454
117	15	316	146	123	2956	8562	2467
559	124	1156	12779	2693	23503	22088	9388

1-B-11 续表 45

行 业	管理费用	#税 金	财务费用	#利息支出	投资收益	营业利润
家用纺织制成品制造	44263	3387	22562	24073	4967	45985
床上用品制造	12834	539	9402	8215	59	8398
毛巾类制品制造	5551	511	1267	3692	559	11792
窗帘、布艺类产品制造	16693	1995	8497	8862	2	21363
其他家用纺织制成品制造	9185	342	3396	3304	4347	4431
非家用纺织制成品制造	44368	2841	12909	13820	197	38112
非织造布制造	13176	646	3408	2661	173	21633
绳、索、缆制造	860	5	117	176		185
纺织带和帘子布制造	11399	426	3382	2996	29	3039
篷、帆布制造	6386	372	3649	3287	-1	3039
其他非家用纺织制成品制造	12547	1391	2354	4699	-4	10217
纺织服装、服饰业	501044	22727	138554	138130	48923	361839
机织服装制造	305149	15038	72470	84245	51067	168040
机织服装制造	305149	15038	72470	84245	51067	168040
针织或钩针编织服装制造	152399	6402	39242	29451	1276	161271
针织或钩针编织服装制造	152399	6402	39242	29451	1276	161271
服饰制造	43496	1287	26842	24435	-3419	32528
服饰制造	43496	1287	26842	24435	-3419	32528
皮革、毛皮、羽毛及其制品和制鞋业	129326	6401	61136	68478	2392	113448
皮革鞣制加工	25296	1302	9461	18939	320	39705
皮革鞣制加工	25296	1302	9461	18939	320	39705
皮革制品制造	39556	1838	15200	12360	51	29586
皮革服装制造	10778	363	3487	3804	37	2840
皮箱、包(袋)制造	19974	996	6687	4472	8	24741
皮手套及皮装饰制品制造	4087	296	1871	1743		2828
其他皮革制品制造	4716	183	3156	2342	7	-823
毛皮鞣制及制品加工	5540	236	2146	1941		5209
毛皮鞣制加工	663	14	85	37		445
毛皮服装加工	3464	138	1730	1594		3608
其他毛皮制品加工	1413	83	331	310		1157

单位：万元

营业外收入	#补贴收入	营业外支出	利润总额	应交所得税	利税总额	应付工资总额	本年应交增值税
1907	316	2879	50128	6431	83673	73936	28362
595	87	910	8175	1412	15195	26154	5740
227	20	364	12213	1650	18253	8497	5150
489	48	1331	20528	2269	34068	28343	11161
597	160	274	9212	1101	16157	10942	6311
8058	6212	1764	44650	9147	65512	60957	16862
597	9	861	21491	4303	28386	22138	5336
57	42	10	270	113	573	1346	193
518	8	239	3343	1003	9994	12890	5788
592	75	543	3128	323	5832	10391	2059
6294	6078	111	16418	3405	20727	14193	3487
28298	5480	20118	372810	76897	715879	1130710	285534
18061	3411	9569	181919	35102	404199	685598	190224
18061	3411	9569	181919	35102	404199	685598	190224
8886	1305	7892	162823	36600	260565	377401	76136
8886	1305	7892	162823	36600	260565	377401	76136
1351	763	2658	28068	5195	51115	67711	19174
1351	763	2658	28068	5195	51115	67711	19174
5848	2499	5155	114850	15792	231179	281146	103130
1348	851	1369	39913	2300	70358	36375	28038
1348	851	1369	39913	2300	70358	36375	28038
1450	788	1118	30120	6449	61222	88018	27239
333	153	493	2681	368	10181	17743	6576
718	520	415	25240	5016	41898	50291	14859
353	102	112	3069	648	7041	7856	3401
46	13	99	-870	418	2102	12128	2403
699	665	246	5662	1031	9811	9068	3818
13		6	452	95	583	1237	100
666	665	240	4033	825	7457	6656	3207
20			1177	110	1771	1175	511

1-B-11 续表 46

行业	管理费用	#税金	财务费用	#利息支出	投资收益	营业利润
羽毛(绒)加工及制品制造	15869	1144	18510	20308	23	11210
羽毛(绒)加工	778	48	1285	1311		797
羽毛(绒)制品加工	15091	1095	17226	18998	23	10413
制鞋业	43066	1882	15819	14930	1998	27738
纺织面料鞋制造	3044	184	694	620		1713
皮鞋制造	37742	1642	13788	12634	1998	23482
塑料鞋制造						
橡胶鞋制造	2000	39	1164	1533		2307
其他制鞋业						
木材加工和木、竹、藤、棕、草制品业	41025	3823	18032	17363	-630	45982
木材加工	522	69	105	86		72
锯材加工						
单板加工						
人造板制造	15060	1028	6111	4684		11800
胶合板制造	8769	817	4719	3303		11188
纤维板制造	3357	99	261	261		-31
其他人造板制造	2934	113	1131	1120		643
木制品制造	19736	2039	7834	8682	546	33618
建筑用木料及木材组件加工						
木门窗、楼梯制造	1683	76	235	610		1699
地板制造	16528	1720	7036	7258	546	21297
木制容器制造						
软木制品及其他木制品制造	1233	181	426	344		-80
竹、藤、棕、草等制品制造	5707	686	3982	3912	-1176	492
竹制品制造	4330	544	2931	2858	-1176	-708
草及其他制品制造	1377	143	1051	1054		1200
家具制造业	152874	10590	63078	58342	4493	134391
木质家具制造	46120	3070	16106	22562	206	6764
木质家具制造	46120	3070	16106	22562	206	6764

单位：万元

营业外收入		营业外支出	利润总额	应交所得税	利税总额	应付工资总额	本年应交增值税
	#补贴收入						
530	94	1688	10149	2492	26351	27070	13806
50		72	775	81	2090	1174	1193
480	94	1616	9374	2411	24260	25896	12613
1821	101	733	29006	3520	63438	120616	30229
40	13	38	1717	248	4364	6111	2393
1716	88	601	24775	2903	54568	108488	26043
61		92	2276	339	3983	5155	1526
2306	1835	1128	48151	5544	81741	51788	24629
6		54	25	70	356	629	283
1043	1204	732	13061	2959	22724	18833	8355
509	254	524	11172	2536	17407	13212	5291
390	932	69	1223	257	3582	2964	2115
144	19	139	667	167	1735	2657	949
117	16	200	33550	2269	51962	22587	11569
1		19	1681	158	2947	3049	1033
46		103	21241	1873	36640	15918	9338
15	16	75	-124	50	1025	3061	783
1140	614	141	1515	247	6700	9739	4423
1099	588	66	325	179	4938	7745	4114
41	27	76	1189	67	1762	1995	309
11403	1178	17557	129166	14393	245067	282680	99868
1396	350	2765	5858	2530	36396	88314	26672
1396	350	2765	5858	2530	36396	88314	26672

1-B-11 续表 47

行　　业	管理费用	#税　金	财务费用	#利息支出	投资收益	营业利润
竹、藤家具制造	9006	955	16017	8086		15935
竹、藤家具制造	9006	955	16017	8086		15935
金属家具制造	57047	3644	15366	17232	494	35166
金属家具制造	57047	3644	15366	17232	494	35166
塑料家具制造	3702	269	537	484		8122
塑料家具制造	3702	269	537	484		8122
其他家具制造	36999	2652	15051	9979	3793	68405
其他家具制造	36999	2652	15051	9979	3793	68405
造纸和纸制品业	113325	10009	93634	118939	950	161854
造纸	65704	7301	82424	104918	392	99403
机制纸及纸板制造	63954	6982	78898	101613	392	97716
手工纸制造	1480	274	3505	3280		1912
加工纸制造						
纸制品制造	47621	2708	11210	14020	558	62451
纸和纸板容器制造	32692	1785	9006	11120	464	36128
其他纸制品制造	14929	923	2204	2901	94	26323
印刷和记录媒介复制业	34923	1363	10259	11400	145	54518
印刷	33125	1227	9658	10752	145	53816
书、报刊印刷						
本册印制	2170	54	285	328		5325
包装装潢及其他印刷	30188	1117	8787	9840	114	48934
装订及印刷相关服务	1798	137	601	648		701
装订及印刷相关服务	1798	137	601	648		701
文教、工美、体育和娱乐用品制造业	166018	7650	60909	55291	562	180668
文教办公用品制造	24703	1266	11140	9407	106	5245
文具制造	13953	839	6729	5515	76	149
笔的制造	9107	409	4245	3859	30	4433
其他文教办公用品制造	1644	18	167	32		663

单位：万元

营业外收入	#补贴收入	营业外支出	利润总额	应交所得税	利税总额	应付工资总额	本年应交增值税
6587	189	3796	18726	1305	41364	14057	21149
6587	189	3796	18726	1305	41364	14057	21149
2607	300	9158	29064	7069	65823	101500	31927
2607	300	9158	29064	7069	65823	101500	31927
73	34	1451	6744	1137	9745	8908	2528
73	34	1451	6744	1137	9745	8908	2528
741	304	387	68774	2352	91739	69901	17592
741	304	387	68774	2352	91739	69901	17592
7156	3142	6531	163449	34122	245208	123777	71414
3066	1668	4233	98550	18616	139560	66159	35549
2964	1643	4172	96821	18429	136284	62589	34151
102	24	61	1953	187	3416	3416	1323
4090	1475	2298	64900	15506	105648	57618	35865
3301	662	831	39021	8141	69123	37650	26465
789	813	1467	25879	7365	36525	19968	9400
1017	1151	871	55326	11203	84738	49625	25832
931	1151	791	54620	11051	79193	44198	21152
…	22	15	5332	1153	7450	6700	1753
910	1130	769	49687	9895	71973	36795	19251
86		80	707	152	5545	5427	4680
86		80	707	152	5545	5427	4680
10711	4219	28098	164608	17886	240688	269404	61055
1657	1792	1437	5546	1612	16308	40491	8984
665	1181	603	290	967	7765	24446	6540
936	598	790	4580	507	7449	14234	2103
57	12	44	676	138	1094	1812	341

1-B-11 续表 48

行业	管理费用	#税金	财务费用	#利息支出	投资收益	营业利润
乐器制造	13122	537	49	732	123	9376
西乐器制造	12687	537	-233	516	123	7802
其他乐器及零件制造	434	1	282	216		1574
工艺美术品制造	46005	2505	25423	25568	518	60613
雕塑工艺品制造	2632	28	1034	735		849
金属工艺品制造	2510	215	1178	1264	54	506
漆器工艺品制造	660	1	267	213		162
花画工艺品制造						
天然植物纤维编织工艺品制造	2294	77	1394	1284		1820
抽纱刺绣工艺品制造	7952	694	3214	4832	62	8344
地毯、挂毯制造	4703	393	1794	2274		2152
珠宝首饰及有关物品制造	7667	334	11494	11117	19	31355
其他工艺美术品制造	16755	760	4195	2989	384	16376
体育用品制造	22797	1086	5802	4594	60	2031
球类制造	1447	26	746	742		1790
体育器材及配件制造	4587	291	976	261	3	2947
训练健身器材制造	12056	608	3546	3352	57	-2593
运动防护用具制造	632		185	138		-723
其他体育用品制造	4075	162	348	102		610
玩具制造	26789	1352	8297	6446	-395	12598
玩具制造	26789	1352	8297	6446	-395	12598
游艺器材及娱乐用品制造	32602	903	10198	8545	150	90805
露天游乐场所游乐设备制造	1217	98	24	329		594
游艺用品及室内游艺器材制造	30656	775	9975	8091	150	90423
其他娱乐用品制造						
石油加工、炼焦和核燃料加工业	13807	1298	2940	6231	79	60968
精炼石油产品制造	13807	1298	2940	6231	79	60968
原油加工及石油制品制造	13807	1298	2940	6231	79	60968
化学原料和化学制品制造业	687181	43087	103823	227723	45280	872593
基础化学原料制造	124656	6144	28026	62614	8691	259969
无机酸制造						

单位：万元

营业外收入	#补贴收入	营业外支出	利润总额	应交所得税	利税总额	应付工资总额	本年应交增值税
1130	817	448	10060	2843	18179	26851	6944
1125	817	428	8501	2453	15459	26149	5913
5		20	1559	390	2719	702	1031
1853	864	3329	59761	7829	85745	81807	19750
116	6	254	711	227	2318	7348	1279
94	10	28	572	196	1517	4511	750
24		15	170	63	691	1055	407
210	19	56	1973	331	3495	4234	1272
711	141	927	8134	789	13689	16022	4659
36	270	403	2025	473	3297	5940	1017
207	9	1000	30562	2364	39114	16889	5951
381	408	635	16498	3362	22472	24922	4416
4838	392	491	6634	1761	17728	36321	9291
47	40	13	1825	133	2213	2291	252
80	26	84	2955	659	6940	8448	3408
4465	280	312	1762	790	6564	15589	4176
6	40	18	-696		-450	1187	150
239	6	63	788	179	2461	8807	1304
1019	352	852	12980	3619	19768	51540	4390
1019	352	852	12980	3619	19768	51540	4390
214	2	21541	69628	222	82961	32395	11697
69	…	75	588	120	2485	1535	1802
142		21466	69249	102	80637	29538	9895
23681	23390	2852	82146	20917	701898	16242	308383
23681	23390	2852	82146	20917	701898	16242	308383
23681	23390	2852	82146	20917	701898	16242	308383
92408	11425	36711	936094	189562	1368311	431179	365486
19792	1647	5648	277667	49997	362763	65143	52907

1-B-11 续表 49

行　业	管理费用	#税　金	财务费用	#利息支出	投资收益	营业利润
无机碱制造						
无机盐制造	9101	470	3684	3583	-48	19275
有机化学原料制造	74993	4398	25685	45346	8403	181235
其他基础化学原料制造	35180	1218	-3538	10931	336	37028
肥料制造	718	2	26	62		397
复混肥料制造	718	2	26	62		397
农药制造	31567	739	3397	1922	27407	56457
化学农药制造	31314	732	3400	1922	27407	56410
生物化学农药及微生物农药制造						
涂料、油墨、颜料及类似产品制造	100216	4024	22350	25802	137	116720
涂料制造	31338	1330	2583	3702	...	25232
油墨及类似产品制造	13419	533	627	1444	-234	17713
颜料制造	14052	439	5988	6299	148	16358
染料制造	36985	1563	13131	14356	200	53601
密封用填料及类似品制造	4422	158	22	2	23	3817
合成材料制造	126438	10652	5462	87909	7663	141907
初级形态塑料及合成树脂制造	63876	6221	3569	50667	4918	128170
合成橡胶制造	3943	131	1113	1098		4946
合成纤维单(聚合)体制造	48489	3817	-4275	29207	2746	8413
其他合成材料制造	10131	483	5055	6937		379
专用化学产品制造	123114	5046	45833	46512	-307	43166
化学试剂和助剂制造	39834	1756	15562	13014	-17	16765
专项化学用品制造	24061	708	7021	6577	-601	28462
信息化学品制造	41925	1874	20430	24081	311	-14806
环境污染处理专用药剂材料制造	4993	126	693	376		5456
动物胶制造	8522	485	697	911		8385
其他专用化学产品制造	3780	98	1430	1554		-1095
日用化学产品制造	180472	16481	-1271	2901	1689	253978
肥皂及合成洗涤剂制造	2091	191	1681	2002		7056
化妆品制造	171446	15918	-4360	609	200	211422
香料、香精制造	5699	206	1131	33	1489	35256
其他日用化学产品制造	1237	166	278	258		245

单位：万元

营业外收入	#补贴收入	营业外支出	利润总额	应交所得税	利税总额	应付工资总额	本年应交增值税
238	102	231	19331	2085	24989	3830	4740
14137	969	4384	194489	39891	249887	43443	30835
2828	576	697	39165	8020	54094	11731	9609
3			400	100	440	806	16
3			400	100	440	806	16
356	140	585	56229	4203	59751	28297	511
346	140	530	56227	4196	59576	28164	368
6974	1356	3040	121560	17348	186945	77247	58061
1234	254	774	25691	4357	40672	19530	13716
2517	183	143	20086	3491	27514	14393	6974
966	77	507	16871	1762	29489	12275	11262
2236	658	1477	55027	7078	82425	26018	23527
22	186	139	3885	659	6846	5031	2583
13397	4822	19557	137681	40189	236918	112319	90240
7406	1777	17716	118162	29553	188561	56434	63567
79		67	4958	1130	6819	2754	1810
4334	2354	1374	12964	8940	35087	44333	20585
1579	691	399	1596	566	6452	8797	4279
37812	3424	6521	75788	15197	132721	94163	44507
3917	1585	3918	17923	5189	36554	29202	16241
2380	778	664	30258	5072	53013	15724	14527
30265	957	824	14678	2470	22838	36334	6936
984	27	96	6371	947	8868	4055	2253
159	24	958	7607	1339	10828	5338	3102
107	51	61	-1048	179	620	3510	1448
14074	37	1359	266770	62529	388772	53205	119244
164	3	28	7192	243	9506	2049	2065
13049	21	1239	223233	56163	335573	46357	111173
852		88	36081	6061	43098	3918	5737
9	13	4	264	62	595	881	268

1-B-11 续表 50

行 业	管理费用	#税 金	财务费用	#利息支出	投资收益	营业利润
医药制造业	282618	12871	25929	33267	6392	330085
化学药品原料药制造	50327	1604	13476	10632	204	36123
化学药品原料药制造	50327	1604	13476	10632	204	36123
化学药品制剂制造	143341	9176	-947	10851	2548	213988
化学药品制剂制造	143341	9176	-947	10851	2548	213988
中药饮片加工	2100	197	219	182	939	7126
中药饮片加工	2100	197	219	182	939	7126
中成药生产	25525	420	748	1585	2348	29596
中成药生产	25525	420	748	1585	2348	29596
兽用药品制造	950	38	-19	12		1471
兽用药品制造	950	38	-19	12		1471
生物药品制造	46899	889	4942	4215	352	37767
生物药品制造	46899	889	4942	4215	352	37767
卫生材料及医药用品制造	13476	547	7510	5791		4014
卫生材料及医药用品制造	13476	547	7510	5791		4014
化学纤维制造业	135953	9806	128073	167598	9553	356091
纤维素纤维原料及纤维制造	11047	993	18172	27894	2520	18215
人造纤维(纤维素纤维)制造	11047	993	18172	27894	2520	18215
合成纤维制造	124905	8812	109902	139705	7033	337876
锦纶纤维制造	9522	414	9671	10687		11029
涤纶纤维制造	87021	6123	74246	98976	2516	222694
腈纶纤维制造						
丙纶纤维制造						
氨纶纤维制造	22170	1554	17225	19858	4517	74757
其他合成纤维制造	4610	538	7217	8440		28752
橡胶和塑料制品业	294862	14965	124358	156009	168432	597207
橡胶制品业	96188	4267	30368	37410	37267	256519
轮胎制造	81093	3861	28465	34333	37199	234507

单位：万元

营业外收入	#补贴收入	营业外支出	利润总额	应交所得税	利税总额	应付工资总额	本年应交增值税
16811	14196	10463	346333	85575	566990	310182	193602
5483	2175	1988	40102	5549	56912	38148	10244
5483	2175	1988	40102	5549	56912	38148	10244
4799	7734	3519	224081	68652	373799	169505	137147
4799	7734	3519	224081	68652	373799	169505	137147
189	184	276	7039	207	8136	1569	986
189	184	276	7039	207	8136	1569	986
2042	1714	890	30961	4917	56698	31233	22729
2042	1714	890	30961	4917	56698	31233	22729
20	…	24	1467	346	2282	1321	730
20	…	24	1467	346	2282	1321	730
3350	2117	2316	38946	5207	59637	53826	16855
3350	2117	2316	38946	5207	59637	53826	16855
928	272	1451	3738	698	9525	14579	4912
928	272	1451	3738	698	9525	14579	4912
13053	6626	10380	361730	35726	489289	160927	109003
1027	186	961	18387	3814	27675	15336	8192
1027	186	961	18387	3814	27675	15336	8192
12027	6441	9419	343343	31913	461614	145591	100810
1005	5	155	11880	1623	13954	8252	1803
9660	6321	5564	229635	23945	321520	106559	79701
1013	107	2698	73086	6114	90316	20564	13593
174	7	995	27931	230	32669	8525	3633
32875	10711	30919	632036	94676	864499	422242	192342
6910	1933	16380	275096	54860	376400	178693	80443
6599	1831	15690	253294	52261	341235	158450	68105

1-B-11 续表 51

行 业	管理费用	#税 金	财务费用	#利息支出	投资收益	营业利润
橡胶板、管、带制造	2536	43	422	406		1778
橡胶零件制造	6677	93	235	529		2779
日用及医用橡胶制品制造	944	23	173	397		308
其他橡胶制品制造	4938	248	1073	1746	68	17147
塑料制品业	198675	10698	93991	118599	131166	340689
塑料薄膜制造	23424	3189	34417	53902	3885	24474
塑料板、管、型材制造	23098	982	12436	13245	220	14951
塑料丝、绳及编织品制造	1797	120	624	529	...	54
泡沫塑料制造	7390	506	1972	2477	114	10385
塑料人造革、合成革制造	12704	1370	7002	8551	82	5349
塑料包装箱及容器制造	21904	1134	6220	8389	126693	196594
日用塑料制品制造	59815	1573	13868	14778	...	57693
塑料零件制造	21965	799	6776	6803	173	9300
其他塑料制品制造	26577	1025	10675	9924	...	21891
非金属矿物制品业	129876	6157	56834	74723	1350	117543
水泥、石灰和石膏制造	6955	512	1139	2468		5319
水泥制造	6369	424	1084	2466		3453
石灰和石膏制造						
石膏、水泥制品及类似制品制造	27139	1393	10576	11301	54	55109
水泥制品制造	18261	975	6017	6664	54	28646
砼结构构件制造	4841	14	1884	1897		20255
轻质建筑材料制造	3241	246	2688	2719		6200
其他水泥类似制品制造						
砖瓦、石材等建筑材料制造	31674	1294	14666	26835	795	30082
粘土砖瓦及建筑砌块制造	2644	271	1861	1787		-2098
建筑陶瓷制品制造	23542	579	9836	22469	840	23563
建筑用石加工						
防水建筑材料制造	1243	44	378	277		403
隔热和隔音材料制造	2435	146	1745	1537	-45	6507
其他建筑材料制造	1517	173	560	491		1807

单位：万元

营业外收入	#补贴收入	营业外支出	利润总额	应交所得税	利税总额	应付工资总额	本年应交增值税
126	28	115	1818	482	3912	3901	1909
79	61	379	2541	755	5590	7315	2625
13		21	299	126	807	1716	444
92	12	175	17145	1235	24855	7311	7360
25965	8778	14538	356940	39816	488099	243549	111899
7883	970	2966	32838	1841	70777	28248	33217
1323	1003	363	16449	3150	29024	26258	10692
23	1	14	64	51	737	2438	520
137	208	91	10636	2254	16631	10210	5426
507	182	818	5198	1022	14295	20149	7643
10294	4664	4702	202274	16096	225354	29126	19896
4123	1378	1556	60536	8824	79717	69295	15487
682	221	3191	6855	1924	17998	26701	9778
993	151	837	22090	4653	33568	31125	9239
10998	8210	4448	125991	17722	232001	189503	87840
1028	899	1201	5240	1839	12520	7228	6650
1028	864	1201	3338	1364	10407	7101	6449
1502	677	1026	55685	6104	94884	34356	33814
1394	550	914	29155	6028	53127	21765	21103
		55	20200	3	32606	8438	10091
97	56	5	6292	73	8512	3027	2136
2394	667	1176	31303	1999	59893	64677	24557
631	219	5	-1472	151	-547	3512	832
1608	356	828	24342	1200	48809	55398	21172
57	55	220	240	9	555	1433	234
81	37	44	6546	131	8185	2505	1423
13	1	53	1768	508	2932	1393	864

1-B-11 续表 52

行业	管理费用	#税金	财务费用	#利息支出	投资收益	营业利润
玻璃制造	4358	206	2458	2263		-1108
平板玻璃制造	3017	37	2046	1935		-2536
其他玻璃制造	1341	170	413	328		1427
玻璃制品制造	21086	848	12117	12909	-257	19429
技术玻璃制品制造	7489	220	7451	7824	-299	7718
日用玻璃制品制造	3654	122	2470	2593		4557
玻璃包装容器制造	969	32	440	362		289
制镜及类似品加工	3635	144	-79	224	35	6322
其他玻璃制品制造	5339	330	1835	1907	8	544
玻璃纤维和玻璃纤维增强塑料制品制造	23024	874	8845	11441	515	-2878
玻璃纤维及制品制造	21031	762	6639	9358	515	354
玻璃纤维增强塑料制品制造	1993	112	2206	2084		-3231
陶瓷制品制造	8208	479	4042	3772	153	1295
卫生陶瓷制品制造	1656	69	1245	1069		-76
特种陶瓷制品制造	6552	410	2797	2703	153	1371
耐火材料制品制造	5843	512	1982	2578	91	2222
耐火陶瓷制品及其他耐火材料制造	5843	512	1982	2578	91	2222
石墨及其他非金属矿物制品制造	1589	39	1009	1155		8075
石墨及碳素制品制造						
其他非金属矿物制品制造	1250	8	862	1075		7874
黑色金属冶炼和压延加工业	110017	6146	41851	61943	947	99109
炼钢						
炼钢						
黑色金属铸造	10067	582	3821	3471	63	9745
黑色金属铸造	10067	582	3821	3471	63	9745
钢压延加工	98441	5514	35530	55544	884	85049
钢压延加工	98441	5514	35530	55544	884	85049
铁合金冶炼						
铁合金冶炼						

单位：万元

营业外收入	#补贴收入	营业外支出	利润总额	应交所得税	利税总额	应付工资总额	本年应交增值税
20	17	146	-1243	326	1822	6789	2505
4	4	8	-2547		-862	4940	1423
15	12	138	1305	326	2683	1849	1082
1122	901	390	20651	2730	33321	34095	10571
266	16	167	7831	1153	10691	8719	2367
179	40	186	4550	480	8005	9180	2732
		4	286	58	1399	2972	1026
179	495	17	6968	1030	9981	5404	2421
498	350	16	1026	9	3245	7820	2025
4546	4716	243	2601	1770	10559	26940	3796
4524	4535	177	5695	1755	13419	24480	3609
22	181	66	-3094	15	-2860	2460	187
295	261	203	1396	320	2901	8152	1125
1		26	-101	50	608	2182	486
294	261	177	1497	270	2294	5970	639
59	46	32	2272	652	5293	5032	2421
59	46	32	2272	652	5293	5032	2421
33	27	32	8075	1981	10808	2235	2401
28	27	24	7878	1932	10280	1636	2094
3554	1252	3711	99183	9690	157718	101004	48712
327	124	492	9600	2778	13013	16406	2536
327	124	492	9600	2778	13013	16406	2536
3108	1128	3128	85240	6139	139090	82961	45174
3108	1128	3128	85240	6139	139090	82961	45174

1-B-11 续表 53

行业	管理费用	#税金	财务费用	#利息支出	投资收益	营业利润
有色金属冶炼和压延加工业	84207	4285	29256	43276	13055	110500
常用有色金属冶炼	6606	654	6770	8784	110	12689
铜冶炼	448	112	922	919		2244
镍钴冶炼	4218	473	5056	7124	110	12388
镁冶炼						
其他常用有色金属冶炼						
贵金属冶炼						
银冶炼						
稀有稀土金属冶炼						
稀土金属冶炼						
有色金属合金制造	18573	317	4769	4876	-392	21790
有色金属合金制造	18573	317	4769	4876	-392	21790
有色金属铸造	4500	126	-44	217	183	3808
有色金属铸造	4500	126	-44	217	183	3808
有色金属压延加工	52927	3129	15952	27457	13155	72845
铜压延加工	35116	2332	9481	16629	13155	40004
铝压延加工	10516	644	3866	6164		21430
贵金属压延加工						
稀有稀土金属压延加工	1556	108	1976	4003		1688
其他有色金属压延加工	5547	24	749	624		4563
金属制品业	218347	9092	58402	53584	26099	200043
结构性金属制品制造	24928	823	8993	7870	172	19634
金属结构制造	17506	582	5999	5385	10	14691
金属门窗制造	7422	242	2993	2485	162	4943
金属工具制造	32011	1473	6974	5697	31	17527
切削工具制造	5077	286	1815	1667		6483
手工具制造	11125	281	2359	2145		540
农用及园林用金属工具制造	7078	362	895	1044	14	2371
刀剪及类似日用金属工具制造	4819	295	881	464		4473
其他金属工具制造	3913	250	1024	377	17	3660

单位：万元

营业外收入	#补贴收入	营业外支出	利润总额	应交所得税	利税总额	应付工资总额	本年应交增值税
31156	3692	26349	118074	16441	158477	75369	35651
2166	87	85	14770	2215	19139	5624	3774
2			2246	27	2685	340	418
95	73	82	12401	2113	16117	4253	3179
2325	1847	1139	23355	4422	28248	16437	4455
2325	1847	1139	23355	4422	28248	16437	4455
561	272	191	4361	781	6111	5618	1432
561	272	191	4361	781	6111	5618	1432
25766	1486	24934	75882	9006	105184	46846	26056
24535	463	24340	42357	6409	56463	27095	12125
990	794	374	22048	811	33781	12462	11020
39	16	53	1690	94	3001	1703	1047
175	186	163	4604	311	5634	5155	869
14808	3992	7468	208160	40147	311400	315565	81250
1441	508	620	20528	3369	33352	35305	9946
683	503	326	15122	2331	24345	25091	7390
758	5	295	5407	1038	9008	10214	2556
2194	651	733	19092	3864	30810	47716	9175
70	1	52	6502	902	8102	5672	1315
1426	211	401	1645	869	6902	20696	4400
553	361	66	2871	474	4563	5585	1021
101	17	102	4472	745	6373	9548	1557
43	62	113	3602	875	4870	6214	883

1-B-11 续表 54

行　　业	管理费用	#税　金	财务费用	#利息支出	投资收益	营业利润
集装箱及金属包装容器制造	27732	1170	2654	5997	-1092	47748
集装箱制造	6856	584	4067	2568	18	13750
金属压力容器制造	3983	19	1448	1456		5892
金属包装容器制造	16893	566	-2861	1973	-1109	28106
金属丝绳及其制品制造	9976	544	5055	5338		2797
金属丝绳及其制品制造	9976	544	5055	5338		2797
建筑、安全用金属制品制造	51489	1528	14621	10583	301	22426
建筑、家具用金属配件制造	20955	462	4428	3531	20	7194
建筑装饰及水暖管道零件制造	22569	772	7979	5808	280	12024
安全、消防用金属制品制造	6977	201	2051	1105		2899
其他建筑、安全用金属制品制造	989	93	163	140		310
金属表面处理及热处理加工	10099	466	3499	3314	104	2554
金属表面处理及热处理加工	10099	466	3499	3314	104	2554
搪瓷制品制造	2292	355	1027	948		1764
搪瓷卫生洁具制造	1269	343	687	621		1032
搪瓷日用品及其他搪瓷制品制造	1023	12	340	327		732
金属制日用品制造	38139	1712	10388	9252	26217	54178
金属制厨房用器具制造	5745	403	2522	2217	5	240
金属制餐具和器皿制造	18885	664	3020	2933	26106	50077
金属制卫生器具制造	3164	282	1603	1332		1470
其他金属制日用品制造	10345	363	3243	2770	106	2391
其他金属制品制造	21682	1021	5192	4585	366	31416
锻件及粉末冶金制品制造	11891	424	3730	3518	165	28595
交通及公共管理用金属标牌制造	3143	218	161	107	202	443
其他未列明金属制品制造	6648	379	1301	960		2378
通用设备制造业	697625	22185	109463	128531	34346	766616
锅炉及原动设备制造	48501	1075	11241	12359	6803	25166
锅炉及辅助设备制造	32198	530	554	4043	6038	29203
内燃机及配件制造	9928	475	10384	7935	504	-17671
汽轮机及辅机制造	5593	45	-28	33	261	11870
风能原动设备制造	782	25	331	348		1765

单位：万元

营业外收入	#补贴收入	营业外支出	利润总额	应交所得税	利税总额	应付工资总额	本年应交增值税
4192	1318	850	51385	14289	65873	46805	11288
1269	951	273	14763	7133	15298	22358	-1113
370	281	6	6255	292	9052	4129	2543
2554	86	571	30366	6864	41523	20318	9858
194	299	249	2855	873	8989	14632	5270
194	299	249	2855	873	8989	14632	5270
2245	510	1790	22649	4419	45164	63191	18325
1021	83	285	7532	1384	18033	27278	8881
993	262	1246	11798	2504	22314	27089	8485
216	165	219	3033	531	4328	7747	787
15		40	285		489	1077	172
1495	146	142	3962	1558	8974	15381	4450
1495	146	142	3962	1558	8974	15381	4450
2		44	1722	303	2914	2913	1008
		16	1016	255	1723	1816	602
2		27	707	49	1191	1097	406
2028	370	2726	53664	5913	70132	63001	13350
104	162	44	466	128	2900	7017	2141
1584	127	2421	49248	4857	56807	39417	5753
125	7	92	1503	391	2873	4049	1224
215	74	170	2446	537	7552	12518	4233
1017	191	315	32302	5559	45192	26622	8438
568	118	251	29076	5052	36961	12195	6168
251	29	35	659	129	2470	4168	1525
198	44	28	2567	379	5762	10259	745
35806	16730	21226	801888	165171	1194654	773115	338653
4741	799	1305	29261	5981	48417	40058	14644
3074	657	634	31797	3674	46729	24690	12953
1264	19	628	-16531	264	-15439	9051	-1120
343	62	43	12170	1933	14928	5569	2472
61	61		1825	111	2199	748	339

1-B-11 续表 55

行业	管理费用	#税金	财务费用	#利息支出	投资收益	营业利润
金属加工机械制造	64419	1928	154	10035	26	61615
金属切削机床制造	30991	994	-3028	5037	41	24832
金属成形机床制造	15383	543	629	917	-22	23770
铸造机械制造	5650	160	-54	270		4100
金属切割及焊接设备制造	7740	291	2403	2884		2028
机床附件制造	4113	87	-415	187	7	6232
其他金属加工机械制造	543	-146	618	740		654
物料搬运设备制造	161744	4992	-1102	15674	16684	327287
轻小型起重设备制造	8792	145	1805	2035	90	7692
起重机制造	8988	386	2989	2601	174	5821
生产专用车辆制造	6862	485	861	646	-30	4669
连续搬运设备制造	2920	45	229	128		754
电梯、自动扶梯及升降机制造	126073	3609	-6732	9898	16398	301912
其他物料搬运设备制造	8110	322	-253	366	53	6440
泵、阀门、压缩机及类似机械制造	145074	4377	24558	21489	3348	158611
泵及真空设备制造	44697	1897	4679	5110	2580	60957
气体压缩机械制造	17074	494	2967	2616	80	10697
阀门和旋塞制造	56959	1262	15422	11558	408	46310
液压和气压动力机械及元件制造	26345	724	1490	2205	280	40647
轴承、齿轮和传动部件制造	82064	3252	25600	25679	2418	47297
轴承制造	49589	2146	17921	18645	2399	29497
齿轮及齿轮减、变速箱制造	18068	568	2544	2254		9796
其他传动部件制造	14408	538	5135	4780	18	8004
烘炉、风机、衡器、包装等设备制造	100189	2615	23096	19102	4339	75090
烘炉、熔炉及电炉制造	967	101	134	132		252
风机、风扇制造	14158	253	5029	3812	29	6521
气体、液体分离及纯净设备制造	13480	223	1260	984	4174	30025
制冷、空调设备制造	36216	734	6737	6465	5	15871
风动和电动工具制造	27683	1125	8419	6382	32	17227
喷枪及类似器具制造	3630	100	869	554	100	2598
衡器制造						
包装专用设备制造	2980	77	548	774		2452

单位：万元

营业外收入	#补贴收入	营业外支出	利润总额	应交所得税	利税总额	应付工资总额	本年应交增值税
6141	1585	930	67580	13604	104271	78307	31321
3929	763	334	29053	5923	49349	41227	17103
593	533	297	24194	4566	33617	16613	8247
762	11	104	4758	808	7774	6116	2673
552	261	70	2510	426	4345	8603	1604
288	17	99	6421	1810	8261	4660	1429
16		26	644	71	925	1089	266
6124	2968	1889	340818	70330	470617	148531	116722
349	160	71	8098	1240	16658	9636	7954
110	61	298	5807	780	9565	6536	3260
527	72	149	5118	885	6154	4947	537
35	…	48	741	114	1832	3047	932
4824	2603	1255	314349	66818	425370	117348	100576
279	72	68	6704	495	11038	7018	3464
7035	3350	2874	163840	27986	235722	169923	62881
2140	1508	1003	62430	10722	86847	47300	21654
455	201	177	11242	2323	20259	23333	8044
2093	866	1054	47670	7921	72996	67934	21709
2348	775	640	42498	7021	55620	31356	11476
3251	2135	1929	50263	12893	79446	108890	23119
1966	1181	1355	31220	8905	48766	73819	13410
825	578	302	10589	2133	14134	14616	2821
460	376	271	8454	1856	16545	20454	6888
4177	3645	5388	79445	17977	129064	111412	40448
108		5	354	60	1167	677	618
786	535	130	7177	1265	15394	12972	5933
342	612	363	34473	8430	45315	20430	8600
1589	700	2487	15014	3118	28280	39392	10791
1231	1577	2282	16955	4139	30297	29539	11810
66	167	70	2858	544	4178	4373	1127
56	55	49	2471	378	3939	3208	1255

1-B-11 续表 56

行 业	管理费用	#税 金	财务费用	#利息支出	投资收益	营业利润
文化、办公用机械制造	10355	307	2514	1864		-3023
照相机及器材制造	6218	190	1769	1158		-5315
复印和胶印设备制造	3012	83	508	417		2024
计算器及货币专用设备制造	1125	34	237	289		269
通用零部件制造	82529	3531	22962	21985	729	71130
金属密封件制造	6297	202	1520	1261		8702
紧固件制造	52584	2759	14140	14557	538	43193
弹簧制造	9619	167	2869	2058	43	8714
机械零部件加工	4389	108	554	567	78	6649
其他通用零部件制造	9640	296	3879	3542	69	3873
其他通用设备制造业	2749	109	440	344		3442
其他通用设备制造业	2749	109	440	344		3442
专用设备制造业	389309	12795	44154	55410	18295	398941
采矿、冶金、建筑专用设备制造	24300	878	7061	8582	53	33634
矿山机械制造	720	2	320	311	10	38
石油钻采专用设备制造	3324	129	978	884		2349
建筑工程用机械制造	14034	543	6866	6449	43	27230
海洋工程专用设备制造						
建筑材料生产专用机械制造	2064	124	670	643		922
冶金专用设备制造						
化工、木材、非金属加工专用设备制造	163373	4836	13095	20833	17249	226746
炼油、化工生产专用设备制造	2751	174	874	1054		2957
橡胶加工专用设备制造	3350	38	-96	89		1531
塑料加工专用设备制造	82300	2216	-780	6420	13231	152507
木材加工机械制造	945	66	388	369		1265
模具制造	73648	2336	12698	12902	4018	68423
其他非金属加工专用设备制造						

单位：万元

营业外收入	#补贴收入	营业外支出	利润总额	应交所得税	利税总额	应付工资总额	本年应交增值税
851	145	3193	-5365	585	-197	17796	4338
583	98	3117	-7850	109	-4641	13322	2763
241	20	52	2213	448	3742	3229	1236
27	27	24	272	28	701	1245	339
3426	2061	3577	72687	14946	122426	94928	43815
514	135	121	9119	1446	12203	9376	2686
2336	1630	3059	43780	9441	76416	58137	28956
153	43	143	8811	1302	15265	10485	5756
198	166	54	7037	1832	10689	5521	3171
225	87	200	3940	924	7852	11410	3246
60	42	143	3359	870	4889	3270	1365
60	42	143	3359	870	4889	3270	1365
26395	9088	13568	416022	68156	569892	398665	126196
524	339	960	33319	5517	44061	27722	8956
3		12	39	14	132	638	48
157	157	87	2418		3855	3536	1239
197	181	574	26965	5160	35175	17915	6723
146		127	941	312	1279	2066	300
15226	5340	6564	237766	38193	313100	155790	61715
87	18	65	2996	719	5449	3956	2167
215	82	40	1706	274	3817	6662	1837
9000	1618	1038	161251	24135	199078	63176	32220
535		887	914	64	1625	1584	405
5384	3623	4533	70833	13001	102880	79848	24926

1-B-11 续表 57

行　业	管理费用	#税　金	财务费用	#利息支出	投资收益	营业利润
食品、饮料、烟草及饲料生产专用设备制造	7549	152	2670	2349	30	4332
食品、酒、饮料及茶生产专用设备制造	6967	105	2436	2118		3753
农副食品加工专用设备制造						
烟草生产专用设备制造						
印刷、制药、日化及日用品生产专用设备制造	20538	1101	70	1453	2	15388
制浆和造纸专用设备制造	974	54	-1103	132		2279
印刷专用设备制造	7766	221	861	808	2	6142
制药专用设备制造	11155	811	-29	175		7048
照明器具生产专用设备制造						
玻璃、陶瓷和搪瓷制品生产专用设备制造						
纺织、服装和皮革加工专用设备制造	47088	1473	5063	5849	562	36525
纺织专用设备制造	13165	459	258	840	10	7873
皮革、毛皮及其制品加工专用设备制造	1925	25	-2	94	357	-315
缝制机械制造	31997	989	4807	4916	195	28967
电子和电工机械专用设备制造	5038	164	668	343	105	-2264
电工机械专用设备制造						
电子工业专用设备制造	4826	163	629	320	105	-2216
农、林、牧、渔专用机械制造	33310	808	5252	4187	6	2940
拖拉机制造	14937	205	1346	1653		-406
机械化农业及园艺机具制造	17819	580	3822	2509	6	2455
农林牧渔机械配件制造						
医疗仪器设备及器械制造	38114	1326	1421	2018	160	33552
医疗诊断、监护及治疗设备制造	10158	303	37	170	61	8780
口腔科用设备及器具制造	1805	29	118	55		-229
医疗实验室及医用消毒设备和器具制造						
医疗、外科及兽医用器械制造	15423	643	-157	332	-1	19033
机械治疗及病房护理设备制造	2150	74	1307	1317	7	-423
假肢、人工器官及植(介)入器械制造						
其他医疗设备及器械制造	4439	144	-207	117		5163
环保、社会公共服务及其他专用设备制造	50001	2058	8854	9796	130	48089
环境保护专用设备制造	28643	1266	5684	6715	26	39445

单位：万元

营业外收入	#补贴收入	营业外支出	利润总额	应交所得税	利税总额	应付工资总额	本年应交增值税
274	165	242	4454	821	7375	8179	2383
242	165	225	3830	665	6599	7559	2251
469	440	153	16013	3666	22592	17104	5895
24	…	36	2267	9	2313	493	37
212	424	12	6549	820	11087	5595	3979
232	16	100	7180	2807	9056	9732	1687
3659	463	913	39777	3863	62418	55016	19051
680	266	303	8310	1294	13440	12764	4383
139		24	156	88	1007	2420	719
2841	197	586	31311	2480	47971	39833	13949
141	128	39	-2162	150	-1470	5665	341
141	128	20	-2095	167	-1413	5277	591
1644	439	665	3950	449	8151	29557	2545
156		283	-533		-474	6113	-759
1487	439	344	3629	449	7760	22554	3304
1114	858	2485	32824	6415	42668	61028	7705
446	50	345	8989	1970	12501	12412	2874
15		40	-254	64	-90	2797	97
438	386	854	18645	2487	21320	32263	1789
92	14	106	-428	80	537	2561	779
122		1021	4263	1066	6667	4220	2190
3344	918	1548	50083	9082	70999	38605	17605
2310	580	1425	40351	7119	53646	15657	11135

1-B-11 续表 58

行　　业	管理费用	#税　金	财务费用	#利息支出	投资收益	营业利润
社会公共安全设备及器材制造	16032	627	2169	2455	43	6429
水资源专用机械制造	1313	11	184	102		6
其他专用设备制造	4013	155	818	525	62	2209
汽车制造业	572399	17863	52203	69366	11045	614291
汽车整车制造	156374	5443	-2145	10039	1201	72704
汽车整车制造	156374	5443	-2145	10039	1201	72704
改装汽车制造	3975	148	-33	329	…	-2054
改装汽车制造	3975	148	-33	329	…	-2054
汽车车身、挂车制造	553	1	55	18		-336
汽车车身、挂车制造	553	1	55	18		-336
汽车零部件及配件制造	411498	12271	54327	58980	9844	543977
汽车零部件及配件制造	411498	12271	54327	58980	9844	543977
铁路、船舶、航空航天和其他运输设备制造业	83481	4794	26795	31107	243	51577
船舶及相关装置制造	50478	3467	15287	19060	15	29884
金属船舶制造	45467	3288	14301	18074	15	27504
娱乐船和运动船制造	1372	80	371	259		620
船用配套设备制造	3639	99	616	727		1761
摩托车制造	2247	42	665	667		3985
摩托车零部件及配件制造	2247	42	665	667		3985
自行车制造	29887	1243	10152	10817	228	17768
脚踏自行车及残疾人座车制造	15126	783	7262	7692	164	2515
助动自行车制造	14761	460	2890	3124	63	15253
非公路休闲车及零配件制造	351	42	269	213		247
非公路休闲车及零配件制造	351	42	269	213		247
潜水救捞及其他未列明运输设备制造	518	1	422	351		-308
潜水及水下救捞装备制造						
其他未列明运输设备制造						
电气机械和器材制造业	816333	29296	203709	204796	65643	606603
电机制造	165276	3640	25330	14823	6989	113307
发电机及发电机组制造	12187	442	646	670	22	7437
电动机制造	43399	838	4859	1358	3316	46835
微电机及其他电机制造	109690	2360	19825	12794	3651	59035

单位：万元

营业外收入	#补贴收入	营业外支出	利润总额	应交所得税	利税总额	应付工资总额	本年应交增值税
815	209	110	7246	1524	12801	17363	4896
133	106	5	134	14	427	1661	195
86	23	9	2352	425	4126	3923	1379
130080	92279	46662	702714	96326	1015280	549400	228064
67686	47156	1647	138742	29119	252988	93722	58719
67686	47156	1647	138742	29119	252988	93722	58719
255	73	58	-1856	71	-607	5423	328
255	73	58	-1856	71	-607	5423	328
739		45	358		532	813	-32
739		45	358		532	813	-32
61401	45050	44912	565470	67136	762367	449442	169049
61401	45050	44912	565470	67136	762367	449442	169049
3054	1572	2830	51809	10183	76320	83838	18563
1586	1028	2149	29306	5786	34844	41907	2073
1401	967	2120	26784	5149	30580	37168	726
2	1	4	603		913	1628	148
183	60	25	1919	637	3351	3111	1200
57	16	24	4019	909	5746	3304	1482
57	16	24	4019	909	5746	3304	1482
1338	515	623	18506	3425	35184	36973	14536
512	453	405	2644	859	12655	26566	8844
826	63	218	15862	2566	22529	10407	5692
4		5	246	62	410	435	139
4		5	246	62	410	435	139
68	13	30	-269	2	135	1219	334
51156	38084	50727	621477	107064	954500	958414	268637
7542	2933	12064	119861	28060	170560	237265	39285
962	292	522	7878	1683	12588	22021	3575
457	500	2083	48879	8360	59448	76664	7180
6123	2140	9459	63104	18018	98525	138580	28530

1-B-11 续表 59

行 业	管理费用	#税 金	财务费用	#利息支出	投资收益	营业利润
输配电及控制设备制造	208852	8352	63131	65039	13281	160335
变压器、整流器和电感器制造	18491	946	7545	7227	1748	22846
电容器及其配套设备制造	1096	1	-11	31		3517
配电开关控制设备制造	73981	3299	9470	10064	287	66127
电力电子元器件制造	44374	958	7526	9068	902	35267
光伏设备及元器件制造	64209	2284	37633	37721	8547	27544
其他输配电及控制设备制造	6701	864	969	928	1797	5036
电线、电缆、光缆及电工器材制造	90421	4423	41628	42590	-1304	50291
电线、电缆制造	73842	2989	28601	29421	-212	36577
光纤、光缆制造	10429	1282	10043	10272	3	11181
绝缘制品制造	5916	121	2965	2878	-1095	2191
其他电工器材制造						
电池制造	106697	4066	25259	29029	43397	105796
锂离子电池制造	21991	474	4380	4295	366	6312
镍氢电池制造	3849	363	490	454		-4161
其他电池制造	80857	3229	20390	24280	43032	103646
家用电力器具制造	148440	4703	24359	30165	2799	134978
家用制冷电器具制造	2791	125	1259	1162	270	2528
家用空气调节器制造	6633	467	-441	603		9399
家用通风电器具制造	8355	315	4220	4671		1502
家用厨房电器具制造	42890	1045	7192	8674	1346	58756
家用清洁卫生电器具制造	59335	1893	4047	3440	1155	55442
家用美容、保健电器具制造	7790	189	2309	2379	28	1371
家用电力器具专用配件制造	7415	271	525	4303		4416
其他家用电力器具制造	13231	399	5249	4933		1564
非电力家用器具制造	5768	215	882	793		2121
燃气、太阳能及类似能源家用器具制造	1716	87	381	395		1238
其他非电力家用器具制造	4052	128	501	399		883

单位：万元

营业外收入	#补贴收入	营业外支出	利润总额	应交所得税	利税总额	应付工资总额	本年应交增值税
14905	20308	14308	163523	32406	265546	229881	89941
1516	1145	518	23931	2602	30585	18058	5737
13		20	3510	879	4679	1345	1053
2216	1132	831	67837	16056	111032	95700	37824
1395	1539	5616	33019	9802	50225	56399	14230
7844	16492	7220	28372	2536	60554	52975	29955
1921		102	5854	531	8472	5404	1141
4381	1068	5415	48639	12103	93138	117174	38067
2239	1013	4493	34741	8589	69469	98830	29355
2000		242	12942	2646	20971	13387	7282
143	55	680	613	783	2202	4686	1285
10682	9535	4126	112889	10537	151073	93312	21492
1278	1417	495	7511	1313	10306	18797	-4276
818	265	168	-3512		-2653	4292	-2832
8587	7854	3463	108889	9224	143420	70223	28600
7996	1946	7639	135701	17194	195552	158926	49174
27	4	55	2504	196	3672	4203	925
336	65	55	9680	73	12613	12209	2277
405	42	358	1578	708	5430	9339	3394
1281	195	1294	58811	8815	80515	41317	18544
3142	496	3189	55429	5126	74032	53956	14123
409	186	776	1004	452	3314	10013	1928
1756	436	988	5184	1326	7500	8032	1976
640	521	923	1512	499	8477	19857	6008
197	25	98	2228	368	4935	7097	2160
20	10	83	1182	112	1942	1534	681
178	15	15	1046	256	2992	5563	1480

1-B-11 续表 60

行业	管理费用	#税金	财务费用	#利息支出	投资收益	营业利润
照明器具制造	84963	3833	22311	21831	480	41590
电光源制造	21026	842	2657	4682	424	12605
照明灯具制造	61040	2893	17987	15534	55	30022
灯用电器附件及其他照明器具制造	2898	98	1666	1615		-1037
其他电气机械及器材制造	5917	65	810	527	1	-1816
电气信号设备装置制造	2415	54	515	260	1	373
其他未列明电气机械及器材制造	3503	11	295	268		-2189
计算机、通信和其他电子设备制造业	796493	20985	25744	65239	26512	1140795
计算机制造	49777	2108	190	2400	386	18192
计算机整机制造						
计算机零部件制造	17673	1416	653	808	52	1105
计算机外围设备制造	14781	652	1312	1170	114	-2527
其他计算机制造	2423	40	-704	422		4223
通信设备制造	362887	3688	-8959	8929	3976	748428
通信系统设备制造	287519	2344	-5748	4322	3993	745317
通信终端设备制造	75369	1344	-3211	4607	-17	3111
广播电视设备制造	18198	228	1542	1520	183	10751
广播电视接收设备及器材制造	8179	194	713	1160	89	3849
应用电视设备及其他广播电视设备制造	10019	34	829	360	94	6902
雷达及配套设备制造						
雷达及配套设备制造						
视听设备制造	26460	1073	8052	8682		6252
电视机制造	8895	315	5639	7022		693
音响设备制造	17002	724	2456	1650		4745
影视录放设备制造						
电子器件制造	172714	9259	1344	15593	18845	212023
半导体分立器件制造	26171	816	1620	3954	-140	10558
集成电路制造	18238	849	-510	511	12914	20572
光电子器件及其他电子器件制造	128304	7594	234	11129	6072	180892

单位：万元

营业外收入	#补贴收入	营业外支出	利润总额	应交所得税	利税总额	应付工资总额	本年应交增值税
5185	2175	5833	41383	6341	75463	111002	27685
1502	897	749	13376	2260	28541	33185	13422
3592	1271	4986	29050	4018	46646	73085	13199
92	7	97	-1043	63	276	4732	1064
266	95	1246	-2745	55	-1766	3757	832
185	50	1221	-613	10	143	2663	637
82	44	25	-2133	45	-1908	1094	194
216010	20167	30668	1331094	110935	1637831	931977	244063
6501	2109	2548	22453	6549	37841	64432	14282
1302	214	1354	1053	237	1428	22650	253
4544	1882	244	1861	1274	4796	23519	2276
36	14	163	4095	1198	16174	8092	11753
183166	6116	5494	926303	40735	1108758	278175	152895
88893	5135	1333	832877	34845	997193	196549	137437
94273	981	4161	93426	5890	111565	81626	15458
761	509	1310	10298	1457	12827	23301	1777
247	14	924	3269	849	4288	14130	491
513	495	386	7029	609	8539	9171	1285
2494	1626	2558	6332	912	11387	31661	3186
473	89	330	925		2258	6323	1163
2021	1537	2229	4593	912	8314	24518	2023
13854	6509	12235	215074	35537	245063	297222	13339
2408	573	8699	4212	2729	11889	26029	6035
514	341	391	20694	2975	22652	25172	1627
10933	5596	3145	190168	29833	210522	246021	5678

1-B-11 续表 61

行　　业	管理费用	#税　金	财务费用	#利息支出	投资收益	营业利润
电子元件制造	146717	4178	22809	21387	3387	119696
电子元件及组件制造	136034	3471	19623	18746	3387	114848
印制电路板制造	10683	707	3186	2641		4848
其他电子设备制造	19152	413	-432	2925	-266	17252
其他电子设备制造	19152	413	-432	2925	-266	17252
仪器仪表制造业	161187	3271	14431	18228	2914	149262
通用仪器仪表制造	104425	2421	7129	11194	3521	90788
工业自动控制系统装置制造	56377	1080	-1773	3918	2324	70219
电工仪器仪表制造	2694	65	400	410	189	2253
绘图、计算及测量仪器制造	11802	644	4247	3544	18	2954
实验分析仪器制造	1738	64	556	356	7	598
试验机制造						
供应用仪表及其他通用仪器制造	31207	499	3444	2704	984	15195
专用仪器仪表制造	32201	203	2155	1743	21	36741
环境监测专用仪器仪表制造						
运输设备及生产用计数仪表制造	27837	161	1687	1081		27908
电子测量仪器制造	1005	9	-198	7	21	1589
其他专用仪器制造	1860	5	-73	29		2949
钟表与计时仪器制造	2053	75	578	571	-1272	207
钟表与计时仪器制造	2053	75	578	571	-1272	207
光学仪器及眼镜制造	21772	562	4336	4571	645	21867
光学仪器制造	17043	389	1228	1589	445	9185
眼镜制造	4729	173	3108	2982	200	12682
其他仪器仪表制造业	737	10	233	150		-342
其他仪器仪表制造业	737	10	233	150		-342
其他制造业	37535	1349	13873	12042	-90	26551
日用杂品制造	34962	1174	13759	11350	-90	23884
鬃毛加工、制刷及清扫工具制造	7496	130	1773	1494		2498
其他日用杂品制造	27466	1044	11987	9856	-90	21386

单位：万元

营业外收入	#补贴收入	营业外支出	利润总额	应交所得税	利税总额	应付工资总额	本年应交增值税
8276	2773	4017	126283	21139	191383	211302	53523
7713	2719	3896	120992	19104	182683	194986	51272
563	54	121	5291	2036	8700	16316	2251
959	524	2291	16363	3406	22580	25234	5057
959	524	2291	16363	3406	22580	25234	5057
22700	7577	2160	169472	31035	240997	190846	61987
19537	5910	501	110404	18965	162803	112300	46056
11923	2208	-514	82856	14640	109076	50986	22769
10	75	35	2488	430	5013	4179	2265
704	481	330	3390	622	9759	16251	5588
417		2	1019	79	1928	3422	766
6445	3145	647	21041	3194	37418	36885	14669
1517	742	1028	37318	6909	50142	40689	11708
593		1001	27500	5273	38143	35648	9861
61	76	6	1732	423	1817	1684	20
695	512	18	3626	544	4712	1556	970
118		22	-969	40	-84	2369	725
118		22	-969	40	-84	2369	725
1520	925	607	23055	5101	28438	34471	3498
1341	912	547	10047	1666	12375	19815	1546
179	13	60	13008	3435	16063	14657	1952
9		3	-336	21	-303	1017	
9		3	-336	21	-303	1017	
3866	295	1912	28427	4315	42972	61691	11844
3761	259	1731	25800	4139	38612	55664	10388
698	38	902	2305	416	4187	8214	1204
3062	222	829	23496	3723	34425	47450	9185

1-B-11 续表 62

行 业	管理费用	#税 金	财务费用	#利息支出	投资收益	营业利润
其他未列明制造业	2573	175	114	692		2667
其他未列明制造业	2573	175	114	692		2667
废弃资源综合利用业	12125	1169	-1702	13145	-2232	-23401
金属废料和碎屑加工处理	11127	1164	-1693	13141	-2232	-23623
金属废料和碎屑加工处理	11127	1164	-1693	13141	-2232	-23623
非金属废料和碎屑加工处理						
非金属废料和碎屑加工处理						
金属制品、机械和设备修理业	16216	1252	7678	7241	208	-4828
专用设备修理						
专用设备修理						
铁路、船舶、航空航天等运输设备修理	15506	1250	7600	7163	208	-4850
船舶修理	15506	1250	7600	7163	208	-4850
电力、热力、燃气及水生产和供应业	**93582**	**9713**	**105292**	**109943**	**-730**	**565856**
电力、热力生产和供应业	66882	8504	95620	99840	-2324	514862
电力生产	59870	8059	90632	94873	-2453	500547
火力发电	56236	7857	82856	87175	-2611	487159
水力发电	2376	90	4628	4504		8437
风力发电	513	26	2219	2247	158	3614
其他电力生产	745	87	929	947		1337
热力生产和供应	7012	445	4988	4967	129	14315
热力生产和供应	7012	445	4988	4967	129	14315
燃气生产和供应业	20682	637	6717	7301	1281	41287
燃气生产和供应业	20682	637	6717	7301	1281	41287
燃气生产和供应业	20682	637	6717	7301	1281	41287
水的生产和供应业	6018	572	2955	2802	313	9708
自来水生产和供应	1829	174	1258	1174		4011
自来水生产和供应	1829	174	1258	1174		4011
污水处理及其再生利用	4189	399	1697	1628	313	5697
污水处理及其再生利用	4189	399	1697	1628	313	5697

单位：万元

营业外收入	#补贴收入	营业外支出	利润总额	应交所得税	利税总额	应付工资总额	本年应交增值税
105	35	181	2626	176	4360	6027	1456
105	35	181	2626	176	4360	6027	1456
2737	254	1384	-18430	-1749	-10699	24832	4743
2564	254	1250	-18690	-1783	-11368	23878	4404
2564	254	1250	-18690	-1783	-11368	23878	4404
449	170	208	-4379		-3403	12483	391
279		204	-4566		-3863	11941	152
279		204	-4566		-3863	11941	152
16997	**5287**	**23290**	**560277**	**72948**	**736579**	**88421**	**139034**
15718	4975	22968	508326	60549	672462	70061	129245
14837	4720	22640	493329	57389	651676	61555	123943
10620	3517	22457	475730	54545	629103	57018	119482
128	27	67	8516	1979	10234	2449	1524
1590	446	16	5346	538	7655	550	2084
2500	729	100	3737	327	4684	1539	853
881	255	328	14997	3160	20786	8505	5301
881	255	328	14997	3160	20786	8505	5301
563	27	284	41566	10300	52387	13554	8604
563	27	284	41566	10300	52387	13554	8604
563	27	284	41566	10300	52387	13554	8604
715	286	38	10385	2100	11729	4807	1185
66	25	26	4051	915	5151	1389	984
66	25	26	4051	915	5151	1389	984
649	261	12	6334	1185	6579	3418	201
649	261	12	6334	1185	6579	3418	201

1-B-12 按地区分组的规模以上外商投资和

地　区	单位数(个)	资产总计	流动资产合计	#应收账款	#存货	#产成品	固定资产合计
全　省	**6555**	**153826988**	**96308870**	**24647159**	**20744366**	**8160694**	**38972294**
杭州市	**1198**	**38905707**	**26096584**	**6826854**	**5164171**	**2049794**	**8101976**
上城区	14	170555	119374	58735	16444	8825	38530
下城区	10	39668	29290	12976	8513	2277	8308
江干区	207	10556657	7057519	2192801	1408466	584814	2495938
拱墅区	18	1158564	920844	245309	148803	84709	177394
西湖区	29	975671	503504	163738	95338	41552	349142
滨江区	71	5531347	3935773	1233859	650167	242865	570018
萧山区	413	12600712	8183737	1484757	1812595	663029	2735637
余杭区	191	3783131	2528051	525972	478089	216767	855161
桐庐县	71	962079	586217	186681	159397	32431	195945
淳安县	10	99116	57400	9877	7479	1809	35886
建德市	14	212467	106894	36756	24089	11960	92681
富阳市	107	2326984	1707048	566218	286458	130280	454931
临安市	43	488757	360933	109174	68333	28476	92407
宁波市	**1996**	**45816104**	**29024819**	**7735306**	**6382491**	**2485298**	**11687397**
海曙区	9	58864	47215	16977	10614	3113	8686
江东区	22	347394	242629	59932	62575	32251	64977
江北区	94	1358721	877143	256234	237143	71848	321434
北仑区	396	18807641	10963046	3503580	2328505	788539	5717573
镇海区	207	4431788	2757675	602575	786238	305958	1256776
鄞州区	461	8048484	5261655	1258851	1134836	561739	1661904
象山县	87	1314344	921005	308732	187991	81517	247567
宁海县	105	928613	648163	150444	172640	58772	193034
余姚市	313	4193504	3034816	653916	604627	247599	835725
慈溪市	219	4785789	3283431	719291	652113	275489	912252
奉化市	83	1540962	988041	204775	205209	58475	467470
温州市	**262**	**3817403**	**2421527**	**727853**	**559049**	**238665**	**922122**
鹿城区	30	242737	151119	50241	13797	5079	44006
龙湾区	89	1187061	697422	195759	168070	68686	360442
瓯海区	31	310133	183556	55742	47922	12526	67542
洞头县	4	38123	23148	5506	5102	3938	11205
永嘉县	17	175233	120190	25480	16757	3276	40790
平阳县	27	380463	231706	59757	61227	29609	98643

港澳台投资工业法人单位财务状况

单位：万元

固定资产原价	累计折旧	#本年折旧	在建工程（个）	负债合计	流动负债合计	#应付账款	所有者权益合计
60143917	**24365634**	**3984036**	**4597124**	**85013423**	**77161761**	**20329674**	**68366222**
12880866	**5503246**	**863916**	**884394**	**20906462**	**18738633**	**5189981**	**17928757**
98066	66745	3693	9965	53259	52416	13423	117164
16997	8689	1297		19470	19206	7841	20198
4170944	2016201	304916	196835	5633450	5132656	1998465	4923204
305923	136426	22914	22586	771457	750019	47775	387107
435123	94975	15867	39197	550864	412054	133612	424806
919344	385544	58020	142570	1926597	1747241	691753	3588688
4241059	1728112	281752	302378	7096725	6184993	1247918	5454775
1293141	496365	79402	89452	2296455	2056422	591320	1494467
294396	105515	17999	34199	585231	545523	101397	376847
52765	20692	2904	2506	32658	30635	7739	66402
147004	55384	10480	4755	108071	106202	20347	104395
737780	309401	52930	34128	1556023	1447663	246274	758563
168325	79198	11741	5823	276202	253604	82120	212142
19078005	**8146690**	**1179407**	**1570828**	**25515644**	**23623721**	**7258844**	**20267661**
21472	12786	1254	1067	27826	27764	11024	31038
141362	77751	9406	870	225058	221943	59665	122347
433065	149799	27871	38023	748187	696897	215261	606685
9415701	4033756	552634	982249	9195412	8497476	3395618	9610477
2069138	887339	137597	80574	2506099	2222157	589588	1925867
2962542	1349754	176902	147955	4564992	4104413	1164302	3472615
351538	161290	24420	56806	832492	767347	195238	483515
303106	124368	20384	19823	620505	608123	126210	307851
1365619	582614	91321	70862	2860762	2689759	600386	1327960
1289006	492635	99329	141498	2864372	2722964	594303	1908283
725457	274599	38289	31101	1069941	1064878	307250	471021
1595228	**728521**	**90521**	**117508**	**2153958**	**2056421**	**466014**	**1659541**
56777	20924	2779	22221	171647	150287	27974	71088
500099	158863	28723	39297	746919	701261	123754	438327
132420	67634	5963	6377	184037	171843	29166	124426
16324	5546	1273	427	24620	24494	2224	13503
62514	22878	3608	1382	111833	108936	10029	63382
131103	42829	8451	21179	149065	145201	26882	231401

1-B-12 续表 1

地区	单位数(个)	资产总计	流动资产合计	#应收账款	#存货	#产成品	固定资产合计
苍南县	12	95953	47645	14738	14578	9846	36652
文成县	1						
瑞安市	26	549485	417431	121686	134056	39449	106811
乐清市	25	826945	545558	198841	97530	66245	148512
嘉兴市	**1091**	**22678050**	**13289282**	**3907983**	**3204391**	**1143655**	**7132737**
南湖区	84	1607344	1040299	394182	271769	80461	474288
秀洲区	182	4377137	2325343	851102	642412	253022	1579509
嘉善县	199	4176031	2396130	795168	577191	211786	1321850
海盐县	66	866682	547917	152596	110067	42309	257174
海宁市	182	3919412	2400106	708283	468340	165704	1058756
平湖市	186	5365432	3093946	660218	744261	258377	1683327
桐乡市	192	2366011	1485541	346435	390352	131996	757833
湖州市	**514**	**8091916**	**4347548**	**1246701**	**1029223**	**384479**	**2531680**
吴兴区	91	1394026	760741	181918	222296	79033	428127
南浔区	75	1322525	785324	210377	172729	81575	316943
德清县	203	2102570	1287554	360003	316469	124754	571849
长兴县	78	2603014	1100893	367521	221623	60635	1032509
安吉县	67	669781	413036	126882	96105	38482	182252
绍兴市	**804**	**20346074**	**13210629**	**2613522**	**2563717**	**1193302**	**4592925**
越城区	186	4303179	2676376	563422	510929	213955	1158686
绍兴县	206	6971352	4421636	624252	707164	357344	1717287
新昌县	26	300739	210261	59923	47112	19160	74199
诸暨市	152	4243420	2923372	632941	613917	284808	641794
上虞市	122	2771165	1814832	434842	424100	213979	699903
嵊州市	112	1756220	1164152	298142	260496	104056	301056
金华市	**293**	**5083759**	**3239779**	**660373**	**555651**	**233013**	**1053511**
婺城区	79	1599445	1027376	243427	203124	85184	348774
金东区	10	64561	46184	7732	7799	3141	13153
武义县	17	145673	106196	23480	24000	6962	33557
浦江县	34	365405	226095	65988	48111	18514	86460
磐安县	14	131140	85438	33616	17452	8751	16328
兰溪市	35	637523	284038	62688	65577	27321	132403
义乌市	58	1372159	852438	120921	130509	62695	341897
东阳市	22	212155	172005	32348	27251	11396	28468
永康市	24	555699	440008	70174	31827	9049	52472

单位：万元

固定资产原价	累计折旧	#本年折旧	在建工程(个)	负债合计	流动负债合计	#应付账款	所有者权益合计
42916	12791	3989	9593	68573	65969	8528	27379
183877	78455	19369	1969	278669	272892	70638	270415
451552	308475	16014	15061	417399	414349	166796	409545
10555167	**4003977**	**721823**	**661365**	**11776189**	**10846053**	**3006481**	**10875976**
627110	196639	42296	49384	862504	829063	307715	744834
2601339	1120311	171091	145723	2052538	1759638	485685	2323366
1771689	677740	125285	121621	2001356	1863464	556620	2170175
385820	135576	26470	12525	500959	484206	123092	365723
1518282	523648	108346	94560	2185556	2097157	571398	1726628
2569872	948402	171764	163539	3034496	2719408	718000	2318043
1081057	401662	76572	74013	1138780	1093116	243972	1227207
3575335	**1188498**	**219184**	**283044**	**4430435**	**3814949**	**962516**	**3648643**
618927	224642	37705	45547	682753	622272	115440	710559
405929	127889	25522	75990	713385	630777	153832	607862
829506	290309	54205	70224	1143117	1059867	264481	955920
1462654	464599	84261	69210	1498835	1128552	314981	1103661
258318	81059	17491	22074	392345	373481	113782	270641
6685145	**2763379**	**519606**	**557046**	**12379846**	**11006811**	**2080911**	**7702548**
1555790	603143	109326	207197	2582041	2302215	447533	1695507
2669656	1213339	232937	90798	4482300	3804486	584570	2271119
116422	48996	7567	4993	141832	139053	44951	158907
882222	314885	66173	75613	2448874	2259176	595314	1774536
982676	376486	71558	119285	1493149	1402002	218267	1278016
478380	206530	32046	59160	1231650	1099879	190276	524463
1454338	**531915**	**108652**	**148148**	**3123912**	**2814893**	**341809**	**1937316**
528181	198925	47009	36763	1015717	912771	131004	577308
17983	7229	976	3825	39946	39946	5711	24416
43026	15600	2884	7208	87427	83263	23678	60149
108818	32889	7309	8315	183222	146382	15256	176734
25907	10438	1716	2147	70857	67709	10274	60283
174063	48053	13303	9405	304791	285241	52611	331601
419152	153239	26006	62610	922137	792801	54742	440603
56272	28532	4378	2749	99554	99098	20757	112555
80937	37012	5072	15127	400260	387681	27779	153669

1-B-12 续表 2

地区	单位数(个)	资产总计	流动资产合计	#应收账款	#存货	#产成品	固定资产合计
衢州市	**53**	**1165847**	**689473**	**149723**	**193386**	**57982**	**345935**
柯城区	10	240122	184969	14407	48823	2334	26062
衢江区	11	440805	254854	48069	70537	19705	142789
常山县	7	31134	20959	4364	8634	5388	8446
开化县	2	28172	13421	2494	3152	1891	13326
龙游县	7	250475	129503	50258	42698	19554	98186
江山市	16	175139	85768	30132	19542	9111	57127
舟山市	**29**	**1541515**	**663969**	**69088**	**273621**	**52286**	**530653**
定海区	12	446559	158557	22530	18122	7994	151202
普陀区	8	360054	158208	32179	66805	43179	95509
岱山县	8	734258	346942	14379	188486	912	283559
嵊泗县	1						
台州市	**282**	**5903530**	**3110395**	**659977**	**748706**	**291024**	**1853587**
椒江区	30	636975	330353	92139	107926	41478	117038
黄岩区	16	197470	110610	24383	19667	5824	48042
路桥区	32	1032283	720226	125405	174856	117557	108535
玉环县	65	2279846	849964	120505	184268	37376	1179365
三门县	9	100890	56962	18110	14902	5867	37226
天台县	14	220286	115557	30223	38829	11655	77806
仙居县	17	136671	86512	20615	29820	6297	34458
温岭市	57	707203	440420	128047	108081	44041	146209
临海市	42	591906	399791	100551	70357	20929	104908
丽水市	**33**	**477083**	**214865**	**49779**	**69962**	**31198**	**219772**
莲都区	7	65099	38847	10518	10198	4469	22690
青田县	8	156987	87516	15616	29220	14088	63462
缙云县	5	41508	24402	8021	10043	5239	14337
遂昌县	5	85971	20175	1793	12218	4335	63347
云和县	2	36153	2975	32	164	1	32526
庆元县	1						
景宁县	1						
龙泉市	4	25709	19666	9405	6443	2730	1471

单位：万元

固定资产原价	累计折旧	#本年折旧	在建工程（个）	负债合计	流动负债合计	#应付账款	所有者权益合计
460896	**149167**	**39902**	**47567**	**643280**	**594896**	**149796**	**523230**
41093	15065	4128	5432	181362	181362	59263	58760
190264	49988	16766	10667	207550	197304	49486	233255
14962	6522	1239	425	10695	9887	3244	20438
19902	6966	1024	997	19019	17673	5199	9154
120497	48919	9867	28313	125731	100384	24897	124744
74180	21707	6878	1732	98923	88286	7706	76879
733868	**223781**	**43798**	**232175**	**881340**	**704274**	**154088**	**660075**
171022	38764	9305	97822	336749	277465	83534	109709
150669	56529	8834	83658	203103	127923	21789	156952
411647	128341	25638	50696	341160	298557	48765	393098
2823674	**1026271**	**181333**	**82681**	**2983878**	**2800280**	**689485**	**2911486**
172896	63974	13477	10905	318642	315163	94106	318333
84333	39716	6261	4367	105898	104855	17673	91572
190130	84570	24052	17748	501206	473080	142642	531077
1779792	604842	95359	4224	972504	902867	171762	1303507
51829	19579	3649	5132	63152	63066	18096	37738
125443	58227	6944	3703	113277	112962	33220	106595
48170	19747	3471	3583	89169	86269	11766	47502
212653	74619	14555	13246	434034	388103	79695	273169
158430	60998	13565	19773	385995	353917	120526	201994
301394	**100190**	**15895**	**12370**	**218480**	**160832**	**29750**	**250988**
25371	6906	1613	1024	45986	43920	7364	19113
84433	23988	4242	387	72457	59795	10619	83909
24789	11444	1591	2345	18597	18597	4995	22620
91805	37208	5564	7946	24804	12229	3252	61167
40186	9244	1719	647	11747	6846	1266	24406
2680	1209	206		15516	4131	1124	3491

1-B-12 续表 3

地　区	#实收资本	国家资本	集体资本	法人资本	个人资本	港澳台资本	外商资本
全　省	**40495381**	**1678848**	**196631**	**7692222**	**1761801**	**13601628**	**15564251**
杭州市	**9396892**	**297786**	**41831**	**1785824**	**455477**	**2697284**	**4118689**
上城区	60485		41	25155	2386	2286	30617
下城区	14241				499	9342	4400
江干区	2461710	29872	556	311011	16943	500246	1603082
拱墅区	201239	5796		35746	121	3881	155696
西湖区	237709	60945	900	42388	341	65343	67792
滨江区	1290825	174420	3160	138444	201631	362677	410493
萧山区	3298532	12115	25950	808677	112972	1143101	1195717
余杭区	886064	3777	8691	126815	31867	368587	346328
桐庐县	184939	1091	1904	45168	26452	51985	58338
淳安县	48686			11011	11224	17563	8889
建德市	67928	1955		22724	3518	1797	37935
富阳市	449834	6458	630	173272	39919	87201	142355
临安市	194700	1358		45414	7606	83275	57046
宁波市	**11994766**	**375772**	**40941**	**2218298**	**351947**	**4640001**	**4367807**
海曙区	16763	1102		9445	480	5050	686
江东区	105785		750	38207	2102	44545	20180
江北区	291616	234	847	65127	26550	117121	81738
北仑区	6127493	238873	7170	941882	79129	2256945	2603493
镇海区	1080701	130423	2206	104080	54941	324771	464281
鄞州区	1774431		11438	693931	47888	615873	405301
象山县	288664	2280	137	98597	13401	87236	87014
宁海县	204064			22880	20696	97912	62576
余姚市	861486	2669	301	75400	31644	473356	278116
慈溪市	975764		11910	115140	58915	478269	311530
奉化市	268000	193	6183	53608	16201	138923	52892
温州市	**1015040**	**3852**	**5618**	**248344**	**126361**	**224676**	**406191**
鹿城区	61319		688	15397	6939	5214	33082
龙湾区	362152			66919	58224	94923	142086
瓯海区	78600			21317	9559	28253	19471
洞头县	7308			1688		5620	
永嘉县	48867			7269	7550	25913	8135
平阳县	100753		4930	23017	22491	24867	25447

单位：万元

营业收入	#主营业务收入	营业成本	#主营业务成本	营业税金及附加	#主营业务税金及附加	其他业务利润
157993870	**154125838**	**133399459**	**130020596**	**1051114**	**1034986**	**494330**
39507772	**38367156**	**30844456**	**29862666**	**246250**	**244336**	**189565**
158854	154476	118546	114409	1024	1011	675
61628	61369	52452	52339	362	362	23
13821211	13506713	10718904	10383358	53912	53107	33514
1075254	997167	550431	536305	6978	6906	70894
797671	791827	630687	629066	4698	4698	2047
4976516	4863390	2911805	2825160	42198	42174	11549
11509352	11131415	9963877	9624312	96177	95754	35883
3058407	2971560	2431345	2369883	20935	20856	18698
1078274	1072407	930420	928876	3922	3673	4000
177431	177226	147990	147461	5213	5062	129
248059	245964	194779	193366	1122	1122	683
2039448	1890115	1765420	1630557	7531	7506	10842
505669	503528	427799	427574	2179	2105	631
49857649	**48679301**	**43630513**	**42575802**	**465209**	**456976**	**124039**
99505	95406	82186	78462	921	902	359
392821	380839	339678	331456	1561	1561	4027
1096451	1053718	880555	850882	6551	6527	9081
22574087	22061280	20383860	19920354	337194	337089	59014
5735493	5645043	5097191	5024694	25490	18273	10203
8250195	8030714	6917977	6721895	41165	40680	15975
1079823	1037160	885300	846964	5219	5219	7403
757702	740379	619742	601440	4335	4290	1711
4063251	4018694	3466500	3431296	14580	14479	6874
4451379	4295835	3798423	3642540	15622	15404	6557
1356942	1320233	1159102	1125817	12573	12553	2836
3573442	**3537470**	**2920510**	**2894656**	**24510**	**24234**	**9504**
163799	163117	139988	139618	726	715	421
960226	936416	809762	789526	6563	6378	2088
292229	286981	237821	235599	5059	5025	3015
23160	23139	17395	16934	212	212	15
109919	109519	92897	92803	460	460	-285
435674	435410	356356	356042	1688	1657	95

1-B-12 续表 4

地 区	#实收资本	国家资本	集体资本	法人资本	个人资本	港澳台资本	外商资本
苍南县	38860			8461	6661	4922	18816
文成县							
瑞安市	106721			11031	13442	5439	76809
乐清市	202901			93245	1495	29525	78636
嘉兴市	**7207916**	**31783**	**27245**	**943484**	**222064**	**2272978**	**3710361**
南湖区	411953	9268	1412	50657	10040	104186	236391
秀洲区	1385849		9	112132	42832	418131	812745
嘉善县	1588015	9214	1786	74108	68264	498896	935747
海盐县	318239		628	28942	14684	155328	118656
海宁市	1174694	6949	22442	262942	51368	377095	453899
平湖市	1557023	488	344	270037	13392	340609	932153
桐乡市	772143	5863	625	144667	21484	378735	220769
湖州市	**2501345**	**29262**	**20713**	**506326**	**88104**	**931110**	**925831**
吴兴区	561188	3866	1711	53209	14782	247606	240014
南浔区	331432		2299	68219	43432	129115	88367
德清县	670354	8995	12034	158682	14285	271843	204515
长兴县	708936	16401		179683	10524	215220	287107
安吉县	229436		4670	46534	5081	67325	105827
绍兴市	**4341634**	**7489**	**40874**	**1098762**	**320560**	**1964608**	**909342**
越城区	1007676	4709	4098	138440	135602	437886	286941
绍兴县	1309344		34393	366191	33691	647370	227700
新昌县	101049	2680		15190	2527	68979	11673
诸暨市	780469	101	1352	232485	93853	287098	165581
上虞市	739477			244766	30964	332538	131210
嵊州市	403618		1031	101689	23923	190737	86238
金华市	**1311830**	**15038**	**182**	**524354**	**55573**	**420603**	**296081**
婺城区	455768	15038	182	96520	14537	226267	103224
金东区	18756			5985	421	5786	6564
武义县	51227			16302	5899	4311	24714
浦江县	90408			12211	862	39483	37852
磐安县	22154			10784	311	8519	2541
兰溪市	277206			209482	7202	32011	28512
义乌市	250793			124096	13284	68519	44893
东阳市	49087			16119	10740	8435	13793
永康市	96432			32855	2317	27272	33988

单位：万元

营业收入	#主营业务收入	营业成本	#主营业务成本	营业税金及附加	#主营业务税金及附加	其他业务利润
102993	102975	91895	91333	381	381	18
590485	586831	485369	485113	2435	2435	3226
892136	890259	688200	686863	6949	6933	912
22370867	**21875413**	**19184290**	**18800944**	**112754**	**110373**	**98468**
1883331	1855489	1616080	1594125	5646	5622	6065
3739837	3667535	3022287	2966037	20534	20356	15865
3624802	3558887	3129820	3075881	10184	9572	12564
876784	867584	764232	758014	7958	7747	2223
3750895	3638187	3196386	3120296	15151	14287	28741
5691134	5566596	4985677	4894785	42935	42852	29762
2804085	2721135	2469809	2391805	10347	9936	3248
10069942	**9928733**	**8605522**	**8462283**	**49198**	**48264**	**5275**
1171297	1132213	950058	913674	6293	6054	1424
1498583	1487143	1186546	1176767	12317	12305	1371
3109651	3092319	2645352	2629713	15297	14832	1775
3469560	3397457	3137218	3063908	10426	10414	583
820851	819602	686349	678220	4866	4659	123
20791719	**20338765**	**18278308**	**17853440**	**72504**	**71363**	**33635**
3986381	3775544	3521716	3328494	13686	13472	15635
7968111	7932780	7081692	7059759	27983	27774	6702
290224	286712	234977	232162	1074	1059	352
4154238	4040255	3694356	3553717	12215	11752	-1573
2995791	2944670	2536806	2505046	12550	12440	8237
1396973	1358804	1208761	1174261	4998	4865	4282
3744909	**3671958**	**3218381**	**3157914**	**21960**	**21552**	**19587**
1273161	1205549	1104942	1051199	5607	5518	17674
39403	39195	32290	32155	271	259	73
143803	142629	114696	114415	6546	6545	77
340001	339906	295859	294883	1630	1630	-302
103582	103565	84500	84493	546	546	10
504854	503716	444434	444090	1593	1546	563
939299	937602	803088	802439	3478	3231	1097
171167	171012	148004	144025	1166	1166	59
229641	228784	190568	190216	1123	1111	336

1-B-12 续表 5

地 区	#实收资本	国家资本	集体资本	法人资本	个人资本	港澳台资本	外商资本
衢州市	**304383**	**1018**	**1049**	**50846**	**31135**	**56758**	**163578**
柯城区	38340	50		15368	1200	4996	16726
衢江区	126190		740	8307	12481	19025	85636
常山县	16614	968	309	947	1932	7712	4747
开化县	3306				1650	1656	
龙游县	79255			15121	6140	13142	44852
江山市	40679			11103	7732	10227	11618
舟山市	**373057**	**6000**		**116343**	**12720**	**33046**	**204949**
定海区	134748	6000		25208	80	6431	97030
普陀区	99478			39794	12640	23440	23605
岱山县	138495			51342		3175	83978
嵊泗县							
台州市	**1826225**	**910848**	**10679**	**179797**	**92713**	**291861**	**340327**
椒江区	133283			36226	15580	47071	34406
黄岩区	67439	414		23531	543	35218	7733
路桥区	185693	4379	3717	9994	15576	53535	98492
玉环县	1102377	897474	876	42853	15458	69894	75822
三门县	17833			3531	1765	54	12482
天台县	48778			6357	5308	5868	31244
仙居县	27191			10735	1862	10744	3851
温岭市	127551	8582	5920	29614	30359	26368	26708
临海市	116080		166	16955	6261	43109	49589
丽水市	**222293**		**7500**	**19843**	**5148**	**68704**	**121098**
莲都区	21838			2418	259	17175	1985
青田县	83029			3025	1600	38039	40365
缙云县	15972			5157	2213	7588	1015
遂昌县	53444		7500	6208		5223	34513
云和县	23432			1767			21665
庆元县							
景宁县							
龙泉市	2472			328	1077	119	949

单位：万元

营业收入	#主营业务收入	营业成本	#主营业务成本	营业税金及附加	#主营业务税金及附加	其他业务利润
1307282	**1052157**	**1081868**	**845397**	**8883**	**8220**	**2072**
430495	199917	404136	189235	1663	1663	1051
478046	459066	348703	330382	2905	2905	536
31337	31247	26371	26328	178	178	45
19149	17318	17318	15723			
182910	180355	145118	144230	1339	756	406
165345	164253	140224	139499	2798	2718	34
965670	**951185**	**859290**	**848499**	**3990**	**3989**	**3576**
238782	231254	222404	215561	1714	1713	730
246104	240496	203931	199985	1088	1088	1692
478609	477261	430959	430958	1177	1177	1154
5323171	**5246312**	**4374230**	**4326934**	**44032**	**43855**	**8038**
455348	451773	383662	381079	1904	1904	764
114495	113579	92879	92418	880	880	455
1319539	1297054	1220522	1200458	10948	10948	1292
1793218	1783512	1323961	1314536	14104	14014	-380
89085	88909	75881	75791	308	308	3
215307	212926	168056	167947	9619	9619	2261
154566	151867	129156	122073	924	924	78
705587	698110	581418	576643	3094	3055	1760
476027	448584	398695	395990	2250	2203	1804
481447	**477390**	**402091**	**392062**	**1824**	**1824**	**573**
76178	74576	62742	53672	174	174	4
210735	210081	175840	175840	1049	1049	40
88705	87659	74653	74231	247	247	742
47905	47283	43713	43176	150	150	-212
9482	9349	5967	5967	15	15	
27545	27545	24478	24478	152	152	

1-B-12 续表 6

地　　区	管理费用	#税　金	财务费用	#利息支出	投资收益	营业利润	营业外收入
全　省	**7541304**	**352075**	**1886102**	**2329490**	**626301**	**9442497**	**911845**
杭州市	**2292887**	**92520**	**340869**	**494588**	**338812**	**3374827**	**350052**
上城区	9038	255	806	640	326	24475	996
下城区	4285	93	785	463	1	1506	64
江干区	751359	38616	33426	75767	36913	1104313	74900
拱墅区	110540	2047	-2263	9431	5240	98186	2565
西湖区	46619	650	8106	7583	6891	32726	1793
滨江区	465323	12035	652	19243	67832	1068668	189667
萧山区	523606	22252	164579	224240	177260	667563	57813
余杭区	206318	5016	37625	52689	15692	159529	11077
桐庐县	47881	3765	14054	12900	28042	84054	1608
淳安县	7120	207	-99	405		7928	1084
建德市	10652	552	4440	3706	485	24806	508
富阳市	81082	5956	73260	81317	64	85526	6409
临安市	29064	1075	5499	6202	68	15546	1568
宁波市	**2199036**	**98383**	**472569**	**595272**	**132891**	**2201835**	**262543**
海曙区	8500	158	938	543		4767	688
江东区	28251	582	1365	2028	34	11496	2500
江北区	86158	2643	17218	15968	5047	75857	14439
北仑区	678455	38642	61609	156357	39515	813182	136655
镇海区	216921	6875	64214	62287	31436	252903	15945
鄞州区	459480	19433	102637	117489	50970	524220	27584
象山县	73696	2324	28047	29190	130	54887	5504
宁海县	66074	1895	25037	23955	1160	19347	3752
余姚市	257257	11350	76215	76810	4736	156069	14705
慈溪市	229889	11001	66587	83910	-249	245687	35924
奉化市	94355	3480	28702	26734	112	43420	4848
温州市	**218864**	**11414**	**62682**	**66281**	**282**	**220340**	**7198**
鹿城区	10269	754	5541	5051	13	3017	422
龙湾区	67629	3521	24839	26970	-170	26376	2408
瓯海区	23400	1156	5701	5327	229	7666	653
洞头县	2521	3	801	770		1801	313
永嘉县	7464	527	4235	4403	-2	1188	900
平阳县	20977	976	4360	4787	5	35360	710

单位：万元

#补贴收入	营业外支出	利润总额	应交所得税	利税总额	应付工资总 额	本年应交增 值 税
342156	**458323**	**10039991**	**1590747**	**15364332**	**9589084**	**4175417**
68705	**89590**	**3681187**	**559074**	**5265165**	**2687619**	**1300672**
883	170	25657	6409	34442	8529	7774
9	57	1519	284	3349	6409	1467
8805	39118	1154213	248651	1654624	887056	436771
1301	2341	103471	35686	191936	153378	81101
1707	1394	37954	8710	72900	66437	30223
29787	15620	1255115	90446	1531487	399595	233559
19057	18134	710907	109834	1118109	668500	293640
2733	7043	168622	31426	297005	285697	102632
532	1194	84121	9086	114187	60506	23949
590	781	8231	1788	17306	8684	4013
192	577	24786	4847	36136	9872	10226
2169	2506	90119	9842	146666	92658	46875
939	653	16473	2067	47020	40298	28442
155654	**123213**	**2372363**	**454237**	**3979835**	**2915618**	**1113333**
306	393	5062	1310	9558	14427	3594
1150	1879	12743	2970	19228	30694	4924
5292	5000	86403	17045	116048	102886	22619
84742	29978	928243	190854	1841923	1001210	545465
9057	18143	255726	65214	377473	232283	99489
12496	26854	527891	97793	735733	627133	166721
1474	4118	56754	10907	96292	105908	34314
685	2587	21371	5635	47843	83992	22157
10233	23310	152740	26524	253231	308297	85815
26616	7493	279986	27673	402963	292805	106691
3604	3459	45446	8313	79544	115985	21546
3922	**8134**	**220166**	**45761**	**373744**	**312137**	**128873**
320	86	3353	1123	9516	23124	5448
796	1575	27339	5953	64153	82719	30436
504	649	7709	1983	22994	38970	10260
255	232	1882	677	3261	2011	1167
470	470	1683	290	6179	10478	4036
213	1673	34413	4879	54040	32375	17970

1-B-12 续表 7

地　　区	管理费用	#税　金	财务费用	#利息支出	投资收益	营业利润	营业外收入
苍南县	6881	529	2868	2354		-493	105
文成县							
瑞安市	33967	1302	7431	7687	-13	38861	392
乐清市	45509	2646	6850	8932	221	104794	1280
嘉兴市	**1156925**	**52766**	**217620**	**307412**	**51408**	**1217156**	**112985**
南湖区	113615	3684	12814	16454	1625	101959	8765
秀洲区	244584	10953	33516	51290	38153	287314	9947
嘉善县	207219	13556	33479	49275	1324	154438	35666
海盐县	48845	815	10528	13132	311	24888	2333
海宁市	165580	8247	68668	63791	-1216	234855	23606
平湖市	262086	10425	24657	74198	9770	277322	21695
桐乡市	114996	5087	33960	39272	1442	136382	10973
湖州市	**471327**	**25142**	**131972**	**133364**	**46070**	**582478**	**28875**
吴兴区	75254	3112	20985	18575	160	71792	4001
南浔区	104413	3959	13569	15225	1901	112046	1301
德清县	134477	7575	38131	35905	114	208443	6904
长兴县	109540	6937	45499	50422	42458	151790	14100
安吉县	47644	3560	13789	13238	1437	38406	2570
绍兴市	**652021**	**40610**	**418046**	**462005**	**25897**	**1061626**	**63203**
越城区	155107	12125	69219	86101	8593	130162	12584
绍兴县	162338	10515	149211	167116	4358	474525	11285
新昌县	24589	801	4045	3232	705	19149	1557
诸暨市	99869	5561	81205	89547	11464	211618	26588
上虞市	138017	7466	60719	62313	641	206050	8275
嵊州市	72100	4142	53648	53696	137	20123	2914
金华市	**181210**	**9772**	**101594**	**108227**	**3313**	**142440**	**26085**
婺城区	72495	4153	35758	32582	2056	32196	6796
金东区	2814	196	1319	1067	6	1145	26
武义县	8747	478	3544	3201	-1	8785	571
浦江县	10550	964	8661	8204	4	14903	378
磐安县	6986	194	3216	2870	2	4627	754
兰溪市	19239	1070	12925	13015	33	21143	627
义乌市	35909	1520	29676	35406	313	38179	9628
东阳市	13224	245	-860	3701	152	7313	242
永康市	11248	953	7356	8181	747	14148	7063

单位：万元

#补贴收入	营业外支出	利润总额	应交所得税	利税总额	应付工资总额	本年应交增值税
69	1005	-1372	249	1544	9558	2343
393	1394	38226	4767	63154	48675	22493
899	1048	105149	25375	146910	63904	34550
29909	**74901**	**1298873**	**247633**	**2026761**	**1572080**	**607535**
1942	2055	109832	20636	142259	127063	26734
5534	12979	322096	63291	448813	299855	102495
2449	5689	185349	34854	279017	266077	83292
231	2319	25256	4714	54870	67753	21867
7655	14192	242003	32692	418124	244500	161774
4814	25981	277215	64618	431081	415029	105857
7285	11686	137123	26829	252598	151805	105516
17636	**55615**	**559545**	**65488**	**870695**	**498238**	**244162**
1821	2463	73456	10070	114512	58044	34794
529	1477	114129	15681	181910	81111	55476
2319	30516	184950	19417	279855	182043	79963
11845	18212	148903	15961	222762	118899	45039
1123	2946	38107	4359	71656	58142	28890
15975	**40928**	**1090994**	**122570**	**1601420**	**888566**	**432807**
8908	9080	136061	22650	243632	205776	92305
2063	6342	484032	31627	689858	289623	178052
538	385	21469	3383	30426	25667	7897
1224	15211	223219	30872	294832	129738	59678
2248	5769	206729	28988	284189	147843	60922
994	4142	19483	5049	58483	89920	33953
6158	**3581**	**167047**	**20018**	**277826**	**228626**	**88184**
4500	1199	38754	8579	76783	83902	32423
36	73	1140	324	3188	3508	1789
187	352	9004	300	20303	9054	4754
36	229	15060	1093	22319	20506	5629
470	137	5265	873	10290	11500	4479
401	204	21567	2469	29662	18533	6548
276	449	47584	4085	71183	49881	19414
77	567	7068	956	11857	17481	3624
176	372	21606	1339	32241	14261	9524

1-B-12 续表 8

地　　区	管理费用	#税　金	财务费用	#利息支出	投资收益	营业利润	营业外收入
衢州市	**40482**	**2982**	**11151**	**15995**	**745**	**129877**	**5753**
柯城区	4754	592	3706	5104		13297	564
衢江区	15547	867	753	4125	181	92688	2714
常山县	2429	84	301	231	225	1715	179
开化县	1523	73	900	934	22	-830	423
龙游县	9663	655	2459	2732	45	11581	23
江山市	6567	711	3032	2870	272	11427	1850
舟山市	**46225**	**3110**	**10827**	**17894**	**525**	**32409**	**2413**
定海区	9119	364	2763	4461	-112	732	286
普陀区	22740	1209	5142	5165	479	3855	971
岱山县	14348	1537	2889	8244	158	27861	1113
嵊泗县							
台州市	**261111**	**14221**	**106857**	**117359**	**24505**	**443600**	**51194**
椒江区	32556	1034	7448	7800	57	16702	3258
黄岩区	10436	570	3950	3500	-1	1107	2136
路桥区	47560	3240	1342	15065	-3840	8952	17880
玉环县	60356	4539	63110	60828	27095	327463	5154
三门县	5993	219	1222	1310		2592	1334
天台县	16576	1004	4431	3578	510	13327	1221
仙居县	12417	121	4923	4019	54	6014	1871
温岭市	48372	1117	14022	13907	471	35419	6193
临海市	26846	2377	6409	7351	160	32024	12148
丽水市	**21217**	**1157**	**11915**	**11093**	**1851**	**35909**	**1544**
莲都区	2989	219	2336	2167		7064	254
青田县	10262	139	4222	3872	1850	14522	1063
缙云县	2918	264	974	915	1	9322	106
遂昌县	2384	316	1482	1281		-557	103
云和县	983	138	645	629		1219	1
庆元县							
景宁县							
龙泉市	926	52	509	476		880	

单位：万元

#补贴收入	营业外支出	利润总额	应交所得税	利税总额	应付工资总额	本年应交增值税
8127	**12824**	**129461**	**30420**	**186281**	**49553**	**48538**
33	11068	2793	727	10555	3419	6099
6640	456	101548	25554	131312	14638	26858
99	111	1783	255	2541	3399	580
398	78	-485		-338	898	84
5	831	10773	2130	17716	12224	6187
953	282	13048	1755	24497	14976	8731
835	**2049**	**33279**	**6881**	**46759**	**45602**	**8266**
5	570	448	448	5261	9592	1971
726	275	4899	497	9394	23970	3362
60	1176	27956	5937	32116	11979	2984
34070	**47084**	**448852**	**36723**	**681270**	**351950**	**188518**
157	952	19091	1362	36888	46937	15893
1173	624	2620	770	8606	12249	5106
16799	964	25868	3287	59977	54322	23160
346	11994	320803	18983	422793	96983	87976
251	64	3863	712	6833	5576	2662
305	424	14144	1884	33729	16887	9966
1239	566	7400	748	12022	15136	3698
2225	921	41112	5489	68601	70699	24435
11575	30576	13952	3489	31820	33161	15620
1165	**405**	**38224**	**1942**	**54577**	**39097**	**14529**
30	121	7197	53	8482	3719	1111
36	109	15476	515	24900	24131	8375
11	80	9350	100	12421	5438	2825
950	59	438	191	2110	2643	1523
129	9	1339	191	1507	478	153
10	10	966	34	1641	2053	522

1-B-13 按轻重工业、规模和登记注册类型

项目	单位数(个)	资产总计	流动资产合计	#应收账款	#存货	#产成品
总计	**26440**	**226076323**	**144885948**	**40257101**	**31905514**	**14217459**
一、按轻重工业分						
轻工业	13567	104928330	66914567	16852016	15366015	7159715
重工业	12873	121147993	77971381	23405085	16539500	7057744
二、按规模分						
大型企业	149	24739060	15914179	2837112	3055009	1479250
中型企业	2177	64036966	39822673	9634858	9250322	4147126
小型企业	22855	132416139	85891512	26744014	19005307	8354481
微型企业	1259	4884157	3257584	1041117	594875	236603
三、按登记注册类型分						
内资	26440	226076323	144885948	40257101	31905514	14217459
私营企业	26440	226076323	144885948	40257101	31905514	14217459
私营独资	1428	4057847	2875359	1132472	541433	251620
私营合伙	348	949106	655607	265408	138158	58115
私营有限责任公司	24247	208221977	133295347	36924781	29629957	13141493
私营股份有限公司	417	12847393	8059634	1934440	1595967	766231

分组的规模以上私营工业法人单位财务状况

单位：万元

固定资产合计	固定资产原价	累计折旧	#本年折旧	在建工程(个)	负债合计	流动负债合计	#应付账款	所有者权益合计
51512567	**73639496**	**27103206**	**5423211**	**6201692**	**147961824**	**136963624**	**23568911**	**77618043**
24940024	36142656	13466079	2581676	2619545	69612102	64509557	10204500	34977483
26572543	37496840	13637128	2841535	3582147	78349722	72454067	13364411	42640560
5015065	7441888	2895954	575939	657334	14051937	11866526	1967395	10670091
14265683	20628472	7807291	1495808	2009961	41214811	38258611	6434216	22710543
31636335	44775740	16145470	3293161	3399700	89061276	84543209	14815372	43260046
595485	793397	254491	58303	134698	3633800	2295278	351928	977363
51512567	73639496	27103206	5423211	6201692	147961824	136963624	23568911	77618043
51512567	73639496	27103206	5423211	6201692	147961824	136963624	23568911	77618043
938758	1466360	589273	107360	60485	2826900	2664876	569450	1208044
233228	365570	149375	27704	19998	666920	641572	114623	277112
48079723	68602761	25256273	5051518	5869956	137665030	127510182	21424833	70081776
2260860	3204806	1108285	236629	251254	6802974	6146993	1460005	6051111

1-B-13 续表 1

项　　目	#实收资本	国家资本	集体资本	法人资本	个人资本	港澳台资本
总　计	**35510510**	**112256**	**60398**	**11574491**	**23559805**	**139123**
一、按轻重工业分						
轻工业	15188437	44597	28010	4767372	10248417	63331
重工业	20322073	67659	32388	6807119	13311388	75791
二、按规模分						
大型企业	2090112		420	923277	1119701	39781
中型企业	9159955	67675	10847	3580567	5405079	73317
小型企业	23589951	44581	46223	6874986	16565653	25274
微型企业	670492		2908	195661	469372	751
三、按登记注册类型分						
内资	35510510	112256	60398	11574491	23559805	139123
私营企业	35510510	112256	60398	11574491	23559805	139123
私营独资	399780	120	20	80085	319555	
私营合伙	96169	515		13481	81766	406
私营有限责任公司	33038185	110425	53152	10522599	22175832	122004
私营股份有限公司	1976377	1196	7226	958326	982652	16712

单位：万元

外商资本	营业收入	#主营业务收入	营业成本	#主营业务成本	营业税金及附加	#主营业务税金及附加	其他业务利润
64438	**255003655**	**252095120**	**220759320**	**218268531**	**1225184**	**1196996**	**405930**
36710	122034928	120952675	105917059	104981618	599844	587014	160434
27728	132968726	131142445	114842261	113286913	625340	609982	245496
6933	29350686	28970676	25144552	24878055	132624	130297	73270
22470	68200226	67245742	58763398	57914727	307630	299433	133896
33235	152324971	150832277	132156407	130863927	763628	746621	195056
1800	5127772	5046425	4694962	4611822	21303	20645	3708
64438	255003655	252095120	220759320	218268531	1225184	1196996	405930
64438	255003655	252095120	220759320	218268531	1225184	1196996	405930
	6733179	6708621	5899176	5877897	39596	39121	4183
	1382875	1377449	1213054	1204826	8327	8089	710
54172	234526129	232051966	203199533	201115114	1126459	1099317	385762
10266	12361471	11957084	10447557	10070694	50802	50469	15276

1-B-13 续表 2

项　　目	管理费用	#税　金	财务费用	#利息支出	投资收益	营业利润
总　计	**10529274**	**482251**	**5135484**	**5191564**	**441177**	**12177083**
一、按轻重工业分						
轻工业	4679691	221293	2496118	2506576	207506	5624759
重工业	5849583	260958	2639366	2684988	233671	6552324
二、按规模分						
大型企业	946215	63373	527747	558964	141111	1729192
中型企业	2903229	134765	1398107	1447238	149429	3476417
小型企业	6547696	276405	3122645	3093733	147346	6840711
微型企业	132135	7708	86985	91630	3292	130763
三、按登记注册类型分						
内资	10529274	482251	5135484	5191564	441177	12177083
私营企业	10529274	482251	5135484	5191564	441177	12177083
私营独资	239455	9625	93944	91594	1407	357706
私营合伙	54983	2168	20385	19111	271	62163
私营有限责任公司	9636487	447277	4831191	4855834	373273	10991943
私营股份有限公司	598349	23181	189965	225025	66226	765272

单位：万元

营业外收入	#补贴收入	营业外支出	利润总额	应交所得税	利税总额	应付工资总额	本年应交增值税
859242	**324627**	**514037**	**12796979**	**1777272**	**20691326**	**14612520**	**6641921**
326270	119443	227957	5874832	832280	9690356	7785399	3211704
532973	205184	286080	6922147	944992	11000970	6827121	3430217
81673	31738	79314	1806127	313924	2707261	1357748	754033
301001	110885	132867	3734800	510645	5925906	4352798	1881270
469198	180182	291484	7109125	939090	11782227	8765663	3898599
7371	1822	10372	146928	13613	275932	136311	108020
859242	324627	514037	12796979	1777272	20691326	14612520	6641921
859242	324627	514037	12796979	1777272	20691326	14612520	6641921
10296	2578	9608	359486	51326	586587	430737	187248
2674	996	2132	62925	8832	112172	109099	41136
754551	294575	472010	11517090	1592566	18769838	13481253	6100266
91722	26478	30287	857478	124548	1222729	591431	313271